中国式现代化票据市场研究

肖小和　等◎著

中国金融出版社

责任编辑：曹亚豪
责任校对：刘　明
责任印制：陈晓川

图书在版编目（CIP）数据

中国式现代化票据市场研究 / 肖小和等著 . —北京：中国金融出版
社，2023. 8
ISBN 978-7-5220-2069-3

Ⅰ.①中… Ⅱ.①肖… Ⅲ.①票据市场—研究—中国 Ⅳ.①F832.5

中国国家版本馆 CIP 数据核字（2023）第 121064 号

中国式现代化票据市场研究
ZHONGGUOSHI XIANDAIHUA PIAOJU SHICHANG YANJIU

出版
发行　中国金融出版社

社址　北京市丰台区益泽路 2 号
市场开发部　（010）66024766，63805472，63439533（传真）
网 上 书 店　www.cfph.cn
　　　　　　　（010）66024766，63372837（传真）
读者服务部　（010）66070833，62568380
邮编　100071
经销　新华书店
印刷　河北松源印刷有限公司
尺寸　169 毫米×239 毫米
印张　32.5
字数　525 千
版次　2023 年 8 月第 1 版
印次　2023 年 8 月第 1 次印刷
定价　98.00 元
ISBN 978-7-5220-2069-3
如出现印装错误本社负责调换　联系电话(010)63263947

编 委 会

前言 PREFACE

　　四十余年改革开放波澜壮阔，伴随着市场经济的激活和快速发展以及信用环境的不断改善，我国票据市场从无到有，从小到大，发生了翻天覆地的变化，先后经历了起步萌芽、快速发展及规范创新发展阶段，现如今已成为金融市场的重要组成部分，年承兑规模突破 27 万亿元，年贴现规模突破 19 万亿元。四十多年来，集聚支付、结算、融资、调控、投资、交易等多种功能于一身的票据信用工具在促进实体经济特别是中小微企业发展、推动金融供给侧结构性改革、传导货币政策等方面发挥了重要作用。

　　票据市场的很多大事都发生在党的十八大以来的十年，这十年是中华民族发展史上极不平凡的十年，是我国经济社会发展和改革创新取得非凡成就的十年。这十年对于票据市场而言同样意义非凡，在此期间，票据形态由纸票与电票并存逐步转变为电票为主，不仅票据交易安全性、便利性大大增强，而且也为后期票据转贴现实行交易所集中交易乃至更多票据创新产品的推出及科技应用奠定了重要基础；2016 年上海票据交易所成立也是票据市场发展史上的里程碑事件，它重塑了票据市场生态，有效降低了票据风险，引领票据市场进入规范创新发展阶段。

　　具体来说，党的十八大以来票据市场的发展主要体现在以下九个方面。第一，票据服务实体经济能力进一步增强。十年来，票据签发规模进一步提升，2022 年，商业汇票承兑发生额为 27.4 万亿元，而 2012 年票据承兑发生额为 17.9 万亿元，可以看出票据承兑规模有了明显增加。票据利率中枢总体下移，企业票据融资成本有所下降。通过加强治理及优化制度，市场中融资票、套利票比例进一步减少，票据进一步聚焦服务实体经济。第二，票据服务中小微企业能力进一步增强。2022 年，签发票据的中小微企业共 21.3 万家，占全部签票企业的 94.5%，中小微企业签票发生额为 17.8 万亿元，占全部签票发生额的 64.9%。贴现的中小微企业共 32.7 万家，占全部贴现企业的 97.1%，贴现发生额为 14.2 万亿元，占全部贴现发生额的 72.9%。可以看出，中小微企业绝对是票据签发贴现的主力。应收账款票据提速，能够更好地保护中小企业的合法权益，加快资金回笼速度，在一定程度上缓解了中小企业融资难、融资贵问题。第三，票据服务金融调控能力进一步增强。中国人民银行通过定向增加再贴现额度可实现精准滴灌特定企业，截至 2022 年 12 月末，再贴现余额为 5583 亿元，较 2012 年末增长 7 倍；此外，商业银行通过票据业务可以调控本行信贷规模，防止信贷规模出现剧烈波动。截至 2022 年 12 月末，票据融资余额占各项贷款的 6%，为发挥信贷调控作用提供了空间。第四，票据市场参与主体进一步扩大。十年来，参与主体数量进一步增长，种类进一步丰富，当前已涵盖中央银行、商业银行、财务公司、证券公司、基金公司、期货公司、保险公司、信托公司、资产管理公司及非法人产品等，参与主体日趋多元化，资金来源更加广泛。第五，票据市场创新能力进一步提升。上海票据交易所的成立为票据创新提供了关键基础，其成立后票据市场创新层出不穷。上海票据交易所陆续推出了票付通、贴现通、供应链票据、标准化票据产品。此外，商业银行也加大票据产品创新力度，秒贴、票据池、商票保贴、票据保证、票据增信、绿色票据等产品进一步普及，并形成了多样化的票据与产业链结合的综合性方案。各大票据平台陆续兴起，如企票通、军工票等，还有部分平台创造性地发行电子债权凭证，其与票据非常相似，因此可称为"类票据"。第六，票据市场基础设施进一步加强。十年来，电票系统已发展成熟，极大地提升了票据使用的便利性及安全性。2016 年上海票据交易所正式成立，深刻地改变了票据市场生态，票据流转效率明显提升，票据风险得到有效管控。2020 年，上海票据交易所投产上线跨境人民币贸易融资转让服务平台，为票据国际化提供了应用场景及技术支撑。2022 年，新一代票据业务系统投产上线，形成了一个可以统一处理票据全生命周期业务的平台，并且新系统还可以实现票据等分化签发和拆包流转。第七，票据制度进一步完善。2016 年 8 月，中国人民银行发布《关于规范和促进电子商业汇票业务发展的通知》，强制性推广使用电票，由此电票普及率快速提升。上海票据交易所成立后，中国人民银行制定颁布了《票据交易管理办法》，对票据交易所新规则下的市场主体、票据行为、交易规则、结算清算等做了详细规范。上海票据交易所成立后发布了一系列票据创新产品交易及管理规则，还推出了商业承兑汇票信息披露制度，为今后的商票大发展奠定了制度基础。2022 年，《商业汇票承兑、贴现与再贴现管理办法》正式发布，这是自 1997 年《商业汇票承兑、贴现与再贴现管理暂行办法》

发布以来的首次修订，其根据新时代票据市场发展现状及定位，在原暂行办法的基础上做了较大调整，包括商业汇票最长期限、信息披露制度、贴现申请人范围、承兑贴现交易背景要求、票据经纪业务等方面，将对后期票据市场发展产生深远影响。第八，票据风险管控水平进一步提高。十年来，票据市场风险进一步收敛，这主要依赖于电票的普及以及上海票据交易所成立后进行的一系列改革。上海票据交易所将全市场主体、票据业务全生命周期纳入监管，制定统一的监管规则，成为票据市场的风险管理中心。此外，上海票据交易所还建立了商业汇票信息披露机制，加强信息公开，引导企业重视按时兑付，防止企业超出兑付能力乱开票，为市场参与主体提供风险甄别渠道。在管控操作风险和道德风险方面，电票的普及大大降低了纸票时代票据伪造变造、调包等风险。在管控信用风险方面，监管部门妥善处理包商银行等中小银行票据风险，拓宽中小银行资本补充渠道，维护市场稳定。第九，票据研究水平进一步提升。中国票据研究中心、江西财经大学九银票据研究院等专业研究机构纷纷成立，通过开展课题研究、举办征文活动、组织研讨活动及高峰论坛，加强了票据应用理论研究和人员沟通交流，加大了票据知识宣传力度，持续向社会输出许多有价值的包括票据八部曲在内的研究成果。

经过十年的发展，票据市场发生了脱胎换骨的变化，发展定位更加明晰，市场结构更加合理，市场风险更加可控，科技应用更加深化，市场可持续发展能力更加强化，为下一阶段票据市场高质量发展奠定了坚实基础。2022年10月，党的二十大顺利召开，擘画了我国从2022年开始到2050年的发展蓝图，提出了未来一段时期党的中心任务就是团结带领全国各族人民全面建成社会主义现代化强国、实现第二个百年奋斗目标，以中国式现代化全面推进中华民族伟大复兴这一重大论断，为新时期国家发展指明了方向。票据市场作为金融市场的重要组成部分，理应走好中国式现代化票据发展之路，为服务中国式现代化、助力经济高质量发展作出应有的贡献。我们认为，中国式现代化票据属于中国式现代化金融的重要组成部分，既有各国票据支付、结算、融资、信用等共同特征，更有基于自己国情的中国特色。它是全方位嵌入产业链供应链的现代化，是加强科技赋能的现代化，是走数字化、标准化、交易化、平台化、国际化之路的现代化，是建立全国统一票据市场的现代化，是牢牢守住风险底线的现代化，是加强服务实体经济的现代化。中国式现代化票据的发展方向要与新时代金融发展保持高度一致，突出方便快捷的优势，深化与产业链供应链的融合，加强与其他金融产品的结合，争取在服务实体经济、支持中小微企业发展、助力乡村振兴及绿色发展、推动金融开放等方面发挥更大效能。

走中国式现代化票据发展之路需要理论支撑，需要票据市场研究者进一步思考未来市场发展方向并针对具体课题开展深入研究。笔者多年来带领一支专业化、高素质、有情怀、挺执着、愿奉献的研究团队持续开展票据研究，推出了票据研究四部曲（《中国票据市场发展研究》《中国票据市场框架体系研究》《中国票据市场创新研究》《新时代中国票据市场研究》）和票据基础四部曲（《票据基础理论与业务创新》《票据史》《票据学》《中国票据简史》）。本次即将推出的是票据研究第五部曲《中国式现代化票据市场研究》，本书将最近一段时期笔者及研究团队在《上海证券报》《证券时报》《国际金融报》《当代金融家》《现代金融导刊》《货币市场》等公开媒体上发表的、具有代表性的、符合中国式现代化票据研究主题的 40 余篇文章汇编成册，这是团队持续研究的成果，旨在为新时期票据市场发展提供一些新思路，探索一些新可能，补充完善中国式现代化票据发展理论体系，与实务界共同推动新时期票据市场高质量发展。

《中国式现代化票据市场研究》一书主题明确、内容丰富、观点新颖、切合实际。全书共分为六篇，按照六个研究专题汇编整理。第一篇是"中国式现代化票据市场研究"，主要思考的是中国式现代化票据的信用本质与货币作用，以及中国式现代化票据发展之路，从多个方面进行了阐述。针对整个票据市场框架体系的更新建设，提出票据数字化是服务高质量经济发展的根本，勾画了票据数字化框架体系，共分为若个子体系，并提供了推进票据数字化进程的详细方案。针对当前市场中各类票据平台的打造以及票据市场出现的一些问题，提出了建设中国票据统一市场的倡议，建议引导票据平台等走规范发展之路并纳入票据市场范畴，接受统一监管。第二篇是"中国式现代化票据市场行业与区域研究"，团队独创以增值税为基础测算潜在票据承兑量，提出应在交通运输、仓储和邮政业、批发零售业、电子信息业、制造业等潜力行业进一步挖掘票据使用潜力，以规模以上工业企业为关键突破点，探索票据进一步深入融合上述行业产业链供应链的实施方案，提升票据服务实体经济效能。此外，对湖北省、上海市、广东省票据发展现状进行了研究分析，测算了潜在票据承兑量，结果表明票据发展仍有较大空间，应在上述省市进一步推广普及票据使用，从而提升实

体经济融资效率，降低融资成本。第三篇是"中国式现代化中小企业票据
发展研究"，票据是解决中小微企业融资难、融资贵问题的理想金融工具，
服务好中小微企业是票据的重要使命，通过研究中小城商银行票据创新、
商票、应收账款票据化、供应链票据等专题，探索票据更好地服务中小微
企业的发展路径。第四篇是"票据历史发展研究"，读史可以知古今、明大
势、促实践、思未来，以史为鉴，通过研究票据自古代以来的发展演变历
程，特别是建党百年、新中国成立七十年、改革开放四十年、党的十八大
以来十年这些重点时期，剖析票据发展规律，思考票据市场未来创新方向、
发展趋势、科技应用及制度建设。第五篇是"票据指数、价格与展望研
究"，回顾近年来票据市场发展情况并展望未来趋势，进一步完善票据发展
指数与价格指数体系，通过构建中国票据生态指数、中国票据金融指数、
中国票据价格指数、中国票据风险指数、中国票据创新指数等分析票据市
场发展，通过构建区域票据发展指数，探寻区域票据发展程度。第六篇是
"票据信用与其他研究"，票据信用是信用体系的重要组成部分，通过推广
票据信息披露制度、加强企业信用信息数字化共享、构建商票信用发展体
系、激活商票信用功能、服务新时代经济高质量发展等方面的研究，提出
进一步发展的建议，此外还对 2022 年发布的《商业汇票承兑、贴现与再贴
现管理办法》进行了解读，分析新规对票据市场的影响及机构应对策略，
同时对笔者早期写的《论建立银行调节利率、利率引导资金的运行机制》
和近期《上海证券报》的采访也做了收集。

　　本书适用对象主要包括票据监管者、金融机构票据条线管理层及从业
人员、企业财务人员、专业研究人员、大专院校师生等，也可供其他对票
据感兴趣的读者学习使用。本书定有不足之处，敬请读者朋友们批评指正，
也非常欢迎与对票据研究感兴趣的同仁们共同研究探讨。

　　本书在撰写过程中得到了许多媒体的关心和大力支持，同时，上海果
藤数字科技有限公司、九江银行股份有限公司及中国金融出版社也给予了
大力支持，在此一并表示感谢！

肖小和

2023 年 3 月

目 录 CONTENT

第六篇　票据信用与其他研究

第一篇

中国式现代化票据市场研究

中国式现代化票据的信用本质与货币作用思考

肖小和　木之渔[①]

一、中国式现代化票据的概念

(一) 中国式现代化的本质及中国式现代化金融

习近平总书记在党的二十大报告中明确指出"中国式现代化的本质要求是：坚持中国共产党领导，坚持中国特色社会主义，实现高质量发展，发展全过程人民民主，丰富人民精神世界，实现全体人民共同富裕，促进人与自然和谐共生，推动构建人类命运共同体，创造人类文明新形态"。

金融是血脉，经济是肌体，二者共生、共荣、共发展。中国式现代化需要中国式现代化经济支持，中国式现代化经济需要中国式现代化金融升华。新形势下，需要全面贯彻落实党的二十大精神，把握中国式现代化的本质及原则，深入思考并积极谋划中国式现代化金融，更好地服务实体经济，将金融发展融入中国式现代化大局。

(二) 中国式现代化票据的基本属性和特征

1. 中国式现代化票据的概念

《票据法》规定"汇票是出票人签发的，委托付款人在见票时或者在指定日期无条件支付确定的金额给收款人或者持票人的票据，汇票分为银行汇票和商业汇票"。

《支付结算办法》（银发〔1997〕393号）规定"商业汇票是出票人签发的，委托付款人在指定日期无条件支付确定的金额给收款人或者持票人的票据。商业汇票分为商业承兑汇票和银行承兑汇票"，商业汇票即为业内所说的票据。

我们认为，中国式现代化票据属于中国式现代化金融的重要组成部

---

① 木之渔，所在单位为江西财经大学九银票据研究院。

分，既有各国票据支付、结算、融资、信用等共同特征，更有基于自己国情的中国特色。它是全方位嵌入产业链供应链的现代化，是加强科技赋能的现代化，是走数字化、标准化、交易化、平台化、国际化之路的现代化，是建立全国统一票据市场的现代化，是牢牢守住风险底线的现代化，是加强服务实体经济的现代化。

2. 中国式现代化票据的基本属性

（1）结算属性。结算属性是票据的传统属性，而票据是经贸往来中的一种主要支付结算工具，为加快商品流通和资金周转提供了极大便利和支持，广泛应用于企业日常生产经营中，是中小企业重要的支付方式。历年的《中国货币政策执行报告》显示，由中小企业签发的银行承兑汇票约占 2/3。

（2）融资属性。融资属性同样是票据的传统属性，票据可以为实体经济特别是中小企业提供便捷的融资渠道和低成本资金，扶持企业发展壮大。票据贴现与普通贷款相比融资成本相对较低，且申请流程更便捷、融资效率更高。

（3）信用属性。信用是票据的本质，银行承兑汇票由商业银行承兑，体现了银行信用；商业承兑汇票由企业承兑，体现了商业信用。票据通过其生命周期内的流转，不断实现信用的传递。

（4）货币属性。马克思认为货币具备价值尺度、流通手段、储藏手段、支付手段等职能，而票据具备流通手段、支付手段等部分货币职能，可以在部分场景实现对货币的替代，票据在一定程度上具备货币属性，可认为是"准货币"。

（5）时代属性。从中国式现代化票据的定义中不难发现，中国式现代化票据已与传统票据有所区别，镌刻了深深的时代印记。中国式现代化票据与供应链、产业链深度融合，是实现国家经济目标的重要金融工具，在服务民生、服务"三农"、服务中小企业、促进绿色发展、实现共同富裕等方面发挥着独特的作用。

3. 中国式现代化票据的特征

一是普惠特征。党的二十大报告提出"中国式现代化是全体人民共同富裕的现代化"，这是党对全体人民的郑重承诺，也是中国式现代化金融的落脚点。共同富裕的关键在于普惠金融，妥善解决金融弱势群体的金融需求，维护金融服务的公平性，扩大金融服务的覆盖面，提升全社会、全领域的经济发展水平，既是发展普惠金融的重要意义，也是中国式现代化票据的基本特征。

二是数字化特征。数字化已成为我国的国家战略，加快票据数字化进程，有利于促进票据对实体经济的支持作用，推动社会各领域全面发展，这也是服务"数字经济"国家战略、服务高质量经济发展、服务双循环新发展格局的必由之路。

三是高质量特征。党的二十大报告中多次提到"高质量发展"，高质量是中国式现代化金融的重要特征，高质量的票据市场有利于促进社会资源合理配置，推动普惠金融、绿色金融等发展，促进企业提质增效，为经济高质量发展增添动力。

四是绿色特征。党的二十大报告提出"中国式现代化是人与自然和谐共生的现代化"，金融是节能低碳、可持续发展的可靠保障，通过构建绿色票据产品体系，实现对绿色经济、绿色产业的精准滴灌，助力完成碳达峰、碳中和目标。

二、中国式现代化票据的信用本质

（一）信用与票据的关系

信用是指依附在自然人之间、社会组织之间和商品交易之间形成的一种相互信任的生产关系和社会关系。

马克思认为"商业信用是信用制度的基础。它的代表是汇票，是一种有一定支付期限的债务，是一种延期支付的证书"。

票据的核心与本质是信用，属于短期的信用工具。票据信用是信用在票据领域的表现形式，是以票据为载体，通过票据行为体现票据主体之间的交易关系和信任关系，也是银行信用和商业信用在票据领域的具体表现。

（二）票据信用的特点

票据信用除具备一般信用的社会性、风险性及收益性特点之外，还具备以下特点。

1. 包含银行信用和商业信用

按承兑人的不同，票据分为银行承兑汇票和商业承兑汇票。其中，银行承兑汇票由银行承兑，体现银行信用；商业承兑汇票由企业承兑，体现商业信用。

2. 具备信用叠加特点

根据《票据法》的规定，商业汇票具备转让功能，票据每转让一次，即实现了一次信用的叠加。票据不仅可以通过一般背书转让实现商业信用的叠加，还可以通过票据贴现实现银行信用的叠加，信用叠加功能有助于提升中小企业签发票据的信用度，增强融资可获得性。

3. 渗透于全部票据产品

票据是包含承兑、背书转让、贴现、转贴现、质押、保证、再贴现等一系列票据产品的总称，涵盖支付与融资领域，票据背书体现于其中每一个产品中，在票据支付业务场景中，卖方基于票据主体信用签收票据；在票据融资业务场景中，融资方基于票据主体信用办理融资业务。

4. 贯穿于票据全生命周期

全体票据业务产品涵盖了票据全生命周期，无论是银行承兑汇票还是商业承兑汇票，从开出时起便已蕴含了票据信用信息，其间发生的全部票据行为均基于票据信用，直至票据结清。因此，票据信用贯穿于票据全生命周期。

（三）票据与主要信用工具的区别

在短期信用工具中，票据、流动资金贷款、信用证最为常见，债券及股票则是中长期信用工具的代表。我们认为，作为信用工具，票据的特点更突出，对实体经济的助力更显著。

1. 票据与流动资金贷款比较

票据与流动资金贷款具有明显差异：一是票据流通性强，在到期前可以在企业、金融机构之间不受限制地流转；二是票据具备信用叠加及信用追索功能；三是票据融资价格一般低于流动资金贷款，可以大幅节约企业融资成本。由此可见，票据较流动资金贷款更灵活、融资成本更低，更适合中小企业及供应链企业使用。

2. 票据与信用证比较

票据与信用证相比具有以下优势：一是结算效率高，票据在企业间结算中采用光票方式，无须提供相关货运单据；信用证主要用于国际结算，一般需要附有货运单等商业单据。二是在结算成本、融资成本方面，票据的成本更低。

3. 票据与债券、股票等资本市场工具比较

票据与债券、股票同属有价证券，均为信用工具，都有庞大的二级市场支撑，但仍存在较为明显的区别。一是发行效率方面，票据发行较为便利，尤其是商业承兑汇票，仅需企业内部审批即可发行，发行效率高于债券、股票。二是客户群体方面，票据的发行对象、使用对象多为中小企业，2022 年，签发票据的中小微企业共 21.3 万家，占全部签票企业的 94.5%，中小微企业签票发生额为 17.8 万亿元，占全部签票发生额的 64.9%①，而股票、债券的客户群体多为大中型企业。三是票据产生的原因不同于债券、股票，票据基于贸易背景（赊销）而产生，因此票据具备延期支付的功能，到期兑付主体为企业（虽然《票据法》规定银行承兑汇票的兑付主体为承兑银行，但出票企业需在银行承兑汇票到期前向承兑银行支付票款，根据穿透性原则，银行承兑汇票的实质兑付主体为企业），更适合在供应链、产业链体系中流转；债券、股票基于融资而产生，在投资人之间进行交易流转。

（四）票据信用取得的成绩及展望

新中国成立七十多年来，票据信用对经济的带动成效显著，在改革开放初期，票据信用对于清理"三角债"、债务链条起到了积极作用。尤其是在 1995 年《票据法》颁布后，票据市场发展逐步进入"快车道"，信用对实体经济的支持作用越发显著。进入 21 世纪后，票据作为重要的信贷资产得到商业银行的广泛重视，票据的多重功能满足了大中小各类型商业银行的需求，票据市场规模连年快速增长，已成为我国金融市场的重要子市场。

2016 年是票据市场的一个"分水岭"。一是 2016 年之前，票据市场规模快速增长，承兑业务增速高于宏观经济增速，票据资产交易属性更加明显，流通周转速度加快，票据信用迅猛推动经济发展，但忽视了对信用风险、合规风险的管控，票据市场风险不断累积，并于 2016 年前后集中爆发。二是 2016 年 12 月上海票据交易所成立，进一步规范票据市场发展，票据业务开始回归本源，票据市场进入稳健发展的新阶段。

展望未来，我们认为在规范发展的前提下，票据信用及票据市场潜力较大，大有可为。以票据承兑为例，一是票据承兑总体潜力较大，如果按全国增值税测算静态年均票据承兑签发量可达 180 万亿元，而 2022 年票据承兑发生额仅为 27.4 万亿元，说明票据承兑市场仍有较大的发展空间。二是票据承兑区域发展潜力较大，2021 年票据承兑发生额与 GDP 的比值在 20% 以上，但全国仍有一半多的省市未达到平均水平，说明票据承兑业务发展存在地区差异，区域发展潜力较大。三是票据承兑行业及企业潜力较

---

① 资料来源：上海票据交易所。

大，票据承兑主要集中于制造业、批发零售业等传统行业，且行业承兑量均占总承兑量的 30% 以上，但其他行业票据承兑发展相对较慢，仍有大量中小企业未使用票据开展结算与融资。从行业及企业的角度看，票据承兑市场同样具有较大的发展潜力。

（五）票据信用对新时代影响深远

发展票据信用对经济发展、社会生活意义重大，影响深远。一是有利于改善国内商业信用环境。商业承兑汇票是商业信用的代表性产品，长期以来由于商业信用环境不佳，商业承兑汇票的签发数量、使用频率等均远低于银行承兑汇票，上海票据交易所已推出商业汇票信息披露机制及平台，商业承兑汇票信息披露是其中的重要组成部分，大幅提升了票据信用信息透明度，严厉打击商业信用违约等行为，有利于培育并改善我国整体商业信用环境。二是有利于推动银行信用进一步提升。一般而言，国家信用高于银行信用，银行信用高于商业信用，一方面，商业信用的持续改善为银行信用的提升创造了条件；另一方面，银行承兑汇票信息披露不断督促商业银行改善经营管理，确保及时履约。三是有利于促进信用大数据建设。数字化是未来社会发展的驱动力量，票据市场是我国金融市场中信用信息数字化程度较高的领域，进一步推进票据信用发展，改善票据信用相关基础设施将促进票据领域信用数据的收集与利用，为构建全国信用大数据提供建设经验与信用数据，推动我国信用、金融及经济高质量发展。四是有利于提升社会信用水平。票据信用是促进商业信用及银行信用发展的重要手段，有利于进一步推动信用基础设施建设，完善信用大数据建设，夯实信用基础，为提升社会整体信用水平创造条件。

三、中国式现代化票据的货币作用

（一）货币与票据的本源

理查德·沃纳在《货币从哪里来？》一书中提出"货币通过借贷关系创造，而非依赖于或来源于基础商品的内在价值赋予其货币性""货币并不是随着市场自然运作'出现'或者'产生'的，实际上是作为国家、公民以及银行之间的信用和债务关系被发行并进行流通的"。对于上述观点，我们深以为然，信用贯穿货币发行、流动等全过程，所有关于货币的研究实质上均为基于货币信用的研究。

基于上述关于票据信用的表述，我们认为信用是货币与票据共同的本源，但两者之间存在一定的差异，票据部分具备货币的基础功能（支付手段、流通手段），且票据具备融资属性。

（二）票据对货币的替代效应

我们认为，票据可以起到替代货币的作用，但票据受到场景、期限等因素制约，并不能完全替代货币，在部分行业供应链中票据是最重要的支付手段，在一定程度上可以替代货币。

票据对货币的替代效应有两大特点：一是信用等级越高的票据对货币的替代效应越强。货币的本源是国家信用，票据的本源是银行信用和商业信用，票据的信用等级越接近国家信用，其对货币的替代效应越强。一般来说银行承兑汇票对货币的替代效应强于商业承兑汇票，信用主体等级高的商业承兑汇票对货币的替代效应强于信用主体等级低的商业承兑汇票，票据信用等级的差异通过对货币的替代效应体现。二是结算周期越短，票据对货币的替代效应越强。票据产生于商品赊销，商品交易结算周期越短，票据越能体现出支付便捷、融资成本低等优势，越能凸显对流动资金贷款的替代效应，这对改善企业的短期流动性具有重要意义，一般结算周期在半年以内的行业供应链中票据对货币的替代效应更为明显。

（三）票据部分替代货币的作用

中国式现代化具有人口规模巨大、全体人民共同富裕、物质文明和精神文明相协调、人与自然和谐共生、走和平发展道路等特征，是中国金融、票据发展必须始终重视和关键把握的要义，在高质量发展和双循环新发展格局构建过程中，要充分发挥票据部分替代货币的作用，畅通宏观经济运行，支持实体经济发展，有效传导货币政策，主动调节经济结构，服务特色经济形态。

1. 畅通宏观经济运行

票据部分替代货币有利于宏观经济发展，改善经济结构，促进经济健康运行。

一是可以减少货币发行量。由于票据支付实质为信用支付，并未涉及货币交付，因此在金融服务实体经济的过程中，票据支付可以有效降低货币支付在支付结算中的占比，从而有效减少货币发行量，有利于缓解通货膨胀，降低 CPI 指数，促进经济"软着陆"。二是可以减少流通中的货币。一方面，签发银行承兑汇票时，出票企业需要向银行缴纳保证金，保证金由承兑银行专款专户封闭管理，银行不能动用保证金办理其他信贷业务，相关货币资金被隔离流通；另一方面，票据签发后，受到支付场景的限制，只能在企业间的有限渠道流转，且有很大部分票据沉淀于企业等待到期兑付，因此，票据支付可以避免产生货币乘数效应，有利于经济健康发展。

2. 支持实体经济发展

票据部分替代货币，有利于更好地支持实体经济发展。一是可以为实体经济提供全方位金融服务。票据信用属性结合支付、融资等属性，可以为企业提供采购、生产、销售等一条龙金融服务，企业通过签发票据采购原材料，通过票据贴现、票据质押融资等实现扩大再生产，通过签收票据销售各类产品，在日常实体经济供应链、产业链中，票据已经渗透至企业经营的各个方面，充分发挥票据信用属性，有利于促进供应链、产业链实现资金流、信息流、物流的内循环，推动实体经济发展。二是可以促进普惠金融。中小企业是票据的主要服务对象，据不完全统计，目前国内中小企业近 5000 万家，其中使用票据的中小企业约为 300 万家，票据发展仍有较大潜力可挖掘。一般情况下中小企业在银行较难获得大额授信，商业票据信用可以帮助中小企业完成订单，尤其是在供应链体系中，借用核心企业信用，有助于便利链内中小企业融资，改善中小企业融资困境，推动企业扩大再生产。

3. 有效传导货币政策

货币政策传导机制是指中央银行运用货币政策工具影响中介指标，进而最终实现既定政策目标的传导途径与作用机理。票据再贴现是传导货币政策的重要工具，票据贴现、转贴现与再贴现构成了从企业到中央银行完整的信用链条及资金链条，中央银行通过调节再贴现利率与规模，影响货币市场资金供给及资金价格，促使商业银行改变票据贴现业务政策及价格，为企业提供稳定、有序的金融服务。通过票据再贴现工具，中央银行可以随时根据宏观经济形势调整再贴现政策，从而实现熨平经济周期，为实体经济发展提供稳定的政策环境。

截至 2022 年 9 月末，再贴现余额仅为 5449 亿元，占票据融资余额的 4% 左右，建议中国人民银行持续增加再贴现规模，精准滴灌普惠、绿色等类型企业。

4. 主动调节经济结构

票据再贴现除了可以传导货币政策外，还可以实现对经济结构、信贷结构的调整。一是中央银行可通过调整再贴现支持政策引导金融机构加大对实体经济重点领域、薄弱环节的支持力度，为重点行业及企业扩大生产、转型升级及创新发展提供金融支持，进一步改善行业及区域金融生态，促进金融与实体经济的良性循环。二是通过再贴现可以精准滴灌中小企业及民营企业，降低中小企业融资成本，促进普惠金融发展，提升金融服务的广度与精度，为实现中国式现代化提供金融支持。

5. 服务特色经济形态

票据部分替代货币可以更有针对性地服务特色经济形态，更好地实现政策目标。一是可以推动科技创新，有利于夯实核心企业的主体地位，推动创新资源向核心企业聚集，更好地推动创新发展。二是可以促进绿色发展。绿色票据总量不到 1000 亿元，与 20 余万亿元的绿色信贷规模差距较大，建议通过建立绿色票据标准，探索绿色发展路径，促进票据信用在绿色领域的应用，推动落实人与自然和谐共生。三是可以改善企业资产负债结构。2021 年末全口径规模以上工业企业应收账款为 18.87 万亿元，占总资产的 13.6%；其中，中小企业应收账款为 12.3 万亿元，占总资产的 12.4%。票据可以较好地化解应收账款问题，这是因为企业可以将应收账款转化为流动性更强的应收票据，避免出现因应收账款数额过大、回收期限过长而导致企业营运资金周转缓慢、经营性现金流量较低等情况，通过应收账款票据化，进一步助力企业盘活资产，优化资产负债结构，改善中小企业生存发展状况，助力实现共同富裕发展目标。

参考文献

［1］李扬. 货币的本质是信用关系［EB/OL］.［2023-01-05］. 国家金融与发展实验室.

［2］高迎欣. 为推进中国式现代化贡献金融力量［J］. 中国金融，2023（1）.

［3］肖小和，申酉. 激活商业票据信用功能，服务新时代高质量经济发展［EB/OL］.［2022-10-25］. 第一财经.

［4］肖小和，金睿. 改革开放四十年中国票据信用发展和思考［EB/OL］.［2018-09-21］. 中国经济网.

票据发展与中国式现代化

肖小和　李紫薇①

一、中国式现代化票据的基本内涵

(一) 中国式现代化的内容及特色

现代化是指传统社会运用知识和能力改变社会、自然及人，使之转变为现代社会而发生的深刻变化过程，是一个剧烈的、系统的、全面的变化过程。中国式现代化是中国共产党领导的社会主义现代化，是符合中国基本国情、具有中国特色的现代化，是人口规模巨大的现代化，是全体人民共同富裕的现代化，是物质文明和精神文明相协调的现代化，是人与自然和谐共生的现代化，是走和平发展道路的现代化。中国式现代化是现代化经济体系、现代化金融体系、现代化票据体系的理论指引和行动指南。

金融现代化是指金融体系、金融活动等深刻变化的过程，具有普遍发展的变化特征和规律。与之对应，中国式金融现代化是既具有各国普遍性现代化金融的特征，又具有中国式特色的金融现代化。中国式金融现代化将伴随党的二十大报告总体要求，在高质量发展、构建双循环新发展格局、发展绿色金融与普惠金融、实现具有中国特色现代化过程中发挥更好的作用。

(二) 中国式现代化票据的内涵与意义

中国式现代化票据是中国式现代化金融的重要组成部分之一。中国式现代化票据既有国际票据所具有的支付、结算、融资等信用工具普遍性特征，又具有中国式服务经济、普惠、中小微企业、科创、绿色等现代化特点，这是与中国式特征紧密关联的，与中国式现代化的国情相一致。

中国式现代化票据是服务高质量发展、服务经济双循环的重要抓手，在服务社会信用尤其是企业信用提升方面具有积极意义，是金融改革

---

① 李紫薇，所在单位为九江银行票据中心、江西财经大学九银票据研究院。

发展尤其是宏观调控的重要工具，是中国人民银行发挥再贴现功能、实现精准滴灌服务的重要渠道。作为金融市场非常重要的信用工具，票据将会在票据信用信息化、数字化、规范化、标准化、交易化、平台化、市场化、国际化中发挥积极的作用；作为企业使用的票据信用产品，在加快数字化转型之后，票据将在服务普惠、农村农业、中小企业、绿色金融、供应链金融、科创企业、先进制造业和促进消费、贸易流通方面发挥更好的作用；作为金融业务的创新增长点，票据将会在承兑环节推动供应链票据发展、推动商业承兑汇票提量扩容创新，在贴现环节引入担保、评估、信用分层创新，在再贴现环节进一步扩大增量、优化结构、精准滴灌创新调控功能，在交易环节发展票据期权、票据基金、票据发展指数、票据标准化等，创新服务经济金融。

二、中国式现代化票据市场回顾

改革开放以来尤其是近十年来，中国式现代化的金融体系、制度、创新、直接融资与间接融资、社会经济货币化发生了很大变化，尤其是社会经济信用票据化发生了现代化的快速变化，服务新时代经济发展成绩明显。

从票据市场发展结构来看，2022 年票据市场承兑签发量达 27.40 万亿元，较 2012 年增长 53.07%，全市场贴现量达 19.50 万亿元。其中，商票承兑量达 3.45 万亿元，较 2018 年提升 35.26%，商票承兑占比达 12.24%；商票贴现发生额为 1.29 万亿元，较 2018 年增长 57.89%，商票贴现占比为 6.77%，商票市场的快速发展为票据在供应链金融中的运用提供了便利，为降低企业间应收、应付账款提供了重要渠道。

从票据与经济的关系来看，2022 年票据承兑额占 GDP 的比重达 22.64%，相关性为 0.973，承兑余额占 GDP 的比重达 15.8%，相关性为 0.926，承兑业务的发展为支持经济发展、企业支付结算发挥了应有的作用。2022 年票据贴现量占 GDP 的比重达 16.11%，相关性为 0.960，贴现余额占 GDP 的比重达 10.7%，相关性为 0.951，贴现业务的发展为经济、实体企业发展提供了短期融资便利。

从宏观调控方面来看，2022 年第三季度末再贴现余额为 5449 亿元，较 2012 年末提升 4689 亿元，增幅达到了 616.97%。2012 年票据融资余额为 2 万亿元，仅占 63.0 万亿元人民币贷款余额的 3.17%，占 23.2 万亿元短期贷款余额的 8.62%，2022 年人民币贷款余额为 213.99 万亿元，短期贷款余额为 35.03 万亿元，票据贴现余额增长到 13.00 万亿元，贴现余额占人民币贷款的比重上升至 6.08%，占短期贷款余额的 37.11%，再贴现余额和票据融资余额的增长为金融调控发挥了应有作用。

从中小企业用票情况来看，2022 年签发票据的中小微企业共 21.3 万家，占全部签票企业的 94.5%，中小微企业签票发生额为 17.8 万亿元，占全部签票发生额的 64.9%。贴现的中小微企业共 32.7 万家，占全部贴现企业的 97.1%，贴现发生额为 14.2 万亿元，占全部贴现发生额的 72.9%，票据市场为服务小微企业发展作出了积极的贡献。

从企业融资成本来看，票据市场利率中枢整体下移，票据融资加权平均利率从 2012 年第一季度的 6.2% 下移至 2022 年第三季度末的 1.92%。全年票据市场贴现加权平均利率为 1.92%，低于 1 年期 LPR 均值 173 个基点，贴现利率的持续下行进一步降低了企业融资成本，有效缓解了企业融资需求。

三、票据发展与中国式现代化之路

（一）票据服务高质量发展是走中国式现代化之路的本质要求

发展是党执政兴国的第一要务。进入新时代，我国社会主要矛盾发生了深刻变化，更多地体现在发展质量上。新时代以来，我国历史约束条件和外部发展环境也发生了重大转变，以知识和技术创新为驱动的发展阶段已经来临，这必然要求通过转变发展方式、优化经济结构、转换增长动力实现高质量发展。高质量发展不仅是经济层面的高质量发展，还包括社会、文化、生态等方方面面，强调以人民为中心，加快转变发展方式，依靠创新驱动，推动质量、效率、动力变革，让创新成为第一动力、协调成为内生特点、绿色成为普遍形态、开放成为必由之路、共享成为根本目的。高质量发展是中国式现代化的本质要求，也是票据走中国式现代化发展之路的必然选择。中国式现代化票据发展要全面贯彻新发展理念，推动构建双循化新发展格局，助力经济实现质的有效提升和量的合理增长。

（二）票据服务实体经济是走中国式现代化之路的重要内容

全面建成社会主义现代化强国需要坚实的物质技术基础，而实体经济正是物质基础的根基和底座，是高质量发展的重要支撑。党的二十大报告提出"坚持把发展经济的着力点放在实体经济上，推进新型工业化，加快建设制造强国、质量强国、航天强国、交通强国、网络强国、数字中国"。

新时代新征程，以高质量发展推动中国式现代化进程，必须促进实体经济发展。金融是实体经济的血脉，"十四五"规划将提高金融服务实体经济能力作为畅通国内大循环的战略部署，强调创新直达实体经济的金融产品和服务。一直以来，票据市场以服务实体经济为重要的发展目标，瞄准实体经济发展难点、痛点，推出一系列创新产品与业务，探索服务实体经济直达性新渠道，并取得系列成效。然而，据江西财经大学九银票据研究院测算，在静态条件下，全市场年均票据承兑签发量理论值可以达到 180 万亿元，远高于当前市场 27.4 万亿元的承兑量。在市场参与主体方面，市场监管总局数据显示，截至 2022 年底，我国企业市场主体突破 5000 万家，然而，用票企业仅有 300 余万家，仅占市场主体 6% 左右的份额，办理承兑、贴现业务的企业数量在 60 万家左右，票据市场存在较大的发展潜力。因此，新时代票据业务发展应持续秉承服务普惠、小微企业，服务绿色金融，服务先进制造业、商贸批零企业、科创企业的发展目标，不断探索票据市场服务实体经济新动能，走中国式现代化票据发展之路。

(三) 票据服务产业链供应链是走中国式现代化的主要抓手

"加快建设现代化经济体系，着力提高全要素生产率，着力提升产业链供应链韧性和安全水平"是党中央对现代化经济体系建设的重要部署。当前，新一轮科技革命和产业变革深入发展，现代化产业体系正在加速重构，数字经济与传统产业不断加速融合，引领现代产业链向高端价值链迈进。票据功能作用丰富，其应用场景与产业链供应链高度契合，且具有低成本优势，可以带动产业链信用传递，依托产业链发展票据业务，可以推动企业生产经营运转，实现资源优化配置，达到促进经济良性互动、推动经济发展良性循环的目的。尤其是伴随着商业承兑汇票、供应链票据、票据增信业务的发展，以及票据信息披露体系的完善，票据市场在产业链、供应链中的应用场景被不断探索，越来越受到供应链企业尤其是中小企业的青睐。当前，制造业、批发零售业票据业务已经超过全市场业务总量的 70%，成为票据市场重要的行业主体。然而，我们必须清晰地认识到，当前票据在产业链、供应链中的应用仍然处于探索阶段，业务体量仍然存在较大的发展空间，例如，在全部 41 个工业行业中，仅有汽车制造业、计算机、通信和其他电子设备制造业等行业的票据理论签发量占比超过 6%；在绿色金融领域，2022 年我国绿色信贷规模突破 20 万亿元，按照票据占企（事）业单位总额 9.19% 的比例测算，绿色票据规模应该达到 2 万亿元左右，远高于目前统计到的千亿元绿色票据规模。除此之外，票据在电子信息、商务租赁等其他新兴产业也存在较大的发展潜力。因此，运用票据服务产业链供应链发展可以成为票据走中国式现代化之路的主要抓手。

（四）票据服务应收、应付账款是走中国式现代化的关键一环

推动实体经济高质量发展的关键在于解决其发展过程中遇到的资金难题，而造成实体经济经营困难、流动性紧张的主要问题在于企业间高企的应收账款。2022 年末，我国工业企业应收账款达 21.65 万亿元，同比增长 12.30%，应收账款平均回收期为 52.8 天，同比增加 3.3 天，应收账款规模不断攀升，周转速度持续放缓，企业间货款拖欠现象愈发严重。改革开放后利用票据解决"三角债"的经验表明票据在清理企业间货款拖欠方面具有得天独厚的优势。一方面，票据具有固定的账期，具有到期无条件付款的特性，具有追索权，为企业回款提供了保障；另一方面，票据融资成本低，流动性强，可成为企业应收账款的重要替代工具。因此，走中国式现代化票据发展之路，推动应收账款票据化是关键，以票据推动企业货款清偿，以票据推动应收、应付账款"双降"，以票据促进企业实现帕累托改进，助力实体经济高质量发展。

（五）建立全国统一的票据市场是走中国式现代化的必由之路

建立全国统一的票据市场是服务经济高质量发展、服务金融高质量发展的需要，也是实现"数字经济"战略目标、推动票据数字化进程的需要，是票据市场未来发展趋势。然而，当前票据市场还存在以下几个方面的问题亟须解决：一是法治建设不同步。《票据法》出台于 1995 年，对当前票据市场发展而言存在一定的滞后性。建立全国统一的票据市场的首要任务是完善基础立法工作，加速《票据法》修订，承认票据无因性，试点融资性票据，明确电子商业汇票、票据经纪、票据评级机构及供应链票据、标准化票据、票据衍生产品等票据创新产品的法律地位，明确票据拆分支付的合法性，探索放开商业本票发展。二是区域发展不平衡。2021 年票据市场承兑量占 GDP 的比重为 21.60%，在 27 个已披露业务数据的省份中，有 21 个省份的这一比重低于全国平均水平。长期以来，我国票据市场发展存在明显的区域差异，主要表现为东部地区票据业务较为发达，承兑、贴现、转贴现、回购等票据业务量约占全国总额的 70%，中部及西部地区票据业务量占比均为 13% 左右，而东北地区票据业务量占比不足 5%，市场结构分化特征明显。建立全国统一的票据市场需要完善票据市场基础设施

建设，推动区域票据市场建立，依托区域产业特色及产业优势发展票据业务，推动票据市场均衡发展。三是票据经纪市场不规范。由于制度缺失、管理不规范等，票据经纪市场一度野蛮增长，一些票据中介打着经纪的旗号从事非法勾当，游离于监管之外的民间贴现暗流涌动，给票据市场发展带来了巨大的风险隐患。建立全国统一的票据市场需要从根本上规范票据贴现市场，建立票据经纪制度，健全票据经纪准入与退出机制，规范票据贴现市场发展，防范民间贴现风险。四是类票据发展不规范。近年来，类票据迅猛发展，在一定程度上提升了企业资金可获得性，解决了企业融资难题，然而其发展同样面临着法治基础缺失、监管不明确、标准不统一等问题，容易影响货币政策的有效性，引发监管套利，潜藏道德风险。建立全国统一的票据市场需要规范类票据发展，完善类票据法治基础，明确类票据监管主体，统一类票据管理办法，推动类票据平台转型。五是指标统计体系不完善。由于缺乏规范的指标统计方式，当前不同主体甚至同一主体在统计口径、统计维度、指标名称等方面均存在差异，在一定程度上对票据市场风险预测和风险防范造成了影响，建立全国统一的票据市场需要进一步规范统计口径、统计维度等。

（六）票据服务中国式现代化要完善顶层设计

完善票据市场顶层设计，首先要统筹中国式现代化票据市场发展思路，加强票据市场整体规划，制定票据市场发展目标以及与之相对应的短、中、长期发展举措。其次，当前票据市场监管仍未完全统一，致使部分政策之间存在矛盾，部分票据业务难以开展，因此需要进一步明确票据市场监管主体，推动达成监管共识，加强监管统一协调。最后，票据市场参与主体众多，既包括商业银行、财务公司、证券公司等金融机构法人，又包括非法人类参与者，需要进一步明确票据市场参与主体职责，划清经营管理边界。除此之外，还需要加强票据市场基础设施建设，推动票据市场制度建设，积极完善票据市场生态环境建设，规范票据平台建设，推动票据市场产品与业务创新，推动票据系统优化升级。

（七）票据服务中国式现代化要发挥科技力量

科技是第一生产力，"十四五"规划将科技自立自强作为国家发展的战略支撑，加快推动建设科技强国。走中国式现代化票据市场发展之路要充分发挥科技力量，推动票据市场数字化转型，一方面，加快数字票据发展，通过数字票据走规范化、信息化、标准化、交易化、平台化、国际化之路；另一方面，通过科技手段挖掘票据业务发展潜力，扩大承兑总量、贴现总量，创新票据业务交易品种，依托科技发展，发挥后端交易投资功能，走类债券和类证券化之路。完善票据科技制度，强化票据 IT 系统建设，充分发挥区块链、大数据、人工智能、云计算、物联网等科技力量，推动票据市场高质量发展。

（八）票据服务中国式现代化要紧盯风险防控

风险是底线，走中国式现代化票据市场发展之路要盯紧盯牢风险防控，贯彻落实《商业汇票承兑、贴现与再贴现管理办法》相关风险控制要求，强化监管科技运用和票据创新风险评估；健全票据市场风险监测体系，加强风险识别、分析与评估，完善风险监测指标，强化监测结果运用；借助金融科技手段进行票据全生命周期风险管理，优化风险监测模型，建立事前、事中、事后全方位的风险应急处置体系；推动商业汇票信息披露准、快、全发展，通过信息披露的方式降低票据市场风险水平；强化票据业务要素审查，严格把控操作风险关口；探索票据评估评级方法，加强票据市场信用建设；引入票据担保机制，防范化解信用风险。

参考文献

［1］本刊记者．国家发展改革委负责同志出席中共中央新闻发布会　介绍解读党的二十大报告并答记者问：高质量发展是全面建设社会主义现代化国家的首要任务和中国式现代化的本质要求［J］．宏观经济管理，2022（11）：1-2，11.

［2］夏杰长．中国式现代化视域下实体经济的高质量发展［J］．改革，2022（10）：1-11.

中国式现代化的票据发展

肖小和　蔡振祥①

党的二十大擘画了我国从 2022 年开始到 2050 年的发展蓝图，提出了未来一段时期党的中心任务就是团结带领全国各族人民全面建成社会主义现代化强国、实现第二个百年奋斗目标，以中国式现代化全面推进中华民族伟大复兴这一重大论断。票据市场作为金融市场的重要组成部分，理应走好中国式现代化票据发展之路，为服务中国式现代化、助力经济高质量发展作出应有的贡献。本文首先提出并解释了中国式现代化票据的概念，其次对改革开放以来尤其是近十年来的票据市场发展历程进行了回顾，总结成绩、分析问题，最后就如何走好中国式现代化票据发展之路提出了自己的观点。

一、中国式现代化票据基本概况

中国共产党已走过百年奋斗历程，百年沧桑巨变，中国共产党带领全国各族人民取得了新民主主义革命的胜利，建立了中华人民共和国这一人民当家作主的政权，并实现了从站起来到富起来的伟大飞跃。如今，第一个百年奋斗目标（全面建成小康社会）已如期实现，在全党全国各族人民迈上全面建设社会主义现代化国家新征程、向第二个百年奋斗目标进军的关键时刻，党的二十大顺利召开，提出了未来一段时期党的中心任务就是团结带领全国各族人民全面建成社会主义现代化强国、实现第二个百年奋斗目标，以中国式现代化全面推进中华民族伟大复兴这一重大论断。其中，中国式现代化这一表述被首次提出。党的二十大报告提出，中国式现代化是中国共产党领导的社会主义现代化，既有各国现代化的共同特征，更有基于自己国情的中国特色。它是人口规模巨大的现代化，是全体人民共同富裕的现代化，是物质文明和精神文明相协调的现代化，是人与自然和谐共生的现代化，是走和平发展道路的现代化。中国式现代化的本

---

① 蔡振祥，所在单位为九江银行企业金融部、江西财经大学九银票据研究院。

质要求是：坚持中国共产党领导，坚持中国特色社会主义，实现高质量发展，发展全过程人民民主，丰富人民精神世界，实现全体人民共同富裕，促进人与自然和谐共生，推动构建人类命运共同体，创造人类文明新形态。

中国式现代化对新时代金融工作的开展提出了更高要求。金融是现代经济的核心，是实体经济的血脉，在我国经济高质量发展全局部署中居于至关重要的位置。近年来，党的二十大、中央经济工作会议、全国金融工作会议等重要会议对金融工作作出了很多重大部署，为新时代金融事业高质量发展提供了根本遵循。通过梳理历次表述可以看出，深化金融体制改革、服务实体经济、支持中小微企业发展、助力乡村振兴、推动绿色发展、科技赋能金融、防范金融系统性风险、完善现代金融监管制度、服务民生及共同富裕、加强金融开放是未来金融发展的主要方向。

票据作为一种已传承千百年的古老金融工具，在中国式现代化金融发展过程中将焕发新的生机，助力新时代金融市场高质量发展。中国式现代化票据属于中国式现代化金融的重要组成部分，既有各国票据支付、结算、融资、信用等共同特征，更有基于自己国情的中国特色。它是全方位嵌入产业链供应链的现代化，是加强科技赋能的现代化，是走数字化、标准化、交易化、平台化、国际化之路的现代化，是建立全国统一票据市场的现代化，是牢牢守住风险底线的现代化，是加强服务实体经济的现代化。中国式现代化票据的发展方向要与新时代金融发展保持高度一致，突出方便快捷的优势，深化与产业链供应链的融合，加强与其他金融产品的结合，争取在服务实体经济、支持中小微企业发展、助力乡村振兴及绿色发展、推动金融开放等方面发挥更大效能。

二、中国式现代化的票据发展

实现中国式现代化需要金融支撑，而发展中国式现代化票据则是金融现代化的重要内容之一。走好中国式现代化票据发展之路，未来要按照党的二十大对金融工作的指导精神，做好票据市场顶层设计，把握票据发展逻辑，强化票据特色优势，下更大力气服务好经济高质量发展，坚定支持中小微企业、绿色产业及先进制造业，融入好产业链供应链，积极运用科技手段，积极建立全国统一的票据市场，牢牢守住风险底线，稳步推进票据数字化、规范化、信息化、标准化、交易化、平台化、国际化。

（一）顶层设计是走好中国式现代化票据发展之路的首要前提

顶层设计是票据市场发展的根本遵循，决定着整个市场的发展走向。当前要尽快修订完善《票据法》，使之与票据市场现状及未来发展需求相匹配，明确票据流通的无因性，巩固票据高流通性的优势，明确电子票据及可拆分属性、供应链票据、数字票据的合法性。在监管层面，需要人民银行、国家金融监督管理总局、证监会等监管机构通力协作，建立符合票据业务特征的监管体系，为票据市场创新发展清除政策障碍。构建票据市场监管协调机制，加强货币政策部门、监管部门和金融机构在业务监管政策方面的探讨，推进票据市场监管规则的修订完善，结合票据市场创新发展实际和未来趋势，消除不同部门法规制定实施中存在的一些矛盾现象，使票据市场在更为合理完善的监管制度框架下健康发展。此外，还要加强法院判案的统一性、明确性、规则性，给市场参与者创造清楚明晰的制度环境。

（二）服务构建国内国际双循环相互促进的新发展格局、助力经济高质量发展是走好中国式现代化票据发展之路的本质要求

实现中国式现代化必须构建以国内大循环为主体、国内国际双循环相互促进的新发展格局，实现经济高质量发展，而新时代金融的首要任务就是服务于实现中国式现代化，因此，票据市场作为金融市场的重要组成部分，其未来发展必然要以服务构建国内国际双循环相互促进的新发展格局、助力经济高质量发展为本质要求。

（三）票据服务中小微企业、绿色金融、先进制造业、科创企业是走好中国式现代化票据发展之路的重要内容

新时代，绿色产业、先进制造业及科创企业代表着未来中国经济的转型方向，其发展状况直接关系未来我国经济能否顺利转型，因此支持上述产业发展将是未来很长一段时间需要坚持的重要工作。票据支持中小微企业需要继续推进应收账款票据化，从而在更好地保障中小微企业权益的同时帮助其降低融资成本；要继续推进票据标准化、等分化，方便企业用票支付结算，提升企业用票体验；要继续推广秒贴服务，提高企业用票融资效率；票据支持绿色产业、先进制造业、科创企业，需要商业银行针对上述行业涉及的票据给予手续费优惠，适度降低FTP定价，人民银行可通过加大再贴现额度定向支持上述行业，还需要商业银行优化审批模型，运用大数据等科技手段，创新业务品种及担保方式，为科创企业提供更加丰富

的融资渠道。

（四）票据服务产业链供应链是走好中国式现代化票据发展之路的主要抓手

票据产生并流转于供应链，支付结算是其基本属性，巩固好票据在产业链供应链中的支付结算及融资功能，是票据服务实体经济的主要抓手。供应链票据相比于普通电子票据而言支付结算更加便利，且能更好地把控交易真实性，要积极推广使用。此外，还要组织研究票据在主要应用行业的应用模式，思考在供应链中票据相比于流动资金贷款、国内信用证等其他类似产品的特点及优势，研究与其他金融工具结合使用，为客户提供综合性融资方案并加强宣传推广。

（五）票据服务企业应收、应付账款是走好中国式现代化票据发展之路的关键一环

商品交易会产生赊欠，其表现主要有应收账款及票据两种形式。相比于应收账款，一方面，票据具有固定的账期，具有到期无条件付款的特性，具有追索权，且受法律保障，为企业回款提供了保证；另一方面，票据融资成本低，流动性强，可成为企业应收账款的重要替代工具。应收账款票据化近年来多次被监管部门提及，例如，2019年6月，时任中国人民银行行长易纲在陆家嘴论坛上提出要推动应收账款票据化；上海票据交易所董事长宋汉光在"第十六届中国国际金融论坛"演讲中表示，要深化票据市场供给侧结构性改革，推广应收账款票据化，提升票据服务实体经济的精准度。可以预见，应收账款票据化将是票据市场未来需要持续推进的主要工作。

（六）建立全国统一的票据市场是走好中国式现代化票据发展之路的必由之路

随着市场的变化及科技的发展，类票据产品出现并快速发展，既解决了传统应收账款的一些固有难题，也存在缺乏监管、透明度低及道德风险加大等问题。建议首先要抓紧"摸清家底"，类票据毕竟只是企业自己开出的"白条"，其信用风险及道德风险不可忽视，要客观了解类票据产品发展现状，评估其综合风险；其次，应尽快调整管理制度，将类票据产品与一般票据业务按照同一标准进行监管，防止政策套利；最后，要将类票据平台逐步通过系统改造等方式统一纳入票据市场，与上海票据交易所系统全面对接。对于民间票据贴现及相关平台，要按照《九民纪要》等有关法规规范管理，同时，要发挥规范的互联网相关平台的作用，共同服务好票据市场。

（七）积极发挥科技功能是走好中国式现代化票据发展之路的关键支撑

积极发挥科技功能，一方面，通过运用区块链、大数据、人工智能等金融科技及发展数字票据，走票据数字化、规范化、信息化、标准化、交易化、平台化、国际化之路；另一方面，通过科技手段扩大承兑及贴现总量、研究票据评级制度、创新交易品种及交易模式、提升机构票据业务经营能力等。

（八）风险防范抓紧抓牢是走好中国式现代化票据发展之路的底线要求

票据市场作为金融市场的重要组成部分，自改革开放以来总体发展稳健，但在特定阶段仍然有一些重大票据风险事件发生，给相关参与者造成了严重损失，增加了票据市场的不稳定性。无论将来票据发展到了什么程度，风险管理始终都是要坚持的根本原则，要处理好风险与创新的关系，善于运用科技力量，继续强化票据信用披露制度建设，探索票据评估评级方法，执行好修订后的票据新办法，引入票据担保机制，在风险可控的前提下追求创新，在创新过程中积累风险防控和处理的经验，对有益的经验要形成制度及时推广，从而保证市场健康稳定发展。

数字化是票据市场创新发展的必然趋势

肖小和　木之渔

《中华人民共和国国民经济和社会发展第十四个五年规划和 2035 年远景目标纲要》提出"加快建设数字经济、数字社会、数字政府，以数字化转型整体驱动生产方式、生活方式和治理方式变革"。票据市场作为我国金融市场的重要组成部分，以及服务实体经济的主要金融工具之一，应加强关键数字技术应用，推动市场数字化转型，提升数字化服务效能，这也是票据市场进一步创新发展、服务实体经济的必然要求。

一、票据市场服务实体经济的功能作用

（一）票据市场便利了实体经济支付结算

票据（尤其是电子商业汇票）具有鲜明的结算特性，具有跨地域、效率高、速度快、接受程度好等优势。票据承兑业务可以引入银行信用，实现交易的延期支付，减少对企业营运资金的占用；票据背书转让，可以满足企业间短期资金支付需求；票据贴现、票据质押融资等业务，则便利企业快速获取资金，加快企业资金周转，提高商品流通效率。

（二）票据市场为实体经济提供了融资支持

票据是一类融资成本较低的企业融资产品，与流动资金贷款相比，一是票据贴现利率总体上低于流动资金贷款利率，为企业节约了大量融资成本；二是企业通过办理票据项下（尤其是办理电子商业汇票项下）相关业务较流动资金贷款效率更高、更便捷，有利于节约时间成本，加快资金回笼速度，促进中小企业资金融通。

（三）票据市场创新发展推进了供应链发展

2020 年，上海票据交易所正式推出供应链票据创新产品。供应链票据通过票据流转模式和系统运行逻辑的创新，使得票据与供应链企业之间的交易往来更加紧密耦合，信息透明度更高，信用和风险识别机制更加清晰，链内中小企业既可以分享核心企业信用，也可以拆分票据用于业务结

算，进一步便利了链内企业的日常支付与融资需求，打通了企业生产、分配、流通及消费各环节，畅通了供应链、产业链，更好地发挥了票据对推动供应链发展的优势作用，推动了我国商业信用体系成长。

（四）票据市场较好地传递了货币政策和信贷政策

票据再贴现是重要的货币政策、信贷政策传导工具，中央银行运用再贴现政策一方面可以调节信贷规模和货币市场供应量，通过票据市场运作实现货币政策目标；另一方面可以根据国家或地方产业政策的要求，有选择性地进行融资，调节商业银行信贷投放方向，抑制商业银行对落后产能、受限行业等领域的信用扩张欲望，引导信贷资金理性投放，实现调节信贷结构的目的。再贴现在票据市场已运作多年，较好地实现了中央银行货币政策、信贷政策调控目标。

二、票据数字化的必要性与可行性

票据数字化是金融数字化的一部分，是以数据资源为关键要素，以现代信息网络为主要载体，以信息通信技术的有效使用来提升效率和优化结构，是票据市场全领域、全流程、全要素的转型。

（一）必要性

1. 经济高质量发展的需要

党的十九大报告作出了我国经济已由高速增长阶段转向高质量发展阶段的科学论断。

票据数字化发展与经济高质量发展是相互促进的关系。一方面，票据数字化发展将推动市场基础设施不断完善，进一步推动我国信用环境的改善，为经济高质量发展提供信用与金融支持；另一方面，经济高质量发展将推动票据数字化进程，提升供给体系对国内需求的适配性，增强自主创新能力，提供高质量科技供给，为票据数字化发展创造更广阔的空间。

2. 优化融资环境的需要

《中华人民共和国国民经济和社会发展第十四个五年规划和2035年远景目标纲要》提出了"稳妥发展金融科技，加快金融机构数字化转型""提高金融服务实体经济能力，健全实体经济中长期资金供给制度安排，创新直达实体经济的金融产品和服务"等要求。

推动票据数字化发展将极大地推动市场基础设施建设，逐步形成全国统一的票据交易与信用信息大市场，并进一步提升票据市场透明度，提高市场交易效率，改善票据市场信用风险评价体系，通畅供应链生产、分配、流通、消费等各个环节，优化信用与融资环境，促进实体经济协调发展。

（二）可行性

1. 我国深入实施数字经济发展战略

根据"十四五"规划的要求，"十四五"时期，我国数字经济转向深化应用、规范发展、普惠共享的新阶段。为应对新形势新挑战，应把握数字化发展新机遇，拓展经济发展新空间，推动我国数字经济健康发展。2020年，我国数字经济核心产业增加值占国内生产总值（GDP）的比重达到7.8%，数字经济为经济社会持续健康发展提供了强大动力。

当前，我国信息基础设施全球领先，产业数字化转型稳步推进，新业态及新模式竞相发展，金融科技水平不断提升，数字政府建设成效显著，数字经济国际合作不断深化。在此背景下，大力推进票据数字化发展具备政策、技术以及经济可行性。

2. 企业信用信息数字化契机

2021年12月22日，国务院办公厅发布《加强信用信息共享应用促进中小微企业融资实施方案》，要求"加快信用信息共享步伐，深化数据开发利用，创新优化融资模式，加强信息安全和市场主体权益保护，助力银行等金融机构提升服务中小微企业能力"。信用信息共享范围包括市场主体登记信息、司法信息、纳税信息、住房公积金信息、社会保险信息等14大类37项。信用信息将依托已建成的全国中小企业融资综合信用服务平台，横向联通国家企业信用信息公示系统和有关行业领域信息系统，纵向对接地方各级融资信用服务平台，构建全国一体化融资信用服务平台网络。

企业信用信息是票据数字化的重要组成部分，完备的企业信用信息既有利于推动票据市场整合成长，也有利于形成合理的定价机制，更有利于防范商业信用风险。目前，票据市场企业信用信息领域存在信用信息不完整、信息发布不及时、缺乏统一的评级体系等问题，较大程度上困扰了市场发展。票据市场可以信用信息共享为契机，打造集票据信息、票据交易、信用信息于一体的新型市场基础设施，统一制定企业评级管理要求，改善信用风险管理手段，更好地服务实体经济。

三、票据数字化之路

票据数字化是将票据信息、票据信用信息通过科技化手段实现信息化、规范化、标准化、法治化进而交易化。票据数字化是金融数字化的重要组成部分，是包含票据治理结构、发展战略、数据要素、业务创新、中台建设、风控机制、智能营销、智慧服务等多个层面的综合数字化方案，是数字经济高质量发展的重要动能，将有力推动数字产业化和产业数字化进程。

（一）科技化

科技化是票据数字化的驱动。科技是促进金融创新，深化金融供给侧结构性改革，增强金融服务实体经济的能力，推进金融数字化、票据数字化的引擎。

近年来，票据领域的科技元素不断增加，技术手段不断更新，电子化产品与无纸化交易已覆盖全市场，票据科技化已取得阶段性成果，未来需进一步强化以下几方面工作。一是加快推动新技术应用，推动大数据、云计算、人工智能、区块链等新兴技术在票据领域的应用，强化市场技术含量，提升市场生态环境；二是推动产品、模式创新，加大技术对创新的支持力度，完善基于区块链的数字票据等创新产品，强化对关键领域的技术及资源投入，加快跨境票据研究与研发，为跨境人民币提供更多应用场景，进一步完善供应链票据各项系统功能，提升服务实体经济的能力；三是推动新业态的发展，通过技术培育智能票据交易、智慧定价、数字化票据投顾等新业态，促进票据市场稳健健康发展。

（二）信息化

信息化是票据数字化的前提。信息化将票据市场线下处理的业务线上化，将分散的各类数据集中挖掘处理，有利于提升业务效率、降低操作风险、改善市场环境。

推动票据信息化发展，一是强化信息采集能力，提升数据资源处理能力，培育壮大票据数据市场；二是加强信息集成能力，市场基础设施及金融机构应强化信息技术集成创新和融合应用，加快专业化、产品化、定制化服务模式创新，促进数据、技术、场景深度融合，打造数字化新优势；三是加强市场对接能力，供应链、产业链是票据市场重要的应用场景，应强化票据市场与供应链、产业链的对接，加强面向多元化应用场景的技术融合和产品创新，一方面提升产业链、供应链关键环节的竞争力，推动完善5G、芯片、集成电路、新能源、高端装备、工业互联网等重点产业供应链体系；另一方面提升供应链上下游中小企业的票据融资服务；四是加快企业信用信息体系建设，企业信用信息是票据市场的薄弱环节，提升信用信息服务的供给能力，有利于推动信用数据资源高效配置。

（三）规范化

规范化是票据数字化的支撑，即合规有序的市场发展环境。票据的生命周期涵盖支付与融资两大领域，涉及对公信贷、支付结算、金融市场等多个银行业务板块，具有市场参与者多、业务场景复杂、风险管控难度大等特点，规范发展是票据数字化发展进程中的重要一环。

加强票据规范化建设，一是金融机构要加强票据合规性管理，建立稳健的数字化审批流程，重点强化对持票人权益、数据安全、产品及服务定价、声誉、反洗钱等领域的合规性审查；二是监管部门要强化数字监管，建设全方位、多层次、智能化、立体化的票据监管体系，推动监管数据采集和共享利用，进一步提升票据数字化监管能力；三是建立票据数据安全治理体系，强化数据安全风险评估，落实数据安全防护责任，保护票据及数据持有者的合法权益；四是完善协同治理机制，形成票据市场监管部门、基础设施、行业组织、金融机构和企业多元参与、有效协同的数字化治理新格局，明确市场主体责任，有效维护市场秩序。

（四）标准化

标准化是票据数字化的关键，是票据数字化进程中关于流程、数据等标准体系的总称。包括统一的业务规则、数据格式与标准、统计口径、安全标准，以及数据采集、传输、存储、处理、共享、销毁等全生命周期管理要求等。

推动票据标准化建设，一是加快研究制定票据国家业务标准体系，建议牵头部门协调研究制定票据国家标准，包括票据业务标准、票据数据标准以及信用数据标准，提升票据服务支持水平；二是加快推动票据国家技术标准体系的制定，推动新技术、新功能在票据领域的使用，加快构建算力、算法、数据、应用资源协同，推进票据领域数字化转型；三是积极配合跨境人民币数字化发展要求，提前研究跨境票据业务及数据标准，并做好制度、系统、平台准备，为跨境票据业务发展奠定基础；四是积极推动数字化风险控制标准制定，建议借鉴国际规则和经验，围绕票据数据流动、数据安全、反垄断、反洗钱、数据隐私保护等重大问题探索建立风险控制标准；五是推动基础设施标准化改造，基础设施是票据标准化落地实施的关键环节，加快推动基础设施及关键系统的数字化改造，有助于促进票据市场实现全方位、全角度、全链条、全要素的数字化转型，构建全新的数字化生态。

（五）法治化

法治化是票据数字化的保障，在票据数字化进程中应制定完善相关法律法规和监管政策，为数字化的票据市场提供法律保障。

推动票据法治化进程，一是建立与数字经济发展相适应的票据法律政策体系，一方面，加快推进《票据法》的修订工作，《票据法》是票据的根本大法，其相关条款仍停留在纸质票据时代，票据市场大量创新产品（如电子商业汇票、标准化票据、票据资产证券化等）缺乏相关法律依据，影响了业务创新及数字化建设，需要尽快修订完善；另一方面，加快完善票据市场相关政策措施，以适应票据数字化转型。二是全面梳理完善票据市场监管政策体系，废止已不适用于票据数字化的监管政策，根据数字化特点制定相应的监管规则，实现事前事中事后全链条、全领域监管，有效打击票据领域违法犯罪行为。三是建立健全数据产权管理政策与机制，研究完善票据数据产权管理政策，明确数据的所有权、使用权、经营权和分配权，切实推进数据产权基础政策建立，激发数据要素对其他要素的效率倍增作用，推动票据数据资源共享。

（六）交易化

交易化是票据数字化的目标。票据数字化将推动票据业务及票据数据的资产化，而交易化可实现相关票据资产重新定价，最终实现其对价、促进流通。票据交易化内容较为广泛，包括票据业务交易和票据数据交易，其中，票据业务交易既包括票据贴现、转贴现、再贴现、回购等传统业务，也包括指数交易、远期交易等票据衍生品交易；票据数据交易包括信用数据、流转数据、利率数据、收益率数据等新型数据产品交易。

推进票据交易化发展需重点推进以下几方面工作：一是明确交易规则，重点推动票据数据交易规则建设，完善交易相关的托管、清算、运营机制，提升市场交易效率；二是强化基础设施建设，票据业务交易已具备全国统一的基础设施，但票据数据交易缺乏交易场所，需要牵头部门统筹协调，建设集票据业务、票据数据交易于一体、统一、规范的票据市场基础设施，为交易化发展提供支撑；三是鼓励票据创新，一方面需加强对业务场景及衍生品的研究，提供更多贴合实际需求、降低企业融资成本的票据创新产品，提升票据市场服务空间；另一方面需加强对票据数据交易的创新研究，培育数据市场交易主体，促进票据数据要素市场流通；四是紧扣政策要求，以服务实体经济、小微企业、绿色经济为根本，通过数字化票据交易进一步推动票据市场转型升级，引导金融机构规范有序开展票据业务，促进服务实体经济与票据数字化深度融合；五是加强交易风险控制，全方位监测市场交易行为，打击违规票据交易，营造安全有序的交易环境。

票据数字化是服务高质量经济发展的必由之路

肖小和　李　鹰　木之渔　禾几页　徐　言①

《中华人民共和国国民经济和社会发展第十四个五年规划和 2035 年远景目标纲要》提出"加快建设数字经济、数字社会、数字政府，以数字化转型整体驱动生产方式、生活方式和治理方式变革"。票据市场是中国金融市场的重要子市场，票据产品是服务实体经济、推动中小企业发展的重要工具。加快推进票据数字化进程，有利于强化货币政策对实体经济的精准滴灌作用，推动社会各领域全面发展，是服务"数字经济"国家战略、服务高质量经济发展、服务双循环新发展格局的必由之路。

一、票据数字化的概念、特征及重要性

（一）数字票据的概念

数字票据是数字金融的重要组成部分，是以数据资源为基础要素，以现代信息网络为主要载体，以金融科技为票据全生命周期、全要素数字化转型的重要推动力，促进公平与效率更加统一，从而推动票据市场从"量"到"质"发展模式的根本变更，建立全新、全优、全方位的以数字化为根本标签的全新票据生态圈。

数字票据具体分为狭义数字票据和票据数字化两部分，包含介质、基础设施、应用、数据确权及治理四层含义。其中，狭义数字票据特指介质层面，票据数字化包含其余三个层面，共分为"票据数字基建""票据数字技术""票据数字生态""票据数字资产""票据数字基因"五个维度。

1. 介质层面

这一层面包含所有基于网络信息且已电子化的票据介质，如已登记并电子化的纸质票据、通过传统中心化技术构建的电子票据（包含基于新一代票据业务系统开出的可拆分电子票据、供应链票据）、通过区块链技术构

---

① 李鹰、禾几页、徐言，所在单位为江西财经大学九银票据研究院。

建的数字票据以及未来基于更新技术可能出现的智能票据等。

2. 基础设施层面

一是全面完备的制度标准体系，包括齐全的法律规章、统一的业务及技术标准、长远的金融科技融合规划，以及明确的风险评价与创新机制；二是功能完善的平台设施体系，包括上海票据交易所、上海数据交易所、企业信用信息平台，以及票据评级机构等；三是特点鲜明的参与者设施体系，充分发挥金融科技的支持作用，强化参与者数据挖掘分析能力，提升银行、非银机构及企业的数字化发展水平。

3. 应用层面

一是应用于实体经济，充分发挥票据支付与融资的作用，结合供应链、产业链服务实体经济、服务中小企业、服务绿色经济、服务"三农"经济、服务制造业发展、服务科创建设、服务跨境贸易，推动数字票据与实体经济融合发展，推动数字票据与国家战略深入发展；二是应用于金融数字化，提升金融行业数字化水平，改变金融机构在票据领域传统的交易、授信、用信、营销、风控及运营模式，全面推进票据市场规范化、标准化、智慧化、国际化和大众化，促进数据要素化市场配置聚焦营销数字化、服务场景化、风控智慧化、监管智能化、管理精益化、客户全景化、渠道一体化、运营自动化、产品创新化、定价差异化十大应用场景，打造智能化数据产品体系，实现数据对业务的即时赋能和数据驱动智能化决策；三是应用于社会发展，通过提供数据及票据的确权、计价、交易、共享等服务，促进企业信用增级，改善整体商业信用环境，推进市场设施高标准联通，促进国内市场高效流通，助力国内统一大市场建设，畅通国内大循环。

4. 数据确权及治理层面

一是明确票据数据产权规则，保护票据数据权利人合法权益，优化企业级数据资产管理体系，全面推动数据管理工作和数据平台建设，深度参与数据要素市场化改革，广泛引入政府公共数据等优质外部数据，打造覆盖营销、产品、运营、风控、决策等板块的智能化数据服务，增强数字发展能力，活跃数字经济循环；二是促进票据数据产权交易体系建设，推动实现票据数据要素市场化配置，鼓励数据的流动与创新应用，进一步激活票据数据的价值；三是推进票据数据治理机制建设，强化数据监管，确保数据信息安全可靠，提升数字资产智能应用能力，做实做强做活数据新要素，深耕数据治理，明确数据治理认责机制，强化数据质量源头与过程控制，完善数据质量与信息标准管控体系，建立数据治理长效机制。

（二）票据数字化的概念、特征及重要性

1. 票据数字化的概念

"十四五"规划明确提出了加快数字化发展、建设数字中国的目标，以及加快金融数字化转型的任务要求。票据数字化是指票据业界充分发挥"数据+技术"等生产要素的价值，强化票据对国民经济各领域的服务能力，加速业务模式、管理模式的创新和重塑，以有效提高价值创造能力，促进实体经济提质增效。

2. 票据数字化的特征

（1）科技赋能

科技赋能是票据业务高质量发展的动力。习近平总书记指出："中国特色社会主义进入了新时代，我国经济发展也进入了新时代，基本特征就是我国经济已由高速增长阶段转向高质量发展阶段。"为了更好地服务我国经济在新时代下高质量发展，票据业务应积极借助金融科技这一制胜法宝，推动自身高质量迈入新时代，实现与中国经济同频共振。票据业务与金融科技紧密联系在一起，对票据业务量的健康放大有极大的促进作用，既降低了运营成本，又提高了营销效率。票据数字化促进了科技与票据的结合，全面提升了票据市场业务处理能力、风险防控能力及业务创新能力，推动票据市场与实体经济融合发展。

（2）促进创新

传统金融服务主要依靠金融机构营业网点，由于资源的限制，其往往局限于大中型客户，大大局限了金融服务受益客群，不利于充分发挥金融"活水"功效。随着数字化发展过程中大数据分析、互联网金融以及区块链技术的普及，大大拓展了金融服务渠道，使传统的线下服务延伸至线上，从网上银行、手机银行到微信小程序等，金融服务不再受限于时间和空间，大大提升了金融服务的外延，中小微企业、经济相对落后地区可以更低成本、更为便捷地获得金融服务。票据数字化促进了票据数据要素的流通与交易，为票据数据资产优化配置奠定了基础，为票据市场发展创新提供了基础。

（3）标准统一

票据数字化必然要求业务标准、技术标准统一。由于可纳入科技系统的均是标准化后的流程和产品形态，科技系统的介入和完善能加快票据产品自身的标准化进程，标准化程度高的产品更容易实现自我更新、社会普及和功能扩充，科技发展通过促进票据产品标准化更丰富了票据产品的内涵。所以，坚持技术标准、坚持安全稳健、坚持自主可控是稳健发展的基础。应打造先进可控的统一标准的硬核科技，加大与国家战略科技力量的产学研用联合创新并争取重大标准化成果，使得"卡脖子"技术攻关取得关键突破，构建标准体系统一的"云计算+分布式"基础设施平台，统一的科技创新成果有助于转化为业务价值。票据数字化的标准贯穿于票据全生命周期，业务与技术标准的统一为票据市场持续发展创造了条件。

（4）风险可控

票据数字化将推动数字化监管、智能监测、自动风险识别及干预等风险管控模式的发展，不断推进授信及风险控制模型的升级与优化，不断提升市场参与者的风险管控能力与水平。随着金融科技的快速发展，市场中收集和分析数据将更加容易，将在一定程度上减少信息不对称；基于大数据、云计算和人工智能的交易和投资策略将重新定义金融市场的价格发现机制，加快交易速度，提升金融市场的流动性，提高金融市场的效率和稳定性；金融机构和监管机构可以借助大数据筛查与信息技术，构建多种多样的数据监控模型，以机控代替人控的方式开展反洗钱、反欺诈等业务合规情况识别预警，真正意义上实现金融业务风险端口前移，切实提高票据市场风险防控的有效性。

3. 票据数字化的重要性

数字票据可以有效化解票据市场中存在的问题，提升企业支付与融资效率，强化票据服务实体经济的能力，降低社会总体融资成本；增强科学技术对经济发展的引擎作用，推动金融科技发展创新；促进对社会资源的配置，强化货币政策对实体经济的精准滴灌作用，推动社会各领域全面发展，驱动经济高质量发展。

（1）经济方面

党的十八大以来，以习近平同志为核心的党中央高度重视数字经济发展，明确提出"不断做强做优做大我国数字经济"，并作出"加快数字化发展，建设数字中国"的战略部署。各大商业银行都将数字化转型列入银行发展战略，大中型银行更是通过成立金融科技子公司或者设立专门的金融科技研究部门，加大科技力量投入，金融科技对商业银行业务起到了重要的支撑作用。通过提高数字化供给能力、生态化链接能力，不断拓展服务实体经济的路径和方式，推进票据数字化，更好地满足实体经济和人民群众多样化的金融需求，发挥金融运营和治理在改进服务、创新模式、增进效率中的作用，推进自身治理体系和治理能力现代化，努力在服务新发展格局、推动高质量发展中展现更大担当。

（2）金融方面

票据数字化发展是金融高质量发展的需要，能够促进创新、强化监管、优化资金供给、践行普惠金融、服务中小企业，做到宏观调控与精准滴灌相结合。票据数字化强调对新技术的使用，而新技术彻底颠覆了传统金融服务理念，提供传统金融服务的场所是金融机构营业网点，产品设计也以金融机构为主导，以金融机构单向度的服务理念为中心。在新技术蓬勃发展的金融科技时代，金融服务理念转变为以客户为主导，围绕对公对私客户在经济活动中的方方面面需求，金融机构不断渗透跟踪，根据不同客户群体、不同应用场所、不同结算融资需求研发适配产品，不断拓宽金融服务场景。

（3）服务企业方面

票据数字化是服务供应链、产业链的利器，通过整合供应链资源，能够提升供应链运转效率，畅通链内物流、资金流及信息流，降低中小企业融资成本。金融科技与票据产品创新具有典型的双向促进作用。党中央曾作出重要指示："大力发展科技金融，推动设立科技专营金融机构或部门，鼓励金融机构与科技园区、科技企业建立更加紧密的合作关系。"因此，"科技+票据"的跨界发展成为票据产品创新的核心途径。目前依托金融科技的票据产品井喷式推出，极大地激发了市场创新活力，改变了市场业务链条，重塑了票据市场生态，进一步深化了票据在支持实体经济、加速供应链布局方面的作用，促使票据市场发生了革命性变革，在票据产品线上逐步实现需求差异化、产品差异化与客户差异化。

（4）票据市场方面

票据数字化是票据市场的重大变革，能够促进票据市场改善透明度、交易效率、经营模式、服务方式等。过去人们主要关注金融公司使用科学技术增强业务能力，如今更关注"科技+数据"如何创新其业态。数字化时代，票据服务理念转变为以客户为主导，围绕对公对私客户在经济活动中的方方面面需求，金融机构不断渗透跟踪，根据不同客户群体、不同应用场所、不同结算融资需求研发适配产品，不断拓宽票据服务场景。

（5）信用环境方面

票据数字化是信用环境优化的推进器，尤其是在商业信用领域，推进企业信用信息完整化、透明化、一体化进程。一是构建信用评价模型，完善票据信用评价体系。随着企业信用信息等关键数据信息的不断丰富与完善，可利用大数据技术、互联网技术构建信用评价模型，确定风险客户，并对其进行量化评分与行为分析，提出切实可行的措施，不断降低人为判断所带来的误差。二是促进商票业务发展，进一步扩展商票市场。上海票据交易所目前正积极推动商业承兑汇票注册宣传，2021 年 8 月 1 日起正式实施商业承兑汇票信息披露制度，不断改善我国商业承兑汇票业务发展环境。三是金融科技的发展能够提高供应链金融对于信息的捕捉能力，实现数据资源的有效整合，打破不同个体之间的信息壁垒，缓解票据市场尤其是商票市场信息不对称问题。科技与票据业务的结合能够产生裂变效果，激发市场创新活力，改变市场业务链路，重新塑造市场生态，深化票据全功能作用，促使票据市场发生信用体系的革命性变革。

（6）国际化方面

票据数字化是人民币国际化的重要载体，跨境票据能够促进跨境贸易活动，促进中国票据标准的建立，推动人民币国际化进程。数字化的发展将促进国际贸易的票据化。目前，我国票据市场还在深入开拓国内市场，作为世界第二大经济体，我国与世界的经济贸易往来越来越密切，票据业务也得到了不断拓展，规模不断扩大。上海票据交易所根据我国票据市场的未来发展趋势，搭建了跨境人民币贸易融资转让服务平台并进行了业务试点。未来，上海票据交易所还将进一步推进跨境人民币贸易融资转让服务平台的建设，可以预见，将来在此平台可以实现涉外票据资产的签发、贴现及转让交易，吸引外资进入市场。在国际贸易票据化进程中，科技的作用尤为重要，可以利用大数据分析对国际企业异常票据行为进行识别，还可以通过历史数据构建企业画像，预判该企业的违约概率；通过大数据建立模型，从而建立起对应的系统对风险进行预测，不断提升其预警与监测能力，实现对异常交易情况的全方面追踪，不断规范企业的行为，引导商业信用的提升。

二、票据市场发展概况及存在的问题

票据作为信用的载体，其与经济发展及商品流通相辅相成，特别是随着上海票据交易所的成立以及票据电子化程度的不断提高，票据市场服务实体经济的广度和深度不断提升，但同时也存在票据数字化建设与应用程度不够等问题。

（一）票据市场发展概况

1. 票据市场服务实体经济的广度和深度不断提升

（1）票据市场业务总量持续较快增长。2021 年，票据市场业务总量为 167.32 万亿元，相比 2017 年增长 74.38%。其中，承兑发生额为 24.15 万亿元，相比 2017 年增长 65.07%；背书发生额为 56.56 万亿元，相比 2017 年增长 155.93%；贴现发生额为 15.02 万亿元，相比 2017 年增长 109.78%；转贴现发生额为 46.94 万亿元，相比 2017 年增长 5.5%；回购发生额为 22.98 万亿元，相比 2017 年增长 203.17%（见图 1）。

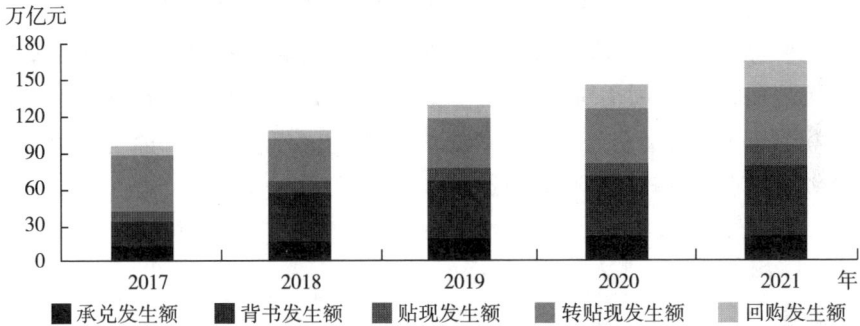

图 1　票据市场业务总量持续较快增长

（2）票据市场规模明显扩大。截至 2021 年末，票据承兑余额为 14.98 万亿元（见图 2），相比 2017 年末增长 53.17%；在同期社会融资规模存量中占比为 4.77%，相比 2017 年末略有提高。票据贴现余额为 9.88 万亿元，在同期企业人民币贷款余额中占比为 8.2%，相比 2017 年末提高 2.4 个百分点。

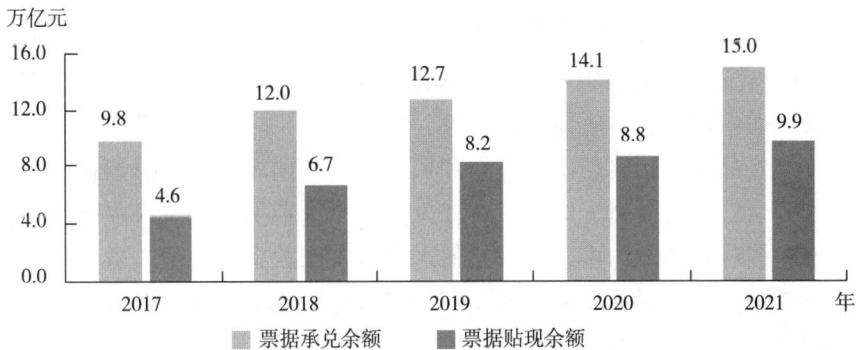

图 2　票据市场规模持续扩大

（3）用票企业数量不断增长。2021 年，用票企业家数达到 318.89 万家，相比 2017 年增长 201.18%；企业用票金额达到 95.72 万亿元，相比 2017 年增长 118.09%（见图 3）。

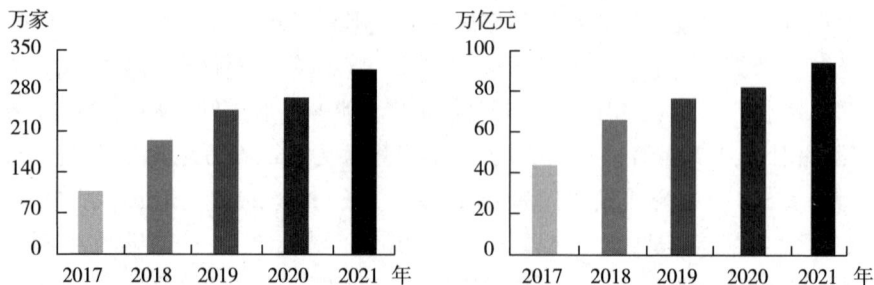

图 3　用票企业数量（左图）和企业用票金额（右图）不断增长

（4）票据融资利率持续下降，大幅降低企业融资成本。2021 年，票据市场贴现加权平均利率为 2.85%（见图 4），相比 2017 年下降 204 个基点，相当于 1 年可为企业节约融资成本 1000 亿元以上；与一般贷款的利差为 240 个基点，有效减少企业融资成本 1200 亿元。

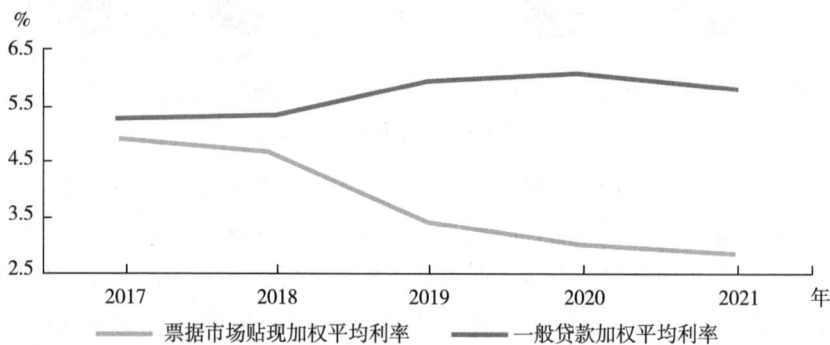

图 4　票据贴现利率与一般贷款利率走势

（5）票据产品创新不断涌现，深化票据功能作用。一是上海票据交易所持续完善票据全生命周期产品体系，在票据签发、支付、融资、交易等环节创新产品设计，实现产品体系和服务方式的闭环，供应链票据、票付通、贴现通等产品提高了中小微企业融资效率，盘活了企业应收账款；商票信息披露优化了市场用票环境，促进了应收账款票据化。二是商业银行相继推出票据"秒贴"产品，实现资金和票据的实时交互，大大提高了企业票据变现的效率，提升了票据服务实体经济的能力。

2. 票据市场发展特点及趋势

（1）科技赋能推动票据市场快速发展。上海票据交易所成立以后，票据市场系统建设加速推进，为金融服务实体经济提供了有力支持。一是建立了全国统一的票据电子化交易系统——中国票据交易系统，实现了票据交易的统一化、线上化和集中化，交易效率、风险防控等方面均有了质的优化。二是构建了直通式处理和票款对付结算功能，实现票据资产和资金同步交割，全面提升结算效率和安全性。三是搭建了再贴现业务系统，实现了再贴现 DVP 交易功能，全面加快再贴现业务处理效率。四是全力推进新一代票据业务系统建设，整合中国票据交易系统与电子商业汇票系统（ECDS），统一规范完善业务及系统规则，为票据市场的创新及发展提供有力支撑。

（2）电票已基本替代了传统纸票。电票安全性高，可规避遗失、损毁等物理损失风险；效率高，可提高交易效率；成本低，节约了保管、验票、传递、托收等环节的费用。2021 年，电票承兑发生额为 23.99 万亿元，市场占比达到 99.34%，电票已成为市场主导。

（3）票据支持中小微企业的能力显著提高。一是中小微企业用票企业家数和用票金额不断增加。2021 年，中小微企业用票企业家数达到 314.73 万家，在所有用票企业中占比为 98.7%。中小微企业用票金额达到 69.1 万亿元，在企业票据业务中占比为 72.19%。二是中小微企业票据融资金额增势明显，融资利率大幅下降。2021 年，中小微企业票据贴现量为 11.13 万亿元，在贴现总额中占比为 74.12%；中型、小型、微型企业贴现加权平均利率分别为 2.87%、2.96% 和 2.95%。

（4）票据支付功能不断增强。一是票据支付总量不断增长。票据签发环节和背书环节均为企业支付行为，2021 年票据支付量为 80.71 万亿元，相比 2017 年增长了 131.99%。二是票据的平均面额持续下降。票据面额越低，其支付属性越强，2021 年票据的平均面额为 83.85 万元，相比 2017 年下降了 25.58%。三是单张票据的平均背书次数不断增加。票据背书次数越多，代表其支付次数越多，2021 年单张票据每月平均背书频次为 3.02 次，相比 2017 年明显增加。

（5）票据市场风险防控和生态环境持续改善。一是票据电子化促进传统纸票的操作风险显著下降。二是市场透明度提高有利于生态环境优化。信息披露制度的实施可以提高票据承兑人的信用意识，遏制了承兑人的信用违约，增强了市场参与者的风险防范水平。三是票据监管政策引导票据市场更趋规范。加强票据贸易背景要求，强化票据资管非标认定，建立票据准入退出机制，缩短票据期限，加大检查处罚力度，引导票据市场回归本源、规范发展。

3. 票据市场发展的意义

（1）票据为实体经济发展提供了支付便利和低成本融资渠道

一是票据业务作为企业间贸易往来的一种主要支付结算工具，对加快商品生产流通提供了极大的便利和支持。票据具有凭证法定、账期固定、市场认可度高、流动性较高等优点，使用票据代替现金作为支付工具，既避免了使用大量现金，又可以通过背书方式进行票据转让，从而促进流通、提高效率，让企业的各类商品交易更加便捷和安全。因此，票据业务既可以加快市场上的资金周转和商品流通，又可有效促进企业之间的贸易往来。

二是票据作为企业特别是中小企业的重要融资工具，为实体经济提供了便捷的融资渠道和低成本资金。相对于普通贷款，票据贴现具有办理流程简便、环节少、时间快、审批通过率高等特点，特别是对于信用等级相对较低的中小企业，通过票据贴现可以帮助其快速实现短期融资需求，缓解了中小企业融资难问题。同时，票据贴现利率一般低于同期贷款利率，在一定程度上降低了企业融资成本，缓解了中小企业融资贵问题。

（2）票据为金融机构提供了优化资产负债结构、加强流动性管理、增加收益的重要手段

一是票据业务为银行主动增加存款提供了抓手。银行承兑票据时需要企业缴纳承兑保证金，而保证金比例往往与企业的信用等级挂钩，因此，银行可以通过增加票据承兑来主动增加低成本存款。此外，企业在票据贴现后，往往会有一定存款的沉淀，这部分也构成了银行的低成本负债。

二是票据业务是银行资产管理的重要手段。票据作为高流动性的短期债权工具，是银行进行流动性管理的重要配置资产，票据回购业务已逐渐成为商业银行短期资金融通和运用的新渠道。票据的不良率较低，是银行降低不良率的手段之一。票据属于信贷资产，也是银行进行信贷调节的主要工具，在贷款规模宽松时，大量办理票据贴现业务，以增加信贷资产；在信贷规模紧张时，大量压缩票据资产规模，以投放其他信贷资产。

三是票据业务成为银行增加盈利的工具。票据业务可以给银行带来承兑手续费收入、贴现利息收入、转贴现利差收入、回购利息收入以及再贴

现低成本资金，为银行扩盈增效、调整收入结构开辟新路径。

（3）票据有助于推动金融市场发展

一是票据业务有助于丰富金融市场产品。票据市场已经发展成为金融市场的重要组成部分，金融机构之间的票据交易，加快了短期资金的融通和调剂，是银行等金融机构的重要交易业务。

二是票据业务有助于推动金融市场创新。票据市场发展推动了金融创新，市场参与主体更趋于多元化，非银行金融机构对票据创新业务和产品的参与力度和深度不断提升，跨界、跨市场、跨区域的发展趋势愈发显著，企业、银行、信托、基金、证券公司、财务公司以及个人均已不同程度地参与票据市场，票据产品种类、交易模式、交易主体已发生深刻变革。

（4）票据使得货币政策传导更为有效和迅速

一是票据是重要的货币政策工具。票据再贴现是中央银行三大传统货币政策工具之一，通过向商业银行提供再贴现资金，可弥补银行短期头寸不足，实现货币供应量增加；引导金融机构向重点行业、薄弱领域加强信贷投放，实现对实体经济的精准滴灌；通过调整再贴现利率对市场利率产生"告示作用"，影响银行对企业的贷款利率。

二是票据利率有助于推动贷款利率市场化。票据利率市场化程度较高，已经形成了较为完备的市场价格形成机制，而贷款利率还未完全市场化，且两者之间有一定的替代关系，市场化的票据利率可以促进贷款利率市场化进程。

（二）票据市场发展存在的问题

票据市场在制度、风险、内控、创新等方面存在问题，关键在于票据数字化没有与时俱进。

（1）票据数字化建设不够

虽然票据电子化后大部分票据业务流程均已实现线上操作，但仍有不少环节有待进一步数字化、网络化、智能化。

（2）新技术应用不足

大数据技术在票据市场有应用但不充分，可以进一步挖掘海量票据市场数据在需求对接、业务创新、风险监控等方面的应用；云计算、人工智能、区块链、元宇宙等技术手段涉足较少，可以考虑在业务模式与流程、产品创新、操作媒介等方面进行探索应用。

（3）制度建设与数字化进程不匹配

《票据法》由于颁布时间较早，产生于纸票时代，未承认电子票据的法律效力，这与数字经济发展需求不相匹配。此外，一些基于纸票时代和传统监管思维制定的监管制度也未能适应数字化进程。

（4）票据市场的开放程度待加强

上海票据交易所成立以后实现了全市场的数据集中，近年来向市场陆续发布了全市场数据和收益率曲线，推出了信息披露平台，显著提高了市场透明度，但在信用信息、价格信息、时间序列信息等方面开放程度仍显不足。

（5）数字化票据的推广和渗透不够

票据作为规范透明、有管理有制约、数字化程度相对较高的信用支付工具，在部分行业渗透率不高，甚至在供应链企业中出现了用应付账款替代票据的情况。

三、票据数字化发展思路及方案

由于票据市场在数字化发展方面相对滞后，我们认为必须加快推动票据数字化进程，以更好地适应新时代的要求，为实体经济提供更优质的金融服务。

（一）基本思路

票据数字化发展可以采取分步走的策略。首先，推动票据数字化顶层设计研究，统筹规划票据数字化发展思路；其次，推动票据数字化制度及相关基础设施建设；最后，推动票据数字化应用发展。

（二）票据数字化框架体系

票据数字化框架体系是票据数字化的顶层设计，包括票据数字化市场体系、票据数字化组织体系、票据数字化参与主体体系、票据数字化交易体系、票据数字化发展体系、票据数字化管理体系、票据数字化服务体系、票据数字化法律制度体系、票据数字化信息科技体系、票据数字化研究体系10个部分。

1. 票据数字化市场体系

票据数字化市场涵盖票据业务产品、数据及服务全领域，由票据数字化承兑市场、票据数字化贴现市场、票据数字化转贴现市场、票据数字化再贴现市场、票据数字化创新产品市场、票据数字化经纪市场、票据数字化评级市场、票据数字化信息市场 8 个子市场组成。

2. 票据数字化组织体系

票据数字化组织体系是票据市场的管理中枢,由中国人民银行牵头,政府部门和监管部门共同组成。其中,政府部门包括工信部门、国资部门、财政部门、商务部门、地方中小企业管理部门等;监管部门包括国家金融监督管理总局、地方金融监督管理局等。

3. 票据数字化参与主体体系

票据数字化参与主体包括直接参与主体与间接参与主体两类。直接参与主体是指直接参与票据数字化各项业务的主体,包括企业、商业银行、中央银行(参与再贴现)、财务公司、非法人产品(资管计划等)、数据交易商及其他直接参与主体(包括券商、基金、信托、保险等机构)等;间接参与主体是指为票据数字化提供间接服务的主体,包括政府部门、监管部门、基础设施(上海票据交易所、上海数据交易所等)、担保公司、评级公司、经纪公司、高校、智库、法务等服务主体。

4. 票据数字化交易体系

票据数字化交易体系是票据市场的助推器,包括传统型交易产品、创新型交易产品以及交易规则三部分。其中,传统型交易产品包括票据贴现、转贴现、再贴现等品种;创新型交易产品包括票据资管、票据理财、票据资产证券化、标准化票据、供应链票据、远期票据等品种。

5. 票据数字化发展体系

票据数字化发展体系包括内涵发展和外延发展两部分,内涵发展是指票据市场的内部机制和内生动力,包括票据市场的担保机制、交易机制、托管机制、清算机制等;外延发展是指票据市场的外部环境和基础支撑,包括票据市场的法律环境、监管环境、基础设施等。

6. 票据数字化管理体系

票据数字化管理体系是指票据数字化直接参与主体围绕票据数字化经营开展的一系列管理活动,包括产品管理、数据管理、创新管理、估值管理、营销管理、合规管理、科技管理、运营管理及风险管理等。

7. 票据数字化服务体系

票据数字化服务体系是指为票据数字化市场提供间接服务的相关功能,包括建设票据数字化信用信息平台、票据数字化信息披露机制、票据数字化平台代理接入机制、票据数字化评级机制、票据数字化经纪机制以及票据数字化增值服务（票据数字化培训、担保、顾问等）。

8. 票据数字化法律制度体系

票据数字化法律制度体系主要包括法律法规、监管制度、业务规则、参与者内部制度四个层面。

9. 票据数字化信息科技体系

票据数字化信息科技体系是指票据市场不断引入先进科技手段，并依此开发票据数字化平台。一是中央银行应引领票据市场基础设施及参与者提升技术水平；二是需建设票据数字化系统平台，涵盖票据交易、数据交易、信用信息、跨境票据等业务领域，为票据数字化发展提供技术支撑。

10. 票据数字化研究体系

票据数字化研究体系是指由市场参与主体或第三方专家针对票据市场开展的学术研究，包括票据数字化顶层设计、票据数字化发展研究、票据数字化创新研究、票据数字化法律研究、票据数字化信用研究、票据数字化风险研究、票据数字化管理研究、票据数字化科技研究等。

（三）发展目标

1. 短期目标

建议用 3~5 年时间完成短期发展目标。一是开展票据数字化业务论证，明确票据数字化发展模式及路径，并设定相关环节的时间节点；二是完成票据数字化法律制度建设及系统平台搭建等基础性工作，初步实现票据数字化雏形；三是开展票据数字化试点，可以选择部分重点行业开展业务试点，并不断完善票据数字化制度、系统及功能，初步搭建票据数字化生态。

2. 中长期目标

短期目标完成后，建议再用 5 年左右的时间开展全面推广票据数字化的工作，实现票据数字化"目标行业、目标领域、目标供应链"全覆盖的目标。

（四）发展路径

1. 信息化

信息化是票据数字化的前提。信息化将票据市场线下处理的业务线上化，有利于提升业务效率、降低操作风险。

推动票据信息化建设，一是强化信息采集能力，提升数据资源的挖掘能力与处理能力；二是加强信息集成能力，市场基础设施及金融机构应强化信息技术集成创新和融合应用；三是加强市场对接能力，供应链、产业链是票据市场重要的应用场景，应强化票据市场与供应链、产业链的对接，一方面提升产业链、供应链关键环节的竞争力，推动完善5G、芯片、集成电路、新能源、高端装备、工业互联网等重点产业供应链体系；另一方面提升供应链上下游中小企业的票据融资服务；四是加快企业信用信息体系建设，提升信用信息服务的供给能力，从而更好地配置信用数据资源。

2. 平台化

平台化是票据数字化的基础，有利于统一标准，规范有序地运营各项业务。

推动平台化建设，一是强化票据数字化业务子平台功能，将其建设成为票据数字化平台的核心，并进一步强化其业务功能，提升服务创新能力；二是研究票据数据交易子平台功能，票据数据交易子平台是票据数字化平台的重要组成部分，其交易产品、交易规则、数据治理、数据确权等领域均为空白地带，需要深入研究探讨。

3. 规范化

规范化是票据数字化的支撑，即合规有序的市场发展环境。票据市场具有市场参与者多、业务场景复杂、风险管控难度大等特点，规范发展尤为重要。

加强规范化建设，一是金融机构要加强票据合规性管理，建立稳健的数字化审批流程，重点强化对持票人权益、数据安全、定价、声誉及反洗钱等领域的合规性审查；二是监管部门要强化数字监管，建设全方位、多层次、智能化、立体化的票据监管体系；三是建立票据数据安全治理体系，强化数据安全风险评估，落实数据安全防护责任，保护票据及数据持有者的合法权益；四是完善协同治理机制，形成票据市场监管部门、基础设施、行业组织、金融机构和企业多元参与、有效协同的数字化治理新格局。

4. 标准化

标准化是票据数字化的关键，是票据数字化进程中关于流程、数据等标准体系的总称。包括统一的业务规则、数据格式与标准、统计口径、安全标准，以及数据采集、传输、存储、处理、共享、销毁等全生命周期管理要求等。

推动标准化建设，一是加快研究制定票据国家业务标准体系，建议牵头部门协调研究制定票据国家标准，包括票据业务标准、票据数据标准以及信用数据标准；二是加快推动票据国家技术标准体系的制定，推动新技术、新功能在票据领域的使用，加快构建算力、算法、数据、应用资源协同；三是积极配合跨境人民币数字化发展要求，提前研究跨境票据业务及数据标准，并做好制度、系统、平台准备；四是积极推动数字化风险控制标准制定，建议借鉴国际规则和经验，围绕票据数据流动、数据安全、反垄断、反洗钱、数据隐私保护等重大问题探索建立风险控制标准；五是推动基础设施标准化改造，加快推动基础设施及关键系统的数字化改造，促进票据市场实现全方位、全角度、全链条、全要素的数字化转型。

5. 科技化

科技化是票据数字化的驱动。科技是促进金融创新，推动金融数字化、票据数字化的引擎。

近年来，票据领域的科技元素不断增加，电子化产品与无纸化交易已覆盖全市场，科技化已取得阶段性成果，未来需进一步强化以下几个方面。一是加快推动新技术应用，推动大数据、云计算、人工智能、区块链等新兴技术在票据领域的应用；二是推动产品、模式创新，完善基于区块链的票据数字化创新产品，加快跨境票据研究与研发，完善供应链票据各项系统功能，强化技术对业务创新的支撑；三是推动新业态的发展，通过技术培育智能票据交易、智慧定价、数字化票据投顾等新业态，促进票据市场稳健健康发展；四是提升中小市场参与者的技术水平，加强对中小市场参与者的技术辅导、技术支持，提升市场整体技术水平。

6. 法治化

法治化是票据数字化的保障，在票据数字化进程中应制定完善相关法律法规和监管政策，为数字化的票据市场提供法律保障。

推动票据法治化进程，一是加快推进《票据法》的修订工作，《票据法》的部分相关条款仍停留在纸质票据时代，票据市场创新产品缺乏法律依据，需要尽快修订完善；二是全面梳理完善票据市场监管政策体系，根据数字化特点制定相应的监管规则，实现事前事中事后全链条、全领域监管；三是建立健全数据产权管理政策与机制，研究完善票据数据产权管理政策，明确数据的所有权、使用权、经营权和分配权，激发数据要素对其他要素的效率倍增作用；四是研究数据治理机制，明确数据分级分类、风险评估、应急处置等相关要求，维护票据市场数据安全。

7. 交易化

交易化是票据数字化的目标。票据数字化将推动票据业务及票据数据的资产化，而交易化可实现相关票据资产重新定价，最终实现其对价、促进流通。票据交易化包括票据业务交易和票据数据交易。

推动交易化需关注以下几个方面：一是明确交易规则，重点推动票据数据交易规则建设，完善交易相关的托管、清算、运营机制，提升市场交易效率；二是强化基础设施建设，需要牵头部门统筹协调，完善票据业务交易基础设施，新建票据数据交易基础设施，为交易化发展提供支持；三是鼓励票据创新，一方面需加强对业务场景及衍生品的研究，提供更多贴合企业实际需求、降低企业融资成本的票据创新产品；另一方面需加强对票据数据交易的创新研究，培育数据市场交易主体，促进票据数据要素市场流通；四是紧扣政策要求，以服务实体经济为根本，通过数字化票据交易推动票据市场转型升级；五是加强交易风险管控，全方位监测市场交易行为，营造安全有序的交易环境。

8. 大众化

大众化是票据数字化的本源。票据根植于企业，服务实体经济是票据数字化的使命。

推动大众化建设，一是做好票据数字化顶层设计，充分考虑各行业、各类型企业的实际需求，以"便利支付、改善融资、促进发展"为宗旨，以服务实体经济为根本，着力加强票据数字化顶层设计；二是突出服务中小企业，中小企业处于供应链的两端，在链条中缺乏话语权，在票据数字化产品设计中应充分关注中小企业的诉求，切实服务好中小企业，促进实体经济提质增效。

9. 国际化

国际化是票据数字化的方向。票据依托我国《票据法》而设立，是一类具有中国特色的金融产品，在人民币国际化进程中具备独特的发展潜力。

推动国际化建设，一是完善跨境票据基础设施，制定跨境票据相关业务制度、业务规则，完善跨境票据支付、融资及交易业务系统，优化现有票据市场基础设施，提升我国金融机构的资源配置整合能力；二是探索跨境票据数字化业务模式，借助跨国供应链、产业链研究跨境人民币项下票据数字化业务新模式，促进跨境经济贸易及投资往来；三是建设跨境票据数字化国际规则，构建数字经济国际规则是当前备受关注的重要领域，促进跨境票据数字化国际规则建设，有助于推动人民币国际化进程。

（五）票据数字化设计方案

1. 设计思路

（1）加强前瞻思维，坚持系统观念

系统观念既是马克思主义基本原理的重要内容，也是票据数字化的方法论。票据市场既是金融市场中较为特殊的子市场，业务涵盖支付结算、融资投资等领域，也是科技投入较为密集的领域，可以迅速反映技术的迭代升级，为数字经济发展提供重要支撑。票据数字化需要加强前瞻思维，坚持系统观念，不断从实践中总结新问题、提出新思路、提炼新规律，从多视角、多层次、多方面入手规划布局，以提高经济运行效率，提升金融服务的普惠性。

（2）注重整体推进，实施重点突破

当前，数字经济已成为重组国际要素资源、改变全球竞争格局的关键力量。在票据数字化的实施过程中，一是需要注重整体推进，注重规划票据数字化产业生态，充分培育票据数据要素市场，提升票据对中小企业发展的促进作用，实现票据数字化各领域协同发展的态势。二是需要强化重点突破，尤其是在数据治理、数据确权等关键环节，由于数据不具备实物形态，其确权与治理存在较多困难，一方面要重点研究数据确权，明确票据市场数据的分类、分级及确权机构，建立票据数据确权流程，以及权益管理、权益分配及权益监管等机制；另一方面要深入探索数据治理，构建安全可控、弹性包容的票据数据要素安全治理体系，充分发挥票据数据的要素价值。

2. 设计要求

设计票据数字化方案需处理好以下六对关系。一是处理好风险与创新的关系。票据数字化是新兴事物，业务规则、业务数据及风险模型是否无懈可击，需要进行全面的业务测试及论证；票据数字化采用了大量的最新技术手段，仍需进一步强化技术测试与验证，以确保业务及技术风险可控。二是处理好全局与局部的关系。票据数字化既要顾全大局，立足整体全面推进，又要注意局部对全局的作用，充分关注各子平台、子方案、子项目的进展情况，及时协调解决存在的问题。三是处理好境内与跨境的关系。票据是人民币的重要载体，在数字化进程中应强化研究跨境票据产品。四是处理好监管与发展的关系。既要防止消极监管，业务野蛮发展，又要防止监管过度，抑制创新需求。五是处理好数据治理与数据安全的关系。加快建设数据治理相关法律制度体系，明确数据分级、分类保护要求，探索数据治理监管体系。六是处理好数据确权与数据交易的关系。数据确权是数据交易的基础，需稳妥制订票据数据确权方案，有序推动各项工作开展。

3. 建设方案

票据数字化的建设方案包括参与者方案、业务产品方案、法律制度方案、系统平台方案及实施推进方案等。

票据数字化是票据市场的未来发展方向，建设票据数字化需要坚持前瞻思维及系统观念，持续推动票据数字化顶层设计，并不断加强市场基础设施、法律制度、系统平台、数据确权与治理等方面的建设，以消除数字鸿沟，优化资金供给，促进宏观调控与精准滴灌的结合，推动金融高质量发展；促进金融服务实体经济，强化票据对绿色经济、乡村振兴、全国统一大市场等政策的支持，改善中小企业融资困境，增强供应链、产业链的韧性以及抵御风险的能力，助力"双循环"战略落地，进一步促进经济高质量发展。

参考文献

［1］肖小和，木之渔．票据市场 2021 年回顾及 2022 年展望［J］．金融言行：杭州金融研修学院学报，2022（3）：5.

［2］江西财经大学九银票据研究院．票据基础理论与业务创新［M］．北京：中国金融出版社，2018.

［3］肖小和，木之渔．发展商票与企业信用信息数字化研究［EB/OL］．［2022-01-27］．凤凰新闻．

［4］肖小和，甲子．数字化是票据市场创新发展必然趋势［EB/OL］．［2022-02-25］．凤凰新闻．

［5］上海票据交易所《中国票据市场发展报告》编写组．中国票据市场发展报告（2017）［M］．北京：中国金融出版社，2018.

［6］上海票据交易所《中国票据市场发展报告》编写组．中国票据市场发展报告（2021）［M］．北京：中国金融出版社，2022.

［7］吕欣，房珊杉．以系统观念统筹推进数字经济发展［J］．企业管理，2022（3）．

建设中国票据统一市场的研究

肖小和　李　鹰　木之渔　禾几页　徐　言

当前我国票据市场发展取得了可喜成绩，票据市场服务实体经济的广度和深度均得到了持续较快发展，票据的功能、效率和安全性都有了质的飞跃。同时，票据市场也出现了一些新变化新业态，如类票据的出现与快速发展，各类票据平台的打造，供应链票据的推出，等等。这些新变化既有积极的作用，又存在一些问题，如商业承兑汇票发展瓶颈问题，类票据显著改善了传统应收账款不标准、不流转、难融资等弊端，对促进供应链融资起到了积极作用，但同时也存在缺乏监管和准入门槛低、透明度低、道德风险较大等问题；各类票据平台促进了票据市场流通，提升了集团内票据业务管理效率，但同时也存在民间票据贴现、票据平台业务模式等问题；供应链票据的推出是类票据转化的有效途径，但仍处于起步阶段，而且出现了逆转化、劣币驱逐良币等现象。本文认为，这些新业态有其产生的必然性，既要看到其积极的一面，也要分析当前票据市场存在的问题，随后提出完善票据市场的措施建议，引导类票据和票据平台走规范发展之路并纳入票据市场范畴，最后指出票据市场的未来发展趋势就是建立统一的票据市场，这也是本文研究的重点所在。

一、票据市场发展概况

（一）商业汇票是商业信用的高级表现形式，自诞生以来得到持续较快增长，票据的功能、效率和安全性都有了质的飞跃

1. 票据业务规模得到持续较快增长

新中国的票据业务起源于 20 世纪 80 年代初，主要是为了防止企业间商品赊销、信用挂账、货款拖欠，解决困扰企业的"三角债"问题而推出。其具有专门的《票据法》和对应的监管制度进行规范，有明确的监管机构牵头管理，有官方的基础设施提供服务，有成熟开放的支付融资业务体系，是商业信用的高级表现形式。自诞生以来，票据市场得到快速发

展，截至 2022 年 9 月末，票据承兑余额为 18.7 万亿元，相比 2001 年增长了 32.3 倍，年均增速达到 17.3%；票据融资余额为 12.4 万亿元，相比 2001 年增长了 35.5 倍，年均增速达到 17.8%（见图 1）。

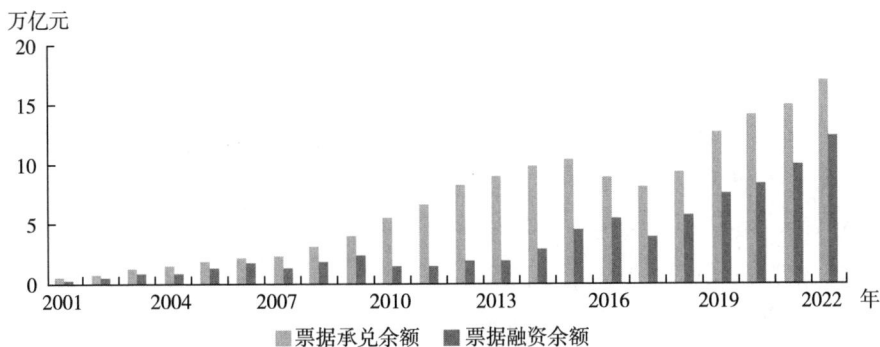

图 1　2001—2022 年全国票据市场规模变化情况

2. 票据服务实体经济成绩可喜

票据为实体经济发展提供了支付便利和低成本融资渠道。一是票据支付量和融资量持续较快增长。2021 年，票据支付量为 80.71 万亿元，相比 2017 年增长 132%；票据贴现融资量为 15.02 万亿元，相比 2017 年增长 109.78%。二是用票企业数量不断增长。2021 年，用票企业家数达到 318.89 万家，相比 2017 年增长 201.18%；企业用票金额达到 95.72 万亿元，相比 2017 年增长 118.09%。其中，35.77 万家企业通过票据获得贴现融资；259.29 万家企业参与票据背书业务。三是票据融资利率持续下降，大幅降低企业融资成本。2021 年，票据市场贴现加权平均利率为 2.85%，相比 2017 年下降 204 个基点，相当于 1 年可为企业节约融资成本 1000 亿元以上；与一般贷款的利差为 240 个基点，有效减少企业融资成本 1200 亿元。其中，银票贴现加权平均利率为 2.7%，相比 2017 年下降 210 个基点；商票贴现加权平均利率为 4.2%，相比 2017 年下降 147 个基点。

3. 票据服务中小微企业战绩显著

票据具有信用叠加、流动性强、融资手续便捷、成本低等优势，在破解中小微企业融资难题、促进中小微企业资金周转和缓解短期流动性压力等方面具有独特优势。一是中小微企业用票企业家数不断增加。2021 年，中小微企业用票企业家数达到 314.73 万家，同比增长 17.72%，在所有用票企业中占比为 98.7%。二是中小微企业用票金额持续增长。2021 年，中小微企业用票金额达到 69.1 万亿元，同比增长 15.75%，在企业票据业务中占比为 72.19%。三是票据融资成为中小微企业融资的重要途径。2021 年，中小微企业票据贴现量为 11.13 万亿元，在贴现总额中占比为 74.12%。四是中小微企业的票据融资成本低。2021 年，中型、小型、微型企业贴现加权平均利率分别为 2.87%、2.96% 和 2.95%，相比一年期 LPR 利率（3.65%）低 60~70 个基点，相比贷款加权平均利率（4.61%）低 160~170 个基点。

4. 上海票据交易所为统一规范票据市场发展奠定了基础

作为票据市场的基础设施，上海票据交易所在推进票据市场统一规范健康发展、重塑票据市场生态上发挥了重要作用。一是通过科技手段大幅提高了票据市场的电子化水平，建成全国统一、公开透明的票据市场，改变了此前市场分割、信息不对称的状况，目前电票市场占比已超过 99%。二是通过制度建设和机制设计有效降低了市场风险，提高了效率，完善了票据市场业务规则，规范了市场准入标准，构建了票据交易票款对付（DVP）结算和直通式处理等业务机制，票据市场的安全性和效率得到显著提升。三是通过信息披露机制优化了票据市场生态。信息披露增强了市场透明度、规范商业信用、提高违约成本、培养信用意识，票据信用环境持续优化。

（二）电子债权凭证是商业信用与金融科技的融合，其服务核心企业与上下游企业成绩显现，近年来呈现迅猛增长态势

电子债权凭证是指基于应收、应付账款而创设的一类电子化的确权凭证，通常依托大型企业的商业信用，在其供应链企业中进行电子化流转和融资，由于其要素和功能与票据非常相似，因此也被称为"类票据"。其签发和流转的平台叫供应链平台，通常由大型企业构建。可以看出，电子债权凭证是传统商业信用与金融科技结合的产物，实现了应收、应付账款的电子化流转和融资，大幅提高了应收、应付账款在产业链内的流转效率。

1. 电子债权凭证改变了传统应收账款债权债务的不确定性和不流通性

传统应收账款虽然也有合同约定，但约束力不强，往往存在强势的债务人拖欠弱势的债权人情况；同时，由于传统应收账款个性化太强，其基本没有流转。电子债权凭证是对传统应收账款的确权和相对标准化，债权债务更为明晰，约束力相对更强，并且同一平台的凭证具有统一电子格式，流通性明显提升，因此，电子债权凭证在传统应收账款确权方面具有极大的改良作用，这也是电子债权凭证产生及快速发展的主要原因。以中

企云链公布的数据为例，截至 2022 年 12 月，该平台已有注册企业 21.95 万家，云信确权 8164 亿元，累计交易 2.52 万亿元。

2. 电子债权凭证改善了应收账款的融资效率

传统应收账款的融资方式主要有银行的质押贷款、保理公司的保理等，但由于债权人很难找到所持应收账款的融资银行和保理公司，绝大部分企业都是持有应收账款到期。供应链平台直接提供了相对应的融资渠道，从而减少了搜寻成本，大幅改善了应收账款的融资效率。仍以中企云链为例，云信实现保理融资 5805 亿元，融资率达到 71.1%。

3. 电子债权凭证提升了核心企业影响力

核心企业通过构建供应链平台、签发电子债权凭证，将自己的信用延伸到整个产业链，从而提升了自身的影响力和金融资源，这也是核心企业纷纷构建供应链平台，并要求供应链企业使用电子债权凭证的原因。

但同时，电子债权凭证并未改变传统应收账款缺少法律规范、缺少监督、信息不透明、存在道德风险、融资渠道不公开等缺陷。简言之，电子债权凭证是由构建它的大型企业决定，其核心利益也是维护大型企业的利益。正因如此，近年来大型企业构建的供应链平台野蛮式增长，据不完全统计，市场上可查询的供应链平台已超过 150 种，一年签发的电子债权凭证已有上万亿元，涉的企业数量可能已超过百万家。

（三）供应链票据是电子债权凭证票据化的有效途径，目前有了可喜开端，但仍处于起步阶段

供应链票据是指通过上海票据交易所供应链票据平台签发的电子商业汇票，其功能与电子债权凭证相同，但属于电子票据。供应链票据结合了电子债权凭证和电子票据的优点，其对电子债权凭证的替代是商业信用规范发展的有效途径。当前，供应链票据已实现了电子债权凭证的可拆分等功能，并将部分供应链平台纳入其中，实现了供应链票据与电子债权凭证功能上的对接，为票据替代应收账款奠定了基础。由于供应链票据制约了大型企业在电子债权凭证中的核心利益，这个替代过程是被动的、缓慢的甚至是有反复的，但从长远来看，商业信用的规范发展是必然的。2020 年 4 月 24 日，供应链票据正式推出，截至 2021 年末，供应链票据平台共有 3000 多家企业登记注册，各项业务金额合计 671.63 亿元，目前仍处于起步阶段。

（四）管理型票据平台开始发展

管理型票据平台是指将一个集团或多个集团的票据业务进行集中管理的平台，其主要目的是管理平台内主体的票据业务行为，包括票据权限、票据额度、票据融资以及日常管理等，从而提高整个集团的票据业务效率和安全性，从全市场看其是票据业务的延伸和补充。目前该类票据平台逐渐增多，如企票通、军工票、央企内部票据平台等。企票通是由国新金服构建的致力于为中央企业提供商业承兑汇票等金融信息服务的平台，为中央企业提供商业承兑汇票一站式信息服务方案，将中央企业优质信用向产业链上下游中小企业传导。军工票是由十大军工集团财务公司联合发起的，以市场化同业合作提升集团票据流转效率，降低财务成本。同时，部分央企也纷纷筹建自身集团内的票据平台，加强集团内票据的管理，提升运作效率。

二、当前我国票据市场发展存在的几个主要问题与原因分析

（一）商业汇票问题与原因分析

在现有票据市场中，银票仍占据主导地位，商票尚未大幅发展的原因来自多个方面。一是商票的流动性较差，导致参与主体对商票的接受程度不及银票。二是商业银行的运营思路依然以传统信贷业务为主，对于商票发展的重视程度不够，而且大多数商业银行的票据业务处于分散式管理状态，未能充分发挥银行间市场的低成本资金优势来支持商票发展。三是商票自身的"信用机制"问题和一二级市场不连贯之间的博弈，在很大程度上限制了商票的发展。

1. 商票的流动性问题限制了商票发展

一是企业信用评级的缺位是导致商票流动性缺失的重要原因。目前我国对于多数企业的信用评级处于缺位的状态，除了一些信息较为公开透明的大型企业以外，其他企业的评级一般以区域性商业银行为主导，缺乏统一的标准，这导致商票可流通的市场较为零散且彼此割裂，在全国范围内呈区域性特征。现有供应链平台上流转的应收账款电子化凭证或供应链票据也存在同样的问题，平台之间的或者不同企业集团之间的商票难以实现互通，商票难以获得流动性支持，在结算方式中必然不被企业选择。二是商票市场存在的信息不透明情况也限制了商票的流动性。在上海票据交易

所未设立商票信息披露平台之前，全国缺乏一个统一的商票信息披露平台，这给不法分子提供了伪造商票的机会，也给商票市场带来了诸多信用风险。三是由于商票信息不透明，持票企业在急需资金时会选择中介机构进行贴现，"天价"的贴现利率使企业对商票产生了抵触心理，让商票的流通陷入困境。四是贴现后的商票在转贴现市场上流动性也大不如银票。在转贴现市场上，除了一些追求高收益资产的银行会对已贴现商票有一定需求外，大多数参与机构都不愿意买断商票作为资产，因此，相较于整个票据市场，商票的询价与报价很少，成交量更是远不及银票。此外，商票难以用于回购业务和再贴现业务，基本限制了商票再融资的路径，从而更加减少了各金融机构对商票的需求。

2. 银行内部管理机制对商票发展产生了影响

银行拥有众多商票业务的潜在客户，理论上能够获得短期贷款授信额度的客户就有成为商票客户的基础。但在现实经营过程中，商票业务处于非常从属的地位，甚至有的银行根本不开展商票业务。主要原因如下：一是银行考核的重点依然以传统信贷业务为主。票据业务即使完成得很好也只是总体考核中的一小部分，导致分支机构做商票业务的动力有限。二是客户及客户经理的业务逻辑难以突然转变。对于客户而言，出于对商票流动性等因素的考虑，不愿大面积开展票据业务，对于客户经理而言，其对传统信贷业务无论是在流程方面还是在风险把控方面都较为熟悉，不愿新添业务品种。由于这种惯性思维的影响，商票业务发展受到阻碍。除此之外，现有商业银行的票据业务多处于分散经营的状态。根据业务特性，票据贴现业务一般归属于公司条线管理，票据转贴现业务一般归属于金融市场条线管理，这样一来就把原本可以实现快速跨界的业务产品人为地割裂开来，票据贴现也因这种割裂而不能充分享受银行间市场的低成本资金，尤其对于自营资金成本较高的中小银行而言，难以释放商票的利差红利。

3. 商票发展受到了一二级市场间僵硬流转机制的影响

无论是"公司信用类债券"还是商票，都被视作"企业信用"。一般情况下，市场环境恶化会导致"金融机构信用"更受追捧，"企业信用"受到排斥。与债券以融资为目的不同，贴现前的票据是"支付工具"，信用环境的恶化会产生正反两种作用。在经济低迷期，资金周转困难，企业更愿意以票据进行支付，以节约资金占用成本。信用环境持续恶化后，风险开始暴露，"商业信用"将会受到排斥。2018 年以后，商票签发指数化后与宏观景气指数的走势基本负相关，因此，近年来商票发展的持续落后不能归因于市场环境的恶化。票据签发集中于中小企业，金额小、期限分散，承兑人及直贴机构需承担"自动化"的刚兑责任，因此即使存在风险暴露，被最终拒兑的概率仍然很低。而债券发行金额巨大，期限分布集中，个体违约极易诱发挤兑现象。以 2021 年为例，单张票据平均金额在 190 万元左右，而单只债券平均超过 10 亿元。A 股银行不良票据约为 18 亿元，而债券违约接近 1500 亿元。由此可见，"信用危机"并非导致商票萎缩的主要原因。在尚未达到"信用破裂"的边界地带之前，环境产生的冲击是温和的，甚至会契合票据的"支付功能"。因此，商票更紧迫的问题在于一二级市场间僵硬的流转机制。

（二）电子债权凭证问题与原因分析

电子债权凭证作为类票据通过核心企业信用加持，实现了供应链企业间多级、可拆分流转，加速了供应链经营周转，提升了企业资金可获得性。然而，其存在的问题和背后的机制等更值得关注。

1. 类票据为社会提供了"增量货币"

尽管票据尚未被纳入中国人民银行货币层次范畴，但作为重要的市场监管工具，其被计入"社会融资规模"进行统计。与之不同，类票据作为一种供应链闭环内使用的支付融资工具，凭借核心企业信用实现链条内部逐级流转，通过电子债权凭证的转让轧平企业间应收、应付账款，在一定范围内形成了对法定货币的替代，使供应链金融体系内部产生了"造币"功能，但由于类票据并不计入货币供应量及社会融资规模进行统计，庞大的出票量对货币政策有效性产生了不可忽略的影响。

2. 类票据缺少监管主体和监管标准

类票据作为供应链金融新兴产品，尚未被纳入金融监管范畴。目前市场上类票据种类繁多，规则千差万别，经营主体涉及央企、国企、商业银行、企业、第三方平台等多种类型，监管归口不一致，监管指标不统一，监管体系不完善。类票据由供应链企业间的自发行为而产生，具有极强的封闭性，既不具有基础设施、风控体系保障，也没有法律政策规定、信息披露等约束机制，信息透明度非常低，底层基础交易真实性尚不可知，可能存在利用闲置授信套取银行资金的风险，一旦类票据流转泛滥，还可能进一步形成新的企业间"三角债"。

3. 票据业务的强监管有可能产生本末倒置的效果

虽然类票据在一定程度上改善了应收账款的流动性，但由于容易逃脱监管，会影响货币政策的有效性。由于类票据的要素与业务流转和票据极其相似，在票据市场严监管趋势下，可能会出现弱监管的类票据替代票据的倒退现象，导致监管套利，形成非正规金融产品对正规金融产品的挤出效应。这种"劣币驱逐良币"现象的产生，将会对金融监管秩序造成严重的影响。如此大体量的科技化"白条"游离于监管之外，如若管理不当，存在暴雷风险，将对社会经济稳定产生巨大的冲击。

4. 类票据自身存在一定的风险

一是信用风险。类票据凭借核心企业信用逐级流转，核心企业承担着类票据到期支付履约义务，其信用状况或是履约能力的恶化将对电子债权凭证的流转与融资造成负面影响，类票据整体信用风险也将大幅提升。二是操作风险。类票据大多基于供应链平台开立、流转，其安全性与平台安全性、平台运营方安全性紧密相关，如果技术投入不足，容易引发平台故障或遭遇入侵，给客户资金带来损失；网络安全防护机制不健全容易导致客户信息泄露，降低平台客户信任度，存在部分客户流失的风险。

（三）供应链票据问题与分析

上海票据交易所在传统电子商业汇票的基础上，借鉴应收账款电子债权凭证的灵活性，建设了供应链票据平台。供应链票据平台依托新一代票据业务系统，与符合条件的供应链平台对接，为企业提供电子商业汇票的出票、承兑、背书、质押、保证、贴现、存托、交易、到期处理、信息服务等功能。通过供应链票据平台签发的电子商业汇票即为供应链票据。根据《商业汇票承兑、贴现与再贴现管理办法》，供应链票据属于电子商业汇票。根据新一代票据业务系统建设规范，供应链平台与商业银行、财务公司属于同等的接入机构角色。供应链票据的推出有助于企业的商业信用推广和供应链管理，并在解决类票据问题方面发挥了重要作用。但由于接受度等方面的原因，目前其市场占有度仍较低。

1. 各参与主体对供应链票据的认知存在差异

一是供应链票据虽已上线两年多，但各主要参与主体对供应链票据的认知仍存在差异。比如，商业银行对自身参与供应链票据可以承担的角色认知有误差，往往认为自身只需承担融资角色，忽视了自身可以承担承兑人结算行、供应链票据运营方等多重身份，使得整个市场的参与度略显不足。二是目前各方对于供应链票据的宣传推广效果总体不佳，市场管理主体、参与主体和服务主体等尚未全面主动地开展供应链票据的推广，大量中小企业对供应链票据的内涵定位、功能优势、办理渠道和业务流程等尚不熟悉。三是尽管部分地区出台了支持供应链票据发展的政策，但是区域性政策的管辖范围和影响力均较为有限，且区域性政策更依赖于后续的跟进和落实，目前很多已出台的政策能否真正落实尚需观察。

2. 供应链票据的一二级市场连通性存在障碍

一是供应链票据多为商票，且在融资环节系统控制要求贸易背景强制性捆绑，导致目前参与供应链票据融资的金融机构积极性不高，大多数处于观望状态。二是目前供应链票据转贴现市场、再贴现环节尚未完全打通，贴现市场份额有限，导致银行参与供应链票据交易的积极性不足，难以形成良性循环。三是目前供应链票据作为票据市场的"增量"部分，在标准化票据被叫停后，其融资仍只能通过传统的贴现方式办理，相比传统票据在贴现环节缺少用户体验、秒级放款等竞争优势。

3. 核心企业仍存在"盘剥"上下游企业的现象

供应链票据的本质仍是供应链金融。一方面，供应链票据同样具有供应链金融跨地域、行业特性突出、信息不对称、主体众多、流程复杂的特殊风险，在信用风险、操作风险、贸易背景真实性审查等方面仍需要进一步观察和评估。另一方面，虽然供应链票据已通过新一代票据业务系统实现了兑付的刚性约束，核心企业资金实力往往较为雄厚，基本不存在融资困难，但是导致了占据议价地位的核心企业通过应收、应付账款压占中小企业资金的情况，有的还建立应收账款流转平台或专门的金融公司对持有其开出的供应链票据的中小企业提供保理或其他融资服务，形成对被拖欠企业的"二次盘剥"。叠加资产创造、利润考核等因素影响，核心企业拖欠动力加强，被拖欠企业困境加剧。

（四）票据平台问题与分析

随着数字经济和赋能技术迅速崛起，金融科技与实体经济的创新研发相结合，极大程度地加快了各行各业改革发展与提质增效的步伐。但由于各项技术的落实还有待成熟与提高，参与供应链票据或者类票据的供应链平台在应用赋能技术进行创新变革的时候，会遇到不同程度、不同领域的挑战，这些难点的解决将会使智能产品的落地过程实现质的突破，也将会为未来供应链平台的发展及研究提供指导方向。

1. 供应链平台面临服务区域跨度较大的差异化问题

一是不同地区间数字化基础设施建设水平差异较大，供应链平台在与智能化结合时需要考虑低水平地区的接受程度并对创新政策作出适应性调整，发展水平及速度的差异必然会大大降低新技术的普及进度，甚至会不断拉大相关地区的经济水平差距，既不利于工业化与信息化的融合发展，也会影响我国整体实现现代化发展目标。二是虽然新技术的应用给重塑全球供应链带来的好处显而易见，但是由于数据流动量的快速提升以及云计算、物联网广泛应用所必需的关键基础设施的数量与范围迅速扩大，网络安全技术的发展趋于落后，容易产生网络攻击、数据滥用、隐私盗取等隐患。

2. 供应链平台自身面临各类风险

一是合规风险。由于非融资环节不要求供应链平台向金融监管部门报送业务数据，可能会出现业务流程和风控不到位的情况，使得业务合规性受到影响。在企业授信方面，如果错误地向不符合资质的企业进行授信，供应链平台融资业务整体合规性也会受到影响。二是系统化操作风险。供应链平台的安全性与平台运营方的能力紧密相关，如果技术投入不足，容易引发平台故障或遭遇入侵，给客户资金带来损失；网络安全防护机制不健全容易导致客户信息泄露，降低平台客户信任度，存在部分客户流失的风险。

三、建设中国票据统一市场的研究

依据建设统一大市场、构建双循环新发展格局、经济高质量发展的总体要求，从传统商业承兑汇票发展慢、供应链票据及电子债权凭证和票据平台等市场现状和存在的问题出发，基于票据市场基础设施（上海票据交易所）已基本完备、新一代票据业务系统将全面推广、《票据法》即将修订、《商业汇票承兑、贴现与再贴现管理办法》全面实施、票据市场参与主体不断充实、票据数字化进程逐步推进的实际考虑，我们认为加快建设全国统一的票据市场条件已基本具备，时机已基本成熟。建设好统一的票据市场，既有利于加快上述问题的解决，又有利于票据市场更好地服务经济高质量发展。

（一）建设统一票据市场的必要性

1. 统一票据市场的定义

统一票据市场是指基于统一命名规范、统一基础设施、统一法律制度体系、统一产品体系、统一服务目标、统一技术与数据标准、统一风控体系、统一评价体系，涵盖票据全生命周期的票据市场。

统一命名规范是指纳入统一票据市场的产品要依据《票据法》及相关制度要求规范命名，名称可冠以"票据""票"等；统一票据市场之外的产品不应以"票据"冠名，以免引起混淆。统一基础设施是指统一票据市场以上海票据交易所为唯一基础设施，未经许可市场参与者不得借助其他市场及设施开展票据业务。统一法律制度体系是指在统一票据市场内必须遵循的相关法律、法规及制度。统一服务目标是指统一票据市场以"为实体经济服务"为宗旨，不得借助市场从事其他融资活动。统一产品体系、统一技术与数据标准、统一风控体系、统一评价体系是指统一票据市场牵头领导部门及基础设施颁布的产品规范、技术规范、数据规范、风险防控规范及评价规范，市场参与者必须依据上述规范开展票据业务，防控业务风险，评价业务成果。

2. 建设统一票据市场的必要性

（1）服务经济高质量发展的需要

习近平总书记指出："高质量发展，就是能够很好满足人民日益增长的美好生活需要的发展，是体现新发展理念的发展，是创新成为第一动力、协调成为内生特点、绿色成为普遍形态、开放成为必由之路、共享成为根本目的的发展。"建设统一票据市场有利于促进实体经济发展，畅通供应链、产业链，催生票据市场新模式新业态，进一步促进全国统一大市场的形成，促进经济高质量发展。

（2）服务金融高质量发展的需要

金融是现代经济发展的核心，是调节宏观经济的重要杠杆，也是沟通社会生活的重要媒介。票据市场是现代金融市场的重要组成部分，建设统一的票据市场可以进一步提升金融市场的服务质量与管理水平，由于票据天然具有服务中小企业的特性，有利于将更多金融资源配置到经济社会发展的重点领域和薄弱环节，实现对重点行业的提质增效、对中小企业服务的增量扩面；统一票据市场将兼顾跨境票据发展，有利于打造符合我国国情并与国际接轨的金融创新产品及金融监管手段，推动金融高质量发展。

（3）实现"数字经济"战略目标的需要

2022年1月12日，国务院印发《"十四五"数字经济发展规划》，提出"到2025年，数字经济迈向全面扩展期，数字经济核心产业增加值占GDP

比重达到 10%，数字化创新引领发展能力大幅提升，智能化水平明显增强，数字技术与实体经济融合取得显著成效，数字经济治理体系更加完善，我国数字经济竞争力和影响力稳步提升"。由于票据市场具有贴近企业、特点突出、优势明显等特征，对实体经济、金融市场影响较大，数字票据应当与数字金融同步发展，强化技术与金融的结合，重新构筑票据市场数字化生态，更好地服务"数字经济"战略目标。

（4）实现票据数字化进程的需要

票据数字化是指票据业界充分发挥"数据+技术"等生产要素的价值，强化票据对国民经济各领域的服务能力，加速业务模式、管理模式的创新和重塑，以有效提高价值创造能力，促进实体经济提质增效。建设统一票据市场可以净化市场发展环境，完善票据市场法规政策，提升市场技术水平，改善票据市场透明度，强化服务实体经济功能，为推进票据数字化进程奠定基础。

（二）建设统一票据市场的意见建议

1. 票据法律法规要加快完善

一是尽快完善《票据法》。《票据法》制定于 20 世纪 90 年代，修订于 2004 年，部分条款已不适应当前经济发展需要，建设全国统一的票据市场需要加快修订完善进程，尤其是需要进一步明晰票据的无因性，明确票据电子化、信息化、证券化以及可拆分属性，明确供应链票据、数字票据等创新型票据种类，允许开展商业本票，明确类票据监管职责，规范类票据业务开展等，以促进票据更好地服务实体经济，助力新发展格局。

二是尽快出台业务管理制度，明确统一票据市场业务品种、基础设施、业务管理、技术管理、风险管理等方面的管理要求，将类票据业务纳入统一票据市场，与一般票据业务共同遵守统一法律规范，接受同一监管要求，使用统一基础设施，采用一致的技术方案及风险管理规范。

三是尽快统一票据监管制度，票据监管部门对于同类票据业务产品应采用同一监管标准、同一监管力度及同一监管规则。

2. 分层次推动统一票据市场发展

一是推动基础设施发展，不断完善上海票据交易所各项职能，依据中国人民银行票据管理要求，进一步优化市场规则，加强产品创新；进一步优化平台系统，将类票据业务纳入平台范畴，规范运营系统；进一步扩充市场参与者，将类票据平台参与者引入票据市场，规范业务发展。

二是推动接入点发展。首先，需强化传统接入点的作用，鼓励农信银、城银清算等传统接入点平台发展壮大，为更广泛的中小金融机构提供票据接入服务；其次，需充分发挥大型商业银行的作用，鼓励大型商业银行发挥其在网点、结算、科技等方面的优势，为中小金融机构提供接入服务共同发展；最后，鼓励类票据平台转型发展接入业务，对于已纳入统一票据市场且内部管理规范、业务及科技实力较强的类票据平台，可以鼓励其转型发展接入服务。

三是促进合规地方票据平台或央企票据平台发展。首先，对于企票通、军工票等央企票据平台应鼓励发展；其次，要推动地方票据平台建设发展，包括区域性的长三角、珠三角、环渤海等票据平台建设；最后，要明确平台的职责，例如，企票通平台为商票设立风险金管理机制，全面对接上海票据交易所系统，为有真实交易背景的企业提供签发流转的系统服务，并通过签约银行为央企下属企业提供融资便利，企票通平台应成为票据市场基础设施的有益补充。

3. 类票据业务要走规范发展之路

类票据业务宜走规范发展之路。类票据平台可以由国资委统一归口管理，逐步按票据管理要求规范管理，也可以通过修订《票据法》并入统一票据市场。无论采用哪种模式，均需做好以下两方面工作。

一是"摸清家底"。票据市场牵头部门或监管部门应客观分析类票据平台的发展状况，对类票据平台业务规则、产品规则、风险规则的合规性进行全面评估，对平台系统业务数据及业务行为的完整性、一致性及准确性进行全面核对，充分了解每个类票据平台的真实状况。

二是逐步规范。票据市场牵头部门或监管部门应对类票据纳入统一票据市场设立准入要求，允许满足准入要求的类票据平台进行机构、制度及系统改造，验收通过后正式纳入统一票据市场；对于存在瑕疵、不满足准入要求或验收标准的类票据平台，需设立整改时间表，到期再进行准入或验收评估。

4. 全力推动供应链票据发展

供应链票据与类票据相比，不仅具有可拆分、可流通、可融资的特性，而且具有制度完备、业务规范、系统健全、监管到位等特征。全面推进供应链票据发展是大势所趋，需要重点关注以下几个方面：一是加强创新，进一步完善供应链票据业务功能，畅通供应链采购、生产及销售各环节，更好地满足链内中小企业的支付与融资需求；二是加大推广力度，票据市场牵头部门、基础设施及金融机构应加大对供应链票据的推广力度，增强供应链票据对主要行业供应链的渗透，提升对链内上下游中小企业的覆盖率；三是"维稳保链"，从国际形势及宏观经济层面看，当前国际形势不明朗，且我国经济经历了三年疫情冲击，更需要确保重点领域、重点行业供应链有序稳定运行，供应链核心企业需承担更多"维稳保链"社会责任，适当让利于上下游中小企业，并更多使用供应链票据等降低中小企业融资成本的金融工具，为中小企业持续发展创造空间。

5. 建设统一票据市场评价考核体系

建设统一票据市场需要有客观的评价、监督及管理机制。建议票据市场牵头部门重点关注以下几个方面：一是建立市场评价机制及指标，客观评价统一票据市场建设及运营状况，分析总结市场发展经验与不足，并不断完善市场发展策略；二是建立市场监督机制及指标，实时跟踪统一票据市场发展状况，全面监测并防控市场风险；三是建立市场处置机制及指标，及时处置违规事件，维护票据市场秩序。

6. 促进统一票据市场数字化发展

党的二十大报告提出"建设数字中国，加快发展数字经济，促进数字经济和实体经济深度融合，打造具有国际竞争力的数字产业集群"。票据数字化是建设统一票据市场的必由之路，需要加快推进票据数字化进程。一是加快推动新技术应用，推动大数据、云计算、人工智能、区块链等新兴技术在票据领域的应用，增强市场科技含量，改善市场发展空间；二是推动供应链票据等新业态发展，不断融合改进类票据业务产品，促进票据市场稳定健康发展；三是培育票据数字化发展新生态，实现票据生命周期信息化、市场规则标准化、市场秩序规范化、市场服务大众化、市场拓展国际化。

7. 建立统一票据市场风险防控体系

一是推动票据信息披露机制不断深化，应不断完善票据信息披露机制，促进票据市场信息透明化发展，为进一步防控票据信用风险创造条件；二是促进商业汇票信用评级体系建设，可考虑引入第三方评级机构设立商业汇票评级模型，批量化推动票据评级评估工作开展，为防控票据信用风险、提升市场参与者的风险控制能力提供基础条件，以进一步保护市场投资者及持票人的合法权益，维护票据市场秩序；三是强化票据市场风险监测及预警机制，强化市场基础设施风险管控职能，提升其风险监测及预警能力，增强对票据、类票据等统一票据市场业务产品的风险控制，提升市场安全边际。

8. 探索统一票据市场标准化、市场化及国际化之路

一是统一市场标准，统一票据市场应建立统一的业务准入标准、产品标准、技术标准、数据标准、风险管控标准等；二是强化交易属性，通过发达的票据二级市场提升市场活跃度及流动性，从而助推票据一级市场发展；三是增强服务能力，充分调动市场参与者的积极性，全力推动供应链票据的创新与推广，覆盖更为广泛的供应链上下游边缘企业，为中小企业提供更为便捷的票据服务；四是加快建设国际标准，推动跨境票据业务创新与发展，助力中资企业走出国门，为人民币国际化开辟新的发展路径。

9. 重点推进普惠票据、科创票据、绿色票据等领域发展

一是需要建立长效机制，依托供应链票据等创新业态，构建多层面、广覆盖、有差异的票据普惠服务机制，为中小企业提供更广泛、质优价廉的票据普惠服务；二是需要构建绿色票据、科创票据产品体系，精准滴灌绿色企业和科创企业，促进金融机构合理配置金融资源，助力实现碳达峰碳中和"3060"目标。

10. 明确上海票据交易所的定位

一是需明确上海票据交易所是中国货币市场重要基础设施的定位，上海票据交易所是统一票据市场的唯一基础设施；二是需明确上海票据交易所在信用信息基础设施中的重要作用，其既是企业信用信息的重要数据来源，也是企业信用信息的重要使用场景；三是需赋予上海票据交易所部分票据市场管理职能，如建议职能、惩罚职能、评价职能等，以便更好地履行市场基础设施职责，在票据全生命周期中发挥交易推动承兑、直贴创新功能，发挥交易激发票据与资本、资管、衍生市场有效衔接和良性循环的作用。

（三）统一票据市场的组织实施

统一票据市场建设是一项庞大、复杂的系统工程，涉及票据市场监管部门、基础设施、机构、企业等参与主体，涉及票据相关法律、制度、系统、机制的完善。建议由中国人民银行、国家金融监督管理总局、工信部门及市场管理部门统一协调，共同推进统一票据市场建设，促进票据市场更好地服务中小企业，更好地服务经济高质量发展目标。

数字经济背景下票据市场发展的再思考

肖小和　木之渔

摘　要： 我国票据市场是一个较为独特的金融子市场，其生命周期横跨信贷与金融市场两大领域，在国外票据业务普遍发展乏力的情况下，我国票据市场依旧发展迅猛，已成为服务实体经济，尤其是服务中小企业的主要金融工具。在大力发展数字经济的背景下，需要加快推动数字票据的创新与发展，以助力数字经济更好更快地推进。本文分析了票据市场发展现状及存在的问题，回顾了数字金融、数字票据的学界观点，提炼了数字票据的概念及特点，全面分析了发展数字票据的必要性与可行性，并针对其存在的问题提出了顶层设计、科技赋能、创新引领、服务实体经济等方面的发展建议。

关键词： 数字经济　数字金融　数字票据　票据市场

2022 年 1 月 12 日，国务院印发的《"十四五"数字经济发展规划》提出"到 2025 年，数字经济迈向全面扩展期，数字经济核心产业增加值占 GDP 比重达到 10%，数字化创新引领发展能力大幅提升，智能化水平明显增强，数字技术与实体经济融合取得显著成效，数字经济治理体系更加完善，我国数字经济竞争力和影响力稳步提升"。

经济发展离不开金融推动，数字经济发展需要数字金融同步发展。票据市场作为贴近企业、特点突出、优势明显的重要金融子市场，需要加快推动数字票据的创新与发展，重构票据市场生态，服务实体经济。

目前，在数字票据领域学界的研究较为有限。区块链金融、区块链票据是数字金融、数字票据的重要组成部分，学界已有一定的研究成果。区块链金融方面，林晓轩（2016）提出区块链技术既是机遇又是挑战，国内银行机构之间应加强交流和合作，开展联合研究，积极探索区块链技术的应用。张苑（2016）认为，要加强区块链技术的跟踪和研究，尽快推进区块链技术在金融市场基础设施及金融行业的布局应用。

区块链票据方面，肖小和等（2016）提出基于区块链构建数字票据及加强区块链技术在票据 P2P 领域的应用，2017 年上海票据交易所成功研发区块链票据，并开展了试点工作，区块链票据是区块链理论与实践在金融业界的重大突破，也是在全球票据领域的首次尝试。

一、票据市场发展概况

（一）票据市场基本情况

票据自 20 世纪 80 年代诞生以来，发展较为迅速，总体呈现以下几个特点。

（1）市场规模巨大。截至 2021 年底，票据承兑发生额达 24.15 万亿元（见表 1），票据贴现发生额达 15.02 万亿元（见表 2），票据转贴现发生额达 46.94 万亿元（见表 3）。

（2）商票占比过低。由于信用基础设施不完善，商票的信用风险相对较高，导致商票在票据市场中整体占比不高。以近 5 年为例，商票承兑占比在 14% 至 17% 的区间波动，商票贴现占比在 7% 至 10% 的区间波动，商票转贴现占比在 6% 至 10% 的区间波动。

（3）二级市场活跃。票据二级市场主要是指票据转贴现、回购市场，该市场机构投资者众多，市场活跃度较高。以近 5 年的票据转贴现为例，转贴现/贴现的倍数维持在 3 倍左右，转贴现/承兑的倍数维持在 1.9 倍左右，说明票据二级市场流动性好，是金融机构主要的头寸及规模调节市场。

（4）风险有效降低。2016 年 12 月，中国人民银行批准设立的全国统一的票据交易平台（上海票据交易所）正式开业，标志着票据市场开始走上规范化发展的道路。上海票据交易所成立后，规范了市场交易模式，建设了统一交易平台——中国票据交易系统，并通过信息披露服务提升了票据市场透明度，有效降低了票据市场业务风险。

表 1　近 5 年电子票据承兑发生情况　　　　　　　　　　　单位：万亿元

年份	承兑发生额			同比增幅	商票占比
	累计发生额	银票	商票		
2017	13.02	11.12	1.90	51.75%	14.59%
2018	18.10	15.55	2.55	39.02%	14.07%
2019	20.38	17.36	3.02	12.59%	14.84%
2020	22.09	18.47	3.62	8.41%	16.39%

续表

年份	承兑发生额			同比增幅	商票占比
	累计发生额	银票	商票		
2021	24.15	20.35	3.80	9.32%	15.72%

资料来源：上海票据交易所。

表 2　近 5 年电子票据贴现发生情况　　　　单位：万亿元

年份	贴现发生额			同比增幅	商票占比
	累计发生额	银票	商票		
2017	7.02	6.37	0.65	20.21%	9.26%
2018	9.91	9.09	0.82	41.16%	8.25%
2019	12.46	11.52	0.94	25.73%	7.54%
2020	13.41	12.38	1.03	7.67%	7.70%
2021	15.02	13.80	1.22	11.93%	8.11%

资料来源：上海票据交易所。

表 3　近 5 年电子票据转贴现发生情况　　　　单位：万亿元

年份	转贴现发生额			同比增幅	商票占比	转贴现/贴现的倍数	转贴现/承兑的倍数
	累计发生额	银票	商票				
2017	44.49	41.77	2.72	—	6.11%	6.34	3.42
2018	34.60	31.60	3.00	−22.23%	8.66%	3.49	1.91
2019	38.82	35.87	2.95	12.20%	7.61%	3.12	1.90
2020	44.11	40.96	3.15	13.61%	7.13%	3.29	2.00
2021	46.94	42.07	4.87	6.41%	10.37%	3.13	1.94

注：转贴现/贴现的倍数＝当年转贴现累计发生额/当年贴现累计发生额；转贴现/承兑的倍数＝当年转贴现累计发生额/当年承兑累计发生额。

资料来源：上海票据交易所。

（二）票据市场存在的问题

1. 缺乏长远发展理念

票据市场各参与者的业务理念存在较大差异，总体上看，缺乏长远发展理念，较为关注短期利益，部分创新产品效果不佳。例如，部分承兑企业肆意开立商票，承兑金额超出自身还款能力，扰乱市场秩序；又如，部分商业银行仍将商票贴现等融资业务比照流动资金贷款管理，过于重视持票中小企业的单户授信及抵质押品状况，未能关注供应链核心企业信用状况以及链内物流、信息流、资金流状况，抬高了供应链上下游中小企业的融资门槛；再如，标准化票据、票据 ABS 曾被业内寄予厚望，现已逐渐归于平静；票付通、贴现通及供应链票据等创新产品的推进速度较慢，产品影响力及业务功能有待进一步加强。

2. 顶层设计未能与时俱进

长期以来，票据市场框架体系是票据市场的顶层设计，但该体系主要针对纸质票据及电子票据，尚未根据数字经济发展要求更新完善。顶层设计的滞后在一定程度上影响了票据市场的创新与发展，并导致票据市场数字化转型规划统筹力度不够、目标不明确、协同效应不强、无法为数字经济提供有力支撑等问题。

3. 法律法规、监管政策不适应新形势发展

《票据法》于 20 世纪 90 年代正式发布，并于 2004 年修订，目前其存在以下几方面问题：一是由于当时经济环境的限制，票据无因性未能最大限度地采用，现应根据当前社会经济状况，进一步明确票据无因性的应用范围；二是缺乏对票据创新产品的支持，近年来，票据创新产品不断涌现，如电子票据、票据拆分、票据资产转让、票据存托、票据 ABS 等均缺乏明确的法律支持，需要尽快修订《票据法》，以适应金融创新需求。票据市场监管政策及监管要求需进一步完善：一是中介平台、类中介平台缺乏监管，此类平台提供的所谓"线上票据融资"功能，实质是借助票据背书转让违规办理票据贴现业务；二是类票据业务产品（电子债权凭证，类似于商票）缺乏监管，此类产品对票据市场发展产生了一定的替代性影响；三是部分监管政策不适应经济形势或存在政策不一致等情况。

4. 基础设施有待完善

2016 年上海票据交易所的成立在一定程度上缓解了票据市场基础设施缺乏的问题，但上海票据交易所聚焦于票据生命周期及票据市场交易，其数据的广度与深度不足，无法解决企业信用领域的深层次问题。在企业信用信息及数据交易等领域仍需建设相应的平台设施，以进一步充实完善票据市场基础设施。

5. 商票的信用风险相对较高

商票基于商业信用，由于商业信用总体上弱于银行信用，且票据市场信用基础设施发展相对滞后，因此，与银票相比，商票的信用风险相对较高，存在部分承兑企业履约能力不强、商票到期不兑付的现象，也存在行业集中度较高、周期性风险较为明显的现象。此外，类票据平台由于其存在缺乏监管、信息相对不透明、核心企业与平台存在关联关系等问题，易引发信用风险。

6. 科技发展有待加强

2009 年，ECDS（电子商业汇票系统）开启了票据市场电子化的序幕，迄今已有十余年了，当前票据市场在科技发展方面存在以下两方面问题：一是新技术应用不足，各金融机构的票据业务相关系统已运行多年，部分金融机构的系统架构、硬件配置仍维持原有模式，难以支撑新技术、新功能的应用；二是金融机构技术水平参差不齐，主要体现在中小金融机构科技实力不足，难以跟上票据市场的创新节奏，也难以应对系统中可能出现的技术风险及挑战。在无国外成熟经验可借鉴的情况下，我国票据市场应当以数字票据建设为契机，修订票据法律法规，提升市场经营理念，完善市场基础设施，强化机构科技体系，重塑票据市场生态。

二、数字票据的概念及特点

（一）数字票据的概念

数字票据是数字金融的重要组成部分，是以数据资源为关键要素，以现代信息网络为主要载体，以信息通信技术为票据全生命周期、全要素数字化转型的重要推动力，促进公平与效率更加统一的全新票据生态。具体来说，数字票据包含三个层面的含义。一是介质层面，包含所有基于网络信息且已电子化的票据介质，如已电子化的纸质票据、电子票据、区块链票据以及未来可能出现的智能票据等。二是基础设施层面，首先是全面完备的制度标准体系，包括齐全的法律规章、统一的业务及技术标准、长远的金融科技融合规划，以及明确的风险评价及创新机制；其次是功能完善的平台设施体系，包括上海票据交易所、上海数据交易所、企业信用信息平台，以及数字票据评级机构等；最后是特点鲜明的参与者设施体系，充分发挥金融科技的支持作用，强化参与者数据挖掘分析能力，提升银行、非银机构及企业的信息化水平。三是应用层面，首先是应用于实体经济，充分发挥票据支付与融资的作用，结合供应链、产业链服务实体经济、服务中小企业、服务绿色经济、服务跨境贸易，推动数字票据与实体经济融合发展；其次是应用于金融数字化，提升金融行业数字化水平，改变金融机构在票据领域传统的授信、用信、营销及运营模式，全面推进票据市场规范化、交易化、国际化和大众化；最后是应用于社会发展，通过提供数据及票据的确权、计价、交易、共享等服务，促进企业信用增级，改善整体商业信用环境，推进市场设施高标准联通，促进国内市场高效流通，助力国内统一大市场建设，畅通国内大循环。

（二）数字票据与电子票据的区别

数字票据在介质层面包含所有基于网络信息且已电子化的票据介质，包括电子票据。电子票据以票据信息、流转信息作为关键要素，数字票据以数据资源作为关键要素，数据资源包含票据信息数据、流转信息数据及其他数据。数字票据将应用大量最新的科技成果，与电子票据相比，其将成为新技术的应用高地，并推动金融与科技深度融合。数字票据与数字经济紧密结合，可以支撑数字经济的新模式、新产品及新业态，加快数字经济与实体经济的融合，进一步改善中小企业的支付与融资环境，促进实体经济持续稳定发展。

（三）数字票据的特点

1. 科技赋能、数据支撑

数字票据在票据信息化、数字化的基础上，充分应用大数据、人工智能、区块链、云计算等新型技术手段推动市场发展与创新，科技赋能是数字票据最显著的特点。数字票据全面提升了票据市场业务处理、数据分析、市场交易、业务监管及风险防控等属性功能，为票据市场进一步创新发展奠定了技术基础。数字票据的核心在于数据，不仅包括传统意义上的票面数据及票据生命周期数据，还包括票据信用主体信用信息、货币市场数据、跨境人民币数据、供应链及产业链数据等票据相关领域数据信息，为服务实体经济奠定了全面的数据基础。

2. 支持经济、促进创新

数字票据通过技术手段重构了传统票据业务，并释放出数据生产要素价值。通过大数据技术，可实现票据与供应链、产业链等场景的深度耦合；通过机器学习、虚拟现实等技术手段，可实现智能化票据交易；通过 5G、开放 API 等技术，可实现非接触式票据服务体系。数字票据是高端技术与业务场景的有机结合，将有力推动产品及服务创新。

3. 标准统一、规范运营

数字票据标准包括业务标准和技术标准，其贯穿数字票据全生命周期，通过统一规范的业务标准与技术标准，能有效规范票据市场运营。业务标准主要是指统一的业务规则，技术标准包括数据格式与标准、安全标准，以及数据采集、传输、存储、处理、共享、销毁等全生命周期管理要求等。

4. 实时风控、嵌套监管

风险可控是数字票据发展的基本要求。票据市场数据的广度与深度不足，数据挖掘停留在较浅的层面，难以深入开展风险分析；在数字票据时代，市场参与者及市场监管部门可利用票据大数据分析业务行为，通过人工智能技术实时监控并干预交易，提升票据市场风险控制的实时性和准确性。

三、发展数字票据的必要性与可行性

（一）必要性

1. 经济高质量发展的需要

习近平总书记指出："高质量发展，就是能够很好满足人民日益增长的美好生活需要的发展，是体现新发展理念的发展，是创新成为第一动力、协调成为内生特点、绿色成为普遍形态、开放成为必由之路、共享成为根本目的的发展。"当今世界已经进入互联网、大数据、人工智能和实体经济深度融合的阶段，数字经济加速变革传统经济成为主要经济形态，也成为推动世界经济社会发展的核心动力。在此背景下，数字票据运用先进技术手段将提升企业支付与融资效率，更好地融入供应链、产业链，畅通供应链上下游，有利于催生票据新模式新业态，加快推动区域间及城乡间协调发展，促进全国统一大市场建设，助力经济高质量发展。

2. 金融高质量发展的需要

金融作为现代经济的发动机，是数据密集型行业。数字票据可以提升金融业服务与管理水平，深度挖掘数据内在价值，把更多资源配置到经济社会发展的重点领域和薄弱环节。加快推进数字票据建设，有利于推动构建金融与科技深度融合、协调发展的新生态，有利于打造符合我国国情并与国际接轨的金融科技创新监管工具，有利于释放数据生产要素价值，优化供应链资金供给，推动实现小微企业融资服务增量扩面、提质增效，推动金融高质量发展。

3. 信用高质量发展的需要

信用信息是数字票据的重要组成部分，数字票据依托信用信息基础设施收集、分析和监测票据信用主体的信用状况，构建基于信用大数据的信用评级模型，培育专业的票据信用评级机构，披露票据流转、融资所需的相关信用信息，创新信用数据共享及交易模式，将彻底改变我国商业信用体系基础设施薄弱、信用数据分散、评级可信度较差等关键问题，将改善商业信用生态，推动社会信用良性发展。

（二）可行性

1. 市场可行性

票据市场是我国货币市场的重要子市场，在支持实体经济，尤其是在小微企业融资领域成果丰硕。2021 年 1 月至 11 月，小微企业用票金额近 50 万亿元，占比超过 50%；小微企业用票家数近 300 万家，占比超过 90%；小微企业票据平均贴现利率为 3.05%，相比 2017 年下降 186 个基点，共计为小微企业减少利息支出近千亿元。庞大的票据市场为数字票据创新发展提供了市场条件。

2. 科技可行性

2020 年，我国数字经济核心产业增加值占国内生产总值（GDP）的比重达到 7.8%，数字经济为经济社会持续健康发展提供了强大动力。当前，我国信息基础设施全球领先，产业数字化转型稳步推进，新业态及新模式竞相发展，金融科技水平不断提升，区块链、大数据、人工智能、云计算等新技术已不同程度地在金融领域应用。在此背景下，大力推进数字票据发展具备技术可行性。

3. 信用可行性

2021 年 12 月，国务院办公厅发布《加强信用信息共享应用促进中小微企业融资实施方案》，要求"加快信用信息共享步伐，深化数据开发利用，创新优化融资模式，加强信息安全和市场主体权益保护，助力银行等金融机构提升服务中小微企业能力"。其中，信用信息共享包括市场主体登记信息、司法信息、纳税信息、住房公积金信息、社会保险信息等 14 大类，共 37 项。未来，企业信用信息将依托已建成的全国中小企业融资综合信用服务平台，构建全国一体化融资信用服务平台网络。企业信用信息是数字票据发展的前提条件，完备的企业信用信息有利于推动票据市场整合成长，有利于形成合理的定价机制，有利于防范商业信用风险。票据市场可以信用信息共享为契机，推进数字票据发展规划，打造集数据、交易、信用于一体的数字化交易市场，以更好地服务实体经济。

4. 市场及基础设施可行性

2016 年 12 月票据市场基础设施——上海票据交易所正式成立，其已成为我国票据领域的登记托管中心、业务交易中心、创新发展中心、风险防控中心及数据信息中心。未来，全国中小企业融资综合信用服务平台也将成为票据市场融资信用服务的基础设施。完备的全国性票据市场基础设施为数字票据创新发展搭建了良好的平台。

四、数字票据的发展建议

（一）树立战略思维，构建市场生态

数字经济是新一轮科技革命和产业变革，是全球社会经济发展的大趋势，通过新技术，催生新产品、新模式和新业态。发展数字票据应紧紧抓住创新驱动发展战略，以数字经济为着眼点，改变发展理念，树立战略思维，从法律法规、科技赋能、基础设施、业务监管、客户发展、信用提升、系统建设等方面统筹规划，推动金融与科技深度融合，充分释放创新活力，提升金融服务的质与效，推动构建票据市场新生态。

（二）打造框架体系，做好顶层设计

数字票据框架体系是数字票据的顶层设计，涵盖数字票据的组织结构、规章制度、业务规则、基础设施、产品创新、经营管理、风险控制、市场服务、市场监管等各个方面。数字票据框架体系具体包括数字票据经营管理体系、数字票据规章制度体系、数字票据产品体系、数字票据交易体系、数字票据科技发展体系、数字票据业务运行体系、数字票据考核评价体系、数字票据创新体系、数字票据风险防控体系、数字票据监管体系、数字票据客户服务体系、数字票据研究体系 12 个部分。做好数字票据顶层设计，一是可以提升票据市场的科技属性，推进数字金融深化发展，更好地服务数字经济战略目标；二是可以加强金融对实体经济的支持，融合供应链、产业链，培育金融服务新模式，降低实体企业（尤其是中小企业）融资成本，进一步推动普惠金融政策落地；三是可以提高票据市场数字化、智能化水平，促进票据市场嵌入式风险控制及业务监管，降低数字票据市场业务风险；四是可以推动我国商业信用发展，通过完善企业信用信息基础设施，补齐信用数据短板，加快培育商业信用环境，实现票据市场良性发展。

（三）修订法律规章，夯实基础设施

一是加快修订《票据法》，明确对数字票据等票据市场新业态、新模式和新产品的法律规定，根据当前经济形势确定票据无因性的应用范围，并同步完善票据市场相关规章制度，以适应金融创新及支持实体经济发展的需求。二是完善市场基础设施，一方面，需推动信用信息及数据交易基础设施建设，规划信用信息及数据交易体系，统一数据标准，建立数据分类共享、分级交易规则，搭建共享及交易平台，强化数据信息对经济发展的促进作用；另一方面，要完善现有基础设施，强化基础设施的制度、规则、监测及系统建设，提升现有基础设施的服务能力、支撑能力及引领能力。

（四）夯实科技赋能，强化数据核心

一是大力推动数字票据硬件环境建设，鼓励票据市场参与者对自身系统、通信及网络等设备进行数字化和智能化升级改造，打造安全、可控的数字票据硬件基础设施体系；二是全面推进数字票据软件环境建设，推动大数据、云计算、人工智能、区块链等新兴信息技术的应用，提升数字票据的应用与服务水平，更好地适应数字经济发展需求，构建智能、灵活的数字票据软件基础设施体系；三是强化技术供给，尤其是提升中小金融机构的信息技术水平，提升票据市场整体技术实力；四是深化融合应用，牵头部门需对数字票据进行统筹规划，建立跨部门、跨机构、跨领域数据共享与应用机制，打破数据壁垒，实现数字票据全领域数据融合；五是持续推动存量票据标准化、规范化改造工作，按照数字票据标准改造存量纸质及电子票据各类数据，以丰富数字票据的数据资源，深化数据的融合、共享及应用，推动票据市场数字化转型。

（五）加强创新引领，助力市场发展

一是尝试推动数据交易新业态，依托票据市场基础设施促进数据要素市场流通，尝试开展票据数据及信用数据交易，通过新业态推动市场快速发展；二是培育票据市场交易主体，尤其是数据交易市场主体，探索票据及信用数据定价体系、交易体系、评估体系及仲裁体系等，激发市场主体的活力与动力，推动票据创新交易化；三是持续强化机构研究能力，金融机构应从企业支付与融资的实际出发，强化对行业、市场及技术的研究能力与判断力，创新满足企业需求的新产品、新模式，助力全国统一大市场的形成；四是注重国际化发展，人民币国际化有利于增强我国对世界经济的影响力，是未来金融业的发展方向，票据创新应结合跨境人民币发展，推进票据创新国际化；五是创新要注重实效，票据创新不可能一蹴而就，要持续跟进创新产品的应用效果，对于标准化票据应加强监管沟通，达成创新共识；对于票付通、贴现通、供应链票据等产品，要充分调动各方的积极性，合力共推，并不断优化改进产品性能，使之更贴近实体经济需求，推动票据创新大众化。

（六）服务实体经济，深耕中小企业

一是严控"脱实向虚"现象，应增强票据市场透明度，加强票据市场管控，对于超出承兑能力的，应结合信息披露、评级以及核定比例等进行限制；对于中介平台，应严格落实票据金融属性，要求持牌经营，允许撮合发展；对于类票据业务产品，要明确监管要求，完善管理规范，严防业务风险，通过扩大票据支付范围和延伸支付能力发挥票据支付作用。二是合理引导社会资本，将资本引流至票据市场的薄弱环节，共同推动票据市场建设。三是发挥金融科技的作用，加大数据挖掘力度，强化智能分析手段，提升数字票据服务的准度与精度，实现金融资源对中小企业的精准滴灌，引导金融资源配置到社会经济发展的关键环节和重点领域。四是融入企业供应链体系，加快研究票据与供应链、产业链融合的新模式、新路径，充分发挥供应链核心企业的龙头作用，提升票据在供应链金融业务中的占比，畅通链内物流、信息流及资金流，降低链内上下游中小企业融资成本，提升数字票据服务的广度与深度。五是研究中小企业授信新模式，金融机构应结合数字票据、供应链金融及信用信息共享等新特点，充分挖掘企业信用信息，调整对中小企业的授信评估模型，全方位、多角度评价信用风险，完善贷后管理要求，创新中小企业服务模式。六是研究绿色领域、农业领域的数字票据服务新模式和新路径，因地制宜开展特色化、综合化涉农数字票据服务，促进农业供应链、产业链发展，完善农村数字金融服务体系，助力乡村振兴战略实施。

（七）防控市场风险，增加监管力度

一是强化数字化监管，构建多层次、系统化的数字监管体系，将新技术应用带来的新产品、新业态及时纳入监管，运用大数据、人工智能等技术手段将业务监管嵌入数字票据日常流程，将信用风险监测融入信用信息数据分析，增强票据监管的穿透性；二是强化市场管控能力，监管部门应通过技术手段分析市场违规行为，及时干预并控制违规行为，维护票据市场秩序；三是加强监管协调，提升数字票据监管一体化水平，将类票据、类中介业务产品统一纳入监管范畴，将其业务平台整合至票据市场基础设施，改变票据功能弱化的现状，防范化解票据市场风险；四是金融机构要提升数字化风险管理能力，对接信用信息、数据交易及票据交易基础设施，建立稳健的数字票据审批流程，加强对定价、授信、反洗钱、数据安全等领域的数字化审查，提升数字票据事前、事中、事后风险监测与处置能力；五是建立数字票据风险模型，完善对各类风险场景的数字化管控，增强对数字票据信用风险、市场风险及合规风险的管控能力；六是完善协同治理机制，建立由票据市场监管部门牵头，基础设施、行业组织、金融机构和企业共同参与、有效协同的数字票据治理新格局，维护票据市场秩序。

注：考虑到票据市场中纸票占比过低，故以电票数据分析。

参考文献

[1] 林晓轩. 区块链技术在金融业的应用［J］. 中国金融，2016（8）：17-18.

[2] 肖小和，李鹰，万恺，陈飞，王亮. 区块链技术在票据 P2P 领域的应用研究［EB/OL］.［2016-01-26］. 中国经济网.

[3] 肖小和，李鹰，万恺，陈飞，王亮. 基于区块链构建数字票据的研究［EB/OL］.［2016-02-25］. 中国经济网.

[4] 张苑. 区块链技术对我国金融业发展的影响研究［J］. 国际金融，2016（5）：41-45.

第二篇

中国式现代化票据市场行业与区域研究

积极推进交通运输、仓储和邮政业票据业务发展

肖小和　余显财　金　睿　柯　睿①

摘　要：我国是交通运输、仓储和邮政大国，面对新冠疫情反复，这三大行业在现阶段时刻都面临着短期流动性紧张的难题，需要采取更加精准的帮扶措施，推动行业内企业稳增长、优结构、提质量、增效益。承兑汇票签发灵活，手续简便，既可以用于三大行业企业支付结算，也可以用于扩张信用解决短期流动性紧张问题。在交通运输、仓储和邮政业企业中推广使用承兑汇票既满足了相关企业支付结算和融资的需求，又丰富了票据市场参与主体，可以实现交通运输、仓储和邮政业与票据市场同时健康发展的双赢局面。

关键词：增值税　交通运输　仓储　邮政　承兑汇票

一、研究背景与意义

上海票据交易所数据显示，2021 年票据市场业务总量为 167.32 万亿元，同比增长 12.87%，其中，承兑发生额为 24.15 万亿元，增长 9.32%（见图 1）。近些年票据市场保持稳定发展态势，票据在多数行业中仍存在很大发展潜力。以交通运输、仓储和邮政业为例，在 2020 年疫情期间作为抗疫主力行业，用票金额同比增长 6.7%，高出全行业平均增速 2.43 个百分点。2022 年，疫情在全国多地暴发，以上海为代表的部分地区实行全域静态管理，这对交通运输、仓储和邮政业有一定影响。基于此，国务院常务会议提出将加快向交通物流领域投放 1000 亿元再贷款用于维护产业链、供应链稳定。票据是常见的企业融资工具之一，能否灵活运用票据的各项功能将影响金融服务实体经济质效。因此，本文对交通运输、仓储和邮政业进行深入研究，测算三大行业签发承兑汇票的理论最大值，探讨其当下发展规模与未来市场潜力和通过票据业务服务其发展的路径。

---

①　余显财、柯睿，所在单位为复旦大学经济学院；金睿，所在单位为江西财经大学九银票据研究院。

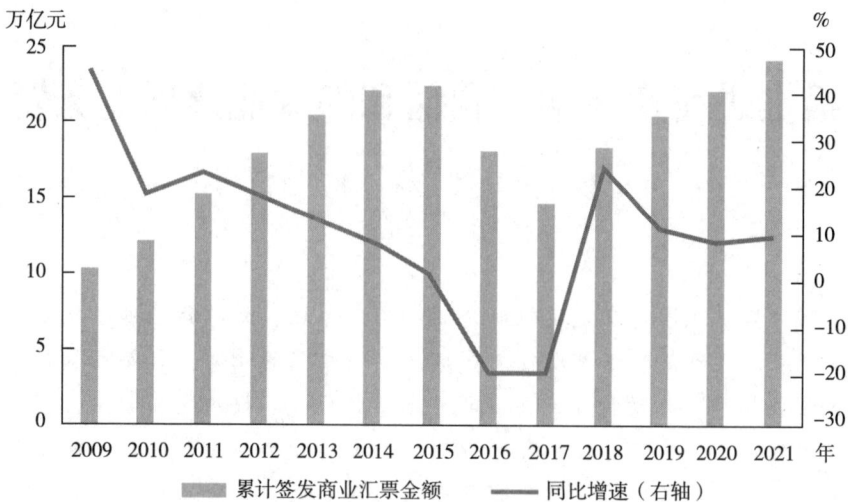

图1　2009—2021年商业汇票签发额及增速
（资料来源：《中国货币政策执行报告》，上海票据交易所）

二、以增值税为基础的票据承兑总量测算

2016年"营改增"完成，扩大了增值税的适用范围，商业银行和监管机构普遍把销售方开具的增值税发票作为审核贸易背景真实性的主要依据之一，只要缴纳了增值税的企业理论上都有条件开具商业汇票，这为大力发展承兑业务提供了良好的条件。根据上海票据交易所的数据，2021年票据市场业务总量为167.32万亿元，同比增长12.87%。其中，承兑金额为24.15万亿元，增长9.32%。疫情期间为保障物流供应和产业链稳定，交通运输、仓储和邮政业相关企业用票量较高，增长速度高于全行业平均水平，因此我们对交通运输、仓储和邮政业的理论承兑汇票额进行探究，助力挖掘其使用票据的潜力。

承兑总量可能性分析之模型假设如下：（1）假定市场中存在 n 种产品，不含税价格分别为 P_i 元，数量分别为 Q_i（$i=1$，2，$\cdots$，n）。（2）第 i 种商品需要经过增值的次数为 K_i 次，其中第 j 次（$j=1$，2，$\cdots$，K_i）增值后的不含税价格为 P_{ij}，此时的中间品数量为 Q_{ij}，最终价格为 P_i，即 $P_{iK_i}=P_i$，$Q_{iK_i}=Q_i$。（3）假定第 i 种商品的第 j 次增值所需缴纳的增值税税率为 X_{ij}，则含税价格为 $P_{ij}\times$（$1+X_{ij}$）。

基于上述假设，第 i 种商品的第 j 次增值后银行可签发的汇票为

$$P_{ij} \times Q_{ij} \times (1 + X_{ij})$$

理论上市场可以签发的商业汇票累计为

$$\sum_{i=1}^{n} \sum_{i=1}^{K_i} P_{ij} \times Q_{ij} \times (1 + X_{ij})$$

在我国现行税率制度下，主要存在三档增值税税率，分别为6%、9%、13%，因此，X_{ij} 的取值为6%或9%或13%。但实际市场中的产品种类及对应的增值次数无法统计。因此考虑根据企业实际缴纳的增值税额进行计算，将企业进行分类，并按照2019年版增值税税率进行计算，由增值税计算公式可知：

$$增值税 = 销项税额 - 进项税额 \tag{1}$$

$$销项税额（或进项税额）= 含税销售收入 \div （1+税率）\times 税率 = 销售额 \times 税率 \tag{2}$$

我们将第一阶段的理论模型进行简化，假定单个企业的增值过程共有 n 个阶段，各个阶段的不含税销售额分别为 P_1，P_2，$\cdots$，P_n，则各个阶段所需缴纳的增值税为 $(P_{i+1} - P_i) \times 13\%$，各个阶段所需缴纳增值税总和为

$$\sum_{i=0}^{n-1} (P_{i+1} - P_i) \times 13\% = (P_n - P_0) \times 13\%。$$

第一阶段模型中假定 P_0（初始价值量）为0，则上式结果为 $P_n \times 13\%$，其含义是行业全年缴纳的增值税总额=最终产业的全年销售额×13%，根据我们的假定，此过程中银行可开具的承兑汇票理论最大值为 $\sum_{i=1}^{n} P_i \times (1 + 13\%)$，其中 P_i 不包含增值税。

考虑到市场中所有的交通运输、仓储和邮政业相关企业，理论上其所能开具的承兑汇票最大值即为所有相关行业企业销项税额之和。我们发现 P_i 可以通过主营业务收入进行衡量，此时 P_i 即为企业全年的主营业务收入，对 P_i 求和即为对应行业所有企业全年主营业务收入之和。

表1　三大行业营业收入　　　　单位：亿元

地区	营业收入	增值税税率	含税价格
合计	83308.7	—	90806.5
上海	10301.7	9%	11228.8
重庆	1681.2	9%	1832.5
浙江	5351.9	9%	5833.5

续表

地区	营业收入	增值税税率	含税价格
北京	6177.8	9%	6733.8
天津	3664.1	9%	3993.9
陕西	1515.9	9%	1652.3
四川	2428.0	9%	2646.5
安徽	2540.7	9%	2769.3
福建	2698.8	9%	2941.7
河北	2335.1	9%	2545.3
山西	1242.3	9%	1354.1
河南	2834.6	9%	3089.8
江西	1973.0	9%	2150.5
宁夏	228.5	9%	249.1
西藏	107.4	9%	117.1
甘肃	507.3	9%	553.0
青海	108.8	9%	118.6
广西	1108.5	9%	1208.3
山东	5530.7	9%	6028.5
吉林	858.8	9%	936.1
湖北	2393.0	9%	2608.4
湖南	1431.5	9%	1560.4

我们根据 2020 年相关企业主营业务收入数据计算出的交通运输、仓储和邮政业理论承兑汇票量约为 9.1 万亿元。此测算结果对理论签发承兑汇票量具有一定参考价值，但也存在部分误差：（1）部分小型企业未纳入计算，可能造成结果偏低；（2）部分面向终端消费者无法开票的部分无法排除，可能导致结果偏高；（3）此数据为各省份数据加总，而各省份统计数据可能存在重复计数问题，导致结果偏高。

从整个票据市场看，2021 年，承兑总额为 24.15 万亿元，同比增长 9.32%，市场保持稳步发展但远未触及理论上限，仍有很大的发展空间。从具体行业来看，由于缺乏交通运输、仓储和邮政业的承兑汇票签发额具体数据，无法进行具体测算，我们尝试用该行业占 GDP 的比重作为承兑汇票额的比例进行测算。上海票据交易所数据显示，2021 年承兑汇票签发量为 24.15 万亿元，同时，2021 年交通运输、仓储和邮政业增加值占我国 GDP

的比重为 4.11%，由此可计算出 2021 年交通运输、仓储和邮政业承兑汇票量约为 0.99 万亿元（24.15×4.11%）。与我们计算出的 9.1 万亿元理论上限相比存在很大差距，交通运输、仓储和邮政业承兑汇票未来市场空间广阔，疫情期间助力企业融资仍有很大潜力可挖。

三、积极推动交通运输、仓储和邮政业票据业务发展

无论是交通运输业还是仓储和邮政业，其与生俱来的建设、运营周期决定了相关企业在日常支付结算中普遍存在或长或短的账期。承兑汇票期限灵活，票面金额可以根据实际需要确定，与不同类型企业的回款周期相契合。交通运输、仓储和邮政业企业适度使用承兑汇票作为日常支付结算方式可以减少资金占用、扩张商业信用以实现更好更快的高质量发展。

（一）票据适合交通运输、仓储和邮政业短期融资

票据既有支付结算功能，也有扩张信用的融资功能，理应是我国多层次融资体系的一部分。票据市场法律法规、科技系统等软硬件基础设施完善，电子票据可以自主约定兑付日期，通过企业网银签发、流转非常便捷，还可以同开户银行一事一议，满足双方约定的特定条件后可获得银行承兑作为信用加持，这些基本属性与交通运输、仓储和邮政业企业的短期融资需求十分契合。票据可以用于清偿交通运输、仓储和邮政业上下游企业之间的债务，尤其对解决三大行业内中小微企业的"三角债"具有积极作用。20 世纪 90 年代，我国曾尝试用票据解决企业应收账款难题，2021 年以来，通过企票通平台运用商票功能帮助企业清偿欠款也取得了不错的效果。立足于解决企业短期流动性紧张问题，未来即使票据的最长期限缩短为半年，也不影响票据相关功能作用的发挥。

同时，依托于上下游的真实贸易背景，票据的到期兑付具有自偿性特征，并且对于长期在某家银行做基础支付结算的企业，银行可以获得稳定的大数据以帮助灵活调整、控制票据信用敞口的比例，尽可能创造条件为交通运输、仓储和邮政业企业提供短期的流动性支持。交通运输、仓储和邮政业企业在获得金融机构中长期贷款的同时，也可约定配套签发票据以满足短期流动性管理需要，长短结合使得票据的优势更加明显。

（二）围绕三大行业核心企业推动承兑、贴现业务发展

近年来，新冠病毒变异较快，疫情在多个重点城市出现反复，各省市为了控制疫情蔓延，大多采取过全域静态管理等举措，这对交通运输、仓

储和邮政业影响比较大，企业间歇性地需要流动性支持以渡过难关。交通运输、仓储和邮政业企业建设、运营周期普遍偏长，销售回款的速度参差不齐，金融机构可以根据行业企业不同的发展阶段和发展特点把票据承兑业务嵌入企业的日常经营管理流程中，提高票据产品在相关企业中的普及率和使用率，加快行业资金周转，降低由于临时流动性不足而导致的经营困难情况的发生率。目前银票贴现利率大多数时间在 1.6% 至 2.6% 的区间内波动，中枢在 2.1% 附近，三大行业核心企业在使用银行授信时，把流动资金贷款置换成银行承兑汇票支付给上游企业可以大幅降低企业融资成本。

票据市场是我国货币市场的重要组成部分，企业持有的票据在商业银行申请直贴时体现出票据是连接商业银行和实体经济的纽带，信贷属性明显；已贴现的票据在上海票据交易所平台流转时体现出票据是商业银行在货币市场相互融通资金的媒介，资金属性明显。票据这种可以将实体经济和货币市场连接在一起的特殊功能让其成为中央银行货币政策向实体经济传导的最优工具之一。商业银行要重视开户结算企业的行业分类工作，把票据资金规模更多配置在交通运输、仓储和邮政业企业贴现业务上，在控制实质风险的基础上尽可能简化相关企业申请贴现的流程，投入行内资源、发挥科技力量开发票据"秒贴"系统，提高放款效率，优化企业用票体验。另外，要发挥票据转贴现市场流转功能，使企业的票据贴现利率向同期限货币市场利率靠拢，切实降低企业的贴现成本，让利实体经济。

（三）围绕三大行业推动供应链票据业务发展

在政策层面，多个部门相继发布了供应链票据领域相关意见及管理办法。2020 年 4 月，上海票据交易所发布《关于供应链票据平台试运行有关事项的通知》（票交所发〔2020〕58 号），正式明确供应链票据平台依托于现有的 ECDS，与各类供应链金融平台对接，为企业提供电子商业汇票的签发、承兑、背书、到期处理、信息服务等功能，通过供应链票据平台签发的电子商业汇票简称供应链票据。供应链票据间接解决了传统电子商业汇票不可等分化的弊端，在一定程度上为票据本身的标准化做了铺垫。2022 年 1 月，中国人民银行与银保监会联合发布《商业汇票承兑、贴现与再贴现管理办法（征求意见稿）》，进一步明确了供应链票据的法律地位。2022 年 4 月，中国人民银行、国家外汇管理局印发《关于做好疫情防控和经济社会发展金融服务的通知》，强调规范发展供应链金融业务，发挥供应链票据等金融工具和应收账款融资服务平台的作用。

可以鼓励交通运输、仓储和邮政这三大行业的核心企业自建供应链平台，先行接入上海票据交易所系统，并且后续优先考虑用这三大行业供应链平台上线票据质押融资、贴现、转贴现、再贴现、供应链票据跨供应链平台流转等新功能。供应链票据依托于供应链核心企业信用，金融机构可以适度提高对优质核心企业的授信敞口，认真研究切实可行的针对供应链票据融资的服务方案，提高供应链票据的普及程度和流转效率。

（四）围绕三大行业推动应收账款票据化

2019 年 6 月，时任中国人民银行行长易纲在陆家嘴论坛上提出要推动应收账款票据化，这是完善上海国际金融中心建设的重要推进事项之一。反复出现的新冠疫情直接导致三大行业内的中小企业出现短期流动性紧张，部分交通运输、仓储和邮政业企业在财务压力下被迫进行民间融资，被高额利息拖死的现象屡有发生。应收账款和商业承兑汇票在供应链上使用场景相似，两种业务都是依托核心企业服务上下游中小微客户，旨在促进整个供应链企业发展、提升生态圈的实力、推动产业集聚、加快产业转型升级。长期以来，应收账款确认、流转比较困难，保理的成本也比较高，而商业汇票具有法律体系完善、基础设施先进、全流程电子化操作、期限灵活以及流转、融资和交易均比较方便的优势。以商业银行为代表的金融机构要努力搭建内部票据业务系统平台、缩短决策流程、突破信贷业务属地化管理的制度瓶颈，尽早实现对优质交通运输、仓储和邮政业企业的授信全覆盖，针对细分领域的特殊情况做区别对待，争取在摸索中尽快实现风险定价，真正做到电子商业汇票的流通和融资比应收账款更方便、成本更低从而实现银企双赢的高质量可持续发展。

（五）围绕三大行业推动票据数字化转型

《中华人民共和国国民经济和社会发展第十四个五年规划和 2035 年远景目标纲要》提出了"稳妥发展金融科技，加快金融机构数字化转型""提高金融服务实体经济能力，健全实体经济中长期资金供给制度安排，创新直达实体经济的金融产品和服务"等要求。推动票据数字化发展将极大地推动市场基础设施建设，逐步形成全国统一的票据交易与信用信息平台，并进一步提升票据市场透明度，提高市场交易效率，改善票据市场信用风险评价体系，通畅供应链生产、分配、流通、消费等各个环节，优化信用环境与融资环境，促进实体经济高水平发展。

企业信用信息是票据数字化的重要组成部分，完备的企业信用信息有利于推动票据市场整合成长，有利于形成合理的定价机制，有利于防范商业信用风险。目前，票据市场企业信用信息领域存在信用信息不完整、信息发布不及时、缺乏统一评级体系等问题，较大程度地困扰了市场发展。票据数字化转型可以在交通运输、仓储和邮政行业开展试点，以三大行业企业信息共享为契机，努力建设集票据信息、票据交易、信用信息于一体的新型票据信息系统，统一制定企业评级管理办法，增加信用风险管理手段，更好地服务实体经济。

（六）围绕三大行业发展票据再贴现业务

再贴现是中央银行货币政策工具箱中调节信贷结构的工具之一，可以疏通货币政策传导中出现的梗阻，发挥定向精准滴灌的功能，引导货币信贷资金投向，有针对性地解决经济运行中的突出问题。2017年9月，上海票据交易所推出的再贴现业务系统上线运行后，大大提高了人民银行各分支机构再贴现业务的办理效率和灵活性，也为中国人民银行更精准、高效地使用再贴现政策引导市场利率和优化资源配置创造了条件。首先，可以考虑进一步扩大再贴现操作规模并调整再贴现利率，督促引导商业银行梳理基础资产，优先选择出票人和贴现申请人是交通运输、仓储和邮政业企业的票据进行再贴现操作的前提条件。其次，中国人民银行可以把再贴现资源向交通运输、仓储和邮政业核心企业签发的商业承兑汇票倾斜，鼓励核心企业在其主导的供应链上推广使用商业承兑汇票进行支付结算，由中国人民银行作为最终再贴现人可以提高供应链上中小企业商业票据融资的可获得性并切实有效降低商业承兑汇票的融资成本。

（七）围绕三大行业防范票据风险

风险表面上是外部环境问题，实质是风险观、业绩观、发展观问题，是风险管理体制与业务发展不尽适应的问题。"重盈利、轻风险""重指标、轻管理"的问题需要在支持交通运输、仓储和邮政业发展的过程中进一步根除，坚持审慎经营的理念，坚持业务发展与风险管理能力相适应，持续推进精细化管理。金融机构的授信审批部门需要投入人力、物力、财力做好交通运输、仓储和邮政业企业签发的电子商业汇票的票据评级这项基础工作。评价交通运输、仓储和邮政业企业的定性指标应参照企业主体（商票出票人）公开市场信用评级和金融机构内部评级，考虑到商票到期期限较短，定量指标的评价方法与商票出票人信用评级应有所区别，企业短期偿债能力和盈利能力应是考察其最终票据兑付能力的重点，因此，在上述两部分指标的选项设置及评分权重上应给予一定倾斜。完善票据评级事项后，可以建立交通运输、仓储和邮政业企业白名单数据库，进一步确定对某个企业的授信额度，并在票据管理系统中实时显示剩余额度，进而有效地控制最大风险敞口。同时，利用人民银行征信系统和金融同业交流，排摸白名单企业在其他金融机构的授信使用情况，严防部分企业超越自身兑付能力无序签发商票的风险事件发生。

参考文献

[1] 肖小和，余显财，等. 我国增值税政策对承兑汇票发展的影响研究 [J]. 上海立信会计金融学院学报，2020（2）：50-61.

[2] 肖小和，张蕾，王亮. 新常态下票据业务全面风险发展趋势与管理 [J]. 上海金融，2015（6）：89-92.

加快规模以上工业企业发展与
推动票据业务发展的建议

肖小和　李紫薇

摘　要： 2022 年上半年，我国国内生产总值达到 56.3 万亿元，按不变价格计算，同比增长 2.5%，其中，工业增加值为 19.4 万亿元，同比增长 3.4%，高于 GDP 增长速度 0.9 个百分点，占 GDP 的比重达到 34.5%，由此可见，推动国内经济增长关键在于推动工业企业发展。本文主要考察规模以上工业企业，通过分析其 2021 年营业收入及应收账款情况，提出应加快规模以上工业企业票据业务发展，通过票据逐步解决工业企业应收账款高企的问题。

关键词： 工业企业　应收账款　票据

一、规模以上工业企业在国民经济中的地位和作用

（一）规模以上工业企业的地位及作用

工业是立国之本、兴国之器、强国之基、富国之源，是国民经济的主导产业，也是技术创新的重要载体，纵观世界经济强国发展史，工业无不起着重要的支撑作用。2022 年上半年，面对国内外较为严峻的经济形势，我国工业经济发展表现出强大的韧性，总体呈现企稳回升的态势，持续发挥宏观经济"压舱石"的作用。从经济贡献来看，2022 年上半年，工业增加值占 GDP 的比重达到 34.5%，较 2021 年提升 1.9 个百分点；从投资贡献来看，2022 年第二季度制造业投资增长 7.4%，高于固定资产投资增幅 3.2 个百分点，体现出了重要的拉动作用。

（二）规模以上工业企业经营现状分析

2021 年，规模以上工业企业营业收入合计 127.9 万亿元，同比增长 20.5%，累计实现利润总额 8.9 万亿元，同比增长 35.0%。随着信息技术的进步及产业革命的发展，电子信息产业表现出了强劲的发展动能，2021 年计算机、通信和其他电子设备制造业营业收入达到 14.1 万亿元，占规模以上工业企业应收总额的 11.0%，共实现利润 0.82 万亿元，占比达到 9.5%。

然而，在工业企业迅速发展的同时，隐藏在背后的应收账款淤积问题同样不容忽视。国家统计局数据显示，2021 年我国规模以上工业企业应收账款总计 18.9 万亿元，同比增长 15.0%，占营业收入的比重达到 14.8%，占流动资产的比重为 26.1%。

分行业来看，在全部 41 个工业大类别中，开采专业及辅助性活动、印刷和记录媒介复制业等 15 个行业的应收账款占比超过全国平均水平，反映出此类行业在销售过程中赊销过多，企业议价能力不强，在销售过程中处于弱势地位。就应收账款占流动资产的比重而言，印刷和记录媒介复制业、橡胶和塑料制品业等 10 个行业突破了 30% 的危险线，其中，非金属矿物制品业与计算机、通信和其他电子设备制造业分别达到 37.5% 和 35.8%，企业财务流动性值得关注。就应收账款净额而言，计算机、通信和其他电子设备制造业（3.4 万亿元）、电气机械和器材制造业（2.0 万亿元）、非金属矿物制品业（1.5 万亿元）、汽车制造业（1.5 万亿元）、电力、热力生产和供应业（1.1 万亿元）、通用设备制造业（1.1 万亿元）、专用设备制造业（1.0 万亿元）这 7 个行业的应收账款均超过 1 万亿元，过高的应收账款延长了企业回款周期，降低了经营活动现金流可获得性，提高了企业坏账损失的概率，可能会造成企业流动性紧张，制约企业正常生产经营。

表 1　2021 年分行业规模以上工业企业应收账款及营业收入情况

单位：亿元

行业	营业收入	应收账款	应收账款/营业收入	流动资产	应收账款/流动资产
全国总计	1279226.5	188730.0	14.8%	723908.9	26.1%
煤炭开采和洗选业	32896.6	4313.7	13.1%	31153.2	13.8%
石油和天然气开采业	9112.3	587.1	6.4%	3514.1	16.7%
黑色金属矿采选业	5820.7	573.9	9.9%	3785.2	15.2%
有色金属矿采选业	3093.6	296.8	9.6%	2140.3	13.9%
非金属矿采选业	4065.6	499.1	12.3%	2725.6	18.3%
开采专业及辅助性活动	2048.1	387.0	18.9%	1639.9	23.6%
其他采矿业	11.8	1.0	8.5%	3.9	25.6%
农副食品加工业	54107.6	3251.2	6.0%	19816.9	16.4%
食品制造业	21268.1	2090.9	9.8%	10303.1	20.3%
酒、饮料和精制茶制造业	16034.0	1117.1	7.0%	11802.8	9.5%

续表

行业	营业收入	应收账款	应收账款/营业收入	流动资产	应收账款/流动资产
烟草制品业	12131.5	308.3	2.5%	8351.8	3.7%
纺织业	25714.2	2904.4	11.3%	12318.7	23.6%
纺织服装、服饰业	14823.4	1833.5	12.4%	7037.6	26.1%
皮革、毛皮、羽毛及其制品和制鞋业	11057.2	1069.8	9.7%	4073.1	26.3%
木材加工和木、竹、藤、棕、草制品业	9655.5	956.6	9.9%	3317.4	28.8%
家具制造业	8004.6	1139.3	14.2%	4123.5	27.6%
造纸和纸制品业	15006.2	1933.4	12.9%	8223.1	23.5%
印刷和记录媒介复制业	7442.3	1169.7	15.7%	3867.8	30.2%
文教、工美、体育和娱乐用品制造业	14364.3	1309.2	9.1%	6168.9	21.2%
石油、煤炭及其他燃料加工业	55398.0	2092.5	3.8%	19203.6	10.9%
化学原料和化学制品制造业	82958.9	8595.7	10.4%	41222.7	20.9%
医药制造业	29288.5	5218.3	17.8%	25680.8	20.3%
化学纤维制造业	10262.8	662.9	6.5%	4471.5	14.8%
橡胶和塑料制品业	28996.4	4985.9	17.2%	15805.6	31.5%
非金属矿物制品业	66217.7	15200.4	23.0%	40501.7	37.5%
黑色金属冶炼和压延加工业	96662.3	3147.5	3.3%	31875.2	9.9%
有色金属冶炼和压延加工业	70052.9	4133.1	5.9%	23770.4	17.4%
金属制品业	46835.4	7611.9	16.3%	23576.8	32.3%
通用设备制造业	47010.6	11265.6	24.0%	35975.9	31.3%
专用设备制造业	36563.5	10158.9	27.8%	34339.0	29.6%
汽车制造业	86706.2	15029.3	17.3%	53162.2	28.3%
铁路、船舶、航空航天和其他运输设备制造业	13094.1	3434.4	26.2%	12243.8	28.1%
电气机械和器材制造业	85320.2	20306.1	23.8%	60217.8	33.7%
计算机、通信和其他电子设备制造业	141285.3	34059.6	24.1%	95152.5	35.8%

行业	营业收入	应收账款	应收账款/营业收入	流动资产	应收账款/流动资产
仪器仪表制造业	9101.4	2602.4	28.6%	8557.8	30.4%
其他制造业	1956.8	267.5	13.7%	958.8	27.9%
废弃资源综合利用业	9080.7	618.3	6.8%	2529.9	24.4%
金属制品、机械和设备修理业	1484.4	409.4	27.6%	1357.0	30.2%
电力、热力生产和供应业	78502.7	11310.9	14.4%	37012.6	30.6%
燃气生产和供应业	11792.4	925.9	7.9%	5206.3	17.8%
水的生产和供应业	3997.5	951.9	23.8%	6720.0	14.2%

资料来源：国家统计局. 中国统计摘要 2022 ［M］. 北京：中国统计出版社，2022：121-122.

　　分区域来看，在全国 31 个省份中，北京、山西等 11 个省份应收账款占营业收入的比重超过全国平均水平。就应收账款占流动资产的比重而言，江苏、安徽、湖南、重庆 4 个省份均超过 30% 的危险线，区域工业企业流动性值得关注。就应收账款净额而言，江苏、浙江、山东、广东 4 个省的应收账款净额均超过 1 万亿元，江苏、浙江、山东、广东地处东南沿海地区，工业较为发达，工业体量大，使得应收账款规模整体偏高，压缩应收账款势在必行。

表 2　2021 年分区域规模以上工业企业应收账款及营业收入情况

单位：亿元

地区	营业收入	应收账款	应收账款/营业收入	流动资产	应收账款/流动资产
全国总计	1279226.5	188730.0	14.8%	723908.9	26.1%
北京	28054.0	4717.7	16.8%	24700.9	19.1%
天津	22571.2	3161.4	14.0%	11576.8	27.3%
河北	52125.4	6248.6	12.0%	27205.2	23.0%
山西	32396.2	5327.8	16.4%	26513.2	20.1%
内蒙古	23947.1	2741.2	11.4% .	13768.9	19.9%
辽宁	35214.2	4472.1	12.7%	21287.0	21.0%
吉林	14058.0	1729.0	12.3%	8445.4	20.5%
黑龙江	11253.1	1618.2	14.4%	8061.1	20.1%

续表

地区	营业收入	应收账款	应收账款/营业收入	流动资产	应收账款/流动资产
上海	44173.0	8255.5	18.7%	30418.6	27.1%
江苏	149920.7	29636.1	19.8%	90383.5	32.8%
浙江	97967.6	18492.0	18.9%	62607.5	29.5%
安徽	44775.9	8265.0	18.5%	26305.7	31.4%
福建	64743.0	5753.0	8.9%	23691.0.	24.3%
江西	43976.7	4238.9	9.6%	15472.9	27.4%
山东	102271.5	12573.7	12.3%	58778.9	21.4%
河南	54006.4	6149.5	11.4%	26201.8	23.5%
湖北	49215.7	5458.3	11.1%	22506.8	24.3%
湖南	42763.3	4724.7	11.0%	15389.8	30.7%
广东	169785.1	28748.0	16.9%	102873.7	27.9%
广西	21911.1	2696.9	12.3%	11322.4	23.8%
海南	2625.7	361.1	13.8%	1789.1	20.2%
重庆	27118.9	4095.0	15.1%	12872.2	31.8%
四川	52583.4	6913.5	13.1%	25846.1	26.7%
贵州	9712.5	1374.2	14.1%	7081.7	19.4%
云南	17359.5	1849.1	10.7%	9518.8	19.4%
西藏	401.7	88.2	22.0%	487.7	18.1%
陕西	29585.6	4073.5	13.8%	17900.9	22.8%
甘肃	9601.7	1211.0	12.6%	4953.1	24.4%
青海	3186.7	627.4	19.7%	2200.7	28.5%
宁夏	6491.2	959.2	14.8%	4042.7	23.7%
新疆	15430.4	2170.1	14.1%	9704.8	22.4%

资料来源：国家统计局．中国统计摘要 2022［M］．北京：中国统计出版社，2022：123-124．

二、票据的特点及服务优势

票据是集支付、结算、融资、投资、交易、调控等功能于一体的金融工具，在促进实体经济发展、传导货币政策等方面发挥着不可替代的作用。票据因信用而存在，其本质为根植于商品贸易活动中的商业信用，良好的信用环境是票据市场发展的信用保障；票据因支付而发生，企业之间往来活动产生的支付结算需求是票据流通的原生动力，是票据全生命周期的开端；票据因融资而发展，票据融资是提高行业效率的有效途径，是最契合目前企业信用实际的短期融资工具；票据因创新而繁荣，通过制度创新，推动支付便捷化、短期贷款票据化发展，依托科技创新，推动类债券和类证券化探索；票据因服务实体经济而具有无限发展空间，支持实体经济发展历来都是票据市场发展的重点所在。票据产品体系丰富，不仅包含承兑、贴现、转贴现、再贴现等传统业务，还包括秒贴、票据池、票付通、贴现通、供应链票据等创新型票据产品，产品体系基本涵盖票据全生命周期业务，具有较强的灵活性与可选择性，能较好地匹配工业企业生产运营特点。

三、加快规模以上工业企业发展与推动票据业务发展的建议

（一）票据是服务规模以上工业企业短期融资的理想工具之一

受企业规模、治理结构等因素限制，有许多工业企业难以通过股票、债券、银行贷款等方式获得资金，而票据市场具有准入门槛低、期限短、流动性强、操作便捷灵活等优势，是企业获得短期资金的重要来源。与流动资金贷款相比，票据业务优势明显：一是票据贴现利率总体低于流动资金贷款利率，通过票据融资可以降低企业融资成本；二是相较于流动资金贷款而言，电子票据项下业务办理更加高效便捷，有利于节约时间成本，加快企业资金回笼速度；三是票据业务准入门槛较低，能更好地覆盖中小微企业，促进企业资金融通，其可追索性及可背书流转性能够串联企业信用，实现信用增级的效果，是企业重要的短期融资工具；四是票据市场法治基础良好，基础设施较为完善，尤其是随着上海票据交易所供应链票据平台及新一代票据业务系统上线，票据的可拆分流转和组包成为可能，极大地提高了企业票据支付与流转的便利性。

（二）加快推动规模以上工业企业票据承兑、贴现等业务发展

工业企业具有较强的辐射性，是产品模式创新的载体。工业涉及生产、销售、回款等多个环节，研发、生产周期普遍偏长，账期不匹配造成的资金短缺是工业企业存在的普遍问题。金融机构可结合工业企业各子行业的发展阶段和特点，有针对性地将票据承兑业务嵌入工业企业生产经营中，提高工业企业票据使用率，以票据资产缓解企业日常生产经营过程中

面临的流动资金不足窘境。近年来，各金融机构及第三方平台相继上线票据秒贴、急速贴现产品，科技力量赋能提升贴现放款效率，优化企业用票体验。贴现作为金融机构为企业提供流动性、支持实体经济成本较低、最为直接的方式之一，可在风险可控的前提下，将更多的资金规模配置在工业企业贴现业务中。对于符合政策支持要求的工业企业票据，可向中国人民银行申请再贴现，以低成本资金支持工业企业发展。

（三）推动规模以上工业企业供应链产业链票据发展

2020 年 4 月 24 日，上海票据交易所供应链票据平台正式上线运行，供应链票据平台依托于电子商业汇票系统，与供应链金融平台对接，为企业提供电子商业汇票的签发、承兑、背书、到期处理、信息服务等功能。供应链票据平台实现了票据可拆分化，一方面，企业可以根据实际支付结算需求，对票据进行拆分和重新组包处理，解决了工业企业间票面金额与支付金额不匹配的痛点，极大地提高了企业票据支付与流转的便利性；另一方面，企业可以通过贴现或标准化票据进行融资，以低成本利率实现资金快速回笼。开展规模以上工业企业供应链票据业务，可以带动上下游企业信用传递，实现由宽货币到宽信用的转化，通过票据轧清上下游企业应收、应付账款，盘活工业企业应收账款，缓解企业在生产发展过程中面临的资金问题。

（四）推动规模以上工业企业票据创新产品运用

票据兼具信贷与资金双重属性，功能作用多样，业务品种丰富。随着票据市场的不断发展，票据创新不断深化，尤其是在上海票据交易所成立以后，相继推出票付通、贴现通、标准化票据、供应链票据等创新产品，商业银行也在传统的承兑、贴现、转贴现等业务基础上，创新性地推出区块链票据、票据池、绿色票据、线上贴现等创新型票据业务产品，票据服务实体经济的深度和广度得到了提升。票据创新产品的发展也为金融机构票据业务全生命周期管理提供了抓手。近年来，各大金融机构开始重视票据全生命周期管理，开发票据全生命周期业务及服务，瞄准企业发展难点、痛点，通过票据产品"组合拳"的方式为实体经济提供综合性的资金解决方案。推动工业票据业务发展可以金融机构全生命周期票据业务发展为契机，以票据创新产品为切入点，由点及面推动行业票据业务发展，借助金融机构专业化业务团队，打造专属票据融资服务，通过低成本票据资金推动工业转型升级发展。

（五）在规模以上工业企业中推动商业承兑汇票业务

近年来，供应链票据、标准化票据的发展给商业承兑汇票提供了发展机遇，随着商业汇票信息披露系统上线，票据市场对于商业承兑汇票的管理不断丰富与完善。推动工业企业票据业务发展，可以考虑加大工业企业商票发展力度，完善商业承兑汇票担保机制，建立商业承兑汇票担保基金或风险基金，推动保险增信、担保增信等发展；可以考虑加强与各地征信平台的合作，为工业企业尤其是工业企业票据业务发展提供数据化支持，以缓解票据发展过程中面临的信息不对称问题，优化企业信用发展环境；可以考虑推动商业承兑汇票信用评级体系建设，组建票据信用评级机构，为承兑与贴现主体提供全方位、动态化的票据信用评级与追踪服务；可以考虑与银行、保险公司等金融机构展开合作，开展票据保兑、保贴、担保等业务，以提升商票的市场认可度，多方联动共同推动工业商票发展；可以考虑探索商票平台建设，专注于商票承兑、贴现市场发展，通过统一的信用平台建设，引导企业更多地将商业承兑汇票应用于生产经营活动中，通过平台票据流转，实现商票的闭环运行，提高工业产业运行效率。

（六）推动规模以上企业应收账款票据化业务

工业涉及生产、销售、回款等多个环节，账期不匹配造成的资金短缺问题普遍存在。票据作为重要的信用工具，在化解应收账款方面具有得天独厚的优势，改革开放后利用票据解决"三角债"问题、化解企业间货款拖欠的历史表明，票据在解决企业间货款拖欠、支付结算方面具有一定的适用性与优越性。一方面，票据具有固定的账期，具有到期无条件付款的特性，具有追索权，为企业回款提供了保障；另一方面，票据融资成本低，流动性强，可成为企业应收账款的重要替代工具。作为重要的支付融资工具，电子票据的互联网属性使其货币化支付功能得以实现，供应链票据的发展实现了票据的可拆分流转，解决了工业企业间票面金额与支付金额不匹配的痛点，便利了企业间货款支付结算。推动规模以上工业企业票据业务发展，可以以应收账款票据化为抓手，提升应收账款票据化发展的力度与广度，化企业呆滞的账面资金为票据信用资金，以缓解企业资金困境，加速企业生产运营。

（七）在规模以上工业企业重点地区发展应收账款票据化

规模以上工业企业应收账款呈现出区域性分布的特征，在全国 31 个省份中，江苏、广东、浙江、山东、安徽、上海这 6 个省份的规模以上工业企业应收账款占比之和超过全国总额的 50%，这些地区地处东南沿海，贸易发达，工业化程度高，工业总产值大，由此导致应收账款总量高企。尽管这些省份票据业务发展速度较快，票据业务总量较高，但相较于应收账款而言，票据业务发展力度仍显不足。近年来，浙江、江西、山东、河南、黑龙江、深圳、合肥、南京等地推行链长制，促进产业链供应链协同发展，助力实体经济做大做强。链长制通过主要领导挂帅，统筹内外部资源，聚焦产业链薄弱环节重点突破、精准施策，以加快产业链上下游、产业供销、大中小企业协同，推动区域产业链高质量发展。规模以上工业企业可以抓住链长制发展机遇，利用各地区链长制政策优势，牵头推动票据上链、强链，充分利用好票据这一金融工具，盘活规模以上工业企业应收账款，以达到推动规模以上工业企业高质量发展、助力区域经济繁荣的目标。

（八）推动规模以上工业企业票据数字化发展

票据数字化是将票据信息、票据信用信息通过科技化手段实现信息化、规范化、标准化、法治化进而可交易化，以及通过科技化手段实现科技与票据数字融合，更好地服务经济金融。数字票据除了介质层面的纸质票据电子化、电子票据、区块链票据和智能票据等，还包含基础设施（含法律制度）层面参与主体的科技赋能，以及实体经济、金融行业、社会等应用层面的应用。随着新一轮科技变革及产业革命的发展，工业与新兴技术的融合发展进一步提速，这为工业票据数字化发展带来了契机。推动工业票据数字化发展要与时俱进推动转型，进一步明确转型目标和任务，积极发挥科技的功能作用，夯实票据数字化转型基础，探索票据数字化转型机制，加强票据数字化与经济产业的融合，加强票据数字化转型的创新模式、业务产品研究，强化票据数字化转型的风险管理，通过票据数字化发展带动工业转型升级，拉动工业全要素生产率提升，促进工业内部优化创新，进而推动国民经济高质量发展。

（九）加强规模以上工业企业票据业务风险防范

风险是未来损失的不确定性，只要经营票据业务，就一定存在风险。对于票据监管机构而言，应进一步健全票据市场风险监测体系，加强风险识别、分析与评估，完善风险监测指标，强化监测结果运用，借助区块链、大数据、人工智能、虚拟现实等金融科技手段进行票据全生命周期风险管理，优化风险监测模型，建立事前、事中、事后全方位的风险应急处置体系；应进一步推动商业汇票信息披露准、快、全发展，通过信息披露的方式降低票据市场风险水平。对于金融机构而言，在推动工业票据业务发展的过程中，需要进一步根除"重盈利、轻风险""重指标、轻管理"的经营管理理念，树立合规审慎的经营理念，推动过程化与精细化管理。金融机构需要进一步加强风险管理，将风险防范落到实处。在办理工业票据业务时，应该充分审查贸易背景真实性，严格按照制度规定办理票据业务，严格把控操作风险关口；做好规模以上签发主体商票评级工作，建立白名单管理制度，严格控制风险敞口，严防部分企业过度签发带来的兑付风险。对于企业而言，要增强自身责任意识，不主动签发伪假票据，强化风险防范意识，加大内部控制力度。对于企业财务人员而言，应加强专业知识学习，掌握常见票据风险形式，提升外部票据审查力度与鉴别能力。

加快票据业务发展、支持上海市批发零售行业复工复产的思考

肖小和　余显财　金　睿　柯　睿

一、研究背景和意义

批发零售业是社会化大生产过程中的重要环节，是决定经济运行速度、质量和效益的引导性力量，是我国市场化程度最高、竞争最为激烈的行业之一。2020 年上半年，新冠疫情对批发零售业造成了巨大冲击，无数企业商家损失惨重。国家早在 2020 年 1 月就出台了《关于进一步强化金融支持防控新型冠状病毒感染肺炎疫情的通知》，明确提出要对批发零售业等受疫情冲击较大的行业提供金融优惠服务。承兑汇票长期以来作为批发零售行业融资的重要手段之一，在疫情中发挥的作用不可小觑。历年的《中国货币政策执行报告》指出，长期以来企业签发的银行承兑汇票承兑、贴现集中在制造业、批发零售业。上海票据交易所数据显示，2018 年与 2019 年批发零售业票据签发背书量占比超过 40%，位居各行业之首。2020 年第一季度，批发零售业票据签发背书量占比为 40.3%，尽管较上年同期下降 1.17 个百分点，但仍位于各行业之首。可见票据融资已经成为批发零售行业的重要融资手段，未来的批发零售行业发展必然带动相关票据业务的发展。

2022 年，新冠疫情影响下上海地区持续实行封控政策；2022 年第一季度，上海市批发零售业商品销售总额为 40482.74 亿元，同比增长 2.0%，而批发零售行业以中小微企业为主，在持续封控政策下抗风险能力较弱，在此背景下，为了保障企业资金链正常流转，票据融资成为重要的支持方式。让票据服务于经济实体，支持更多企业开展票据融资，助力批发零售业企业正常运转，成为当下亟须解决的问题。因此，研究票据业务在批发零售行业的发展现状，以及在上海地区的票据融资理论承兑量，测算票据融资空间，助力经济实体发展和票据融资发挥作用，有助于上海经济尽快恢

复,符合国民经济消费向好的预期,符合中国经济复苏的现状,更符合批发零售行业票据业务飞速发展的事实,有着极强的现实意义。

二、以增值税为基础的批发零售行业票据承兑总量测算

2016 年"营改增"完成,扩大了增值税的适用范围,商业银行和监管机构普遍把销售方开具的增值税发票作为审核贸易背景真实性的主要依据之一,只要缴纳了增值税的企业理论上都有条件开具商业汇票,这为大力发展承兑业务提供了良好的条件。如图 1 所示,2016 年以前累计签发商业汇票金额占批发零售业商品销售额的比重一直处于较为稳定的状态(42%左右),由于 2016 年"营改增"完成导致增值税增加,以及金融业务中商业银行在企业出票环节加强了对真实贸易背景的审查,无真实贸易背景的融资性票据逐步被挤出市场,致使 2016 年以后的票据承兑业务有了一定下滑,近三年该比重再次稳定在 25%左右,未来随着居民消费生活水平的提高,批发零售业发展必然会带动相关票据业务的发展。下面我们考虑理论上批发零售行业可开具的最大承兑汇票量以及与实际市场的比较,探究票据在批发零售行业中的发展潜力,让票据服务于实体经济,服务于批发零售行业发展。

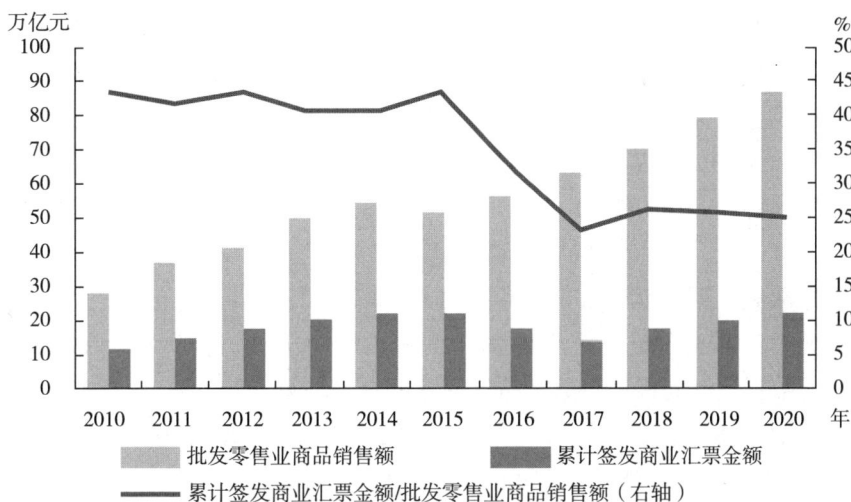

图 1   2010—2020 年批发零售业销售额与票据签发量总计

承兑总量可能性分析之模型假设如下: (1)假定市场中存在 n 种产品,不含税价格分别为 P_i 元,数量分别为 Q_i($i=1$,2,…,n)。(2)第 i

种商品需要经过增值的次数为 K_i 次，其中第 j 次（$j=1, 2, \cdots, K_i$）增值后的不含税价格为 P_{ij}，此时的中间品数量为 Q_{ij}，最终价格为 P_i，即 $P_{iK_i}=P_i$，$Q_{iK_i}=Q_i$。（3）假定第 i 种商品的第 j 次增值所需缴纳的增值税税率为 X_{ij}，则含税价格为 $P_{ij} \times (1+X_{ij})$。

基于上述假设，第 i 种商品的第 j 次增值后银行可签发的汇票为

$$P_{ij} \times Q_{ij} \times (1+X_{ij})$$

理论上市场可以签发的商业汇票累计为

$$\sum_{i=1}^{n} \sum_{i=1}^{K_i} P_{ij} \times Q_{ij} \times (1+X_{ij})$$

在我国现行税率制度下，主要存在三档增值税税率，分别为 6%、9%、13%，因此，X_{ij} 的取值为 6% 或 9% 或 13%。但实际市场中的产品种类及对应的增值次数无法统计。因此考虑根据企业实际缴纳的增值税额进行计算，将企业进行分类，并按照 2019 年版增值税税率进行计算，由增值税计算公式可知：

$$增值税 = 销项税额 - 进项税额 \tag{1}$$

$$销项税额（或进项税额）= 含税销售收入 \div (1+税率) \times 税率 = 销售额 \times 税率 \tag{2}$$

根据上述模型计算批发零售行业的理论承兑最大值，具体测算如下。

我们将前文的理论模型进行简化，仅聚焦于批发零售业企业增值，其每次增值后的可开票额为不含税销售额加上增值税额，批发零售行业的增值税税率为 13%，因此，批发零售业全年理论可开票额 = 全部批发零售业企业全年销售额 × （1+13%）。

2021 年上海市批发零售业商品销售额为 162838.66 亿元，由此计算出的理论承兑汇票量为 162838.66×（1+13%）= 184007.7（亿元），约为 18 万亿元。其中面向最终消费者用于消费的部分无法开票，因此需将其剔除，此数据我们利用社会消费品零售总额粗略估算，2021 年为 18079.25 亿元，其增值税税率采用 13%，则批发零售行业理论承兑汇票量为（162838.66-18079.25）×（1+13%）= 163578.1（亿元），约为 16 万亿元。但此种方法误差较大，原因在于社会消费品零售总额包含所有零售额，导致计算结果严重偏低，而未排除无法开票的部分使计算出的 18 万亿元可能偏高，因此，计算出的 16 万亿元和 18 万亿元仅能作为理论下限值和上限值的粗略估算。

上海票据交易所数据显示，2021 年票据市场业务总量为 167.32 万亿元，同比增长 12.87%，其中承兑金额为 24.15 万亿元，增长 9.32%。2019 年与 2020 年批发零售业票据签发背书量占比均在 40% 与 45% 之间，我们利用此比例作为批发零售行业票据签发量占比，则 2021 年批发零售行业累计签发商业汇票 9.7 万亿元至 10.9 万亿元（24.15×40%＝9.7；24.15×45%＝10.9）。按照上海批发零售业商品销售额占全国的比重（16.2%）测算，上海地区 2021 年累计签发承兑汇票量为 1.6 万亿元至 1.8 万亿元（9.7×16.2%＝1.6；10.9×16.2%＝1.8），与我们计算出的理论可开票量 16 万亿元至 18 万亿元相比存在很大差距，仅占理论最大值的 10%，票据在上海批发零售行业的应用仍有潜力可挖。

三、推进上海市批发零售行业票据业务发展的思考

2022 年持续几个月的新冠疫情对上海批发零售行业影响较大，也间接影响了长三角地区乃至全国的批发零售供应体系，因此，必须加大力度推进票据在上海批发零售行业的承兑、贴现、再贴现，找准供应链票据等创新业务在批发零售行业的发力点，特别是要利用好上海地区信用环境优于全国平均水平的优势，加快在批发零售行业推动商业承兑汇票的应用和应收账款票据化。

（一）商业汇票是上海批发零售业最理想的金融工具

商业汇票既有支付结算功能，也有扩张信用的融资功能，是我国实体企业多层次融资体系的一部分。批发零售行业属于高速周转的资金密集型行业，业内企业根据具体贸易品种和处于供应链中地位的不同，均可能存在或长或短的账期，天然有着旺盛的短期资金融通需求。一方面，批发零售行业市场化程度高、竞争激烈、行业集中度低，行业内部以中小型企业为主，很难在资本市场上利用股票、公司债券、短期融资券、中期票据、PPN、ABS 等工具融资。另一方面，相对于银行贷款，票据市场基础设施完善，电子票据最长期限可达一年，并且可以自主约定到期期限，通过企业网银签发、流转非常便捷，还可以同开户银行"一事一议"，满足双方约定的特定条件后可获得银行承兑作为信用加持，这些基本属性同批发零售业企业的短期融资需求十分契合。同时，依托于上下游的真实贸易背景，票据的到期兑付具有自偿性特征，并且对于长期在某家银行做基础支付结算的批发零售业企业，银行可以获得稳定的大数据以帮助灵活调整、控制票

据信用敞口的比例，尽可能创造条件为批发零售业企业提供短期的流动性支持。综合来看，批发零售业的票据融资比信贷融资可获得性高，部分大型批发零售业企业在获得金融机构中长期信贷支持的同时，也可约定配套签发商业汇票以满足短期流动性管理需要，长短结合使得票据的优势更加明显。

（二）在上海批发零售行业加快推动承兑业务

票据是推动疫情期间上海批发零售业中小微企业复工复产、复商复贸的有力工具。对于主营业务正常、供应链上下游稳定、产品和服务市场前景良好，由于暂时性的资金链紧绷，急需短期流动性支持的批发零售业中小微企业，票据的特殊功能作用适逢其时，这也是票据运用于微观企业的最佳实践期。

批发零售业企业固定资产较少，有着负债较高和资产流动性较好的特征，销售回款的速度参差不齐，金融机构可以利用大数据精准梳理贸易流、资金流，研究不同贸易品种的整体风险和交易对手风险，力争提高票据产品在批发零售业企业的普及率和使用率，加快行业资金周转，降低由于临时流动性不足而导致的经营困难情况的发生率。因此，上海地区商业银行、批发零售业企业及政府相关部门要达成共识，各司其职，各负其责，联动推出相应措施，包括商业银行要适度降低承兑保证金比例，手续费视情况适当减免，保证金占存款的比例应适度宽松，政府出资的中小微担保机构要适当提高风险容忍度，等等。上海批发零售业企业要积极利用政府和金融机构的优惠政策，适度签发票据解决短期资金之急需，把本来不能流动的三角债务显性化，金融机构应加大对批发零售业企业持有的银票和商票的贴现力度，切实提高上海地区中小微批发零售业企业资产负债表中资产端的流动性和变现能力。

（三）积极推动上海批发零售行业灵活运用票据承兑、贴现、再贴现政策

早在2020年4月，中央政府就提出了"六保"新任务新目标，指出保居民就业、保基本民生、保市场主体、保粮食能源安全、保产业链供应链稳定、保基层运转的重要性。上海地区批发零售业企业的正常经营与"六保"目标高度重叠，与老百姓的日常生活息息相关，在上海地区批发零售行业积极推动票据融资利国利民。

可以由政府牵头，通过上海社会各界的共同努力，推动上海批发零售

行业的票据融资，缓解关乎国计民生的批发零售业企业融资难、融资贵问题。第一，中国人民银行上海分行可以从准备金、再贴现利率等货币政策工具方面支持上海批发零售业企业使用商业汇票，特别是要加大再贴现支持力度，对于符合条件的商业银行给予较低资金成本的再贴现支持，盘活上海批发零售业企业票据资产。第二，商业银行在上海的分支机构需加大科技和人力投入，为批发零售业企业商业汇票的开立、承兑、贴现、付款等提供优质服务。第三，监管部门可以根据上海批发零售业企业的现实情况，给予商业银行对应的差别化监管政策。第四，上海市财政局应发挥好财税优惠的外部激励作用，给予上海批发零售业企业办理商业汇票承兑、贴现等业务的税收优惠政策。第五，国家融资担保基金和上海市政府担保机构可以支持符合条件的上海批发零售业企业使用商业承兑汇票，商业银行可参与尽调，国家融资担保基金给予一定比例的担保，中国人民银行划出一定比例的再贴现额度，共同发展商业承兑汇票。第六，上海票据交易所应加强票据交易平台建设，使票据市场信息更加公开化、透明化，利率报价更加公开，业务处理更加方便快捷安全。第七，上海批发零售业企业要积极增强自身"体质"，聚焦主业，规范经营，注重诚信，严格遵守"恪守信用、履约付款"的结算原则，及时足额兑付到期商业汇票。第八，有关部门应完善守信联合激励和失信联合惩戒机制，打击逃废债和欺诈行为。

（四）加大上海批发零售行业应收账款票据化力度

2019年6月，时任中国人民银行行长易纲在陆家嘴论坛上提出要推动应收账款票据化，这是完善上海国际金融中心建设的重要推进事项之一。上海批发零售行业的应收、应付款存在账期且应收账款占资产总额的比例高，直接导致行业内中小企业出现短期流动性紧张，部分企业在财务压力下被迫进行民间融资，被高额利息拖死的现象屡有发生。应收账款和商业承兑汇票在供应链上使用场景相似，两种业务都是依托核心企业服务上下游中小微企业，旨在促进整个供应链发展、提升生态圈的实力、推动产业集聚、加快产业转型升级。长期以来，应收账款确认、流转比较困难，保理的成本也比较高，而商业汇票具有法律体系完善、基础设施先进、全流程电子化操作、期限灵活以及流转、融资和交易均比较方便的优势。以商业银行为代表的金融机构要努力搭建内部票据业务系统平台、缩短决策流程、突破信贷业务属地化管理的制度瓶颈，尽早实现对优质上海批发零售业企业的授信全覆盖，针对不同企业的特殊情况做区别对待，争取在摸索中尽快实现风险定价，真正做到电子商业汇票的流通和融资比应收账款更方便、成本更低，从而实现银企双赢的高质量可持续发展。

（五）上海批发零售行业要发展供应链票据业务

在政策层面，多个部门相继发布了供应链票据领域相关意见及管理办法。2020 年 4 月，上海票据交易所发布《关于供应链票据平台试运行有关事项的通知》（票交所发〔2020〕58 号），正式明确供应链票据平台依托于现有的 ECDS，与各类供应链金融平台对接，为企业提供电子商业汇票的签发、承兑、背书、到期处理、信息服务等功能，通过供应链票据平台签发的电子商业汇票简称供应链票据。供应链票据间接解决了传统电子商业汇票不可等分化的弊端，在一定程度上为票据本身的标准化做了铺垫。2022 年 1 月，中国人民银行与银保监会联合发布《商业汇票承兑、贴现与再贴现管理办法（征求意见稿）》，进一步明确了供应链票据的法律地位。2022 年 4 月，中国人民银行、国家外汇管理局印发《关于做好疫情防控和经济社会发展金融服务的通知》，强调规范发展供应链金融业务，发挥供应链票据等金融工具和应收账款融资服务平台的作用。

可以鼓励上海批发零售行业链条上的核心企业自建供应链平台，先行接入上海票据交易所系统，并且后续优先考虑用该供应链平台上线票据质押融资、贴现、转贴现、再贴现、供应链票据跨供应链平台流转等新功能。供应链票据依托于供应链核心企业信用，金融机构可以适度提高对批发零售链条上核心优质企业的授信敞口，认真研究切实可行的针对供应链票据融资的服务方案，提高供应链票据的普及程度和流转效率。

（六）上海批发零售行业要充分利用票据创新产品成果

上海地区批发零售业企业可以结合自身情况运用票付通、贴现通、标准化票据等创新工具，更好地发挥票据的支付结算属性和融资属性。票付通产品可以帮助上海批发零售业企业盘活账户中的小银行承兑、小金额票面、久期短、流动性差的商业汇票资产，上海票据交易所提供的票据见证支付功能能把交易中的道德风险和操作风险降到最低程度。

贴现通产品可以使上海批发零售业企业的开户银行充当票据贴现的中介，有贴现通业务撮合资质的商业银行可以帮助批发零售业企业将账户中的商业汇票以最低的价格、最快速的方式在全市场范围内实现变现。

标准化票据产品的发展有望为上海地区批发零售业企业引入"源头活水"，可以提高上海地区批发零售行业供应链上下游核心企业商业承兑汇票资产的流动性。目前由于信贷市场和货币市场相互割裂，融资利率尚未实现完全市场化，同一企业主体在银行间市场发行短期融资券的利率明显低于其承兑的商业承兑汇票贴现利率，通过相应存托机构创设上海批发零售行业核心企业签发的标准化票据可以降低供应链上中小企业持有核心企业签发的商业承兑汇票的融资成本，从而进一步为上海批发零售业中小企业融资难、融资慢、融资贵的现状纾困解难。

（七）充分利用商业承兑汇票信息披露制度，加快上海批发零售行业票据发展

为加强票据市场信用体系建设，中国人民银行及上海票据交易所及时推出商票信息披露平台，按日披露承兑人承兑票据的信用情况，包括承兑发生额、承兑余额、累计逾期发生额、逾期余额，该平台的推出具有里程碑意义，对降低票据市场的信息不对称程度意义重大。上海地区批发零售业企业需以发展的眼光积极参与商业汇票信息披露平台建设，主动披露自身财务信息和承兑的票据信息，逐步建立良好的商业承兑汇票使用环境，提高商业承兑汇票接受程度和普及广度。预计上海票据交易所未来将在进一步完善信息披露平台功能的同时，继续加强机制设计，提高承兑机构信息披露的动力，实现优质承兑企业信息披露与降低其商票融资利率的良性互动。

（八）做好上海地区批发零售行业票据风险防范

风险表面上是外部环境问题，实质是风险观、业绩观、发展观问题，是风险管理体制与业务发展不尽适应的问题。"重盈利、轻风险""重指标、轻管理"的问题需要在支持制造业转型升级的过程中进一步根除，坚持审慎经营的理念，坚持业务发展与风险管理能力相适应，持续推进精细化管理。上海地区金融机构的授信审批部门需要投入人力、物力、财力做好批发零售业企业签发的电子商业汇票的票据评级这项基础工作。对于有条件签发商业承兑汇票的上海大型批发零售业企业，定性指标应参照企业主体（商票出票人）公开市场信用评级和金融机构内部评级，考虑到商票到期期限较短，定量指标的评价方法与商票出票人信用评级应有所区别，大型批发零售业企业的短期偿债能力和盈利能力应是考察其最终票据兑付能力的重点，因此，在上述两部分指标的选项设置及评分权重上应给予一定倾斜。完善票据评级事项后，可以在上海地区建立大型批发零售业企业白名单数据库，进一步确定对某个具体批发零售业企业的授信额

度，并在票据管理系统中实时显示剩余额度，进而有效地控制最大风险敞口。同时，尽量通过各种渠道摸清企业在其他金融机构的授信使用情况，严防部分批发零售业企业超越自身兑付能力无序签发商票的风险事件发生。对于申请开立银行承兑汇票的上海中小批发零售业企业，商业银行应重点审核贸易背景真实性和其交易对手的履约实力，通过调节保证金比例控制单笔承兑的金额和风险敞口，在支持上海地区批发零售业企业支付结算的同时最大限度地降低发生逾期垫款的风险事件的概率。

参考文献

［1］肖小和，余显财，金睿，柯睿. 我国增值税政策对承兑汇票发展的影响研究［J］. 河北金融，2020（7）：44-50.

［2］肖小和，张蕾，王亮. 新常态下票据业务全面风险发展趋势与管理［J］. 上海金融，2015（6）：89-92.

［3］肖小和，张雯，李洁. 积极推进电子商业承兑汇票业务是有效服务中小企业的法宝［J］. 金融言行：杭州金融研修学院学报，2018，258（9）：62-65.

票据与电子信息制造业的时代之约

肖小和　余显财　金　睿　柯　睿

电子信息制造业与生俱来的生产销售周期决定了相关企业在日常支付结算中普遍存在或长或短的账期。承兑汇票期限灵活，票面金额可以根据实际需要确定，与不同类型企业的回款周期相契合。电子信息制造业企业适度使用承兑汇票作为贸易结算方式可以减少资金占用，扩张商业信用，以实现更好更快的高质量发展。

一、加快电子信息制造业票据业务发展

票据既有支付结算功能，也有扩张信用的融资功能，理应是我国多层次融资体系的一部分。股票、债券等资本市场直接融资工具只适用于金字塔尖的少数大型企业，多数中小企业在公开市场中没有评级，不适宜在资本市场上大规模融资。同样，相对于银行贷款，票据市场基础设施完善，电子票据最长期限可达一年，并且可以自主约定到期期限，通过企业网银签发、流转非常便捷，还可以同开户银行"一事一议"，满足双方约定的特定条件后可获得银行承兑作为信用加持，这些基本属性同中小企业的短期融资需求十分契合。同时，依托于上下游的真实贸易背景，票据的到期兑付具有自偿性特征，并且对于长期在某家银行做基础支付结算的电子信息制造业企业，银行可以获得稳定的大数据以帮助灵活调整、控制票据信用敞口的比例，尽可能创造条件为电子信息制造业企业提供短期的流动性支持。综合看来，中小企业的票据融资比信贷融资可获得性高，电子信息制造业企业在获得金融机构中长期贷款支持的同时，也可约定配套签发票据以满足短期流动性管理需要，长短结合使得票据的优势更加明显。

票据是推动疫情后电子信息制造业中小微企业复工复产、复商复贸的有力工具。对于主营业务正常，产品和服务市场前景良好，由于暂时性的资金链紧绷，急需短期流动性支持的中小微企业，票据的特殊功能作用适逢其时，这也是票据运用于微观产业的最佳实践期。面对电子信息产业快

速扩张产能、现金流紧张的情况，出票企业愿意开票以缓解财务上的困难，而收票企业收到票据后也会选择快速支付或变现，票据是非常高效的金融工具。因此，商业银行、企业及相关部门要达成共识，各司其职，各负其责，联动推出相应措施，包括商业银行要适度降低承兑保证金比例，手续费视情适当减免，保证金占存款的比例应适度宽松。电子信息制造业企业可以积极签发票据解决短期资金之急需，把本来不能流动的应收账款显性化，金融机构应加大对电子信息制造业企业持有的银票和商票的贴现力度，切实提高中小微企业资产负债表中资产端的流动性和变现能力。

二、围绕核心企业发展承兑、贴现业务

当前我国正处于由传统工业社会向信息社会全面转型时期，电子信息制造业在新形势下面临转型升级压力。票据承兑业务应顺应时代发展的潮流，各市场参与主体可以抓住转型机遇期，加大在电子信息制造业发展票据业务的力度。电子信息制造业中的核心企业对供应链带动作用强，金融机构可以把票据承兑业务嵌入企业的日常经营管理流程中，提高票据产品在电子信息制造业核心企业中的普及率和使用率，加快行业资金周转，降低由于临时流动性不足而导致的经营困难情况的发生率。

票据市场是我国货币市场的重要组成部分，企业持有的票据在商业银行申请直贴时体现出票据是连接商业银行和实体经济的纽带，信贷属性明显；已贴现的票据在上海票据交易所平台流转时体现出票据是商业银行在货币市场相互融通资金的媒介，资金属性明显。票据这种可以将实体经济和货币市场连接在一起的特殊功能让其成为中央银行货币政策向实体经济传导的最优工具之一。商业银行要重视开户结算企业的行业分类工作，把票据资金规模更多配置在电子信息制造业贴现（包含银票贴现和商票贴现）业务上，在控制实质风险的基础上尽可能简化相关企业申请贴现的流程，投入行内资源、发挥科技力量开发票据"秒贴"系统，提高放款效率，优化企业用票体验。另外，要发挥票据转贴现市场流转功能，使电子信息制造业企业的票据贴现利率向同期限货币市场利率靠拢，切实降低企业的贴现成本，让利实体经济。

电子信息制造业可以结合自身情况运用票付通、贴现通等创新工具，更好地发挥票据的支付结算属性和融资属性。票付通产品可以帮助电

子信息制造业企业盘活账户中的小银行承兑、小金额票面、久期短、流动性差的商业汇票资产,上海票据交易所提供的票据见证支付功能把交易中的道德风险和操作风险降到最低程度。贴现通产品可以使电子信息制造业企业的开户银行充当票据贴现的中介,有贴现通业务撮合资质的商业银行可以帮助电子信息制造业企业将账户中的商业汇票以最低的价格、最快速的方式在全市场范围内实现变现。

三、鼓励供应链票据业务

2020 年 4 月 24 日,上海票据交易所发布《关于供应链票据平台试运行有关事项的通知》(票交所发〔2020〕58 号),正式明确供应链票据平台依托于现有的 ECDS,与各类供应链金融平台对接,为企业提供电子商业汇票的签发、承兑、背书、到期处理、信息服务等功能,通过供应链票据平台签发的电子商业汇票简称供应链票据。供应链票据间接解决了传统电子商业汇票不可等分化的弊端,在一定程度上为票据本身的标准化做了铺垫。2021 年 8 月 27 日,上海票据交易所通过线上直播的形式举办了供应链票据平台上线发布会暨签约仪式。供应链票据平台新版本上线后,新增企业 585家,覆盖制造、批发、零售、建筑、技术服务、商务服务、交通运输等多个行业,供应链票据业务量累计突破 110 亿元。

电子信息制造业门类复杂,从上游的半导体材料、磁性材料、金属材料、玻璃基板到中游的电子元器件(如芯片)再到下游的终端应用(如智能手机、平板电脑、可穿戴式设备等)(见图 1),整条供应链体系比较庞大,适合供应链核心企业签发供应链票据用于支付结算和扩张信用。

可以鼓励电子信息制造业的优质核心企业自建供应链平台,先行接入上海票据交易所系统,并且后续优先考虑用该供应链平台上线票据质押融资、贴现、转贴现、再贴现、供应链票据跨供应链平台流转等新功能。供应链票据依托于供应链核心企业信用,金融机构可以适度提高对优质核心企业的授信敞口,认真研究切实可行的针对供应链票据融资的服务方案,提高供应链票据的普及程度和流转效率。

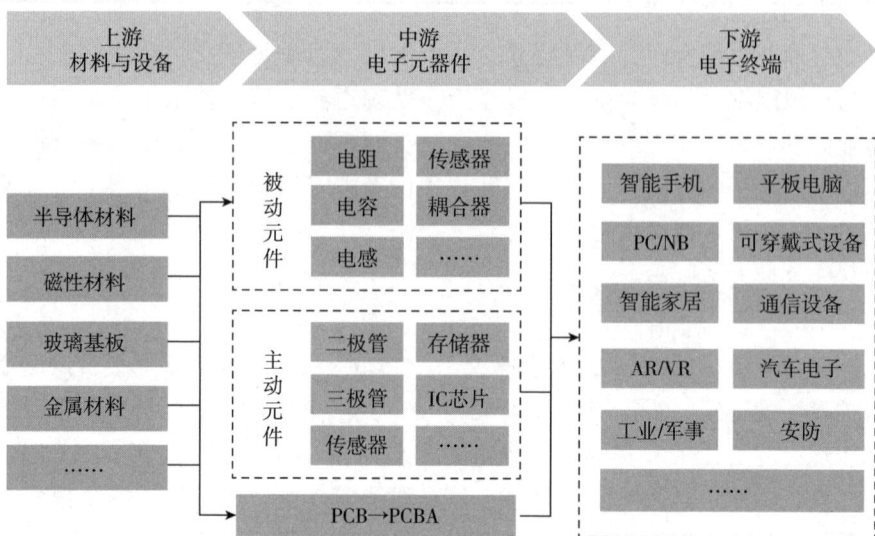

图1　电子信息制造业产品供应链

四、应收账款票据化实现银企双赢

2019年6月，时任中国人民银行行长易纲在陆家嘴论坛上提出要推动应收账款票据化，这是完善上海国际金融中心建设的重要推进事项之一。电子信息制造业企业相互之间的结算都有或长或短的账期，供应链上中小企业短期流动性紧张。应收账款和商业承兑汇票在供应链上使用场景相似，两种业务都是依托核心企业服务上下游中小微客户，旨在促进整个供应链企业发展、提升生态圈的实力、推动产业集聚、加快产业转型升级。长期以来，应收账款确认、流转比较困难，保理的成本也比较高，而商业汇票具有法律体系完善、基础设施先进、全流程电子化操作、期限灵活以及流转、融资和交易均比较方便的优势。以商业银行为代表的金融机构要努力搭建内部票据业务系统平台、缩短决策流程、突破信贷业务属地化管理的制度瓶颈，尽早实现对优质电子信息制造业企业的授信全覆盖，针对不同细分领域企业的特殊情况做区别对待，争取在摸索中尽快实现风险定价，真正做到电子商业汇票的流通和融资比应收账款更方便、成本更低从而实现银企双赢的高质量可持续发展。

五、规模以上中小企业票据业务降成本

电子信息制造业规模以上中小企业可以利用银票和商票这两种工具作

为支付结算和扩张信用的手段。对于银票而言，电子信息制造业规模以上中小企业通过缴纳一定比例保证金的模式向银行申请开银行票据支付给供应链上游企业，在目前市场环境下，其融资成本低于流动资金贷款成本200个基点以上，可以大幅节约财务费用。对于商票而言，目前票据的信用评级主要依赖于商业银行内部的信贷评级体系，对票据流通和企业短期盈利能力、偿债能力与流动性研究不足，第三方评级公司对票据市场的了解有限，未开发出相关的评级产品。建议人民银行积极利用 ECDS 的票据信息数据和人民银行征信系统的相关信息组建专门为票据市场服务的专项评级机构或与第三方合作成立评级机构，对票据承兑主体、贴现主体等参与方进行多层次、全方位、系统性、动态化的信用评级与跟踪，评级评估结果对社会披露，以提升票据市场各参与主体的参评意识，为票据市场投资者提供权威、科学的投资依据。电子信息制造业规模以上中小企业还可以积极利用上海票据交易所上线的商票信息披露功能模块，主动披露自身财务状况、签发商票规模与期限等信息，使供应链上下游企业乃至整个票据市场信息更加对称、风险更加可控、定价更有依据，这样向银行申请商票贴现或者商票质押贷款的难度会大幅降低，融资的可获得性和便利性将大幅提高。

六、票据数字化转型提高服务能力

票据数字化离不开科技化的强大技术支持与驱动。科技化是票据数字化的驱动，科技是促进金融创新、深化金融供给侧结构性改革、增强金融服务实体经济能力、推进金融数字化的重要引擎。信息化是票据数字化的前提，信息化将票据市场线下处理的业务线上化，将分散的各类数据集中挖掘处理，有利于提升业务效率、降低操作风险、改善市场环境。规范化是票据数字化的支撑，即合规有序的市场发展环境。票据生命周期涵盖支付与融资两大领域，涉及对公信贷、支付结算、金融市场等多个银行业务板块，具有市场参与者多、业务场景复杂、风险管控难度大等特点，规范发展是票据数字化发展进程中的重要一环。标准化是票据数字化的关键，是票据数字化进程中关于流程、数据等标准体系的总称。包括统一的业务规则、数据格式与标准、统计口径、安全标准以及数据采集、传输、存储、处理、共享、销毁等全生命周期管理要求等。法治化是票据数字化的保障，在票据数字化进程中应制定完善相关法律法规和监管政策，为数字化的票据市场提供法律保障。交易化是票据数字化的目标之一，票据数字化将推动票据业务及票据数据的资产化，而交易化可实现相关票据资产重新定价，最终实现其对价、促进流通。电子信息产业可以利用票据数字化转型的契机，将数字化票据作为日常结算工具和短期融资工具，提升自身的财务流动性。

七、抓票据再贴现业务

再贴现是中央银行货币政策工具箱中为数不多的调节信贷结构的工具之一，可以发挥定向精准滴灌的功能，引导货币信贷资金投向，有针对性地解决经济运行中的突出问题。2017 年 9 月，上海票据交易所推出的再贴现业务系统上线运行后，大大提高了人民银行各分支机构再贴现业务的办理效率和灵活性，也为中国人民银行更精准、高效地使用再贴现政策引导市场利率和优化资源配置创造了条件。首先，可以考虑进一步扩大再贴现操作规模并调整再贴现利率，督促引导商业银行梳理基础资产，优先选择出票人和贴现申请人是电子信息制造业的票据进行再贴现操作的前提条件。其次，人民银行可以把再贴现资源向电子信息产业中大型核心企业签发的商业承兑汇票倾斜，鼓励核心企业在其主导的供应链上推广使用商业承兑汇票进行支付结算，有人民银行作为最终再贴现人可以提高供应链上中小企业商业票据融资的可获得性并切实有效降低商业承兑汇票的融资成本。

八、防范电子信息制造业票据风险

风险表面上是外部环境问题，实质是风险观、业绩观、发展观问题，是风险管理体制与业务发展不尽适应的问题。"重盈利、轻风险""重指标、轻管理"的问题需要在支持电子信息产业转型升级的过程中进一步根除，坚持审慎经营的理念，坚持业务发展与风险管理能力相适应，持续推进精细化管理。金融机构的授信审批部门需要投入人力、物力、财力做好电子信息制造业签发的电子商业汇票的票据评级这项基础工作。评价电子信息制造业企业的定性指标应参照企业主体（商票出票人）公开市场信用评级和金融机构内部评级，考虑到商票到期期限较短，定量指标的评价方法与商票出票人信用评级应有所区别，企业短期偿债能力和盈利能力应是考察其最终票据兑付能力的重点，因此，在上述两部分指标的选项设置及评分权重上应给予一定倾斜。完善票据评级事项后，可以建立电子信息制造业白名单数据库,进一步确定对某个企业的授信额度,并在票据管理系统中实时显示剩余额度,进而有效地控制最大风险敞口。同时,利用人民银行征信系统和金融同业交流,排摸白名单企业在其他金融机构的授信使用情况,严防部分企业超越自身兑付能力无序签发商票的风险事件发生。

关于"十四五"期间推动湖北省制造业票据业务发展的研究

肖小和　余显财　金　睿　柯　睿

一、研究背景与意义

根据国家统计局对制造业的定义，制造业是指经物理变化或化学变化后成为新的产品，不论是动力机械制造，还是手工制作；也不论产品是批发销售，还是零售，均视为制造。制造业包括产品制造、设计、原料采购、仓储运输、订单处理、批发经营、零售。对于我国来说，制造业不仅在国民经济发展中占有重要地位，也是我国经济结构转型的基础。湖北省拥有宝武钢铁、东风汽车、长飞光纤等知名制造业企业，同时，《湖北省制造业高质量发展"十四五"规划》明确了"十四五"期间湖北省制造业"一地三区"的发展定位，即全国重要的先进制造业基地、长江经济带绿色制造先行区、全国传统产业转型升级样板区、世界一流战略性新兴产业集聚区，力争到 2025 年，湖北迈进全国制造强省第一梯队行列。近期进一步提出打造全国数字经济发展高地，推动制造业跃升，到 2024 年底通过六大行动、十项工程，实现数字经济核心产业增加值翻番，基本建成数字经济"四区一节点"。制造业与数字化深度融合，表明制造业优化升级以及数字经济发展已经成为湖北省政府工作的重点方向，未来发展前景一片向好。

制造业优化升级的进程中，如何解决制造业企业融资问题是一个长久难题。2016 年，全国第二家获批、首家上线运营的区域性票据交易中心——武汉票据交易中心正式上线运营，推动了票据融资在湖北的发展。2021 年推出的《湖北省金融业发展"十四五"规划》在大力发展供应链金融方面分别从健全完善供应链金融服务机制、加强对核心企业的金融支持、加强对供应链上下游企业的金融支持、加强对现代流通体系建设的金融支持四个方面作出详细规划，未来票据融资制度将会持续完善，为企业融资

提供更多的渠道。2021 年湖北省票据承兑发生额为 6782 亿元①，居全国第
11 位，与 2021 年湖北省 GDP（5.00 万亿元）的比值为 13.6%，票据专家
肖小和曾指出若票据承兑发生额/GDP 的比值低于 20%，当地企业可以提升
金融意识，表明票据融资在湖北仍有很大提升空间。上海票据交易所数据
显示，2019 年制造业企业票据签发量占据 30% 的高比重，湖北省应当继续
提高票据业务融资意识，让金融服务实体经济，解决制造业融资难题，助
力湖北数字化升级。

二、以增值税为基础的制造业票据承兑总量测算

2016 年"营改增"完成，扩大了增值税的适用范围，商业银行和监管
机构普遍把销售方开具的增值税发票作为审核贸易背景真实性的主要依据
之一，只要缴纳了增值税的企业理论上都有条件开具商业汇票，这为大力
发展承兑业务提供了良好的条件，制造业票据签发背书量占比在 30% 左
右，可见制造业利用承兑汇票融资已是一种很成熟的方式。如图 1 所示，除
了 2016 年"营改增"完成导致增值税增加，以及金融业务中商业银行在企
业出票环节加强了真实贸易背景的审查，无真实贸易背景的融资性票据逐
步被挤出市场，致使 2016 年与 2017 年票据承兑业务有了一定下滑，观察其
余年份可以看出，制造业增加值逐年增加，同时票据市场承兑汇票总签发
量也呈现上升趋势，随着制造业不断发展，作为重要融资手段之一的票据
市场也一定有很大的发展空间。下面我们运用理论模型并结合实际数
据，尝试探究湖北省制造业可开具的最大承兑汇票量，让票据服务实体经
济，服务湖北省数字经济发展。

---

① 资料来源：《湖北省金融运行报告（2022）》。

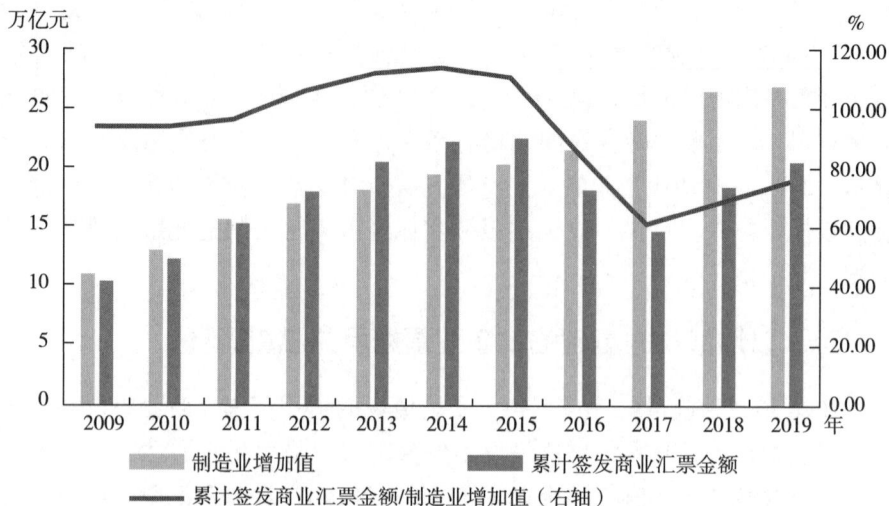

图1　2009—2019年湖北省制造业增加值与票据签发量总计

承兑总量可能性分析之模型假设如下：（1）假定市场中存在 n 种产品，不含税价格分别为 P_i 元，数量分别为 Q_i（$i=1$，2，$\cdots$，n）。（2）第 i 种商品需要经过增值的次数为 K_i 次，其中第 j 次（$j=1$，2，$\cdots$，K_i）增值后的不含税价格为 P_{ij}，此时的中间品数量为 Q_{ij}，最终价格为 P_i，即 $P_{iK_i}=P_i$，$Q_{iK_i}=Q_i$。（3）假定第 i 种商品的第 j 次增值所需缴纳的增值税税率为 X_{ij}，则含税价格为 $P_{ij}\times（1+X_{ij}）$。

基于上述，第 i 种商品的第 j 次增值后银行可签发的汇票为

$$P_{ij} \times Q_{ij} \times (1 + X_{ij})$$

理论上市场可以签发的商业汇票累计为

$$\sum_{i=1}^{n} \sum_{j=1}^{K_i} P_{ij} \times Q_{ij} \times (1 + X_{ij})$$

在我国现行税率制度下，主要存在三档增值税税率，分别为6%、9%、13%，因此，X_{ij} 的取值为6%或9%或13%。但实际市场中的产品种类及对应的增值次数无法统计。因此考虑根据企业实际缴纳的增值税额进行计算，将企业进行分类，并按照2019年版增值税税率进行计算，由增值税计算公式可知：

增值税＝销项税额–进项税额　　　　　　　　　　　　　（1）

销项税额（或进项税额）＝含税销售收入÷（1+税率）×税率＝销售额×税率

（2）

先考虑制造业可能的承兑金额。在 2018 年相关政策中将工业企业小规模纳税人的年销售额标准由 50 万元和 80 万元上调至 500 万元，考虑到银行为其开具承兑汇票的企业营业额一般较高，多数为一般纳税人，适用 2019 年发布的制造业增值税税率 13%。因此，对于下面的所有数据我们将采用按行业分规模以上工业企业主要经济指标，由此我们将第一阶段的理论模型进行简化。假定单个企业的增值过程共有 n 个阶段，各个阶段的不含税销售产值分别为 P_1，P_2，$\cdots$，P_n，则各个阶段所需缴纳的增值税为 $(P_{i+1} - P_i) \times 13\%$，各个阶段所需缴纳增值税总和为 $\sum_{i=1}^{n-1} (P_{i+1} - P_i) \times 13\% = (P_n - P_0) \times 13\%$。

第一阶段模型中假定 P_0（初始价值量）为 0，则上式结果为 $P_n \times 13\%$，其含义是制造业全年缴纳的增值税总额 = 最终产业的全年产值 $\times$ 13%，根据我们的假定，此过程中银行可开具的承兑汇票理论最大值为 $\sum_{i=1}^{n} P_i \times (1 + 13\%)$，其中 P_i 不包含增值税。

考虑到市场中所有的制造业企业，制造业所能开具承兑汇票之和即为所有制造业企业销项税额之和。我们发现 P_i 可以通过主营业务收入进行衡量，此时 P_i 即为企业全年的主营业务收入，对 P_i 求和即为制造业所有企业全年主营业务收入之和。将所有制造业企业细分产业（见表 1），并分别进行计算。

表 1　湖北省制造业企业主营业务收入[①]　　　　　　　　单位：亿元

行业	营业收入	增值税税率	含税价格
制造业	41352.97	—	46559.02
农副食品加工业	3666.29	9%	3996.26
食品制造业	1005.47	13%	1136.18
酒、饮料和精制茶制造业	971.17	13%	1097.42
烟草制品业	722.89	13%	816.87
纺织业	2051.92	13%	2318.67
纺织服装、服饰业	837.86	13%	946.78
皮革、毛皮、羽毛及其制品和制鞋业	256.58	13%	289.94

① 资料来源：《湖北省统计年鉴》。表中选取的是 2019 年数据。

行业	营业收入	增值税税率	含税价格
木材加工和木、竹、藤、棕、草制品业	401.19	13%	453.34
家具制造业	219.50	13%	248.04
造纸和纸制品业	517.56	13%	584.84
印刷和记录媒介复制业	579.64	9%	631.81
文教、工美、体育和娱乐用品制造业	519.01	13%	586.48
石油、煤炭及其他燃料加工业	496.18	13%	560.68
化学原料和化学制品制造业	3523.46	13%	3981.51
医药制造业	1167.98	13%	1319.82
化学纤维制造业	51.47	13%	58.16
橡胶和塑料制品业	1010.81	13%	1142.22
非金属矿物制品业	3406.17	13%	3848.97
黑色金属冶炼和压延加工业	2139.34	13%	2417.45
有色金属冶炼和压延加工业	839.45	13%	948.58
金属制品业	1718.24	13%	1941.61
通用设备制造业	1386.38	13%	1566.61
专用设备制造业	1277.15	13%	1443.18
汽车制造业	6707.50	13%	7579.48
铁路、船舶、航空航天和其他运输设备制造业	581.95	13%	657.60
电气机械和器材制造业	2055.33	13%	2322.52
计算机、通信和其他电子设备制造业	2409.20	13%	2722.40
仪器仪表制造业	248.09	13%	280.34
其他制造业	80.94	13%	91.46
废弃资源综合利用业	418.05	13%	472.40
金属制品、机械和设备修理业	86.20	13%	97.41

我们根据 2019 年湖北省制造业企业主营业务收入数据计算出的理论承兑汇票量为 46559.02 亿元，约为 4.66 万亿元。此测算结果存在误差，原因主要为计算的是按行业分规模以上制造业企业的经济指标，部分小型企业未纳入计算，可能造成结果偏低，而且忽略了制造业企业中面向最终消费者无法开票的部分，导致结果偏高，精确结果无法测算。上海票据交易所数据显示，2019 年上海票据交易所办理票据承兑业务量为 20.38 万亿

元,其中制造业用票量占据 30% 左右,同时,2019 年湖北省票据承兑发生额为 5781 亿元,按照 30% 测算,其制造业用票量为 1734.3 亿元(5781×30%),约 0.17 万亿元,仅占制造业理论开票量 4.66 万亿元的 3.6% 左右,票据在湖北制造业领域的运用仍有很大的发展空间。推动湖北省票据业务发展可以解决制造业融资难题,助力"湖北制造 2025"与数字化经济发展。

三、使用票据支持湖北制造业发展的设想

1. 票据是支持"十四五"时期湖北制造业发展的理想融资工具

"十四五"是湖北制造业转型发展的重要战略机遇期。制造业转型升级离不开资金支持,票据既有支付结算功能,也有扩张信用的融资功能,理应是湖北制造业多层次融资体系的一部分。股票、债券等直接融资工具只适用于金字塔尖的少数大型制造业企业,多数中小制造业企业资本实力欠缺、公开市场评级低。国内高收益债券市场深度还不够,造成在数量上占据多数的中小制造业企业不能在资本市场上获得融资。我国票据市场的法律法规、软件硬件等基础设施完善,电子票据最长期限可达一年,并且可以自主约定久期,通过企业网银签发、流转非常便捷。同时,满足银企双方约定的特定条件后可获得银行承兑作为信用加持以提高票据的流通性,这些基本属性同中小制造业企业的短期融资需求十分契合。同时,依托于上下游的真实贸易背景,票据的到期兑付具有自偿性特征,市场接受度良好的湖北大型制造业企业可以签发商业承兑汇票给上游企业,实现核心企业信用在供应链上的传递。对于不具备签发商业承兑汇票实力的中小制造业企业,湖北本地商业银行可以通过日常结算、税务、征信系统等多个维度获得大数据以帮助灵活调整、控制签发银行承兑汇票的信用敞口,尽可能创造条件为制造业企业提供短期的流动性支持。综合看来,制造业票据融资比其他融资方式的可获得性高,湖北制造业企业在获得股权融资、债券融资和金融机构中长期贷款的同时,也可配套签发票据以满足短期流动性管理需要,长短结合使得票据的优势更加明显。

2. 票据是支持湖北制造业特别是其八大细分领域发展的有力抓手

湖北制造业供应链企业既可以背书转让票据实现商品或服务贸易的结算,也可以向湖北本地商业银行申请贴现快速回笼资金。近年来各大银行推出的"秒贴"服务极大地提高了票据的变现效率,融资成本也显著低于

同期限的贷款成本。湖北制造业企业还可以利用部分银行提供的"票据池""资产池"服务，把市场流通性较差的票据或其他资产转换成一张由提供"票据池""资产池"服务的银行承兑的票据，更好地用于支付结算，提高供应链上下游企业资产的流动性。

制造业企业与生俱来的生产、销售回款周期决定了其在日常支付结算中普遍存在或长或短的账期。承兑汇票的期限、票面金额都可根据实际需要确定，与不同类型制造业企业的回款周期灵活匹配，是湖北八大制造业子行业绝佳的短期流动性管理工具。适度使用承兑汇票作为贸易结算方式可以减少对相关制造业企业的资金占用，扩张商业信用，以实现更好更快的高质量发展。

3. 加大湖北制造业票据承兑、贴现、再贴现投入

高端制造的研发、生产周期普遍偏长，销售回款的速度也参差不齐，在湖北本地经营的金融机构可以根据制造业子行业不同的发展阶段和发展特点把票据承兑业务嵌入湖北制造业企业的日常经营管理流程中，提高票据产品在制造业企业中的普及率和使用率，加快资金周转，降低由于临时流动性不足而导致的经营困难情况的发生率。

票据市场是我国货币市场的重要组成部分，企业持有的票据在商业银行申请直贴时体现出票据是连接商业银行和实体经济的纽带，信贷属性明显；已贴现的票据在上海票据交易所平台流转时体现出票据是商业银行在货币市场相互融通资金的媒介，资金属性明显。湖北金融机构需要花硬功夫把支持本地制造业的工作做深做细，票据将实体经济和货币市场连接在一起的特殊功能使其成为中央银行货币政策向实体经济传导的最优工具之一。湖北的商业银行应重视开户结算企业的行业分类工作，把票据贴现的资金规模更多配置在本地制造业企业贴现业务上，在控制实质风险的基础上尽可能简化湖北本地中小制造业企业申请贴现的流程，投入行内资源、发挥科技力量开发票据"秒贴"系统，提高放款效率，优化制造业企业用票体验。另外，要发挥票据转贴现市场流转功能，使湖北制造业企业的票据贴现利率向同期限货币市场利率靠拢，切实降低制造业企业的贴现成本，让利湖北实体经济。

再贴现是中央银行货币政策工具箱中为数不多的调节信贷结构的工具之一，可以发挥定向精准滴灌的功能，引导货币信贷资金投向，有针对性地解决经济运行中的突出问题。对于符合经济结构优化升级方向的湖北本地制造业龙头企业等关键重点企业,中国人民银行可以把再贴现资源向这些制造业企业签发的商业承兑汇票倾斜,商业银行将这些授信企业承兑的商票贴现后可以获得人民银行的再贴现支持。鼓励核心制造业企业在其主导的供应链上推广使用商业承兑汇票进行支付结算,有中国人民银行作为最终再贴现人可以提高供应链上中小企业商业票据融资的可获得性并切实有效降低商业承兑汇票的融资成本。

4. 积极发展绿色票据,为"碳达峰、碳中和"制造业提供服务

我国在联合国大会上明确提出,二氧化碳排放力争于 2030 年前达到峰值,努力争取 2060 年前实现碳中和。低碳趋势变化虽然缓慢,但力大势沉,绿色经济的理念会逐渐深入人心并贯穿制造业发展的全过程。制造业既是"用能大户",也是"碳排放大户",在全国实现碳达峰、碳中和目标的背景下,碳达峰、碳中和将重构整个制造业,湖北制造业既面临产业结构调整的严峻挑战,同时也蕴藏着新能源和先进制造业加快发展的重大机遇。可以在湖北"碳达峰、碳中和"领域的相关制造业企业中推行绿色票据①,直接或间接服务于绿色项目。绿色票据属于绿色金融的一部分,中国人民银行、商业银行、政府性融资担保机构可以加大对绿色票据承兑、贴现、再贴现的支持力度,并配套相关优惠政策,帮助"碳达峰、碳中和"制造业企业提升财务管理水平,降低融资难度和融资成本。

5. 加大对湖北制造业供应链票据业务的推动力度

2020 年 4 月 24 日,上海票据交易所发布《关于供应链票据平台试运行有关事项的通知》(票交所发〔2020〕58 号),正式明确供应链票据平台依托于现有的 ECDS,与各类供应链金融平台对接,为企业提供电子商业汇票的签发、承兑、背书、到期处理、信息服务等功能,通过供应链票据平台签发的电子商业汇票简称供应链票据。供应链票据间接解决了传统电子商业汇票不可等分化的弊端,在一定程度上为票据本身的标准化做了铺垫。符合产业政策导向的湖北优质制造业核心企业可以加强与上海票据交易所的沟通协调,积极自建供应链平台,先行接入上海票据交易所系统,并且后续优先考虑用该供应链平台上线票据质押融资、贴现、转贴现、再贴现、供应链票据跨供应链平台流转等新功能。供应链票据依托于供应链核心企

---

① 绿色票据是指为气候、环保、资源优化配置等绿色项目开发、绿色企业项目发展、绿色项目产品创新、营运及风险管理提供的各类票据业务产品与服务的总称。绿色票据是由符合规定条件的绿色企业签发或者申请贴现的票据,包括绿色银行承兑汇票和绿色商业承兑汇票。

业信用，湖北省内的金融机构可以适度提高对优质核心制造业企业的授信敞口，认真研究切实可行的针对供应链票据融资的服务方案。政府性融资担保机构也可以按产业发展导向为部分重点供应链、产业链上的核心企业签发的供应链票据提供增信服务，提高供应链票据的普及程度和流转效率。

6. 加快推动湖北制造业应收账款票据化

账期长、应收账款占总资产的比例高是部分中小微制造业企业短期流动性紧张的主要原因，部分制造业企业在财务压力下被迫进行民间融资，被高额利息拖死的现象屡有发生。应收账款保理业务和商业承兑汇票贴现业务在制造业供应链上使用场景相似，两者均依托核心制造业企业服务上下游中小微客户，旨在促进整个供应链制造业企业发展、提升生态圈的实力、推动产业集聚、加快制造业转型升级。长期以来，应收账款确权、流转比较困难，保理的成本也比较高，而商业汇票具有法律体系完善、基础设施先进、全流程电子化操作、期限灵活以及流转、融资和交易均比较方便的优势，核心企业将应付账款票据化后就可以利用票据的上述诸多优点将核心企业信用惠及整条供应链。在湖北本地经营的以商业银行为代表的金融机构要努力搭建内部票据业务系统平台、缩短决策流程、突破信贷业务属地化管理的制度瓶颈，尽早实现对区域内优质核心制造业企业的授信全覆盖，针对不同制造业细分领域的特殊情况做区别对待，争取在摸索中尽快实现风险定价，真正做到电子商业汇票的流通和融资比应收账款保理等其他融资方式更方便、成本更低，从而实现银企双赢的高质量可持续发展。

7. 建立湖北制造业票据信息平台

票据信息平台建设的重点是整合票据市场的信息资源，形成资源共享、数据安全、传递快捷、查询方便的统一平台。为此要建设基于完善、规范的信息发布平台的票据数据库，建设涵盖风险信息、监管信息、研究信息的票据信息库，形成大数据基础；要搭建覆盖全面、集中共享、系统联通、检索便捷、分析深入的湖北制造业信息运营平台，实现信息采集、整合、挖掘功能。票据业务具有多重业务属性，既具有信贷业务属性，也具有支付结算功能，还具有货币资金市场属性，票据全生命周期链条较长，存在多部门多头监管的问题，要建设湖北制造业票据信息平台，就必须协调各方，统一推进。完全依靠市场参与机构自身，不利于解决对平台标准、技术体系的分歧，不利于信息传导和数据共享，最终将给平台的整体建设增加沟通协调成本和系统整合代价。湖北制造业票据信息平台建设应由票据业务相关监管部门牵头、以技术实力雄厚的商业银行为推动主体，广泛吸纳各类参与主体的意见，共同推进平台建设。准确、标准的海量制造业票据信息和数据是票据信息平台的基础和生命，是实现票据信息管理、使用、共享、挖掘的基础。因此需要实现各数据源相关数据的接入汇总，既将湖北省内人民银行、银保监会、工商、税务、法院、统计等部门的数据信息对接导入平台，又提供统一、标准的界面供机构发布报价信息及交易需求信息，共同形成内容丰富的数据库。该数据库根据需求合理设置功能，从而达到数据管理与应用一体、数据资源分级共享、分析汇总灵活方便等目标，进一步提高数据处理能力，使丰富的信息资源得到充分的开发和利用。

8. 加强对湖北制造业票据发展的风险防范

风险表面上是外部环境问题，实质上是风险观、业绩观、发展观问题，是风险管理体制与业务发展不尽适应的问题。"重盈利、轻风险""重指标、轻管理"的问题需要在支持湖北制造业转型升级的过程中进一步根除，坚持审慎经营的理念，坚持业务发展与风险管理能力相适应，持续推进精细化管理。湖北制造业票据发展的首要风险为制造业企业本身的信用风险，湖北地区金融机构的授信审批部门需要投入人力、物力、财力做好制造业企业签发的电子商业汇票的票据评级这项基础工作。评价制造业企业的定性指标应参照企业主体（商票承兑人）公开市场信用评级和金融机构内部评级，考虑到商票到期期限较短，定量指标的评价方法与商票承兑人信用评级应有所区别，制造业企业短期偿债能力和盈利能力应是考察其最终票据兑付能力的重点，因此，在上述两部分指标的选项设置及评分权重上应给予一定倾斜。完善票据评级事项后，可以建立制造业企业白名单数据库，进一步确定对某个具体湖北制造业企业的授信额度，并在票据管理系统中实时动态显示剩余额度，进而有效地控制最大风险敞口。同时，利用人民银行征信系统和金融同业交流，排摸白名单制造业企业在其他金融机构的授信使用情况，严防个别制造业企业超越自身兑付能力无序签发商票的风险事件发生。

参考文献

[1] 肖小和，等. 疫情后加快在制造业推动票据业务发展的思考[N]. 证券时报，2020-06-12（002）.

［2］肖小和，余蓓．加快建立全国统一规范的票据信息平台［N］．上海证券报，2015-04-11（006）．

［3］肖小和，张蕾，王亮．新常态下票据业务全面风险发展趋势与管理［J］．上海金融，2015（6）：89-92．

［4］肖小和，金睿．积极发展绿色票据　努力服务绿色经济高质量发展［J］．中国城市金融，2019，398（6）：55-58．

进一步激发票据功能　支持粤港澳经济发展

——广东省票据发展研究

肖小和　朱德银　秦书卷　李紫薇　黄霞慧①

票据既有支付结算功能，又有扩张信用的融资功能，还具有交易投资与调控属性，同时票据的应用可以方便企业增信，减少信息不对称。在供应链系统支付结算过程中，核心企业往往会选择支付效率高、安全性好的电子票据作为支付结算手段，同时，在持有票据阶段可以将票据进行背书转让或者贴现发挥票据的融资功能。对于金融机构而言，票据业务一方面可以为金融机构增加保证金存款及中间业务收入，另一方面带来票据贴现利息收入、转贴现利差收入及回购利息收入。对于企业而言，一方面，票据支付功能的进一步深化为化解企业"多角债"问题提供了帮助，同时"应收账款票据化""应付账款票据化"的运行将会提升企业的营运能力；另一方面，票据可以成为企业融资手段。除此之外，再贴现作为一种中央银行货币政策工具，兼具数量型和价格型双重优势，不仅可以增加商业银行资金流动性，还可以调控市场资金面、调节信贷投向、引导市场预期，实现政策定向支持小微、绿色、普惠、创新等国家鼓励性领域，是促进实体经济发展最为直接、有效的途径。

广东省不仅经济实力最强，而且制造业和零售业发展国内靠前，为大力发展供应链金融提供了条件，同时地处粤港澳大湾区，囊括香港和澳门两座城市化高度发展的城市，依托香港在国际上的金融地位、创新力十足的深圳特区、被称为国际绿色金融中心的广州，为进一步发展绿色票据提供了沃土。广东省票据业务发展潜力大，本文分析研究了广东省票据发展情况，以及票据发展存在的问题和原因，提出发展建议和方案，以期为广东省票据业务支持经济发展提供帮助。

---

① 朱德银，所在单位为九江银行南昌分行；秦书卷，所在单位为九江银行授信审批部、江西财经大学九银票据研究院；黄霞慧，所在单位为九江银行广州分行。

一、广东省票据发展现状分析

（一）广东省票据发展概述

1. 全国票据市场发展现状

2017—2021 年我国票据市场活跃，市场规模达到万亿元级别，其中，2018—2021 年票据承兑金额分别为 18.27 万亿元、20.38 万亿元、22.09 万亿元、24.15 万亿元，同比增速分别为 24.88%、11.55%、8.39%、9.33%；票据直贴量分别为 9.94 万亿元、12.46 万亿元、13.41 万亿元、15.02 万亿元，同比增速分别为 38.83%、25.35%、7.62%、12.01%；尽管受到疫情影响，广东省贴现规模仍实现正增长，线上融资较活跃；2018—2021 年全国转贴现交易量分别为 34.63 万亿元、38.82 万亿元、44.11 万亿元、46.94 万亿元，同比增速分别为-22.14%、12.10%、13.63%、6.42%；质押式回购金额分别为 7.11 万亿元、12.12 万亿元、19.98 万亿元、21.70 万亿元，同比增速分别为 2.75%、70.46%、64.85%、8.61%。

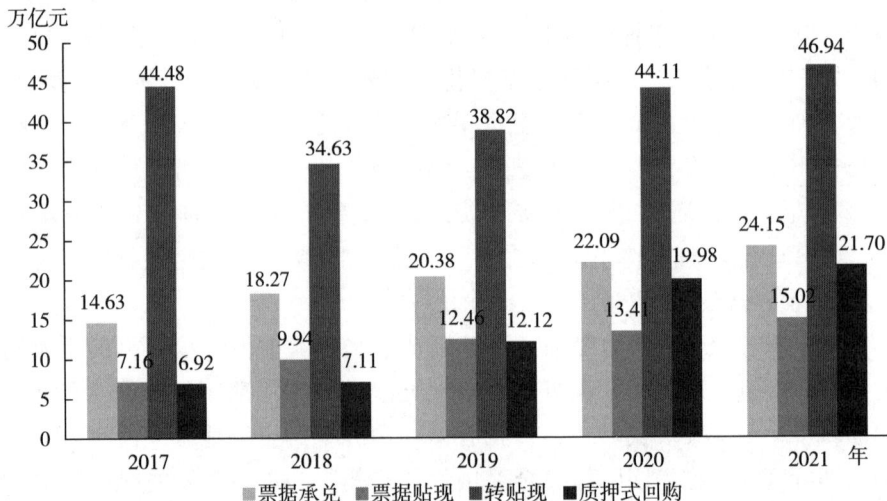

图 1 票据市场发展趋势

（资料来源：上海票据交易所官方网站）

在用票企业数量上，2017—2021 年全国保持着 34.72% 的平均增速，如图 2 所示，其中中小微企业占据着重要的位置，2021 年中小微用票企业近 315 万家，市场占比为 98.70%；在用票金额上，2017 年至今保持着 23.15% 的平均增速，2021 年中小微企业用票金额超过 69 万亿元，市场占比为 72.19%。中小微企业用票数量及金额充分说明中小微企业通过票据融资成为普遍事实。

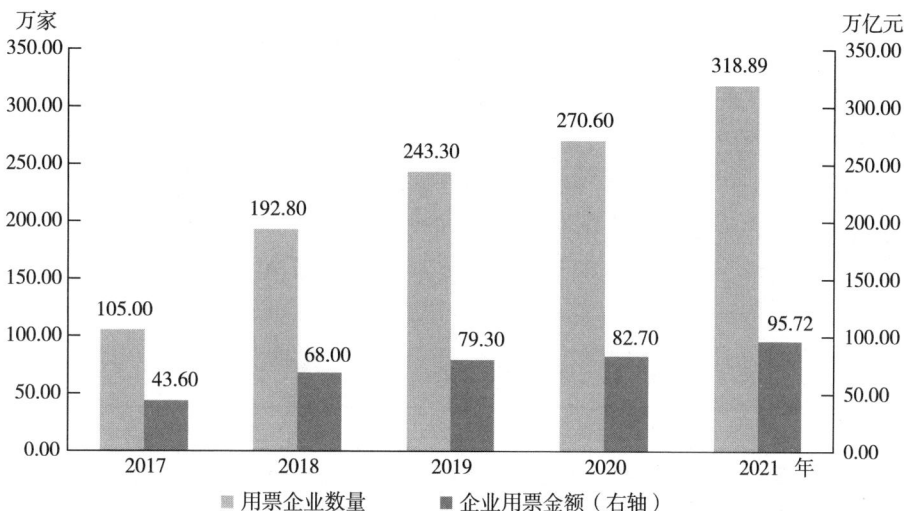

图 2　企业用票情况

(资料来源：上海票据交易所官方网站)

2. 广东省票据市场发展现状

截至 2021 年末，广东省银行承兑汇票累计承兑发生额为 25269.65 亿元，承兑余额为 14881.32 亿元；银行承兑汇票累计贴现发生额为 98846.71 亿元，贴现余额为 9817.76 亿元；商业承兑汇票累计贴现发生额为 16387.56 亿元，贴现余额为 1240.37 亿元，如表 1 所示。2021 年，受金融机构信贷供给增加及企业支持政策的影响，广东省银行承兑汇票累计承兑发生额同比增长 15.6%，增长明显。

表 1　2017—2021 年广东省金融机构票据业务量统计　　　　单位：亿元

年份	银行承兑汇票承兑		贴现			
			银行承兑汇票		商业承兑汇票	
	余额	累计发生额	余额	累计发生额	余额	累计发生额
2017	7146	7602	2572	25033	406	906
2018	8452.14	15672.47	4466.58	32690.99	1044.54	4088.22
2019	9651	17444.79	4644.89	27598.08	1008.79	2318.26
2020	13528.20	21961.40	9937.80	96436.70	914.90	8039.90
2021	14881.32	25269.65	9817.76	98846.71	1240.37	16387.56

资料来源：《广东省金融运行报告》。

　　广东省银行承兑汇票业务规模居全国前列，但占比低于 GDP 占比，说明具有发展潜力。但是，商业承兑汇票的发展不及银行承兑汇票成熟，2019年，银行承兑汇票累计承兑发生额是商业承兑汇票的 10 余倍，尽管 2021 年广东省商票贴现实现了 103.83% 的增长速度，但是总体来讲，商业承兑汇票还存在较大的发展空间，商业承兑汇票的普及及运用有待进一步提高。

　　2017—2021 年广东省票据业务利率整体呈现下降的趋势，如表 2 所示。票据市场已经成为传导货币政策的重要渠道，票据业务利率的持续走低是商业银行通过票据业务积极落实宏观政策，从而使得票据规模和利率产生反应的结果。

表 2　2017—2021 年广东省金融机构票据贴现、转贴现利率　　　　单位：%

年份	贴现		转贴现	
	银行承兑汇票	商业承兑汇票	票据买断	票据回购
2017	4.8500	6.2700	4.4900	3.8200
2018	3.7370	6.2204	3.7312	2.8039
2019	2.9505	5.2827	3.0078	2.3857
2020	2.9708	4.4652	2.8213	1.8966
2021	2.7036	4.2846	2.7594	2.1412

资料来源：《广东省金融运行报告》。

　　通过广东省票据贴现和转贴现利率与其他省份的对比（见表 3）可以发现，广东省票据贴现与转贴现利率处于中间水平，但是对于商业承兑汇票贴现利率而言，相较于其他省份，广东省商业承兑汇票的利率并不存在优势，这可能是商业承兑汇票在广东省发展程度不高的原因之一；票据业务融资利率普遍低于企业贷款加权平均利率，说明票据业务在降低融资成本方面优势很大。

表 3　2021 年广东省与其他经济强省金融机构票据贴现、转贴现利率对比

单位：%

地区	贴现		转贴现		企业贷款加权平均利率
	银行承兑汇票	商业承兑汇票	票据买断	票据回购	
广东	2.70	4.28	2.76	2.14	4.59
江苏	2.75	4.04	2.50	2.07	4.60
北京	2.66	3.73	2.48	2.10	3.76
浙江	2.73	4.21	2.44	2.05	4.72

续表

| 地区 | 贴现 | | 转贴现 | | 企业贷款 |
	银行承兑汇票	商业承兑汇票	票据买断	票据回购	加权平均利率
河南	2.78	4.26	2.56	2.14	5.19
四川	2.73	4.28	2.50	2.30	4.98

资料来源：《中国区域金融运行报告》。

（二）广东省票据占 GDP 的比重及占全国比重情况

1. 广东省票据与 GDP 相比仍然存在发展潜力

2017—2021 年全国票据承兑发生额占 GDP 的比重维持在 20%以上，票据承兑发生额和 GDP 增长趋势呈正相关。2017—2021 年广东省银行承兑汇票累计承兑发生额分别为 7602 亿元、15672.47 亿元、17444.79 亿元、21961.40 亿元、25269.65 亿元，广东省 GDP 分别为 89705.23 亿元、97277.77 亿元、107671.07 亿元、110760.94 亿元、124369.67 亿元，如图 3 所示。尽管 2017—2021 年广东省票据承兑发生额占 GDP 的比重逐年增加，但是仍低于全国票据承兑发生额与 GDP 的比值，如图 4 所示，说明广东省票据承兑业务仍然具有发展潜力，作为国内经济第一大省，广东省应铆足全力发展票据业务，推动票据承兑发生额占 GDP 的比重进一步提升。

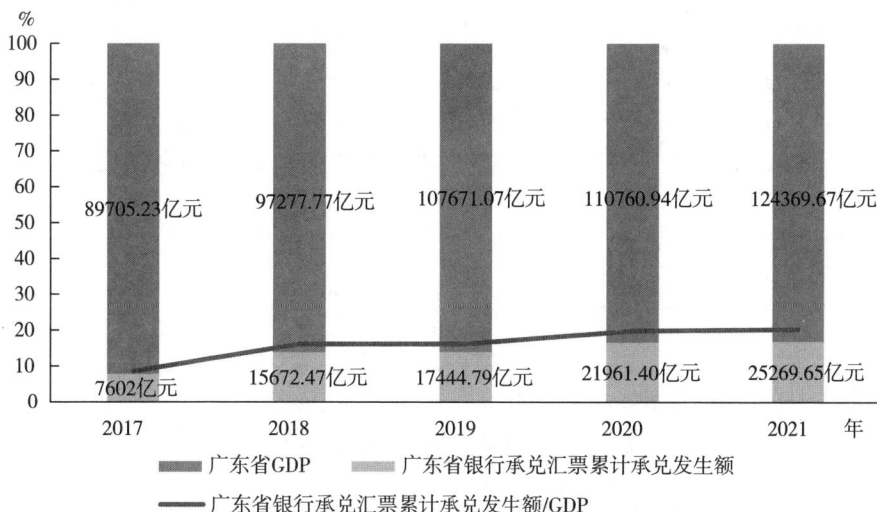

图 3　2017—2021 年广东省票据承兑发生额占 GDP 的比重

（资料来源：《广东省金融运行报告》）

表4 2021年广东省与其他GDP排名前十省市票据业务情况对比

单位：亿元

地区	银行承兑汇票承兑		贴现			
			银行承兑汇票		商业承兑汇票	
	余额	累计发生额	余额	累计发生额	余额	累计发生额
广东	14881.32	25269.65	9818.36	98846.71	1240.37	16387.56
江苏	20532.4	29173.3	7026.5	48499.6	1144.6	8076.8
山东	12897.6	17693.8	5163.3	27953.2	635.7	1954.7
浙江	15066.8	23448.1	4586.6	56288.6	817.4	9926.3
河南	6801.2	9066.9	2324.4	14872.3	371.6	1309.8
四川	3576.2	5123.2	1642.3	8220.4	177.2	383.4
湖北	3217.7	6781.8	3555.3	2876.1	198.3	305.2
福建	5972.8	8954	3101.3	5465.7	94.6	204.5
湖南	2096.6	3424.6	1989.4	9103.4	156.6	675
上海	6107.4	11477.4	5697.1	7265.3	1149.1	758.6

资料来源：《中国区域金融运行报告》。

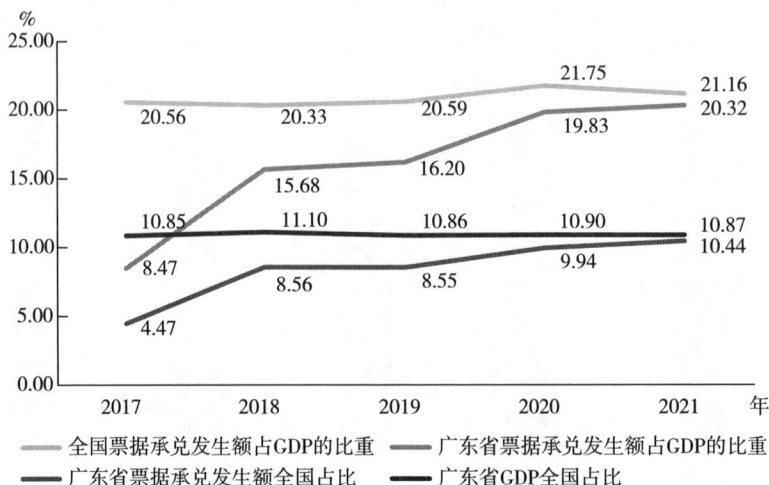

图4 票据承兑发生额占GDP的比重

与其他省份相比，2021年，广东省在银行承兑汇票贴现余额、银行承兑汇票贴现发生额、商业承兑汇票贴现发生额、商业承兑汇票贴现余额方面均排名第一，但是在银行承兑汇票承兑发生额、银行承兑汇票承兑余额上却略微落后于江苏省，如图5所示。

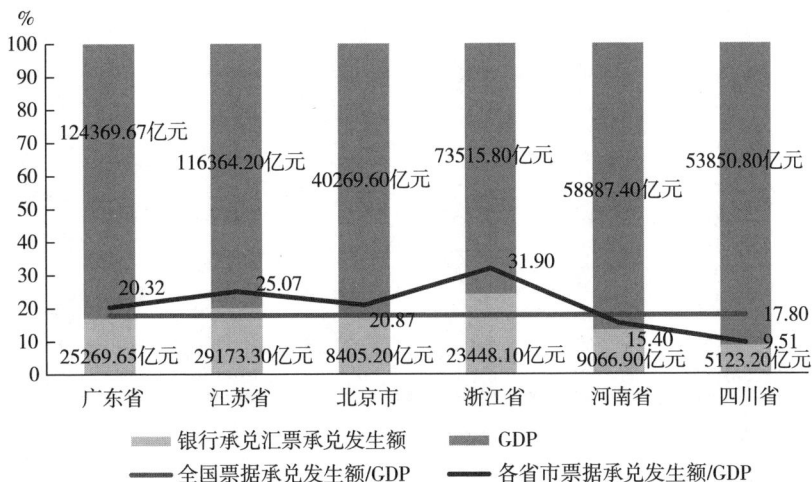

图 5 经济强省票据承兑发生额与 GDP 的比值

（资料来源：《中国区域金融运行报告》）

2021 年，经济强省银行承兑汇票贴现发生额与 GDP 的比值不平衡，广东省排名第一，北京市排名第二，浙江省排名第三，如图 6 所示。

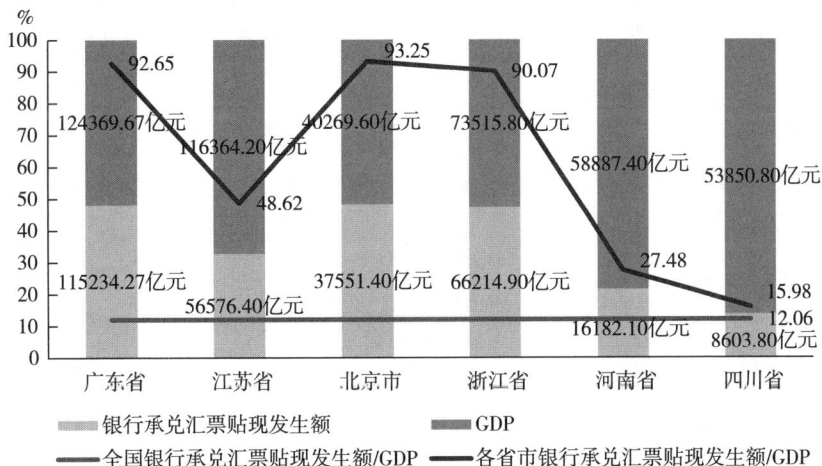

图 6 经济强省银行承兑汇票贴现发生额与 GDP 的比值

（资料来源：《中国区域金融运行报告》）

广东省商业承兑汇票贴现发生额及其与 GDP 的比值略低于浙江省，如图 7 所示。

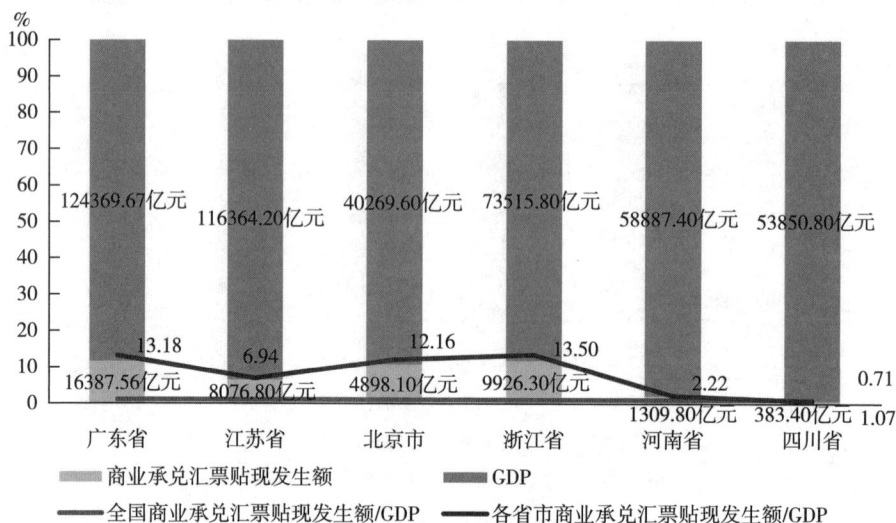

图 7   经济强省商业承兑汇票贴现发生额与 GDP 的比值

(资料来源:《中国区域金融运行报告》)

通过对比分析（见表 5）可知，尽管广东省经济领先于其他省份，票据业务发展形势较好，但是，票据承兑发生额、商业承兑汇票贴现发生额与 GDP 相比有待进一步加强，广东省票据业务仍然具有进一步发展的潜力。

表 5   2021 年经济强省票据业务对比与 GDP 占比   单位:亿元,%

地区	银行承兑汇票承兑发生额	银行承兑汇票贴现发生额	商业承兑汇票贴现发生额	GDP	银行承兑汇票承兑发生额/GDP	银行承兑汇票贴现发生额/GDP	商业承兑汇票贴现发生额/GDP
全国	203541.14	137968.28	12183.63	1143700	17.80	12.06	1.07
广东省	25269.65	115234.27	16387.56	124369.67	20.32	92.65	13.18
江苏省	29173.30	56576.40	8076.80	116364.20	25.07	48.62	6.94
北京市	8405.20	37551.40	4898.10	40269.60	20.87	93.25	12.16
浙江省	23448.10	66214.90	9926.30	73515.80	31.90	90.07	13.50
河南省	9066.90	16182.10	1309.80	58887.40	15.40	27.48	2.22
四川省	5123.20	8603.80	383.40	53850.80	9.51	15.98	0.71

资料来源:《中国区域金融运行报告》。

2. 广东省银行业对票据贴现的支持力度有待进一步提高

根据中国人民银行官方网站数据，尽管我国票据市场目前已经有了超万亿元的体量，且票据市场交易活跃，但占社会融资规模的比例不大。

2017—2021年社会融资规模不断增加，然而，未贴现银行承兑汇票占社会融资规模的比重并没有逐年提高，反而有所下降，如表6所示。由表7可见，广东省未贴现银行承兑汇票占社会融资规模的比重大体相当，然而，银行承兑汇票承兑发生额占GDP的比重显著低于全国平均水平，表明广东省银行业对票据贴现的支持存在发展空间。

表6　2017—2021年全国票据融资与社会融资规模

单位：万亿元

年份	2017	2018	2019	2020	2021
社会融资规模存量	174.71	200.75	251.41	284.75	314.13
（其中）未贴现银行承兑汇票	4.44	3.81	3.33	3.51	3.01
未贴现银行承兑汇票存量/社会融资规模存量（%）	2.54	1.89	1.32	1.23	0.96
社会融资规模增量	26.15	22.49	25.58	34.86	31.35
（其中）未贴现银行承兑汇票	2.05	-2.82	-1.86	0.50	-1.57
未贴现银行承兑汇票增量/社会融资规模增量（%）	7.84	-12.54	-7.27	1.43	-5.01

资料来源：中国人民银行官方网站。

表7　2017—2021年广东省票据融资规模增量及占比情况

单位：万亿元

年份	2017	2018	2019	2020	2021
广东省社会融资规模增量	2.21	2.25	2.92	4.07	3.78
广东省社会融资规模增量/社会融资规模增量（%）	8.45	10.00	11.42	11.68	12.06
广东省未贴现银行承兑汇票增量	0.13	-0.06	0.01	0.22	-0.09
广东省未贴现银行承兑汇票增量/未贴现银行承兑汇票增量（%）	6.34	2.13	-0.54	44.00	5.73
广东省未贴现银行承兑汇票增量/广东省社会融资规模增量（%）	5.88	-2.67	0.34	5.41	-2.38

资料来源：《广东省金融运行报告》。

（三）广东省票据发展不足的原因分析

1. 用票观念需进一步转变，对票据的认识应进一步提升

人们的用票观念没有转变且对票据市场各交易方存在认识不足的问

题，一些企业认为在办理票据业务时存在手续费，在办理票据贴现业务时会有贴现利息，加上信息不对称的存在，企业的很多票据业务只能通过中介办理，需要支付一定的中介费，这些成本会压缩企业的利润空间，无形中对企业的营运资金造成一定压力，以上种种因素皆会影响广东省票据业务的发展。

2. 票据信用环境亟待改善，商业承兑汇票运用没有普及

新中国成立后，我国开始实行计划经济体制，主要按照政府计划调节经济活动，使得商业信用受到限制，直到 1978 年以后，我国开始逐步探索社会主义市场经济，1992 年党的十四大明确提出建立社会主义市场经济体制，开始运用市场这只"无形的手"来调节社会需求，这一市场环境变化使得票据市场被重新激活，商业汇票作为引导商业信用票据化的重要工具，对于化解企业债务问题和帮助解决企业融资难题起到了关键作用，开始成为一种创新的融资手段和融资渠道。

票据信用环境依赖于商业信用，但我国票据信用环境发展长期不均衡，亟待进一步改善。同时，由于承兑人不同，商业承兑汇票的发展远不及银行承兑汇票，从 2020 年票据签发数据来看，我国商业汇票签发总量和贴现量的 2/3 签发人为中小企业，在我国中小企业信用程度普遍不高，而中小企业又偏向于开立银行承兑汇票，使得商业承兑汇票的认可度和流通性低，阻碍了票据市场均衡发展。尽管广东省地处南部沿海，经济信用程度处于全国前列，但纵观广东省近年来票据业务发展，商业承兑汇票贴现量不及银行承兑汇票的 10%，同时也低于 GDP 全国占比，说明广东省对商业承兑汇票的认可度有待提高，票据信用环境亟待进一步改善。

3. 发展票据服务经济宣传推动工作需进一步到位

尽管票据发展历史悠久，历史证明票据业务的开展对经济的促进作用不容小觑，然而，现实情况是票据服务经济的作用没有得到很好的宣传推动，无论是金融机构还是企业自身都没有对票据服务实体经济的作用进行进一步挖掘。基于此，广东省银企要加强对发展票据服务经济的宣传推动工作。

4. 企业用票习惯和培训工作要强化

广东省企业对相关人员用好票据工具的培训和规范有待加强。一是企业内部管理者，企业董监高自身对票据业务了解不够，对用好票据这一工具存在认识不足、使用率低的现状；二是企业财务人员，目前很多企业的财务人员对票据业务不够熟悉，对票据业务的操作依赖于金融机构客户经理的指导，对于票据业务没有进行系统的培训及学习。

5. 票据风险管理有待进一步加强

广东省票据业务风险可控性需要提高，在票据市场上，存在以下票据业务管理风险。一是操作风险。当企业办理开票业务时，金融机构从验票、审核、审批、复核到签收放款环节都依赖于票据业务实施细则、操作流程等，以及操作员对制度的遵守和对程序的执行，当操作员未能严格按照制度、实施细则规定审核企业票据业务时，就会引起操作风险。二是票据自带风险。例如，企业为了在票据市场上获得低成本融资，虚构贸易背景，开出融资票据，造成信用风险扩大；对于商业承兑汇票而言，基于企业自身信用，商业承兑汇票的兑付与企业经营存在极大的关联性，商业承兑汇票存在到期不能兑付的风险，市场接受度低。三是信用风险。由于市场环境和企业经营管理的变化，如果企业缺乏主动适应的策略，信用风险随时可能发生。

6. 票据创新能力有待提高

受企业信用状况影响，金融机构及企业为了尽可能规避风险偏向于选择银行承兑汇票业务，致使商业承兑汇票业务发展不足，票据市场均衡发展受到影响。尽管 2016 年上海票据交易所的成立有助于票据规范化运行，票据市场进一步规范发展，但是，受企业信用状况制约，加上用票企业大多为中小企业，银行和企业出于规避风险的考虑，对银行承兑汇票的认可度最高，上海票据交易所的成立依旧没有从根本上改变市场过度依赖银行承兑汇票的局面，票据产品创新还需进一步加强。

7. 票据相关法律法规、监管制度滞后

（1）《票据法》关于电子票据监管存在漏洞

我国现行《票据法》制定于 20 世纪 90 年代纸票时代，电子票据并没有被纳入其中，在法律效力方面依然没有得到认可。当票据相关的法律法规、监管制度滞后，出现无明文规定或无可参照政策的情况时，无法及时制定出既满足业务发展需求又符合国家利益的政策指引，无法保证金融对外开放合规前行。

（2）票据监管上下达成共识需要加强

当前在票据的政策、规定上，存在上下左右监管不一致的地方，影响票据参与主体的积极性。

（四）广东省票据发展潜力分析

1. 地处粤港澳大湾区可联动发展票据

粤港澳大湾区与美国纽约湾区、美国旧金山湾区、日本东京湾区并称为世界四大湾区。粤港澳大湾区正在成为中国最具有发展前景的区域。在四大湾区中，粤港澳大湾区的占地面积、常住人口和经济增速居于首位，也是公认的创新及科技产业聚集地。

粤港澳大湾区的经济实力居全国前列，主要包括香港和澳门两个特别行政区和广东省广州、深圳、珠海、佛山、惠州、东莞、中山、江门、肇庆九个珠三角城市。其中，香港和澳门的 GDP 一直处于领先地位，在世界经济体中也占有绝对优势。同时，随着国家经济的发展，广东省 GDP 也协同稳步上升，并连续多年在我国 GDP 排名中位列第一，粤港澳大湾区具备成为世界第一湾区的实力。

表 8　2017—2021 年粤港澳大湾区 GDP　　　　单位：亿元

年份	2017	2018	2019	2020	2021
深圳	22438.39	24221.98	26927.09	27670.24	30664.85
广州	21503.15	22859.35	23628.60	25019.11	28231.97
香港	23049.14	24000.98	25250.73	24103.74	23740.00
佛山	9549.60	9935.88	10751.02	10816.40	12156.54
东莞	7582.12	8278.59	9482.50	9650.19	10855.35
惠州	3830.58	4103.05	4177.41	4221.79	4977.36
珠海	2564.73	2914.74	3435.89	3481.94	3881.75
澳门	3400.00	3102.00	3715.54	3458.00	1929.27
江门	2690.25	2900.41	3146.64	3200.95	3601.28
中山	3450.31	3632.70	3101.10	3151.59	3566.17
肇庆	2200.61	2202.00	2248.80	2312.00	2649.99
粤港澳大湾区 GDP	102258.88	108151.68	115865.32	117085.95	126254.53
全国 GDP	827121.70	900309.50	990865.10	1015986.00	1143669.70
粤港澳大湾区 GDP/全国 GDP	12.29%	11.76%	11.69%	11.52%	11.04%

资料来源：国家统计局、《广东统计年鉴》。

此外，经过 40 多年的快速发展，粤港澳大湾区具备发展成为世界一流湾区、更好落实国家经济战略部署的良好基础和条件，2021 年粤港澳大湾区经济总量达到 126254.53 亿元，粤港澳大湾区以全国 0.6% 的土地面积创造了 GDP 占全国 11.04% 的佳绩。从粤港澳大湾区的地理位置以及经济活跃度和在全国的经济占比来看，联动发展票据支持经济发展具有无与伦比的优势。

2. 政策支持为票据发展奠定基础

"金融活，经济活；金融稳，经济稳"。中国人民银行广州分行联合广东省发展改革委等八部门印发《关于进一步强化中小微企业金融服务支持稳企业保就业的实施意见》，提出 28 条措施推进金融支持稳企业保就业。同时，中国人民银行广州分行联合广东省地方金融监管局等六部门发布《关于贯彻落实金融支持粤港澳大湾区建设意见的实施方案》，细化 80 条措施促进跨境贸易和投融资便利化，推进金融市场和基础设施互联互通，保障产业链供应链畅通运转。

在区域协同发展方面，2021 年 3 月 25 日，广州市发展改革委发布《广州市关于推进共建粤港澳大湾区国际金融枢纽实施意见》和《广州市关于推进共建粤港澳大湾区国际金融枢纽三年行动计划（2021—2023 年）》，绘就未来三年广州推进共建粤港澳大湾区国际金融枢纽路线图。该意见首次提出粤港澳大湾区将建设资产管理中心、绿色金融创新中心、科技金融创新中心、跨境投融资服务中心、金融要素区域交易中心五大中心。

在当前我国金融供给侧结构性改革的大背景下，票据的发展与"十四五"规划的发展目标不谋而合，既能加快传统产业转型升级，又契合绿色可持续发展要求。票据业务的开展无疑会对粤港澳大湾区金融发展起到举足轻重的作用。

3. 广东省融资需求旺盛，票据发展空间大

广东省经济实力雄厚，且有深圳、广州两大核心城市作为引擎，为票据的发展提供了良好的经济支撑。广东省中小企业多，融资需求旺盛，票据市场发展较成熟，中小企业在票据融资中的占比超过 70%。在现实情况下，由于规模小、银行认可度低，中小企业融资难，融资成本增加，然而，建立在信用体系基础上的票据可以作为很好的载体缓解中小企业资金需求，而且会减少企业坏账发生的风险，在维护市场稳定方面起到良好的促进作用。广东省中小企业融资平台数据显示，截至 2022 年 7 月，广东省中小企业融资需求达到 669.69 亿元，融资次数达到 47627 次，可见中小微企业的融资频度和融资需求潜力大。

4. 广东省工业发达，符合供应链金融发展方向

如图 8 所示，广东省工业 GDP 增加值占广东省 GDP 增加值的比例高于全国工业 GDP 增加值占比。广东省是我国工业大省，其"十四五"规划明确提出建设制造业强省、质量强省，推动产业高端化发展，深度融入全球产业链，提升产业高级化、现代化水平，推动"广东制造"向"广东智造"转型，完善具有国际竞争力的现代产业体系。而制造业转型升级离不开资金支持，供应链金融是主要服务实体产业的核心企业及其上下游的链条式金融服务，推出供应链金融的最主要原因和目的是解决供应链上下游中小企业融资难、融资贵的问题。同时具备支付结算功能、扩张信用的融资功能的票据业务，理应成为广东省制造业多层次融资体系的一部分。

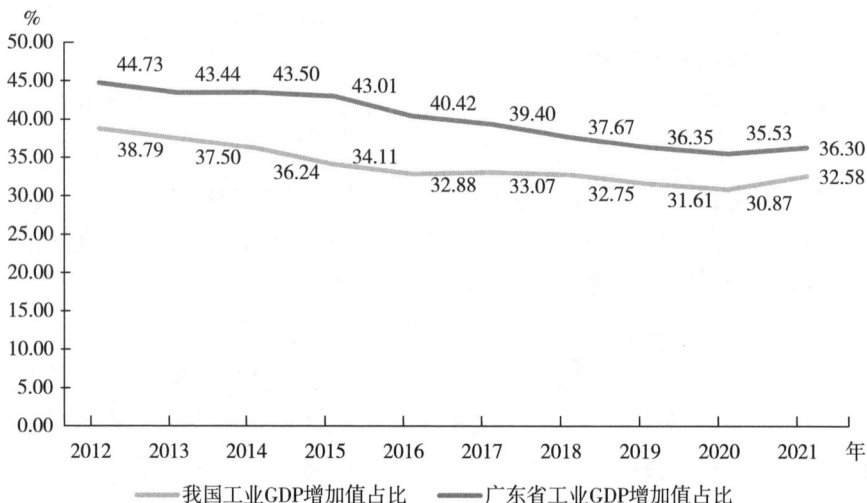

图 8　广东省及全国工业 GDP 增加值占比

2016 年"营改增"完成，扩大了增值税的适用范围，金融机构和监管机构普遍把销售方开具的增值税发票作为审核贸易背景真实性的主要依据之一，增值税的缴纳意味着理论上企业具备开具票据的条件，基于此，本文将对 2019 年广东省制造业主营业务收入及含税价格进行测算，如表 9 所示。

表9　2019年广东省制造业主营业务收入情况及含税价格测算

单位：亿元

行业	营业收入	增值税税率	含税价格
制造业	136674.61	—	154311.09
农副食品加工业	3280.52	9%	3575.77
食品制造业	2209.02	13%	2496.19
酒、饮料和精制茶制造业	999.43	13%	1129.36
烟草制品业	519.30	13%	586.81
纺织业	2052.26	13%	2319.05
纺织服装、服饰业	2862.56	13%	3234.69
皮革、毛皮、羽毛及其制品和制鞋业	1639.53	13%	1852.67
木材加工和木、竹、藤、棕、草制品业	508.39	13%	574.48
家具制造业	2123.47	13%	2399.52
造纸和纸制品业	2447.08	13%	2765.20
印刷和记录媒介复制业	1301.83	13%	1471.07
文教、工美、体育和娱乐用品制造业	3485.69	13%	3938.83
石油、煤炭及其他燃料加工业	3225.80	13%	3645.15
化学原料和化学制品制造业	5707.62	13%	6449.61
医药制造业	1605.35	13%	1814.05
化学纤维制造业	140.32	13%	158.56
橡胶和塑料制品业	5524.04	13%	6242.17
非金属矿物制品业	5644.63	13%	6378.43
黑色金属冶炼和压延加工业	2675.35	13%	3023.15
有色金属冶炼和压延加工业	4030.88	13%	4554.89
金属制品业	6325.53	13%	7147.85
通用设备制造业	4504.58	13%	5090.18
专用设备制造业	3598.19	13%	4065.95
汽车制造业	8404.78	13%	9497.40
铁路、船舶、航空航天和其他运输设备制造业	991.87	13%	1120.81
电气机械和器材制造业	15135.42	13%	17103.02
计算机、通信和其他电子设备制造业	43038.66	13%	48633.69
仪器仪表制造业	1323.99	13%	1496.11

行业	营业收入	增值税税率	含税价格
其他制造业	328.63	13%	371.35
废弃资源综合利用业	827.87	13%	935.49
金属制品、机械和设备修理业	212.02	13%	239.58

根据测算，2019 年广东省制造业主营业务含税收入达 15.43 万亿元，计算出的理论承兑汇票总量也为 15.43 万亿元，而 2019 年上海票据交易所票据承兑业务量达 20.38 万亿元，其中制造业用票量占 30%左右，2019 年广东省票据承兑发生额为 1.74 万亿元，按照 30%的比例测算出的广东省制造业用票量约为 0.52 万亿元，仅占制造业理论开票量的 3.4%左右 (0.52/15.43)，因此在广东省制造业发展态势良好的情况下，应更加灵活地运用票据盘活企业资产，解决制造业短期融资难题。

5. 广东省具有发展绿色票据的潜力

绿色票据是指在《票据法》的基础上，为气候、环境保护等绿色产业或项目开立、办理融资业务的商业汇票，包括绿色银行承兑汇票和绿色商业承兑汇票。

2018 年 4 月，商务部等八部门在《关于开展供应链创新与应用试点的通知》中表示要创新供应链金融服务模式，充分发挥上海票据交易所等金融基础设施的作用，带动上下游企业形成完整高效、节能环保的产业供应链，推动企业降本增效、绿色发展和产业转型升级。为此，进一步加强绿色金融创新、发展绿色票据、推动金融机构合理配置金融资源，加大对绿色产业、绿色项目的资金支持，有利于促进经济与环境协调发展，加快推进生态文明建设，落实国家战略方针。

绿色票据是绿色金融工具下的创新产品，符合绿色可持续发展要求。同时，银行在为企业办理符合条件的绿色票据业务时实行的利率优惠比一般的票据业务大，这一举措大大节约了企业融资成本，对于缓解中小企业融资难、融资贵问题有很好的效果。此外，广东不仅聚集了多项绿色产业，而且中小企业多，用票需求大，这两个先天优势将会提升绿色票据在广东省的使用率。

6. 广东省金融科技领先

金融科技领先，为发展票据提供了技术支持。广东省地处改革开放的前沿阵地，也是我国高新技术产业的聚集地。以深圳为例，截至 2020 年底，深圳聚集了 1318 家人工智能企业，其数量位居全国第二，主要分布在物联网、大数据、云计算领域，代表企业有华为、腾讯、中兴等。2021 年 5月 13 日，广东省政府发布《关于加快数字化发展的意见》，提出将积极推进智慧银行建设，支持深圳建立金融科技创新平台，推广数字货币与电子支付，加强粤港澳大湾区金融数据的互联互通及有效合作。人工智能将对金融科技的运用起到积极的促进作用，对票据业务在广东省的开展起到进一步的推动效果。

金融科技领先，使得防范化解票据风险成为可能。广东省在金融科技方面领跑全国，为防范票据业务风险提供了可能。金融通过科技赋能，极大地解决了票据在金融市场上的信息不对称问题，对票据市场基础设施建设、票据市场主体认定、风险评估与控制等起到了积极作用。同时，可以有效降低票据的融资成本，为票据的运用、流转等提供技术支持。

基于上述分析，建议广东省票据发展要转变理念，总体设计发展规划，活化机制，创新产品，发挥票据更好服务经济的作用。

二、激发票据全功能作用、加快发展广东省票据业务的思考

通过对广东省票据业务现状的分析，我们认为应该从以下几个方面推动广东省票据业务发展。

（一）树立票据信用理念，发挥服务广东省及粤港澳大湾区经济的作用

票据作为一种根植于贸易活动的传统金融工具，经过千百年的发展，逐渐演变成为集支付、融资、结算、交易、汇兑、调控功能于一体的信用工具。信用是票据的灵魂与基石，票据业务的本质在于经营信用，良好的信用环境有利于票据市场健康稳定发展。然而，现阶段我国票据信用发展极其不平衡，主要表现为银行承兑汇票信用优于商业承兑汇票信用。广东作为我国南部重要的省份，以其独特的地理位置吸引了一大批优质企业、金融机构，奠定了广东良好的信用基础。尤其是近年来，国家积极推动社会信用体系建设，国务院《社会信用体系建设规划纲要（2014—2020年）》提出要深入推进商务诚信建设，全面推进社会诚信建设；2021 年 1月 17 日，中国人民银行二代征信系统正式切换上线，这一系列举措为广东省信用环境进一步提升奠定了坚实的基础。作为我国经济强省，广东省不仅拥有强健有力的金融运行体系，产业结构也十分优质，尤其是随着粤港澳大湾区的发展，广东省将迎来巨大的发展契机。尽管广东省票据承兑、

贴现发生额位居全国前列，然而，与其他票据大省相比较，广东省票据承兑发生额/GDP 仅有 19.83%，远低于江苏、浙江等经济强省，这反映出广东省用票意识不够强烈，使用意愿有待提高。票据一端链接货币市场，一端链接实体企业，贴现后的票据还可进入银行体系流通，可以说票据在推动货币切切实实流入实体经济方面具有得天独厚的优势。票据发展的关键之处在于树立牢固的票据信用理念，提升企业用票意识，激发票据业务活力，充分发挥票据服务广东省及粤港澳大湾区经济的作用，推动广东省及粤港澳大湾区经济发展。相信未来随着广东信用增强，票据将会发挥更大作用。

（二）成立广东省票据发展委员会，由金融管理部门与工信部门等牵头，制定发展规划和目标措施

推动广东省票据业务发展，可考虑成立广东省票据发展委员会，由金融管理部门与工信部门等牵头，制定广东省发展规划和目标措施。其中，工信部门、财政部门、人民银行、监管部门、税务部门作为政策主体，参与广东省票据业务发展的统筹与日常管理，为企业提供相关政策支持。工信部门牵头负责制订票据业务发展方案，协调各部门协商业务方案，协调解决方案落实过程中遇到的相关问题，制订针对广东省中小微企业的票据风险救济方案及企业白名单。工信部门作为广东省票据发展委员会的牵头部门，应加强与财政部门、人民银行等的沟通协调，调配相关领域资源，推进企业票据融资渠道多元化。财政部门负责参与制订业务方案，协调各级担保基金参与票据担保的具体工作，制订针对广东省中小微企业的财政救济方案，参与制订票据风险救济方案及企业白名单。人民银行负责参与制订业务方案，协调商业银行、保险公司落实业务方案，制订商业承兑汇票担保业务方案，参与制订对广东省中小微企业的票据风险救济方案及再贴现支持方案。监管部门负责参与制订业务方案，监测业务开展情况，及时纠正相关违规行为，参与制订对广东省中小微企业的票据风险救济方案。税务部门负责参与制订业务方案，负责协调各地税务部门落实减税政策，参与制订对广东省中小微企业的票据风险救济方案及企业白名单。各级担保基金、商业银行、保险公司等金融机构作为实施主体参与票据担保及贴现等具体业务的开展，并且落实政策主体的相关要求。各部门分工协作，共同推动企业发展票据贴现，为企业解决融资难、融资贵问题，对推进应付账款票据化、降低资金成本、提高效率发挥应有的作用。

（三）在广州或深圳建立珠三角商业承兑汇票平台，紧抓票据发展新时机

票据的本源在于支付，只有发挥票据的支付功能，才能真正节省实体经济的融资成本。商业承兑汇票作为未来票据市场发展的重点方向，是票据业务发展的蓝海，可考虑在广州或深圳建立珠三角商业承兑汇票平台，专注于商业承兑汇票承兑、贴现市场发展。商业承兑汇票平台的建立可以有效发挥票据的支付功能，开拓票据一级市场业务，拓展企业直接融资渠道。在鼓励供应链金融发展的大背景下，商业承兑汇票有着广阔的发展前景，良好的商业信用环境为广东省继续挖掘商业承兑汇票的作用、发展商业承兑汇票融资提供了可能。在广州或深圳建立珠三角商业承兑汇票平台，有利于强化企业意识，改善营商环境，进一步完善广东省经济布局，为促进粤港澳大湾区、珠三角地区发展奠定坚实的基础，同时也为商业承兑汇票发展作出示范。珠三角商业承兑汇票平台建设可考虑以互联网为基础，建设初期以服务广东省以及粤港澳大湾区、珠三角地区企业，促进区域经济发展为宗旨，未来以服务国内实体经济、服务票据市场为宗旨。建设初期，珠三角商业承兑汇票平台可定位为区域性票据一级市场基础设施，聚焦于粤港澳大湾区、珠三角地区，引入广东省金融机构，服务本区域大中小型企业；中远期，待珠三角商业承兑汇票平台业务模式成熟以后，可定位为全国性票据一级市场基础设施，为国内各类型企业提供商业承兑汇票服务，缓解企业融资难、融资贵问题。在发展成熟之际，珠三角商业承兑汇票平台可考虑与上海票据交易所对接，实现数据、报文、信息流、业务流互通，通过二者优势互补，联动票据一二级市场发展，推动我国票据市场发展进程。

（四）依托上海票据交易所ECDS和商业汇票信息披露制度，推动商业承兑汇票信用发展，实现在广东的票据企业应披露尽披露

信用发展对于一个地区的票据业务发展来说至关重要，商业汇票尤其是商业承兑汇票的发展往往与一个地区的信用环境息息相关，商业承兑汇票以企业信用为基础，对签发主体要求更高。2020年1月16日，上海票据交易所上线试运行商业汇票信息披露平台，企业和财务公司可以在平台上自愿参与、自主披露票据承兑信息，以及包括承兑发生额、承兑余额、累计逾期发生额、逾期余额等承兑信用信息。同年6月5日，中国人民银行起草了《关于规范商业汇票信息披露的公告（征求意见稿）》；12月23

日，中国人民银行正式发布《中国人民银行公告〔2020〕第 19 号（规范商业承兑汇票信息披露）》并自 2021 年 8 月 1 日正式实施；12 月 30 日，上海票据交易所发布《商业承兑汇票信息披露操作细则》。一系列规章制度的出台对于加强商业汇票信用体系建设，提高我国企业信用程度，建立完善市场化约束机制，更好地规范市场及参与主体行为，保障持票人合法权益，减少票据纠纷及相关风险具有积极意义。商业汇票信息披露平台的上线及系列规章制度的出台完善了商业汇票信息披露机制，为商业承兑汇票的发展提供了依据。未来广东省票据业务的发展应充分依托上海票据交易所 ECDS 和商业汇票信息披露制度，工信部门及各金融管理部门应鼓励本地企业接入上海票据交易所商业汇票信息披露平台，商业银行等金融机构应做好企业信息披露督促工作，相关主体协调配合，共同推动广东省商业承兑汇票信用发展，实现在广东的票据企业应披露尽披露。

（五）推动供应链票据发展

当前我国经济已转向高质量发展阶段，《中共中央关于制定国民经济和社会发展第十四个五年规划和二〇三五年远景目标的建议》指出要以推动高质量发展为主题，以深化供给侧结构性改革为主线，加快建设现代化经济体系，加快构建以国内大循环为主体、国内国际双循环相互促进的新发展格局。加快发展现代产业体系、推动经济体系优化升级是构建双循环新发展格局的应有之义。推动供应链金融规范发展，是顺应产业组织形态变化、优化金融资源配置的重要举措，将有效促进国内国际双循环相互促进的新发展格局的形成。票据作为一种根植于贸易活动的传统金融工具，经过千百年的发展演变，逐渐成长为贸易融资领域最有代表性的金融工具，在便利企业支付、结算、融资等方面发挥了不可替代的作用。票据功能作用多样，具有法律保障，能带动企业信用传递，具有服务供应链金融的天然优势，是供应链金融场景的最好选择。2016 年 8 月 27 日，中国人民银行发布《关于规范和促进电子商业汇票业务发展的通知》，鼓励金融机构以与上下游关系密切的供应链龙头企业或集团企业为重点，带动上下游企业使用电子商业汇票。近年来，山东、湖南等省市也相继出台相关政策鼓励供应链金融发展，江西省通过引入供应链链长制的方式充分调动供应链发展潜能。广东省票据业务发展，可以以供应链票据为切入点，在供应链场景中使用商业汇票进行支付、融资，串联供应链企业，带动优质企业信用传递，可学习湖南等地建立白名单制进行管理，通过供应链发展商业汇票，推动商业信用票据化、应收账款票据化发展，进一步降低企业资金成本。

(六) 推动制造业票据发展

制造业是一个国家生产力水平的直接体现，是我国经济结构转型的基础。作为工业大省，广东省坐拥华为、中兴、TCL等一系列知名高端制造业品牌，与此同时，建设制造业强省、质量强省也是广东省"十四五"规划明确提出的发展目标。2020年，广东省先进制造业、高技术制造业增加值占规模以上工业增加值的比重分别为56.1%、31.1%，成为重要的利润增长点。作为传统的用票行业，制造业票据签发背书量占据市场签发背书量30%的比重，是我国票据市场发展的重要组成部分。然而，据江西财经大学九银票据研究院测算，在静态条件下，每年可签发商业汇票180万亿元，其中，制造业可达到110万亿元。据估算，2019年广东省制造业用票量约为0.52万亿元，仅占制造业理论开票量15.43万亿元的3.4%左右，存在着巨大的发展空间。制造业涉及生产、销售、回款等多个环节，账期不匹配造成的资金短缺现象成为制造业行业普遍存在的问题。承兑汇票的期限、票面金额都可根据实际需要确定，与不同类型制造业企业的回款周期灵活匹配，可作为广东省制造业重要的短期流动性管理工具，尤其是像广东省农副食品加工业，文教、工美、体育和娱乐用品制造业，石油、煤炭及其他燃料加工业，化学原料和化学制品制造业，橡胶和塑料制品业，非金属矿物制品业，有色金属冶炼和压延加工业，金属制品业，通用设备制造业，专用设备制造业，汽车制造业，电气机械和器材制造业，计算机、通信和其他电子设备制造业等营业收入在3000万元以上的制造业细分行业，票据支付结算可以成为此类行业发展的有力抓手。未来广东省制造业发展，可以深挖票据潜力，充分运用票据产品，改善制造业流动性问题。

(七) 推动批发零售业票据发展

批发零售业与老百姓的日常生活休戚相关，是打通国际、国内市场双循环的重要一环。批发零售业在决定经济运行速度、质量和效益等方面具有重要的引导性力量，是拉动消费和消费引领创新供给的重要部分。批发零售业与制造业对GDP的贡献度接近40%，是关系我国国计民生的重要行业。上海票据交易所数据显示，2018—2019年，批发零售业占比超过40%，是票据市场发展的重要组成部分。根据江西财经大学九银票据研究院的测算，在静态条件下，每年180万亿元的票据签发量中，批发零售业可达

到 42 万亿元以上。据估算，2019 年广东省批发零售行业票据承兑发生额为
0.70 万亿元，相比理论可开票量 4.7 万亿元至 11.5 万亿元存在很大差
距，占比尚不足 15%，商业汇票在广东省批发零售业仍有很大的应用空间。
批发零售行业属于高速周转的资金密集型行业，根据具体贸易品种和处于
供应链中地位的不同，行业内企业均可能存在或长或短的账期，天然有着
旺盛的短期资金融通需求。在广东批发零售行业发展票据业务，可以提高
广东批发零售业相关企业的流动性水平，扩张企业信用，降低企业融资利
率和财务风险，应充分发掘票据服务批发零售业的潜力，推动广东省批发
零售业进一步发展。

（八）建立中小微企业商业承兑汇票担保基金或风险基金，积极支
持企业票据发展，解决融资难、融资贵问题

融资增信是商业承兑汇票平台的基础功能，发展商业承兑汇票可以考
虑完善商业承兑汇票担保机制，建立中小微企业商业承兑汇票担保基金或
风险基金，推动保险增信、担保增信等的发展，积极支持企业票据发
展，解决融资难、融资贵问题。可引入国家、各省级担保基金及商业保险
公司，企业会员在完成商业承兑汇票承兑后或在背书转让前，可通过商业
承兑汇票平台向各级担保基金发布担保申请或选择相应的商业信用保
险，经各级担保基金或保险公司审批通过后，实现对承兑人、背书人的担
保增信。担保增信可便利商业承兑汇票转让与融资，提升中小微企业融资
的便利性，培育商业信用。担保基金和保险公司应加强信用担保与信用保
险的创新模式，合理制定费率，改善担保条件，提升对广东省及粤港澳大
湾区、珠三角地区中小微企业的担保支持力度。银行、保险等金融机构可
以与信用等级高、产销关系稳定的供应链企业展开合作，为其提供票据保
兑、保贴、担保等服务，协助提升商业承兑汇票市场认可度；商业银行应
加速研究完善商业承兑汇票授信及贴现办法，推动商业汇票信用发展。

（九）调动商业银行、财务公司的积极性，发挥金融科技的力
量，推动商业承兑汇票融资服务，发挥票据助力实现碳达峰碳中和的
作用

当前，商业银行、财务公司票据占据市场份额的 80% 以上，是票据市
场发展的重要推动力量。未来广东省票据业务发展应充分调动商业银行、
财务公司的积极性，推动票据业务创新发展，完善票据业务流程，鼓励商
业银行、财务公司积极接入贴现通、票付通、供应链票据等上海票据交易

所创新产品，提升票据服务实体经济的深度与广度。鉴于广东省制造业发展较快，商业银行、财务公司应加大对制造业的支持力度，推动国内大循环发展。除此之外，绿色产业发展也是广东省近年来发展的重点，2017 年 6 月，广东省政府发布《广东省广州市建设绿色金融改革创新试验区总体方案》，8 月至 9 月《广州市人民政府办公厅关于促进广州绿色金融改革创新发展的实施意见》《广东省广州市绿色金融改革创新试验区绿色企业认定办法》和《广东省广州市绿色金融改革创新试验区绿色项目认定办法》相继出台，省、市、区分工协作格局的构成为绿色票据发展奠定了良好的基础。绿色票据是构建绿色金融体系的重要组成部分，广东省票据业务发展，可以以发展绿色票据为契机，充分发挥票据支持绿色小微、民营企业的作用，支持绿色产业链、供应链发展，支持绿色经济发展，推动绿色金融体系建设，在碳达峰碳中和目标的实现中发挥应有作用。

（十）发挥深圳、广州、东莞、佛山、珠海等重点区域的作用，推动票据业务深入发展

票据是企业生产经营活动中常用的金融工具，其规模大小在一定程度上可以反映出企业生产经营活动的活跃程度。长期以来，我国各地区之间经济发展极度不平衡，金融资源配置不均使得区域间经济发展差距进一步扩大。商业汇票应用场景丰富，各地区可结合自身产业结构及地域特色发展票据业务，通过发展票据业务带动经济发展，从而改善落后地区生态环境。在供应链金融发展的大背景下，依托产业链发展票据业务，可以实现资源的优化配置，实现帕累托最优，达到区域经济发展良性互动，有助于改善落后地区的金融生态，启动良性循环。深圳、广州、东莞、佛山、珠海等作为广东省经济较为发达的城市，是粤港澳大湾区的重要组成部分。这些城市拥有大批优质企业，信用程度相对较高，可充分发挥深圳、广州、东莞、佛山、珠海等重点区域的作用，以点带面推动周边城市票据业务发展，推动广东省票据业务良性循环。

（十一）利用科技等手段，共筑票据风险防范机制

风险是底线，在推动票据发展的同时，需要进一步加强风险管理，建立风险防范机制，将风险防范落到实处。应进一步健全市场风险监测体系，完善风险监测指标，加强风险识别、分析与评估，强化监测结果运用。金融科技的发展能够提高票据市场对于信息的捕捉能力，有效整合各方数据资源，打破企业与银行、企业与企业、各地区之间的信息壁垒，缓解票

据市场尤其是商业承兑汇票市场信息不对称、不灵通问题。广东省拥有大批高新技术企业，也有国内重点软件产业园区，为金融科技发展奠定了坚实的基础。广东省票据业务可充分借助金融科技发展优势，借助区块链、大数据等金融科技手段进行票据全生命周期风险管理，全面降低票据市场风险。通过建立实时监控平台，监控拦截可疑交易与报价，将票据风控关口前移；通过建立票据市场监控模型，对可能存在的违规操作实现类 T+0 事后分析；通过智能合约建立票据市场统一规则和秩序；通过区块链不可篡改的时间戳实现票据市场无成本调阅，解决风险信息不对称性等问题。金融科技尤其是大数据技术的发展，提升了信息处理水平，通过大数据分析，可以识别企业异常票据行为；通过大数据历史行为分析，可以构建企业画像，协助判断未来违约概率；通过大数据建模，可以搭建风险预测系统，提升业务预警与监测能力，跟踪异常交易行为，从而起到规范企业行为、引导商业信用提升的作用。

参考文献

[1] 肖小和. 长江三角洲地区商业承兑汇票平台建设研究 [J]. 上海立信会计金融学院学报，2020，32（6）：23-35.

[2] 肖小和，余显财，金睿，柯睿. 关于"十四五"期间推动广东省制造业票据业务发展的研究 [JB/OL]. [2021-05-07]. https：//www. ljzfin. com/news/info/59081. html.

[3] 肖小和，余显财，金睿，柯睿. 推进广东批发零售行业票据业务发展的思考 [JB/OL]. [2021-05-24]. https：//news. stcn. com/pl/202105/t20210524_3263365. html.

推动电子信息产业加快发展票据业务的思考

肖小和　李紫薇

一、电子信息产业基本情况

（一）电子信息产业在经济中的地位

当前，新一轮科技革命和产业变革加速推进，为电子信息产业带来了前所未有的发展机遇。作为全球创新最活跃、研发投入最集中、应用最广泛、辐射带动作用最大的产业之一，电子信息产业已发展成为我国国民经济战略性、基础性、先导性、支柱性产业，是社会经济发展的重要驱动力量，为我国工业化转型和现代化产业体系构建提供了强有力的技术支撑。尤其是党的十八大以来，我国新一代信息技术产业结构不断优化，产业集聚效应日益凸显，产业创新能力持续提升，产品迭代不断加速，行业应用持续深入，产业赋能、赋值、赋智作用不断显现，为经济社会发展、企业数字化转型提供了重要的保障。

（二）电子信息产业的经济运行特点

根据国家统计局的分类，电子信息产业可以分为电子信息制造业和软件与信息技术服务业两大类。其中，电子信息制造业作为国民经济重要的先导性产业，对工业生产具有明显的拉动作用。如图 1 所示，2012—2021年，我国电子信息制造业增加值年均增速达到 11.57%，高于工业增加值平均增速 4.47 个百分点。尤其是新冠疫情暴发以来，电子信息产业表现出强劲的韧性，在 2020 年 GDP 增速仅有 2.3% 的情况下，规模以上电子信息制造业增加值增速达到 7.7%，高于同期 GDP 增速 5.4 个百分点，高于规模以上工业增加值增速 4.9 个百分点，充分发挥出电子信息产业的"压舱石"作用，稳定了经济发展大盘。2021 年，这一比例更是达到了 15.7% 的新高度，位列 41 个大类行业第六，高于同期 GDP 增速 7.6 个百分点，高于规模以上工业增加值增速 6.1 个百分点，强有力地推动了疫情后经济复苏。

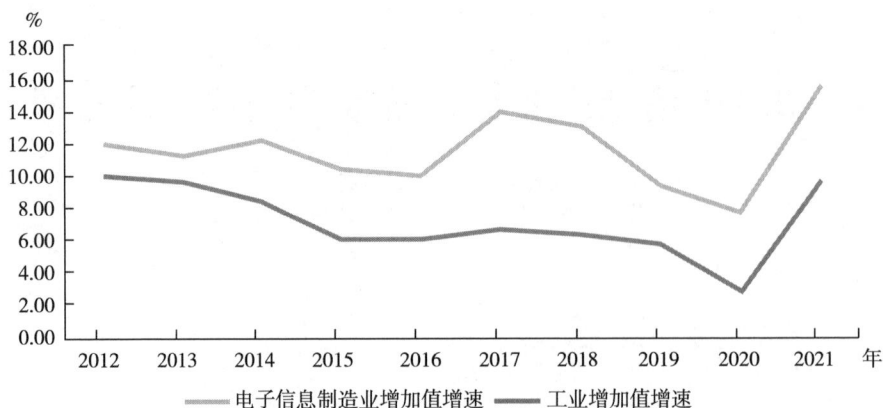

图 1　电子信息制造业和工业增加值增速情况
（资料来源：工业和信息化部官网）

近年来，电子信息行业规模不断扩大。我国规模以上电子信息制造业营业收入连续九年占据工业营业收入榜首，2021 年更是达到了 14.13 万亿元的新高度，同比增长 14.7%，实现利润总额 0.83 万亿元，增速高达38.9%（见图 2）。软件与信息技术服务业营业收入从 2012 年的 2.50 万亿元增加至 2021 年的 9.50 万亿元，年均增速达到 16.00%，位居国民经济各行业前列；2021 年软件与信息技术服务业实现利润总额 1.2 万亿元，较2015 年翻一番。2021 年，我国电子信息行业收入规模达到 23.63 万亿元，同比增长 16.6%，占规模以上工业企业营收收入的比重达到 18.47%。

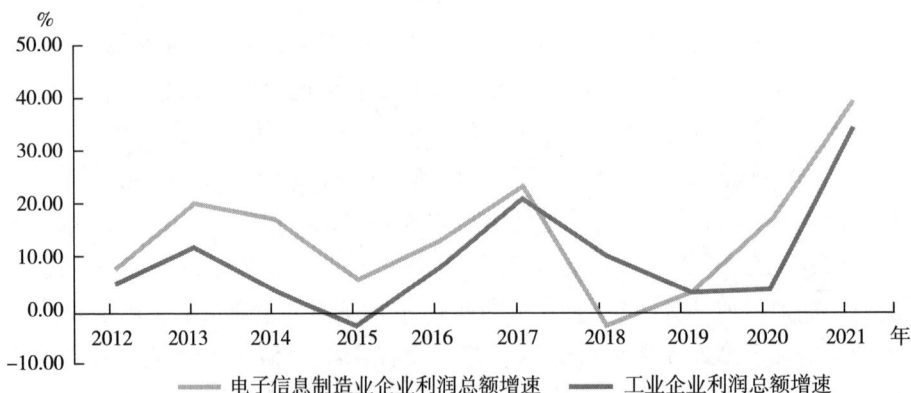

图 2　电子信息制造业和工业企业利润总额增速情况
（资料来源：工业和信息化部官网）

电子信息制造业应收账款增速居高不下。十年来，我国规模以上电子信息制造业应收账款呈现不断增长的趋势，2021 年电子信息制造业应收账款净额达到 3.41 万亿元，较 2012 年翻一番，占规模以上工业企业应收账款的比重达到 18.07%，较 2012 年提高 3.90 个百分点。从增速来看（见图 3），除 2019 年外，我国规模以上电子信息制造业应收账款增速常年占据高位，远高于同期规模以上工业企业应收账款增速，部分年份甚至以超过 15% 的速度高速增长，资金固化现象十分严重。因此，推动电子信息产业应收账款票据化十分有必要。

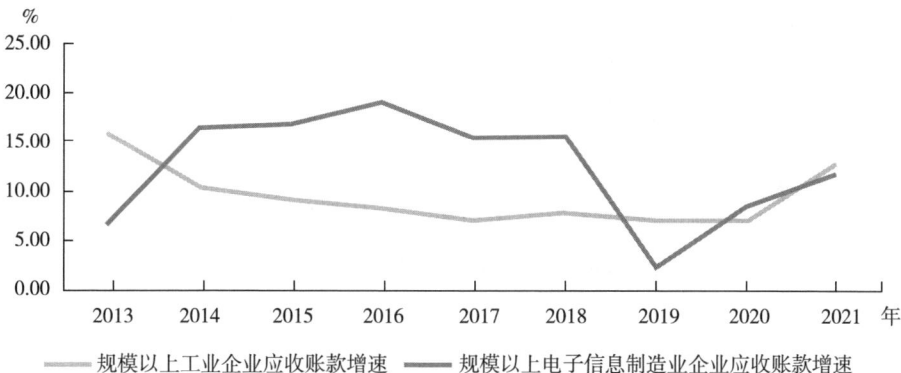

图 3　规模以上电子信息制造业和工业企业应收账款增速情况

（资料来源：国家统计局官网）

二、电子信息产业票据发展分析

（一）电子信息产业票据承兑总量测算

为探究电子信息产业票据发展潜力，探索票据市场服务电子信息产业发展潜能，本文拟对电子信息产业票据承兑总量进行测算。肖小和、余显财、金睿等（2021）建立了以增值税为基础的票据承兑总量测算模型，并以主营业务收入衡量第 i 个阶段的不含税销售额 P_i，测算出该阶段银行可开具的承兑汇票理论最大值为 $\sum_{i=1}^{n} P_i \times (1 + 13\%)$，本文根据该模型进行测算，计算出的规模以上电子信息制造业理论承兑汇票签发上限为 159652.05 亿元，约为 15.97 万亿元，如表 1 所示。

表 1　规模以上电子信息制造业承兑汇票理论签发量测算　　　单位：亿元

行业	营业收入	增值税税率	含税价格
规模以上电子信息制造业	141285	13%	159652.05

根据上海票据交易所的数据，2021 年我国票据承兑量为 24.15 万亿元，近年来制造业企业票据签发金额占比约为 30%。2021 年规模以上电子信息制造业主营业务收入占规模以上制造业比重为 11.05%，由于缺乏电子信息制造业承兑汇票签发额的具体数据，本文尝试用上述比例作为票据承兑占比进行测算，由此得到的 2021 年规模以上电子信息制造业承兑汇票签发量约为 0.80 万亿元（24.15×30%×11.05%），仅占理论签发量的 5.01%，由此可见，电子信息制造业承兑汇票签发量未来有很大的发展空间。

（二）票据服务电子信息产业的优势

电子信息产业的生命周期涵盖研发、生产、销售等众多环节，具有高投入性、高创新性、高风险性、高收益性的特点，由此导致电子信息业企业在日常生产经营过程中存在或长或短的账期。票据作为重要的货币市场工具，在服务实体电子信息产业发展、解决电子信息业企业融资问题方面具有一定的优越性：一是票据兼具支付与融资功能，是企业重要的短期信用工具。一方面，票据利率市场化程度高，业务门槛低，操作简便，企业接受意愿强，可作为企业应收账款的重要替代工具；另一方面，票据的货币化支付可以加速企业资金周转，调节资产负债结构，优化企业财务报表。二是票据流动性强，可以实现电子信息产业链信用传导。票据的背书流转可以串联供应链中的多个企业，带动优质企业信用迁移，供应链企业还可以通过保兑、保贴、保证等方式进行增信，进一步提升票据融资可获得性。三是票据灵活性高，可以满足企业间零碎化资金支付需要。新一代票据业务系统实现了票据的可拆分流转，解决了电子信息业企业间票面金额与支付金额不匹配的痛点，满足了企业间货款支付结算需求。四是票据法治基础健全，为企业回款提供了保障。票据具有固定的账期，具有到期无条件付款的特性，具有追索权，为企业回款提供了保障。除此之外，商业汇票信息披露规则的确立使得企业票据承兑信息及承兑信用信息可查询，进一步提升了企业用票安全性。

三、电子信息产业发展票据业务的思考

(一) 发展电子信息产业全生命周期票据业务

票据业务种类繁多、产品体系完善，涵盖票据全生命周期各个环节，不仅包括传统的承兑、贴现、再贴现等业务，还包括票据池、供应链票据、票付通、贴现通等创新型业务品种。对于电子信息业企业而言，不仅可以通过票据承兑、背书流转实现日常经营周转所需货款、服务款项的支付，通过贴现满足即时资金需求，还可以通过票据池实现企业日常票据管理，盘活沉淀票据，通过供应链票据提升企业应收账款周转率等，满足要求的电子信息业企业还可享受低利率再贴现带来的货币政策红利。对于电子信息业企业发展难点、痛点，金融机构往往可以通过票据业务产品的组合来提供定制化的票据综合服务方案，有针对性地满足电子信息业产业生产发展各环节的短期融资需求。

(二) 推动电子信息产业应收账款票据化进程

当前，我国电子信息产业应收账款增长明显，远超同期规模以上工业企业，这反映出此行业在销售过程中赊销过多，企业议价能力不强，在销售过程中处于弱势地位，由此导致应收账款淤积，资金周转不畅，给日常生产经营活动带来困扰。票据在解决企业间清欠、化解应收账款方面具有一定的优越性。电子信息产业供应链核心企业可以转变融资方式，使用票据作为应收、应付工具，以点带面带动供应链中票据尤其是商票的使用，通过签发票据的方式将款项支付给供应链上下游收款企业，收款企业收到票据后，可继续向其后手背书转让，如此一来，企业间应收、应付账款可通过票据支付流转轧清，通过应收账款票据化的方式实现零成本资金周转。

(三) 加大电子信息产业供应链票据支持力度

票据作为根植于贸易活动的传统信用工具，与供应链发展具有天然的契合性。供应链票据基于供应链票据平台签发流转，一方面，供应链票据平台整合了物流、信息流、资金流，交易关系天然可见，大幅提升了票据使用的安全性；另一方面，供应链票据支持票据分包流转，进一步提升了票据支付结算功能，更加契合供应链中小微企业"短、频、快"的融资需求。供应链票据平台高度嵌入供应链场景，是推动应收账款票据化的有力抓手，发展供应链票据业务，不仅可以充分发挥电子信息产业核心企业的

增信作用，带动核心企业优质信用传递，缓解企业之间的"三角债"，降低应收账款积压，还可以实现电子信息业企业采购、生产、销售各环节无缝对接，增强供应链平台联结，缓解链上企业融资约束，提升产业链供应链韧性。

（四）加速电子信息产业商业承兑汇票发展

商业承兑汇票在服务实体经济方面具有得天独厚的优势。相比于银票而言，商票基于企业自身信用签发，准入门槛低。相比于流动资金贷款、信用证等短期融资工具而言，商票功能作用丰富，可满足供应链企业多层次金融需求；基于真实贸易背景或债权债务关系流转，融资手续便利；法治基础良好、债权债务关系明确，有利于维护票据各方当事人的利益。商票信息披露制度的建立，使得其安全性得到大幅提升。近年来，各大商业银行积极探索商票发展方向，推出商票保兑、保贴、保证等新型商票业务，助力商票增信。加速推动电子信息产业商票业务发展，激励核心企业主动签票，以直接融资替代企业贷款，实现零成本融资；鼓励核心企业使用商票，推动电子信息产业链信用传导，纾困链上中小微企业。

（五）探索电子信息产业绿色票据发展路径

坚持绿色发展之路，是贯彻新发展理念、构建新发展格局的必然要求。然而，根据中国电子信息产业发展研究院的数据，我国工业碳排放占比约为70%，是推动节能减排、绿色低碳发展的重点领域。作为工业的重要组成部分，推动电子信息产业绿色低碳发展刻不容缓。绿色票据是绿色金融体系的重要组成部分，不仅具备票据所有的功能与优势，还是推动绿色生态文明建设、实现"双碳"目标的有力抓手。推动电子信息产业绿色票据发展，探索电子信息产业绿色票据发展路径，构建电子信息产业绿色融资体系，完善电子信息产业绿色发展途径，以电子信息产业的辐射作用拉动其他行业绿色低碳发展，推动"双碳"目标实现。

（六）推进电子信息产业数字票据试点工作

当前，数字经济蓬勃发展，成为国民经济发展的重要推动力量。"十四五"规划提出了"加快数字化发展，建设数字中国"的远景目标。电子信息产业不仅涵盖高端芯片、操作系统、传感器等关键数字技术领域，还包括人工智能、大数据、区块链、云计算等新兴数字产业，是推动数字化转型的主导力量。数字票据作为票据与金融科技相结合的产物，是金融领域数字化探索的先行者，是推动电子信息产业数字化转型的重要尝试。推进电子信息产业数字票据试点，以电子信息数字化发展推动数字票据进程，以数字票据发展带动电子信息产业数字化发展，以点带面带动产业链数字化转型，推动我国现代产业链向高端价值链迈进。

（七）建立电子信息行业协会平台，发展票据评级

良好的商业信用环境是经济发展的重要基础，是推动电子信息产业健康发展的重要保障。票据的本质是根植于商品贸易活动的商业信用，票据业务的发展对于商业信用构建具有重要作用。一方面，票据信用评级机构的建立，可以为票据承兑与贴现主体提供全方位、动态化的票据信用评级与追踪服务，提升市场整体信用程度；另一方面，商票信息披露制度的建立可以实现跨市场跨平台信息交叉共享，推动我国商业体系建设。因此，可以考虑建立电子信息行业协会平台，收集、交流电子信息产业信用信息，以缓解票据发展过程中面临的信息不对称问题，为发展票据评级、防范票据风险提供条件，优化企业信用发展环境，进一步提升票据服务电子信息产业效能。

（八）设立电子信息产业风险基金，防范票据风险

票据业务发展重在风险把控，考虑到商票市场各签发主体资质良莠不齐，为加大票据支持电子信息产业的力度，加强票据业务风险管理，可以考虑完善商票担保机制，推动保险增信、担保增信等发展，为电子信息业企业商票发展融信；可以考虑建设电子信息产业风险基金，对商业承兑汇票发展提供担保，或是在风险事件发生后，利用风险基金保证商票兑付。

充分发挥票据功能作用 支持制造业加快发展

肖小和 李紫薇

摘 要：制造业是我国经济结构转型的基础，是经济高质量发展的重要推动力量。然而，近年来制造业占比及从业人员数量严重下滑，呈现出"去工业化"的特征，加快推动制造业发展转型已成为当前国民经济发展的重点。2022 年 7 月 11 日，银保监会办公厅发布《关于进一步推动金融服务制造业高质量发展的通知》，提出重点支持高技术制造业、战略性新兴产业，推进先进制造业集群发展，提高制造业企业自主创新能力。我们认为金融业发展的关键就在于解决制造业发展过程中面临的资金问题。票据的金额、期限可根据制造业流动资金实际需求确定，与制造业企业回款周期灵活匹配，对于推动制造业高质量发展具有重要意义。因此，需要充分发挥票据功能作用，积极支持制造业加快发展。

关键词：制造业 票据 高质量发展

一、制造业票据业务发展潜力分析

(一) 制造业的地位及作用

制造业是一国生产力水平的直接体现，是关系国计民生的重要行业，制造业的发展对于提升我国国际竞争力，保障国防安全，提升产业链供应链现代化水平，促进经济双循环发展具有重要意义。2022 年 7 月 11 日，中国银保监会办公厅发布《关于进一步推动金融服务制造业高质量发展的通知》，强调了制造业高质量发展对我国经济高质量发展的重要性，并从切实提高思想认识、进一步加大金融支持力度、优化重点领域金融服务、创新金融产品和服务、接续支持恢复发展的金融政策、强化保险风险保障和资金运用、提高金融服务专业化水平、增强金融风险防范化解能力、加强金融监管和政策协调 9 个方面呼吁银行保险机构优化资源配置，加大支持力度，提升服务质效。

2022 年以来，国内多地新冠疫情复发，俄乌冲突使得国际经济形势进一步紧张，这些都对经济高质量发展尤其是制造业提出了更高的要求。票据是集支付、结算、融资、投资、交易、调控等功能于一体的信用工具，在促进实体经济发展、传导货币政策等方面发挥着不可替代的作用，是满足企业短期流动性需求最适合的工具，我们认为除了信贷支持以外，还要充分发挥票据功能作用，积极支持制造业加快发展。

（二）制造业票据承兑总量测算

本文以增值税为基础对制造业票据承兑总量进行测算，肖小和、余显财、金睿、柯睿（2020）建立了承兑总量可能性分析模型，并以主营业务收入衡量第 i 种商品的不含税价格 P_i，得出制造业企业可开具的承兑汇票理论最大值为 $\sum_{i=1}^{n} P_i \times (1 + 13\%)$，本文根据该模型进行测算，计算出的制造业理论承兑汇票量约为 127.2 万亿元。

表1　2021年制造业营业收入及含税价格　　　　　单位：亿元

行业	营业收入	增值税税率	含税价格
制造业	1127885.0	—	1272048.1
农副食品加工业	54107.6	9%	58977.3
食品制造业	21268.1	13%	24033.0
酒、饮料和精制茶制造业	16034.0	13%	18118.4
烟草制品业	12131.5	13%	13708.6
纺织业	25714.2	13%	29057.0
纺织服装、服饰业	14823.4	13%	16750.4
皮革、毛皮、羽毛及其制品和制鞋业	11057.2	13%	12494.6
木材加工和木、竹、藤、棕、草制品业	9655.5	13%	10910.7
家具制造业	8004.6	13%	9045.2
造纸和纸制品业	15006.2	13%	16957.0
印刷和记录媒介复制业	7442.3	9%	8112.1
文教、工美、体育和娱乐用品制造业	14364.3	13%	16231.7
石油、煤炭及其他燃料加工业	55398.0	13%	62599.7
化学原料和化学制品制造业	82958.9	13%	93743.6
医药制造业	29288.5	13%	33096.0
化学纤维制造业	10262.8	13%	11597.0

行业	营业收入	增值税税率	含税价格
橡胶和塑料制品业	28996.4	13%	32765.9
非金属矿物制品业	66217.7	13%	74826.0
黑色金属冶炼和压延加工业	96662.3	13%	109228.4
有色金属冶炼和压延加工业	70052.9	13%	79159.8
金属制品业	46835.4	13%	52924.0
通用设备制造业	47010.6	13%	53122.0
专用设备制造业	36563.5	13%	41316.8
汽车制造业	86706.2	13%	97978.0
铁路、船舶、航空航天和其他运输设备制造业	13094.1	13%	14796.3
电气机械和器材制造业	85320.2	13%	96411.8
计算机、通信和其他电子设备制造业	141285.3	13%	159652.4
仪器仪表制造业	9101.4	13%	10284.6
其他制造业	1956.8	13%	2211.2
废弃资源综合利用业	9080.7	13%	10261.2
金属制品、机械和设备修理业	1484.4	13%	1677.4

资料来源：国家统计局.中国统计摘要2022［M］.北京：中国统计出版社，2021：121-122.

根据上海票据交易所的数据，2021年全国票据市场承兑量为24.2万亿元，近年来制造业企业票据签发金额占比约为30%，由此测算得到的2021年制造业承兑汇票签发量约为7.3万亿元（24.2×30%），仅占理论签发量的5.7%，制造业承兑汇票签发量未来有很大的发展空间。

二、票据业务支持制造业加快发展的建议

（一）票据是制造业理想的金融工具之一

受企业规模、治理结构等因素限制，有许多制造业企业难以通过股票、债券、银行贷款等方式获得资金，而票据市场具有准入门槛低、期限短、流动性强、操作便捷灵活等优势，是企业获得短期资金的重要来源。与流动资金贷款相比，票据业务优势明显：一是票据贴现利率总体低于流动资金贷款利率，通过票据融资可以降低企业融资成本；二是相较于流动资金贷款而言，电子票据项下业务办理更加高效便捷，有利于节约时间成本，加快企业资金回笼速度；三是票据业务准入门槛较低，能更好地覆盖

中小微企业，促进企业资金融通，其可追索性及可背书流转性能够串联企业信用，实现信用增级的效果，是企业重要的短期融资工具；四是票据市场法治基础良好，基础设施较为完善，尤其是随着上海票据交易所供应链票据平台及新一代票据业务系统上线，票据的可拆分流转和组包成为可能，极大地提高了企业票据支付与流转的便利性。

（二）抓制造业重点行业发展票据业务

推动制造业票据业务发展要突出重点行业，2021 年，在 31 个制造业子类别中，计算机、通信和其他电子设备制造业营业收入占比达到12.5%，黑色金属冶炼和压延加工业、汽车制造业、电气机械和器材制造业、化学原料和化学制品制造业占比分别达到 8.6%、7.7%、7.6%、7.4%，这五类产业对制造业营业收入的累计贡献率超过 43%，既是我国制造业的重要组成部分，也是推动制造业票据业务发展的重要突破口。其中，电子信息产业作为国民经济的战略性、基础性、先导性、支柱性产业，具有强劲的发展动能，然而在电子信息产业高速发展的同时，资金固化现象逐渐显现，2021 年电子信息产业应收占主营业务收入的比重达到24.1%，超过制造业平均水平 9.1 个百分点，汽车制造业、电气机械和器材制造业分别高于行业平均水平 2.4 个、8.8 个百分点，据测算，这些行业的理论票据签发量分别达到 16.0 万亿元、9.8 万亿元、9.6 万亿元，均高于2021 年制造业承兑汇票签发量，由此可见，制造业重点行业票据业务存在巨大的发展空间。

（三）抓重点领域推动票据业务发展

先进制造业是一国制造业高质量发展的重要标志。相对于传统制造业而言，先进制造业吸收了国内外高新技术成果，在基础设施建设、产学研一体化创新等方面具有明显优势，对于规模经济和范围经济的形成具有一定的推动作用，有利于加速国内国际经济双循环，推动我国产业链向全球价值链中高端攀升。战略性新兴产业以重大前沿技术突破和重大发展需求为基础，是新兴技术和新兴产业相互融合的一种产业新业态，其发展能够产生巨大的辐射作用，是经济社会长远发展的重要引擎。作为我国经济的重要组成部分，在"去工业化"趋势的推动下，传统制造业转型升级迫在眉睫，加快传统产业升级改造，提升传统产业自主创新动能，推动传统产业做优做强，对于稳定经济大盘、调优经济结构、促进经济发展具有重要意义。推动制造业高质量发展的重点在于先进制造业与战略性新兴产业，在于传统制造业转型升级。《关于进一步推动金融服务制造业高质量发展的通知》提出银行机构要扩大制造业中长期贷款、信用贷款规模，强调以信贷方式支持制造业重点领域发展，推动传统产业转型升级。作为短期配套的票据，其承兑、贴现业务同样需要积极跟进。

(四) 抓制造业中小企业发展票据业务

作为国民经济社会发展的主力军，制造业等中小企业在促进就业、改善民生、活跃市场等方面发挥着重要作用。2021 年 12 月 15 日召开的国务院常务会议部署进一步采取市场化方式加强对中小微企业的金融支持，确定加大对制造业支持的政策举措。票据作为一种重要的信用工具，兼具支付、融资、调控等功能，全生命周期流程涵盖背书、贴现、再贴现等各个环节，制造业中小企业在生产经营环节一方面可以背书转让票据，充分发挥票据支付功能，缓解资金短缺困境；另一方面可以向金融机构贴现票据，充分发挥票据融资功能，获得实实在在的资金支持。加强中小企业票据业务发展，不仅能够有效传导国家宏观政策，还是实现普惠金融的重要途径。"十四五"规划强调加快推进制造强国、质量强国建设，然而，制造业企业尤其是中小制造业企业账期不匹配，资金短缺现象普遍存在，而票据业务较为灵活，其金额、期限可根据实际需求确定，与制造业企业回款周期灵活匹配，因此应加大制造业票据支持力度，将票据打造成制造业短期流动性管理工具。

(五) 引导"专精特新"企业票据业务发展

"专精特新"企业是具有专业化、精细化、特色化、新颖化特征的中小企业的统称，此类企业的发展能够激发创新活力、增强经济韧性、完善产业生态、提高产业链供应链现代化水平，同时也是加快解决"卡脖子"难题、加快制造业强国建设、提升我国综合国力的关键所在。作为补足技术短板的中坚力量，"专精特新"企业的发展推动了关键领域技术的突破，强有力地加速了产业链供应链高质量发展进程，为制造业做优做强奠定了坚实的基础。国家金融监督管理总局指出，要围绕高新技术企业、"专精特新"中小企业、科技型中小企业等市场主体，增加信用贷、首贷投放力度，票据作为重要的短期信用工具，也应充分发挥其功能作用。引导"专精特新"企业票据业务发展，不仅要发展承兑、贴现等传统业务，还应根据企业特色，因地制宜、灵活运用票据创新产品，有针对性地解决企业发展难点、堵点。除此之外，符合要求的票据可以向人民银行申请再贴现，以货币政策低利率红利精准支持"专精特新"企业发展。

（六）抓制造业新产品发展票据业务

票据兼具信贷与资金双重属性，功能作用多样，业务品种丰富。随着票据市场的不断发展，票据创新不断深化，尤其是上海票据交易所成立以后，相继推出票付通、贴现通、标准化票据、供应链票据等创新产品，商业银行也在传统的承兑、贴现、转贴现等业务基础上，创新性地推出区块链票据、票据池、绿色票据、线上贴现等创新型票据业务产品，票据服务实体经济的深度和广度得到了提升。票据创新产品的发展也为金融机构票据业务全生命周期管理提供了抓手。近年来，各大金融机构开始重视票据全生命周期管理，开发票据全生命周期业务及服务，瞄准企业发展难点、痛点，通过票据产品"组合拳"的方式为实体经济提供综合性的资金解决方案。推动制造业票据业务发展可以金融机构全生命周期票据业务发展为契机，以票据创新产品为切入点，由点及面推动行业票据业务发展，借助金融机构专业化业务团队，打造专属票据融资服务，通过低成本票据资金推动制造业转型升级发展。

（七）推动制造业应收账款票据化发展

制造业涉及生产、销售、回款等多个环节，账期不匹配造成的资金短缺是制造业企业普遍存在的问题。2021年，我国制造业应收账款金额达到16.9万亿元，同比增加1.9万亿元，占营业收入的比重达到15.0%，占流动资产的比重达26.8%。票据在解决企业间货款拖欠、支付结算方面具有一定的适用性与优越性，一方面，票据具有固定的账期，具有到期无条件付款的特性，具有追索权，为企业回款提供了保障；另一方面，票据融资成本低，流动性强，可成为企业应收账款的重要替代工具。作为重要的支付融资工具，电子票据的互联网属性使其货币化支付功能得以实现，供应链票据的发展实现了票据的可拆分流转，解决了制造业企业间票面金额与支付金额不匹配的痛点，满足了企业间货款支付结算需求。推动制造业应收账款票据化，还可以抓住链长制发展机遇，利用各地区链长制政策优势，牵头推动票据上链、强链，充分利用好票据这一金融工具，盘活规模以上制造业中小企业应收账款，活化企业淤积资金，畅通产业链资金周转，实现推动制造业高质量发展的目的。

（八）发展制造业商业承兑汇票业务

近年来，供应链票据、标准化票据的发展给商业承兑汇票发展提供了机遇，随着商业汇票信息披露系统上线，票据市场对于商业承兑汇票的管理也在不断丰富与完善。推动制造业票据业务发展，可以考虑加大制造业企业商票发展力度，完善商业承兑汇票担保机制，建立商业承兑汇票担保基金或风险基金，推动保险增信、担保增信等发展；可考虑加强与各地征信平台的合作，为制造业企业尤其是中小制造业企业票据业务发展提供数据化支持，以缓解票据发展过程中的信息不对称问题，优化企业信用发展环境；可以考虑推动商业承兑汇票信用评级体系建设，组建票据信用评级机构，为承兑与贴现主体提供全方位、动态化的票据信用评级与追踪服务；可以考虑与银行、保险等金融机构展开合作，开展票据保兑、保贴、担保等业务，以提升商票的市场认可度，多方联动共同推动制造业商票发展；可以考虑探索商票平台建设，专注于商票承兑、贴现市场发展，通过统一的信用平台建设，引导企业更多地将商业承兑汇票应用于生产经营活动中，通过平台票据流转，实现商票的闭环运行，提高制造业产业运行效率。

（九）制造业发展票据要推动数字化

票据数字化是将票据信息、票据信用信息通过科技化手段实现信息化、规范化、标准化、法治化进而可交易化，以及通过科技化手段实现科技与票据数字融合，更好地服务经济金融。数字票据除了介质层面的纸质票据电子化、电子票据、区块链票据和智能票据等，还包含基础设施（含法律制度）层面参与主体的科技赋能，以及实体经济、金融行业、社会等应用层面的应用。随着新一轮科技变革及产业革命的发展，制造业与新兴技术的融合发展进一步提速，这为制造业票据数字化发展带来了契机。推动制造业票据数字化发展要与时俱进推动转型，进一步明确转型目标和任务，积极发挥科技的功能作用，夯实票据数字化转型基础，探索票据数字化转型机制，加强票据数字化与经济产业的融合，加强票据数字化转型的创新模式、业务产品研究，强化票据数字化转型的风险管理，通过票据数字化发展带动制造业转型升级，拉动制造业全要素生产率提升，促进制造业内部优化创新，进而推动国民经济高质量发展。

（十）把控制造业票据业务风险

风险是未来损失的不确定性，只要经营票据业务，就一定存在风险。在推动制造业票据业务发展的过程中，需要进一步根除"重盈利、轻风险""重指标、轻管理"的经营管理理念，树立合规审慎的经营理念，推动过程化与精细化管理。金融机构需要进一步加强风险管理，将风险防范落到实处。在办理制造业票据业务时，应该充分审查贸易背景真实性，严格按照制度规定办理票据业务，严格把控操作风险关口；做好规模以上签发主体商票评级工作，建立白名单管理制度，严格控制风险敞口，严防部分企业过度签发带来的兑付风险；进一步健全票据市场风险监测体系，加强风险识别、分析与评估，完善风险监测指标，强化监测结果运用，借助区块链、大数据、人工智能、虚拟现实等金融科技手段进行票据全生命周期风险管理，优化风险监测模型，建立事前、事中、事后全方位的风险应急处置体系；进一步推动商业汇票信息披露准、快、全发展，通过信息披露的方式降低票据市场风险水平。

参考文献

［1］叶振宇．中国制造业比重下降趋势探究与应对策略［J］．中国软科学，2021（5）：12-25．

［2］肖小和，余显财，金睿，柯睿．疫情后加快在制造业推动票据业务发展的思考［EB/OL］．（2020-06-12）［2020-07-11］．http：//news. stcn. com/pl/202006/t20200612_2030208. html.

［3］肖小和，李紫薇．双循环格局下的电子商票发展新未来［J］．河北金融，2021（7）：58-61．

第三篇

中国式现代化中小企业票据发展研究

城商银行票据创新与服务中小企业发展研究

肖小和　谈铭斐　陈奕欣　熊星宇①

自城商银行成立之初，其市场定位就是"服务中小企业、服务地方经济、服务城市居民"。由于城商银行植根于地方经济，对当地市场的了解更加深入，且管理半径小、层级少，决策及服务效率高，对客户需求响应敏捷，与大型国有银行、股份制银行错位经营，形成差异化竞争优势。同时，受制于资源、规模及信贷投放能力，城商银行更加深耕地方企业，更加关注和支持小微、民营企业的成长发展。所以说，城商银行天然具有服务中小企业的基因和优势。

同时，融资难、融资贵等问题一直困扰着中小微企业，成为中小微企业扩大规模、快速发展的桎梏之一，上游企业的长期占款也会对中小微企业的健康经营产生恶劣影响。在实务领域，票据是一揽子业务产品的统称，涵盖票据全生命周期各个环节。票据具有支付、融资和信用等功能属性，是有效的支付工具、融资工具和信用工具，为持票的中小微企业提供可靠便利的回款渠道及融资渠道，票据业务的发展对中小微企业来说至关重要。

在目前我国经济下行的基本盘下，切实服务实体经济，扶持中小微企业渡过难关是银行业的首要任务，城商银行票据业务的推进与创新是这一难题的关键切入点之一。本文按照中信证券行业分类选取了 A 股上市的所有城商银行为分析目标，通过总资产、总负债、票据承兑量及贴现量等数据展示城商银行发展情况及票据业务发展情况，最终对城商银行票据业务创新服务中小企业发展提出建议。

一、城商银行票据发展现状（上市城商银行数据）

1. 上市城商银行总资产及总负债现状

2021 年上市城商银行总资产及总负债相比于 2017 年均实现了 1.5 倍左右的增长，分别从 2017 年的 126868.89 亿元及 118164.26 亿元增长至 2021

---

① 谈铭斐、陈奕欣、熊星宇，所在单位为赣州银行资金运营中心。

年的 193376.58 亿元及 178226.36 亿元，如图 1 所示，上市城商银行总资产
及总负债在近五年内稳定发展，说明城商银行助力当地企业健康经营，提供
融资支持等金融服务也对城商银行本身扩大资产规模起到了正向反馈作用。

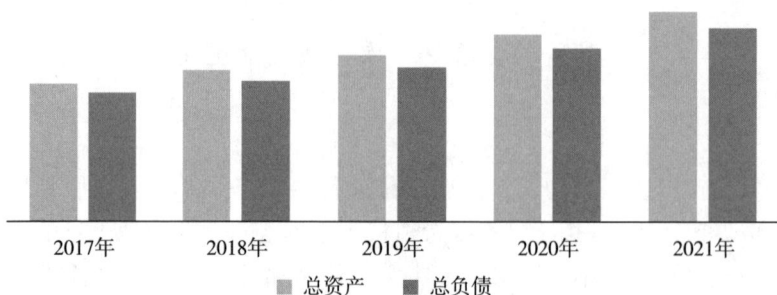

图 1　2017—2021 年上市城商银行总负债及总资产

（资料来源：Wind 数据库）

我们通过 2017—2021 年上市城商银行总资产、总负债与 A 股所有上市
银行总资产、总负债的比值，横向对比分析上市城商银行总资产及总负债
的增长情况。2017 年至 2021 年上市城商银行总资产及总负债占比呈现与绝
对值走势相似的态势，尽管研究期限内期末与期初的增长速度相比于绝对
值而言较为缓慢，但是上市城商银行在上市银行中的市场份额正缓慢扩
大，如图 2 所示，城商银行总资产占比由期初的 7.73% 增长至期末的
8.53%，城商银行总负债占比由期初的 7.77% 增长至期末的 8.59%，不仅如
此，研究期限内城商银行总负债占比一直略高于总资产占比，说明城商银
行负债业务的发展速度领先于资产业务。

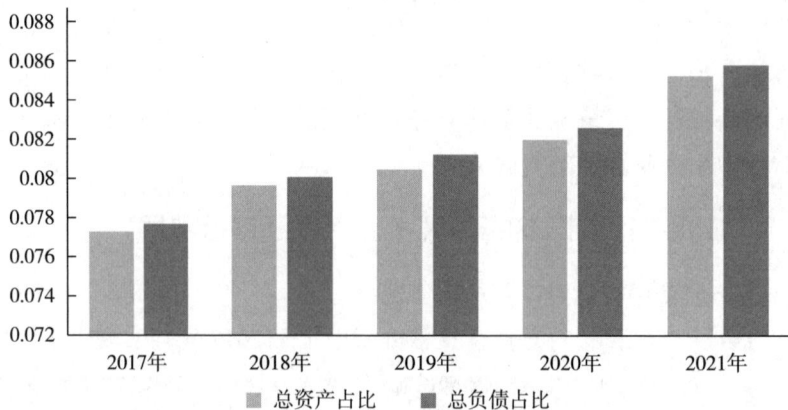

图 2　2017—2021 年上市城商银行总负债及总资产占比

（资料来源：Wind 数据库）

图 3 展示了 2017—2021 年上市国有银行、股份制银行及城商银行净利润同比增长率，由于基本盘相对较小，城商银行净利润同比增长率在近五年内都维持在相对较高的水平，受新冠疫情影响，各类商业银行的净利润同比增长率在 2020 年均出现了较为明显的下滑，股份制银行受影响程度最大，其中民生银行于 2020 年出现了净利润大幅负增长，导致股份制银行平均水平降至零以下，城商银行净利润增长率受疫情影响降至近五年最低点，但仍保持在最高水平。以上数据说明城商银行的发展速度在各类商业银行中稍有领先，面对疫情等突发情况准备较为充分，但仍存在较大空间等待挖掘。

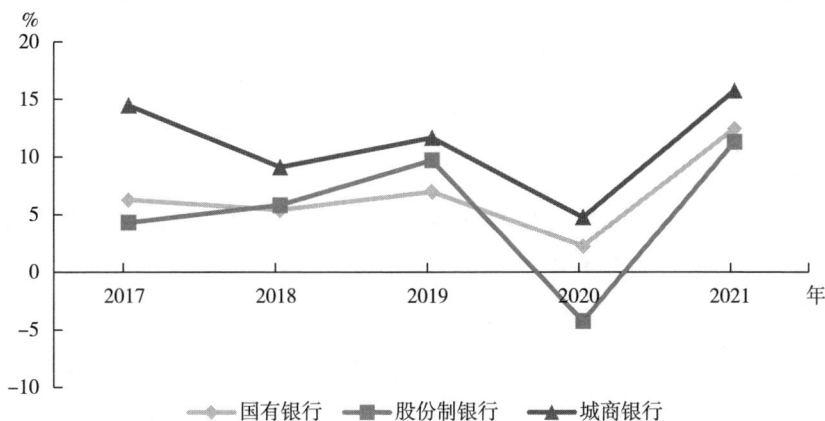

图 3　2017—2021 年上市银行净利润同比增长率

（资料来源：Wind 数据库）

鉴于银行业监管力度逐年加大，本文加入不良贷款拨备覆盖率加以参考。图 4 展示了 2021 年各上市城商银行不良贷款拨备覆盖率的具体情况，样本内仅有兰州银行、郑州银行及青岛银行暂未达到 200%，其余上市城商银行均高于 200%，其中最低为郑州银行（156.58%），最高为杭州银行（567.71%），总体情况良好，表明城商银行对于不良贷款应对准备较为充分。

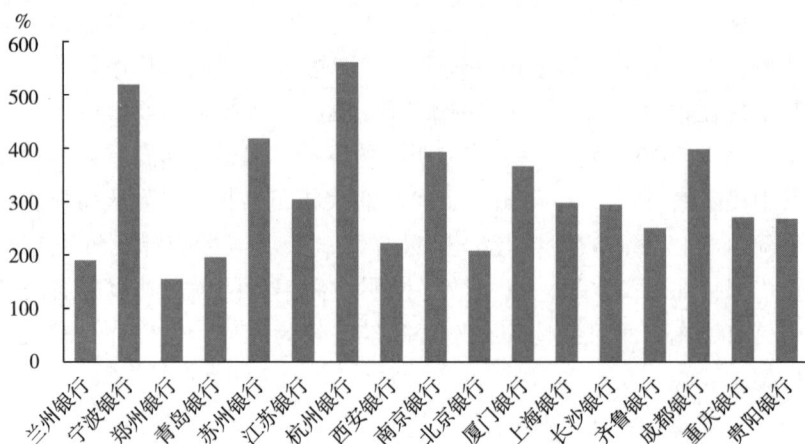

图4 2021年各上市城商银行不良贷款拨备覆盖率

（资料来源：Wind 数据库）

2. 上市城商银行票据发展情况

城商银行在近五年内处于稳步发展的态势，同时，票据贴现余额及承兑余额快速增长，从研究期限内的期初发展至期末，均已实现 3 倍左右的增长，票据贴现余额从期初的 2122.19 亿元增长至期末的 6427.57 亿元，票据承兑余额从期初的 24198.35 亿元增长至期末的 63497.91 亿元。除此之外，从图 5 中不难看出票据承兑余额远远高于同年票据贴现余额，说明城商银行票据承兑业务领先于贴现业务，也从侧面反映出城商银行同业授信还存在一定发展空间，导致不同银行之间票据贴现受阻，相较于票据承兑业务发展不力。

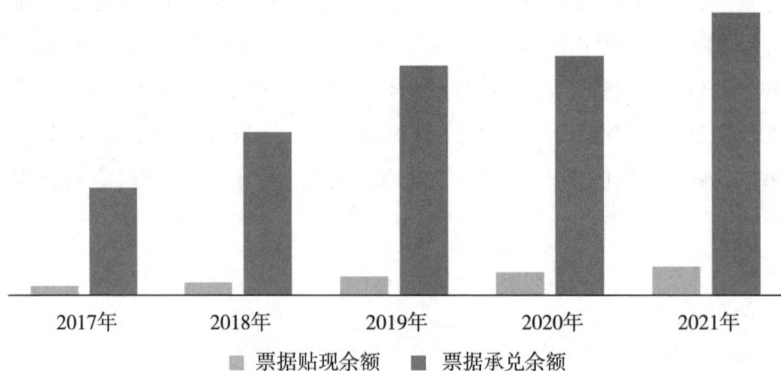

票据贴现余额　　票据承兑余额

图5 2017—2021 年上市城商银行票据贴现余额及承兑余额

（资料来源：Wind 数据库、上市银行年度报告）

贴承比是指贴现余额与承兑余额的比值，它在一定程度上反映了银行对票据贴现的积极性及持票企业的贴现比率。如图 6 所示，近五年来，上市城商银行贴承比始终低于上市银行平均水平，整体呈现震荡上升的趋势，于 2021 年达到最高点 0.42，上市银行贴承比在 2019 年涨至最高点 0.65 后逐年下降至 0.46。结合图 5 可知，资产端持票企业较少选择城商银行贴现，同时城商银行票据贴现业务积极性有待提升，存在较大发展潜力。

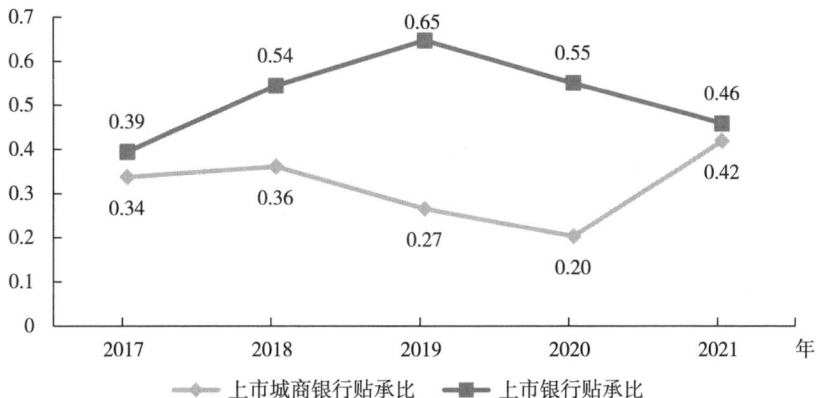

图 6　2017—2021 年上市城商银行贴承比走势
（资料来源：Wind 数据库、上市银行年度报告）

图 7 展示了 2017—2021 年上市城商银行票据业务余额在所有 A 股上市银行中的占比变化，可知其票据承兑余额占比在近五年内稳定增长，同时票据贴现余额占比在 2018 年有所回落之后保持增长，票据承兑余额占比及票据贴现余额占比均于 2021 年达到最高点，分别是 20.25% 与 11.63%，说明城商银行票据业务的发展速度快于平均水平。与此同时，将票据业务余额占比与总资产、总负债占比做对比后发现，上市城商银行虽然占据着较小的市场份额，但是在票据市场上却有相对较高的贡献度。

商业银行的逐利本质是银行业务发展的核心驱动力，作为资金端，利息是其主要利润来源之一。图 8 展示了 2017—2021 年各类上市银行票据利息在利息收入中的占比，股份制银行的整体水平大幅领先于国有银行及城商银行，并稳定在 3.5% 左右上下震荡，城商银行呈现出逐年缓慢增长的态势，说明城商银行票据业务收入在各项利息收入中增速较高，但由于票据体量较小，所产生的利润占比相对较低。

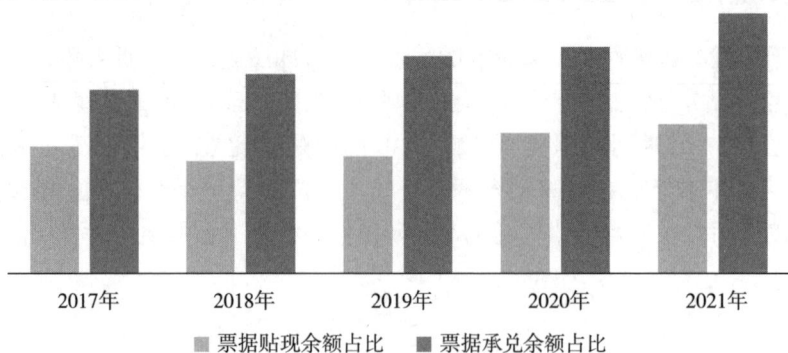

图 7　2017—2021 年上市城商银行票据业务余额占比

（资料来源：Wind 数据库、上市银行年度报告）

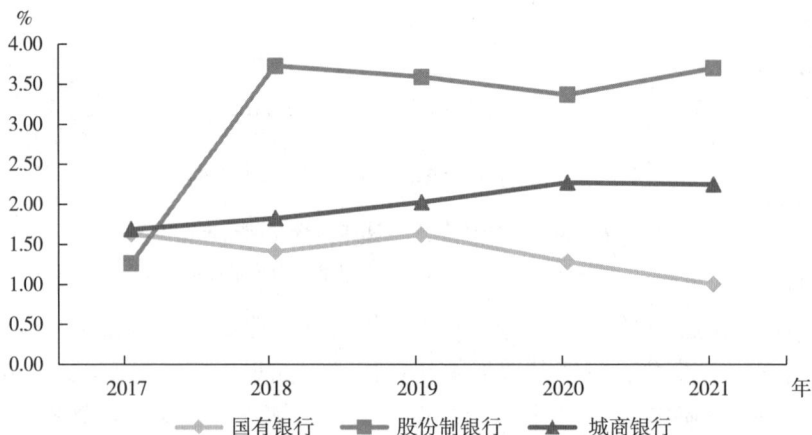

图 8　2017—2021 年上市银行票据利息/利息收入走势

（资料来源：Wind 数据库、上市银行年度报告）

通过分析可知，城商银行资产负债在银行业中的占比不到 10%，但票据业务占比最高达到 20%，考虑到票据对解决中小微企业融资问题的重要作用，城商银行对中小微企业的支持作用越来越突出，是服务中小微企业的重要渠道之一，为城商银行票据业务创新发展提供了基础及条件。

二、城商银行发展票据业务优劣势分析

1. 城商银行发展票据业务优势分析

（1）决策高效、灵活多变

城商银行的体量相对于国有银行而言较小，对于市场变化的灵敏度较

高，可及时根据实际情况合理配置自身资产结构，平稳顺应市场变化。城商银行经营地域集中、信息传递快捷、决策链短的机制优势及体制优势使其各项业务的开展具有相对较高的灵活性及便捷性，可积极响应部分企业对资金的迫切需求，且赋能票据业务突出的决策效率及创新活力，快捷及时地为中小微企业提供开票、贴现等服务，灵活应对客户多样化需求，满足票据发挥货币性所需条件，充分发挥票据的支付、结算功能。

（2）地缘优势、客户优势

城商银行发展的共性决定了其竞争优势体现在本土文化上，即城商银行往往以本土银行、家乡银行、百姓身边的银行为客户所认同的基础，城商银行与客户之间同根同源，自带文化认同感和信任感，是一种天然的市场链接。票据作为根植于贸易活动的短期金融工具，其生命周期与实体经济环环相扣，城商银行与当地中小微企业之间的纽带关系有助于为解决融资难、融资贵等问题消除不必要的摩擦。城商银行通常由当地财政局注资成立，获取信息便利，具有与地方经济交融的地缘优势，多半与地方政府和地方企业紧密联系，对当地客户的资信状况、经营状况了解更详尽准确，因此与当地的业务关系较为稳定，这也为票据业务的推广工作奠定了一定的客户基础。

（3）后发优势、创新优势

城商银行的后发优势可为其有效节省产品前期的试错成本及沉没成本，这对于规模较小、基础资产单薄的中小银行来说尤为重要。韦尔默朗（2005）曾经指出，在竞争对手产品和服务的基础上进行改进和优化的、差异极微的产品形式成为新金融服务扩散的主要形式，在银行业内即指通过学习汲取国有大行及股份制银行的创新思想及创新行为，总结成功的经验及失败的教训，并结合城商银行创新活力，根据区域企业优势及资源优势的实际情况进行改进优化，最终推出匹配区域企业发展需求的创新票据业务，实现城商银行票据业务发展的赶超。

（4）建设优势、资源优势

推进城镇化建设必然引起城市产业链选择及设计、经济转型等问题，驱使当地城商银行根据所在地产业、资源、区位，结合当地产业链设计出相应的金融产品，这不仅为城商银行提供了更多连锁性商业机会，同时还有利于提高城商银行对系统性信贷风险的抵抗能力。城镇化的推进不仅会影响产业链的转型，也将带动二三产业的发展，由此在资金需求方面会产生主体及体量的改变，传统的农民资金需求逐步向农村中小企业、种养大户和农民专业合作社等现代农业主体转移，农业贸易的资金需求逐步向农村基础设施建设、社会事业、公共服务、商业住宅等项目转移，以上主体及项目的资金需求量大大增加，需要可靠稳定并且彼此互相足够了解的金融机构提供有针对性、可行的长期金融服务及资金保障，城商银行应积极支持具有地区资源优势和发展前景的行业及产业结构快速调整、升级中的企业，更好更快地推动城镇化建设，实现银企双赢。

2. 城商银行发展票据业务劣势分析

（1）优质资源吸引力不足

城商银行的小体量是其综合实力相对较弱的表现之一，也是诸多弊端的原因之一。例如，人才吸引力不足、金融科技创新发展较为缓慢、客户基础以中小企业为主、大企业客户稀缺等影响核心竞争力的主要问题，最终都将影响各个业务。对票据业务的影响体现在票据承兑量及贴现量相对较少、企业选择城商银行为电票开户行的积极性不高、票据产品创新不足等现象上，对城商银行票据业务的发展产生了根本性的滞后影响。

（2）票据风险把控被动

城商银行对贴入票据的风险把控能力有待加强，其短板产生的原因可归纳为以下两个方面：一是内部原因，城商银行发展平台相对较低，对金融人才吸引力相对不足，风险监测专业人员多数奔赴国有银行及股份制银行，导致城商银行风险把控能力发展相对滞后；二是外部原因，城商银行通常为企业合作的次优选，缺少大型企业等客户资源，为提高票据贴入金额及贴入频率，城商银行被迫降低票据贴入门槛及贴入成本以吸引持票企业，相应增加了风险隐患。

三、城商银行创新票据业务与服务中小微企业发展研究

1. 创新票据业务理念

基于本文第一部分现状分析可以发现，城商银行票据业务为中小企业提供了优质资源，而城商银行的整体利润与国有银行、股份制银行相比存在明显差距，因此，城商银行应扬长避短，在票据业务发展上乘势而上，创新理念，顺应"信息时代+双循环新发展格局"的浪潮，运用金融科技手段整合"三流"（信息流、物流、资金流）发展供应链票据，在供应链金融中进一步拓展票据的支付结算功能和融资功能，为供应链核心企业及

上下游企业提供系统性的金融解决方案。总而言之，应凭借票据灵活且风险相对较低、服务中小微客户的特点，以票据产品链为突破口，大力推进客户和业务发展。

2. 开创票据业务新局面

服务当地经济、服务中小微企业是城商银行应有的特质与定位，而全国 4700 万户中小微企业的资金缺口在 14 万亿元以上，且中小微企业应收账款较多，据统计，工业企业 18.9 万亿元以上的应收账款中有相当一部分来自中小微企业，占 70% 以上，因此，城商银行利用自身定位优势，通过票据服务中小微企业具有可行性和务实性。通过票据服务企业，完全可以开拓新局面，同时推进票据贴现 App 研发，提高持票企业贴现效率及便捷度，以提升企业开票用票积极性。城商银行应大力拓展票据业务，通过各种方式有针对性地对目标客户宣传票据知识，让企业更全面地了解票据的品种、功能，熟悉相关规定、办法和操作程序，提高中小微企业对票据的熟悉度及接受程度。同时，对重点客户、优质客户和有授信额度的客户实行优惠政策。在票据风险得到有效控制、业务操作规范的前提下，资信优良的城商银行之间可以在保留追索权的前提下开辟"绿色通道"，采取"先贴后查"的方式，提高贴现效率。

3. 充分发挥平台优势服务中小微企业

双循环新发展格局及供应链的大力推进将促使中小微企业飞速发展，这对资金流动频率及资金需求额度提出了更高的要求，票据承兑满足了企业之间的短期资金支付需求，通过签发票据获得了交易的延期支付，减少了对营运资金的占用，相对于贷款融资可以有效降低财务费用，加快企业资金周转速度和商品流通效率。票据支付和融资更受企业青睐，用票企业数量由 2017 年的 105.9 万户提升至 2020 年的 270.6 万户，年均增速为 36.7%，其中中小微企业用票户数占比达到 98.7%。鉴于城商银行的地缘优势，发展票据服务中小微企业对城商银行票据业务的发展至关重要。电票的推广、供应链票据平台的创设以及应收账款票据融资等不仅是城商银行票据产品创新的突破点，同时也能为中小微企业拓宽融资渠道，提高融资效率，结合当下供给侧结构性改革的大环境，发展票据业务已是各界共识。

4. 积极跟随上海票据交易所产品创新

上海票据交易所的建成和运营使得我国票据市场逐步从分割走向统

一，市场基础设施不断完善，市场制度日益健全，市场参与者也不断增加，我国票据市场正日益成熟、壮大。上海票据交易所已经成为我国票据市场发展的主要推动者、建设者和引领者，在过去一段时期内，上海票据交易所围绕票据全生命周期进行产品创新，在票据签发端建设供应链票据平台，同时为了促进票据业务发展，降低企业平台切换频率，提升票据业务办理效率，上海票据交易所创设了新一代票据业务系统，将票付通融入其中，并增加线上贴现模块等。实际上，票付通、贴现通的城商银行覆盖率并不高，依然存在相当数量的城商银行暂未接入，由此可预见新一代票据业务系统还存在一定的推广空间需要拓展。为推动票据新业务、新产品的应用，上海票据交易所多批次组织市场成员进行培训、学习，引领、激发了票据市场热情与活力。在《上海票据交易所发展规划（2021—2023年）》中，上海票据交易所提出了未来三年有关票据市场创新的路径与创新的重点，对城商银行票据业务创新具有极强的指导意义。

5. 城商银行互信互认，建立票据平台发展票据业务

金融同业业务经过多年的发展，已横跨信贷市场、货币市场和资本市场，其综合性、交叉性的业务特质使之成为最具创新活力的业务领域，而同业授信业务是发展金融同业业务的关键切入点之一。城商银行授信不充分将导致城商银行贴现余额远低于承兑余额，对其他银行开出的商业汇票没有授信或授信额度不足，最终导致贴现余额相对较低。城商银行之间互相扩大授信范围有助于提高票据在银行间的转贴现频率，增加流动性以降低资金成本，甚至为城商银行增加利差收益。除此之外，城商银行间也可通过根据某一指标建立票据联盟，对联盟内成员开出的票据贴现所占据的授信额度加以一定折扣减免，联手协调防范处理高风险票据资产，或者建立票据平台，共享票据风险识别能力，提升平台整体公信力及可信度，以促进优质票据在各级市场上的流通，最终提升票据在整个市场上的认可度。

6. 建立票据发展新体系

城商银行的小体量不仅带来了财务报表上与大型银行的差距，在人才吸引力方面也略显不足，国有银行的在职人数是城商银行的几倍之多，因此，城商银行的整体组织架构相比于国有银行也存在过于单一等不足。部分城商银行仅在总行设有票据业务部门，主要负责指导下属分支行的票据直贴业务以及同业间的票据转贴现等，而下属分支行大多将票据业务与对公业务等混在一起处理，缺乏针对票据业务专业人才的培养机制，业务操作及决策行为均较为依赖总行指导。因此，城商银行应建立自上而下的票据发展架构，强化金融科技和票据数字化的作用，加强人才培养。

7. 拓展票据业务新领域

上海票据交易所已着手稳步建设跨境人民币贸易融资转让服务平台，日前工银亚洲通过该平台成功办理了福费廷跨境资产转让业务。从上海票据交易所发展规划及未来发展趋势看，上海票据交易所有望成为全球票据资产的交易中心。商业银行及非银行金融机构应积极开展涉外票据业务以及其他可在上海票据交易所交易的相关票据业务，及早组织开展涉外票据业务产品研究，未雨绸缪，抢占先机，不断拓展商业银行票据业务领域，提升自身在票据市场中的竞争力。一些跨国大中型优质企业可以在该平台上进行跨国、以人民币计价的票据签发、融资业务。通过开展跨境票据业务，不断拓展票据市场服务空间。

8. 建立票据风险防范机制

部分行业的不规范经营，导致其开出的商业承兑汇票难以承兑，大量持票人举债无门，对票据市场产生了极其恶劣的影响，导致该商票的贴入行生成巨额坏账，使银行系统的稳定运行产生动摇。鉴于城商银行体量小，抗风险能力相对较弱，城商银行应建立完整全面的风险防范体系，对外应于票据开户流程设置开票人资质审查，严格审查贴入票据贸易背景真实性，防止劣质票、融资性票据流入银行体系，降低票据暴雷风险以及可能产生的损失；对内建立健全内控制度，明确相关业务和不同岗位人员的分工与责任，规范业务流程，严格实行权限管理，完善业务流程间相互制约的机制。同时，强化业务连续性管理，提高应急处置能力。

9. 推进供应链票据发展

供应链融资是城商银行中小企业融资业务的重要突破口，应积极推进供应链票据发展，对供应链票据贴现业务优先处理、优惠处理，提高城商银行票据贴承比，以促进货币政策传导宽信用，切实服务实体经济。同时，灵活结合当地城镇化建设进程，对转型前、转型中、转型后不同阶段及不同周期产业针对性提供供应链票据产品及业务指导，扩大城商银行所属区域市场份额，为中小企业拓展信贷服务，解决融资难题。

参考文献

[1] 丁平. 产业链视角下城商行服务中小企业的路径选择及策略研究

[J]．湖北经济学院学报（人文社会科学版），2022，19（1）：23-27.

[2] 郑静静．城商行数字化转型面临的问题及解决思路 [J]．农场经济管理，2022（3）：44-46.

[3] 陈伟．城市商业银行票据业务竞争战略研究 [D]．南京：南京大学，2017.

[4] 陈一洪．城市商业银行中小企业金融服务发展趋势研判——基于动态演进及后发优势视角的研究 [J]．金融发展研究，2012（5）：56-59.

[5] 邓涛．创新票据业务缓解小微企业融资难题 [J]．中国银行业，2020（12）：82-84.

[6] 肖小和，申酉．加快发展票据市场支持中小企业发展 [J]．现代金融导刊，2022（5）：38-42.

[7] 唐斌．票交所时代下电子商业汇票交易创新方案——巧解中小微企业票据融资难问题 [J]．中国货币市场，2020（10）：74-77.

[8] 陈一洪．新常态下城商行资产业务创新的路径选择 [J]．甘肃金融，2017（6）：50-52，55.

发挥票据作用支持中小企业发展的思考

肖小和

2022 年春，新冠疫情再次突然袭来，来势之汹、扩散范围之广，前所未有。面对肆虐猖狂的病毒，在党和政府领导下，医务工作者等一线工作人员展现出"生命至上，举国同心，舍生忘死，尊重科学，命运与共"的伟大抗疫精神，护卫人民安危；与此同时，国家相继出台了大量政策措施为中小企业发展保驾护航。

一、近期涉及中小企业发展的政策归纳

(一) 国务院相关政策

2022 年 4 月 2 日，国务院减轻企业负担部际联席会议部署了 2022 年全国减轻企业负担重点任务，通过了《关于 2021 年减轻企业负担工作情况的报告》和《2022 年全国减轻企业负担工作实施方案》。

2022 年 4 月 6 日，国务院常务会议决定对特困行业实行阶段性缓缴养老保险费政策，加大失业保险支持稳岗和培训力度；部署适时运用货币政策工具，更加有效地支持实体经济发展。一是对餐饮、零售、旅游、民航、公路水路铁路运输等特困行业，在 2022 年第二季度实施暂缓缴纳养老保险费及阶段性缓缴失业保险费和工伤保险费；二是延续执行失业保险保障阶段性扩围政策，2022 年底前继续向参保失业人员发放失业补助金，向参保失业农民工发放临时生活补助；三是提高中小微企业失业保险稳岗返还比例，并向受疫情影响、暂时无法正常经营的中小微企业发放一次性留工培训补助。

2022 年 4 月 10 日，《中共中央　国务院关于加快建设全国统一大市场的意见》正式发布，要求"发展供应链金融，提供直达各流通环节经营主体的金融产品"。

(二) 各部门相关政策

2022 年 3 月 24 日，财政部发布《关于进一步实施小微企业所得税优惠

政策的公告》，要求"对小型微利企业年应纳税所得额超过 100 万元但不超过 300 万元的部分，减按 25% 计入应纳税所得额，按 20% 的税率缴纳企业所得税"。

同日，财政部发布《关于对增值税小规模纳税人免征增值税的公告》，要求"自 2022 年 4 月 1 日至 12 月 31 日，增值税小规模纳税人适用 3% 征收率的应税销售收入，免征增值税；适用 3% 预征率的预缴增值税项目，暂停预缴增值税"。

2022 年 4 月 14 日，中国人民银行举行 2022 年第一季度金融统计数据新闻发布会，表示"人民银行认真贯彻落实党中央、国务院决策部署，精准发力、靠前发力，引导金融机构持续加大信贷投放，全力支持受疫情影响严重地区和行业企业纾困解难"，并表示"将加强与财政、发改、工信等部门以及地方政府的协调联动，推进信用信息的共享应用，积极开展多层次、多领域、多形式的政银企融资对接，更好发挥担保增信和风险补偿作用，提高小微企业融资的覆盖面和便利度"。

2022 年 4 月 15 日，中国人民银行发布通知，将于 4 月 25 日下调金融机构存款准备金率 0.25 个百分点（不含已执行 5% 存款准备金率的金融机构）。为加大对小微企业和"三农"的支持力度，对没有跨省经营的城商银行和存款准备金率高于 5% 的农商银行，再额外多降 0.25 个百分点。

2022 年 4 月 8 日，中国银保监会发布《关于 2022 年进一步强化金融支持小微企业发展工作的通知》，提出要"强化对重点领域和薄弱环节小微企业的金融支持，助力畅通国民经济循环"，并要求"持续做好对小微制造业企业的金融服务"。

二、中小企业现状

中小企业是"稳就业、保民生"的主体。目前，全世界中小企业所解决的就业占全球就业量的 70% 以上，我国 1.4 亿家中小微企业贡献了超过 85% 的就业岗位，而 2020 年底我国国有企业的就业总量是 5562 万人，仅占总就业人数的 7.5%。中国人民大学国家中小企业研究院研究发现小微企业存在三大问题，一是订单不足，开工不足；二是由于人力成本、原材料成本而导致的成本上升问题；三是日常经营资金短缺。

针对疫情以及疫情过后，我们需要多管齐下、多方合力协调解决中小企业发展过程中的痛点与难点，一是加大政策的执行力度，确保面向中小企业的鼓励政策落实到位，减轻中小企业负担；二是确保供应链平稳运行，包括维系供应链发展的政策体系及金融产品，保障供应链体系平稳运行，畅通链内资金流，降低链内上下游中小企业融资成本；三是提升金融支持实体经济力度与强度，加强基于商业信用的金融创新，推进企业信用信息数字化和平台化，确保中小企业稳健发展。

三、票据的功能属性

在实务领域，票据是一揽子业务产品的统称，涵盖票据全生命周期。票据具有支付、融资和信用等功能属性，是有效的支付工具、融资工具和信用工具，尤其是票据的信用功能属性对中小企业发展具有关键意义和长期意义。

（一）支付功能属性

支付结算是票据的基本功能属性，票据因此广泛应用于企业日常生产经营中，是中小企业重要的支付方式。买方企业可以将已签发或持有的未到期商业汇票支付给卖方企业，实现订单资金的交付，完成商品交易；卖方企业收到票据后，可转让至本方的前手企业，完成采购。企业借助票据支付功能属性，可以快速、便捷地完成商品交易，实现供应链内闭环支付与结算。

（二）融资功能属性

融资是票据的重要功能属性，票据承兑、贴现等业务中均体现了其融资功能属性，是中小企业的重要融资渠道。票据承兑业务尤其是银票承兑业务，可以借助商业银行的信用，实现延付货款；持票企业可以借助票据贴现业务，提前获取银行资金支持。票据的融资功能属性与支付功能属性相辅相成，是商品交易的助推器，可以保障中小企业在头寸不足的情况下，完成日常采购等交易活动。

（三）信用功能属性

信用是票据的关键功能属性，通过票据既能体现银行信用，也能体现商业信用。一般情况下中小企业在银行较难获得大额授信，而商业信用可以帮助中小企业完成订单，尤其是在供应链体系中，借助核心企业信用可以实现融通链条上下游中小企业的作用，有力促进中小企业发展，改善中小企业融资困境。

票据在支持实体经济发展，尤其是支持中小企业发展方面，具有价格低廉、受众面广、信用支持以及法律保障等独特优势，在疫情期间及未来的经济恢复过程中，如加大票据的推广力度，可以起到"四两拨千斤"的作用。

四、发展建议

（一）加强部门协调，搭建专业商票平台

经济发展离不开政府职能部门的政策支持，若将工信、财政、税务等部门的经济刺激政策，通过银行、保险及央企的传导，合力应用于票据领域，将最大限度地发挥票据的支付、融资及信用功能属性，更快推进中小企业生产经营以及日常商贸流通的恢复。

建议搭建地方及央企商票平台。一是搭建地方商票平台，由地方工信部门牵头，会同财政、税务等职能部门搭建辖区内的商票平台，面向商票承兑及贴现市场，为中小企业、担保机构、贴现银行提供担保及融资撮合，并积累企业信用信息；二是充分发挥央企商票平台的作用，如中国国新控股有限责任公司推出的企票通平台，作为央企商业承兑汇票互认联盟的运行平台，发挥了商票在央企间的清欠作用，融通了央企上下游产业链条，推动了商票市场发展，改善了央企上下游中小企业融资状况。

地方及央企商票平台作为商票基础设施的组成部分，是对上海票据交易所的有益补充，有利于建设全国统一、分工明确的商票市场。

（二）全面推广供应链票据，促进供应链平稳发展

供应链票据是上海票据交易所于 2020 年推出的创新型票据业务产品，具有等分化签发、嵌入式场景、强化科技赋能等特点，包含企业信息登记、签发、背书转让、融资、保证、转贴现交易及到期处理等票据业务功能。发展供应链票据有利于缓解供应链上下游中小企业应收、应付账款，避免出现大企业恶意占用中小企业结算款项等现象；有利于链内中小企业借用核心企业信用，提升自身融资能力，弥补金融对实体经济服务的盲点和断点。

建议全面推广供应链票据，确保供应链体系平稳发展。一是明确供应链票据授信主体的评价方法，科学制定授信主体准入要求、评价标准及管控措施；二是重点推进农业、战略性新兴产业等行业的供应链票据，优选粮食、果蔬、肉禽、茶叶、药材等农业产品，以及大飞机、新能源汽车、高端装备制造、通信、碳中和、半导体及生物医药等细分行业，发挥核心

企业的引领作用，确保供应链运转顺畅；三是强化供应链票据风险管控，供应链票据具有专业性强、地域分散、主体众多、环节复杂等风险特征，需采取有针对性的风控措施；四是争取相关部门的政策支持，如争取人民银行再贴现政策、争取国家金融监督管理总局差异化票据监管政策、争取税务部门税收优惠政策等，以推动供应链票据健康、快速发展。

（三）推动业务研究，加强全生命周期管理

票据业务具有产品链条长、业务节点多、服务差异大等特点，其中大多数业务节点与企业相关，如票据承兑、签收、贴现、背书转让、质押、保证、再贴现、提示付款、追索等，涉及企业采购、生产及销售的全过程，尤其是票据的信用功能属性贯穿于票据的全生命周期。建议票据市场基础设施及金融机构强化对票据全生命周期产品体系的研究，加强业务与技术的融合，实现票据产品与服务体系的闭环管理，提升票据对实体企业的直达性及一站式服务，为中小企业提供更灵活、便捷的票据服务支持。

（四）统筹数据资源，推进信用信息平台建设

票据是信用的载体，信用信息是信用的具体表现形式，票据市场发展与企业信用信息体系建设密切相关，完备的企业信用信息体系将推动票据市场高质量发展，促进中小企业健康成长。

2021 年 12 月，国务院办公厅发布《加强信用信息共享应用促进中小微企业融资实施方案》，要求"加快信用信息共享步伐，深化数据开发利用，创新优化融资模式，加强信息安全和市场主体权益保护，助力银行等金融机构提升服务中小微企业能力"。信用信息共享包括市场主体登记信息、司法信息、纳税信息、住房公积金信息、社会保险信息等 14 大类，共 37 项。

2022 年 4 月 10 日，《中共中央　国务院关于加快建设全国统一大市场的意见》正式发布，要求"加快培育数据要素市场，建立健全数据安全、权利保护、跨境传输管理、交易流通、开放共享、安全认证等基础制度和标准规范，深入开展数据资源调查，推动数据资源开发利用"。

建议加快推进企业信用信息平台建设工作，一是统筹规划平台建设，企业信用信息平台需要建设完善的信用制度体系、高效的信息系统，以及完备的跨部门协调机制，需要建立信用数据采集、数据评估、数据登记、数据评价、数据使用、数据交易以及数据共享等一整套信用信息数据管理体系，以改善企业信用信息环境；二是兼顾专业性子平台建设，鉴于中小企业融资需求及融资工具具有差异化特点，可打造专业化的

信用信息子平台，专门用于某类融资产品，如建设票据信用信息平台，实现准确、快速、全面查询并共享企业信用信息，以更好地满足中小企业融资需求；三是有前瞻性，目前企业信用信息建设仅包括中小企业，建议未来还应纳入大中型企业，实现企业信用信息全覆盖，以更好地推动供应链票据服务中小企业。

（五）强化金融创新，促进票据数字化发展

数字经济是新一轮科技革命和产业变革，是全球社会经济发展的大趋势。通过以人工智能、大数据、物联网、云计算、区块链、虚拟现实、移动互联网等为代表的新兴技术，催生新产品、新模式和新业态。

发展数字票据应当以服务实体经济为核心，一是强化创新引领，重点推动数字票据与供应链的创新融合，加快研究票据与供应链、产业链融合的新模式、新路径，畅通链内物流、信息流及资金流，降低链内上下游中小企业融资成本，提升数字票据服务的广度与深度；二是充分发挥科技的作用，强化数据挖掘力度及智能分析手段，提升数字票据服务的准度与精度，实现金融资源对中小企业的精准滴灌；三是强化数字化监管，构建多层次、系统化的数字监管体系，运用大数据、人工智能等技术手段将监管嵌入票据行为，增强监管的穿透性，防范化解数字票据业务风险；四是尝试开展数据交易新业态，依托上海票据交易所、上海数据交易所等基础设施促进数据要素市场流通，通过发达的二级市场提升中小企业所持数字票据的流转效率，改善中小企业融资环境，构建金融服务实体经济的新模式。

（六）强化政策传导，发挥再贴现的引导作用

票据再贴现是重要的货币政策调节工具，可以有力支持实体经济发展。一是建议加快推动应收账款票据化并与再贴现挂钩，盘活中小企业应收账款，加快资金周转；二是提高再贴现业务规模并适度调低利率，鼓励商业银行加大对实体经济尤其是中小企业的票据支持力度；三是建议增强再贴现调节经济结构的功能，引导金融机构加大对实体经济重点领域、薄弱环节的支持力度，精准滴灌中小企业及民营企业，促进金融与实体经济良性循环；四是建议通过再贴现促进信贷增长缓慢地区的信贷投放，充分发挥票据的信用、调控、支付、融资等功能，改善区域金融生态，巩固脱贫成果，支持区域经济协调发展；五是建议提高再贴现政策透明度，加大再贴现投放规模及实施效果的发布频度，细化发布内容，以进一步引导市场预期，提升政策传导效率。

规模以上中小工业企业发展票据业务的探索

——从规模以上中小工业企业应收账款分析入手

肖小和　李紫薇

摘　要： 规模以上中小工业企业是工业企业的重要组成部分，是国民经济发展的重要推动力量。然而，应收账款淤积、资金周转不畅等问题是规模以上中小工业企业发展过程中普遍存在的问题。票据具有低成本、期限灵活等优良特性，发展票据业务对于活化企业应收账款，缓解企业融资难、融资贵问题具有重要意义。本文以增值税为基础测算了规模以上中小工业企业票据签发量，试图探索应收账款票据化发展途径。

关键词： 中小工业企业　票据　增值税　应收账款票据化

一、规模以上中小工业企业应收账款分析

1. 分行业规模以上中小工业企业应收账款占比情况及营收对比分析

应收账款淤积、资金流动不畅是当前实体经济发展中面临的重要问题，中小企业尤为如此。国家统计局数据显示，近年来我国应收账款数额不断攀升，占主营业务收入、流动资产的比重均呈现上升态势。2021年，我国规模以上工业企业应收账款总计18.87万亿元，同比增长14.99%，其中，中小工业企业应收账款达到12.34万亿元，同比增长18.88%。如图1所示，近年来，规模以上中小工业企业应收账款占规模以上工业企业应收账款的比重不断攀升，2017年该比例突破60%，2021年达到65.36%。2021年，中小工业企业应收账款占营业收入的比重达到16.34%，较2020年减少0.49个百分点，与规模以上工业企业相应比例持平；占流动资产的比重为29.09%，较2020年增加0.29个百分点，高出规模以上工业企业相应比例3.02个百分点。

应收账款占主营业务收入的比重体现了企业对外赊销状况。如表1所示，分行业来看，2021年，在全部41个工业大类别中，开采专业及辅助性活动、医药制造业等14个行业的应收账款占比超过全国平均水平，其中，开采

专业及辅助性活动甚至达到 55.8%，超过平均水平 39.46 个百分点，反映出此行业在销售过程中赊销过多，企业议价能力不强，在销售过程中处于弱势地位。作为流动资产的重要组成部分，应收账款占比反映了企业资金流动性和利用能力，2021 年，开采专业及辅助性活动、印刷和记录媒介复制业等 12 个行业应收账款占流动资产的比重突破了 30% 的危险线，开采专业及辅助性活动该比例达到 44.8%，非金属矿物制品业达到 39.5%，电气机械和器材制造业达到 39.0%，汽车制造业达到 35.2%，计算机、通信和其他电子设备制造业达到 35.0%，企业财务流动性值得关注。就应收账款净额而言，非金属矿物制品业，电气机械和器材制造业，计算机、通信和其他电子设备制造业的应收账款均超过 1 万亿元，过高的应收账款延长了企业回款周期，降低了经营活动现金流可获得性，提高了企业坏账损失的概率，可能会造成企业流动性紧张，制约企业正常生产经营，降低企业净利润，解决企业应收账款高企问题迫在眉睫。

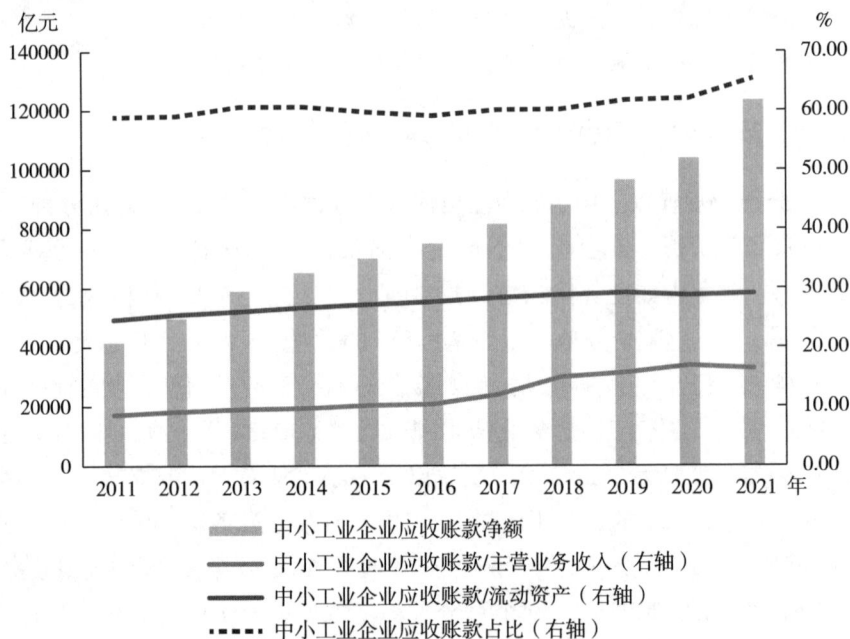

图 1 2011—2021 年规模以上中小工业企业应收账款及占比情况

(资料来源：国家统计局，《中国统计摘要 2022》)

表1　2021年分行业规模以上中小工业企业应收账款及营业收入情况

单位：亿元

行业	营业收入	应收账款	应收账款/营业收入	流动资产	应收账款/流动资产
全国总计	754756.8	123357.3	16.3%	424008.0	29.1%
煤炭开采和洗选业	16083.5	1942.0	12.1%	11031.5	17.6%
石油和天然气开采业	808.6	119.7	14.8%	750.6	15.9%
黑色金属矿采选业	3926.0	357.7	9.1%	2054.6	17.4%
有色金属矿采选业	2569.9	253.2	9.9%	1632.4	15.5%
非金属矿采选业	3864.1	453.1	11.7%	2409.9	18.8%
开采专业及辅助性活动	289.4	161.4	55.8%	360.2	44.8%
其他采矿业	11.8	1.0	8.5%	3.9	25.6%
农副食品加工业	48404.8	2873.8	5.9%	16812.3	17.1%
食品制造业	14730.5	1522.6	10.3%	7016.3	21.7%
酒、饮料和精制茶制造业	9811.2	874.3	8.9%	4981.6	17.6%
烟草制品业	717.4	54.0	7.5%	626.4	8.6%
纺织业	21602.3	2481.9	11.5%	9904.5	25.1%
纺织服装、服饰业	12135.6	1434.2	11.8%	5268.6	27.2%
皮革、毛皮、羽毛及其制品和制造业	8454.9	798.2	9.4%	2761.9	28.9%
木材加工和木、竹、藤、棕、草制品业	9452.1	911.7	9.6%	3181.0	28.7%
家具制造业	6287.3	862.2	13.7%	2954.6	29.2%
造纸和纸制品业	11125.6	1472.5	13.2%	5146.6	28.6%
印刷和记录媒介复制业	6805.0	1037.2	15.2%	3435.3	30.2%
文教、工美、体育和娱乐用品制造业	11447.7	1053.0	9.2%	4542.4	23.2%
石油、煤炭及其他燃料加工业	17548.6	1152.2	6.6%	7453.6	15.5%
化学原料和化学制品制造业	61551.5	7215.7	11.7%	31039.1	23.2%
医药制造业	19199.9	3313.8	17.3%	15442.6	21.5%
化学纤维制造业	4799.5	392.7	8.2%	2345.6	16.7%

行业	营业收入	应收账款	应收账款/营业收入	流动资产	应收账款/流动资产
橡胶和塑料制品业	23781.9	4060.3	17.1%	12068.6	33.6%
非金属矿物制品业	60544.9	14443.2	23.9%	36543.7	39.5%
黑色金属冶炼和压延加工业	28833.7	1287.9	4.5%	8910.3	14.5%
有色金属冶炼和压延加工业	42704.8	2523.0	5.9%	11972.7	21.1%
金属制品业	40877.4	6453.2	15.8%	19860.1	32.5%
通用设备制造业	34812.5	8071.5	23.2%	24941.7	32.4%
专用设备制造业	27572.8	7274.5	26.4%	24684.3	29.5%
汽车制造业	35617.7	8457.6	23.7%	24008.9	35.2%
铁路、船舶、航空航天和其他运输设备制造业	7934.9	1938.5	24.4%	6714.6	28.9%
电气机械和器材制造业	50844.3	12891.6	25.4%	33056.6	39.0%
计算机、通信和其他电子设备制造业	47712.0	11885.6	24.9%	33961.9	35.0%
仪器仪表制造业	7582.1	2161.8	28.5%	6870.7	31.5%
其他制造业	1698.1	233.4	13.7%	839.5	27.8%
废弃资源综合利用业	8795.3	584.0	6.6%	2301.3	25.4%
金属制品、机械和设备修理业	860.9	243.7	28.3%	729.7	33.4%
电力、热力生产和供应业	29802.2	8625.8	28.9%	25756.8	33.5%
燃气生产和供应业	9926.7	777.3	7.8%	4028.7	19.3%
水的生产和供应业	3227.5	706.4	21.9%	5602.5	12.6%

资料来源：国家统计局. 中国统计摘要 2022 [M]. 北京：中国统计出版社，2022：125-126.

2. 分地区规模以上中小工业企业应收账款占比情况及营收对比分析

分区域来看，在全国 31 个省份中，北京、天津、山西等 19 个省份应收账款占营业收入的比重超过全国平均水平，其中，西藏、青海的应收账款占比超过 30%，反映出这些地区的工业企业在销售过程中赊销过多，供应链上下游中小企业议价能力不强。就应收账款占流动资产的比重而言，上海、江苏、浙江等 8 个省份均超过 30% 的危险线，其中，江苏省最高，为 34.7%，青海次之，达到 33.0%，区域中小工业企业流动性状况值得关注。

就应收账款净额而言，江苏、广东、浙江 3 个省份的应收账款净额均超过 1 万亿元，江苏、广东、浙江地处东南沿海地区，工业较为发达，工业体量大，使得应收账款规模整体偏高，压缩应收账款势在必行。

表2　2021年分区域规模以上中小工业企业应收账款及营业收入情况

单位：亿元

地区	营业收入	应收账款	应收账款/营业收入	流动资产	应收账款/流动资产
全国总计	754756.8	123357.3	16.4%	424008.0	29.1%
北京	9969.1	2536.7	25.4%	10094.1	25.1%
天津	12938.0	2186.4	16.9%	7581.5	28.8%
河北	26854.7	4231.5	15.8%	15432.3	27.4%
山西	15829.7	2954.0	18.7%	10924.0	27.0%
内蒙古	12214.0	2082.6	17.1%	7840.8	26.6%
辽宁	15045.6	2946.8	19.6%	11614.3	25.4%
吉林	5262.8	1210.2	23.0%	4242.9	28.5%
黑龙江	5910.3	1163.7	19.7%	4557.2	25.5%
上海	23305.6	5603.6	24.0%	17967.5	31.2%
江苏	93121.1	20348.9	21.9%	58712.4	34.7%
浙江	69662.1	13847.3	19.9%	45497.5	30.4%
安徽	27547.8	4949.4	18.0%	16412.2	30.2%
福建	45081.2	3788.9	8.4%	14985.4	25.3%
江西	33445.3	2892.7	8.6%	10495.2	27.6%
山东	58374.9	8521.0	14.6%	34425.0	24.8%
河南	29080.2	3130.2	10.8%	13251.0	23.6%
湖北	32897.0	3790.5	11.5%	13224.6	28.7%
湖南	32389.4	2662.9	8.2%	9177.1	29.0%
广东	92835.5	16719.7	18.0%	54006.6	31.0%
广西	13881.7	2115.9	15.2%	7645.2	27.7%
海南	1538.7	268.3	17.4%	1243.6	21.6%
重庆	15258.8	2316.6	15.2%	7257.9	31.9%
四川	34411.8	4531.5	13.2%	15247.8	29.7%
贵州	6151.5	1081.4	17.6%	4339.9	24.9%

地区	营业收入	应收账款	应收账款/营业收入	流动资产	应收账款/流动资产
云南	10059.1	1321.0	13.1%	5611.5	23.5%
西藏	285.8	87.1	30.5%	383.8	22.7%
陕西	15878.7	2476.5	15.6%	9658.1	25.6%
甘肃	3603.0	922.8	25.6%	2909.3	31.7%
青海	1464.6	445.3	30.4%	1347.9	33.0%
宁夏	3404.9	666.3	19.6%	2438.4	27.3%
新疆	7053.8	1557.6	22.1%	5483.1	28.4%

资料来源：国家统计局．中国统计摘要 2022 ［M］．北京：中国统计出版社，2022：127-128.

3. 票据功能对于解决应收账款的作用

2019 年 6 月，时任中国人民银行行长易纲在陆家嘴论坛上提出要推动应收账款票据化；上海票据交易所董事长宋汉光在第十六届中国国际金融论坛的演讲中表示，要深化票据市场供给侧结构性改革，推广应收账款票据化，提升票据服务实体经济的精准度。票据是集支付、结算、融资、投资、交易、调控功能于一体的金融工具。相比于应收账款而言，一方面，票据具有固定的账期，具有到期无条件付款的特性，具有追索权，为企业回款提供了保障；另一方面，票据融资成本低，流动性强，可成为企业应收账款的重要替代工具。

票据是传统的支付结算工具，相比于纸票而言，电子票据既是信用工具，又是支付工具，同时具有互联网属性，可以实现货币化支付。在供应链金融场景下，使用电票进行支付结算，可以锁定账期，有效串联供应链企业，带动优质企业信用传递，通过票据轧清供应链上下游企业应收、应付账款，实现应收账款票据化。除此之外，票据还具有融资功能，一方面，准入门槛低，能更好地覆盖中小微企业，促进企业资金融通，是企业重要的短期融资工具；另一方面，票据贴现利率总体低于流动资金贷款利率，通过票据融资可以降低企业融资成本，电子票据项下业务办理更加高效便捷，有利于节约时间成本，加快企业资金回笼速度，加速资金流通，提高企业生产效率，有助于企业生产经营活动的开展。改革开放后利用票据解决"三角债"问题、化解企业间货款拖欠的历史表明，票据在解决企业间货款拖欠、支付结算方面具有一定的适用性与优越性，发展应收账款票据化，能够化呆滞的账面资金为票据信用资金，缓解企业资金困境，加速企业生产运营，促进实体经济发展。

4. 规模以上中小工业企业票据承兑量测算

为探究规模以上中小工业企业票据发展潜力，探索票据市场服务工业企业发展潜能，本文以增值税为基础对中小工业企业票据承兑总量进行测算。肖小和、余显财、金睿等（2021）建立了承兑总量可能性分析模型，并以主营业务收入衡量第 i 种商品的不含税价格 P_i，得出规模以上工业企业可开具的承兑汇票理论最大值为 $\sum_{i=1}^{n} P_i \times (1 + 13\%)$，本文根据该模型进行测算，计算出规模以上中小工业企业理论承兑汇票量为 850269.8 亿元，约为 85.03 万亿元。

表3　2021年分行业规模以上中小工业企业营业收入及含税价格

单位：亿元

行业	营业收入	增值税税率	含税价格
全国总计	754756.8	—	850269.8
煤炭开采和洗选业	16083.5	13%	18174.4
石油和天然气开采业	808.6	13%	913.7
黑色金属矿采选业	3926.0	13%	4436.4
有色金属矿采选业	2569.9	13%	2904.0
非金属矿采选业	3864.1	13%	4366.4
开采专业及辅助性活动	289.4	13%	327.0
其他采矿业	11.8	13%	13.3
农副食品加工业	48404.8	9%	52761.2
食品制造业	14730.5	13%	16645.5
酒、饮料和精制茶制造业	9811.2	13%	11086.7
烟草制品业	717.4	13%	810.7
纺织业	21602.3	13%	24410.6
纺织服装、服饰业	12135.6	13%	13713.2
皮革、毛皮、羽毛及其制品和制造业	8454.9	13%	9554.0
木材加工和木、竹、藤、棕、草制品业	9452.1	13%	10680.9
家具制造业	6287.3	13%	7104.6
造纸和纸制品业	11125.6	13%	12571.9

续表

行业	营业收入	增值税税率	含税价格
印刷和记录媒介复制业	6805.0	9%	7417.5
文教、工美、体育和娱乐用品制造业	11447.7	13%	12935.9
石油、煤炭及其他燃料加工业	17548.6	13%	19829.9
化学原料和化学制品制造业	61551.5	13%	69553.2
医药制造业	19199.9	13%	21695.9
化学纤维制造业	4799.5	13%	5423.4
橡胶和塑料制品业	23781.9	13%	26873.5
非金属矿物制品业	60544.9	13%	68415.7
黑色金属冶炼和压延加工业	28833.7	13%	32582.1
有色金属冶炼和压延加工业	42704.8	13%	48256.4
金属制品业	40877.4	13%	46191.5
通用设备制造业	34812.5	13%	39338.1
专用设备制造业	27572.8	13%	31157.3
汽车制造业	35617.7	13%	40248.0
铁路、船舶、航空航天和其他运输设备制造业	7934.9	13%	8966.4
电气机械和器材制造业	50844.3	13%	57454.1
计算机、通信和其他电子设备制造业	47712.0	13%	53914.6
仪器仪表制造业	7582.1	13%	8567.8
其他制造业	1698.1	13%	1918.9
废弃资源综合利用业	8795.3	13%	9938.7
金属制品、机械和设备修理业	860.9	13%	972.8
电力、热力生产和供应业	29802.2	13%	33676.5
燃气生产和供应业	9926.7	9%	10820.1
水的生产和供应业	3227.5	13%	3647.1

资料来源：国家统计局. 中国统计摘要2022 [M]. 北京：中国统计出版社，2022：125-126.

2021年全国票据市场承兑量为24.15万亿元，其中，中小微企业票据签发金额占比为72.19%。由于缺乏工业企业票据签发数据，本文尝试以工业增加值占GDP的比重作为承兑汇票的比例。2021年我国工业增加值为37.26万亿元，占GDP的比重为32.58%，由此测算得到的2021年规模以上中小工业企业承兑汇票签发量约为5.68万亿元（24.15×72.19%×

32.58%），仅为理论测算值的 6.68%，由此可见，规模以上中小工业企业承兑汇票签发量未来有很大的发展空间。

二、规模以上中小工业企业加快票据业务发展的探索

1. 转变观念，发展规模以上中小工业企业票据业务

中小企业多位于规模以上工业企业供应链上下游，面对规模较大、竞争力较强的核心企业，上下游中小企业在谈判议价过程中时常处于弱势地位，应收账款高企导致的资金链紧张是此类企业在发展过程中面临的常见问题。为充分发挥应收账款流转在缓解中小企业融资难问题中的作用，中国人民银行上线中征应收账款融资服务平台，为银企应收账款融资搭建桥梁。然而，当前应收账款融资存在真实性确认困难、业务普及度不够、银企接受意愿不强、流转困难等问题。商业汇票与应收账款使用场景相似，且具有准入门槛较低、法治基础良好、基础设施健全、功能作用丰富、能够满足多重需求等优势，是重要的货币政策工具。规模以上中小工业企业可以转变融资观念，发展应收账款票据化，寻求票据融资对应收账款融资的替代方式，使用低成本票据工具盘活企业应收账款，缓解企业资金周转难题。

2. 发展规模以上中小工业企业全生命周期票据业务

票据兼具信贷与资金双重属性，功能作用多样，业务品种丰富，既包含传统的承兑、贴现、转贴现、回购、再贴现业务，又包含票据池、秒贴、绿色票据、供应链票据、标准化票据等创新型业务。近年来，各大金融机构开始重视票据全生命周期管理，开发票据全生命周期业务及服务，瞄准企业发展难点、痛点，通过票据产品"组合拳"的方式为实体经济提供综合性的资金解决方案。规模以上中小工业企业可以以金融机构全生命周期票据业务发展为契机，以单个票据业务为切入点，由点及面开展票据全生命周期业务，借助金融机构专业化业务团队，打造专属票据融资服务，化解企业应收账款淤积问题，畅通资金流转渠道。

3. 推动规模以上中小工业企业供应链票据发展

2020 年 4 月 24 日，上海票据交易所供应链票据平台正式上线运行，供应链票据平台依托于电子商业汇票系统，与供应链金融平台对接，为企业提供电子商业汇票的签发、承兑、背书、到期处理、信息服务等功能。供应链票据平台实现了票据可拆分化，一方面，企业可以根据实际支付结算需求，对票据进行拆分和重新组包处理，极大地提高了企业票据支付与流

转的便利性；另一方面，企业可以通过贴现或标准化票据融资，以低成本利率实现资金快速回笼。开展规模以上工业企业供应链票据业务，可以带动上下游企业信用传递，实现由宽货币到宽信用的转化，通过票据轧清上下游企业应收、应付账款，盘活中小工业企业应收账款，缓解企业在生产发展过程中面临的资金问题。

4. 推动规模以上中小工业企业标准化票据发展

2020 年 6 月，中国人民银行发布《标准化票据管理办法》，明确支持资管产品投资标准化票据。标准化票据属于货币市场工具，银行间债券市场交易主体可以通过购买标准化票据进行投资，打通了票据市场与债券市场之间的壁垒，扩大了票据市场参与主体范围，实现了票据市场与债券市场的联动发展，迈出了票据债券化发展的一大步。《标准化票据管理办法》进一步明确了标准化票据可等分化，使得标准化票据进一步向标准化债权类资产靠近。推动规模以上中小工业企业标准化票据发展，以核心企业签发的商业承兑汇票作为基础资产创设标准化票据，可以进一步降低中小企业持有的核心企业签发的商业承兑汇票的融资成本，缓解规模以上中小工业企业在发展过程中遇到的融资难、融资贵问题。

5. 加大对规模以上重点中小工业企业票据发展的支持力度

规模以上工业是立国之本，当前我国经济正处于出口导向型向内需拉动型转变的关键阶段。作为国民经济的重要组成部分，规模以上中小工业企业涉及研发、生产、销售等多个环节，生产周期普遍偏长，回款周期面临着较大的不确定性。票据作为一种重要的信用工具，兼具支付、融资、调控等功能，全生命周期流程涵盖背书、贴现、再贴现等各个环节，规模以上重点中小工业企业在原材料采购环节一方面可以背书转让票据，充分发挥票据支付功能，缓解资金短缺困境；另一方面，可以向金融机构贴现票据，充分发挥票据融资功能，获得实实在在的资金支持。除此之外，符合要求的票据可以向人民银行申请再贴现，以货币政策低利率红利精准支持实体经济发展。因此，发展规模以上中小工业企业票据业务，可以以重点中小工业企业为抓手，加大票据支持力度，推动我国工业发展转型。

6. 加大规模以上中小工业企业商票业务发展力度

商业承兑汇票作为未来票据市场发展的重点方向，是票据业务发展的蓝海，近年来，供应链票据、标准化票据的发展给商业承兑汇票发展提供了机遇，随着商业汇票信息披露系统上线，票据市场对于商票的管理也在不断丰富与完善。推动规模以上中小工业企业应收账款票据化发展，可以考虑加大中小工业企业商票发展力度，推动商票信用评级体系建设，组建票据信用评级机构，为承兑与贴现主体提供全方位、动态化的票据信用评级与追踪服务；完善商票担保机制，建立中小微企业商票担保基金或风险基金，推动保险增信、担保增信等发展；可以考虑与银行、保险等金融机构展开合作，开展票据保兑、保贴、担保等业务，以提升商票的市场认可度。

7. 探索规模以上中小工业企业商票平台建设

票据的本源在于支付，只有发挥票据的支付功能，才能真正节省实体经济融资成本。为寻求应收账款困局化解途径，缓解企业融资难、融资贵问题，探索企业持有的商业承兑汇票如何在企业间通过流通转让，延续票据的支付功能，实现便捷化融资，规模以上中小工业企业可以探索商票平台建设，专注于商票承兑、贴现市场发展。通过统一的信用平台建设，引导企业更多地将商业承兑汇票应用于生产经营活动中，通过平台票据流转，实现商票的闭环运行，提高供应链企业运行效率。建立规模以上中小工业企业商票平台一方面有利于降低企业融资成本，加速企业资金回笼；另一方面有利于培育良好的商票信用环境，提升企业信用，促进商票流通，发挥商业信用服务经济的作用。

8. 加强规模以上中小工业企业票据风险管理

风险是未来损失的不确定性，只要经营票据业务，就一定存在风险。在推动规模以上中小工业企业票据业务发展的过程中，需要进一步根除"重盈利、轻风险""重指标、轻管理"的经营管理理念，树立合规审慎的经营理念，推动过程化与精细化管理。金融机构需要进一步加强风险管理，将风险防范落到实处。在办理规模以上中小工业企业票据业务时，应该充分审查贸易背景真实性，严格按照制度规定办理票据业务，严格把控操作风险关口；做好规模以上签发主体商票评级工作，建立白名单管理制度，严格控制风险敞口，严防部分企业过度签发带来的兑付风险；进一步健全票据市场风险监测体系，加强风险识别、分析与评估，完善风险监测指标，强化监测结果运用。

9. 加快地区票据发展，盘活区域应收账款

规模以上中小工业企业应收账款呈现出区域性分布的特征，在全国 31 个省份中，江苏、广东、浙江、上海、山东这 5 个省份的规模以上中小工业

企业应收账款占比之和超过全国总额的 50%，这些地区地处东南沿海、贸易发达，工业化程度高，工业总产值大，由此导致应收账款总量高企。尽管这些省份票据业务发展速度较快，票据业务总量较高，但相较于应收账款而言，票据业务发展力度仍显不足。推动区域规模以上中小工业企业发展需要加快票据发展步伐，加速商业信用票据化、应收账款票据化发展进程，以供应链金融发展为契机，推动票据上链、强链，以票据之便利化解资金周转之淤积，活化应收账款之阻塞，推动规模以上工业企业发展，助力区域经济繁荣。

10. 加大规模以上中小制造业企业支持力度

2021 年 12 月 15 日召开的国务院常务会议部署进一步采取市场化方式加强对中小微企业的金融支持，确定加大对制造业支持的政策举措，促进实体经济稳定发展。票据既可作为一种延期付款工具，又是低成本融资工具，相较于普通流动资金贷款而言，其利率更加优惠，加快规模以上中小工业企业票据发展，不仅能够有效传导国家宏观政策，还是实现普惠金融的重要途径。"十四五"规划提出要坚持把发展经济着力点放在实体经济上，加快推进制造强国、质量强国建设，促进先进制造业和现代服务业深度融合。制造业是国民经济的重要组成部分，是我国经济结构转型的基础，制造业涉及生产、销售、回款等多个环节，账期不匹配、资金短缺现象是制造业企业普遍存在的现象，票据的金额、期限可根据实际需求确定，与制造业企业回款周期灵活匹配，应加大规模以上制造业工业企业票据支持力度，将票据打造成制造业企业短期流动性管理工具。

参考文献

肖小和，余显财，金睿，等. 规模以上工业企业票据发展空间与应收账款票据化的探索 ［JB/OL］. （2021 - 12 - 02）［2021 - 12 - 17］. https：//www.yicai.com/news/101247221.html.

票据服务中小企业加快发展的政策建议

肖小和　木之渔

一、当前经济形势及政策措施

2022 年 5 月 25 日，国务院召开全国稳住经济大盘电视电话会议，李克强表示，2022 年以来，在以习近平同志为核心的党中央坚强领导下，各方面贯彻党中央、国务院部署，有力应对困难挑战特别是超预期因素冲击，做了大量有成效工作。但 3 月尤其是 4 月以来，就业、工业生产、用电货运等指标明显走低，困难在某些方面和一定程度上比 2020 年疫情严重冲击时还大。

2022 年 5 月 31 日，国务院发布《扎实稳住经济的一揽子政策措施》，包括财政政策、货币金融政策、稳投资促消费等政策、保粮食能源安全政策、保产业链供应链稳定政策、保基本民生政策六个方面，共 33 项具体措施。

（1）财政政策，包括要求增加增值税留抵退税、加快财政支出进度、加快地方政府专项债发行使用、用好融资性融资担保、加大政府采购支持力度、社保费缓缴等措施。

（2）货币金融政策，包括对中小微企业及受疫情影响个人的相关贷款延期还本付息、加大普惠贷款支持力度、推动贷款利率稳中有降、提高资本市场融资效率、加大对基础设施建设和重大项目的支持力度等措施。

（3）稳投资促消费等政策，包括加快水利工程建设及基础设施投资、稳定和扩大民间投资、促进平台经济规范健康发展，增加汽车、家电等大宗消费等措施。

（4）保粮食能源安全政策，包括健全完善粮食收益保障政策、有序释放煤炭优质产能、推动实施能源项目、提高煤炭和原油储备能力等措施。

（5）保产业链供应链稳定政策，包括降低市场主体用水用电用网成本、阶段性减免市场主体房屋租金、优化企业复工达产政策、完善交通物流保通保畅政策、加大对物流行业的支持力度、积极吸引外商投资等措施。

（6）保基本民生政策，包括实施住房公积金阶段性支持政策、完善农业转移人口和农村劳动力就业创业支持政策、完善社会民生兜底保障等措施。

目前，各部门已制定相关政策要求，各地也已陆续发布保障政策落地的有关措施。

二、票据的功能作用

票据是一类非常有特色的金融工具，具备支付、融资以及信用等功能属性，业务产品横跨金融领域的传统信贷与金融市场等业务板块，与企业供应链、产业链紧密结合，是中小企业使用最频繁的金融工具之一。在支持实体经济发展，尤其是在帮助中小企业纾困解难方面，相较于其他金融工具，票据可以起到更好、更灵敏、更巧妙的作用。

（一）票据的功能属性

1. 支付功能属性

支付结算是票据的基本功能属性，票据因此广泛应用于企业日常生产经营中，是中小企业重要的支付方式。买方企业可以将已签发或持有的未到期商业汇票支付给卖方企业，实现订单资金的交付，完成商品交易；卖方企业收到票据后，可转让至本方的前手企业，完成采购。企业借助票据支付功能属性，可以快速、便捷地完成商品交易，实现供应链内闭环支付与结算。

2. 融资功能属性

融资是票据的重要功能属性，票据承兑、贴现等业务中均体现了其融资属性，是中小企业的重要融资渠道。票据承兑业务尤其是银票承兑业务，可以借助商业银行的信用，实现延付货款；持票企业可以借助票据贴现业务，提前获取银行资金支持。票据的融资功能属性与支付功能属性相辅相成，是商品交易的助推器，可以保障中小企业在头寸不足的情况下，完成日常采购等交易活动。

3. 信用功能属性

信用是票据的关键功能属性，通过票据既能体现银行信用，也能体现商业信用。一般情况下中小企业在银行较难获得大额授信，而商业信用可以帮助中小企业完成订单，尤其是在供应链体系中，借助核心企业信用可以实现融通链条上下游中小企业的作用，有力促进中小企业发展，改善中小企业融资困境。

（二）票据与贷款、财政政策工具对比

1. 票据与贷款比较

票据与流动资金贷款相比，服务中小企业优势较为明显。一是票据贴现利率较低，低于流动资金贷款利率，为企业节约了大量融资成本；二是企业通过办理票据项下（尤其是办理电子商业汇票项下）相关业务较流动资金贷款效率更高、更便捷，有利于节约时间成本，加快资金回笼速度；三是票据业务办理效率高、业务门槛相对较低，与资本市场融资工具相比，其能更好地覆盖中小微企业，及时向企业提供短期融资，促进中小企业资金融通；四是票据高度嵌入企业供应链，参与链内企业采购、生产及销售的全过程，对供应链的平稳运行起到重要作用。

2. 票据与财政政策工具比较

从此次出台的相关财政政策看，涉及税收减免、缓缴社保费、发行地方政府专项债、补贴等具体措施。相关财政政策的出台，将促进就业，减轻经济波动，支持实体经济走出困境。我们认为票据是个"多面手"，其通过支付、融资、信用等不同维度支持实体经济发展，对中小企业的支持作用值得关注。

（1）票据与减税降费、财政补贴等比较

减税降费、财政补贴等财政政策工具兼具宏观调控功能，且有利于降低中小企业经营成本，提振市场信心，有效应对经济下行压力。相比之下，我们认为票据更具特点，一是票据再贴现不仅可以进行总量调控，还可以精准调控贴现融资发放的企业类别、规模及行业等，确保资金定点、定向投放。二是票据市场化程度高，票据具有全国统一的基础设施——上海票据交易所，具备细致完善的业务规则、深入基层的市场参与者、规模庞大的市场体量以及功能全面的业务系统，可以更高效率、在更短时间内实现政策目标。三是票据具有延期支付功能，在不动用财政资源的前提下，中小企业可以通过签发票据实现延期支付，度过短期经济下行及困难期。四是票据具有信用属性，商业承兑汇票虽然属于商业信用，但贴现后可以实现银行信用与商业信用的融合。

（2）票据与债券比较

票据与债券同属有价证券，均为信用工具，都有庞大的二级市场做支

撑，但二者间仍存在较为明显的区别。债券的期限一般较长，有利于促进
经济长期稳定发展，提高资金使用效率；票据的期限一般较短，对支持中
小企业具有独特优势，一是发行效率高，票据发行较为便利，尤其是商
票，仅需企业内部审批即可发行；二是用票人多为中小企业，大部分票据
的发行对象、使用对象为中小企业，2021 年，中小微用票企业家数达到
314.73 万家，占比为 98.70%；中小微企业用票金额达到 69.10 万亿元，占
比为 72.19%①；三是票据产生的原因不同于债券，票据基于贸易背景（赊
销）而产生，因此票据具有延期支付功能，到期兑付主体为企业（虽然
《票据法》规定银票的兑付主体为承兑银行，但出票企业需在银票到期前向
承兑银行支付票款，根据穿透性原则，银票的实质兑付主体为企业），更适
合在供应链、产业链体系中流转；债券基于融资而产生，到期后由兑付人
（大中型企业或各级政府）完成兑付。

票据与财政政策工具各有特点。票据在中小企业中接受度高，占用资
源少，灵活性强，适合短期的经济刺激。财政政策工具审批严谨，适合中
长期、周期性经济恢复与发展。

综上所述，我们认为票据是最适合在短期经济下行与困难期支持中小
企业的金融工具，具有"四两拨千斤"的作用，如能对票据市场进一步叠
加财政政策措施可起到事半功倍的效果。

三、建议措施

（一）对商业银行开展票据业务的建议

一是建议降低中小企业银票承兑保证金比例。目前，银票承兑保证金
收取比例由商业银行根据企业信用状况及本行成本综合制定，一般为 40%~
70%，部分中小企业甚至被要求缴纳 100% 保证金，建议商业银行对中小企
业适当放宽保证金收取比例，减少对中小企业的资金占用。

二是建议加大对票据贴现的支持力度。从信用风险的角度看商票高于
银票，但中小企业身处供应链底端，对结算票据的选择缺乏话语权，而票
据是其重要融资手段，建议商业银行进一步提升风险管理水平，一方
面，对于政策有支持、市场有需求、短期有困难的中小企业生产流通所需
的票据贴现尽力支持；另一方面，对于大中型企业拖欠中小企业的无分歧

---

① 资料来源：上海票据交易所。

货款，应积极通过票据支持清欠，以优惠利率为中小企业办理贴现。

（二）对人民银行再贴现业务的建议

一是建议增加再贴现规模。再贴现可以定向支持中小企业、定向支持商票业务发展，有利于改善总体及区域融资环境，降低中小企业融资成本，建议人民银行考虑增加针对中小企业的专项再贴现规模。

二是建议允许再贴现利率浮动。长期以来，票据再贴现市场与票据融资市场采用两种不同的定价机制，再贴现利率由人民银行制定且长期不变，票据融资利率采用市场定价，可直接反映市场主体的资产负债状况。当前票据市场资金宽裕，票据融资利率长期低位徘徊，而再贴现利率处于高位，对票据市场的调控能力被削弱，建议人民银行研究下调再贴现利率，逐步推进再贴现利率市场化进程，充分发挥货币政策工具职能。

三是建议人民银行恢复买断式再贴现。票据市场现在仅能办理回购式再贴现，再贴现已不具备信贷规模调节功能。当前经济形势下，需要商业银行进一步加大对实体经济的信贷投放，建议人民银行恢复买断式再贴现，灵活适度加强规模管理，提升商业银行发放票据融资的信心。

（三）建议设立支持中小企业发展的长效机制

一是建议由各级财政部门牵头，会同当地工信部门、税务部门、人民银行分支机构、国家金融监督管理总局分支机构建设支持中小企业发展的长效机制，拟定支持中小企业发展的具体规定，并为中小企业发展票据业务提供名单支持。

二是建议人民银行牵头建立风险共担机制。2022年5月26日，中国人民银行发布《关于推动建立金融服务小微企业敢贷愿贷能贷会贷长效机制的通知》，要求"从制约金融机构放贷的因素入手，按照市场化原则，进一步深化小微企业金融服务供给侧结构性改革，加快建立长效机制，着力提升金融机构服务小微企业的意愿、能力和可持续性"。考虑到商业银行风险管控能力、管控水平差异较大，为统一推动金融机构破除制约放贷的因素，建议名单内中小企业票据业务风险由人民银行与商业银行共担。

三是建议财政部门牵头为中小企业提供担保支持。财政部门、国家融资担保基金可研究设立专项担保额度，对名单内作为银票出票人或商票承兑人的中小企业提供担保支持，进一步放大财政政策的应用效果。

四是建议国家金融监督管理总局引导保险公司完善信用险种。部分保险公司现已推出信用险种，但覆盖范围较小，费率较高。建议国家金融监督管理总局进一步引导保险公司完善票据信用险种，扩大信用保险适用范围，提高风险容忍度，降低费率，助力中小企业发展。

参考文献

祝嫣然，郭晋晖．全国稳住经济大盘会议召开，5月底前要拿出政策实施细则［EB/OL］．［2022-05-25］．第一财经．

票据支持上海中小企业抗疫情快发展的思考[*]

肖小和　李紫薇

一、疫情冲击下上海市中小企业支持措施

近日，国内疫情多地散发，上海疫情防控形势尤为严峻，短短几天内，确诊病例和无症状感染者突破万例。为遏制疫情扩散蔓延势头，上海市新冠肺炎疫情防控工作领导小组办公室作出重要指示，自 2022 年 3 月 28 日起，上海开展全员核酸筛查，浦东浦西分批封控，封控区内企业实施封闭生产或居家办公。尽管此举是在非常时刻为保障人民群众生命安全和身体健康，尽快实现社会面动态清零而作出的决策，但同时也给封控区内中小企业发展带来了冲击。

为坚决打赢疫情阻击战，统筹疫情防控和经济社会发展，上海市出台了一系列文件支持企业包括中小企业发展。日前，上海银保监局印发《关于做好上海银行业无缝续贷有关工作的通知》，推进无缝续贷方式增量扩面，降低中小微企业综合融资成本，实现贷款到期和续贷的无缝对接。2022 年 3 月 29 日，上海市人民政府办公厅印发《上海市全力抗疫情助企业促发展的若干政策措施》，要求综合实施退税减税、降费让利、房租减免、财政补贴、金融支持、援企稳岗等助企纾困政策，全力支持相关行业和企业克服困难、恢复发展。上海市人力资源和社会保障局出台支持抗疫 16 条政策措施，其中包含全力做好援企稳岗稳就业工作相关举措。上海市地方金融监督管理局印发《关于上海地方金融组织进一步支持新冠肺炎疫情防控和经济社会发展的若干意见》，通过进一步加大信贷支持力度、减费让利中小微企业、提升融资服务能力和便利度等举措精准发力，帮助企业纾困解难。此前，上海市经济和信息化委员会还出台了减轻中小企业负担、加大金融助企纾困、推动中小企业复工复产、开展专项企业服务、支持中小企业创新发展、加强协调服务和宣传工作六个方面 18 条举措，以进一步优化企业

＊ 本文发表于 2022 年 4 月 7 日。

服务，全力帮助中小企业渡过难关，发挥中小企业在疫情防控、稳定经济、普惠民生等方面的积极作用。

二、票据是支持中小企业发展的优良金融工具

一直以来，中小企业融资难、融资贵都是社会热议的重点，而疫情给中小企业发展带来的冲击尤为突出。中国人民银行调查数据显示（见图1），2016—2019年，中型企业贷款需求指数一直稳定在51%与63%之间，小型企业贷款需求指数稳定在55%与72%之间，受疫情冲击，中型企业贷款需求指数在2020年第二季度末突增至66.9%，小型企业贷款需求指数更是达到78.6%的阶段性高点。虽然近两年贷款需求指数有所回落，但是受2022年第一季度疫情影响，中小企业贷款需求指数迅速回升。如图2所示，从资金周转状况来看，超半数的企业反映资金周转状况一般，且有13%左右的企业存在资金周转困难，资金周转良好的企业仅占1/3。面对中小企业居高不下的资金需求，银行信贷支持远远不能满足要求。虽然货币市场、资本市场为我国实体经济发展提供了流动性支持，但证券市场、银行市场较高的准入门槛时常让中小企业望而却步。

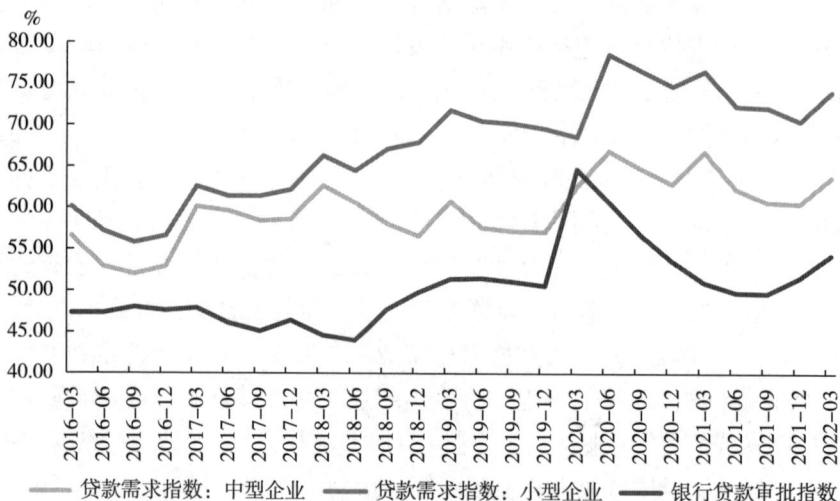

图1　中小企业贷款需求指数与银行贷款审批指数

（资料来源：Wind 数据库）

票据是集支付、结算、融资、投资、交易、调控功能于一体的信用工具，不仅功能作用丰富，还具有多样化的产品体系，能够满足企业多方位

的融资需求。不同于其他短期融资工具，票据具有普惠特性，准入门槛较低，融资手续便捷，融资成本低，流动性强，而且票据具有到期无条件付款的特性，具有追索权，有《中华人民共和国票据法》《电子商业汇票业务管理办法》等法律制度作为支撑，为企业回款提供了保障，票据的这些特点和优势使其成为金融支持中小企业的良好工具。

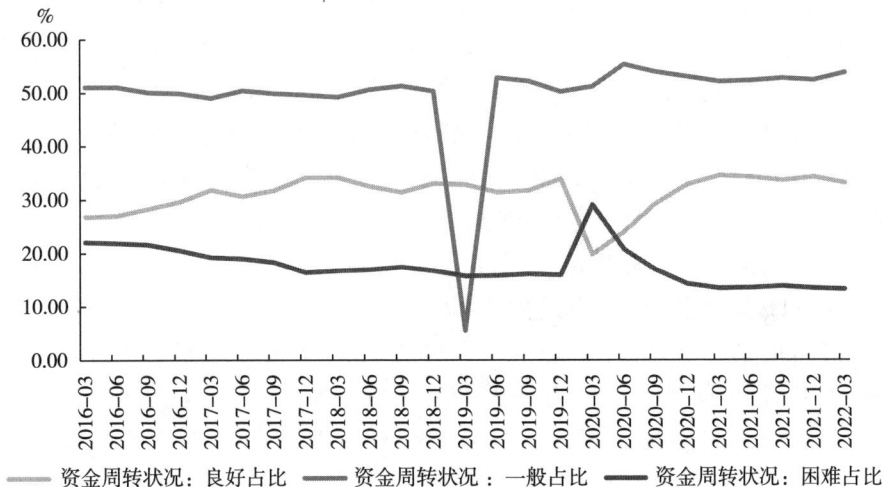

图 2　企业资金周转状况

（资料来源：Wind 数据库）

三、票据支持上海中小企业抗疫情快发展的思考

1. 转变观念，票据有利于中小企业获得资金

中小企业往往通过贷款获取商业银行资金支持，然而一直以来，中小企业信用程度差、业务风险大的观念深入人心，市场认可度低，资金融通不畅的现象屡见不鲜，严重阻碍了企业发展。银行出于自身利益和风险控制考虑，往往缺乏办理中小企业业务的主动性，受到准入门槛、授信额度等因素的限制，中小企业往往得不到足够的资金支持。票据作为一种普惠性金融工具，具有准入门槛低、融资成本低等特点，可以作为拓宽中小企业融资渠道的重要抓手，根据中国人民银行的数据，2022 年 2 月，签发票据的中小企业共计 5.7 万家，占全部签票企业的 90.9%，中小微企业签票发生额为 0.9 万亿元，占比为 63.4%；贴现的中小微企业共 7.0 万家，占全部贴现企业的 96.8%，贴现发生额为 0.8 万亿元，占比为 72.0%，中小微企业

已然成为票据市场的重要组成部分。因此，商业银行及中小企业应该转变固有观念，拓展资金融通渠道，将票据作为中小企业抗疫情快发展的有效金融工具，通过票据这一信用工具推动企业生产经营正常运转，助力企业渡过难关。

2. 发展票据承兑业务，支持中小企业发展

票据业务与实体经济发展高度相关，通过格兰杰因果检验发现，票据承兑发生额与 GDP 的相关性达到 92%，贴现发生额与 GDP 的相关性达到 62%，票据市场是推动实体经济发展的重要抓手。上海经济发展程度高，然而票据承兑业务未能与其经济发展程度相匹配。2018 年上海票据承兑发生额占 GDP 的比重仅有 24.42%，远低于山西、辽宁、福建、浙江等省份。① 相对于上海巨大的票据贴现体量而言，票据承兑力度仍显不够，应进一步加大票据承兑发展力度。

3. 积极发挥贴现、再贴现支持中小企业的作用

票据因融资而发展，因服务实体经济而发展，空间无限，服务实体经济一直以来都是票据市场发展的初心所在。推动中小企业抗疫情快发展，可以进一步发挥票据的比较优势，拓展票据触达实体的深度与广度，商业银行可以加大票据贴现发展力度，通过低成本票据融资为企业提供实实在在的资金支持；中国人民银行可以加强公开市场调节力度，通过再贴现操作引导信贷资金投放，实现精准滴灌，进一步降低中小企业融资成本。

4. 推动上海地区应收账款票据化发展

2021 年，上海市规模以上工业企业应收账款达到 8318.86 亿元，同比增长 9.1%，位居全国前列，高企的应收账款对企业尤其是中小企业发展十分不利。票据作为重要的信用工具，在化解应收账款方面具有得天独厚的优势，改革开放后利用票据解决"三角债"问题、化解企业间货款拖欠的历史表明，票据在解决企业间货款拖欠、支付结算方面具有一定的适用性与优越性。2019 年 6 月，时任中国人民银行行长易纲在陆家嘴论坛上提出要推动应收账款票据化；上海票据交易所董事长宋汉光在第十六届中国国际金融论坛的演讲中表示，要深化票据市场供给侧结构性改革，应推广应收账款票据化，提升票据服务实体经济的精准度。推动上海市中小企业抗疫情快发展，可以以应收账款票据化为抓手，拓展应收账款票据化发展的

---

① 由于 2019—2020 年上海未披露票据数据，此处用 2018 年数据进行分析。

力度与广度，化企业呆滞的账面资金为票据信用资金，以缓解企业资金困境，加速企业生产运营。

5. 发挥供应链票据的作用，支持中小企业发展

票据对于供应链金融具有很强的适用性，供应链金融贸易背景的可视化与基于真实贸易背景的交易为票据的真实交易和债权债务关系提供了保障，票据的可背书流转性可以带动核心企业信用传递，缓解企业间应收账款高企问题。2020 年 4 月，上海票据交易所推出供应链票据平台，为企业提供电子商业汇票签发、承兑、背书、到期处理、信息服务等功能。供应链平台上的票据具有可拆分、可转让、可支付、可融资的特点，一方面，企业可以根据实际支付结算需求，对票据进行拆分和重新组包处理，实现票据货币化支付，极大程度地提高了企业票据支付与流转的便利性；另一方面，企业可以通过贴现或标准化票据融资，以低成本利率实现资金快速回笼。通过供应链票据流转带动上下游企业信用传递，实现由宽货币到宽信用的转化，盘活企业应收账款，缓解中小企业资金困境。

6. 建设中小企业信用信息平台，发展信用融资及票据融资服务

信用体系建设是社会主义市场经济体系的基础性工程，对于助力中小企业发展有着重要的意义。2022 年 3 月 29 日，中共中央办公厅、国务院办公厅发布《关于推进社会信用体系建设高质量发展促进形成新发展格局的意见》，要求"扎实推进信用理念、信用制度、信用手段与国民经济体系各方面各环节深度融合，进一步发挥信用对提高资源配置效率、降低制度性交易成本、防范化解风险的重要作用"，鼓励以信用的理念和方式解决制约经济社会运行的难点、堵点、痛点问题。票据根植于信用，其发展与社会信用环境休戚相关，社会信用体系的提升能够促进票据市场健康发展，票据市场的繁荣为巩固信用提供了强劲的助力。上海作为国家金融中心，经济发展程度高，贸易往来频繁，企业信用整体较高，为祟据业务发展提供了基础。可考虑在上海地区建设中小企业信用信息平台，优化企业信用发展环境，为中小企业信用评级、评估、发展信用融资及票据融资服务。

7. 发展商业信用，加大商业承兑汇票发展力度

长三角地区是我国经济发展最活跃、开放程度最高的区域之一，历来是票据市场先行工作的示范区域，占据着票据市场三分天下，长三角四省市商票贴现累计发生额占比更是达到了全国的 40% 以上。作为长三角地区的重要组成部分，上海凭借其得天独厚的地理位置，借助经济金融发展优势，在商业承兑汇票方面取得了显著的发展。商业承兑汇票是以企业自身信用签发流转的票据，在支持企业尤其是中小企业发展方面发挥着越来越重要的作用。近年来，供应链票据平台、商业汇票信息披露平台的推出在一定程度上推动了商业承兑汇票的发展，然而，由于当前我国商业信用环境仍不够完善，商业承兑汇票发展程度依然不高。为进一步推动商票发展，可以采取保险及担保等措施，建立中小企业商票担保基金或风险基金，推动保险增信、担保增信等发展，加大商业承兑汇票发展力度，提升商票市场接受度，通过发展商票融资助力企业走出困境。

8. 把控好票据服务中小企业的风险

风险是未来损失的不确定性，只要经营票据业务，就一定存在风险。由于中小企业规模小、财务报表透明度不高，相较于大型企业而言，更需要关注其风险状况。在推动中小企业抗疫情快发展的过程中，需要进一步根除"重盈利、轻风险""重指标、轻管理"的经营管理理念，树立合规审慎的经营理念，推动过程化与精细化管理。金融机构需要进一步加强风险管理，将风险防范落到实处。在办理中小企业票据业务时，应该充分审查贸易背景真实性，严格按照制度规定办理票据业务，严格把控操作风险关口；做好中小企业签发主体商票评级工作，建立白名单管理制度，严格控制风险敞口，严防部分企业过度签发带来的兑付风险；进一步健全票据市场风险监测体系，加强风险识别、分析与评估，完善风险监测指标，强化监测结果运用。

探索应收账款票据化　缓解中小企业资金困境

肖小和　李紫薇

票据在解决企业间货款拖欠、支付结算方面具有一定的适用性与优越性，发展应收账款票据化，能够化呆滞的账面资金为票据信用资金，缓解企业资金困境，加速企业生产运营，促进实体经济发展。

规模以上中小工业企业应该转变融资观念，发展应收账款票据化，寻求票据融资对应收账款融资的替代方式，使用低成本票据业务盘活企业应收账款，缓解企业资金周转难题。

推动规模以上中小工业企业应收账款票据化发展，可以考虑加大中小工业企业商业承兑汇票发展力度，推动商业承兑汇票信用评级体系建设，组建票据信用评级机构，为承兑与贴现主体提供全方位、动态化的票据信用评级与追踪服务。

规模以上中小工业企业是工业企业的重要组成部分，是国民经济发展的重要推动力量。然而，应收账款淤积、资金周转不畅等问题是规模以上中小工业企业发展过程中普遍存在的问题。票据具有低成本、期限灵活等优良特性，发展票据业务对于活化企业应收账款，缓解企业融资难、融资贵问题具有重要意义。本文以增值税为基础测算了规模以上中小工业企业票据签发量，试图探索应收账款票据化发展途径。

一、规模以上中小工业企业应收账款现状分析

1. 分行业规模以上中小工业企业应收账款占比情况及营收对比分析

应收账款淤积、资金流动不畅是当前实体经济发展中存在的重要问题，中小企业尤为如此。根据国家统计局的数据，近年来我国应收账款数额不断攀升，占主营业务收入、流动资产的比重均呈现上升态势。2020年，我国规模以上工业企业应收账款总计 16.41 万亿元，同比增长 4.65%。其中，中小工业企业应收账款达到 10.38 万亿元，同比增长 7.68%。近年来，规模以上中小工业企业应收账款占规模以上工业企业应收账款的比重

不断攀升，2017 年该比例突破 60%，2020 年达到 62%。2020 年，中小工业企业应收账款占营业收入的比重达到 16.83%，较 2019 年增长 1.19%，高出规模以上工业企业相应比例 1.37 个百分点；占流动资产的比重为 28.80%，较 2019 年降低 0.37%，高出规模以上工业企业相应比例 2.81 个百分点。

应收账款占主营业务收入的比重体现了企业对外赊销状况。分行业来看，2020 年，在全部 41 个工业大类别中，开采专业及辅助性活动、其他采矿业等 16 个行业的应收账款占比超过全国平均水平。其中，开采专业及辅助性活动达到 52.8%，其他采矿业达到 40.8%，仪器仪表制造业达到 30.8%，反映出此类行业在销售过程中赊销过多，企业议价能力不强，在销售过程中处于弱势地位。作为流动资产的重要组成部分，应收账款占比反映了企业资金流动性和利用能力，2020 年，开采专业及辅助性活动、其他采矿业等 14 个行业应收账款占流动资产的比重突破了 30% 的危险线，其他采矿业甚至超过了 50%，企业财务流动性值得关注。就应收账款净额而言，非金属矿物制品业、电气机械和器材制造业以及计算机、通信和其他电子设备制造业的应收账款均超过 1 万亿元。过高的应收账款延长了企业回款周期，降低了经营活动现金流可获得性，提高了企业坏账损失的概率，可能会造成企业流动性紧张，制约企业正常生产经营，降低企业净利润，解决企业应收账款高企问题迫在眉睫。

2. 分地区规模以上中小工业企业应收账款占比情况及营收对比分析

分区域来看，2020 年，在 31 个省份中，北京、天津、山西等 17 个省份规模以上中小工业企业应收账款占营业收入的比重超过全国平均水平。其中，北京、青海的应收账款占比超过 30%，反映出这些地区的工业企业在销售过程中赊销过多，供应链中下游中小企业议价能力不强。就应收账款占流动资产的比重而言，上海、江苏、浙江等 7 个省份均超过 30% 的水平。其中，江苏省最高，为 34.5%，上海次之，达到 31.2%，区域中小工业企业的流动性状况值得关注。就应收账款净额而言，江苏、广东、浙江 3 个省的规模以上中小工业企业应收账款净额均超过 1 万亿元，江苏、广东、浙江地处东南沿海地区，工业较为发达，工业体量较大，使得应收账款规模整体偏高，压缩应收账款势在必行。

3. 票据功能对于解决应收账款的作用

2019 年 6 月，时任中国人民银行行长易纲在陆家嘴论坛上提出，要推动应收账款票据化。上海票据交易所董事长宋汉光在第十六届中国国际金融论坛的演讲中表示，要深化票据市场供给侧结构性改革，推广应收账款票据化，提升票据服务实体经济的精准度。票据是集支付、结算、融资、投资、交易、调控功能于一体的金融工具。相比于应收账款，一方面，票据具有固定的账期，具有到期无条件付款的特性，具有追索权，为企业回款提供了保障；另一方面，票据融资成本低，流动性强，可成为企业应收账款的重要替代工具。

票据是传统的支付结算工具，相比于纸票而言，电子票据既是信用工具，又是支付工具，同时具有互联网属性，可以实现货币化支付。在供应链金融场景下，使用电子票据进行支付结算，可以锁定账期，有效串联供应链企业，带动优质企业信用传递，通过票据轧清供应链上下游企业应收、应付账款，实现应收账款票据化。除此之外，票据还具有融资功能，一方面，准入门槛低，能更好地覆盖中小微企业，促进企业资金融通，是企业重要的短期融资工具；另一方面，票据贴现利率总体低于流动资金贷款利率，通过票据融资可以降低企业融资成本，电子票据项下业务办理更加高效便捷，有利于节约时间成本，加快企业资金回笼速度，加速资金流通，提高企业生产效率，有助于企业生产经营活动的开展。改革开放后利用票据在解决"三角债"、化解企业间货款拖欠等问题的历史经验表明，票据在解决企业间货款拖欠、支付结算方面具有一定的适用性与优越性，发展应收账款票据化，能够化呆滞的账面资金为票据信用资金，缓解企业资金困境，加速企业生产运营，促进实体经济发展。

4. 规模以上中小工业企业票据承兑量的测算

为探究规模以上中小工业企业票据发展潜力，探索票据市场服务工业企业发展潜能，本文以增值税为基础对中小工业企业票据承兑总量进行测算。通过模型测算，规模以上中小工业企业理论承兑汇票量约为 69.5 万亿元。2020 年我国票据承兑量为 22.09 万亿元，其中，中小微企业票据签发金额占比为 66.72%。由于缺乏工业企业票据签发数据，本文尝试以工业增加值占 GDP 的比重作为承兑汇票的比例。2020 年我国工业增加值为 31.31 万亿元，占 GDP 的比重为 30.82%，由此测算得到的 2020 年规模以上中小工业企业承兑汇票签发量约为 4.54 万亿元，仅为理论测算值（69.5 万亿元）的 6.53%，由此可见，规模以上中小工业企业承兑汇票签发量未来有很大的发展空间。

二、发展规模以上中小工业企业应收账款票据化的思考

1. 转变观念，发展规模以上中小工业企业票据业务

中小企业多位于规模以上工业企业供应链上下游，面对规模较大、竞争力较强的核心企业，上下游中小企业在谈判议价过程中时常处于弱势地位，应收账款高企导致的资金链紧张是此类企业在发展过程中面临的常见问题。为充分发挥应收账款流转在缓解中小企业融资难问题中的作用，中国人民银行上线中征应收账款融资服务平台，为银企应收账款融资搭建桥梁。然而，当前应收账款融资存在真实性确认困难、业务普及度不够、银企接受意愿不强、流转困难等问题。商业汇票与应收账款使用场景相似，且具有准入门槛较低、法治基础良好、基础设施健全，功能作用丰富，能够满足多重需求等优势，是重要的货币政策工具。规模以上中小工业企业可以转变融资观念，发展应收账款票据化，寻求票据融资对应收账款融资的替代方式，使用低成本票据业务盘活企业应收账款，缓解企业资金周转难题。

2. 发展规模以上中小工业企业全生命周期票据业务

票据兼具信贷与资金双重属性，功能作用多样，业务品种丰富，既包含传统的承兑、贴现、转贴现、回购、再贴现业务，又包含票据池、秒贴、绿色票据、供应链票据、标准化票据等创新型业务。近年来，各大金融机构开始重视票据全生命周期管理，开发票据全生命周期业务及服务，瞄准企业发展难点、痛点，通过票据产品"组合拳"的方式为实体经济提供综合性的资金解决方案。规模以上中小工业企业可以以金融机构全生命周期票据业务发展为契机，以单个票据业务为切入点，由点及面开展票据全生命周期业务，借助金融机构专业化业务团队，打造专属票据融资服务，化解企业应收账款淤积问题，畅通资金流转渠道。

3. 推动规模以上中小工业企业供应链票据发展

2020年4月24日，上海票据交易所供应链票据平台正式上线运行，供应链票据平台依托于电子商业汇票系统，与供应链金融平台对接，为企业提供电子商业汇票的签发、承兑、背书、到期处理、信息服务等功能。供应链票据平台实现了票据可拆分化。一方面，企业可以根据实际支付结算需求，对票据进行拆分和重新组包处理，极大地提高了企业票据支付与流转的便利性；另一方面，企业可以通过贴现或标准化票据融资，以低成本

利率实现资金快速回笼。开展规模以上中小工业企业供应链票据业务，可以带动上下游企业信用传递，实现由宽货币到宽信用的转化，通过票据轧清上下游企业应收、应付账款，盘活中小工业企业应收账款，缓解企业在生产发展过程中面临的资金问题。

4. 推动规模以上中小工业企业标准化票据发展

2020年6月，中国人民银行发布《标准化票据管理办法》，明确支持资管产品投资标准化票据。标准化票据属于货币市场工具，银行间债券市场交易主体可以通过购买标准化票据进行投资，打通了票据市场与债券市场之间的壁垒，扩大了票据市场参与主体范围，实现了票据市场与债券市场联动发展，迈出了票据债券化发展的一大步。《标准化票据管理办法》进一步明确了标准化票据可等分化，使得标准化票据进一步向标准化债权类资产靠近。推动规模以上中小工业企业标准化票据发展，以核心企业签发的商业承兑汇票作为基础资产创设标准化票据，可以进一步降低中小企业持有的核心企业签发的商业承兑汇票的融资成本，缓解规模以上中小工业企业在发展过程中遇到的融资难、融资贵问题。

5. 加大对规模以上重点中小工业企业票据发展的支持力度

规模以上工业是立国之本，当前我国经济正处于出口导向型向内需拉动型转变的关键阶段。作为国民经济的重要组成部分，规模以上中小工业企业涉及研发、生产、销售等多个环节，生产周期普遍偏长，回款周期面临着较大的不确定性。票据作为一种重要的信用工具，兼具支付、融资、调控等功能，全生命周期流程涵盖背书、贴现、再贴现等各个环节，规模以上重点中小工业企业在原材料采购环节一方面可以背书转让票据，充分发挥票据支付功能，缓解资金短缺困境；另一方面，可以向金融机构贴现票据，充分发挥票据融资功能，获得实实在在的资金支持。除此之外，符合要求的票据可以向人民银行申请再贴现，以货币政策低利率红利精准支持实体经济发展。因此，发展规模以上中小工业企业票据业务，可以重点中小工业企业为抓手，加大票据支持力度，推动我国工业发展转型。

6. 加大规模以上中小工业企业商票业务发展力度

商业承兑汇票作为未来票据市场发展的重点方向，是票据业务发展的蓝海。近年来，供应链票据、标准化票据的发展给商业承兑汇票发展提供了机遇，随着商业汇票信息披露系统上线，票据市场对于商业承兑汇票的管理也在不断丰富与完善。推动规模以上中小工业企业应收账款票据化发展，可以考虑加大中小工业企业商票发展力度，推动商业承兑汇票信用评级体系建设，组建票据信用评级机构，为承兑与贴现主体提供全方位、动态化的票据信用评级与追踪服务；完善商业承兑汇票担保机制，建立中小微企业商业承兑汇票担保基金或风险基金，推动保险增信、担保增信等发展；可以考虑与银行、保险等金融机构展开合作，开展票据保兑、保贴、担保等业务，以提升商票的市场认可度。

7. 探索规模以上中小工业企业商票平台建设

票据的本源在于支付，只有发挥票据的支付功能，才能真正节省实体经济融资成本。为寻求应收账款困局化解途径，缓解企业融资难、融资贵问题，探索企业持有的商业承兑汇票如何在企业间通过流通转让，延续票据的支付功能，实现便捷化融资，规模以上中小工业企业可以探索商票平台建设，专注于商业承兑汇票承兑、贴现市场发展。通过统一的信用平台建设，引导企业更多地将商业承兑汇票应用于生产经营活动中，通过平台票据流转，实现商业承兑汇票的闭环运行，提高供应链企业运行效率。建立规模以上中小工业企业商票平台一方面有利于降低企业融资成本，加速企业资金回笼；另一方面有利于培育良好的商票信用环境，提升企业信用，促进商业承兑汇票流通，发挥商业信用服务经济的作用。

8. 加强规模以上中小工业企业票据风险管理

风险是未来损失的不确定性，只要经营票据业务，就一定存在风险。在推动规模以上中小工业企业票据业务发展的过程中，需要进一步根除"重盈利、轻风险""重指标、轻管理"的经营管理理念，树立合规审慎的经营理念，推动过程化与精细化管理。金融机构需要进一步加强风险管理，将风险防范落到实处。在办理规模以上中小工业企业票据业务时，应该充分审查贸易背景真实性，严格按照制度规定办理票据业务，严格把控操作风险关口；做好规模以上签发主体商票评级工作，建立白名单管理制度，严格控制风险敞口，严防部分企业过度签发带来的兑付风险；进一步健全票据市场风险监测体系，加强风险识别、分析与评估，完善风险监测指标，强化监测结果运用。

9. 加快地区票据发展，盘活区域应收账款

规模以上中小工业企业应收账款呈现出区域性分布的特征，在全国 31 个省份中，广东、山东、江苏、浙江、上海这 5 个省份的规模以上中小工业企业应收账款占比之和超过全国总额的 50%，这些地区地处东南沿海，贸

易发达，工业化程度高，工业总产值大，由此导致应收账款总量高企。尽管这些省份票据业务发展速度较快，票据业务总量较高，但相较于应收账款而言，票据业务发展力度仍显不足。推动区域规模以上中小工业企业发展需要加快票据发展步伐，加速商业信用票据化、应收账款票据化发展进程，以供应链金融发展为契机，推动票据上链、强链，以票据之便利化解资金周转之淤积，活化应收账款之阻塞，推动规模以上工业企业发展，助力区域经济繁荣。

10. 加大规模以上中小制造业企业支持力度

2021 年 12 月 15 日召开的国务院常务会议部署进一步采取市场化方式加强对中小微企业的金融支持，确定加大对制造业支持的政策举措，促进实体经济稳定发展。票据既是一种延期付款工具，又是低成本融资工具，相较于普通流动资金贷款而言，其利率更加优惠，加快规模以上中小工业企业票据发展，不仅能够有效传导国家宏观政策，还是实现普惠金融的重要途径。"十四五"规划指出，要坚持把发展经济着力点放在实体经济上，加快推进制造强国、质量强国建设，促进先进制造业和现代服务业深度融合。制造业是国民经济的重要组成部分，是我国经济结构转型的基础，制造业涉及生产、销售、回款等多个环节，账期不匹配、资金短缺现象是制造业企业普遍存在的现象，票据的金额、期限可根据实际需求确定，与制造业企业回款周期灵活匹配，应加大规模以上中小制造业工业企业票据支持力度，将票据打造成制造业企业短期流动性管理工具。

发挥供应链票据优势　提高中小企业融资效率

肖小和　木之渔

供应链票据完全嵌入企业供应链，可以更好地满足链内企业支付、融资需求，发挥畅通供应链的作用。在支持实体经济发展，尤其是在帮助中小企业纾难解困方面，相较于其他票据产品，供应链票据可以起到更好的作用。

由于供应链票据可以有效实现信用传递，由链内中小企业分享核心企业的优质信用，因此，供应链票据更容易获得金融机构的融资及优惠价格。在供应链票据融资实践中，通常贴现利率较同期贷款利率低 100～150 个基点，有效降低了企业融资成本。

供应链票据横跨结算、融资及信用领域，是供应链金融的代表产品，应通过完善的顶层设计，推动供应链票据改进创新，不断满足企业支付与融资需求，将其塑造为服务供应链、服务中小企业的代表性产品。

2022 年以来，受到全球经济不确定性增强等的影响，我国经济运行的复杂性及严峻性加大，部分中小企业发展面临困境。在支持实体经济发展，尤其是在帮助中小企业纾困方面，应充分发挥供应链票据的优势，积极推动供应链票据快速、健康发展，为供应链上下游中小企业提供更多支付、融资便利，积极服务中小企业发展。

一、供应链票据的概念、特点及应用场景

供应链票据是票据的重要组成部分，是一类非常有特色的金融产品。供应链票据完全嵌入企业供应链，可以更好地满足链内企业支付、融资需求，发挥畅通供应链的作用。在支持实体经济发展，尤其是在帮助中小企业纾困解难方面，相较于其他票据产品，供应链票据可以起到更好的作用。

1. 供应链票据的概念

（1）供应链平台。供应链平台由企业开发建设和运营管理，通过对接上海票据交易所供应链票据平台，为供应链企业提供供应链票据服务。

（2）供应链票据平台。供应链票据平台依托于电子商业汇票系统，与供应链平台对接，为企业提供电子商业汇票的签发、承兑、背书、到期处理、信息服务等功能。上海票据交易所负责供应链票据平台的开发建设和运营管理。

（3）供应链票据。通过供应链票据平台签发的电子商业汇票称为供应链票据。

2. 供应链票据的特点

供应链票据除具备票据的一般特点外，还具备以下特点。

（1）等分化签发。供应链票据实现了等分化签发，票据签发可以 0.01 元为单位进行拆分，大大提高了企业用票的灵活性，解决了企业持票金额与付款金额不匹配的痛点。

（2）嵌入式场景。供应链票据将票据嵌入供应链场景，企业可直接通过供应链平台完成供应链票据业务操作，推进了票据的供应链场景化使用。

（3）扩充办理渠道。企业办理电子商业汇票相关业务仅能通过商业银行、财务公司渠道办理，供应链票据提供了企业通过供应链平台接入的新方式，进一步扩充了业务办理渠道。

（4）提升科技赋能。供应链票据的科技含量十足，不仅其生命周期均可通过信息系统实现，而且可以线上进行等分化操作，进一步提升了金融科技服务的广度与深度，有利于金融服务提质增效。

（5）拓展与延伸功能。供应链票据依托供应链票据平台，可以聚集国内供应链上下游的各种物流、信息流、资金流、信用信息流等，为中小企业提供票据全流程全方位服务。

3. 供应链票据的作用

（1）完善企业支付与融资环境。供应链票据具有可拆分、等分化的特性，大幅提升了企业用票支付的灵活性，其丰富的接入渠道，便利了企业票据融资需求。供应链票据进一步深化了票据的支付和融资功能，最大限度地盘活了企业资产，提升了企业资金的精细化管理水平。

（2）培育我国商业信用环境。我国商业信用领域发展较为缓慢，总体规模相对较小，企业向银行申请的融资大多基于担保而非基于商业信用。商业承兑汇票是集中体现商业信用的业务产品，从本质上看供应链票据属于商业承兑汇票的范畴，与一般商业承兑汇票相比，供应链票据是多渠道、等分化的商业承兑汇票。推进供应链票据发展将在较大程度上推动商票市场发展，持续推动我国商业信用体系发展成熟。

（3）进一步缓解中小企业融资难、融资贵问题。由于供应链场景下企业间的真实交易关系更具可见性，且供应链票据可以有效实现信用传递，由链内中小企业分享核心企业的优质信用，因此，供应链票据更容易获得金融机构的融资及优惠价格。在供应链票据融资实践中，通常贴现利率较同期贷款利率低 100~150 个基点，有效降低了企业融资成本。

（4）有利于推动票据市场高质量发展。供应链票据是票据市场的重要组成部分，发展供应链票据，一方面，可以加快票据市场基础设施建设，完善市场业务及管理政策，提升票据市场整体运行效率；另一方面，可以推进票据市场创新发展，推动市场基础设施、商业银行推出更多贴合企业实际的创新产品、创新政策，推动票据市场高质量发展。

4. 供应链票据应用情况

供应链票据平台于 2020 年 4 月 24 日试运行。截至 2021 年底，共有 3000 多家企业登记注册，各项业务金额合计 671. 63 亿元，供应链票据在提高企业融资可得性等方面的优势持续显现；供应链票据贴现金额与承兑金额的比值为 65. 96%，供应链票据单笔贴现金额在 1000 万元以下的笔数占比为 47. 96%，小额票据贴现融资效率有所提高。

5. 供应链票据应用场景

目前供应链票据的参与企业覆盖制造业、软件和信息技术服务业、批发和零售业以及电力、热力生产和供应业等众多行业，应用场景包括供应链票据承兑、供应链票据背书转让、供应链票据贴现、供应链票据再贴现等基本场景，以及"供应链票据+标准化票据""供应链票据+绿色金融"等许多创新场景。

二、供应链票据存在的问题

（一）信用问题

供应链票据是由企业承兑的票据，本质为商票，信用风险是商票最大的风险，同样也是供应链票据发展的核心问题。总体上看，我国的商业信用环境有待进一步提高，一是企业信用信息较为分散，未能有效整合利用；二是商票信用基础设施仍处于起步阶段，缺乏企业信用信息平台、缺少有效统一的商票评级体系、商票签发尚未纳入人民银行征信系统等，相关问题尚需进一步统筹协调、研究解决。

（二）数据问题

供应链票据平台已上线运行了一段时间，相关业务数据及信息产品仍较为缺乏，供应链票据的签发情况、企业数量、贴现状况、交易总量、利率走势等缺乏定期公布机制，相关数据的共享、挖掘及使用不够充分，市场参与者难以充分了解供应链票据的市场状况、开展情况。

（三）宣传问题

目前，供应链票据的宣传推广工作，总体上看力度较弱。市场管理主体、参与主体、服务主体等市场参与各方尚未全面、主动开展供应链票据的市场推广，大量中小企业对供应链票据的内涵定位、功能优势、办理渠道、业务流程等仍不了解。

（四）替代问题

近几年，电子债权凭证等类票据业务产品开始出现，由于其类似于供应链票据，可实现拆分、支付、转让、融资等功能，业务发展十分迅猛。类票据业务产品部分缓解了中小企业融资问题，但由于缺乏法律支持与监管，如果管理不到位，可能会引发新的风险。类票据业务产品的出现对供应链票据发展产生了一定的替代性影响。

（五）参与者问题

供应链票据的成长与发展既需要供应链平台、核心企业、上下游企业的积极参与，更需要融资方商业银行的积极介入，但商业银行对供应链票据的参与度和覆盖率较低，主动性不强。首先，从产品设计看，供应链票据与电子票据相比，企业通过供应链平台而非网银接入上海票据交易所，票据签发过程绕过银行业务系统，商业银行仅承担贴现、质押等职责，积极性不高；其次，从商业银行内部管理来看，供应链票据与商业银行传统授信理念存在差异，并受到银行内部利润分配、风险责任、业务考核等因素制约；最后，从业务规模看，已接入的供应链平台数量较少，大部分银行未参与供应链票据相关业务。

（六）发展生态问题

目前，部分地区出台了支持供应链金融、供应链票据发展的政策，但由于区域政策管辖层面有限，且政策需要跟进与落实，能否落实到位仍有待观察。此外，供应链票据涉及主体众多，包括商业银行、供应链平台、核心企业、上下游企业以及相关政府部门等，目前接入供应链票据的平台与企业数量较少，难以形成规模效应。

三、发挥供应链票据作用、服务中小企业发展的建议

（一）未雨绸缪，加强产品顶层设计

建议加快推动供应链票据顶层设计工作，一是未雨绸缪，提前布局，当前国际形势风云变幻，我们需要提前预估困难，尤其是关键领域供应链、产业链应及早做好准备，与供应链相关的金融产品体系同样需要提前规划；二是精心谋划，做好顶层设计，明确供应链票据发展规划及时间节点，稳妥推进供应链票据制度体系、平台体系、产品体系、研究体系、风控体系、创新体系、监管体系及人才体系建设；三是不断完善，打造拳头产品，供应链票据横跨结算、融资及信用领域，是供应链金融的代表产品，应通过完善的顶层设计，推动供应链票据的改进创新，不断满足企业支付与融资需求，将其塑造为服务供应链、服务中小企业的代表性产品。

（二）强基固体，加快信用基础设施建设

票据是信用的载体，信用信息是信用的具体表现形式，票据市场发展与企业信用信息体系建设密切相关，完备的企业信用信息体系将推动票据市场高质量发展，促进中小企业健康成长。

2021年12月，国务院办公厅发布《加强信用信息共享应用促进中小微企业融资实施方案》，要求"加快信用信息共享步伐，深化数据开发利用，创新优化融资模式，加强信息安全和市场主体权益保护，助力银行等金融机构提升服务中小微企业能力"。信用信息共享包括市场主体登记信息、司法信息、纳税信息、住房公积金信息、社会保险信息等14大类，共37项。

为此，在加快推进企业信用基础设施建设工作方面，一是统筹规划平台建设，企业信用信息平台需要建设完善的信用制度体系、高效的信息系统，以及完备的跨部门协调机制，需要建立信用数据采集、数据评估、数据登记、数据评价、数据使用、数据交易以及数据共享等一整套信用信息数据管理体系，以改善企业信用信息环境；二是兼顾专业性子平台建设，鉴于中小企业融资需求及融资工具具有差异化特点，可打造专业化的信用信息子平台，专门用于某类融资产品，如建设票据信用信息平台，实现准确、快速、全面查询并共享企业信用信息，以更好地满足中小企业融资需求；三是有前瞻性，目前企业信用信息建设仅包括中小企业，未来还

应纳入大中型企业，实现企业信用信息全覆盖，以更好地推动供应链票据服务中小企业。

（三）周密规划，结合数字票据统筹发展

数字票据是票据的未来发展方向，符合我国发展数字经济的总体战略。建议结合数字票据发展规划统筹推进供应链票据发展，一是树立战略思维，以供应链数字经济为着眼点，规划供应链票据市场及业务发展；二是强化科技赋能，推动大数据、云计算、人工智能等新型技术手段的应用，提升供应链票据的科技属性，构建智能化业务处理机制，更好地服务供应链上下游中小企业；三是强化技术供给，尤其是提升中小金融机构、供应链核心企业信息技术能力，提升供应链票据市场参与者整体技术实力；四是深化融合应用，实现跨领域数据互联互通，打通供应链票据与传统电子票据、供应链金融产品之间的技术与数据壁垒，便利商业银行为链内中小企业提供更丰富的综合金融解决方案，提升中小企业融资的时效性、便利性及可得性。

（四）精益求精，完善供应链票据平台

供应链票据平台作为供应链票据运行的基础平台，目前仅承担系统接入、业务规则判断、报文收发、查询等基本职能，建议进一步完善供应链票据平台，将其打造为供应链金融领域的基础设施。一是明确定位，国内供应链金融领域缺少统一的基础设施，供应链票据平台已具备明确的维护机构，以及一定的客户基础，可以考虑将供应链票据平台打造为供应链金融基础设施，除了为供应链票据服务外，还可为其他供应链金融产品提供服务；二是完善功能，供应链票据平台应强化供应链领域业务数据收集，充分对接各供应链平台，获取各供应链产、供、销业务数据及供应链层级关系数据与各级链条上下游企业数据，统筹整理各行业供应链信息，打造成集供应链物流、资金流及信息流于一体的全市场供应链大数据平台；三是开放共享，一方面，需加强与企业信用信息平台的数据共享，共同建设开放式、集成式、全方位、全维度的企业信息综合平台；另一方面，应加强对商业银行的数据共享，为商业银行总结提炼供应链的各类应用场景创造条件，促进业务创新，提升金融服务中小企业的广度与深度。

（五）注重实效，发挥商业银行金融属性

商业银行是票据市场的中坚力量，参与了票据全生命周期所有环节。推动供应链票据发展需充分调动商业银行并发挥其金融属性，一是建议监管部门加强沟通协调，逐步改变商业银行对供应链金融业务的传统信贷思维，调整授信模型及管控要求，制定供应链票据的差异化发展策略；二是建议商业银行调整营销模式，通过供应链票据将金融服务渗透至链内企业，加强对供应链全链条的服务能力；三是建议商业银行明确辖内机构及内设部门供应链管理的职责权限，完善授信管理、贷后管理、利润分配及内部考核等政策，探索符合供应链实践需求的业务管理模式，满足链内中小企业融资需求；四是建议商业银行加大对供应链票据贴现业务的支持力度，以提升供应链票据的流动性，为中小企业提供更多金融支持。

（六）除旧立新，提升产品竞争力

供应链票据是信息化程度较高的创新业务产品，且贴近企业实际需求，建议不断强化供应链票据业务及科技属性，加强其与票据及其他货币市场子市场之间的联系。一是积极推进"供应链+标准化票据"创新，标准化票据连通了票据市场与债券市场，有利于规范票据市场，并提升其抵御风险的能力，应加大对该项创新产品的推广力度，进一步提升供应链金融服务质量，拓展供应链票据发展空间。二是充分发挥票据支付与融资属性，积极拓展支付、交易等领域的产品创新。比如，供应链票据的支付方式、接入方式、交易手段创新，以及银行承兑供应链票据创新等。金融机构应密切跟踪企业需求，加大创新资源支持力度，适时研发满足市场需求的创新产品。三是根据行业特点进行创新，不同行业在采购、生产、销售、库存及账期管理等方面存在差异，商业银行需深入各行业供应链调研实际情况，不断优化供应链票据业务功能，更好地满足不同行业、不同供应链企业的实际需求。四是完善供应链票据的交易功能，打造供应链票据交易子市场及交易平台，时机成熟时可发布供应链票据收益率曲线，以进一步活跃供应链票据市场，提升市场资金对产品的关注度。五是提前考虑跨境供应链票据创新，为跨境人民币发展预备业务产品，进一步丰富服务中小企业的金融工具。总之，要推动供应链票据平台成为面向国内外供应链提供金融信息与票据服务一体化的大平台。

（七）居安思危，增强业务风险管控

供应链票据既是票据的组成部分，也属于供应链金融，同时具备票据与供应链金融的风险特点，其风险管控要求需区别于一般票据及供应链金融产品。一是在风险意识层面，建议商业银行充分认识供应链金融业务与传统授信业务的差异，既要了解供应链金融业务的优势，进行差异化管控，也要认识到供应链金融业务存在专业性强、地域分散、主体众多、环节复杂的风险特征，需采用有针对性的风险管控措施；二是在风险政策层面，商业银行需对供应链票据制定专门的授信管理及贷后管理政策，全方位控制供应链票据的信用风险、贸易背景真实性风险、操作风险及合规风险；三是在政策落实层面，商业银行需强化落实事前、事中、事后各项风险政策，全面掌握供应链的资金流、物流及信息流，实时跟踪链内企业财务数据、生产经营及资金流通状况，重点分析各条供应链的特点及风险薄弱点，并强化对供应链关联企业的信用管理；四是在风险监测层面，上海票据交易所、商业银行及供应链平台应强化对供应链票据交易信息、支付信息、融资信息、兑付信息及信用信息的实时监测，并及时处置异常情况。

（八）合力推进，统筹协调政策措施

建议监管部门及政府职能部门进一步明确对供应链票据的政策支持。一是建议人民银行推出供应链票据再贴现业务专项规模，并适时调整再贴现利率，引导商业银行进一步加大对供应链票据领域的资源投入，推动供应链票据健康、良性发展；二是建议可以对供应链票据尝试一些新监管政策、新举措，改善中小企业融资环境；三是建议财政部门、国家及各级担保基金以及保险公司适当为供应链票据的承兑人（中小企业）提供担保，并由财政和担保公司对供应链票据贴现申请人（中小企业）提供相应的贴息支持；四是建议税务部门对使用供应链票据的中小企业采取适当的税收优惠措施。通过上述政策措施，推动供应链票据快速、健康发展，为供应链上下游中小企业提供更多支付及融资便利。

（九）先行先试，推动重点行业应用

发展供应链票据可优先选择重点行业推动，在总结经验并优化产品后，再全面推广。一是建议试点开展农业供应链票据业务，商业银行可结合本地农业特色，优先选择粮食、果蔬、肉禽、茶叶、药材等农业产品，发挥农业核心企业的示范引领作用，打造联结农户、新型农业经营主体、农产品加工、流通企业的供应链票据产品；二是建议积极发展战略性新兴产业供应链票据业务，如大飞机、新能源、高端装备制造、通信、碳中和、半导体及生物医药等，确保供应链上下游中小企业支付与融资便利，推动相关产业有序发展。

提升 B2B 交易平台票据运营能力的意义

李春雷　宋　扬①

B2B 交易平台是数字化经济在传统行业中，对交易、流通环节进行优化和重塑的一种表现形式。尤其是对传统行业转型升级的平台，如钢铁、煤炭、化工、工业品等行业。这些行业虽然在大量使用票据作为融资和结算的工具，但是在平台化的过程中却没有很好地跟票据运营场景相结合，主要原因在于：（1）缺少票据价格发现能力；（2）票据支付的时效性差；（3）可处理的票据种类少；（4）缺少对票据的理解和认知；（5）不具备系统化管理票据的能力。

上述原因是由票据行业自身发展过程与企业支付结算环节的变化不同步造成的。下面我们基于一种已实践的解决方法来思考如何更广泛地解决 B2B 交易平台的票据运营能力问题。

一、如何让企业具备票据价格发现能力

一般来说，企业自身并不具备票据价格发现能力，价格信息来源主要是经常合作的银行，尤其是使用票据频率不高的企业，价格信息来源更加闭塞。

从单一银行的角度来说，并没有汇总全市场价格信息并提供给企业使用的商业立场，因为这既需要银行投入一定的成本，又压低了银行本身的盈利空间。

因此，需要一个独立的第三方，汇总全市场价格信息为企业提供实时参考，并且描绘、分析价格走势为企业提供更具附加值的参考信息。

目前除了个别具有秒贴能力的银行可以通过接口的方式获得价格信息，大多数银行的报价还是通过银行客户经理与企业的线下沟通完成价格信息传递。这种线下传递的价格信息多以表格、图片、短消息的形式出现，没有统一的格式，给价格信息的汇总应用带来了一定的难度。

---

① 作者所在单位为上海果藤数字科技有限公司。

现阶段通过广泛地主动联系银行建立尽可能多的报价渠道，再应用机器人、NLP、OCR 等技术自动获取并转换可被结构化的报价数据，形成报价仓库，是一种有效的解决方式。

但是这只能解决价格传递问题，企业的票据融资还面临账户开立、贴现资料传递等问题，价格具备优势的银行不一定是最经济、最便捷的银行。

二、票据支付时效性差的客观原因

现在，电子化票据的普及程度极高，并且新一代票据业务系统支持金额的拆分功能，相比于原本的纸质票据，已经具备了不受时空影响、不受真伪影响、不受额度影响的全线上化自由支付的基础条件。

但是，票据支付环节还是存在大量需要人为介入的工作，如票据剩余期限的长短、票据金额的组合与拆分、票据承兑行类别的选择等，这些工作必不可少，往往会进行反复的沟通、协商，耗时、耗力。这与 B2B 交易平台上按照分钟级别成交订单的付款时效是极度不相匹配的。

如果选择新开立票据进行支付，又会遇到承兑行审核流程时效性问题。目前仅有个别银行具备全线上无人审核的票据签发能力，全部银行都具备这一能力还需要更多的系统投入、实践投入，而且这未必是最经济的做法。

同时，虽然票据电子化不会再受到传统的真伪问题的制约，但是依然有不法分子在寻找系统漏洞，披着电子化票据安全的外衣，实施更加隐蔽的票据诈骗。比如现在存在的保证待签收的票据诈骗，就是利用企业对电子票据签发流程不熟悉而实施的一种新型诈骗，就在笔者撰写此篇文章的间隙，还协助工商联的成员企业成功避免了一起 3000 万元的保证待签收的票据诈骗。

这些问题同样制约着非 B2B 交易平台企业更加广泛有效地使用票据支付功能。

三、可处理的票据种类少的客观原因

我国共有 4000 多家银行，常见的出票承兑行也有 1100 多家，而单一银行能处理的票据承兑行最多不到 300 家，并且其中不乏额度紧张、常年无法实际受理贴现申请的承兑行。银行同业授信的建立也与其自身开展业务的规模和地区等因素有关。电票的全流通必然受限于企业及银行的地域因素。企业的支付行为又将票据进一步发散，给下一手企业的票据应用带来更多的限制因素。出于流动性的考虑，企业持有票据到期并不是最经济的方式。

因此，单一银行全面满足企业的票据融资需求是一个不可能完成的任务。常见的企业应对方式是建立银行可受理的承兑行清单，对可接受的票据种类作出明确限制，并且经验丰富的企业也知道小承兑行额度紧张，为了减少沟通成本，会在银行给出的承兑行清单中继续精简，形成一个范围更小的内部使用的可受理的承兑行清单。这无疑进一步限制了大部分小银行承兑票据的流动性。

如果 B2B 交易平台无法受理这部分限制性极强的票据，让平台用户自行解决，则会造成一定程度的订单流失、客户流失。在各类行业同质化平台出现的今天，谁能更好地解决平台用户的实际问题，谁就具有更好的平台凝聚力。如果能解决平台用户面临的普遍问题，那就具有了更多可拓展的客户群。因此，帮助 B2B 交易平台扩大可处理的票据种类的范围，可以在一定程度上帮助其更好地为平台用户提供服务，维系客户。

四、如何提升对票据的理解和认知

大多数企业并不熟悉票据，比如前文提到的保证待签收的票据诈骗事件。如果电子票据增加保证人，在签票环节使用保证人进行增信，那么签票流程将变成出票人登记票据，提示保证人签收，提示承兑行承兑，提示收款人签收。如果恶意地将保证人登记信息与收款人信息写成一样的，收款人在不知情的情况下，会以保证人的身份完成票据签收，即使后面的票据签发流程不能完成，收款人也很难第一时间发现，有可能会造成财物损失。

除了票据签发流程，票据贴现环节也有买方付息、卖方付息等模式，在不同的商业场景中，是可以根据自身的价值权衡作出趋利选择的。

大多数企业对票据都是被动接受，除了贴现就是持有到期，并不了解如何自主签发票据、如何利用票据质押融资、如何使用票据池等产品。即使想了解，也缺乏相关银行产品的介绍，同时缺乏可以横向对比的相关银行产品。尤其是被动接受票据的中小企业，更是缺少相关的银行服务，而银行对这类中小企业提供针对性服务并不具备经济价值。

B2B 交易平台往往汇集了行业内众多的中小企业或者零散订单，通过平台的聚合效应与更大规模的企业发生更大规模的交易。因此，从平台经济的角度思考，以点带面，使 B2B 交易平台更详细地了解票据基础知识，掌握票据市场最新动态，包括银行产品、报价信息、风险事件等，将其融合到自身的业务场景中，在自身获益的同时，让更广泛的平台用户用极低成本获得更好的票据价值，让利于平台用户，是一种极为有效的模式。

五、如何提升系统化管理票据的能力

B2B 交易平台每天的交易单量巨大，如果平台用户大量使用票据融资、支付，那么管理种类繁多的票据资产就不是一项简单的人力累积的工作，必须借助工具软件作为支撑，进行系统化管理。

票据运营管理系统应该包括票据风险鉴别、票据资产定价、票据资产管理等基础功能，并具有票据融资、票据池管理等进阶功能。其中可能用到 OCR、NLP、大数据、云计算等技术，单一企业需投入的研发成本较高，收益不大。如果是 B2B 交易平台研发此系统，并通过业务场景将部分功能前置成为平台用户的一项增值服务功能，就能更好地发挥系统的信息化能力，汇集处理海量票据业务。

票据风险鉴别功能，可以通过轻量化的前置工具软件，为平台用户的财务人员提供一个专家系统，使其快速具备风险鉴别能力，既可以避免前手平台用户的风险，又可以定向梳理票据资产的流转，减少企业间票据应用标准不同产生的沟通成本。

票据资产定价功能，既可以让平台用户清楚了解持有票据的实时市场价格，又可以通过价格引导，进一步完成票据资产的定向归集。在让利于平台用户的同时，减少票据流转的环节，降低流转成本，提升流转效率，也可以为平台自身创造增量价值，形成良性共赢。

这里需要重点讨论说明票据池功能。银行提供的票据池产品可以很好地解决企业票据归集管理、质押融资、票据开立等问题，与 B2B 交易平台有着天然的场景结合能力，但也存在开票时效性差等流程问题，并且除了国有银行、股份制银行以及大型城市商业银行以外的银行票据池产品由于银行本身的信用等级不高，并不具备实用价值。

同时，银行的票据池产品考虑的是通用性，与企业自身的票据运营相结合还需要进行二次开发应用。如果把票据池比作存钱罐，这个存钱罐里有美元、日元、英镑、人民币，并且有不同的币值，那么当我们需要 200 元去消费的时候，从经济价值的角度考虑，就是一个计算当日不同汇率，选择不同币值进行组合兑换的过程。而在实际的票据池中，不同期限、不同承兑行、不同质押率、不同票面金额在进行定价、选择组合的时候，就是一个更加复杂的动态计算过程，笔者称之为票据置换模型。同时考虑到通过价格传递的定向归集的反馈问题，平台体量越大，用户票据支付的基数越大，这一动态计算的复杂度就越高，产生的经济价值也就越大。

综上所述，是存在一种通过系统化的方式提升 B2B 交易平台票据运营能力的可行方法的。

以一个钢铁行业的 B2B 交易平台为例。钢铁行业普遍使用票据进行支付结算，该平台早期并不具备有效的票据运营能力，因此无法在线上实时响应平台用户的票据支付结算需求，间接导致大量订单和客户的流失。在引入票据系统后，其平台客户可以在发起钢材采购订单的同时，选择现金支付或者票据支付。当选择票据支付时，平台用户可以通过网银发起票据背书，平台在接收到票据后会自动进行风险识别、票据定价，并将银行的票据贴现价格实时反馈给平台用户，同时会按照最低的银行报价下浮 1 个基点的价格与平台用户进行贸易结算。平台用户只要选择确认价格，平台就会自动签收票据，并且质押入池，以待后续使用。平台用户自身无法贴现融资的票据，在此时就可以以更优的价格支付给平台，避免了持票到期或者转向民间市场寻求融资的困境，既为平台用户避免了风险，又省时省力地完成了具有真实贸易背景的票据转让。当平台汇集了足够的钢材采购订单时，就可以向钢厂发起大额采购，同时利用票据池中沉淀的低风险额度向银行申请开立票据进行融资、支付，全程票据质押入池、票据开立都是线上化自动完成的，几乎没有时间损耗。而在票据池中选择需要质押票据的过程中就用到了票据置换模型，通过模型计算，可以为平台的每笔贸易创造 0.5% 的增量收益。

在此案例的实践中依然存在可质押入池的票据种类有限的问题，如果可以引入担保机构以保证人的身份对非授信承兑行进行增信，扩展可质押入池的票据种类，那么就可以在风险可控的情况下，更加便捷、有效地解决平台用户的票据支付结算问题。

同时通过这类行业 B2B 交易平台的归集能力，将一级市场的小额流通票据转变为大额票据再进入银行间二级市场交易，可以有效解决一二级市场的资产传递、价格传递问题，进一步降低企业票据使用成本，实现普惠金融，提升企业金融服务的获得感，进而刺激票据市场形成良性循环。

第四篇

票据历史发展研究

从票据历史角度思考票据市场未来创新方向

肖小和　王文静[①]

一、中国票据市场历史发展

1. 新中国成立前的发展

票据是一种古老而基础的金融工具，最早可以追溯到周朝的质剂、傅别和书契。那时的票据与现代意义上的票据差距很大，但仍然具有票据的雏形。周朝后经过千百年的发展，迈进唐宋时期，票据逐渐演变出多种形态。伴随着纸质票据的出现，票据在社会上的流通更为广泛，宋朝时期出现的"交子""会子"更是缓解了当时社会金属货币不足的问题。清朝前中期，票据流通制度的初步建立，为票据流通范围的进一步扩大奠定了基础。进入晚清时期，由于票号与钱庄的蓬勃发展让票据真正走入寻常百姓家，汇票、钱票、庄票等票据被广泛使用，票据这一古老的金融工具开始深度融入老百姓的生活中。经济金融的发展离不开国家的体制建设，由于晚清时期我国受到外国侵略者的入侵，我国票据市场的发展一度进入无序状态。直至《中华民国票据法》出台、安徽蚌埠贴现公所成立、上海票据交换所出现，标志着民国时期票据市场体系建设初见成效。

2. 新中国成立后的发展

新中国成立后，建设社会体系和恢复国民经济发展成为刻不容缓的工作。新中国成立初期，上海仍在开展承兑汇票及贴现业务为恢复国民经济发展而服务。新中国成立后，我国经历了经济发展体制的探索过程，在计划经济时代，由于禁止商业信用的发展，票据也就缺乏成长的土壤。伴随着改革开放，票据市场迎来了发展的契机。改革开放以后，我国民营经济开始起步，商业信用在扩大企业产品销售、活跃市场、冲击僵化的计划经济体制等方面表现出了极大的活力，企业商业信用的发展，为票据支付结算运用提供了环境。改革开放后我国票据市场的发展大致可以分为以下几

---

① 王文静，所在单位为九江银行绿色金融事业部、江西财经大学九银票据研究院。

个阶段。

（1）1979—1993 年，探索起步阶段。1979 年，中国人民银行批准部分企业签发商业汇票，票据这一传统的银行业务被重新拾起。1981 年，恰逢我国银行业改革发展的初期，我国的票据业务也开始起步。

（2）1994—1998 年，制度建设阶段。1992 年，党的十四大明确我国的经济体制为社会主义市场经济体制，市场经济的发展促进了我国商事立法的规范；1995 年颁布新中国第一部关于票据制度的法律——《中华人民共和国票据法》，这是票据市场制度建设的一个重要标志，也奠定了我国票据市场的基础；1996 年 6 月，中国人民银行颁布《贷款通则》，将票据业务列入银行主要信贷资产业务；1997 年，中国人民银行印发《票据管理实施办法》等一系列规章制度；这些法律法规的颁布标志着我国票据市场制度建设逐步完善。

（3）1999—2016 年，快速发展阶段。21 世纪以来，票据市场快速发展，规模不断扩大。1999 年，票据市场累计贴现量为 2499 亿元，累计承兑量为 5076 亿元，票据业务呈现自然发展的状态，承兑业务发展较快，贴现业务相对较少，票据交易极不活跃。2015 年，票据市场累计贴现量达到 102.1 万亿元，相比 1999 年增长 409 倍，年均增长率达到 45.61%；累计承兑量达到 22.4 万亿元，相比 1999 增长 44 倍，年均增长率为 26.71%。这一期间，我国整体经济繁荣发展，为票据市场的发展提供了肥沃的土壤。同时，票据具有支付、结算、投资、融资、交易功能，迎合了中小银行的发展需求。因此，票据市场规模快速增长，承兑业务的增速高于宏观经济增速，票据的资金属性愈发明显，流通周转速度不断加快。

（4）2017 年至今，上海票据交易所发展时代。2016 年 12 月 8 日，由中国人民银行筹建的具有全国性质的上海票据交易所正式成立，这是中国票据发展史上具有里程碑意义的事件。伴随着纸电融合、电票交易、会员系统与上海票据交易所系统直连等功能的逐步实现，票据市场正式进入电票发展新时代。

3. 纵观票据发展史，票据已经成为集支付、结算、融资、交易、投资、调控功能于一体的信用工具

无论是周朝的质剂、傅别，宋朝的"交子""会子"，还是晚清时期的票号，票据都发挥着汇兑、支付、融资的功能。改革开放后，我国企业一直存在着"三角债"的支付难题，而票据这一支付工具的大力推广使用，在一定程度上缓解了这一难题。伴随着票据市场的不断发展，商业承兑汇票慢慢兴起，企业不再单一依靠银行承兑汇票，这使得企业凭借自身的信用及资本获得了新的融资方式，票据的融资功能也走入人们的眼帘。在票据市场的基本大法《票据法》出台后，监管部门也相继出台了一系列业务规范文件，如《商业汇票承兑、贴现与再贴现管理暂行办法》进一步明确了再贴现这一货币政策具有"指挥棒"的作用，票据因此进一步发挥了调节功能。2009—2012 年，票据市场发展十分迅速，具有高收益、低风险、零门槛、期限短等优势的票据理财业务迅速发展，直至 2012 年，银监会下发文件禁止了票据理财中的"信托模式"，这使得票据理财的市场热情一度下降，但是到 2014 年，票据理财再次乘上了互联网的顺风车，互联网票据理财业务不断火爆，金银猫等票据理财产品风靡一时，这些都是票据投资功能的具体表现。同时，商业银行自 2009 年开始面临着资产荒的局面，票据资产的配置比重在商业银行中不断增大，于是商业银行大量开展回购业务，使得票据的交易、投资功能开始显现。伴随着票据市场的不断发展，票据市场基础设施不断完善，票据制度不断规范，票据已经发展成为一个集支付、结算、融资、交易、投资、调控、信用功能于一体的金融工具。

4. 票据功能本质体现在服务企业、服务客户、服务实体经济

自 1978 年我国实行改革开放以来，经过 40 多年的探索与发展，票据市场已经成为我国金融市场的重要组成部分。近年来，我国票据市场迅猛发展，规模不断扩大。根据上海票据交易所、中国货币网的数据，2019年，票据市场在经历了去杠杆和脱虚向实后，各类业务取得明显增长。全年业务总量达 131.45 万亿元，同比增长 19.04%；其中签发承兑金额为 20.38 万亿元，同比增长 11.55%。2019 年 1 月到 12 月，商业汇票未到期余额达到 21.17 万亿元，其中商业承兑汇票和银行承兑汇票分别为 2.54 万亿元和 18.63 万亿元。从承兑业务来看，业务平稳增长。2019 年，票据贴现量为 12.46 万亿元，同比增长 25.33%；票据交易量为 50.94 万亿元，同比增长 22.01%。票据贴现在企业贷款中占比不断提升，超过企业短期贷款的 1/4。截至 2019 年末，已贴现商业汇票 8.18 万亿元，未贴现的商业汇票总额约 4.5 万亿元，总计约 12.6 亿元。通过格兰杰因果分析，承兑发生额与 GDP 的相关性达到 92%，贴现发生额与 GDP 的相关性达到 62%，表明票据市场发展与 GDP 高度相关，因此发展票据市场可以更好地促进经济增长。

2019 年，我国票据市场发展指数超过 1400 点。2016 年上海票据交易所成立，为票据服务实体经济提供了更便捷、广阔的平台。

票据是在企业支付结算的需求下应运而生的，在发展的过程中，不断演化出降低企业融资成本、提供便捷融资渠道的功能。根据《中国货币政策执行报告》，票据的签发集中在制造业和批发零售业，由中小企业签发的票据大约占全市场的 2/3，这说明商业汇票已经成为中小企业的主要融资工具。2018 年以来，人民银行一而再、再而三地支持再贴现，特别是对中小微企业。截至 2019 年底，再贴现余额为 4714 亿元，其中相当比例用于服务中小微企业，票据成为中国人民银行支持小微企业的有力抓手。

票据业务是金融机构发展的重要基石，是继同业拆借和债券回购之后货币市场的又一重要交易工具。第一，票据业务为商业银行增加了沉淀存款。银行在承兑票据时需要企业缴纳一定的保证金，而且企业贴现后也会给商业银行带来一定的存款沉淀。第二，票据业务可以给商业银行带来中间业务收入，在上海票据交易所成立以后，票据市场参与主体多元化、市场创新进程加快的特点突出，进一步拓宽了中间业务收入的渠道。第三，票据业务还可以给银行带来贴现利息收入、转贴现利差收入以及回购利息收入，进一步提升银行的盈利能力。据估算，票据全产品线的年度利润达到 2000 亿元，占银行业年利润的 10% 以上。第四，通过票据全生命周期的发展，又为商业银行、企业、客户创造了商机。

二、票据市场创新发展的现状及问题

1. 票据市场已经创新的一些模式、业务、产品、主体的基本分析

伴随着票据市场的发展以及电子化进程的加快，上海票据交易所系统不断完善，票据市场创新路径不断深化，具体表现为以下几点。其一，参与主体经营模式发展了许多变化，如专营模式、窗口模式、条线模式等。其二，票据产品体系不断延伸。票据业务不再局限于承兑、贴现、转贴现这几个基础业务上，票据池、票据托管、票据资产管理、票据资产证券化等综合增值型产品在票据市场上的呼声越来越高。票据市场的竞争日益激烈，客户需求不断提升，商业银行只能不断地满足客户差异化的需求，最大限度地挖掘产品潜力。其三，票据产品回归本源特征凸显。伴随着上海票据交易所的正式上线，进一步创新了票据的交易方式，形成市场透明的票据价格，为企业提供了更多低成本甚至是无成本的票据融资产品；同时

形成了票据在产业链、贸易链、供应链之间的全生命周期产品，更加突出了票据的资金优势，使得票据流、资金流、信息流逐渐统一，为票据产品回归本源奠定了基础。

从票据创新的相关产品来看，上海票据交易所成立以后，科技赋能票据创新的特点较为突出。首先，上海票据交易所在产品创新方面起着领头羊的作用，针对企业票据流转与贴现问题，分别推出了针对性强的创新产品"票付通"和"贴现通"，在一定程度上提高了票据市场的流通效率；在票据资产标准化尝试方面，2019年创造性地推出了标准化票据，进一步便利了票据交易，提高了票据流动性，并进一步便利了中小银行及中小微企业融资。在科技创新的驱动下，票据市场的各个参与主体也积极创新，如赣州银行推出首单区块链票据业务、大中小银行的线上贴现业务纷纷上线、央企"企票通"平台的建立等，使得票据业务创新进一步深化，服务实体经济的能力进一步增强。

2. 创新局限性及根源

法律法规滞后制约票据业务创新发展。一是融资性票据面临法律障碍，但市场对融资性票据呼声较高，两者相悖。二是传统模式下的背书转让规则与新交易模式矛盾。三是当前我国的金融监管模式为多头监管，表现为行业监管而非功能监管，在这种情况下，不同机构办理业务时，其监管标准和政策尺度不同，比如商业银行的票据业务受到人民银行的总量控制，纳入其信贷规模的考量中，但是券商并无规模限制，所以与券商合作是商业银行票据消规模的通道之一。四是若干法规和制度之间存在矛盾。如关于票据的真实贸易背景问题，根据《票据法》第十条，"票据的签发、取得和转让，应当遵循诚实信用的原则，具有真实的交易关系和债权债务关系。票据的取得必须给付对价，即应当给付票据双方当事人认可的相对应的代价"。《票据法》并没有规定票据必须具有"真实贸易背景"的基础条件，然而中国人民银行颁布的《银行支付结算办法》第十四条规定"签发商业汇票必须以合法的商品交易为基础，禁止签发无商品交易的汇票"。这些基础法规之间的矛盾给市场运行带来了一定的弊端。

参与主体无法满足票据业务创新发展的要求。一方面，参与主体不够多元化。在一定程度上，上海票据交易所的成立使得非银机构可以参与票据市场交易，同时人民银行提出"作为银行间债券市场交易主体的其他金融机构可以通过银行业金融机构代理加入电票系统"，这些均是参与主体多元化的标志，但是从实际运行情况来看，票据市场参与主体仍然呈现放而未开的局面，制约了票据市场标准化和高效发展的进程。另一方面，参与主体的素质参差不齐，各经营机构在经营管理和风险防控的水平上有一定的差距，极其容易造成票据风险在票据链条内传染，带来票据市场整体风险上升的不良后果。

票据产品失衡削弱了票据业务发展的基础。票据市场发展存在一定的"孤岛效应"，占全市场85%的仍然是银行承兑汇票，商业承兑汇票局限在大中型企业中流通，票据的商业信用功能并没有得到充分发挥；同时，受限于《票据法》和《支付结算办法》的要求，市场中的票据大部分仍然是交易性票据，脱离交易行为的融资性票据一直未被法律所认可，带来票据市场交易工具的缺失。市场上有一部分票据产品创新的内生动力是以规避监管为主，绕规模的不良创新产品的出现在一定程度上阻碍了票据业务创新发展。除了外源性障碍，票据自身的内生性不足也会削弱票据业务的发展能力。

三、从历史角度思考票据市场未来创新方向

基于现在票据承兑发生额占 GDP 的比重在 20%以上，贴现发生额占 GDP 的比重在 40%以上的事实，以及票据每年以 10%~20%的速度增长，未来经济发展对票据的需求越来越显示出其市场活力。票据总量供给和金融供给侧结构性改革创新将是十分重要的使命。从历史角度思考票据市场未来创新要把握信用、开放、支付、投资、风险等关键方向，充分发挥法律、制度、人才、科技等优势。

1. 信用为根本，坚持服务实体经济

票据业务的本质是信用，票据业务创新要紧紧围绕信用这个根本，坚持服务实体经济不动摇。基于票据信用的创新是未来的重要发展方向之一。当前，我国经济正处于高质量发展的转型期，2020 年，受到新冠疫情的影响，不少企业受到冲击，票据这一金融工具刚好可以发挥其基于信用而产生的支付、结算、流转等功能，帮助企业降低融资成本、加快资金流转、盘活应收账款等，有助于服务实体经济的进一步发展。在服务企业客户的同时，商业银行也可以票据业务为抓手，进一步增强商业银行与客户之间的黏性。银行承兑汇票的承兑费以及保证金存款一直受到商业银行青睐，随着我国经济的发展，商业银行面临着多重压力，从而促使商业银行

转型发展。商业银行可以利用票据业务的全生命周期这一属性，疏通供应链企业、产业链企业的资金流转问题，为商业银行创造更多的中间业务收入。

2. 开放是出路，不断丰富参与主体

票据市场开放是未来创新的重要方向之一。包括对个人开放、对非银行金融机构开放、对企业开放、对互联网开放、对境外开放。

在一定程度上，上海票据交易所的成立使得非银机构可以参与票据市场交易，同时人民银行提出"作为银行间债券市场交易主体的其他金融机构可以通过银行业金融机构代理加入电票系统"，这些均是参与主体多元化的标志，但是从实际运行情况来看，票据市场参与主体仍然呈现放而未开的局面，制约了票据市场标准化和高效发展的进程。因此，票据市场的进一步开放是市场创新的必经之路。标准化票据这一创新型产品的问世，打通了票据市场与银行间市场的最后一站，也增强了证券公司等非银机构进入票据市场的动力。同时，票据是发源于企业的，回归本质，发展商业承兑汇票是完善票据市场的重中之重，因此，票据市场对企业开放、对非银行金融机构开放是市场创新的一大变化。特别是未来对个人开放、对互联网开放，甚至对境外开放，均属于创新的未来。

3. 支付是重点，持续扩大支付覆盖面

票据业务支付的创新目标是未来关注的重点，创新支付要在理念上、方式上、多样化方面更多地引入金融科技手段。票据产品的创新要开发"支付"这一功能作用。支付是票据的基本功能，也是重要功能。伴随着电子票据的大量普及，票据的支付特点也发生着变化。比较 2017—2019 年票据的平均面额可以发现，票面金额快速下降，2019 年票面金额降至 100 万元以下，表明票据支付流通的功能正在提升。应收账款票据化也就是将没有具体形态的应收账款表现为电子票据形式，以便在支付交易中进行传递。目前全国使用票据的企业超过 260 万家，其中 90% 以上是民营小微企业，中小企业占比超过 2/3。企业将应收账款转化为具有法律保障的商业汇票，应收账款票据化对企业、持票人、银行都是利好的。应收账款存在确认流转难、保理成本高的困难，而商业承兑汇票具有电子化、期限灵活、交易便捷、成本较低的优势。因此，发展应收账款票据化有助于企业盘活存量，加快资金应用速率。从供应链金融票据化的应用层面来看，核心企业上游供应商赊销商品时采取票据结算的应收款项，进一步发展应收账款票据化，可在供应链上下游企业中嵌入票据的支付功能，并解决资金流转难题。从流动资金票据化的层面来看，流动资金贷款具有贷款期限短、手续简便、周转性较强的特点，与票据业务具有一定的相似性与替代性，由于票据的信用和支付功能已经发挥了替代现金使用的作用，电子票据的出现更是使票据具备了电子货币的职能。相对于流动资金贷款而言，电子票据既具有电子货币简便、安全、易交换的特点，同时还具有流动资金贷款无法具备的低成本、可追索的优势，流动资金贷款票据化将在互联网金融中发挥越来越重要的作用。票据支付的创新发展，需要更多地发挥科技的作用，唯有在充分发挥金融科技的作用的基础上才会有根本性的突破。

4. 投资是灵魂，深度创新投资产品

票据的出路在于创新，而创新离不开投资功能的深度挖掘。票据产品的创新更多要赋予投资功能新角色，将票据产品发展成为大众投资品是票据创新的灵魂之一。2020 年 2 月 14 日中国人民银行发布《标准化票据管理办法（征求意见稿）》，是对标准化票据的利好，打通了票据市场与其他货币市场子市场及票据市场与资本市场之间的通道，实现金融资金的大循环，开辟票据发展新未来。标准化票据相比于普通的商业票据，有统一的登记托管，并且可以在银行间债券市场和票据市场交易流通，交易品种包括现券、回购、远期，进一步丰富了票据市场。在当前票据回购业务发展较为成熟的基础上，可以嵌入票据利率的衍生产品，包括远期、掉期等创新产品，进一步丰富票据的投资种类，实现对各个群体的开放。

5. 风险是底线，加强防范新型风险

票据市场的不断创新对风险管理提出了更高的要求。加强全流程风险监控及全生命周期风险监控，对推进票据市场有序规范发展起着重要作用。随着票据市场不断创新发展，银行、财务公司、证券公司、信托公司、保险公司等金融机构将参与到市场中，而这些参与主体分别接受人民银行、国家金融监督管理总局、证监会的多头监管，监管主体不统一，将造成不同机构办理相同业务的监管标准和政策尺度不同，不同监管主体和监管政策之间的不同步性可能会导致票据业务存在制度障碍和政策壁垒，对票据市场发展带来诸多不确定性，因此应积极探索构建符合新时期票据业务要求的监管体系，助力票据市场健康发展。

6. 在创新中要发挥法律、科技、人才等的作用

在票据市场创新的过程中，少不了法律、科技、人才等相关因素的作用。要将法律、科技、人才的作用发挥好，正确的创新是重要方向。完善的法律体系建设是票据市场创新的基础，科技在票据业务创新中将发挥关键作用，人才更是票据创新的原动力。因此，要积极推动票据法律及相关制度的完善，使之与时俱进，适应高质量经济发展对票据市场的需求。应积极将金融科技的新成果转化为票据市场的新应用，积极地培养和发现人才，为票据市场提供源源不断的创新活力。

从票据历史角度思考票据市场应用
金融科技的未来

肖小和　蔡振祥

一、从票据史看我国票据科技的发展变迁

（一）票据科技基本介绍

科技包含科学与技术，两者既有紧密联系，也有本质区别。科学要解决的问题是发现自然界中确凿的事实与现象之间的关系，并建立理论把事实和现象联系起来；技术的任务是把科学的成果应用到实际问题中，解决实际困难。科学主要和未知领域打交道，其进展和突破往往是很难预料的，技术是在相对成熟的领域内应用或者体现，可以比较容易作出规划。两者相互渗透、相辅相成，有着不可分割的联系，科学是技术的理论指导，技术是科学的应用实践。

票据市场的科技应用有传统科技和金融科技之分。传统科技主要包括电子票据技术、IT 系统技术、互联网技术等，它们重塑了票据市场生态，在票据市场发展过程中发挥了关键性基础作用。金融科技主要包括大数据、云计算、人工智能、物联网、区块链技术等。通过金融科技的应用，可以延伸金融服务的深度、拓宽金融服务的广度以及增加金融服务的维度，可以实现金融组织形态的多样化，促进新型经济金融组织形态的形成，可以改变票据市场的基础架构，催生票据市场多样化创新业务，成为未来票据市场创新发展的关键支撑。

（二）票据市场科技应用发展历史

周朝的傅别、质剂和书契是票据的雏形，宋朝时，交子、会子等纸质票据得以大量发行和流通，对当时的商业贸易发挥了重要的推动作用。当时发达的造纸术、印刷术的进步和推广是推动票据在更大范围内广泛发行的重要决定因素，如果没有造纸术和印刷术的支撑，交子和会子的发行数量将大打折扣，其在经济中发挥的作用也会大大减弱。

清朝时，票号的出现大大推广了票据尤其是汇票的使用，推动我国汇兑事业取得了前所未有的发展。而在票号汇兑过程中，交付款凭证主要是汇票，取款方凭票便可以得到相应金额的款项，因此汇票的防伪与辨别就非常重要，如果有人凭伪造的假票顺利取款，便会给票号造成严重损失。在汇票采用的防伪措施中，使用特殊纸张和特殊印章是重要手段之一，而这需要相应科技的支撑。比如平遥县蔚泰厚票号使用的绿线红格汇票纸，全部在平遥县的一处印刷，全国各地的分号的汇票均采用此种纸张，如果坏了一张，必须寄到总号备案，而且平遥县蔚泰厚票号所采用的汇票纸夹印"蔚泰厚"三字。此外，票号汇票上所记载的金额、时间都含有暗号，即银数暗号和时间暗号。汇款人和持票人是无法知道暗号所表示的含义的，只有票号内部专人才能知晓，并且票号一般过几年就会更改暗号以防原来的暗号被泄露。暗号这一防伪措施体现了一定的科技思维。

晚清时期，市场上开始出现汇划制度和过账制度用于票据清算，两种制度中的清算媒介分别为公单和账簿，开始逐步建立起规范化的票据清算流程。进入民国时期，以上海地区为例，1933年上海票据交换所成立后，票据交换制度正式确立，华商银行开始有了自己的票据清算机构，此时，钱庄、外商银行、华商银行三者均有自己独立的清算机构，并形成三分天下的局面。此后，由于市场上提升票据清算效率的呼声越来越高，各机构纷纷呼吁建立统一的票据交换制度，1945年抗日战争胜利后，上海票据交换所改组，结束了上海票据交换三分天下的局面，建立起统一的由中央银行主持的票据交换制度。在票据清算制度变迁的过程中，可以看出统一的、规范化的操作流程是提升效率的关键，当今的票据系统也必须建立在将票据业务执行和操作规范化的基础上，以达到缩短操作时间、提高业务办理效率的目的。因此，票据清算制度的变迁过程体现了一定的科技思维，同时为以后科技应用于票据领域提供了一定条件。

新中国成立后，特别是改革开放40多年来，随着科技的快速发展，其在票据市场中所发挥的作用日益凸显，已成为票据市场发展的关键推动力量。2000年，新中国成立后第一家票据专营机构——工商银行票据营业部成立。它不仅首次对票据业务专营模式进行了探索，对于票据科技系统的发展也具有重大意义。其搭建的以科技为基础的票据内部管理系统使得部分纸质票据业务操作流程不再需要使用手工方式，很好地提升了票据业务的安全性和操作效率，包括ISO质量管理体系的科技应用，标志着我国商业银行票据业务进入集约化、专业化、规范化、标准化的发展轨道。

2003 年诞生了第一个票据官方报价平台——"中国票据网"，为金融机构之间的票据转贴现和回购业务提供报价、撮合、查询等服务。"中国票据网"的开通，标志着中国票据市场电子化建设进入新的里程，票据市场的信息透明度和效率得到显著提高，对票据市场快速发展起到了积极的促进作用。

2005 年，随着我国金融电子化水平不断提高，以招商银行"票据通"等为代表的基于各商业银行的电子票据业务蓬勃开展，将传统的票据业务与网络银行技术相结合，提高了行内票据业务效率，促进了市场增速的回升。

2009 年，由人民银行批准建立的电子商业汇票系统投入运行，标志着我国票据业务进入电子化时代，对票据市场发展产生了深远影响。对企业来说，电子商业汇票不仅具备纸质票据的所有功能，更重要的是企业在使用过程中不受时间和空间的限制，交易资金在途时间大大缩短，资金周转效率明显提高。对商业银行来说，电子商业汇票系统的建成不但使电子票据能够实现实时、跨地区流通使用，而且节省了纸质票据业务的人工成本，节约票据印制成本，降低票据保管成本，规避票据遗失风险，增强了业务的安全性，加快了结算速度，从而能够有效提高银行的金融服务效率。对中央银行来说，其通过电子商业汇票系统可以全面监测商业汇票的各种票据行为，准确了解资金流向，为宏观经济决策提供重要参考依据。但由于电子票据制度设计还不完善、市场接受需要时间等多方面原因，电子票据初问世的几年，其发展相当缓慢。截至 2013 年末，电子商业汇票系统参与者共 359 家，2013 年电子商业汇票系统出票金额为 15864 亿元，承兑余额为 16258 亿元，贴现金额为 6405 亿元，转贴现金额为 19510 亿元，电票承兑金额占全部票据承兑金额的比例仅为 5.7%。

2012 年，随着金融科技的发展和互联网金融的崛起，"互联网+票据"理财模式开始兴起并迅速发展起来，各互联网巨头纷纷涉足这一领域，阿里巴巴招财宝、新浪微财富以及苏宁、京东相继杀入，一度成为市场热点，票据市场活跃度显著提高。与此同时，互联网票据交易撮合平台也开始蓬勃发展，成立于 2012 年 7 月的同城票据网是国内率先成立的供应链承兑支付体系融资平台，它运用大数据等金融科技，通过与银行及第三方支付公司合作，为企业和银行提供电子票据的在线撮合交易服务，有效地缓解了中小企业融资难、融资贵问题。同样，基于互联网的供应链金融服务平台"中企云链"也是发挥科技与信用的作用，服务企业。

2015年，中信银行用非居民自由贸易账户（FTN账户）办理了跨境人民币业务项下的电子商业汇票受让业务，实现了国内跨境人民币业务项下的票据业务，新产品、新业务不断涌现，票据贴现量达到历史最高，为102.1万亿元，同比增长68.2%。

2016年上海票据交易所成立后，通过重塑票据业务规则和市场生态，显著提高了票据市场的信息透明度和规范性，在此背景下，金融科技迎来了快速发展，业务创新在民间纷纷展开。如2017年以来，区块链技术在金融领域的应用研究如火如荼，2017年1月3日，浙商银行基于区块链技术的移动数字汇票产品上线，并完成首单交易；3月15日，深圳区块链金服公司发布了国内首单票链业务；11月，江苏银行应用区块链技术成功办理票据跨行贴现业务；2018年11月25日，数字票据交易平台实验性生产系统在上海票据交易所成功上线运行。2018年以来，工商银行、浦发银行、中信银行、中国银行、招商银行、广发银行等国有大型银行依靠科技力量相继推出"极速贴现"或"在线贴现"等创新产品，提升企业票据贴现体验感，极大地提高了企业票据贴现融资效率。山东临沂推出了服务中小企业发展商业承兑票据的措施，积极引导核心企业充分利用互联网平台，遵循公开原则，培育中小企业商票使用习惯并披露相关数据，促进商票业务合规和长远发展。人民银行苏州市中心支行通过搭建互联网服务平台推出"再贴e"，切实增强了对民营、小微企业的支持力度。民间票据经纪也搭建了一些具有金融科技元素的便利企业票据支付结转的票据平台，推动了市场发展，服务了实体经济。为缓解中小微企业和民营企业融资难、融资贵的问题，上海票据交易所于2018年12月上线票付通产品，在一年多的时间里，已有招商银行、中信银行、平安银行、江苏银行、宁波银行5家合作金融机构和20多家平台试点接入该业务，绑定用票企业700家，合计发起6500笔票据支付，支付金额约为60亿元。2019年5月27日，上海票据交易所上线贴现通，第一次将商业银行引入票据经纪市场，建设了全国统一的贴现服务平台，架起了企业与贴现银行之间的桥梁，解决了贴现市场分散、信息不对称、企业受困于授信额度等多个痛点问题。2019年8月，央企主动作为，中国国新控股有限责任公司携手51家央企搭建企票通平台，致力于建立"信用共享，风险共担"的机制，通过聚合央企商业信用，推动央企应收、应付双降，有效优化资产负债结构，并通过产业链实现信用传导，助力化解中小企业融资难、融资贵的问题，为商业承兑汇票的发展提供广阔空间，促进商票高效有序流转，提高央企资产配置和运营效率，加快企业应收货款票据化进程。

（三）票据市场科技应用的作用

科技是票据市场生态的基础，是票据发挥功能作用的基本支撑。首先，科技发展决定了票据介质。宋朝时，造纸技术的成熟以及印刷术的进步使得纸质票据（交子、会子）得以大量发行，由于纸质票据易于保存，不易腐烂，携带轻便，使用它可以避免运送现银的麻烦，因此逐渐被百姓接受，广泛用于商业贸易，票据的支付结算功能在此基础上得以体现。2009 年以后，电子票据技术逐渐成熟，由人民银行批准建立的电子商业汇票系统投入运行，电子票据逐渐普及。电子票据的出现及普及极大地改变了票据市场生态体系，由于其使用的便利性与安全性明显增强，交易速度明显提高，交易不受时间和空间的限制，票据的支付、结算、融资功能在此基础上明显增强。电子票据的普及也为上海票据交易所的成立奠定了基本前提，再结合 IT 系统、互联网技术等，票据创新业务层出不穷，票据的投资、交易功能愈发凸显。随着区块链技术在票据市场的应用逐步深化，未来有望改变现有的电子商业汇票系统结构，为票据市场带来新的颠覆性变化。其次，科技之间的结合可以产生裂变效果，激发市场创新活力，改变市场业务链条，重塑市场生态，深化票据全功能作用，促使票据市场发生革命性变革。

科技能够显著提高票据市场交易效率。第一，由于电子票据全流程进行电子化登记和处理，省去了纸票的传递、保管等环节，大大减少了查询、保管成本以及时间成本，再加上其操作流程的标准化，可以使票据交易效率明显提升。第二，票据 IT 系统建立在抽象化、标准化的票据业务操作流程之上，可以提高业务办理的标准化程度，缩短操作时间，方便票据业务的快速开展和实施。第三，传统的票据流通市场中间环节过多，信息不透明且信息在传递过程中失真，加大了市场交易成本。互联网技术突破了传统票据市场的地域性限制，使票据业务可以实现远程在线交易，实现了信息共享，降低了交易成本，提升了交易效率。

科技可以提升市场信息透明度，有利于缓解票据市场中长期存在的信用不对称问题。第一，电票业务办理和流转各个环节均需要登记，使票据业务各参与方都能及时获得相关信息，使票据业务更加透明，有利于对票据业务进行汇总统计和实时监测。第二，传统的票据交易、报价、查询等更多的是区域性的单对单方式，缺少信息的公开和共享。由于计算机系统在数据传输和处理上的便捷性，尤其是互联网传播信息公开、快速、不受限制，票据市场信息在更大程度上得到了释放。第三，传统的票据流通市场的交易数据很难被记录下来，即便能够记录也不够全面。科技有效地解决了这个问题，通过 IT 系统、互联网技术、区块链技术可以实现所有参与者任何行为数据的记录和积累，适合建立统一的信用基础平台，有利于完善当前的信用系统，健全信用环境。区块链时间戳的可验证性还可以实现对全部历史数据的调阅，更容易对票据流转过程进行清晰的展示和控制，一旦发生法律纠纷，易于行使相关权利和追索。

科技有助于加强票据市场风险管控。第一，由于电子票据仅以电子化形式存在，通过交易系统可靠的安全认证机制保证了票据的唯一性、完整性和安全性，能够有效避免克隆票、假票、票据丢失、污损等风险，电子票据使用电子签名替代纸质签章，也避免了由于伪造公章或专用章等造成的损失。第二，票据 IT 系统可以将原本人为干预的环节进行一定的规则固化，将人为因素可能产生的风险通过系统来严格控制，极大地降低风险隐患。第三，传统的票据流通市场的风险主要来自纸质票据本身和交易环节的信息不透明及利益输送。风险的隐蔽性很强，不容易控制。互联网平台一方面可以设置准入门槛，从源头上降低风险；另一方面，利用技术优势，实现信息共享，并实时监控平台交易，对风险要素及时预警。第四，区块链技术可以有效防范票据风险。在道德风险方面，区块链由于具有不可篡改的时间戳和全网公开的特性，可以很好地避免票据交易中的"一票多卖"、打款背书不同步等问题；在操作风险方面，借助区块链的分布式高容错率和非对称加密算法，使得人为操作产生的风险几乎为零；在市场风险方面，借助区块链的可编程性不仅可以有效控制参与者资产端和负债端的平衡，更可借助数据透明的特性加强整个市场交易价格对资金需求反应的真实性，进而形成更真实的价格指数，有利于控制市场风险。

科技有力推动票据市场创新发展。第一，电子票据为票据标准化创造了必要前提，在此基础上可以探索更多的创新产品。第二，由于可纳入 IT 系统的均是标准化后的流程和产品，因此 IT 系统的介入有助于加快票据产品的标准化进程，加上标准化产品容易实现自我更新、社会普及和功能补充，有助于丰富票据产品的内涵，拓展票据自主创新渠道。第三，由于科技时代的信息和数据井喷式发展，能够提供的信息量陡然增大，限制的范围比较宽松，更容易为使用者提供自由发挥和头脑风暴的空间，有益于新思维、新理念和新方法的传播。第四，区块链技术有望改变现有的电子商业汇票系统结构。借助区块链去中心化的分布式结构，不仅可以改变现有的系统存储和传输结构，建立更加安全的多中心模式，有效降低中心化模式所带来的开发成本、系统维护优化成本等，更可以通过时间戳完整反映可追溯历史的特性，形成一种全新的背书机制，用来反映票据权利的转让过程。

科技有利于充分挖掘票据全功能作用，使票据市场更好地服务于实体经济高质量发展。第一，电子票据极大地提升了票据使用的便利性和安全性，使票据相比于其他类似金融工具的优势进一步凸显，支付结算功能得到加强。第二，互联网票据理财平台将个人投资者和持票企业对接起来，大大降低了小额票据的贴现成本，而且使得流程更为快捷，有效地破解了传统小额票据贴现过程中遇到的成本及技术瓶颈，盘活市场上沉淀的小额票据存量，拓宽中小微企业融资渠道。第三，等分化、可交易，信息披露充分，集中登记、独立托管，公允定价、流动性机制完善，在银行间市场、证券交易所市场等国务院同意设立的交易市场交易，以上五点是标准化债权资产的认定标准，而要同时满足以上五个条件，科技的支撑是必不可少的，电子票据、IT 系统、互联网技术等为票据标准化提供了基础条件，随着标准化票据的推出，票据朝着标准化资产的方向又迈进了一大步，票据的融资、投资、交易功能得到进一步深化。第四，票据的调控功能主要通过再贴现业务来实现，科技使再贴现业务办理流程更加便利，能够更好地有针对性地支持特定行业，从而增强票据的调控功能。比如人民银行苏州市中心支行通过搭建互联网服务平台推出"再贴 e"，切实增加了对民营、小微企业的支持力度。

二、当前票据市场金融科技应用存在的不足

票据科技是票据市场规范创新发展的基本支撑，进入 21 世纪以来，电子票据、IT 系统、互联网技术和新技术等票据金融科技已经推动票据市场脱离了"纸票时代"，不仅大大提高了票据业务办理效率，也大幅降低了票据业务道德风险和操作风险，而未来票据科技尤其是金融科技的广泛应用

有望改变票据市场生态，为票据市场带来新的革命。尽管票据金融科技已经为票据发展作出了突出贡献，但目前票据市场金融科技应用仍存在许多不足，使得金融科技应有效能未能得到充分发挥。主要体现在适合于票据金融科技发展的制度环境还未完全建立，市场上票据从业机构的整体科技能力还有不足，票据 IT 系统、互联网技术、金融科技应用存在部分问题，科技对票据业务营销、经营、风控等方面的改进需要进一步加强，票据创新产品中的科技元素还须进一步增加，同时也需注意控制科技带来的风险等。

（一）票据科技相关制度

在制度方面，当前的票据市场制度体系未充分考虑科技应用的需求，某些制度设计在客观上制约了科技功能作用的进一步发挥，不利于票据市场进一步创新发展。在电子票据方面，我国《票据法》没有电子票据相关内容的规定，存在电子票据核心立法缺失问题；电子票据的签名效力未得到明确，虽然 2005 年颁布的《电子签名法》针对相关问题作出了一定说明，但其与《票据法》衔接的不足使其并没有完全弥补《票据法》中有关电子票据签名问题的立法缺失；《票据法》中设置的票据丧失救济制度无法适用于电子票据，从而使电子票据的权益无法得到合理保障；电子票据监管制度仍不完善，存在利用审查漏洞进行洗钱活动的风险。在互联网方面，互联网金融是新生事物，目前我国的《商业银行法》《证券法》《保险法》均无关于互联网金融的规定，存在核心立法缺失问题；未明确互联网票据平台的直接监管部门，对互联网票据平台的准入和运营等缺乏明确的管理办法。在数字票据方面，作为一种新兴的票据形式，其与传统票据存在着很多共通点，但也会对传统票据规则形成一定的挑战，如数字票据具有明显的契约性、期后背书使用冲突、数字票据行为不存在票据代理关系、数字票据伪造问题、数字票据电子认证等。随着数字票据技术的不断发展成熟，与其相关的制度安排应及时进行调整，以满足其后续发展的需求。在大数据应用方面，长期以来票据市场一直属于 OTC 市场，并未建立全国统一的交易场所，市场信息不对称现象比较严重。上海票据交易所成立后会定期发布市场交易总量数据和收益率曲线信息，在一定程度上改善了市场中存在的信息不对称。但目前市场信息披露仍存在明显不足，市场中没有明确的信息披露制度，市场参与者掌握的市场信息很有限，不能为票据业务的经营提供充足的数据和信息支撑，没有海量有效数据的支撑，大数据应用的开展会很困难。在监管制度方面，当前的票据市场监管制度没有充分考虑金融科技快速崛起的发展实际，在监管层面上对科技的运用程度不高，对提高票据市场科技应用水平缺乏顶层设计，未明确科技类票据应用系统监管对口部门，监管部门之间缺乏协调，未能形成有利于科技类票据应用发展的合理完善的监管框架。

（二）票据 IT 系统建设

虽然上海票据交易所系统、商业银行票据业务系统等在近几年不断完善，发展迅速，但仍存在进一步优化空间以支撑票据创新业务的正常开展、提高票据交易效率、加强票据业务内控风险管理等，未来商业银行 IT 系统建设水平将是其发展票据业务的核心竞争力之一。当前市场中 IT 系统建设仍然存在不少问题。首先，很多票据从业机构缺乏对票据 IT 体系建设的关注和认识，票据 IT 体系建设是打造信息化票据 IT 系统的根本和基础，但当前很多票据从业机构往往仅关注 IT 系统本身，而忽略了 IT 体系的打造，IT 体系建设中存在 IT 架构不清晰、IT 制度和流程配套不完备、IT 团队不稳定等一系列问题，从而导致了各种使用问题，使得 IT 系统的功能未能得到充分发挥。其次，市场中缺少统一的票据 IT 架构标准，存在的问题包括票据 IT 系统功能重复，造成信息资源浪费；系统功能实现程度不一致；系统实现的技术平台不统一；系统设计缺乏整体性，未形成完整的全流程票据管理系统，易造成全流程的业务办理出现割裂等。最后，票据 IT 系统信息安全问题日益突出，由于越来越多的交易和信息交互发生在互联网上，信息安全隐患逐步增多，另外，系统自身的安全设计也存在一定缺陷，包括以电子签名为代表的安全认证机制不全，使用的认证机制安全性不够、容易被破解等。

（三）互联网平台建设

互联网平台可以有效消除市场中存在的信息不对称，打破地域、时间限制，帮助企业降低融资成本。但目前基于互联网技术的票据理财平台、信息发布平台等不断爆出风险事件，风险问题日益突出，互联网平台监管制度还需进一步完善。首先，互联网金融尤其是互联网票据理财平台不存在信用信息共享机制，不具备类似银行的风控、合规和清收机制，容易发生各类风险问题。一方面是纸质票据时代的假票风险，虽然互联网票据理财的票据大都由银行进行审验，但一旦出现假票就存在资金回笼问题；另一方面是信用风险，由于互联网票据理财主要集中在小面额票据，其真实性、合规性的风险隐患相对史大，同时其承兑银行多集中在城商银行、农商银行、农信社等一些小型金融机构，信用等级相对低一些，相应的到期兑付风险也会上升。其次，互联网企业没有票据经营许可，不能参与票据贴现和转贴现业务，虽然现在互联网票据理财大多以收益权为标的，不存在票据买卖行为，但实质上是在打政策的"擦边球"。同时，由于缺乏监管和行业约束，互联网平台在实际交易中也可能会触及买卖票据等违法违规问题。最后，互联网金融的相关法律还有待配套，违约成本较低，容易诱发恶意骗贷、卷款跑路等风险问题，由于互联网平台的投资者多为风险承担能力较弱的普通百姓，因此风险事件发生后，不仅会极大地损害普通消费者的合法权益，同时也极易引发社会稳定问题。

（四）金融科技

金融科技是未来票据市场创新发展的关键，在一定程度上决定着票据市场未来的发展方向。目前大数据、云计算、人工智能、区块链等金融科技在票据市场的应用还很有限，未来有待进一步加强。第一，上海票据交易所作为全国统一的票据交易场所，沉淀了海量交易数据，但目前对其所积累数据的整理和分析还远远不足，数据应用途径还很有限，未能充分发挥海量数据的强大功能。同时，大数据分析能够帮助商业银行等票据从业机构加强对市场走势的分析预测，降低票据业务市场风险，有助于相关机构推动票据产品创新、加强精准营销、发展智能审批和风控以及优化内控管理等，但由于专业人才缺乏、投入成本较大以及数据获取渠道有限等原因，目前商业银行经营票据业务在大数据应用方面仍然不足，整体科技意识和大数据分析能力有待进一步提升。第二，目前区块链技术在票据交易上的应用仍处于发展的初级阶段，在系统稳定性、应用安全性、业务模式等方面还不够成熟，一些业务场景上的测试还不充分，复杂业务场景的有效应用还不多，区块链的交易吞吐量、资源利用率还有较大优化空间，实际操作中仍然存在运行高能耗、数据存储空间容量要求高、系统处理抗压能力不足、51%节点攻击问题未完全解决、非对称加密技术有可能被破解等问题，区块链为监管提供高效服务的能力有待提升。第三，人工智能在票据市场中的应用还相当有限，未来应在人工智能电话客服、智能交易、智能投顾、远程交易员身份识别等方面进一步探索。

三、未来加强票据市场金融科技应用的思考

(一) 完善票据制度,支撑未来科技发展

科技进步为票据发展带来了新思维、新形态、新模式,而制度则会适时引导科技的发展,为其推广提供重要的推动力量。票据制度是票据市场运行的规则,票据市场科技应用需要在票据制度的框架内运行,因此深化票据市场科技应用需要票据制度的支撑,适合当前科技发展实际的票据制度设计对于未来推动票据科技发展而言至关重要,票据制度应不断调整完善以更好地适应票据科技发展的需求。

在电子票据方面,建议在《票据法》中明确电子票据的法律地位,可考虑在《票据法》中专设一章规定电子票据相关内容,明确电子票据的法律定义、当事人权利义务关系、法律责任承担等,确立电子签名与手写签名同样具备票据签章的法律效力,保障电子票据持有者的合法权益。建议由人民银行牵头,联合国家金融监督管理总局、工业和信息化部,运用大数据、云计算技术形成自动监测与人工识别相结合的监管体系,实现对电子票据业务的全流程监管。

在互联网平台建设方面,第一,建议国家立法机关考虑修订《商业银行法》《证券法》《保险法》《刑法》《公司法》等法规中的部分条款,加大对互联网金融企业专利、软件、品牌等知识产权的保护力度,严厉打击互联网金融犯罪,使得处理互联网金融案件有法可依。建议加快对《票据法》的修订,给予互联网等新型电子平台以票据业务准入资格,防止现行票据法律法规对互联网票据创新发展的制约。第二,应明确互联网票据平台监管部门,提高监管的针对性和有效性。建议由中国人民银行或国家金融监督管理总局负责互联网票据业务的监管,制定出台互联网票据业务相关监管规定,严把准入环节,互联网票据业务的经营机构必须获得监管部门批准后方可正式营业,建立严格的信息披露制度和风险评估制度,向客户和监管机构提供充足的信息,对平台风险进行及时监控和预警,确保监管的合法性、全面性和专业性。第三,建立互联网票据的行业协会,建议由中国银行业协会牵头,组织互联网票据的经营机构成立行业协会,制定行业自律规定,通过加强内控建设,明确自身的职责,充分发挥行业自律的引领作用,不断提升防范风险能力和安全经营能力。

在数字票据方面,建议进一步完善《票据法》《电子签名法》《票据管

理实施办法》《支付结算办法》等相关法律法规，明确数字票据的法律地位，承认电子签名的法律效力，完善数字票据期后背书制度，明确数字票据伪造时的责任承担，明确电子认证机构的民事赔偿范围，完善票据涉诉法律制度。

在信息披露制度方面，长期的信息不对称为票据市场埋下了风险隐患，不利于票据市场交易效率的提高。建议依托上海票据交易所尽快出台票据 IT 系统管理办法和票据信息披露制度。一是建设标准化、覆盖面广的信息采集录入平台。信息采集录入平台应来源广泛，实现各数据源平台数据的接入汇总，并拥有海量相关非结构化信息，可按"科学规划、统一标准、规范流程"的原则，统一采集归口、利用数据信息技术建立索引，实现信息资料管理的科学化、规范化，实现信息集中管理和披露，并建立数据质量控制机制，提高数据分类的准确性。二是打造模型化、手段先进的信息分析预测平台。运用科学模型建立宏观经济预警、区域监测评价等系统，从而对票据信息数据进行多角度、多层次、精细化、系统化的分析，并展示出区域市场主体的发展情况。同时，能对机构交易行为和合规信息进行动态分析，并提供个性化、可定制的直观展示功能。三是构建智能化、时效性强的信息咨询发布平台。信息咨询发布平台要实现智能分类、科学发布、高效共享，建立业务库、案例库、营销库、经验库、文化库、知识库，实现集中展现各类报表、信息的功能，重点发布定期市场成交信息、定期收益率曲线信息、定期登记托管、清算结算、票据结清、到期违约、风险票据信息、风险监测信息、创新产品信息等。

（二）加强传统科技建设，提升科技应用效能

在票据 IT 系统建设方面，首先，票据从业机构应逐步加强票据 IT 体系建设意识，认识到票据 IT 体系是票据 IT 系统的根本和基础，既要注重对系统本身的建设，同时也要重视其他配套环节的跟进，加快明确统一的票据 IT 架构标准，形成完整的全流程票据管理系统，优化完善互联网信息安全风险防范机制，降低系统技术风险。其次，商业银行要通过进一步优化票据业务系统，更好地提升企业客户的直贴体验，通过"秒贴""票据池"等业务为客户提供更加畅通、便捷、高效的贴现服务，帮助企业更好地管理和运用票据资产，灵活选择票据融资方式，有效降低企业财务成本，提高资金使用效率。要加快建设智能风控系统，通过数据分析、资产评级、智能授信审批、实时监测、跟踪督办及风险预警，实现对客户信用的精准掌

据以及市场风险的快速识别，促使风控体系实现全方位、多维度覆盖，保证系统的可延展性与适应性。

在互联网平台建设方面，首先要基于互联网技术所带来的信息可获得性、交易便利性、产品标准化的提升，创造更多票据创新产品，比如供应链票据产品、票据理财产品、票据基金产品、标准化票据产品等，加快票据支付创新，拓展票据融资渠道，推动票据市场创新发展。其次，银行可根据电子交易平台信息、物流信息、资金流信息等互联网大数据建立客户授信评级模型，通过丰富的信息综合判断授信对象的信用状况，授予其一定的信用额度，并根据客户的用信状况、存款记录、评级情况等因素，实时调整授信额度和期限，以实现授信动态化。最后，要通过供应链票据平台的建设，优化平台规则，完善平台功能，结合多元化科技手段，与各类供应链金融平台对接，积极推进应收账款票据化，提升企业资金使用效率。

(三) 尝试金融科技发展，探索票据市场未来

1. 加快区块链技术研究与应用

从技术角度分析，区块链技术自身的去信任、时间戳、可追溯等特点与票据应用场景十分接近。票据在一定范围内使用时，可建立起数字票据的联盟链，将票据市场各方角色在联盟链中进行定义，如将上海票据交易所设置为数字票据链条上的一个节点，制定买卖交易代码的匹配规则，待买卖双方的代码通过匹配规则达成共识并得到双方确认后，进入指定目标交易的票据流转环节。

从监管部门的角度分析，数字票据有望为监管操作带来更多便利，一方面可将监管部门在数字票据链中设置为一个普通节点，通过前后相连构成不可篡改的时间戳，以及通过完全透明的数据管理体系提供可信任的追溯途径，来实现对监管信息的无成本调阅；另一方面可将监管方设置为具有一定角色的节点，通过在链条中发布智能合约，应用可编程性来建立市场统一的规则和秩序，既可控制价值和限定流转方向，也可实现监管政策的全覆盖和硬控制。

从市场参与者的角度分析，对于商业银行等市场参与者，可将出票人、期限、金额、承兑行、保证增信行、贴现行等要素预先写入代码加载为智能合约，将数字票据定义为自带智能合约限制的数字货币。另外，将区块链技术应用于票据交易平台，可将票据交易数据上链，实现票据完整生命周期的可追溯、防篡改，并将参与票据流通的不同角色设置为具有不同权

限的节点，利用智能合约技术进行智能判断，缩短交易时间，提高系统效率，从而更好地规范票据前端市场，服务于供应链金融发展。

从金融战略的角度分析，数字票据将为发行数字货币打好基础，由于区块链最核心和本质的应用在于改变现有中心化的国家信用主权货币模式，考虑到票据这一产品在承兑阶段属于支付工具，一方面可将出票人、期限、承兑行、金额等要素预先写入代码加载为智能合约，将数字票据定义为自带智能合约限制的数字货币；另一方面可尽早在数字票据交易链中引入数字货币进行实时清算，对数字货币的应用在实际的业务场景中做进一步验证，为尽早发行数字货币提供试验田。

2. 深化大数据技术应用

未来，上海票据交易所将成为全国票据市场最完整的数据拥有者，这些数据包括全市场的票据承兑、贴现、转贴现、回购、再贴现、第三方非法人产品的全部明细数据。随着线下票据业务逐步迁移至网上以及上海票据交易所自身建设进一步完善，数据采集面和数据量将进一步丰富和提升。上海票据交易所层面数据的应用包括公共服务和商业化运用两大类，公共服务和商业化运用可根据需要互相转换。公共服务包括指数类、余额类、信息类数据的实时发布。商业化运用包括基础数据服务与数据增值服务。基础数据服务以与会员单位的接口或客户端形式提供给各参与机构自身的基础业务数据，数据增值服务可通过数据分析产生咨询、信息类服务产品集等。

大数据可以为票据监管部门提供实时监管手段。一是可以与上海票据交易所合作建立实时监管平台，运作大数据技术，实时监控甚至拦截可疑报价和交易，把系统性风险控制关口前移。二是可以针对各类可能存在的违规操作建立起监控模型，实现类 T+0 的事后分析处理来维护金融秩序。三是可以在 DVP 模式下将结构化数据和非结构化数据结合起来进行逐日监测，实时发现问题所在。四是可以通过上海票据交易所采集一手数据来替代现行的各商业银行的票据业务监管报表的报送，提高监管效率并降低社会成本。五是上海票据交易所利用大数据为人民银行货币政策的制定和实施提供实时依据，类似"钱荒"或"资产荒"引发的市场波动将减少，在上海票据交易所发展到一定阶段后，人民银行再贴现工具进一步发展成为宏观货币政策重要工具之一是应有之义。

大数据能够为银行及非银机构创造新的利润增长点。一是依靠大数据预测市场利率走势。二是利用大数据的预测分析能力，在两个或者两个以上的市场监测并同时建立方向相反的头寸，以利用不同市场上资产价格的变化差异来赚取低风险利润。三是助力商业银行自身授信评级体系从定性分析迈向定量分析。四是有助于票据创新产品分析研究，并为创设票据创新产品奠定定量分析基础。五是利用大数据发布商业承兑汇票的各种信息。

大数据为第三方信用评级等带来新机遇。一是第三方票据市场数据公司获得新的发展机遇，利用先进的数据挖掘分析工具，为市场提供数据增值服务和定制服务。二是掌握大数据技术并拥有多类数据库的社会信用评级机构的量化评级将率先得到市场的认可，并可能直接影响市场报价。三是上海票据交易所的集中模式将利用票据业务链积累起全市场完整的明细数据，使其成为重要的票据市场数据载体，数据的价值将被大力挖掘，助推我国经济金融的大数据应用步伐。

3. 加强人工智能技术应用

一是上海票据交易所设立人工智能电话客服。在上海票据交易所上线并达到一定交易量后将面对各方参与者的咨询，设立人工智能电话客服将有效节约人力投入和管理成本，对后期的信息汇总分析带来益处。二是商业银行可在大数据应用的基础上，进一步涉足人工智能领域开展多市场的套利交易、高频交易等，在快速变化的多个市场间实时捕捉交易机会，为参与者带来更大的交易利润。三是利用生物智能识别技术、虚拟现实技术等实现远程交易员身份识别，以及远程商务沟通谈判等。

4. 防范金融科技风险

金融科技应用于票据市场，有利于票据更好地服务经济。但是对于金融科技应用的相关风险，需要我们从思想上、措施上加以有效防范。

参考文献

［1］肖小和，等 . 中国票据市场创新研究 ［M］. 上海：上海财经大学出版社，2019：242-257.

［2］肖小和 . 以科技为抓手建设上海国际票据交易中心 ［N］. 证券时报，2019-12-09 （A08）.

［3］肖小和 . 票据业务融合 IT 系统刷新发展格局 ［N］. 上海证券报，2015-06-13 （006）.

［4］肖小和 . 互联网票据业务创新着力点何在 ［N］. 上海证券报，

2014-08-23（006）.

[5] 卢家瑜，谢宝友，冒鹏莉，叶青，陈杭燕 . 电子票据法律问题研究 [J]. 金融纵横，2018（1）：73-81.

[6] 张荣康 . 基于区块链构建的数字票据法律问题研究 [D]. 北京：中央民族大学，2017.

从票据历史角度思考中国票据市场发展趋势

肖小和　李紫薇

一、中国票据市场发展回顾

中国票据历史悠久，最早可以追溯到周朝。票据伴随着经济、信用、金融以及自身功能的发展而不断发展。

（一）古代及晚清时期的票据发展

周朝时期，商品经济雏形初现，借贷关系开始产生，质剂、傅别、书契等票据雏形应运而生，此时期票据主要作为借贷契约而存在，发挥的是取款凭证功能。

唐朝时期，商品经济进一步繁荣，货币供给不足推动了信用工具的发展，飞钱、书帖等票据相继出现，极大地方便了商品交易往来。飞钱是中国历史上最早的汇兑票据，其出现不仅解决了铜钱短缺的问题，而且推动了汇兑业务的开展，票据汇兑功能得到初步体现。书帖可用作存取款、转账凭证，部分柜坊允许将钱存入后，开立载有付款数目、日期以及收款人姓名的书帖，用户在交易时无须使用现金，只需出具货币所有者的书帖即可。

时间推移到宋朝，极度繁荣的商品经济将票据的使用推向了新高潮，交子、会子等相继出现，票据的发行数额、流通方式、支付时限、监管等都有了进一步完善，票据的使用频率得到了明显提升，流通范围进一步扩大。随着印刷术问世，交子、会子开始逐渐被用于市场交易，推动了票据支付功能的发展。南宋会子收归官营后允许与铜钱一并流通，成为政府法币，支付功能得到充分体现。

清朝前中期的票据已经初步具备了现代意义上票据的基础功能，市场上主要存在的票据有会票和钱票两种。钱票是钱庄凭借自身信用而发行的票据，可代替现银、现钱流通，在某种程度上相当于小范围流通的货币。会票出现于明朝后期，清朝时期进一步发展，会票的应用场景丰富，不仅可以用于汇兑，还可以开立期票用于货款支付。会票具有流通转让性，流通时须在票据上记录流通情况，这一点可以视为背书的萌芽。清朝前中期，汇兑业务广泛开展，票据流通制度逐渐完善，使得票据的流通更加便利规范，票据的汇兑和支付结算功能得到了加强。

晚清时期，信用制度进一步完善，钱庄、票号等金融机构大规模出现，这些金融机构在经营过程中大量使用票据，带动了我国传统票据的进一步发展。票号是中国古代汇兑专营机构，其覆盖全国的经营网络的形成推动了汇兑业务空前发展，票据的汇兑功能得到充分发挥。钱庄庄票信用卓著，具有直等现金的作用，在票据到期前，商人可以持票向金融机构申请"拆票"，即现代意义上的贴现，票据的融资功能开始被发现。鸦片战争爆发后，外国资本主义势力打开了中国市场的大门，外商银行纷纷开始在各通商口岸设立，西方新式票据也随之传入。自此，中西方票据开始融合，我国的票据开始发生深刻变化。1897年中国通商银行设立，华资银行开始登上历史舞台，它们在经营过程中仿照西方银行发行新式票据，经营贴现、押汇等业务，推动了我国新式票据的发展。总的来说，晚清时期票据种类丰富，现代意义上的本票、支票、汇票均已出现，票据的使用愈发频繁，民众对票据的了解程度与接受度逐步提升，票据的流通范围进一步扩大。

（二）民国时期的票据市场发展

民国初期，随着华资银行势力不断壮大，钱庄、外商银行、华资银行"三足鼎立"的局面逐渐形成，与此相对应，市场中票据新旧并立、中西共存。票据是随着商品经济的发展而自发产生的，由于各地需求不同，长期以来中国各地票据种类、样式各不相同，呈现出"东西各异，南北互特"的特点，票据流通极为混乱。此时期，银钱业纷纷出台规章制度规范票据流通，但真正意义上的立法工作开始于北洋政府时期。1929年《中华民国票据法》出台，这是中国第一部成文的票据法律规范，第一次以法律的形式对票据进行了详细的规范，票据立法实现了从无到有的突破，票据市场法律制度渐趋完善。

20世纪30年代末，国外贴现理论传入，理论界、实务界人士纷纷提倡，掀起了第一次承兑汇票热潮。1930年，交通银行率先试办和推广贴现业务，并设计创立承兑汇票。此后，银行界、企业界相继加入，推动了票据业务的发展。白银风潮后，上海市面银根紧缩，为加速资金周转、实现资金融通，承兑汇票及贴现再次被提出，形成了第二次承兑汇票热潮。此次热潮出现后，上海银行票据承兑所成立，标志着一个区域性的票据市场在上海逐渐形成。上海银行票据承兑所的成立表明中国票据贴现市场雏形的形成，带来了票据贴现业务的迅猛发展，银行承兑汇票、商业承兑汇票、承兑所承兑汇票等新型交易工具逐渐被推广开来，贴现业务作为融通资金的重要渠道受到各界的重视，票据的信用功能得到显现。

抗日战争初期，随着上海、武汉沦陷，国民政府内迁，重庆成为政治中心及战时金融中心。为活跃战时金融，扶植生产发展，四联总处积极推动联合贴放业务。为弥补大后方资金不足，达到调剂金融之目的，国民政府开始重视票据业务，相继出台多部制度规章，推动了票据融资功能的发挥。值得注意的是，此时期承兑贴现的票据必须基于合法商业行为签发，对票据真实交易基础提出了要求。但是，由于前期中央银行制度的缺失，得不到中央银行重贴现的支持，我国票据市场的建立极为困难。尽管国民政府积极推动票据承兑与贴现业务，但票据承兑与贴现业务发展无太大起色，业务量萎缩情况较为严重。直至1943年，重贴现才正式划归中央银行办理，中央银行重贴现职能得以正式确定。

抗日战争胜利后，各金融机构开始复员。为活泼金融运用，协助经济发展，进一步完善承兑贴现制度，将贴现承兑制度推行至全国，国民政府发布规章推进票据业务发展，各商业银行也相继出台各自的制度办法对票据承兑和贴现加以规范。其在战后的一段时间内得到迅速发展，工商业者也已习惯用承兑、贴现的方式融通资金。然而，随着通货膨胀越来越严重，物价波动剧烈，票据贴现业务难以正常实施，业务量显著减少。在严重的通货膨胀的影响下，法币濒临崩溃，金圆券滥发现象严重，于是中央银行发行大额本票和定额本票以替代现钞流通。市场投机活跃，资本囤积居奇或投入黑市拆放，贴票现象严重，由此催生出的远期支票成为票据的畸变形态，票据市场一片混乱。

（三）新中国成立以来的票据市场发展

新中国成立后的一段时期内，我国经历了金融体制的不断变化与探索过程。在计划经济时期，我国经济实行高度集中的管理制度，为缓解粮食产需、供销矛盾，从根本上解决粮食问题，我国开始定制并发放大米票、马料票等票证。然而，此时期的票据并不是真正意义上的商业汇票，更像是一种货单，是统购统销计划时期的经济管理手段。由于缺乏商业汇票发展的基础条件，票据的功能受到限制。

直到改革开放后，商品经济开始活跃，商品流通下的支付结算工具匮乏成为当时急需解决的问题，为解决"三角债"问题，商业汇票的支付结算功能重新被提及，各种票据业务摸索和试点纷纷进行。在发展商业信用的特殊背景下，票据的融资功能开始显现。1981年，在杨浦和黄浦两个区办事处的协作下，人民银行试办了第一笔同城商业承兑汇票贴现。此后，多地人民银行分支机构加入票据业务试点。1984—1990年是我国商业汇票市场发展的起步时期，此时期，中国人民银行相继颁布了《商业汇票承兑贴现暂行办法》《再贴现试行办法》《银行结算办法》等制度规章，推动了票据市场的发展。

1995年《中华人民共和国票据法》出台，开启了我国票据发展史上规范发展与制度化建设的新阶段。此后，人民银行相继颁布了《票据管理实施办法》《支付结算办法》《商业承兑、贴现与再贴现管理暂行办法》等一系列制度，加强了对商业汇票的宏观管理和制度建设，商业银行开展票据业务的法律法规初步确立。此时期，中国人民银行改进和完善再贴现及贴现业务的利率定价机制，票据调控功能被挖掘。到1999年末，我国票据市场相关法律框架基本形成，为票据市场的进一步发展奠定了坚实的基础。

2000年，中国工商银行票据营业部正式成立，标志着我国票据市场迈入了商业银行票据专营的新时代，票据市场经营模式开始向集约化方向转型。2003年"中国票据网"上线，为金融机构之间的票据转贴现和回购业务提供报价、撮合、查询等服务，解决了票据市场信息传递不畅的问题，提高了市场信息的时效性。2005年起，部分商业银行推出了基于行内系统的电子票据产品，针对客户的实际情况，量身定制个性化的票据服务模式和票据产品，票据服务实体经济的能力进一步提升，票据融资已成为重要的短期融资渠道。

2009年10月28日，中国人民银行电子商业汇票系统（ECDS）正式建成运行，我国票据市场由此迈入电子化时代，步入了快速发展阶段。这一时期市场呈现出票据业务快速增长，票据创新活力不断激发，票据理财、票据资管等业务应运而生，票据投资功能开始出现。面对2009年"资产荒"，商业银行开始提高票据资产配置比重，票据交易十分活跃，回购业务量迅速增长，票据的交易功能逐步显现。在追逐利润的同时，票据从业人员对于风险的防范意识有所下降，在规避监管的驱动下，以"消规模"为特征的卖出回购业务大放异彩，票据理财、票据资管等套利业务盛行，部分金融机构利用"卖断+买入返售+到期买断""假买断、假卖断"、附加回购承诺等交易模式违规办理票据业务，为他行隐匿、消减信贷规模提供"通道"等，票据市场乱象频发，为票据市场发展埋下风险隐患，直接导致2016 年票据案件集中爆发。

2016 年，上海票据交易所成立，票据市场基础设施建成。上海票据交易所的成立推动了业务、系统体系建设，加快了业务产品的创新步伐，票付通、贴现通、标准化票据等产品的相继问世，缓解了中小银行以及中小企业的融资困境，票据市场风险防控水平大幅提升，票据的功能作用进一步发挥。

纵观中国票据发展史，票据的发展呈现出与经济、信用、金融相适应的特征。随着商品经济、市场经济、金融体系、信用体系的发展与完善，票据的汇兑、支付、结算、融资、投资、交易、调控等功能不断被挖掘并发挥，票据的全生命周期作用逐步显现，服务实体经济的能力逐渐增强。

二、中国票据市场面临的机遇与挑战

当前，我国经济正在由高速增长转向高质量发展，金融混合所有制改革有序推进，金融供给侧结构性改革进程加快。2020 年初暴发的新冠疫情给经济社会发展带来了前所未有的冲击，后疫情时代，有序推动经济复苏成为社会各界关注的重点。基于此背景，我们认为票据发展面临新机遇，同样也有新挑战。

（一）票据市场发展的机遇

基于我国经济和金融步入新常态，预计未来相当长一段时间内，我国票据业务仍将保持稳步增长，并将继续在服务经济、发展金融市场、完善信用体系、满足企业融资需求、助推金融改革、加快业务创新等方面发挥不可替代的重要作用。

1. 宏观经济导向推动票据市场发展

票据市场与经济发展关系密切，是实体经济发展的重要支撑。通过格兰杰因果分析可以发现，票据承兑发生额与 GDP 的相关性达到 92%，票据贴现发生额与 GDP 的相关性达到 62%，表明票据市场与实体经济发展高度相关。票据承兑发生额占 GDP 的比重从 2001 年的 11.58% 上升到 2019 年的

20.59%，票据贴现发生额占 GDP 的比重从 2001 年的 14.02%上升到 2019 年的 34.61%，票据市场服务实体经济的能力不断增强。后疫情时代，鼓励消费的宏观经济导向将拉动经济和商品贸易流的增长，从而稳步推动票据融资规模稳步增长，票据市场规模增速与 GDP 增长的相关度可能会增强。

2. 票据在短期资金市场中扮演重要角色

票据市场是货币市场的重要组成部分，是连接货币市场与实体经济的纽带，在短期资金市场中扮演着重要的角色。受企业规模、治理结构等因素限制，中小微企业难以通过股票、债券、银行贷款等方式获得资金，而票据市场具有准入门槛低、期限短、流动性强、操作便捷灵活等优势，是企业获得短期资金的重要来源。作为货币政策工具之一，人民银行通过再贴现业务可以控制资金总量，引导信贷流向。

3. 票据是企业重要的短期融资工具

商业汇票是企业可获得性较高的金融工具之一，与流动资金贷款业务相比，票据业务优势明显：一是票据贴现利率总体低于流动资金贷款利率，通过票据融资可以降低企业融资成本；二是相较于流动资金贷款而言，电子票据项下业务办理更加高效便捷，有利于节约时间成本，加快企业资金回笼速度；三是票据业务准入门槛较低，能更好地覆盖中小微企业，促进企业资金融通，是企业重要的短期融资工具。

4. 票据是商业银行经营发展的重要推动力量

票据业务是商业银行传统业务之一，对银行经营发展起到重要的推动作用。第一，商业银行作为经营风险的机构，以盈利性为最终追求，配置一定比例的票据资产能够改善资产流动性与风险性，提高资产质量，达到调节和优化资产结构的目的。第二，票据兼具信贷属性和资金属性，商业银行通过票据交易调节资金和信贷规模具有一定的灵活性；同时，票据产品种类繁多，票据利率多变灵活，可视具体业务情况进行调整，灵活性较高。第三，通过办理票据业务、配置票据资产，商业银行可以获取承兑手续费收入、贴现利息收入、买卖断价差收入等利息及中间业务收入，通过承兑保证金吸收存款可以进一步提高票据业务利润贡献度。据估计，票据全产品线年度利润达到 2000 亿元，占银行业年利润的 10%以上，是推动商业银行经营发展的重要推动力量。

5. 票据是现阶段提升企业信用的最佳工具

中小微企业融资难、融资贵问题历来是社会经济关注的重点话题，此类企业由于规模较小，信用程度较低，财务信息不透明，可用于担保的抵押物少，银行难以对其经营状况及信用状况作出准确判断，银行惜贷现象严重。票据作为企业获得程度较高的金融工具之一，其可追索性及可背书流转性能够串联企业信用，实现信用增级的效果。尤其是在国家鼓励供应链金融发展的大背景下，商业汇票优势逐渐凸显。在供应链中使用商业汇票，可通过核心企业授信，带动票据逐级流转，实现企业信用叠加，从而帮助末端中小微企业获取低成本资金，缓解融资难题。除此之外，商票保兑、保贴等业务可以帮助提升企业信用，扩大票据流通范围。2020 年 1 月，上海票据交易所商业汇票信息披露系统开始试运行；6 月 5 日，人民银行起草《关于规范商业汇票信息披露的公告（征求意见稿）》，旨在通过规范承兑人商业汇票信息披露，建立承兑人信用约束机制。商业汇票信息披露系统的建立一方面可以维护持票人合法权益，减少票据纠纷；另一方面，可以完善市场信用约束机制，提高企业信用程度。

6. 票据业务有助于实现区域金融发展良性循环

票据是企业生产经营活动中常用的金融工具，其规模大小可以在一定程度上反映企业生产经营的活跃程度。长期以来，我国各地区之间经济发展极度不平衡，主要表现为东部地区经济较为发达，中西部地区经济发展较为落后，金融资源配置不均使得区域间经济发展差距进一步扩大。商业汇票应用场景丰富，各地区可结合自身产业结构及地域特色发展票据业务，通过发展票据业务带动经济发展，从而改善落后地区的生态环境。在供应链金融发展的大背景下，依托产业链发展票据业务，可以实现资源的优化配置，实现帕累托最优，达到区域经济发展良性互动，有助于改善落后地区金融生态，启动良性循环。

7. 市场完善为票据业务发展带来广阔空间

从统一票据规则完善方面来讲，上海票据交易所成立以前的票据市场是一个线下 OTC 市场，由于规则不统一，基层法院在审判票据纠纷案件时存在很大争议。2020 年 5 月 30 日，"中国票据市场与票据纠纷案件裁判规则"专题研讨会在南昌成功举办，就票据纠纷裁判规则制定相关问题进行了探讨。票据纠纷裁判规则的统一化发展，对于票据案例明辨是非，以及票据市场规范健康合规发展具有积极的指导意义。从资管法规完善方面来讲，《标准化债权类资产认定规则》明确了标准化债权类资产的认定范围和认定条件，建立非标转标的认定机制，并对存量"非非标"资产给予过渡期，这为标准化票据的发展提供了方便。

8. 票据融资是提高行业效率的有效途径

相较于纸质票据而言，电子票据打破了票据交易时间与空间的限制，能够实现实时、跨区域流通使用，大大缩短了资金的在途时间，提升了企业贴现融资效率。在"互联网+"发展趋势下，商业银行、第三方平台上线在线票据产品，支持票据承兑、贴现、背书转让等全线上、一站式服务，极大地提高了票据的交易效率，商业银行直贴平台的建设实现了票据贴现在线审批、极速贴现，使得企业融资效率大幅提升。2020 年 4 月，上海票据交易所供应链票据平台上线，可拆分、等分化的供应链票据为企业融资提供了便利，随着标准化票据的推动，票据融资效率将有效提升。相较于其他融资方式，票据融资手续较为便捷，在票据业务线上化发展的趋势下，票据融资成为提高行业效率的有效途径。

9. 电票系统改进和上海票据交易所建设为票据市场创新发展奠定了基础

2009 年 10 月 28 日，由中国人民银行建设并管理的电子商业汇票系统（ECDS）正式建成运行，我国票据市场由此迈入电子化时代。伴随着票据市场的繁荣发展，票据理财逐渐兴起，票据产品及交易模式也不断创新。2016 年，上海票据交易所成立，票据市场基础设施建成，票据市场生态环境发生了巨大变化。为适应新的市场环境，解决市场中的新难题，上海票据交易所和各参与主体积极创新，在票据交易、票据产品、定价策略等方面均取得了突破。上海票据交易所建立后，通过重塑票据业务规则和市场生态，显著提高了票据市场的信息透明度和规范性，加上金融科技的快速发展，为票据创新奠定了基础。

10. 金融科技为票据市场发展提供了条件

近年来，金融科技发展如火如荼，各行各业都在寻求与金融科技的结合点。票据市场金融科技应用前景广阔，对于区块链技术而言，依托区块链技术可以建立数字票据联盟链，通过智能合约编程可以规范票据全生命周期管理，通过区块链时间戳可以帮助实现票据市场监管，通过发行数字票据可以实现票据实时清算等；对于大数据技术而言，通过数据收集整理可以提供票据市场数据服务，通过大数据建模可以为票据监管提供技术手段，通过大数据分析预测可以为商业银行创造新的利润增长点，通过数据挖掘可以为第三方信用评级带来新机遇等；对于人工智能技术而言，通过生物识别技术可以对远程交易员身份进行识别，建立人工智能客服可以减少人力咨询成本，结合大数据实现智能交易、做大票据利润，通过图像技术可以进行票面信息识别、增强票据风险防控能力等；对于云计算技术而言，通过优化云计算服务器可以提高计算速度、降低交易响应时间、提高票据交易效率，通过云存储可以实现海量票据数据存储，为利用大数据进行票据分析奠定基础等。金融科技对于票据市场而言具有很强的适用性，在科技发展的浪潮下，票据市场将迎来新的发展机遇。

11. 票据制度完善为票据市场提供保证

票据制度可以规范票据使用主体和票据市场参与主体的行为，实践表明，一个国家一定时期的票据制度，只要在宏观上能够反映本国的经济发展水平和基本国情，能够代表先进生产力的发展方向，促进市场经济发展，与时俱进；在微观上能够方便票据使用、减少经济参与主体之间的纠纷，充分发挥票据的功能，就是科学的、先进的、合理的。改革开放以来，我国票据市场制度建设取得阶段性进展，从最初总结票据承兑贴现业务试点经验的基础上颁布的《商业汇票承兑、贴现暂行办法》，到《中华人民共和国票据法》《票据管理实施办法》《支付结算办法》等颁行，再到电子商业汇票系统上线以来《电子商业汇票业务管理办法》及其八项配套制度的出台，以及上海票据交易所阶段《票据交易管理办法》《标准化票据管理办法》等发布，票据市场制度体系建设不断发展完善，为丰富票据业务产品、提升市场风险防范水平、促进市场创新发展等提供了重要保障。

12. 票据创新为市场发展增强活力

随着票据市场的不断发展，票据创新不断深化，尤其是在上海票据交易所成立以后，票据市场创新产品涌现，票付通、贴现通、标准化票据、供应链票据等产品相继推出，票据市场呈现欣欣向荣的景象，票据服务实体经济的深度和广度得到了提升。商业银行也积极探索票据业务创新，在传统的承兑、贴现、转贴现等业务基础上，推出区块链票据、票据池、票据资产证券化、线上贴现等创新型票据业务产品，为票据市场发展提供原动力。央企在票据市场创新方面也取得了一定的成果，企票通平台的建设促进了商票流通，降低了产业链运行成本，票据服务实体经济的能力进一步增强。

（二）票据市场面临的挑战

在抓住机遇、促进票据市场发展的同时，我们不能忽视现阶段我国票据市场发展所面临的挑战。

1. 制度方面的挑战

票据制度建设与票据发展相伴相生、相辅相成、相互促进，是票据市场健康发展的基本保障。然而，我国票据市场制度建设还存在一些问题。

一是票据法制建设滞后于票据市场发展。《票据法》出台于 1995 年，其颁布对于早期票据市场稳定发展起到了关键作用。经过 20 余年的发展，我国票据市场发生了巨大的变化。然而，《票据法》并没有随着票据市场的发展而修订完善。一方面，《票据法》第十条关于真实交易背景的规定不仅与票据无因性原则相悖，还阻碍了融资性票据的发展，我国票据制度对于融资性票据的排斥，严重制约了票据直接融资功能；另一方面，《票据法》中关于电子票据、票据创新、票据经纪、票据评级机构、票据信息管理等方面制度的缺失阻碍了票据市场发展步伐。作为票据市场核心法规，《票据法》的滞后发展对于票据市场服务高质量经济发展十分不利。

二是制度要求的统一性问题。主要体现在两个方面：第一，关于票据市场参与者的规定。《票据交易管理办法》拓宽了票据市场参与主体的范围，但由于财务公司以外的非银机构对于票据业务普遍不熟悉，且目前尚未出台相关制度文件允许其参与票据市场交易，票据市场参与主体实际上一直处于"放而未开"的尴尬境地。第二，关于交易背景真实性的规定。《票据交易管理办法》第十七条指出，在贴现过程中，贴现申请人无须提供合同、发票等资料。然而，在实践中，部分监管部门仍要求商业银行进行贸易背景审查。

三是部分票据制度的合理性问题。《商业银行资本管理办法（试行）》的规定使得票据资产重复计量，严重影响了票据市场的活跃度。在标准化票据推出的大背景下，票据的信贷属性逐渐弱化，是否继续认定转贴现业务的信贷属性有待商榷。

2. 票据中介违规行为带来安全隐患

由于现阶段尚未形成统一的票据市场，我国票据市场一直以来都处于分割状态，市场信息不对称现象普遍存在。基于此发展背景，以提供信息支持和撮合服务为主要职责的票据中介机构应运而生，票据中介的存在在一定程度上提高了票据市场的流动性，提升了票据市场交易效率。但是，长期以来，票据中介游走于票据市场的灰色地带，通过自有资金参与票据市场交易，赚取超额利润，这种违规行为增加了票据市场风险隐患，严重制约了票据市场的健康发展。目前票据制度仅简单要求商业银行不得与票据经纪公司开展业务，尚无对于经纪的其他规定。由于缺乏市场准入要求，票据经纪市场一度野蛮生长。票据中介资质良莠不齐，部分中介机构操作极不规范，导致近年来票据风险事时有发生，其中不乏票据中介机构的参与，这给票据市场的健康发展埋下了风险隐患。

3. 评级机构缺失限制票据流通

一直以来，我国票据市场缺乏统一、权威的评级机构，缺少票据专项评级管理制度，商业银行只能依据内部评级体系对企业及交易对手进行评级，评级手段、方法的差异性，以及评级结果的保密性严重影响了票据市场定价的科学性，造成评级资源的浪费，全生命周期、标准化的票据市场形成受阻。相较于银行承兑汇票而言，商业承兑汇票是以企业信用为基础签发的，其风险性相对较高。企业资质参差不齐，市场上信息不对称现象严重，评级信息的缺失致使市场参与者对于商业承兑汇票的安全性存疑，严重阻碍了商业承兑汇票的进一步推广，票据评级制度的缺位对于商业汇票尤其是商业承兑汇票的发展极为不利。

4. 电票时代票据风险仍未完全消除

2016 年，票据市场风险案件相继爆出，面对纸票时代风险频发，人们将目光投向了电子票据，呼吁纸质票据电子化。根据上海票据交易所数据，2019 年全市场电票承兑金额占比达到 97.94%，贴现金额占比达到 99.36%，我国票据市场已然步入全面电子化的新时代。然而，电票的出现并没有完全遏制票据风险事件的发生，伴随着 2018 年首例电票诈骗案件一审宣判，电票虚假代理接入事件浮出水面。虽然上海票据交易所的成立推动了票据业务标准的统一，使整个市场的风险显著降低。但是，电票交易下的操作风险、合规风险、信用风险等仍值得关注。与此同时，在电子票据支付环节，ECDS 并未要求采用 DVP 清算方式，在票款支付相分离的模式下，"打飞""背飞"风险依旧存在。

5. 全国尚未形成完全统一的票据市场

上海票据交易所虽然将银行间票据市场整合为全国统一的二级市场，但是尚未实现完全统一的票据市场建设，企业与银行、企业与企业、各地区之间的信息壁垒仍旧存在，由此导致了市场透明度不高，各区域自成体系，地区之间贴现利率差异较大，严重影响了票据的流通。除此之外，目前票据市场缺乏全国统一的信息披露制度，缺乏规范的指标统计方式，各主体在统计口径、统计维度、指标名称等方面均存在差异，使得市场参与者无法及时准确地获得票据市场详细信息。当前，票据市场数据主要散布在商业银行、财务公司、上海票据交易所、中国人民银行等机构中，海量数据无法得到整合和分析，在一定程度上不利于票据市场预测和风险防范。

6. 区域票据市场不同步发展下市场分化特征明显

与经济发展相类似，我国票据市场发展也存在区域发展不同步的问题。根据数据统计，2020 年 5 月，我国东部地区用票量合计 6.29 万亿元，市场占比达到 63.03%，票据业务占比持续提升；中部地区用票量合计 1.73 万亿元，市场占比为 17.36%；西部地区用票量合计为 1.42 万亿元，市场占比为 14.26%；而东北地区用票量为 0.53 亿元，市场占比仅有 5.35%；除中东部地区外，各地区用票量占比均有所下降。在全国各省市中，江苏省、浙江省用票量占比均超过 10%，其次为山东省、广东省、上海市，占比均超过 8%，反观海南、西藏等地区，用票量占比不足 0.5%。区域票据市场的不协调发展在一定程度上反映出当地经济发展状况，票据业务进一步向经济发达地区集中，票据市场结构分化特征明显，不利于票据市场协调统一发展。

三、中国票据市场发展趋势的思考

金融供给侧结构性改革的深入推进对金融高质量服务实体经济的能力提出了要求。在宏观经济稳字当头和宏观政策逆周期调控的背景下，票据市场也将迎来发展新时期。其趋势主要表现在以下几个方面。

1. 趋势一：票据将成为服务实体经济特别服务中小微及民营企业的重要工具

从信用体系建设的角度分析，票据市场仍是未来一段时间内最切合目前企业信用实际的短期融资工具。一直以来，中国实体经济面临着巨大的资金缺口。2015—2019 年，小型企业贷款需求指数维持在 60%～75% 的范围内，近年来有所提升；中型企业和大型企业的平均贷款需求指数分别为 58% 和 55%，然而，银行平均贷款审批指数仅有 48%，银行贷款审批程度远不能满足实体经济贷款需求，对于规模较小的小微企业和民营企业而言，资金紧缺程度更加严重。票据是在企业支付结算需求下应运而生的，经过几十年的发展，票据市场成为企业低成本融资渠道。2019 年 12 月，票据市场贴现加权平均利率为 3.24%，比同期限 LPR 低 91 个基点，票据降低实体经济融资成本的作用明显。随着票据市场规模不断发展壮大，票据市场服务实体经济的能力也得到了提升，2019年，全市场累计签发承兑汇票20.38万亿元，同比增长11.55%，票据承兑余额占社会融资规模的比例为5.07%，比上年提高0.2个百分点；累计贴现票据12.46万亿元，同比增长25.33%，票据贴现余额占人民币贷款余额的比例为5.34%，在企业贷款增量中占比达到16.77%，成为支持企业贷款增长的重要力量。票据市场在服务中小微及民营企业方面具有独特优势，根据上海票据交易所数据，2019年出票人为中小微企业的票据承兑余额占比达到69.84%，贴现余额占比达到81.39%，票据已经成为解决中小微及民营企业融资问题的重要工具。近年来，国家出台了一系列政策支持实体经济发展，作为低成本和实体经济可获得性最强的金融工具，票据将继续在服务实体经济特别是服务中小微及民营企业方面发挥重要作用。

2. 趋势二：票据支付借助金融科技将成为企业支付的重要方式

从科技发展的角度分析，金融科技的广泛应用将为票据市场创新发展提供条件，有利于提升票据业务的深度与广度，提升票据业务效率，票据支付借助金融科技将成为企业支付的重要方式。回顾票据发展的历史长河，支付和汇兑功能是票据发展的起源，是票据全生命周期功能发展的基础。相比于现金、本票、支票、银行汇票等支付方式而言，商业汇票具有延期支付、可背书转让、到期前可贴现等优势，且电票的签发、流转等以ECDS为依托，可有效约束违约行为的产生，是企业尤其是供应链企业款项支付的最佳方式。然而，受限于票据市场发展初期市场透明度不高、各区域票据市场分散化发展等因素，长期以来，我国票据支付主要采取线下支付的方式，货款支付的不同步给票据市场发展带来安全隐患。由于科技的进步，传统的线下支付转移至线上，上海票据交易所、商业银行、第三方票据平台、企业等借助科技之力发展线上票据支付产品，实现票据货币化支付功能，进一步扩大票据支付范围、扩大支付覆盖面、提升票据支付效率、提高支付的广泛性和大众性。2019年，企业累计背书转让票据46.47万亿元，同比增长16.86%，企业票据支付意愿大幅提升。未来随着数字票据正式推出，票据支付的安全性与便捷性将进一步凸显，借助金融科技发展，票据支付将成为企业支付的重要方式。

3. 趋势三：票据将成为少发货币、传导货币政策及调节货币流动性的有效手段

从金融市场架构的角度分析，我国金融市场建设仍要经过长期的改革发展，票据市场仍将在完善短期资金市场功能中扮演重要角色。票据是传统的支付结算工具，承兑业务可以减少企业运营资金占用，实现延期支付，票据背书可以满足企业间的短期资金支付需求。相较于纸票而言，电子票据既是信用工具，又是支付工具，同时具有互联网属性，可以实现货币化支付。中国人民银行《关于规范和促进电子商业汇票业务发展的通知》提出："各金融机构应以上下游关系密切的产业链龙头企业或集团企业为重点，带动产业链上下游企业使用电票。"在供应链金融场景下，使用电票进行支付，可以有效串联供应链企业，带动优质企业信用传递，通过票据轧清供应链上下游企业应收、应付账款，实现应收账款票据化。商业汇票尤其是商业承兑汇票的使用，可以通过信用手段支持实体经济发展，达到票据货币化支付的目的，既满足了企业资金需求，又没有实际投放货币，是减少货币发行量、传导货币政策的有效工具。2020年以来，中国人民银行投放1.8万亿元再贴现再贷款额度，用于支持抗疫保供、复工复产和中小微企业等实体经济发展。一方面，中国人民银行可以通过再贴现引导信贷和资金投放，实现精准滴灌，为中小微企业提供资金支持；另一方面，中国人民银行可以通过票据市场公开市场操作，调节金融体系的流动性。

4. 趋势四：票据将成为大众投资者的理想产品

从投资供给端的角度分析，标准化票据在未来极有可能面向大众开放，票据将成为大众投资者的理想产品。2009—2012年，在票据市场高速发展下，具有高收益、低风险、零门槛、期限短等优势的票据理财迅速发展，票据资管、票据理财等业务火爆一时，票据投资功能自此被挖掘。2016年，全国首只票据收益权资产证券化产品发行，具有高收益、低风险优势的票据资产证券化产品进入投资者的视野。2019年，上海票据交易所相继发布4期标准化票据。2020年6月，中国人民银行发布《标准化票据管理办法》，明确支持资管产品投资标准化票据。标准化票据属于货币市场工具，银行间债券市场交易主体可以通过购买标准化票据进行票据投资，迈出了票据债券化发展的一大步。《标准化票据管理办法》进一步明确了标准化票据可等分化等，使得标准化票据进一步向标准化债权类资产靠近，标准化票据的发展为票据投资产品的发展提供了广阔的空间和思路。随着科学技术的发展，票据产品、业务互联网化、平台化将是大势所趋，票据投资产品也将通过网络化、平台化等形式发展。未来标准化票据及其他票据投资产品极有可能面向市场开放、面向大众开放、面向个人开放。票据市场未来将不断创新投资产品，适应投资者的需求，发展票据远期、票据互换、票据期权、票据期货等衍生产品，满足不同投资主体的偏好。企业和个人投资者也将通过票据投资产品进行投资，票据将成为大众投资者的理想产品。

5. 趋势五：上海票据交易所有望发展成为国际票据交易所

从票据市场基础设施建设的角度分析，上海票据交易所建设为票据市场发展创新奠定了基础，上海票据交易所有望建设成为面向世界开放的国际化票据交易平台。票据是经济交换和商业信用发展的产物，从美国、英国、日本和我国台湾等地区发达的票据市场发展经验来看，票据业务能够有力促进国际贸易发展。上海票据交易所作为我国票据市场的基础设施，具备票据报价交易、登记托管、清算结算、信息服务等功能，承担着中央银行再贴现操作等货币政策职能，是我国票据市场登记托管中心、业务交易中心、创新发展中心、风险防控中心、数据信息中心。在上海票据交易所发展的基础上成立国际票据交易所，有望实现全球票据市场的融合，促进票据跨国交易流通，提高票据交易度和使用度，提升票据跨境支付结算功能作用，促进国际贸易的发展，降低企业融资成本，提高离岸金融市场的效率，引进国际先进经验，促进国内票据市场对外开放，丰富票据创新产品种类，推动全方位的金融业对外开放和深化金融改革等。

6. 趋势六：长三角有望建立一体化的商业承兑汇票平台

从基础平台建设的角度分析，票据业务具有广阔的发展空间。长三角地区是我国经济发展最活跃、开放程度最高的区域之一，历来是票据市场先行示范区，占据着票据市场三分天下，2019 年，长三角各省市票据承兑额达到 6.25 万亿元，占全国总量的 30.67%；贴现 4.28 万亿元，占比达到 34.35%；票据交易额为 34.87 万亿元，占全国票据交易量的比重达到 34.23%。2018 年，长三角一体化发展上升为国家战略，为长三角地区发展指明了方向。2019 年，时任中国人民银行行长易纲在第十一届陆家嘴论坛上表示，支持上海票据交易所在长三角地区推广应收账款票据化。为落实相关要求，上海票据交易所探索建设供应链票据平台，推广贴现通、票付通业务，并取得积极成效。长三角地区是我国商业信用较为发达的地区之一，从商业承兑汇票贴现程度来看，长三角四省市商票贴现累计发生额占比达到 40% 以上。在鼓励供应链金融发展的大背景下，商业承兑汇票有着广阔的发展前景，良好的商业信用环境为长三角地区继续挖掘商业承兑汇票的作用、发展商票融资提供了可能。在长三角地区建立一体化的商业承兑汇票平台，有利于强化地区企业意识，提升地区营商环境，进一步完善长三角地区经济布局，为促进长三角一体化发展奠定坚实的基础，同时也为商票发展作出示范。

7. 趋势七：在央企建立企票通平台的基础上国企和地方政府有望建立商业信用票据平台

从企业融资需求的角度分析，商业汇票是目前我国经济发展阶段提升企业信用的最佳工具之一。2019 年 8 月 26 日，中国国新控股有限责任公司携手 51 家央企发起设立央企商业承兑汇票互认联盟，企票通正式上线运营。企票通一端连接央企，一端打通商业银行，通过商业银行接入人民银行 ECDS，实现商票的出票、承兑、背书、贴现、付款等一站式服务，同时利用平台的信用互认和增信机制，丰富企业间的支付手段，有效发挥央企商业信用价值，降低央企产业链融资综合成本。在总结企票通发展经验的基础上，国企和地方政府有望搭建商业信用票据平台，通过统一的信用平台建设，引导企业更多地将电子商业汇票应用于生产经营活动中，通过平台企业票据流转，实现商业承兑汇票的闭环运行，提高供应链企业运行效率。建立商业信用票据平台一方面有利于降低企业融资成本，加速企业资金回笼；另一方面有利于培育良好的商票信用环境，提升企业信用，促进商业承兑汇票流通。

8. 趋势八：制度与科技创新将进一步激发票据市场潜能

从市场发展的角度分析，创新是市场发展的重要推动力量，票据创新为票据市场发展增强活力，将进一步激发票据市场的潜能。上海票据交易所的成立给票据市场发展带来了新机遇，市场创新活力无限。伴随着科技的发展，工商银行、浦发银行、中信银行、中国银行、招商银行、广发银行等国有大型银行相继推出"极速贴现"或"在线贴现"等创新产品，京东等科技公司也推出了"京票秒贴"等在线贴现产品，第三方平台快贴、秒贴、票据撮合平台更是遍地开花，极大地提高了企业票据贴现融资效率以及贴现体验感。上海票据交易所"票付通"产品拓展了线上票据支付途径，上线一年多的时间里，已有 5 家合作金融机构和 20 多家平台试点接入，绑定用票企业 700 家，合计发起 6500 笔票据支付，支付金额约为 60 亿元；"贴现通"产品建设了全国统一的贴现服务平台，解决了贴现市场分散、信息不对称等痛点，截至 2019 年末，共有 2720 家贴现申请企业参

与，其中民营企业和小微企业占比高达 90.63%，企业共计委托票据 6653
张，实际撮合成功 5130 张，撮合成功率高达 77.11%；供应链票据平台的推
出实现了票据可拆分化，提高了票据融资便利性，截至 2020 年 6 月 16
日，已有 4 家供应链金融平台接入，注册企业共计 187 家，累计签发供应链
票据 592.51 万元。随着相关制度的进一步创新与完善，标准化票据等产品
的关注度越来越高。纵观历史，制度与科技犹如左膀右臂，为票据市场发
展提供保障和支撑；展望未来，票据市场建设将进一步发挥制度和科技优
势，不断激发市场发展潜能，通过制度创新，发挥票据前端承兑支付和融
资流通功能，走支付便捷化、短贷票据化之路；依托科技发展，发挥后端
交易投资功能，走类债券化和类证券化之路。

**9. 趋势九：发挥技术力量与信用环境提升优势，票据市场整体风险将
有效降低**

从风险防范的角度分析，科学技术的发展以及票据市场信用环境的提
升将有效降低票据市场整体风险。大数据、区块链、人工智能等金融科技
的使用为票据市场监管及风险防范提供了解决方案。通过建立实时监管平
台，监控拦截可疑交易与报价，将票据风控关口前移；通过建立票据市场
监控模型，对可能存在的违规操作风险实现类 T+0 事后分析；通过智能合
约建立票据市场统一规则和秩序；通过区块链不可篡改的时间戳实现票据
市场无成本调阅，解决风险信息不对称性等问题。社会整体信用环境的提
升是降低票据市场风险的基础，通过打造信用社会的措施，提升全社会信
用意识，营造良好的商业环境；通过加强失信惩罚的措施，增加全社会失
信成本，降低信用违约概率。全力推动社会信用体系建设，推动信用程度
提升，防范票据市场风险。风险是底线，未来在发挥科技力量与提升信用
环境的基础上，票据全生命周期风险将得到有效控制，票据市场整体风险
将显著下降。

从票据史发展角度思考票据制度的建设

肖小和　蔡振祥

票据是发展历史悠久的金融工具，在商业经济、信用制度、货币制度的影响下不断发展进步，对我国经济社会发展具有重要的促进作用。纵观我国票据发展史，其之所以能始终保持发展活力，不断焕发崭新面貌，关键在制度。票据制度是票据发展的基础，是票据功能作用发挥的前提，而票据发展则是票据制度的源泉，是票据制度的根本服务对象，两者总是相辅相成，共同发展。从历史经验看，好的票据制度可以规范市场各方的票据行为，明确票据关系和票据当事人之间的权利义务，减少交易过程中的诸多不确定性，促进票据市场发展。滞后于行业发展的制度则会影响票据市场产品创新，阻碍票据市场健康发展，影响票据服务实体经济功能的发挥。因此，在新时代票据市场发展中，科学合理的制度体系建设至关重要。新中国成立以来，我国票据市场发生了翻天覆地的变化，在这一过程中票据制度体系基本满足了经济信用发展的需要，但不可否认的是，我国的票据制度体系仍存在一些与经济信用发展不匹配的现象，使其不能很好地满足新时代对票据功能作用的新要求，在一定程度上阻碍了我国票据市场的创新发展。本文分别从基础制度、交易制度、组织制度、管理制度方面对当前票据制度体系存在的不足进行了梳理，并基于票据制度的完善既要与经济信用发展相匹配，又要考虑新时代票据市场中创新、科技、风险等因素要求的原则，相应地提出了针对性的思考建议，希望未来通过制度建设进一步助推票据市场发展，使其更好地服务于实体经济高质量发展。

一、从票据史看我国票据制度的发展变迁

（一）票据制度的定义及特点

票据制度即票据市场的规则，它决定了票据市场中一切经济行为和业务运作的框架。我国现有的票据制度是指以《票据法》相关规定为基础，票据市场参与者共同遵守的，由中国人民银行、金融监督管理部门、

上海票据交易所等有权部门下发的，涉及票据市场的规章制度总称。票据制度属于上层建筑范畴，具有科学性、权威性、强制性的特点，其与我国的经济基础、社会环境、信用发展、货币制度、票据市场的发展等高度相关，会随之不断调整变化。

（二）票据制度的分类

根据票据制度规范领域的不同，可将其分为基础制度、交易制度、组织制度、管理制度四类。基础制度是我国票据市场运行的根本制度框架，是票据制度产生的根源，其他各类制度均应在它的基础上制定，如《中华人民共和国票据法》《票据管理实施办法》《支付结算办法》等；交易制度规范的是各项票据业务及产品，对票据承兑、贴现、转贴现、再贴现等不同票据业务的具体操作进行详细规定，并会随着票据市场的发展不断优化完善，保证参与票据市场的企业和商业银行以及财务公司等办理票据业务时有章可循、有法可依，此类制度主要包括《商业汇票承兑、贴现与再贴现管理办法》《关于切实加强商业汇票承兑贴现和再贴现业务管理的通知》等；组织制度的规范对象是票据市场的参与主体，它对参与主体的准入资格、业务范围、权利义务等进行了详细规定，保障票据市场稳健有序运行，此类制度包括《票据交易管理办法》等；管理制度规定了票据市场的监管部门，改革开放以来，监管机构及时根据票据市场发展情况制定相应的监管政策，防止部分商业银行过度、无序地开展票据业务，有效遏制票据市场乱象，增强了票据市场防范抵御风险的能力。

（三）我国古代及晚清时期的票据制度发展

周朝时，商业经济雏形初步显现，借贷现象开始出现，与之相对应，以信用为本质特征的票据雏形（质剂、傅别和书契）也在这一时期应运而生。它们初具票据的雏形，更确切地说应该是契约、凭据，多用于土地交易，也被官府当作信用借贷的凭据。此后，票据在商业经济、信用制度、货币制度的影响下不断发展，逐步演变出飞钱、书帖、交子等多种形态，承载的功能也日益丰富。唐朝时商业经济繁荣，出现了铜钱短缺的现象，加上跨地域贸易的发展，市场急需汇兑制度的出现，而飞钱则是汇兑制度的载体。飞钱的使用方式和周朝的傅别相同，可谓承质剂之法，商人将铜钱存放在各道节度使、观察使驻京办，然后用契约做好记录，分为两份，商人与存款处各执一份，到了有关地点，合券核对无误即可如数取回自己的钱款，不过需要支付一定的汇兑费用。飞钱是专门用于汇兑的票据，其承载的是票据汇兑制度，它的出现标志着票据开始发挥其汇兑功能。宋朝的经济一度达到我国古代社会的高峰，是我国历史上少有的以商业税为主要税种的社会，无论是国内交易还是跨国贸易，宋朝都取得了长足的进展，在这种情况下，实物货币完全不能满足经济发展的需求，加上印刷术的问世，交子、会子等票据开始逐步用于市场交易，并且客观上对票据发挥汇兑支付结算功能提出了要求。宋朝时出现的交子、会子相比前朝票据流通范围快速扩张，商人进行贸易时可用其直接支付，票据的转让支付频率逐渐增加，支付结算功能开始显现，其中的主要原因是交子在发行数额、流通方式、支付时限、票据监管等方面都进行了改变，票据流通制度不断完善。时间推进到清朝，伴随着经济、信用进一步发展，票据发展积累了一定的经验，票面规范制度、提示付款期制度、票据清算制度等进一步完善，票据贴现制度初见雏形，票据的流通更加便利，持票人的权利得到进一步保障，票据清算流程更加简易，票据融资功能开始被发现。在这一时期，票据的流通转让已十分普遍，票据的支付结算功能已被大众普遍接受，钱票、庄票等票据在商品交易中大量使用，采用认票不认人制度，用于支付结算十分便利，也在一定程度上促进了当时贸易的发展。清朝时的票号也为票据制度的发展作出了巨大贡献，为满足当时埠际贸易发展的需求，票号应运而生，其主营业务为汇兑业务，而汇兑业务主要使用汇票作为汇兑凭证，经过多年的经营实践，形成了一套组织严密的票据汇兑制度，采用"酌盈济虚、抽疲转快"的经营策略，推广认票不认人制度，将汇兑业务同存放款业务相结合，运用特制纸张、专人书写汇票并加盖特殊印章、一式多联、密押制度等多种措施防范假票风险，账务管理上使用汇差结算制度，在全国组织起了汇通天下的汇兑网络，极大地提升了票据的汇兑功能。正是由于票号严密完善的汇兑制度的建立，其汇兑业务发展迅速，推动我国汇兑事业取得了前所未有的发展，也使得票据的流通范围快速扩张，让票据真正走入寻常百姓家，开始深度融入百姓的日常生活中。

（四）民国时期的票据制度发展

鸦片战争之后，外国侵略势力打开了中国市场的大门，我国经济开始与世界市场接轨，外商银行也随之进入中国，将西方的新式票据制度带入中国，我国的票据制度开始与西方的票据制度相互融合。进入民国初期，经济社会的复杂动荡造成了票据市场的混乱，市场上出现了以钱庄庄票为代表的旧式票据、外商银行新式票据、华资银行中国新式票据并存的局面，由于缺乏统一的制度规范，票据流通极为混乱，发展滞后的票据制度严重制约了票据市场的发展。针对这一局面，银钱业相继出台规章制度对票据习惯加以规范，它们也一直期盼着票据法的尽快出台，不断积极推动票据立法工作的开展。1921 年，杭州和北京银行公会先后提出议案，要求政府迅速颁布票据法，直接促进了北洋政府票据立法工作的开展。该提案得到了上海银行公会的重视，随即成立票据法委员会，推举委员银行进行讨论。到 1925 年，修订法律馆先后制定了 5 次《票据法》草案，上海银行公会积极参与，并提出许多建议。但是，由于修订法律馆被改组，北洋政府时期的票据立法工作就此终止。北洋政府五载立法工作为《中华民国票据法》的颁布奠定了基础。1928 年，南京国民政府成立工商部，设立工商法规委员会，在徐寄庼的提议下，开始继续起草《中华民国票据法》。1929 年 10 月 30 日，业界期待已久的《中华民国票据法》正式出台，它是我国历史上第一个有关票据的专门法律，标志着民国时期票据的探索发展初见成效。20 世纪 20 年代末 30 年代初，在贴现理论传入的基础上，为振兴工商业，票据承兑贴现制度逐步建立，银行界、工商界相继开展承兑汇票及贴现业务，银行承兑汇票、商业承兑汇票等交易性票据开始出现，进一步扩充了票据品种，推动了我国区域性票据承兑贴现市场的形成。在这一时期，票据交换制度、交易制度、组织制度发生了一系列变革，1923 年，我国第一家票据专营机构——安徽蚌埠贴现公所正式成立，票据专营模式第一次出现在我国；1933 年成立的上海票据交换所引入了全新的集中清算方式；1936 年 6 月 10 日，上海钱业联合准备库加入上海票据交换所，从此银行与钱庄之间的票据交换统一由票据交换所办理，标志着钱业票据清算中心的地位正式被票据交换所取代。自上海票据交换所成立后，华商银行有了自己的票据交换所，票据清算工作效率得到了提高，银钱业票据经营成本有所降低。1936 年成立的上海银行票据承兑所开发了承兑所票据承兑贴现业务，标志着区域性的票据承兑贴现市场在上海逐步形成。1937 年，进入抗日战争时期后，经济社会秩序严重混乱，上海金融市场动荡不断，上海票据市场曲折发展。在上海、武汉沦陷后，国民政府内迁，重庆成为政治中心及战时金融中心，此后重庆的票据市场开始艰难发展，在此期间，为进一步促进票据市场发展，票据制度在当时国民政府的引导下不断完善，重庆票据交换制度完成了由银行、钱庄共同维持到中央银行主持的转变，中央银行票据清算职能得以确立，重贴现自 1943 年 7 月开始正式划归中央银行办理，重贴现制度得到了理顺，重庆联合票据承兑所于 1944 年建立，票据承兑贴现制度得到了完善。1946 年，进入解放战争时期，国内金融中心重回上海，国内票据市场的中心也重新回归上海。在此期间，国民政府为活跃金融、协助经济增长，积极推动票据承兑与贴现业务的发展，战后一段时间内，票据承兑贴现得到了快速发展，然而由于日益严重的通货膨胀，票据业务难以正常开展，并且中央银行开始发行大额本票和定额本票替代现钞流通，造成物价进一步上涨，票据市场畸形发展，市场一片混乱。在交换制度方面，中央银行主持票据交换的范围在这一时期逐渐扩大至全国，并完成了由直接交换制度和代理交换制度并存向直接交换制度的转变。

（五）新中国成立后的票据制度发展

新中国成立初期，上海仍在开展承兑汇票及贴现业务，为恢复和发展国民经济服务。自 1953 年开始至 1976 年，我国实行了很长一段时间的计划经济体制，商业信用在这段时期被大范围限制，仅在部分领域（如农产品生产流通领域）被允许，因此，失去信用支持的票据便仅仅在农业交易等极少数领域允许使用，并且此时的票据并不是真正的商业汇票，而更像是一种提货单。1978 年党的十一届三中全会宣布进行改革开放后，我国告别了之前的计划经济时代，开始逐步探索发展社会主义市场经济，新中国的票据市场也在这一波浪潮中开始逐步发展起来。其中，1978 年到 1994 年是票据市场的萌芽阶段。在此期间，为解决"三角债"问题，控制企业债务风险，中国人民银行开始尝试开展票据业务，推动商业信用票据化，并发布了一系列管理办法来推动票据业务的发展，如《商业汇票承兑、贴现暂行办法》《再贴现试行办法》《银行结算办法》《关于加强商业汇票管理的通知》《信贷资金管理暂行办法》等。但由于当时市场经济刚刚起步以及相关规章制度不够完善等原因，票据业务的发展比较缓慢。以 1995 年具有里程碑意义的《中华人民共和国票据法》出台为标志，票据市场开始步入快速发展阶段。在此阶段，中国人民银行在总结前期商业汇票探索经验的基础上继续推进票据市场规章制度建设。随着《票据法》《支付结算办法》《商业汇票承兑、贴现与再贴现管理办法》《贷款通则》《票据管理实施办法》等一系列法律法规、部门规章的颁布，明确了我国票据市场的发展方向，我国票据市场的法律框架基本形成。随着我国首家票据专营机构——

中国工商银行票据营业部的成立，票据业务的经营更加专业化，票据市场参与主体更加多元化。也是在这一时期，中央银行的再贴现制度逐步完善，再贴现工具开始发挥指挥棒的作用。随着市场经济的快速发展以及票据市场制度体系的不断完善，我国票据市场得到了快速发展。2000年至2008年，全市场承兑业务和贴现业务总体实现了高速增长。其中承兑发生额由7445亿元增长到71000亿元，贴现发生额由6447亿元增长到135000亿元，且2008年末承兑余额和贴现余额均实现了同步高速增长，贴现余额由1535亿元增长至19279亿元，增长了11.56倍。2009年到2016年是票据市场的变革发展阶段。由中国人民银行建设并管理的具有里程碑意义的电子商业汇票系统（ECDS）正式建成投产，标志着我国票据市场进入了电子化时代。同年，人民银行印发《电子商业汇票业务管理办法》，作为规范和管理电子商业汇票活动的部门规章，为电子商业汇票系统运行和电子商业汇票业务的开展提供了制度支撑。2016年8月，《关于规范和促进电子商业汇票业务发展的通知》的发布进一步推动了电票的普及，短时间内电票覆盖率大幅提升。总的来说，这一时期我国经济快速增长、现代化进程加快、国际地位不断提升、影响力持续扩大、货币信用环境总体较为宽松、利率市场化加速推进、互联网金融开始兴起，票据市场在这一阶段主要呈现以下四大特点：一是电子商业汇票加快发展；二是票据市场创新不断涌现；三是票据资金化运作趋势明显；四是大额票据风险事件集中爆发并引起各方重视。2016年12月8日，随着具有里程碑意义的上海票据交易所宣告成立，中国票据市场步入规范创新发展阶段。同年，人民银行制定颁布《票据交易管理办法》，明确上海票据交易所是人民银行指定的提供票据交易、登记托管、清算结算和信息服务的机构，对票据交易所新规则下的市场主体、票据行为、交易规则、结算清算等做了详细规范。2017年3月，人民银行印发《关于实施电子商业汇票系统移交切换工作的通知》，决定将ECDS移交上海票据交易所运营。上海票据交易所是我国金融市场的重要基础设施，它的成立对于我国票据市场的发展具有划时代的意义，标志着我国票据市场从此进入集中交易时代。上海票据交易所成立后陆续推出了一系列卓有成效的业务规则，研发了多项贴近市场的创新业务产品，完善了票据市场业务系统，引入了非银市场参与者，其在发挥货币政策工具功能、提升金融市场流动性管理水平、缓解中小微企业融资困境等方面起到了重要作用，并已成为我国金融市场的重要基础设施。上海票据交易所成立后，票据风险事件明显减少，票据业务的操作风险、道德风险等得到有效管控，票据市场在其带领下稳步进入规范发展阶段。

（六）票据制度与票据发展的关系

纵观我国票据发展史，票据制度起源于商品经济、货币经济、信用发展的需求，在市场探索与政府规划中不断发展与修正，在此基础上，票据汇兑、支付、结算、融资、投资、交易、调控的功能不断被发掘，票据在经济社会中发挥的作用也不断提升。实践证明，票据制度发展的广度和深度以及速度需要与经济、金融、信用发展相匹配，票据制度的设计应能显著发挥票据在当前历史发展阶段的功能作用。好的票据制度可以规范市场各方的票据行为，明确票据关系和票据当事人之间的权利义务，减少交易过程中的诸多不确定性，促进商品经济发展。滞后于行业发展的制度会影响票据市场产品创新，监管制度在某些领域的重叠或缺位会阻碍票据市场健康发展，影响票据服务实体经济功能的发挥。

票据制度是票据发展的基础，是票据功能作用发挥的前提。通过研究票据史可以发现，票据的高流通性是票据更好地发挥服务实体经济功能作用的重要保证，而保证票据的高流通性，关键靠制度。统一化与标准化是票据相比于其他债务工具的核心优势，而这必须有全国统一的票据制度作为支撑。另外，票据市场的统一规划至关重要，必须建立全国统一的票据清算制度，提升票据清算效率；加强中央银行的再贴现职能，完善再贴现制度，为票据市场提供充足的资金供给，从而保证票据市场的活力；建设全国统一的票据交易市场，减少市场中存在的信息不对称，有效防控票据市场风险。最后，必须建立明确的票据市场管理制度，明确票据业务监管部门，更好地治理市场乱象，保证票据市场平稳健康发展。

票据服务经济发展是票据制度的源泉，是票据制度的根本服务对象。好的票据制度一定要与当时的经济信用发展情况相匹配，最终要更好地服务于经济与票据市场发展。一个国家一定时期的票据制度，只要在宏观上能够反映本国的经济发展水平和基本国情，能够代表先进生产力的发展方向，促进市场经济发展，与时俱进；在微观上能够方便票据使用、减少经济参与主体之间的纠纷，充分发挥票据的功能，就是科学的、先进的、合理的。无论是民国时期《中华民国票据法》的制定、承兑贴现制度的建立还是新中国成立后《中华人民共和国票据法》等一系列法律法规的制定，都体现着这一规律。

（七）票据制度的作用

票据制度从宏观层面勾画了我国票据市场制度框架体系。票据制度规定了票据的概念、种类、基本要素、行为、权利与义务等，确定了票据的特征、关系和基础关系，为票据业务的经营提供了基本遵循，为票据功能作用的发挥奠定了初步基础，为票据市场的发展勾画了清晰蓝图。

票据制度丰富票据业务产品。20 世纪 80 年代，中国人民银行发布《商业汇票承兑、贴现暂行办法》及《再贴现试行办法》，票据承兑、贴现及再贴现业务正式登上历史舞台；2016 年，《票据交易管理办法》发布，明确了票据资管业务相关要求。通过票据制度不断创新，极大地丰富了票据业务种类，票据也在这一过程中逐渐发展成为集支付、结算、融资、投资、交易、调控功能于一体的金融工具，为实体企业和金融机构提供了更多融资和交易选择。

票据制度提升票据市场风险防范水平。票据市场风险包括伪造、变造纸质票据的风险和银行业金融机构不当开展票据业务的风险。针对纸质票据的易涂改性，人民银行先后印发《关于商业银行跨行银行承兑汇票查询、查复业务处理问题的通知》（银发〔2002〕63 号）和《关于完善票据业务制度有关问题的通知》（银发〔2005〕235 号），通过完善票据查询查复制度，防范伪假票据风险。同时，原银监会发布《关于银行承兑汇票业务案件风险提示的通知》（银监办发〔2011〕206 号），对纸票的审验流程、审验人员专业资格、双人查询以及空白重要凭证和业务用章管理等都提出了具体要求。针对银行业金融机构票据业务乱象，2015 年 12 月 31 日，银监会印发《关于票据业务风险提示的通知》（银监办发〔2015〕203 号），总结了银行业金融机构开展票据业务存在的七大问题，包括票据同业业务专营治理落实不到位；通过票据转贴现转移规模、消减资本占用；利用承兑贴现业务虚增存贷款规模；与票据中介联手违规交易，扰乱市场秩序；贷款与贴现相互腾挪，掩盖信用风险；创新"票据代理"，规避监管要求；部分农村金融机构为他行隐匿、消减信贷规模提供通道。该文件要求金融机构全面加强票据业务风险管理，将票据业务全口径纳入统一授信范围，同时完善绩效考核，防止资金空转，确保信贷资金有效服务实体经济。2016 年 4 月，人民银行联合银监会印发《关于加强票据业务监管促进票据市场健康发展的通知》，指出金融机构应强化票据业务内控管理，坚持贸易背景真实性要求，规范票据交易行为，严格执行同业业务统一管理要求等。

票据制度推动科技在票据市场中广泛应用。科技进步会为票据发展带来新思维、新形态、新模式，而制度则会适时引导科技的发展，为其推广提供重要的推动力量。电子票据是票据市场科技应用的典型代表，它显著提升了票据流通的安全性和便利性，大大改变了票据业务原有的经营模式，明显增强了票据的支付结算功能，有效促进了票据市场创新发展。在电子票据的产生和普及过程中，技术的成熟和进步是基本前提，但相关制度的出台也是其普及的重要推动力量。2009 年发布的《电子商业汇票业务管理办法》以及 2016 年发布的《关于规范和促进电子商业汇票业务发展的通知》规定了电子商业汇票业务操作流程，规范了业务发展，为电子商业汇票系统运行提供了重要的制度支撑。特别是 2016 年《关于规范和促进电子商业汇票业务发展的通知》出台后，电子票据推广速度大大加快，到 2019 年，电票在累计承兑商业汇票中的占比已经超过 97%，在累计贴现商业汇票中的占比超过 99%，电票基本实现了对纸票的取代。

票据制度推进市场创新发展。2009 年《电子商业汇票业务管理办法》和 2016 年《关于规范和促进电子商业汇票业务发展的通知》的发布推动了电子票据的使用，各类创新业务也在此基础上加速发展。《票据交易管理办法》明确了上海票据交易所的职责，引入了票据托管、票据登记，全面优化了票据清算与结算，进一步推动了票据 DVP 交易，票据市场就此告别了野蛮发展的线下交易阶段，进入全面规范化发展的新阶段。

票据制度推进信用体系建设，服务经济金融发展。票据自诞生以来就以信用为本质特征，反映的是债权债务关系，其发展很好地推动了我国信用事业的进步。票据作为一种规范化的信用形式，可以承载银行信用，能够很好地规范信用体系建设。改革开放后，解决"三角债"问题是票据恢复使用的特殊背景，用票据承兑置换企业间的应收账款，以银行信用替换商业信用，是票据承兑业务发生的推动因素，因此，当时票据制度的设计充分考虑了这一点，希望能更好地规范信用体系建设，降低信用风险，事实上也取得了良好效果。时至今日，我国的商业环境相较于改革开放初期已大大改善，涌现出一批具有国际竞争力的大型企业，可以有条件适度发展商业信用。此时，完善商票制度可以有效规范商业信用的发展，避免对银行信用的过度依赖，促进信用结构进一步优化。此外，票据市场是货币市场的重要组成部分，良好的票据制度设计可以优化商业银行的资产收入结构，强化商业银行综合能力，促进融资结构再平衡，促进金融创新，提高中央银行货币政策向金融机构和实体企业的逐级传导效率，促进金融体系良性循环，最终有效地推动金融供给侧结构性改革。

票据制度总是与经济信用的发展相匹配，票据制度的合理设计和实施能够保证票据市场服务实体经济效能的充分发挥。唐朝时出现的汇兑制度帮助商人们解决了跨地域贸易的货币运输问题，促进了商业经济的发展；清朝时出现的庄票具有极高的信用，等同于现金，成为国内交易和中外贸易的普遍支付手段，有效地推动了我国对外贸易的发展，其承载的票据流通制度是其作用发挥的重要支撑；民国时期开始推行的承兑贴现制度曾为振兴工商业发挥过重要作用，帮助工商业有效缓解了资金筹集难题；改革开放以来，通过票据制度的建设，票据市场在解决企业间"三角债"问题、提高支付结算效率、引导资金快速传导到实体经济、缓解中小微企业融资难和融资贵问题等方面都发挥了重要作用。统计数据显示，票据承兑签发额、承兑余额和贴现发生额与 GDP 高度相关，票据市场的发展有力促进了我国经济增长。

二、当前票据制度建设存在的不足

改革开放 40 多年来，我国票据市场从无到有，从萌芽走向成熟，票据市场规模飞速发展，市场结构日益多元，对实体经济发展的促进作用不断凸显，票据制度建设在这一过程中起着至关重要的作用。正是由于我国基于独特的体制优势、根据市场经济发展形势及时出台《票据法》《支付结算办法》《商业汇票承兑、贴现与再贴现管理办法》《票据管理实施办法》等关键性制度，对票据市场进行统一规范，适时引导市场发展，才使得票据发展有章可循、有法可依，票据市场参与者的行为才得以有效规范，票据市场风险才能够合理规避。时至今日，我国票据市场制度体系日益完善，基本满足了经济、信用发展的需要，但不可否认的是，某些制度仍存在一些不足，与经济信用发展还有不匹配的地方，这些不足在客观上制约了票据市场的进一步创新发展，阻碍了票据全功能作用的有效释放。

（一）基础制度

1. 融资性票据和票据无因性

票据的无因性要求票据签发后票据关系与票据基础关系完全分离，不能以票据基础关系对抗基于票据关系而产生的票据权利或义务，从而保证票据的正常高效流通。这一原则得到了大多数国家票据法的支持，但我国

《票据法》部分法条的规定没有坚持无因性原则，使得票据关系与票据基础关系不能做到完全分离，例如，《票据法》第十条第一款规定："票据的签发、取得和转让，应当遵循诚实信用的原则，具有真实的交易关系和债权债务关系。"

《票据法》第十条第一款的规定使得融资性票据面临法律障碍。此条规定在《票据法》出台时可在一定程度上防止信贷资金空转和信用投放失序，但如今的票据市场经过20多年的发展已经发生了巨大变化，当前市场中融资性票据大量存在，若继续严格限制融资性票据的发展，市场主体与监管部门之间继续进行无谓的"猫鼠游戏"，只会抑制市场的进一步创新与发展，阻碍票据正常信用功能的释放。

2. 贴现和转贴现纳入信贷规模管理、风险资本计提

按照人民银行的规定，票据贴现余额与其他存量贷款共享信贷额度，共占信贷规模。在这种安排下，信贷的周期性和各家银行操作的同质性非常强，不仅不利于满足实体经济融资需求的稳定性，同时也加大了票据市场价格的波动性和不确定性，带来潜在的市场风险，由于"消规模"需求而创设的票据创新产品也给市场埋下了风险隐患。票据是兼具资金属性和信贷属性的金融产品，当前在标准化票据等票据产品加速推出的大背景下，票据的资金属性不断增强，而信贷属性有所减弱，需要仔细思考继续将贴现余额纳入信贷规模管理的合理性。同时，票据的转贴现交易是一手交钱一手交票的资金市场行为，与贷款在交易主体、交易形式、社会信用影响等方面均存在明显不同，因此转贴现交易的资金融出方发生额不应纳入贷款规模的统计。

商业银行配置票据资产时的风险资本计提不尽合理，尤其是票据转贴现业务。目前票据转贴现业务风险计提是按照新资本管理办法的要求进行，"由于票据是通过背书转让的，所有背书人都有被追索的可能性，因此其风险未完全转让，所以卖断票据后，卖断行还需计提与买入时相同的风险资产，风险权重为20%或25%"，导致交易的所有经手行累计计提的加权风险资产远远超过该笔资产本身的风险水平。

3. 票据评级制度和信息披露制度

当前对票据的信用评级主要依赖于商业银行内部信贷评级体系，对票据流通以及企业短期盈利能力、偿债能力和流动性研究不足，第三方评级公司对票据市场的了解有限，无法掌握票据市场的完全信息，未开发出相关的评级产品，导致票据市场出现以下问题：一是评级资源的重复与浪费；二是票据市场无法形成真正全生命周期的标准化的市场；三是影响了票据市场的量化定价。长期以来，票据市场一直属于 OTC 市场，并未建立全国统一的交易场所，市场信息不对称现象比较严重。上海票据交易所成立后会定期发布市场交易总量数据和收益率曲线信息，在一定程度上改善了市场中存在的信息不对称。但目前市场信息披露仍存在明显不足，市场中没有明确的信息披露制度，市场参与者掌握的市场信息很有限，不能为票据业务的经营提供充足的数据和信息支撑。

4. 供应链票据

供应链票据平台依托于电子商业汇票系统，与各类供应链金融平台对接，为企业提供电子商业汇票的签发、承兑、背书、到期处理、信息服务等功能。通过供应链票据平台签发的电子商业汇票简称供应链票据。供应链票据是推动应收账款票据化的重要途径之一，有利于优化企业应收账款结构，提高应收账款周转率，同时供应链票据信息均由供应链金融平台监管，可以最大限度地保证票据的真实贸易背景，保证票据真正服务于实体经济。当前供应链票据刚刚推出，披露的信息还很有限，未来还需要在供应链票据认定、拆分合法性、运营模式、参与机构、供应链票据平台功能等方面出台更具体合理的制度以保证供应链票据发挥其应有的功能作用。

5. 电子票据

自《关于规范和促进电子商业汇票业务发展的通知》发布以来，电子票据的普及率大幅提高，根据上海票据交易所发布的《票据市场运行情况》，2019 年，累计承兑商业汇票中电票占比为 97%以上，累计贴现商业汇票中电票占比为 99%以上，可以看出当前市场中电票已经占据了绝大部分市场份额。然而在电票大发展的背景下，我国的法律制度仍然存在电票制度方面的缺失，长此以往不利于电子票据的长远发展。第一，我国《票据法》没有电子票据相关内容的规定，存在电子票据核心立法缺失问题；第二，电子票据的签名效力未得到明确，虽然 2005 年颁布的《电子签名法》针对相关问题作出了一定说明，但其与《票据法》衔接的不足使其并没有完全弥补《票据法》中有关电子票据签名问题的立法缺失；第三，《票据法》中设置的票据丧失救济制度无法适用于电子票据，从而使电子票据的权益无法得到合理保障；第四，电子票据监管制度仍不完善，存在利用审查漏洞进行洗钱活动的风险。

6. 数字票据

近几年随着区块链技术的逐渐成熟和在金融领域应用的不断深入，数字票据快速发展。2018 年初中国人民银行推动的数字票据交易平台测试成功，预示着区块链数字票据进入实现阶段。数字票据作为一种新兴的票据形式，其与传统票据存在着很多共通点，但也会对传统票据规则形成一定的挑战，如数字票据具有明显的契约性、期后背书使用冲突、数字票据行为不存在票据代理关系、数字票据伪造问题、数字票据电子认证等。随着数字票据技术的不断发展成熟，与其相关的制度安排应及时进行调整，以满足其后续发展的需求。

（二）交易制度

1. 商业承兑汇票

我国的商业信用发展不足，经济发展过度依赖银行信用，长此以往会造成信用结构失衡，使银行承担过多的经济责任。票据市场也是如此，我国的商业汇票分为银行承兑汇票和商业承兑汇票，从承兑、贴现、转贴现等数据来看，银行承兑汇票占据绝大多数市场份额。发展商业承兑汇票不仅有利于商业信用环境的培育，也为企业增加了直接融资渠道，核心企业还可以在商票基础上发展供应链金融，帮助供应链上的中小企业更好地解决融资难题。当前商业信用环境尚未发展成熟，商票的发展缺乏相应的顶层设计，商票制度还很不健全，商票在这种背景下很难取得进一步发展。应从监管架构、配套服务机制、商票交易制度、增信制度、评级制度、信息披露制度、风险管理制度等方面完善相关制度，借鉴效果较好的商票运营模式，在指定区域内先行先试，再逐步推广到全国。

2. 标准化票据

2019 年 8 月 15 日，为解决因包商银行事件而引起的中小金融机构融资成本高企问题，加人对中小金融机构的流动性支持力度，上海票据交易所正式创设标准化票据。此后，上海票据交易所又连续成功创设了四期标准化票据。2020 年 6 月 24 日，中国人民银行正式发布《标准化票据管理办法》，标准化票据的发展取得了进一步重大突破。标准化票据将债券市场资金引入票据市场，有助于解决现有票据市场流动性断层问题，提升了票据市场风险防范能力，是票据标准化面临制度障碍的情况下票据非标转标的有益探索。

（三）组织制度

1. 票据经纪

由于票据市场长期处于分割状态，没有统一的交易市场，因此票据市场中信息不对称现象长期存在，加上中小企业长期存在的融资缺口、中小金融机构想经营票据业务又缺乏专业团队的情况，票据中介在这种背景下应运而生，并且一度野蛮生长，赚取了高额利润。客观来说，票据中介在一定程度上提高了票据市场的流动性，但大部分票据中介都或多或少用自有资金直接参与了票据交易，合规风险和道德风险尤为突出，增加了票据市场中的风险隐患。近年来票据市场上的大案要案都有票据中介涉案，影响了票据市场的健康发展。从国际经验来看，票据经纪机构是票据市场的重要组成部分，对于提升票据市场交易效率具有重要作用，但我国票据经纪业务一直由民间机构经营，这些机构普遍资金实力较弱、抗风险能力不强、合规风险高，从而导致票据经纪市场乱象丛生，监管部门应及时出台规章制度规范票据经纪市场的发展。

2. 票据交易平台

上海票据交易所将原本割裂的银行间票据市场整合为全国统一的票据二级市场，但并未消除企业与银行、企业与企业之间的信息壁垒，央企票据平台可以有效填补这一空白，其将建立起企业与财务公司之间的信息通道，使票据贴现市场价格更趋于透明化，央企也可以在此平台的基础上开展供应链金融业务，更好地服务供应链上的中小企业。目前央企票据平台的规模还很有限，应进一步研究规划相关制度安排，鼓励该类平台发展，更好地规范票据前端市场。

（四）管理制度

我国票据市场长期以来没有得到监管部门的足够重视，对票据市场框架体系的全面研究和顶层设计滞后于票据市场的发展，没有票据市场顶层设计的牵头部门，有效的管控机制没有覆盖票据的全生命周期，上海票据交易所成立后，仅对票据转贴现、回购等二级市场交易实施了有效监管，但承兑、贴现等重要环节仍然未能进行有效监控，这也是票据市场风险事件频发的重要原因之一。

票据市场的多头监管易造成"政策打架"现象，从而给票据业务的正常运行带来制度障碍。目前人民银行和国家金融监督管理总局是票据市场的主要监管部门，但两者存在具体分工不明晰的问题，并且双方缺乏有效沟迪，部分政策存在才盾等情况，导致商业银行票据业务处理无所适从，难以同时满足两个监管主体的要求。比如，2016 年人民银行发布的《票据交易管理办法》明确规定，电子银行承兑汇票贴现业务不再审核贸易背景，但在实施的过程中，商业银行发现一些监管部门对该项规定并不认可，其在例行检查时仍然要求商业银行提供票据贴现业务的合同和发票，否则将对商业银行进行处罚，导致部分商业银行在办理票据直贴业务时不敢依照人民银行的规定执行，企业办理贴现的流程依旧烦琐，政策落地难。另外，上海票据交易所成立后，票据市场参与机构类型更加多元化，票据市场创新速度明显加快，未来必将出现更多跨专业、跨产品、跨市场的产品组合，在这种情况下，原有的票据监管体系需要进行调整以更好地服务于票据市场的发展。

目前关于票据市场的统计数据散布于人民银行、国家金融监督管理总局、商业银行、财务公司、票据经纪、企业、工商行政管理部门及司法机关的各层级单位中，当前的票据市场中缺乏综合的票据评级体系和信息整合的牵头部门，导致海量的票据数据无法得到合理的整合和分析挖掘，从而阻碍了票据市场评级体系的建设，不利于票据市场风险防范和进一步创新发展。

三、未来加强票据市场制度进一步建设的思考

（一）票据市场制度建设的方向

经过新中国成立以来 70 余年的发展，如今票据已经成为集支付、结算、融资、调控、投资和交易多种功能于一身的重要金融工具，在促进实体经济发展、推动金融供给侧结构性改革、传导货币政策等方面发挥着不可替代的作用。通过研究票据史可以发现，重大票据制度的出台会重塑票据市场生态，推动票据市场发生单命性变革，票据制度是票据发展的基础，是票据功能作用发挥的前提，票据制度的完善既要与经济信用发展相匹配，又要与时俱进，考虑并适应新时代票据市场中创新、科技、风险等因素对制度的要求。上海票据交易所成立后，票据市场进入创新发展阶段，未来，票据前端要发挥承兑支付和融资流通功能，走支付便捷化、智能化、市场化之路，以及短贷及融资票据化之路，票据后端要发挥投资交易功能，走类债券和类证券化、大众化之路，关键在于通过制度创新挖掘票据功能，尤其是在承兑拓展、支付方面要有新发展，在交易投资方面要

有新突破。未来要在充分考虑票据市场发展实际的前提下，前瞻性完善和创新设计票据制度，保证法院判案的统一性、明确性、规则性，为市场参与者创造清楚明晰的制度环境，同时要积极发挥科技的作用，基于互联网、人工智能、大数据、云计算、区块链等技术积极进行制度创新，使制度创新覆盖票据全生命周期，更充分地挖掘票据的功能作用，推动票据市场更好地服务于实体经济高质量发展。

（二）承认票据的无因性，试点融资性票据

《票据法》中关于融资性票据的规定既不符合当前票据市场的发展实际，也无法满足票据市场未来发展的需求，建议向立法部门提议修订《票据法》，适度开放融资性票据市场，允许企业有条件地开立融资性票据，拓宽企业融资渠道。由于修改法律的流程复杂、难度较大，可考虑出台相关政策赋予人民银行"相机抉择"的权力，逐步研究、完善、发布相关具体规定。人民银行可以先选择试点单位，逐步放松对贸易背景的审核，如果反馈结果较好，则继续扩大试点规模，最终实现流动资金贷款的票据化。票据的无因性是票据高流通性的重要保证之一，大多数国际上重要的票据法都承认该原则。无论是从票据法理论还是从我国票据市场发展的现实需要来说，都有必要修改《票据法》的相关规定及相应的监管制度，肯定票据无因性原则，既能消除现行制度体系的内在冲突，又能进一步保障票据流通性，活跃繁荣票据市场。

（三）调整信贷规模和风险资本计提规定

随着票据的资金属性不断增强，信贷属性逐渐减弱，票据业务的属性应重新划分，建议将转贴现业务划分为资金业务，不再纳入信贷规模管理，同时，应深化票据市场经营主体建设，推动票据专营机构按照市场化、集约化、科学化原则向法人制票据子公司转变，从根本上摆脱现在银行内部票据经营机构受制于总行信贷规模调控及行政性分配资源的弊端。此外，建议修改风险资本计提相关规定，商业银行之间进行转贴现交易时，卖断行所卖的票据如果在买入时已经计提了风险资本，则卖断票据的操作无须重复计提风险资本，以提升票据转贴现市场的活跃度，从而使票据市场作为货币市场子市场的正常功能可以得到有效的发挥。

（四）完善信息披露制度和评级制度

长期的信息不对称为票据市场埋下了风险隐患，不利于票据市场交易效率的提高。建议依托上海票据交易所尽快出台票据 IT 系统管理办法和票据信息披露制度。一是建设标准化、覆盖面广的信息采集录入平台。信息采集录入平台应来源广泛，实现各数据源平台数据的接入汇总，并拥有海量相关非结构化信息，可按"科学规划、统一标准、规范流程"的原则，统一采集归口、利用数据信息技术建立索引，实现信息资料管理的科学化、规范化，实现信息集中管理和披露，并建立数据质量控制机制，提高数据分类的准确性。二是打造模型化、手段先进的信息分析预测平台。运用科学模型建立宏观经济预警、区域监测评价等系统，从而对票据信息数据进行多角度、多层次、精细化、系统化的分析，并展示出区域市场主体的发展情况。同时，能对机构交易行为和合规信息进行动态分析，并提供个性化、可定制的直观展示功能。三是构建智能化、时效性强的信息咨询发布平台。信息咨询发布平台要实现智能分类、科学发布、高效共享，建立业务库、案例库、营销库、经验库、文化库、知识库，实现集中展现各类报表、信息的功能，重点发布定期市场成交信息、定期收益率曲线信息、定期登记托管、清算结算、票据结清、到期违约、风险票据信息、风险监测信息、创新产品信息等。此外，在信息披露制度的基础上逐步建立统一的票据信用评级、资信评估、增信保险制度，成立统一、规范、权威的信用评估机构，建立健全适合票据市场的评级评估指标体系，实行信用定期考评制度，推进票据担保支付机制和保险制度，引入外部信用评级公司和担保机构，建立违约失信的黑名单制度，提升企业信用意识和失信成本，积极推进社会信用生态环境建设。

（五）明确电子票据和数字票据的法律地位

电子票据方面，建议在《票据法》中明确电子票据的法律地位，可考虑在《票据法》中专设一章规定电子票据相关内容，明确电子票据的法律定义、当事人权利义务关系、法律责任承担等，确立电子签名与手写签名同样具备票据签章的法律效力，保障电子票据持有者的合法权益。建议由人民银行牵头，联合国家金融监督管理总局、工业和信息化部，运用大数据、云计算技术形成自动监测与人工识别相结合的监管体系，实现对电子票据业务的全流程监管。数字票据方面，建议进一步完善《票据法》《电子签名法》《票据管理实施办法》《支付结算办法》等相关法律法规，明确数字票据的法律地位，承认电子签名的法律效力，完善数字票据期后背书制度，明确数字票据伪造时的责任承担，明确电子认证机构的民事赔偿范围，完善票据涉诉法律制度。

（六）探索商票平台发展新模式

无论是从作为商业银行合格担保品还是从创新融资工具的角度看，商业承兑汇票都将有效推动商业信用发展，帮助中小企业更好地缓解融资难、融资贵问题。建议先在长三角试点区域内加快发展商票业务，打造商票平台，先行先试，取得可推广经验后再将发展模式推向全国；成立商票发展监管机构，研究、设计商票发展规划，出台相关制度促进商票发展，把控好发展与风险的平衡；成立供应链自律组织，该组织采取会员制，将辖内符合供应链资质的企业统一纳入会员名单，保持动态调整，该组织主要负责公示监管机构处罚信息、更新信用异常试点企业的财务数据与经营情况，定期对会员进行考核；明确商票主办行制度，定期报送出票企业商票数据、审查商票贸易背景、提供商票保贴等服务；依托科学技术，搭建票据交易平台，提高商票的流动性；引入商票再担保增信机制、商票评级机制；建立科技监管体制，严格把控商票风险。

（七）推动标准化票据常态化发行

标准化票据是票据向标准化资产方向迈进的有益尝试，有利于更好地挖掘票据的融资功能。根据《标准化债权类资产认定规则》，标准化票据已经符合其中提到的 5 点要求，应被认定为标准化债权资产。在参与机构的资格认定方面，建议由人民银行和上海票据交易所认定，关于违规行为的认定和存托机构对标准化票据进行信息披露的要求，可以复用《短期融资券管理办法》的规定。在票据资产估值方面，建议进一步细化票据估值办法，参考同业存单的报价模式，在估值时引入商业银行评级因素，提升估值的准确性，同时应加快推进农商系统票据收益率曲线及综合票据收益率曲线的构建工作。在存托机构管理方面，建议参考《关于规范金融机构同业业务的通知》的规定，实施同业业务专营管理，由法人机构本级负责且明确牵头部门负责，尽快制定存托机构制度细则，防范操作风险。上海票据交易所牵头制定存托协议时，建议制定存托实施细则（包括具体操作及流程等）。

（八）规范票据经纪发展，推动票据经纪转型

当前票据经纪市场还很不规范，仍然存在大量中介使用自有资金参与票据交易，或者操纵同业户进行转贴现交易，扰乱市场秩序，给票据市场带来诸多风险隐患。建议明确票据经纪公司的直接监管部门，由该部门出台规章制度规范票据经纪公司的中介行为，设立统一的行业准入门槛，明确票据经

纪机构的经营范围，建立票据经纪机构和从业人员的准入和退出机制，形成票据市场进入与退出的动态管理。同时要鼓励票据经纪公司成立自律组织，加强自我监管，鼓励票据经纪公司主动向合规化、多元化、互联网平台方向转型，发展自己的特色服务。也可以考虑增加金融机构票据经纪数量，或者由较为规范的票据经纪机构同大型金融机构等合作设立票据市场做市商或票据平台公司，从而更好地服务于新时代票据市场的发展。

（九）发展供应链票据和央企票据平台，规范票据前端市场

建设央企票据平台对于推动应收账款票据化、加大商业汇票在企业间的使用频率、降低供应链融资成本、解决中小企业融资难题具有重要意义。央企票据平台是指由行业内一家或多家央企牵头成立的混合所有制公司，可由行业内大型央企、央企财务公司发起，以央企财务公司为纽带连接其他成员，包括央企下属企业及财务公司、行业内其他类型企业及供应链上下游企业，它是票据承兑、贴现市场的金融基础设施，可以发展成为上海票据交易所在承兑、贴现领域的业务延伸和有益补充。央企票据平台的核心职能是开发、运行和维护互联网行业票据平台，借助互联网和 IT 技术，提供包括客户准入、行情展示、贴现市场报价、贴现市场议价、贴现交易撮合、票据质押、票据保证、票据资讯、产品展示、产品管理、风险信息、统计分析、研究预测、政策法规、票据咨询、端口对接等一系列功能，使企业可以通过该平台实现对票据全生命周期任意节点的操作。上海票据交易所供应链票据平台推出后，央企票据平台可积极与其对接，两者结合可更大力度地推进应收账款票据化，通过扩大供应链票据在企业间的使用，更好地规范票据前端市场。中国国新控股有限责任公司牵头打造的企票通平台就是一个有效的载体。需要进一步发挥其服务央企和上下游企业的作用，尤其是加快商业承兑汇票发展，实现物流和资金流（票据流）的对接，解决应收货款票据化的问题，提高资金效率，节约资金成本。

（十）完善票据市场监管制度，破除阻碍市场创新发展的制度藩篱

票据市场的高质量发展离不开良好的监管制度，在政策层面，需要人民银行、国家金融监督管理总局、证监会等监管机构通力协作，建立符合票据业务特征的监管体系，为票据市场创新发展清除政策障碍。构建票据市场监管协调机制，加强货币政策部门、监管部门和金融机构在业务监管政策方面的探讨，推进票据市场监管规则的修订完善，结合票据市场创新发展实际和未来趋势，消除不同部门法规制定实施中存在的抵触和矛盾现象，使票据市

场在更为合理完善的监管制度框架下健康发展。可借鉴发达国家金融监管的"沙盒机制"，通过上海票据交易所对新型的创新技术和产品进行试验，一旦证明有效，监管政策可随之进行调整，避免出现监管要求和业务发展节奏不一致的情形。

建党百年的中国票据市场发展与展望

肖小和　陈　晨①

摘　要：2021 年是中国共产党百年华诞，党的发展历经革命、战争、建设、改革等历史时期，针对不同时期的主要矛盾和国情实际，党带领中国人民砥砺奋进，实现了从站起来、富起来到强起来的伟大历史性跨越，百年党史灿烂辉煌。在此期间，票据市场在我国经济发展和建设中起到了重要作用，在战争时期活跃金融，在改革时期促进商品经济发展及社会信用建设等，百年票据史同样绚丽多彩。本文立足于建党百年历史、成就和中国票据市场百年历史，从发挥票据功能作用、完善顶层设计、推动票据信用发展、帮助中小企业融资、发展供应链票据、建设票据平台、促进金融赋能、活跃票据创新、防范票据风险等方面思考了建党百年后的票据市场发展。

关键词：百年党史　百年票据史　中国票据市场　思考

一、回顾建党百年的中国票据市场发展

(一) 党的百年历史和成就

自 1921 年成立以来，中国共产党风雨兼程、砥砺前行，走过了一段壮阔宏伟、气象万千的百年历史。从建党的开天辟地，到新中国成立的改天换地，到改革开放的翻天覆地，再到党的十八大以来党和国家事业取得历史性成就、发生历史性变革，中国共产党带领中国人民砥砺奋进，实现了从站起来、富起来到强起来的伟大历史性跨越。

近代以来，中国人民面临争取民族独立、人民解放和实现国家繁荣富强、人民共同富裕这两大历史任务，党的历史发展的主题和主线就是团结带领全国各族人民为实现这两大历史任务而不懈奋斗。为了完成这两大历史任务，党团结带领中国人民走过了革命、建设、改革三个历史时期。党

---

①　陈晨，所在单位为九江银行赣州分行、江西财经大学九银票据研究院。

领导人民在革命时期打败了日本帝国主义，推翻了国民党反动统治，完成了新民主主义革命，成立了中华人民共和国；在建设时期，完成了社会主义革命，确立了社会主义基本制度，消灭了一切剥削制度，推进了社会主义建设；在改革时期，进行了改革开放新的伟大革命，激发了广大人民群众的创造性，解放和发展了社会生产力，增强了社会发展活力，人民生活显著改善，综合国力显著增强，国际地位显著提高。

党在百年历史中创造了许多伟大成就，其中，探索、开创、坚持和发展了中国特色社会主义是党的根本成就。中国特色社会主义由中国改革开放的总设计师邓小平提出，是科学社会主义的基本原则与中国实际相结合的产物，具有鲜明的时代特征和中国特色。习近平新时代中国特色社会主义思想继承和发展了马克思列宁主义、毛泽东思想、邓小平理论、"三个代表"重要思想、科学发展观，是马克思主义中国化最新成果，是党和人民实践经验和集体智慧的结晶，是中国特色社会主义理论体系的重要组成部分，是全党全国人民为实现中华民族伟大复兴而奋斗的行动指南。

（二）百年票据史

历史是最好的教科书，学习党史、国史，是坚持和发展中国特色社会主义、把党和国家各项事业继续推向前进的必修课。同样地，学习百年票据史，对票据历史经验进行科学总结，对票据历史规律进行深刻揭示，方能对票据现实问题进行透彻分析，为票据市场未来发展树立科学的历史观。

1. 从党的成立到土地革命时期的票据史（1921—1937 年）

民国初期，由于清政府刚刚被推翻，百废待兴，全国局势动荡，各方势力错综复杂，军阀专政，争斗频繁，导致票据的发展比清朝晚期更加混乱和复杂，各个地区和各个金融机构发行的票据各不相同、不互通，没有统一的票据标准，票据制度也不完善。此时期的票据业务主要是发行票据、贴现、转贴现、押汇、买卖票据等。

在这一时期，中国共产党领导下的票据围绕活跃地区金融、维护农业发展、扶持农民进行经营生产等方面取得了初步发展。1927 年，为活跃地区金融，帮助农民解决鞭炮运销问题，湖南浏阳县金刚镇成立了公有财产保管处，该保管处接收镇上所有公有财产作为发行期票的保证，并通过店员协会用此期票收购农民的鞭炮，待鞭炮售出后再将期票兑现给农民。此种期票一方面可作为农民筹集资金的凭证，另一方面因为信誉好，可作为货币在相关地区使用。1927 年南昌起义爆发后，中国共产党建立了井冈山革命根据地、中央革命根据地等多个革命根据地，部分根据地和解放区银行对票据业务有提及。1932 年 2 月，中华苏维埃共和国国家银行在江西瑞金成立，其将贴现、再贴现、发行期票作为正常业务品种写进章程，并设立了"放款及贴现委员会"。在苏维埃中央政权的领导下，根据地和解放区的银行除办理存款、贷款业务外，立足于根据地实际情况发行地方性货币、本票或期票以满足对农业商品的需求，支持生产和革命事业的发展。1934 年发行的中华苏维埃共和国湘赣省收买谷子的期票是目前所见的根据地发行的最早的期票，也是中国历史上第一张由省级政府发行的期票，开创了政府发行期票的先河。然而，由于国民党政府的军事压制及经济封锁，该时期票据流通范围限制在根据地内，且多是为了满足对农产品的需求，票据业务也仅停留在贴现流程，没有发展到承兑环节，当时的票据仅是基于个人信用开出的信用凭证，银行并没有发挥信用担保的作用。尽管如此，票据仍是连接革命根据地群众与红军将士的纽带，为中国的革命事业作出了巨大贡献。

2. 抗日战争时期的票据史（1937—1945 年）

1937 年，抗日战争爆发，中央红军在陕北建立起西北苏维埃政权，陕北成为当时革命建设的核心。在票据发展方面，与土地革命时期一致，根据地的银行一般发行本票或期票，以支持生产和满足革命事业发展的需要。根据地本票的发行主要发挥了汇兑的作用，代替纸币进行流通，本票的发行稳定了各根据地的金融，缓解了通货紧缩和边币缺乏的情况。1942—1946 年，陕甘宁边区银行分别发行了 500 元、1 万元和 5 万元面额的本票。1942 年起，北海银行开始发行不同面额的本票以缓解货币紧缩和北海币缺乏。1943 年，冀南银行发布《关于发行本票问题的通令》，对本票发行及相关事项进行了解释和说明，并要求在群众观念认识上进行深入普遍的宣传教育。本票主要在太行区根据地、游击区、敌占区等冀钞市场发行，面额分为 200 元、500 元、1000 元三种，可与本币等值自由转让。1945 年，江淮银行苏中第四支行开始发行本票以调剂根据地金融、保护根据地物资。淮南银行也曾发行过一种本票，从留存下来的票据来看，该本票由存根和票据两部分构成，票据联上方写有"淮南银行本票"字样，中间骑缝处盖有公章，印有票据编号，并留有填写空白。相较于其他种类票据而言，抗日战争时期发行的本票数量最多，据统计，本票种类多达 9 种。根据地发行的期票主要起到了支付手段的作用，在陕甘宁边区以存放款为主营业务，其中一部分就以期票支付票据存款，以期票作为农贷的支付手段，帮助农民解决了耕牛和农具的需求问题。

根据地银行还发布了关于票据贴现和买卖的规定，晋冀鲁豫边区也于1942年颁布《管理外汇的暂行办法》，对"外汇（包括汇票、期票、支票、存折等）"进行严格规定，对外汇票据的使用采取限制、登记和特许等措施，以同敌人争夺物资，保护根据地财富，稳定根据地物价。同年10月，山东根据地胶东区颁布《汇兑管理办法》，对辖区内的汇票买卖进行规范和限制，要求各主要市镇以贸易机关及商会为中心建立汇票交易所，汇票买卖必须通过汇票交易所进行。同年10月，《陕甘宁边区银行条例（草案）》对票据的贴现和买卖作出规定，赋予了边区银行办理期票、汇票等贴现的权利，规定了贴现与汇兑的统一场所。

抗日战争时期根据地本票和期票的发行是适合当时的经济形势的，满足了经济封锁情况下的战时需要。同时，根据地提出了贴现的规定，实际上形成了利率市场化，尽管在当时贴现及票据买卖徒有规定，但是市场化的创新值得肯定，并对现在的票据市场产生了较大影响。

3. 解放战争时期的票据史（1946—1949年）

抗日战争结束后，中国进入全面解放战争时期，长期的战争对中国经济产生了毁灭性的影响，各行各业停工停产现象越来越严重，失业现象普遍，导致居民的购买力下降，工业生产陷入停滞，票据市场发展缓慢。解放战争时期，在中国共产党的领导下，全国各地陆续解放，各解放区与根据地之间不再分割，新民主主义金融制度体系逐步建立。

与土地革命时期和抗日战争时期票据发行的原因一致，解放战争时期的票据依然发挥着缓解通缩的作用，以本票的流通代替通货，间接增加货币发行量，维持根据地的金融稳定。1946年6月，瑞华银行在其章程中明确地将"贴现"作为其放款业务之一。1947年1月，苏中、苏北地区先后发行丰民贸易公司本票、淮海贸易公司本票、华中银行苏中办事处本票、华中银行本票等。为便利提款，减少点款之烦，1947年4月，晋察冀边区银行冀东支行颁布本票暂行办法，允许持本票至出票行提取现款。同年10月，华中银行苏中办事处公布本票发行办法，将本票面额规定为1000元、2000元和5000元三种，与华中币等值，可用于完粮纳税或至公营商店购物。次年1月，东北银行发行面额为5万元与10万元的本票。随着解放区的拓展，本票可流通区域进一步扩大。1949年5月，华中银行也开始办理本票业务。除此之外，毛泽东提出了新民主主义"两没收一保护"的三大经济纲领，其中提到要逐步摧毁反动势力所依赖的经济基础，根据地便利用汇票作为武器对敌展开了金融斗争。1946年2月，为了促进市场繁荣，华中一分区建立了黄桥市汇票交易所，主要介绍和调剂外汇汇票、买卖票据。同时，1946年5月到1947年8月冀中地区的汇票经营模式以银行直接吞吐为主，1947年9月以后开始转为群众性经营。1948年在晋冀鲁豫边区颁布的《华北解放区外汇管理暂行办法》对外汇票据进行了更为严格的规定，明确规定不得私下进行外汇票据的买卖。

4. 新中国成立后至改革开放前的票据史（1949—1978年）

新中国成立伊始，国家开始重建金融体系。受新中国成立前恶性通货膨胀的影响，正常存放汇业务日益萎缩，信用对生产流通的依存和促进关系几乎消失殆尽。在新中国成立初期先行解放的一批大城市里，投机资本家凭借自身实力，囤积居奇，严重扰乱了物价稳定，私营企业开工不足加剧了生产不景气之象。为了发挥国有经济平抑物价的作用，中国人民银行集中资金力量，支持国营商业掌握粮食、纱布等主要物资，并通过折价贷款、信用贷款、质押贷款等方式对关乎国计民生的重要私营事业给予了必要的扶持，部分旧银行也采取票据承兑贴现和埠际押汇的方式提供信贷支持。上海物价涨跌不定，许多工厂负债累累，生产经营近乎停滞，迫切需要资金支持。由于私营行庄不敢轻易放款，中国人民银行自1949年12月开始办理票据承兑业务，由借款厂商出票，国家银行承兑，向私营行庄贴现，帮助一批企业重获新生。

"一五"计划实施后，国家开始实行高度集中的计划经济体制，高度集中的计划经济体制着重强调一切信用均应集中于国家银行，排斥银行信用以外的所有信用形式，因而商业信用在很长时间内受到限制。在当时的环境下，汇票仅允许在国际贸易中使用，国内不得使用汇票、本票，企业与其他单位之间的转账以支票为主，个人不得使用支票。直到改革开放后，票据才迎来发展契机。

5. 改革开放后至《票据法》颁布期间的票据史（1978—1995年）

改革开放后，党的十二大报告明确肯定了个体经济、私营经济是社会主义公有制经济必要的、有益的补充。党的十三大报告明确提出要在以公有制为主体的前提下发展多种经济成分，民营经济迎来了发展的契机。伴随着民营经济的发展，商业信用在扩大企业产品销售、沟通产销、活跃市场、冲击僵化的计划经济体制等方面表现出极大的活力，企业商业信用的发展，为票据支付结算运用提供了环境。

党的十一届三中全会后，学术界和金融界分别从理论与实务的角度基于计划经济条件下利用市场搞活经济的精神，以中国人民银行、中国工商银行和国有企业为主导力量，共同探索了中国票据市场的发展方向。1979年，国家开始有计划地发展商业信用，人民银行批准部分企业签发商业汇票。1980年8月召开的人民银行分行行长座谈会同意有条件地开放包括票据在内的部分商业信用，批准上海先行先试。上海市金融学会成立了"票据贴现研究会"，专门对票据相关问题进行研究。1981年，中国人民银行上海分行试办了第一笔同城商业承兑汇票贴现及第一笔异地银行承兑汇票贴现；同年2月，中国人民银行上海分行在杨浦、黄浦区试办第一笔同城商业承兑汇票贴现；10月，在徐汇区办事处和安徽天长县支行的协作下，试办第一笔跨省市银行承兑汇票贴现。此后，更多地区的中国人民银行分支机构加入票据业务试点。1982年，人民银行将试点范围扩大至重庆、河北、武汉、沈阳等地。同年，中国人民银行还推行"三票一卡"，倡导商业银行发展票据业务，推动了我国票据市场的发展。随着试点范围的扩大，到1984年，全国已有23个省（自治区、直辖市）办理了规模不等的票据承兑、贴现业务。

经过几年的探索，票据市场经过萌芽期，开始步入初步发展阶段。为推进票据市场发展，中国人民银行于1984年12月颁发《商业汇票承兑、贴现暂行办法》，决定自1985年4月1日起，在全国范围内开展票据承兑、贴现业务，然而此时的商业汇票仅允许向银行贴现，不允许流通转让。为解决当时企业间拖欠货款、占用资金严重的问题，1986年4月，中国人民银行和中国工商银行联合颁布了《关于实行商业汇票承兑、贴现办法清理拖欠货款的通知》，系统推广商业汇票承兑、贴现业务，以清理拖欠账款，同时辅以配套政策，允许专业银行对企业进行票据贴现，允许专业银行间开展转贴现业务。为推动票据贴现市场的发展，中国人民银行于1986年颁布了《再贴现试行办法》，正式开启了票据再贴现业务。1988年，中国人民银行改革银行结算制度，颁发了《银行结算办法》，取消了银行签发汇票必须确定收款人和兑付行的限制，允许商业汇票背书转让，办理贴现、转贴现和再贴现业务，并开始试办银行本票业务。1990年，国务院发文开启全国范围内的企业拖欠货款清理工作，此次拖欠清理秉持着"企业主动收款，银行协助清理，多方筹集资金，结合商业票据"的原则进行，进一步推动了票据的发展。

随着票据业务不断发展，票据市场逐步繁荣与其背后的混乱信用秩序并存。企业为套用资金而违规签发、贴现票据的现象屡见不鲜，独立了几年的商业银行经营不规范，对其已承兑汇票到期拒不兑付的情况时有发生，票据业务纠纷频发，经济诉讼陡增。针对市场上存在的一系列不规范行为，1991 年 9 月，中国人民银行颁发了《关于加强商业汇票管理的通知》，进一步规范了商业汇票的使用和银行票据承兑、贴现行为。该规定出台后，企业使用商业汇票结算，以及通过票据贴现方式融资的行为显著减少，市场出现了萎缩停滞现象。为推动票据市场系统性、规范化发展，1993年 5 月，中国人民银行发布了《商业汇票办法》，对票据市场进行强制性制度改革。直到 1994 年商业信用票据化停滞不前的状况才有所改变，商业信用票据化有了新的起色。1994 年 11 月，人民银行下拨 100 亿元专项资金，用于优先办理特定行业和企业的银行承兑汇票再贴现业务，再贴现开始发挥货币政策工具的作用。

从 1978 年党的十一届三中全会围绕经济体制改革确立了建立社会主义市场经济体制的目标，到 1982 年党的十二大确立了"计划经济为主，市场调节为辅"的指导思想，再到 1984 年党的十二届三中全会提出发展有计划的商品经济，计划经济与市场经济有机结合，将社会主义市场经济体制融合到社会主义基本制度中。这一时期，国家主要将票据作为结算工具进行推广，并确立了再贴现的货币政策，使得票据市场在大力发展社会主义市场经济的背景下得到了初步发展。

6.《票据法》颁布后至电子票据出台前的票据史（1995—2009 年）

亚洲金融危机爆发后，我国经济形势出现了前所未有的变化，1997 年11 月召开的全国金融工作会议传达了整顿金融秩序、防范金融风险、深化金融改革的精神，党中央、国务院也转发了国家发展计划委员会《关于当前经济形势和对策的建议》，实施了积极的财政政策和稳健的货币政策。

为规范票据市场发展，我国先后出台多项票据相关法律及办法，使票据市场进入了制度逐渐完善、发展更加规范化的新时期，同时再贴现逐渐成为中央银行调控经济的重要手段，票据成为我国实现稳健货币政策的重要金融工具之一。1995 年 5 月，《中华人民共和国票据法》出台，历史性地改变了新中国成立后票据市场无法可依的局面。《票据法》出台初期，以中国人民银行等监管机构为核心，以商业银行为抓手，票据市场实现了一系列的制度建设和业务创新，并对纸票的风险有了更深刻的认识。随后，中国人民银行于1997年陆续颁布了《中国人民银行对国有独资商业银行总行开办再贴现业务暂行办法》《支付结算办法》《票据管理实施办法》和《商业汇票承兑、贴现与再贴现管理暂行办法》，一系列办法的出台进一步对票据承兑、贴现、转贴现和再贴现，票据主体、行为、权利、义务、违法处置等进行了规范，并从支付结算的角度出发，明确了票据当事人和关系人的权利和义务，强化了支付结算的纪律和责任；又于1999年颁布了《关于改进和完善再贴现业务管理的通知》，提出要促进商业信用票据化，支持商业银行扩大票据业务，扩大再贴现对象和范围。这一系列法律法规的制定标志着中国票据市场制度的初步完善，越来越多的商业银行开始涉足票据承兑、贴现业务，转贴现业务开始出现，工商银行郑州分行华信支行率先以票据业务为专营方向，办理银票与商票的贴现与转贴现业务。区域票据平台逐步形成，到20世纪末，已基本形成以重庆、广州、郑州、南京等中心城市为依托的区域性票据市场。1999年颁布的《关于改进和完善再贴现业务管理的通知》，变更了再贴现率与贴现率的确定方式，扩大了贴现率的浮动幅度。中国票据市场在此过程中不断规范，票据市场发展所需的法律与制度框架基本形成，这为后期票据市场的进一步蓬勃发展奠定了坚实的制度基础。

进入21世纪，中国成功加入WTO（世界贸易组织），经济获得高速发展，贸易空前繁荣，票据业务获得了广阔的市场发展空间。为适应经济发展和市场的需要，商业银行积极探索票据业务的专业化发展模式，并得到中央银行的大力支持，我国票据市场随之进入快速发展时期。部分城市商业银行、信用社、外资银行开始加大票据业务拓展力度，票据市场参与主体不断扩大。2000年11月，中国工商银行票据营业部成立，这是我国现代史上第一家银行票据专营机构，此后，中国农业银行和民生银行等金融机构的票据营业部相继成立，票据市场从分散经营走向集中经营和集约化管理。2002年11月，中国人民银行取消承兑风险控制指标，承兑业务增长率同比大幅提升。2003年6月，"中国票据网"上线，解决了票据信息不畅的问题。2005年9月，人民银行发布《关于完善票据业务制度有关问题的通知》，规定转贴现、再贴现不再审查交易合同和增值税发票。2005年开始，招商银行、民生银行、工商银行等相继推出了基于行内系统的电子票据产品，国内金融机构相继推出了动产质押、以票易票、商票保贴、委托代理票据贴现、买方付息票据贴现、应收账款票据化等特色票据产品。部分金融机构为企业提供票据保管、票据鉴定、票据查询和到期托收等整体票据服务，创新了票据产品与交易品种。

在这一时期，随着票据业务在全国范围内的开展，其运作机制逐渐成熟，无论是从规模还是从专业程度上看，商业银行票据业务都有了显著提升，这进一步促进了票据业务快速增长。与此同时，票据市场参与主体迅速扩大，除票据业务恢复初期的大型国有商业银行外，股份制商业银行、城市商业银行、财务公司和信用社等金融机构也纷纷开展票据业务，票据市场交易活跃度大幅提升。

7. 电子票据出台后至上海票据交易所成立前的票据史（2010—2016年）

党的十七大提出中国金融改革和发展的整体目标后，我国不断推进金融体制改革，协调发展各类金融市场，形成多种所有制和多种经营形式并存、结构合理、功能完善、高效安全的现代金融体系。2009年至2015年，在国际金融危机、经济发展转型等因素的影响下，我国的货币政策先宽松后稳健，金融市场的流动性十分充裕，票据市场空前繁荣，承兑、贴现业务进入高速增长阶段。2009年10月，中国人民银行推出的电子商业汇票系统（ECDS）带来了革命性票据产品——电子票据。在电子票据问世的同时，人民银行印发了《电子商业汇票业务管理办法》，为ECDS的运行及电子商业汇票业务的发展提供了制度支持。票据电子化克服了纸质商业汇票操作风险大的缺点，改变了企业与金融机构的支付习惯和交易方式，2016年《关于规范和促进电子商业汇票业务发展的通知》落地后，电子商业汇票普及率逐年提高。票据市场进入了新业务不断涌现、产品快速创新、监管逐渐趋严的阶段。

在此期间，互联网技术的崛起和银行、证券、保险领域资产管理新政的推出，使票据业务创新出现新趋势。在互联网金融崛起的带动下，"互联网+票据"的理财模式应运而生，开创了将融资企业的票据收益权转让给众多理财投资人的P2B（互联网融资服务平台）模式。票据业务的迅猛增长，使得其在银行信贷规模中的占比显著提高。商业银行信贷规模依然受到监管的严格管控。在此背景下，以票据资管、票据资产证券化等为代表的票据产品创新快速崛起，其核心在于将银行表内占据信贷规模的票据资产转出表外，票据收益权逐步成为票据交易创新的焦点。

在票据交易非理性增长的背景下，社会各类机构和资本通过不同的途径进入票据市场，高杠杆率操作、不合规经营十分普遍。频发的重大案件、层出不穷的各类风险事件、突破监管底线的各类创新、擦边球，使监管层注意到票据市场已经严重过热，票据市场监管随之趋于严格。

8. 上海票据交易所成立以来的票据史（2016年至今）

2016年，票据市场风险事件集中爆发，票据市场充分暴露出基础设施建设不完善、法律法规不健全、金融机构内控管理不到位、票据中介业务不规范等问题，加快了上海票据交易所建立的进程。2016年12月8日，由中国人民银行牵头筹建，历时大半年的上海票据交易所股份有限公司正式开业。上海票据交易所的成立使中国票据市场发生了根本性变化，一是形成了全国统一的信息化票据交易平台和交易规则体系，二是票据及其交易过程全面电子化和数字化。上海票据交易所自成立以来，积极借鉴国际成熟市场的发展经验，以实体经济需求为导向，推动票据产品和交易方式创新，丰富和增强了票据市场功能，进一步优化金融资源配置效率，加强了交易系统建设和内部管理，完善了业务规则，健全了风险防范机制，在投资者教育方面也作出了努力，提升了票据市场整体的专业化水平。同时，上海票据交易所的建立有利于票据框架体系建设，推进了票据市场制度建设，促进了票据法律体系的完善。

进入上海票据交易所时代的中国票据市场基础设施更加健全，顶层设计更加完善，交易机制更加高效，票据产品更加丰富，风险控制更加有效，参与主体范围更加广阔，票据创新更加活跃，票据市场迎来了规范、高效、创新发展的新篇章。

党的十八大以来，中央提出了一系列重要经济思想观点，包括供给侧结构性改革、以人民为中心的发展思想、新发展理念、"一带一路"倡议、"两山"理念等，形成了新时代中国特色社会主义经济思想。进入上海票据交易所时代的中国票据市场更加符合中国特色社会主义经济建设的发展目标，促进了金融体制和业务等方面的创新，推进了绿色金融的发展，提高了经济发展与生态文明建设的融合度，更加开放的票据市场也将助力"一带一路"倡议的落实，扩大中国金融市场的开放度。

二、建党百年的中国票据市场未来发展展望

2021年是中国共产党百年华诞，在建党100周年之际，中国全面建成

小康社会，到21世纪中叶（中华人民共和国成立100周年），中国将建设成为富强、民主、文明、和谐、美丽的社会主义现代化强国。站在"两个一百年"奋斗目标的历史交汇点上，面对国内经济转型趋势和国际政治格局变化，我国票据市场的发展，需要为实现中华民族伟大复兴的中国梦增添动力。

展望未来，我国票据市场应加快转变票据发展理念，积极推进票据信用建设，完善创新票据法制，挖掘票据功能潜力，协调统一票据监管，持续提升票据科技，强化防控票据风险，在票据支付基础、融资交易、衍生拓展、产品组合、跨境流转发展等方面迈出关键性与实质性步伐，为经济高质量发展和双循环新发展格局的构建作出新的贡献。

（一）要充分认识和发挥票据的功能作用

要发展票据市场，充分发挥票据市场对我国经济、金融发展的促进作用，就要使社会各方充分认识并发挥票据相应的功能和作用。在我国《票据法》中，票据是指由出票人签发，约定自己或者委托他人见票或于确定的日期，无条件支付确定金额的有价证券，包括汇票、本票和支票。我国《票据法》中列举了票据的五大功能，分别是汇兑功能、支付功能、信用功能、结算功能和融资功能。

票据的汇兑功能主要是为了满足现代社会经济生活中，异地转移金钱的需要，以减少现金的往返运送，从而避免风险、节约费用。票据的支付功能，即票据最简单、最基本的作用就是作为支付手段，代替现金的使用，用票据代替现金作为支付工具。票据的信用功能是指现代商品交易中，信用交易是大量存在的，卖方通常不能在交付货物的同时获得价金的支付，如果这时买方向卖方签发票据，就可以将挂账信用转化为票据信用，把一般债权转化为票据债权，使得权利外观明确、清偿时间确定、转让手续简便，以获得更大的资金效益。票据的信用功能已成为票据最主要的功能，在商品经济发展中发挥着巨大的作用。票据的结算功能，又叫债务抵销功能，即互有债务的双方当事人各签发一张票据给对方，待两张票据都到期日即可抵销债务，差额部分仅一方以现金支付。票据的融资功能就是利用票据筹集、融通或调度资金，这一功能主要是通过票据贴现完成的，即通过对未到期票据的买卖，使持有未到期票据的持票人通过出售票据获得现金。

除此之外，票据还具有交易、投资等功能，票据的功能是随着我国经济发展及票据市场发展而发展的，其在不同的历史时期中发挥着不同的作用。例如，改革开放后，我国企业一直存在着"三角债"的支付难题，随着票据这一支付工具的大力推广使用，其支付功能在一定程度上缓解了我国经济发展中遇到的"三角债"难题。伴随着票据市场的不断发展，商业承兑汇票也在慢慢兴起，企业不再单一地依靠银行承兑汇票，这使得企业可以凭借自身的信用及资本获得新的融资方式，票据的融资功能开始凸显。而在 2009 年电子商业汇票出台后，由于票据理财市场十分火爆，且商业银行热衷于回购业务，票据交易量猛增，使得票据的交易和投资功能迎来了极大的发展。2016 年上海票据交易所成立，标志着票据市场进入了新时代，以信用为基础的票据功能不断创新，经历了支付、结算、调节等功能的演变，票据的融资、调节、交易、投资功能更加突出。

（二）由人民银行主导并与票据市场参与主体共同完善顶层设计

在我国票据市场百年的发展历程中，票据的功能是随着中国经济市场化的进程而不断演化成长的，票据的金融功能逐步从传统的支付结算工具，演化成为融资、交易和投资的工具。这种靠自由演化而发展的特点使票据在金融体系中的功能未能系统地进行清晰定位。我国票据市场的制度与规则常是应票据市场实践的需要而临时出台，大多具有临时性，容易过时，有些制度规则若不及时修改可能会阻碍票据市场的进一步发展。

因此，中国人民银行应主导并与票据市场各参与主体共同完善票据市场顶层设计，系统思考和全面修订票据制度安排和行业规范，形成中国票据市场的顶层制度设计与安排，制定相应的票据法律和制度规范，使票据在中国金融市场中能够准确定位，为票据市场的长期稳定发展和服务经济发展打下坚实的基础。

我国票据市场的顶层制度设计首先需要明确票据市场在金融市场体系中的定位。在上海票据交易所成立之前，票据只是以商业银行为代表的金融机构的一个服务于企业的常用金融产品。因票据金融服务而形成的票据资产由于期限短、信用风险相对较低和良好的流动性而成为银行机构进行流动性管理的重要工具之一。同时，贴现和转贴现一直被监管机构纳入信贷规模管理，票据也因此成为商业银行调节信贷规模参数的重要工具，票据资产的交易应运而生。由于没有统一、公开的市场化交易平台，票据资产也像其他类型的信贷资产一样，通过私下交易的形式进行场外不规范交易，由此形成一个庞大的金融生态链，并潜藏各类风险。上海票据交易所的成立是票据市场基础设施的巨大完善，为形成统一规范、公开透明的票据交易市场打下了坚实的基础。因此，为了中国票据市场的长期健康发展，适应新时代的市场变化和科技进步带来的机遇，中国人民银行应主导各票据市场参与主体对票据市场进行全面的顶层制度设计完善工作，明确框架、目标、机制等，使票据市场更加规范化发展。

（三）推动商业票据信用进入新阶段

商业票据信用能促进社会经济发展。从微观层面看，发展票据信用可以使市场微观经济主体之间的债权债务关系更加清晰，能够高效地为企业融资提供便利。票据信用功能可以给微观经济主体带来低成本的融资，使市场参与主体更加珍惜自己的商业信誉。单个经济主体对商业票据信用的重视叠加在一起可以促进商业票据信用环境的建设，从而提高经济发展的质量。从宏观层面看，票据信用被经济主体接受和认可，可以减少中央银行对基础货币的投放量。企业之间使用票据进行结算，需要变现的时候才去银行申请贴现，可以显著减少货币发行总量，减轻通货膨胀压力。商业银行可以通过向中央银行申请再贴现来融通资金，避免中央银行通过传统的再贷款形式给商业银行补充流动性，使得货币发行机制正常化、可控化。随着商业信用的发展和票据化程度的提高，中央银行可以通过提高或降低再贴现率来调节商业银行的信贷规模，从而使经济更平稳、高效地发展。

因此，推动商业票据信用进入新阶段不仅有利于我国商业信用环境的建设和优化，降低微观经济主体的融资成本，还有利于我国经济平稳高效发展。推动商业票据信用发展，一是需要大力宣传商业承兑汇票的有关知识，使整个社会充分认识到使用商业承兑汇票的优越性并积极签发和使用商业承兑汇票。二是需要大力推动企业使用电子商业承兑汇票，发挥供应链核心企业的带动作用，推动集团内部企业和上下游企业积极使用电子商业承兑汇票，并加强银企合作，疏通电子商业承兑汇票在商业银行贴现的渠道，使更多企业接受并认可商业票据信用。三是需要利用科技，简化电票系统的开立手续和流程，推动电子商业汇票票据池业务、供应链业务等其他票据类金融服务方案的发展，为中小企业提供结算及融资安排，降低中小企业的用票风险，提高票据融资效率，从而推高商业票据信用。四是应构建科学化、体系化的商票评级管理规则，明确评级机构的准入要求，以及商票评级的评级主体、评级指标、评级标准、评级权重、评级等级、评级方法及评级信息披露等具体要求，引入第三方信用评级机构开展信用评级工作，改善商票的信用基础。

（四）推动将《票据法》修订成为与经济社会发展相适配的法律

1996 年，《票据法》正式实施，至今已经过去了 20 多年，《票据法》的颁布为我国票据市场解决了无法可依的局面，对票据的种类、特征，票据的记载事项，票据关系与票据基础关系，票据行为与票据权利等作出了规定，将票据行为上升至国家法律层面。在当时的社会经济背景下，正如《票据法》第一条所描述的那样，该法是为了规范票据行为，保障票据活动中当事人的合法权益，维护社会经济秩序，促进社会主义市场经济的发展而制定的。因此，票据的支付与汇兑功能被作为立法的根本立足点，使得《票据法》的制度设定与实际业务不相适应。除了《票据法》的立法理念有时代局限性外，进入 21 世纪以来，科技不断地运用到金融中来，使支付电子化日益普及，票据电子化、数字化大幅推进，《票据法》的滞后性也越来越凸显。《票据法》中的一些与市场实践不协调、不适应的规定，已经限制了票据市场的进一步发展。

"真实贸易背景"制约了融资性票据的发展。随着中国经济的高速发展，票据的流通及交易功能越发凸显，票据的金融属性不断加强。现代票据的功能属性包括信用、融资、支付、汇兑等，而保障票据支付安全性的《票据法》在立法理念上是否定融资性票据的。融资性票据是指票据持有人通过非贸易方式取得商业汇票，并以该票据向银行申请贴现取得资金，以达到融资的目的。我国《票据法》第十条规定："票据的签发、取得和转让，应当遵循诚实守信的原则，具有真实的交易关系和债权债务关系。"有关"真实交易"的规定制约了融资性票据的发展，成为发展融资性票据的法律阻碍。我国金融市场对融资性票据的排斥，严重抑制了票据市场为企业提供短期直接资金融通的功能。因此，《票据法》在修订时应赋予融资性票据以合法地位，并强化监管，进一步发挥票据融资对经济发展的积极支持作用。

法律体系的不完善制约了我国电子商业汇票的发展。由于立法时的时代局限性，我国《票据法》缺乏关于电票的相关规定，电子商业承兑汇票发展存在核心立法缺失问题，《票据法》中关于票据丧失救助制度的规定无法适用于电子商业汇票，《票据法》中也没有关于电子商业承兑汇票电子签名的相关规定。

除此之外，我国《票据法》中还有许多具有争议的地方及不足之处，如关于票据无因性的原则问题等，有的争议不仅存在于法理层面，在市场实践和票据实务中也存在争议。为顺应经济的发展，满足市场活动的需求，应积极推进《票据法》的修订，使之成为适合当前票据市场发展规律的法律，完善票据市场顶层设计。

（五）推动票据成为中小微企业解决资金出路的有效工具

中小企业融资难、融资贵问题一直都是一个世界性难题，该问题一直以来都是制约我国经济发展的重大问题之一。由于我国金融体系由银行信用主导，加上中小微企业自身的原因，它们在融资问题上束手无策。首先，中小微企业规模小、资产轻，难以获得担保和融资。其次，中小微企业贷款利率高、成本高、费用多，即使解决了融资难问题，又要面临融资贵问题。最后，银行贷款手续繁、资料多、流程长，难以满足中小微企业资金需求规模小、周期短、频率高的特点。

在解决中小微企业融资问题方面，票据作为一种重要的短期金融工具，可以在解决中小微企业支付结算需求的同时，满足它们资金融通的需求。票据属于普惠型金融产品，融资门槛低，是票据市场服务实体经济的重要抓手。股权融资和债权融资对企业的资质要求较高，且融资流程烦琐、时间长，这两类传统融资方式不适合中小微企业。据上海票据交易所披露，2020 年，中小微企业用票家数近 267 万家，市场占比为 98.7%，用票金额逾 61 万亿元，市场占比为 73.8%。

虽然我国票据市场经历了百年的发展，市场规模增长极快，票据市场参与主体也不断丰富，在上海票据交易所成立后，票据市场顶层设计也不断完善，但受制于我国信用环境的发展，商业承兑汇票市场规模较银行承兑汇票来说要低得多，仅占银票规模的 1/5。推动票据成为中小微企业解决资金出路的有效工具，在发展银行承兑汇票的同时，应大力发展商业承兑汇票，推动商票签发、背书转让、贴现等业务创新发展，降低商票融资成本，鼓励企业使用商票进行支付结算及融资，加强商业承兑汇票信用体系建设，完善市场化约束机制，保障持票人合法权益。

（六）推动供应链、产业链、贸易链票据支付融资进入新阶段

2020 年 4 月，为努力克服新冠疫情带来的不利影响，确保完成决战决胜脱贫攻坚目标任务，全面建成小康社会，全面落实党中央决策部署，坚持稳中求进工作总基调，坚持新发展理念，"六稳"工作和"六保"任务被提出，其中"保产业链供应链稳定"就是"六保"任务之一，即保产业链

供应链稳定，促进产业链协同复工复产达产，保持稳定性和竞争力。2020年9月22日，中国人民银行等八部门联合发布《关于规范发展供应链金融 支持供应链产业链稳定循环和优化升级的意见》（银发〔2020〕226号），就供应链金融规范发展和创新提出支持核心企业签发供应链票据，鼓励银行为供应链票据提供更便利的贴现、质押等融资，支持中小微企业通过标准化票据从债券市场融资，加强供应链金融配套基础设施建设，规范供应链票据平台接入工作，建立商业承兑汇票与债券交叉信息披露机制等意见。该意见明确了积极推动利用供应链票据为我国供应链金融、供应链产业链的稳定循环和优化升级提供支持，对我国票据市场发展具有重要意义。

要积极发展票据在产业链、供应链、贸易链上的运用，推动产业链、供应链、贸易链上企业使用票据进行支付、结算、汇兑、融资、交易等日常经济活动，发挥票据具有多重功能的优势，在把企业应收应付关系转化为有法律保障的票据关系的同时，为企业提供融资保障，缓解链上企业融资难、融资贵问题，促进产业链、供应链、贸易链上商业信用的发展。在基础设施建设方面，可以依托上海票据交易所推出的供应链票据平台，鼓励符合条件的大型核心企业自建供应链平台、第三方供应链服务平台并接入上海票据交易所系统，为核心企业自建供应链平台、第三方供应链平台提供票据质押融资、贴现、转贴现、再贴现、供应链票据跨供应链平台流转等功能，促进供应链票据的发展。在规则制定和风险防范方面，可以以上海票据交易所为主导，在供应链票据实践中不断完善规则，并积极完善供应链票据风险防范机制，把握好供应链票据平台准入门槛，做好供应链票据的信息披露。

（七）建立以上海票据交易所为主导，央企、地方票据平台为依托的票据统一市场

加快建设票据统一市场，有利于推进票据市场标准化、一体化进程，提高市场运行效率，降低企业融资成本，构筑统一、完善的风险控制机制，促进集中监管，合规发展票据业务，净化市场环境，丰富与完善票据业务参与主体，活跃市场氛围。

首先，利用上海票据交易所在票据交易体系中的中心地位，发挥票据市场基础设施作用，打造"标准化"的交易产品，完善票据资产与资金市场的流通渠道。其次，发挥央企、地方票据平台的区域性和行业性作

用，主要面向票据承兑、贴现市场，成为上海票据交易所在票据贴现领域的延伸，主要承担向区域内及行业用票企业推广票据贴现业务及承兑的职责。最后，发展以上海票据交易所为主导，央企、地方票据平台为依托的前端票据基础设施，形成统一制度、统一标准、统一系统、统一管理的票据统一市场。

(八) 发挥金融科技的力量，实现票据服务经济社会的高效率

我国金融科技发展比较迅猛，既给我国金融行业带来了翻天覆地的变化，也导致了风险的累积和爆发。以票据市场为例，2009 年电子商业汇票系统的上线从根本上解决了纸质商业汇票交易效率低下、信息不对称、风险较大等问题，使企业交易资金在途时间大大缩短，资金周转效率明显提高；2014—2015 年，互联网金融兴起，互联网票据理财开始发展，但整个行业先天不足，风险不断积累，导致了票据风险事件的爆发。

我国金融科技发展水平较高，应积极发挥金融科技的力量，实现票据服务经济社会的高效率。第一，应积极探索区块链技术，区块链的技术特征与票据产品的金融属性及其流转特征之间具有良好的匹配性，因此研究和探索基于区块链技术的数字票据，既是当下票据领域技术创新的热点，也将是票据行业未来发展的重要趋势。第二，积极发展云计算、大数据技术在票据业务中的运用，通过大数据和云计算来做好票据交易信息的配对，提高票据市场的交易效率，分析和研判票据市场潜在风险，降低票据市场风险事件发生频率。第三，增加金融科技在票据市场监管层面的应用，并加强对于票据市场金融科技和信息金融业务创新的监管，使票据市场监管科技成为票据市场发展的重点领域。

(九) 创新票据模式和产品，在上海建设国际票据交易所

要不断创新票据的业务模式和产品种类，为在上海建设国际票据交易所打下坚实的基础。在上海建设国际票据交易所有利于巩固和强化上海作为国家金融中心的地位，助力上海成为国际金融中心的建设，有利于引进国际先进经验，促进国内票据市场对外开放。票据是社会商品交换和商业信用不断发展的产物，从发达地区的票据市场发展经验来看，票据业务对国际贸易发展具有巨大的促进作用。成立国际票据交易中心能够实现票据的跨国流通和交易，实现全球票据市场的融合，大幅提高信息透明度和市场流动性，从而降低交易成本、提高国际贸易效率，能较大程度促进国际贸易的发展，也能促进我国票据市场的发展。

可以考虑将"一带一路"作为我国建设国际票据市场的突破口。票据具有支付、结算、交易、融资等多种功能，可以促进国际间商品的进出口贸易，可以以上海票据交易所为基础，引入经贸往来密切、关系良好的"一带一路"沿线国家及其他国家的金融机构作为会员单位，以我国及参与国家的票据、信用证及其他金融资产为交易标的，满足和便利"一带一路"企业票据的使用、转让、贴现等需求，推进商业汇票及人民币国际化进程。

（十）推动票据风险防范和内控管理更上新台阶

上海票据交易所成立后，秉持促进票据市场规范发展的初心，致力于防范和化解票据市场各环节风险。上海票据交易所通过技术、数据等多种手段，实现了对纸质票据、电子票据的统一管理和系统融合，构建了环节完整、流程顺畅、权责明晰的运行管理体系，逐步将票据全生命周期纳入票据交易系统管理。2021 年是建党 100 周年，也是"十四五"开局之年，推动完善票据风险防范机制是票据市场规范化发展的关键，上海票据交易所、相关监管部门应加强和推进票据市场制度建设，推动构建票据市场自律管理机制，促进票据法律体系的完善，与各市场参与主体共同从交易机制、信息披露、市场监测等方面入手，在票据风险防范上取得新的突破。

对于票据市场各参与主体来说，应加强内部管理，严防票据风险。一是要对各项票据业务制定全面、系统、成文的制度和程序，并保持统一的业务标准、程序及操作要求；二是应建立涵盖全业务、全流程的风险管理系统，对各类风险进行持续监控；三是应建立内部控制的评价制度，对内部控制的制度建设、执行情况进行反馈，根据法律法规、组织结构、市场环境变化及时进行修订和完善；四是应建立电票开户、签发、承兑、流转等一系列防险措施。

参考文献

［1］范蠡. 电子票据在票据法中的适用性分析［J］. 法制与社会，2020（31）：42-43.

［2］蒿日升. 商业信用与商业汇票［M］. 北京：中国财政经济出版社，1986.

［3］江西财经大学九银票据研究院. 票据史［M］. 北京：中国金融出版社，2020.

［4］金融研究部 . 票据承兑与贴现［Z］. 上海市金融学会，1983.

［5］陆岷峰，欧阳文杰 . 百年党的历史　百年红色金融——中国共产党百年金融思想发展脉络、特点、经验与启示［J］. 金融理论探索，2020（5）：3-12.

［6］宋汉光 . 搭建票据市场基础设施　促票据市场规范健康发展［J］. 金融电子化，2017（7）：52-54.

［7］万立明 . 近代中国票据市场的制度变迁研究［M］. 上海：上海远东出版社，2014.

［8］肖小和，金睿 .40 年中国票据业务风险管理的实践与再思考［J］. 上海立信会计金融学院学报，2019（2）：96-106.

［9］肖小和 . 上海国际票据交易中心建设研究［J］. 上海立信会计金融学院学报，2019（6）：58-69.

［10］张美林，谢芳森 . 现代银行商业汇票经营管理［M］. 南昌：江西人民出版社，1997.

［11］中国人民银行 . 中国共产党领导下的金融发展简史［M］. 北京：中国金融出版社，2012.

中国票据市场四十年（1981—2021 年）发展回顾与启示

肖小和　蔡振祥

2021 年是建党 100 周年以及"十四五"开局之年，同样也是中国票据市场在改革开放后开始办理票据融资业务以来的第 40 个年头。1978 年宣布实施改革开放后，我国的经济发展思路产生了巨大变化，经济体制改革速度明显加快。伴随着社会经济市场化程度的逐步提升，商业信用的稳步放开成为大势所趋，票据作为商业信用的代表，自然在这一过程中发挥了关键作用。1979 年 4 月召开的中共中央工作会议提出对国民经济实行"调整、改革、整顿、提高"的方针，由此国民经济调整加速推进，在这一过程中部分行业出现了明显供过于求的现象，不得不通过赊销的方式促进产品的销售，此时单纯的银行信用已很难独自解决企业所面临的资金难题，人民银行等监管部门也逐渐意识到适度放开商业信用的紧迫性。1980 年 8 月，在人民银行分行行长座谈会上，相关领导传达了国务院意见，同意有条件地开放部分商业信用（包括票据），并批准上海先行先试，逐步形成可推广的经验。此后，上海市金融学会成立了"票据贴现研究会"，专门对社会主义条件下的票据业务应用相关问题进行调查、论证、研究，促进了票据理论的发展及票据认识的提高。1981 年 2 月，新中国第一笔同城商业承兑汇票贴现业务在上海杨浦和黄浦两区办事处的协作下顺利完成；10 月，新中国第一笔跨省市银行承兑汇票贴现在上海徐汇区办事处和安徽天长县支行的合作下顺利完成。商业汇票制度得到了真正的实践。积累一定经验后，票据业务开始在全国多地推广开来，制度体系也不断完善，为解决企业间的"三角债"问题、推进经济改革发展作出了重要贡献。可以说，1981 年是新中国票据融资业务发展的元年，到 2021 年刚好 40 年。40 年间，票据市场发生了翻天覆地的变化，主要体现在市场规模取得了空前的扩张，市场结构由以纸票为主转向以电票为主、由以银票为主转向银票商票并存，市场参与者更加多元化，制度建设逐步完善，利率市场化水平不断提高，创新层出不穷，风险得到有效管理，科技应用水平显著提升，应用理论研究取得巨大进展。回顾40年来票据市场从青涩走向成熟的发展历程，可以给当前以及未来票据市场的发展提供很好的启发和思路。总结40年票据市场发展史，可以发现改革开放以来我国经济和信用的高速发展是票据市场蓬勃发展的基础，票据服务实体经济是应始终坚持的初心使命，票据功能挖掘是发展的必要条件，票据制度建设是发展的保证，基础设施是发展的关键，创新是发展的生命力，参与主体多元化与专业化是发展不可或缺的部分，风险管理是发展的根本，应用理论研究是发展的重要部分。

一、中国票据市场四十年发展回顾

（一）票据市场规模空前扩大

1981—1994年是票据市场起步探索阶段。1981年第一笔同城商票贴现及跨省市银票贴现顺利完成，开启了票据融资业务办理的先河。此后，全国越来越多的省（自治区、直辖市）开始试点票据承兑、贴现业务。在此期间，《商业汇票承兑、贴现暂行办法》《再贴现试行办法》《银行结算办法》等规定陆续发布，体现了国家推动票据市场制度完善的决心，但由于当时市场经济刚刚起步以及相关规章制度不够完善等原因，票据业务的发展比较缓慢。相关数据显示，1990年，全国各地票据承兑贴现仅有238亿元，再贴现85亿元；截至1993年底，全国再贴现余额仅为48.66亿元。

1995—2015年是票据市场快速发展阶段。1995年《中华人民共和国票据法》的颁布是新中国成立以来票据发展史上具有里程碑意义的大事，标志着票据市场进入了有法可依的新发展阶段。此后，一系列相关配套规章制度陆续出台，我国票据市场制度体系框架基本形成。在此阶段，得益于我国经济高速发展、法律制度进一步完善、电票系统顺利建成以及票据作为重要信贷资产得到商业银行的广泛重视，票据市场规模快速增长，并且增速超过宏观经济增速。2015年，票据市场累计贴现量达到102.1万亿元，相比1999年增长409倍，年均增长率为45.61%；累计承兑量达到22.4万亿元，相比1999年增长44倍，年均增长率为26.71%。

2016年至今是票据市场规范发展阶段。2010年后票据市场近乎疯狂的飞速发展埋下了大量的风险隐患，而这些风险在2016年集中暴露，给相关参与者造成了严重损失。这段时期，国家管理部门下决心严肃整治票据市场乱象，票据市场进入严监管阶段。也正是在这一背景下，上海票据交易所于 2016 年 12 月 8 日成立，整治行业乱象、规范市场发展成为上海票据交易所自成立之初就肩负的重要使命之一。2017 年，得益于上海票据交易所的成立，票据风险得到有效控制，票据市场增长有了基础。此后几年，票据市场规模始终保持稳健增长的态势。2018 年票据承兑发生额、承兑余额、贴现发生额、贴现余额分别较 2017 年增长 24.80%、22.29%、38.83%、45.22%；2019 年较 2018 年分别增长 11.55%、6.44%、25.35%、22.46%。2020 年，全市场票据承兑发生额为 22.09 万亿元，同比增长 8.41%；贴现发生额为 13.41 万亿元，同比增长 7.67%。

此外，40 年间，票据市场结构发生了巨大变化，由最初的全部为银票到如今市场中商票银票并存，并且商票占比正在逐年提升。根据上海票据交易所的数据，2020 年商票签发金额为 3.62 万亿元，同比增长 19.77%，商票签发金额占比为 16.39%，较上年提升 1.55 个百分点；商票贴现金额为 1.03 万亿元，同比增长 9.85%，占比为 7.68%。

（二）市场参与者更加多元化

40 年来，随着票据业务的不断创新以及相关政策的陆续出台，票据市场参与者不仅在数量规模上快速增长，参与主体多元化程度也得到了明显提升。

20 世纪八九十年代，票据市场处于起步探索阶段，当时的参与主体数量及种类还相当有限，主要集中于人民银行、国有银行以及少数大型国有企业。此后，随着票据推广力度的逐步加大，越来越多的机构开始认识并使用票据，票据的市场影响力逐步提升。2000 年，在工商银行华信支行前期探索和实践的基础上，中国工商银行票据营业部成立，这是新中国成立后的第一家票据专营机构，开启了票据集约化和专业化经营的先河。此后的 10 多年间，中国农业银行、民生银行、平安银行、招商银行等都设立了票据专营部门，从而有效推动了票据业务经营专业化水平的提升。2010 年以前，票据市场的主要参与者是银行金融机构，其中国有银行占比较大，股份制银行正在崛起，还有为数不少的农信社参与其中；2010 年以后，大量财务公司和城商银行涌入票据市场，其中城商银行通常扮演直贴行、代持行、过桥行、消规模行等多重市场角色。

2010 年以后，在市场资金充裕、综合经营及互联网金融逐步兴起的大背景下，票据市场创新层出不穷，票据理财、票据资管、票据 ABS 等创新产品纷纷问世，在这一过程中信托公司、证券公司等机构甚至包括个人投资者都得以间接参与票据市场。2016 年，为整治市场乱象、规范票据市场发展，上海票据交易所成立。目前，上海票据交易所允许商业银行、财务公司、证券公司、基金公司、期货公司、保险公司、信托公司、资管公司及部分非法人产品等参与平台转贴现交易，上海票据交易所创设的中国票据交易系统接入的会员已超过 3000 家，系统参与者超过 10 万家，为未来票据市场繁荣发展奠定了坚实的基础。

此外，2000 年以后，由于银行体系无法充分满足众多中小企业的贴现融资需求，民间票据市场在这一背景下应运而生。民间票据市场先期发端于山东、山西等商品经济发展较弱的地区，后来在江浙一带市场经济较为发达的地区也快速发展起来。2010 年以后，在票据市场迎来繁荣发展的大背景下，民间票据中介与商业银行等机构合作进一步深化，渗透到了票据业务的核心产业链，这既在一定程度上活跃了市场，也对票据市场规范发展和监管提出了更高的要求。

（三）制度体系逐步完善

40 年来，票据制度体系建设在实践和探索中不断前行，与改革开放以来的经济信用发展阶段基本匹配，从而有效保证了票据服务实体经济效能的充分发挥。

1995 年以前，为解决"三角债"问题，控制企业债务风险，中国人民银行尝试开展票据业务，推动商业信用票据化，并发布了一系列管理办法，做了很多有益的探索，如《商业汇票承兑、贴现暂行办法》《再贴现试行办法》《银行结算办法》《关于加强商业汇票管理的通知》《信贷资金管理暂行办法》等，但推动效果并不是很明显。

1995 年以后，中国人民银行在总结前期商业汇票探索经营的基础上继续推进票据市场规章制度建设。随着《票据法》《支付结算办法》《商业汇票承兑、贴现与再贴现管理办法》《贷款通则》《票据管理实施办法》等一系列法律法规、部门规章的颁布，明确了我国票据市场的发展思路，我国票据市场的制度框架体系基本形成。2009 年，由人民银行主导筹建的 ECDS 顺利投产，为更好地规范和管理电子商业汇票活动，人民银行印发了《电子商业汇票业务管理办法》，给 ECDS 的运行和电子商业汇票业务的开展提供了制度支撑。

2016 年 8 月，《关于规范和促进电子商业汇票业务发展的通知》发布，进一步推动了电票的普及，短时间内电票覆盖率大幅提升。2016年，上海票据交易所成立，同年，人民银行制定颁布《票据交易管理办法》，明确上海票据交易所是人民银行指定的提供票据交易、登记托管、清算结算和信息服务的机构，对票据交易所新规则下的市场主体、票据行为、交易规则、结算清算等做了详细规范。2017年3月，人民银行印发《关于实施电子商业汇票系统移交切换工作的通知》，决定将ECDS移交上海票据交易所运营。此外，上海票据交易所自成立后发布了众多票据创新产品，与之相配套，也发布了一系列交易及产品规则，从而有效保证了相关业务的顺利开展；还推出了商业承兑汇票信息披露制度，为今后的商票大发展奠定了制度基础。

（四）科技应用水平显著提升

40年来，随着科技的快速发展，其在票据市场中发挥的作用日益凸显，已成为票据市场发展的关键推动力量。

2000年，新中国成立后第一家票据专营机构——工商银行票据营业部成立，其搭建的以科技为基础的票据内部管理系统使得部分纸质票据业务操作流程不再需要使用手工方式，很好地提升了票据业务的安全性和操作效率。2003年，第一个票据官方报价平台——"中国票据网"诞生，为金融机构之间的票据转贴现和回购业务提供报价、撮合、查询等服务，票据市场的信息透明度和市场效率得到显著提高。2005年，随着我国金融电子化水平不断提高，以招商银行"票据通"、工商银行"易保付"等为代表的基于各商业银行的电子票据业务蓬勃开展，将传统的票据业务与网络银行技术相结合，提高了行内票据业务效率，促进了市场增速的回升。2009年，由人民银行批准建立的电子商业汇票系统投入运行，标志着我国票据业务进入电子化时代，对票据市场发展产生了深远影响。2012年，随着金融科技发展的推动和互联网金融的崛起，互联网票据理财、互联网票据交易撮合平台开始蓬勃发展，极大地活跃了票据市场。

2016年上海票据交易所成立后，通过重塑票据业务规则和市场生态，显著提高了票据市场的信息透明度和规范性，在此背景下，金融科技迎来了快速发展，业务创新在民间纷纷展开。2018年11月25日，数字票据交易平台实验性生产系统在上海票据交易所成功上线运行。2018年以来，国有大型银行依靠科技力量相继推出"极速贴现"等创新产品，极大地提高了企业票据贴现融资效率。上海票据交易所于2018年12月上线票付通产品，2019年5月27日上线贴现通产品，致力于通过票据业务为实体经济尤其是中小微企业排忧解难。2019年8月，央企主动作为，中国国新控股有限责任公司携手51家央企搭建企票通平台，为商业承兑汇票的发展提供了广阔的空间。2021年5月，为进一步提高系统运行效率、提升用户体验，上海票据交易所对ECDS和中国票据交易系统进行了全面优化升级，建设了承载票据全生命周期业务功能的新一代票据业务系统，该系统必将有效推动票据市场创新和风险管理能力进一步提升。

（五）票据创新层出不穷

40年来，在经济信用及金融快速发展的大背景下，票据市场创新不断涌现，古老的票据在改革开放新时期不断展现出新的活力。

21世纪初，票据创新主要是基于传统业务进行改进和组合。例如，以承兑业务为基础推出了商业汇票保证、质押开票、票据拆零、以票易票等业务；以贴现业务为基础推出了商票保贴、票据包买、见票即贴额度授信、第三方担保贴现、回购式贴现等贴现承诺业务，在贴现利息支付方面推出了买方付息、协议付息、他方付息、共担利息等方式；以转贴现业务为基础推出了票据资管搭桥、银行代理回购搭桥、票据代持及配资代持等业务模式；同时，还推出了票据咨询、顾问、经纪、鉴证、代理托收、代理查询、代理保管、票据池等增值服务。

2009年以后，相对充裕的资金供给、金融机构综合经营的发展趋势、ECDS的推出及互联网金融的快速崛起为票据创新提供了天然的土壤。在此期间，票据理财、票据资管、票据ABS等创新产品相继问世，期限错配、买入返售、卖出回购等交易模式在票据业务经营中广泛出现。

2016年以后，上海票据交易所在票据创新方面起到了积极的引领作用，陆续推出票付通、贴现通、标准化票据、供应链票据等创新产品，发布票据收益率曲线，上海清算所发布标准化票据指数，不断优化票据使用体验，深化票据全功能作用。

（六）票据利率市场化水平不断提升

40年来，票据利率逐步摆脱行政干预，先后经历了以贷款利率、再贴现利率、SHIBOR、票据收益率曲线为基准进行定价的四个阶段，目前已经发展成为我国市场化程度最高的利率之一。

1984年，中国人民银行颁布的《商业汇票承兑、贴现暂行办法》规定"贴现率中国工商银行、中国农业银行、中国银行按略低于国营工商企业流动资金贷款利率计收；中国人民建设银行可按略低于建筑企业流动资金贷款利率计收"，从此票据利率主要参考贷款利率定价，这种方法简单易懂，便于接受，在金融市场化还很不发达的当时具有一定的适用性。

1998 年，再贴现利率与再贷款利率脱钩，成为人民银行的一项法定基准利率。同时，贴现利率不再与贷款利率挂钩，实行在再贴现利率的基础上加点生成，从此形成了贴现利率与再贴现利率挂钩的利率定价机制。

2007 年，上海银行间同业拆借利率机制正式形成，人民银行积极鼓励金融机构研究以 SHIBOR 为基准的票据利率定价模式；同年，工商银行率先推出以 SHIBOR 为基准的贴现和转贴现利率定价模式，对票据利率市场化的进一步推进起到了积极的引导作用。此后，该种模式被大多数金融机构采纳。2013 年，中国人民银行正式取消贴现利率与再贴现利率挂钩的定价机制，确立了金融机构自主决定贴现利率的市场化定价机制。以 SHIBOR 为基准的利率定价机制充分考虑了票据的资金属性，与票据业务经营模式匹配度较高，基本能够做到合理定价，但仍存在对票据信贷属性有所忽略的局限性，特别是在月末、季末、年末时无法对利率的剧烈波动作出合理的解释。

2018 年，上海票据交易所推出国股银票转贴现收益率曲线，这是我国首条专门反映票据价格的收益率曲线，打开了以票据收益率曲线为基准进行定价的大门，标志着我国票据利率定价机制完成了最终变革，真正实现了定价机制对市场真实供求关系及相关影响因素的全面反映。

（七）票据风险得到有效管控

40 年来，伴随着票据市场的不断发展创新，票据风险总会在新阶段表现出新特点，与此同时，市场风险管控能力也在不断提升。

从最初的伪假票据、缺乏真实贸易背景、承兑人信用问题、违规使用贷款资金作为保证金等信用、道德、操作风险到后期市场利率难以把握、过度杠杆、期限错配、监管政策太多难以完整掌握、大量票据中介扰乱市场秩序、IT 系统能力不足等合规、市场、技术风险，在每一阶段票据市场风险集中点存在很大不同。

为有效防控票据风险，监管部门根据市场发展形势和风险管控经验陆续出台了诸多制度文件，加强风险防控制度建设，从顶层设计上做好把关工作；建设上海票据交易所，推动形成全国统一的票据交易市场，依托上海票据交易所，更广泛地收集全市场信息数据，力争将全市场主体、全产品、全业务统一纳入监管，从而搭建风险量化管理模型，对新时代票据风险做到有效识别、科学计量、实时监测；推广电票，引导票据 IT 系统建设，有效管理伪造票、变造票、偷盗库存票据、假票调包真票等操作风险和道德风险；强化金融科技应用，通过大数据、云计算、人工智能等技术对市场利率变动及形势变化作出更加科学精确的判断，有效管控市场风险。

（八）应用理论研究成果丰硕

40 年来，我国票据市场得以重启，票据理论有了发展的基础。

改革开放初期，上海市金融学会成立了"票据贴现研究会"，对商业信用的现状、治理方法以及票据承兑贴现应用可行性等问题进行了调查论证，此后上海市金融学会把调查研究和实际试点的成果编写成《票据承兑与贴现》一书，并于 1981 年中国金融学会首届年会上提出了"商业信用票据化"的倡议，推动了我国票据理论的进一步完善。1981 年后，我国出台了一系列政策制度探索发展票据业务，并积累了一定经验，丰富了我国票据理论体系。

1995 年，《中华人民共和国票据法》颁布，标志着我国票据理论体系发展进入了新阶段，新中国票据市场理论体系初步建立。此后，我国票据市场进入快速发展阶段，票据理论体系也在实践中不断完善，特别是 2016 年上海票据交易所成立后，我国票据市场发生了根本性变化，票据制度体系面临重大变革。这一阶段，江西财经大学九银票据研究院、江西省金融学会票据专业委员会、中国票据研究中心等研究机构先后成立，极大推动了我国票据理论的创新发展。这些机构通过开展课题研究、举办征文活动、组织研讨活动及高峰论坛，活跃了市场研究氛围，源源不断地为票据市场发展提供积极的智力支持。例如，江西财经大学九银票据研究院持续聘请国内科研单位、知名金融界学者、知名高校专家教授、各大银行总行级票据管理和业务经营骨干人员加入研究团队，提升团队研究力量；在北京、上海、深圳、南昌、郑州、杭州等全国多地定期举办研讨会和高端论坛，充分发挥了票据市场智库平台的积极作用；连续举办四期票据征文活动，累计通过微信公众号推送研究文章 200 多篇，针对金融供给侧结构性改革下的票据创新、标准化票据、票据在供应链金融中的应用、商票发展等票据市场热点为社会持续输出研究成果，出版《票据基础理论与业务创新》《票据史》等专业票据书籍，引领票据研究前沿；与江西财经大学共同培养了多批票据方向金融学专业硕士研究生，为票据市场人才培养工作作出积极贡献。

二、中国票据市场四十年发展的启示

(一) 票据服务实体经济是本质所在

改革开放初期，我国重启票据市场主要是为了解决企业间的"三角债"问题以及推进商业信用票据化，从而帮助企业更好地盘活占用资金。1995年出台的《中华人民共和国票据法》强调票据签发必须要有真实贸易背景并且不允许企业发行商业本票，包括之后颁布的一系列制度规定都是在确保票据与实体经济之间的紧密联系，防止票据信用无序扩张。近年来，我国经济逐步由高速增长阶段迈向高质量发展阶段，经济结构调整压力较大，特别是 2020 年新冠疫情暴发后，实体经济特别是中小微企业面临巨大的资金难题。作为与中小微企业联系最紧密的金融工具，票据市场在这一过程中不忘初心，坚持把服务实体经济摆在首要位置，通过提高业务办理效率、减免相关费用、重点支持特殊区域行业企业、推出供应链票据及标准化票据等创新产品，优化了企业用票体验，提高了企业票据融资的可得性、安全性、高效性，较好地满足了中小微企业的融资需求。

相反，票据市场若脱离了支持实体经济发展的主线，盲目追求票据创新，造成信用过度扩张、套利现象严重，则会导致过多资金在金融系统内部空转，形成虚假繁荣，不仅提高了企业票据融资的成本，也给市场积累了大量风险隐患。2010 年以后的票据市场便出现了这种现象，这是导致2015 年以后票据大案频发的重要原因。

我国票据市场重启的初心是服务实体经济，而票据市场在服务实体经济的同时也享受到了改革开放以来实体经济高速发展的红利，两者相互促进、共同发展。通过格兰杰因果分析可以发现，票据承兑发生额与 GDP 的相关性达到 92%，贴现发生额与 GDP 的相关性达到 62%，表明票据市场与GDP 高度相关。江西财经大学九银票据研究院近期研究结果显示，2020 年中国票据发展指数为 15292 点，相比基期 2003 年增长了近 15 倍。

(二) 票据功能挖掘是发展的必要条件

40 年票据发展历史证明，票据功能具有充足的开发潜力，票据功能的充分开发有利于其更好地服务实体经济以及促进金融市场进一步完善，也是票据作用发挥的必要条件。票据是一种古老的金融工具，最早可以追溯到唐朝的飞钱，汇兑、支付、结算功能是其最初的功能，此后贴现业务出现，票据融资功能开始显现，民国时期上述功能进一步发展，新中国成立初期票据仍具有融资功能，但很快受到计划经济体制的影响，商业信用被全面限制，改革开放后，票据不仅原有功能得到了进一步深化，而且增加了调控、投资及交易功能，特别是2016年开始进入上海票据交易所时代后，票据的多种功能得到了充分的体现。40年来，集多种功能于一身的票据在促进商品流转、推动商业信用发展、优化货币调控机制、促进融资结构再平衡、完善金融市场建设、拓宽实体经济尤其是中小微企业融资渠道等方面均发挥了重要的积极作用。此外，票据产生于支付结算领域，发展于融资领域，升华于投资及交易，在拓展票据多种功能时应认识到支付结算是票据众多功能的基础，强化支付结算功能对于票据发展而言至关重要。当前市场中存在一些与票据相似的金融产品，未来要通过制度、科技、创新等进一步强化票据在支付时的便利性和安全性，切实思考并形成票据的特色，保证票据在源头端的充足供给。

（三）票据制度建设是发展的保证

40年票据发展历史表明，票据制度是票据发展的根本保证，是票据功能作用发挥的前提，而票据发展则是票据制度的源泉，是票据制度的根本服务对象，两者总是相辅相成、共同发展。从历史经验看，好的票据制度可以规范市场各方的票据行为，明确票据关系和票据当事人之间的权利义务，减少交易过程中的诸多不确定性，促进票据市场的发展。滞后于行业发展的制度则会影响票据市场产品创新，阻碍票据市场健康发展。1995年颁布的《中华人民共和国票据法》是我国票据制度的根本遵循，构建了我国票据制度的基本框架。此后，人民银行等部门陆续出台了一系列制度文件，进入21世纪后，我国票据市场基础制度体系初步形成。事实证明，改革开放以来我国票据制度总体来说是合理的，是与经济信用及金融基本匹配的，因此能够实现票据与经济相互促进、共同发展。当然，未来票据制度仍然有完善的空间，比如票据评级制度、信息披露制度、电票及商票相关制度、票据市场监管制度等都还有值得改进的地方。

（四）票据基础设施是发展的关键

票据基础制度的落实需要票据基础设施的配合，票据基础设施建设情况将对票据市场未来创新发展的难度和程度产生重大影响。2009年ECDS的建成为电票的推广及普及奠定了基础，2016年上海票据交易所成立标志着全国统一的票据交易市场初步形成，也大幅加快了我国票据市场创新步伐，2020 年商业汇票信息披露平台的推出为进一步落实商票信息披露制度提供了有力抓手，将有效加速商票市场发展。历史经验表明，基础设施不仅要建成，更要建好，其发展程度将直接影响相关制度的推进情况。此外，在信息时代，基础设施建设要与互联网充分结合，积极应用区块链、大数据、云计算、人工智能等金融科技，在优化用户体验、激发市场创新活力的同时也能更好地管控风险。

（五）票据创新是发展的生命力

票据创新始终是推动票据市场发展的力量源泉，票据市场历次重大变革都来源于票据创新。票据创新主要包括机构创新、产品业务创新、制度创新、理论创新等，例如，中国工商银行票据营业部的成立开启了票据业务专业化经营的先河，属于机构创新；近年来，上海票据交易所推出的票付通、贴现通、供应链票据、标准化票据等有力提升了票据的多功能性，属于产品业务创新。总的来说，上海票据交易所成立后，在其引领下，我国票据市场创新步伐明显加快，依托制度及科技进行创新成为当前票据创新的主流。

（六）参与主体多元化、专业化是票据业务不可或缺的部分

参与主体的规模及结构直接决定了票据市场活跃度，市场创新需要多元主体的参与；专业化程度直接影响票据业务经营效果，未来在经济步入新常态、金融领域改革开放加速推进的大背景下，专业化将在票据经营中发挥越来越关键的作用。从历史经验来看，从最初以国有银行和少数大型国有企业为主到之后股份制商业银行、城商银行、农商银行纷纷加入再到如今票据市场参与者涵盖金融市场大多数群体，票据市场在这一过程中活跃度明显提升，创新明显加速，市场更趋繁荣。从境外成熟金融市场的经验来看，票据市场参与主体多元化程度都很高，并且英国、日本、我国台湾地区等均有专营票据业务的金融机构，这些机构通常是票据市场的主力军，在票据市场中占有举足轻重的地位，而这在提升整个市场经营的专业化程度以及规范市场行为方面发挥了重要作用。

（七）加强票据风险管理是根本

金融危机是导致经济危机的重要原因，金融业务牵涉主体众多，覆盖面极广，因此，金融领域发生的巨大风险往往会对整个经济造成严重冲击，防范化解金融风险至关重要。票据市场作为金融市场的重要组成部分，40 年来总体发展稳健，但在特定阶段仍然有一些重大票据风险事件发

生，给相关参与者造成了严重损失，增加了票据市场的不稳定性。无论票据发展到了何种程度，风险管理始终都是要坚持的根本原则，要处理好风险与创新的关系，善于运用科技力量，在风险可控的前提下追求创新，在创新的过程中积累风险防控和处理的经验，对有益的经验要形成制度及时推广，从而保证市场健康稳定发展。

（八）开展票据应用理论研究是发展的重要部分

票据理论是针对票据运作机理、票据市场运行规律及发展逻辑进行专门研究的科学理论体系，它是票据制度设计的基本遵循，也是票据市场高质量发展的基本保证。40年来，随着票据市场蓬勃发展，票据理论也在不断更新完善，特别是上海票据交易所成立后，市场研究氛围进一步提升，江西财经大学九银票据研究院、江西省金融学会票据专业委员会、中国票据研究中心等研究机构先后成立，大大推动了我国票据理论的创新发展。事实证明，票据发展及推广需要形成自己的理论体系，票据创新需要理论的指导，加快形成具有中国特色的票据理论体系至关重要。

三、中国票据市场未来展望

回顾票据市场发展40年，随着经济金融改革开放及发展的步伐，票据市场从无到有，由小到大，由无序到规范，由场外到场内，由单一纸质票据到电票等多种介质，由支付结算到集支付、结算、融资、调控、投资、交易多种功能于一体，40年票据市场历史变化，为经济发展注入了活力，为金融发展丰富了工具，为利率市场化提供了先例，为实体经济特别是中小微企业缓解融资难、融资贵提供了途径。总体来说，40年票据市场发展为经济信用金融取得历史性进步作出了重要贡献。

展望未来，期待中国票据市场在加强顶层设计，完善法律法规，达成监管共识，调整商业汇票期限，鼓励票据专业机构发展，发展金融科技，推动创新和商票发展，发展供应链票据，推动制造、批发零售、贸易等行业票据业务深度发展，优化票据支付及融资服务体验，构建票据一二级市场一体化平台，支持央企、区域商业承兑汇票平台发展，探索票据投资交易新产品，加强风险管控，完善票据应用理论体系，加强票据知识宣传及培训，强化票据全功能作用等方面取得新突破，为服务实体经济、构建双循环新发展格局作出更大贡献。

中国票据信用七十年回顾与展望

肖小和　金　睿

2019 年是新中国成立 70 周年。70 年来，我国票据信用是伴随经济社会体系的不断变化而发展变化的。票据业务的本质在于经营信用，改革开放以来，中国特色社会主义市场经济蓬勃发展，票据在我国经济发展的各个阶段都发挥了重要的作用。尤其是 1995 年《票据法》的出台、1996 年《贷款通则》将票据贴现列为贷款的一种、1997 年人民银行《票据管理实施办法》《支付结算办法》《商业汇票承兑、贴现与再贴现管理暂行办法》的相继实施，奠定了商业汇票的宏观管理和制度基础。经过多年的发展，目前票据年承兑签发额一直保持在 20 万亿元左右，票据贴现、转贴现年发生额一直保持在 50 万亿元左右。作为中央银行货币政策向实体经济传导过程中链条最短、最直接的媒介，积极发展票据信用有利于更好地服务实体经济。

一、信用及票据信用的概念、特点和作用

信用是票据的灵魂和基石，无信用之票系废票。信用有国家信用、银行信用、商业信用之分。商业信用关键靠发展商业票据信用来提升，过渡期内可以通过发展有银行支持的商业票据信用来推动。当然，最终要依靠商业或市场自身的诚信能力、诚信水平、诚信承诺不断提升自身的信用程度来发展商业票据信用。

（一）信用

从法律层面看，信用有两层含义，一是指当事人之间的一种关系，但凡"契约"规定的双方的权利和义务不是当时交割的，存在时滞，就存在信用；二是指双方当事人按照"契约"规定享有的权利和履行的义务。这个"契约"一个非常重要的特点也是构成法律上的信用的必要条件，就是非即时交割。如果权利和义务的实现是同时进行的，那么就不会构成信用，两者之间必须存在一定的时间差才会出现信用。从经济学层面看，信用是指在商品交换或者其他经济活动中，授信人在充分信任受信人能够实

324

现其承诺的基础上，用契约关系向受信人放贷，并保障自己的本金能够收回和增值的价值运动。偿还和付息是经济和金融范畴中的信用的基本特征。在市场经济发展初期，市场行为的主体大多以延期付款的形式相互提供信用，即商业信用；在市场经济较发达时期，随着现代银行的出现和发展，银行信用发展迅速，成为现代经济活动中最重要的信用形式。现代市场经济成为建立在错综复杂的信用关系之上的信用经济。

（二）票据

票据指出票人根据《票据法》签发的，由自己无条件支付确定金额或委托他人无条件支付确定金额给收款人或持票人的有价证券。广义的票据泛指各种有价证券和凭证，如债券、股票、提单、国库券、发票等。狭义的票据仅指以支付金钱为目的的有价证券，在我国，票据是商业汇票（银行承兑汇票和商业承兑汇票）、支票及本票（银行本票）的统称。本文中笔者想探讨的主要是企业在贸易结算中最经常使用的商业汇票。

（三）票据信用及其特点

票据信用是用票据来反映企业之间经济往来中债权债务关系的信用形式，票据是信用的载体和工具。正常的票据信用可以促进商品流通和经济发展，降低企业应收、应付账款的风险，发挥票据应有的功能和作用。不良的票据信用将制约经济发展和商品流通，影响票据市场发展及其功能作用的发挥。按承兑主体的不同，票据信用可细分为银行票据信用、商业票据信用。

1. 银行票据信用

银行承兑汇票是商业汇票的一种，是指由在承兑银行开立存款账户的企业签发，向开户银行申请并经银行审查同意承兑的，由银行保证在指定日期无条件支付确定的金额给收款人或持票人的票据。对出票人签发的商业汇票进行承兑是银行基于对出票人资信的认可而给予的信用支持。

2. 商业票据信用

商业承兑汇票是指由法人或其他组织签发的，银行以外的付款人承兑的，由付款人在指定日期无条件支付确定的金额给收款人或持票人的票据。商业承兑汇票是建立在商业信用基础上的信用支付工具，具有权利义务明确、可约定付款期限、可转让贴现等特点。银行在商业承兑汇票指定的付款日只担任资金清算的角色，到期资金是否兑付要看承兑企业本身信用。

3. 银行与企业票据信用融合

与银行承兑汇票相比,商业承兑汇票的付款人一般是企业,由于我国的商业信用体系尚未完全建立,贸易链上的企业对商业承兑汇票接受程度较差。如果银行对符合相关条件的商业承兑汇票进行保贴,以书函的形式承诺为其签发或持有的商业承兑汇票办理贴现,这种给予保贴额度的授信行为可以很好地融合银行信用与企业信用。

(四) 票据信用的作用

在日常经济活动中,票据的应用已相当普遍。其作用包括以下几个方面:一是支付作用,在企业跟上下游的贸易往来中,票据跟现金一样可以用来付款;二是结算作用,企业之间的债权债务可以通过票据背书转让来结算;三是信用功能,票据的签发承兑环节本身就是基于真实贸易背景而开立和流转的,由于汇票开立和实际兑付之间有时间差,扩张了债务人的信用;四是融资作用,持票企业可以找银行贴现快速回笼资金,持票的银行也可以通过转贴现、回购和再贴现融入资金;五是交易功能,票据作为一种高流动性的金融资产,可以随时在票据市场交易变为现金;六是投资功能,票据市场是货币市场的一个重要组成部分,投资者可以向企业、商业银行或其他机构买入票据或票据衍生品作为短期投资品;七是调控功能,票据是商业银行调节信贷规模和资金最灵活、最有力的工具,人民银行在特定历史时期也通过再贴现利率调节基础货币的投放。

二、票据信用七十年回顾

(一) 七十年票据信用发展及其对经济发展的贡献

七十年票据发展历程根据市场规模增长速度可以大致划分为四个阶段:第一阶段(1949—1978年)是萌芽阶段。新中国成立初期至1954年,国家允许银行信用和商业信用存在,人民银行上海分行曾运用商业汇票承兑与贴现,为恢复和发展国民经济服务,也曾巧妙地运用票据承兑形式,调剂市场资金,扶助私营企业恢复和发展生产。1954年至1978年,由于我国实行高度集中的计划经济管理方式,商品经济没有得到发展。此时期,全国实行信用集中,取消商业信用,银行结算以划拨为主,有零星的支票结算,汇票和本票作为商业信用和银行信用的载体在计划经济的大背景下无法发挥其支付结算和信用扩张的功能。第二阶段(1979—1999年)是起步探索阶段。1999年,票据市场累计贴现量为2499亿元,相比1995年增长

77%，年均增长率为 15.34%；累计承兑量为 5076 亿元，相比 1995 年增长 109%，年均增长率为 20.29%。随着社会主义市场经济的发展以及商品加速生产和流通，票据作为商业信用的载体获得新生，成为 20 世纪 90 年代解决企业间"三角债"问题的主要工具，因此这一阶段的特征是票据业务呈自然发展状态，承兑业务发展较快，贴现业务相对较少，票据交易极为不活跃。第三阶段（2000—2015 年）是迅猛增长阶段。2015 年，票据市场累计贴现和交易量达到 102.1 万亿元，相比 1999 年增长 409 倍，年均增长率达到 45.61%；累计承兑量为 22.4 万亿元，相比 1999 增长 44 倍，年均增长率为 26.71%。这一阶段，经济繁荣带动实体经济融资需求和票源增加，票据作为重要的信贷资产得到商业银行的广泛重视，票据的多重功能迎合了中小银行的需求。因此，票据市场规模快速增长，承兑业务增速高于宏观经济增速，票据资产交易属性更加明显，流通周转速度加快。第四阶段（2016 年至今）是规范稳健发展阶段。2018 年，票据市场累计贴现和交易量达到 51.69 万亿元，相比 2015 年下降 49.37%，年均降幅为 16.45%；累计承兑量为 18.27 万亿元，相比 2015 年下降 18.43%，年均降幅为 6.15%。截至 2019 年 10 月 24 日，当年票据市场累计贴现和交易量为 51.82 万亿元，超过 2018 年同期水平；累计承兑量为 15.87 万亿元，基本与 2018 年同期持平。这一阶段，经济发展进入转型期，金融去杠杆和监管强化逐步推进和深化，票据市场规模前期高速增长所积累的风险集中爆发，票据业务开始回归本源。中国人民银行宣布从 2016 年起将现有的差别准备金动态调整和合意贷款管理机制升级为宏观审慎评估体系（MPA），直接让票据市场上的"消贷款规模"业务再无市场，内循环和嵌套减少，业务链条缩短，监管套利被叫停，业务开展更趋规范和稳健，交易规模萎缩。

票据业务为实体经济发展提供了金融支持，对经济发展产生了积极的作用。一是票据承兑信用业务能为实体经济提供支付便利，加快资金周转和商品流通，有效推动了企业间的国内贸易往来。对于购货方而言，签发票据作为货款支付方式可以获得延期支付的益处，节约了财务成本；而销货方因为在未来某个时间点才能拿到货款，在商业谈判中可以以此为筹码减少买方要求的折扣率等优惠条件。二是票据贴现信用业务能为实体经济特别是中小企业提供便捷的融资渠道和低成本资金，减少企业财务成本，能有效扶持企业做大做强。特别是银行承兑汇票背靠银行信用，与普通的流动资金贷款相比，其融资成本往往较低，且申请贴现流程简单，所需提供的材料少，审批通过率高，获得资金周期短，尤其是对信用等级相对较低的中小民营企业而言，银行承兑汇票所具有的银行信用、贴现利率低和放款速度快等特点，对解决我国中小企业融资难、融资贵的问题发挥了独特的优势和作用。

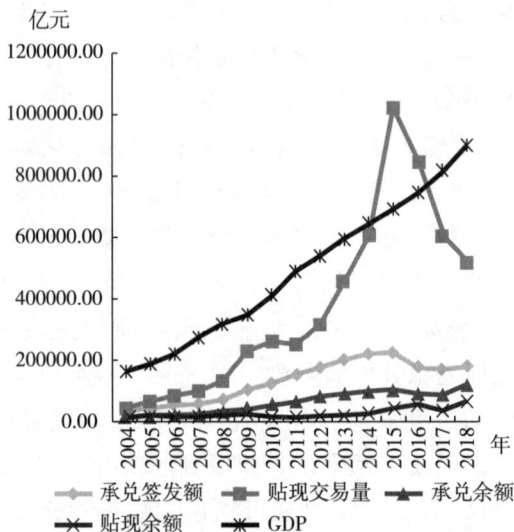

图 1   2004—2018 年票据市场发展情况

(资料来源：中国人民银行、上海票据交易所官方网站及《中国统计年鉴》)

通过统计分析可以计算出票据承兑签发额、贴现发生额、承兑余额、贴现余额与经济增长（GDP）的相关性矩阵，如表 1 所示。

表 1   票据承兑签发额、贴现发生额、承兑余额、贴现余额与经济增长的相关性

项目	承兑签发额	贴现发生额	承兑余额	贴现余额
经济增长（GDP）	0.9175	0.8814	0.9158	0.4455

数据显示，票据承兑签发额、承兑余额和贴现发生额与 GDP 高度相关，发展票据信用，可以更好地促进经济增长。

(二) 七十年银行票据信用发展

1981 年 2 月，人民银行上海市杨浦区办事处和黄浦区办事处合作，办理了第一笔同城商业承兑汇票贴现业务；同年 10 月，人民银行上海市徐汇区办事处与人民银行安徽省天长县支行合作，办理了第一笔跨省市银行承兑汇票贴现业务。经过多年的发展，近几年银行承兑汇票贴现发生额保持在 50 万亿元以上的水平，并于 2015 年达到 98.8 万亿元的历史最高水平，如图 2 所示。

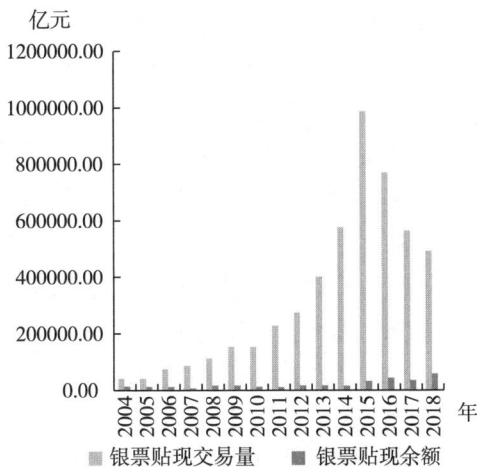

图 2　2004—2018 年银票增长情况

（三）七十年商业票据信用发展

从 20 世纪 80 年代的萌芽状态开始，商业承兑汇票贴现业务稳步发展，近年来保持在年均 3 万亿元左右的水平，并于 2015 年达到 7 万亿元左右的历史最高水平，如图 3 所示。

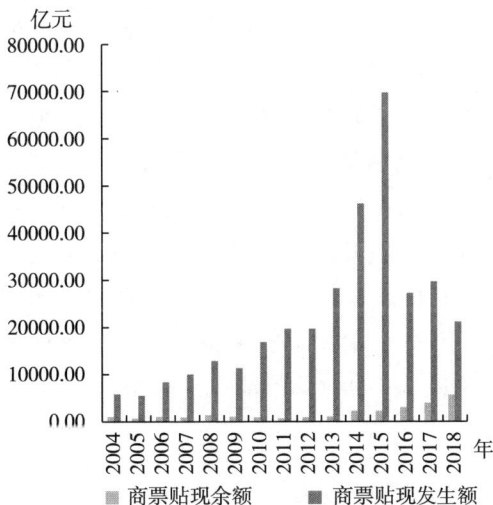

图 3　2004—2018 年商票增长情况

（资料来源：上海票据交易所官方网站）

（四）电子科技发展促进票据信用发展

2008 年 1 月，中国人民银行作出建立电子商业汇票系统（ECDS）、推广电子商业汇票业务的决策。2009 年 10 月 28 日，中国人民银行建成电子商业汇票系统并上线试运行。ECDS 是依托网络技术和计算机技术而建立的，用于接收、存储、发送电子商业汇票数据电文，提供与电子商业汇票货币支付、资金清算等相关服务的业务处理平台。与传统的纸质商业汇票相比，电子商业汇票具有以数据电文形式签发，采用可靠的电子签名和安全认证机制代替实体签章的突出特点。电子商业汇票的出票、保证、承兑、交付、背书、质押、贴现、转贴现、再贴现等所有票据行为，均可在人民银行的电子商业汇票系统上进行，开票方和收票方开通企业网上银行的电子票据功能即可操作。同时，传统纸质商业汇票的最长期限为 6 个月，而电子商业汇票的最长期限为 1 年，更适用于结算周期较长的企业间贸易。ECDS 是发展票据信用的基础设施，具有以下几个方面的作用。一是降低交易成本，传统的纸质商业汇票被商业银行视为重要凭证存放金库保管，由专人传递，而企业使用电子商业汇票可以节约保管传递成本和在途资金成本，并且可以有效规避票据丢失的风险。二是提高交易效率，传统的纸质商业汇票在签发、背书、托收、流转环节需要多人经办复核，流程长、耗时多，而电子商业汇票的要素记载全程电子化，背书流通也均通过网上银行进行，方便快捷，可以做到收票、托收时"票据零在途"。三是降低操作风险，电子商业汇票没有实物，全部要素以电子信息的形式存放在银行的系统内，一切票据活动均在 ECDS 上记载生成，该系统具有银行级的系统安全及信息灾备保障，杜绝了假票克隆票，并且有效避免了纸质商业汇票在流通过程中因背书不规范、盖章不清、票据缺损等而造成的退票，以及在操作过程中出现差错等操作风险。四是有助于提高管理水平，电子商业汇票的所有资料均在网银和 ECDS 上，能帮助企业实现内部信息、资金管理与外部运营的无缝对接；同时有助于全国统一票据市场的形成，促进了货币市场的连通和发展，降低了企业融资成本，为上海票据交易所的诞生奠定了基础。可以说，没有电子科技的发展就没有 2009 年以来商业汇票承兑和贴现的蓬勃发展。

三、票据信用发展中存在的问题

（一）社会信用环境影响票据信用

票据信用的发展跟票据的出票人、承兑人所处的整个社会信用环境息息相关。由于历史原因，在计划经济时期，商业信用和票据信用的取消具有明显的时代特征。在社会主义市场经济发展初期，随着商品的扩大生产和加速流通，生产与销售不同步、商品转移与资金转移不同步的情况越来越多，赊销和预售等交易方式开始盛行，但这类交易往往以挂账信用的方式开展，"三角债"问题严重。企业信用意识淡薄，企业间商业信用缺乏基础，全国性的企业信用体系建设滞后于经济发展的需要。这些因素客观上影响了票据信用的发展，对商业承兑汇票信用发展的阻碍尤为严重。

（二）票据制度规范制约票据信用

在我国市场经济发展的初期，立法者担心对融资性票据在法律上放开将造成银行资金空转、市场信用投放失控和通货膨胀，危及金融稳定，于是《票据法》第十条第一款规定"票据的签发、取得和转让，应当遵循诚实信用的原则，具有真实的交易关系和债权债务关系"。这一设计在一定时期内维护了金融秩序的稳定，限制了融资性票据泡沫，促进了以商品交易为核心的票据流通。但是随着我国市场经济持续向纵深发展，融资性票据已经悄然存在多年，为不少企业提供了短期的资金周转，实现了流动资金贷款票据化，不仅如此，一些银行为了留住客户资源，往往积极帮助客户提供虚假交易发票和证明，使这一规定名存实亡，反而扰乱了金融秩序。票据实务操作中，虽然《最高人民法院关于审理票据纠纷案件若干问题的规定》明确规定不能将《票据法》第十条作为抗辩条款予以适用，但仍有基层法院将该条第一款当作票据有效性的条款加以引用，这就造成了不必要的纠纷，极大地限制了票据的流通和票据信用的发展。大量没有真实交易背景的票据的产生，在客观上要求我国立法将融资性票据纳入《票据法》加以规范。

（三）票据市场参与主体和经济结构影响票据信用发展

我国经济体系由少数大型国有企业和多数中小微企业组成，大型银行出于自身的风险和经营目标考虑，开展票据承兑信用业务对中小微企业存在选择性，往往要求缴纳全额保证金才能签发票据，众多中小微企业无法得到大型银行的信用担保，只能和农村信用社、农村商业银行合作签发票据。但市场从安全性的角度考虑，对此类票据的认可度远低于大型商业银行签发的票据，影响了票据的流通并提高了融资成本，制约了中小微企业通过票据进行融资，影响了票据信用的发展。另外，虽然上海票据交易所成立后，名义上非银行金融机构可以找银行做代理参与票据二级市场的交易，但是在实践中，目前尚未有非银机构参与市场交易，票据市场的参与主体一直局限在企业跟银行间、银行与银行之间。这就导致票据市场一直处于跟其他货币市场子市场割裂的状态，不利于我国统一货币市场的形成，也间接影响了票据信用的发展。

（四）银行票据信用的发展制约了商业票据信用的发展

我国商业信用体系尚不健全，票据市场缺乏专业的票据评级授信机制，商业承兑汇票的信用无法得到市场的广泛认可，银行承兑汇票市场占比较大，商业承兑汇票交易量小，并局限在少数大中城市的少数国有大中型企业。目前，商业承兑汇票主要集中在石油、石化、电力、钢铁等国家重点发展的交通、能源等垄断性行业的国有大型企业和信誉度较高的大中型企业以及大型跨国公司，或者在一些关联企业，或者产业链上下游关系紧密的企业之间使用。从商业银行的角度看，金融机构对商票融资的积极性普遍不高，因为商业承兑汇票以企业信用为基础，商业银行普遍担心商业承兑汇票到期后不能兑付而形成新的不良资产。同时，大型企业集团通过签发商业承兑汇票可以减少对银行流动资金贷款的需求，基于银行自身利益和风险的考虑，银行对商业承兑汇票贴现等融资行为存在短视现象，缺乏主动办理业务的积极性。商票贴现业务在银行办理的准入门槛较高，受到商票承兑人在银行的信用等级、授信额度、审批流程、银行可贴现资金等因素的限制，一般银行仅认可在自己系统内建立了信贷关系、信用评级较高的企业，并有限度地给予商票贴现额度。以上实际情况导致商业承兑汇票流通转让困难、融资困难，商业信用难以快速发展。银行票据信用的过度发展在一定程度上让承兑风险集中在银行体系内，无法做到有效分散，易滋生系统性风险，同时制约了商业票据信用的发展。

（五）票据经纪公司的缺乏影响票据信用发展

票据经纪是指在票据活动中，以赚取佣金或手续费为目的，从事票据直贴、转贴现、再贴现、买入返售、卖出回购、票据咨询、票据见证、票据代保管、票据理财、票据资管等一系列票据买卖信息服务的活动。目前市场上大多数票据中介都通过注册贸易公司、实业公司的形式先行垫资从企业方买入票据，进行一系列包装后再在银行办理直贴，这种直接参与票据交易的票据经纪模式占据了市场主流，而真正意义上的纯票据信息经纪比较稀缺，在一定程度上制约了票据信用的发展。纯粹的票据经纪公司应该向债券市场上的货币经纪公司的业务模式靠拢，做一个交易报价的撮合平台，负责在企业与银行之间、银行与银行之间询价、报价，为市场双方匹配信息，解决票源和资金间的对接问题，并主动帮助调整票据交易各方的盈利预期，努力撮合完成交易。

（六）信息披露体系影响票据信用发展

作为我国货币市场重要的细分领域，商业银行及第三方评级机构对票据市场的出票人、承兑人的流动性、短期偿债能力、盈利能力等评级指标、评级体系研究不够深入。目前票据的信用信息散布于中国人民银行、国家金融监督管理总局、商业银行、财务公司、票据经纪、企业、工商行政管理部门及司法机关的各层级单位中，由于缺乏综合的票据评级体系和信息整合的牵头部门，海量的票据信用信息未能得到有效的整合与利用，在一定程度上延缓了票据市场的统一和票据标准化产品的推进，阻碍了票据信用风险的整体防范与创新型票据业务的发展并最终影响了票据信用的普及与发展，关键也影响了实体经济尤其是中小企业的发展。

四、票据信用未来展望

（一）充分认识票据信用对经济社会发展的作用

市场经济从一定程度来讲是信用经济。无论是从微观的经济主体行为看还是从宏观的经济运行看，票据信用对促进社会经济的发展都将继续产生积极的作用。从微观层面看，发展票据信用可以使市场微观经济主体之间的债权债务关系更加清晰，能够高效地为企业融资提供便利。票据是设权凭证，拥有票据的所有权即意味着拥有票据上所记载的债权。票据的承兑签发和流转是以出票人或债务人的信誉为前提的。在票据未到期前，持票人在财务流动性紧张时可以向银行申请票据质押贴现贷款，实现资金融通。商事主体也可以签发以自己为承兑人的商业承兑汇票，实现短期资金的调节和补充。同时票据信用被普遍接受和信赖，能够使经济主体更加自律，有利于逐步改善社会信用环境和微观经济主体财务运作的规范性。票据信用功能可以给微观经济主体带来低成本的融资，这种巨大的经济利益会使市场参与主体更加珍惜自己的商业信誉和口碑，在经济往来中更加严谨诚信。单个经济主体的诚信自律叠加在一起可以营造一种集体诚信的氛围，从而提高经济发展的质量。从宏观层面看，票据信用被经济参与主体接受和认可，可以减少中央银行对基础货币的投放量。企业之间多用票据结算，只在需要变现的时候去银行申请贴现，可以显著减少货币发行总量，减轻通货膨胀压力。可以多发票据，少发货币，减轻流动性压力。商业银行可以通过向中央银行申请再贴现来融通资金，避免中央银行通过传统的再贷款形式给商业银行补充流动性，使得货币发行机制正常化、可控化，从而有利于完善政府对市场经济的宏观调控机制，提高政府的宏观管理水平。随着商业信用的发展和票据化程度的提高，货币政策的传导机制和效率将得到改善，当经济形势不稳定时，中央银行可以灵敏地通过提高或降低再贴现率来调节商业银行的信贷规模，从而使经济更平稳、高效地发展。

（二）推动商业票据信用发展

商业信用是趋势，票据信用是关键，必须积极推动商业票据信用发展，为商业信用及社会信用发展创造条件。商业承兑汇票具有支付结算和投融资功能的双重属性，拥有很多天然的优点。一是作为最直接的信用工具，对解决当前的企业融资难问题具有得天独厚的优势。商业承兑汇票签发流程简单，使用方便，不需要向银行交纳保证金和承兑手续费，企业可以根据生产经营的实际需要，在承兑能力范围内自主签发，避免银行贷款审批限制，拓宽企业的融资渠道；同时，由于商业承兑汇票可以背书转让，可以在一定程度上遏制货款拖欠等挂账行为，增强应收账款的流动性，降低企业的融资成本。二是商业承兑汇票可以改善企业对银行信用过度依赖的现状。目前银行承兑汇票保证金比例总体维持在40%左右，这意味着对银行而言有60%的信用敞口，多使用商业承兑汇票可以防止信用风险过分集中在银行体系内，优化票据市场结构。不同的银行可以针对在本行有授信余额的商业承兑汇票进行贴现和托收，与一些信誉等级高、发展前景好、产供销比较稳定的大中型企业建立保贴、保证等长期合作关系，提高这些企业签发的商业承兑汇票的市场认可度。中国人民银行要积极运用再贴现政策，优先定向支持商业承兑汇票业务的发展，对符合条件的商业承兑汇票进行再贴现，增加再贴现总量，给予再贴现率的优惠，营造使用商业承兑汇票的良好氛围。因此，需要大力宣传商业承兑汇票的有关知识，转变观念，使整个社会充分认识到使用商业承兑汇票的优越性并积极签发和使用商业承兑汇票。

（三）借力电子票据系统拓展商业承兑信用

2016 年 12 月 8 日，由中国人民银行牵头筹建的上海票据交易所成立，终结了票据市场的区域割裂状态，标志着中国统一票据市场的逐步形成，深刻影响了票据市场业务经营和管理模式，票据市场进入了电子化新时代。使用电子商业承兑汇票可以有效降低票据的伪造、变造风险，提高签发效率。可以从以下几个方面借力电子票据系统发展商业承兑信用：一是借助上海票据交易所平台，整合各方信息。随着上海票据交易所系统的开发和完善，未来可以在平台上统一发行主体信用评级、票据评级、金融机构评级等信息，以电子商业承兑汇票为载体，通过票据交易量和交易价格来反映客户信用状况。二是大力推动企业使用电子商业承兑汇票，发挥供应链核心企业的带动作用，推动集团内部企业和上下游企业积极使用电子商业承兑汇票，拓宽票据来源。电子商业承兑汇票由签发的企业直接承兑，省却了商业银行信用担保环节，既缩短了业务流程，节约了票据承兑费用，降低了企业的财务成本，同时也释放了商业银行之间的同业授信额度。因此要利用好报刊媒体、人民银行征信等媒介的宣传功能，通过对企业签发、使用电子商业承兑汇票结算的真实案例进行分析，正面引导舆论，让更多企业接受并认可。三是加强银企合作，疏通电子商业承兑汇票在商业银行贴现的渠道。商业银行应加快研究落实商业承兑汇票贴现的授信办法和办理流程，划出一块票据贴现规模专门用于商业承兑汇票贴现业务，实现票据和资金的结合。四是完善人民银行对中小微企业电子商业承兑汇票的再贴现政策。通过给予中小微企业电子商业承兑汇票专项再贴现额度和再贴现利率，调动商业银行的积极性，鼓励、引导商业银行重视、发展电子商业承兑汇票贴现业务，从制度设计上保证电子商业承兑汇票业务链条的完整性，使企业在使用电子商业承兑汇票时，既能快速用于支付结算，又能灵活方便地进行融资。

（四）建立经纪公司及评级公司

长期以来，票据中介游走于企业与商业银行之间、商业银行与商业银行之间，渗透于票据的全生命周期，借助票据市场参与主体之间的信息不对称获利。票据中介在一定程度上提高了票据市场的流动性，但大部分票据中介都或多或少地直接参与了票据买卖，近年来票据市场上的大案要案都有票据中介涉足，影响了票据市场的健康发展。应进一步研究明确票据经纪的监管部门，落实票据经纪的准入与退出机制和经营范围，以及相应的责任与义务，实现票据经纪市场优胜劣汰。建议尝试发展票据咨询、撮合、报价等经纪服务，鼓励和培育部分经纪业务量大、业务发展规范、风险防控机制健全和市场认同度高的票据经纪机构，使其进一步发展壮大以推动票据市场向规范化、专业化方向发展。当前对票据的信用评级主要依赖于商业银行内部信贷评级体系，对票据流通及企业短期盈利能力、偿债能力和流动性研究不足，第三方评级公司对票据市场了解有限，尚未开发出相关的评级产品。上海票据交易所的成立，以及纸电融合和 ECDS 改造到位，为票据市场的信用评级、经纪代理、投资顾问等业务模式提供了广阔的发展空间。建议人民银行积极利用 ECDS 的票据信息数据和征信系统的相关信息组建专业为票据市场服务的专项评级机构或与第三方合作成立评级机构，对票据承兑主体、贴现主体等参与方进行多层次、全方位、系统性、动态化的信用评级与跟踪，评级评估结果对社会披露，提升票据市场各参与主体的参评意识，为票据市场的投资者提供权威、科学的投资依据。为标准化票据特别是为承兑后未贴现的票据拓宽融资渠道以及为未来可能的票据标准化创造相关条件。

（五）建立政府信息平台和其他信息平台，发展商业票据信用

根据国务院印发的《社会信用体系建设规划纲要（2014—2020年）》，社会信用体系诚信建设的重点领域包括政务、商务、司法等领域。其中，商务领域信用是指日常经济活动中，因各类机构以及企业之间的商业活动而形成的信用关系。票据信用体系的建立有助于经济、金融市场的管理机构对失信主体进行联合惩戒。可由政府牵头建立信息平台，纳入工商注册登记信息、纳税信息、法院判决信息和执行信息、商业银行支付系统信息、人民银行征信信息、国家金融监督管理总局相关信息、企业财务信息等，争取建成全国统一的金融信用信息基础数据库。通过这样一个大而全的征信数据系统，对票据市场相关参与主体的债务偿还能力、偿还意愿进行分析和综合评价，引导金融资本作出理性决策，对票据贴现利率作出合理定价，完善货币市场利率形成机制，从而进一步促进票据信用的发展。由中国国新控股有限责任公司牵头 51 家央企打造的企票通平台及军工票平台等对提升商票的市场认可度，发展商业票据信用，加快建设更加诚信的商业信用环境具有积极意义和作用。

（六）发挥科技作用，推广票据使用

2009 年，电子商业汇票系统正式上线；2015 年 4 月 20 日，电子商业汇票系统进行了业务升级改造，以二代身份加入大额支付系统，并顺利投产上线；2016 年 8 月，人民银行发布《关于规范和促进电子商业汇票业务发展的通知》，明确取消电票贴现环节对贸易背景的审查，企业申请电票贴现不再需要提供合同、发票等资料；自 2018 年 1 月 1 日起，原则上单张出票金额超过 100 万元的商业汇票应全部通过电票办理。由此可见，政策鼓励企业多使用电子商业汇票，但是印刷厂数据显示，纸质商业汇票的印刷量并没有显著下降，部分月份反而同比上升，原因在于部分经济不发达地区以及多数中小企业仍然没有使用企业网银系统进行电票操作，多年使用纸质票据的惯性加上单张纸质票据的出票金额被限制在 100 万元以下使得其对纸质票据的需求不减。因此，各商业银行应该对在本行开立结算账户的企业加大电子商业汇票业务宣传力度，简化电票系统的开立手续和流程，加快研究电子商业汇票票据池业务、供应链业务等其他票据类金融服务方案，为中小企业提供结算及融资安排，降低中小企业的用票风险，提高票据融资效率。

（七）完善法律制度，释放票据信用能量

无论是美国和英国还是日本和我国台湾地区，背靠企业信用的商业票据都占据着票据市场的主要地位。普通的商业票据实质上是一种无担保短期融资工具，一般由信誉好、实力雄厚的大公司和金融机构通过货币市场发行，而小企业一般通过资产支持票据、信用支持票据等方式发行商业票据进行融资。但我国《票据法》规定："票据的签发、取得和转让，应当遵循诚实信用的原则，具有真实的交易关系和债权债务关系。"这一规定从法律上否定了融资性票据的存在，不利于票据信用能量的释放。但融资性票据存在巨大的需求空间，由此导致部分企业通过虚构贸易背景进行票据空转，扰乱了票据市场秩序。应该尽快完善法律制度，大力发展商业信用体系，提升企业融资效率，释放票据信用能量。

（八）创造票据信用生态环境，服务经济发展

创造票据信用生态环境，需要社会各方共同努力。就票据市场自身信用体系而言，至少牵涉到票据承兑市场、票据直贴市场、票据转贴现市场、票据再贴现市场、票据经纪市场、票据评级市场、票据创新业务市场、票据交易市场这八个子市场，各子市场之间互联互通、环环相扣，共同组成

了票据信用生态环境，需要建设好、维护好、管理好。同时可考虑设立票据信用市场的相关管理委员会，统筹票据信用市场的框架体系和顶层设计，制定票据信用市场的发展规划、发展战略及短期、中期、长期目标，提供票据信用市场与其他货币信用市场子市场对接的思路，提高中央银行货币政策向实体经济传导的效率，更好地为经济发展服务。

中国票据市场十年改革发展硕果累累

肖小和　　李紫薇

党的十八大以来，以习近平同志为核心的党中央领导全国人民凝心聚力，开创了中国特色社会主义新局面，推动党和国家事业取得了历史性成就，发生了历史性变革。得益于党的领导，中国票据市场十年改革发展成效显著，硕果累累。十年来，在党的领导下，在中国人民银行、金融监督管理部门的监管下，在上海票据交易所的带领下，我国票据市场始终以服务实体经济发展为目标，以推动中国特色社会主义经济发展为已任，出台电票解决纸票效率低下、信息不对称、风险较大等问题，成立上海票据交易所弥补我国票据市场基础设施的不足，锐意进取，创新开拓，不断探索出一条中国特色社会主义票据发展道路。

一、市场规模稳定增长

十年来，我国票据市场总体规模稳定增长，尤其是 2016 年上海票据交易所成立以来，票据市场逐步回归本源，市场生态环境显著改善，业务增速稳步提升。一是业务总量稳步提升。2021 年，票据市场累计签发量达24.2 万亿元，较 2012 年增加 6.3 万亿元，年均增速为 3.9%；贴现量为45.9 万亿元，较 2012 年增加 14.3 万亿元，年均增速达到 5.0%。票据市场交易量快速增长，2021 年，票据市场交易总量达 69.9 万亿元，较 2018 年增加 28.1 万亿元，年均增速达到 9.4%，其中，转贴现 30.7 万亿元，回购业务增长明显，2021 年全市场回购量为 23.0 万亿元，较 2018 年增加 15.9万亿元。二是业务余额迅速扩增。截至 2021 年末，票据承兑余额达到 15.0万亿元，较 2012 年增加 6.7 万亿元，年均增速达到 9.0%；贴现余额为 9.9万亿元，较 2012 年增加 7.9 万亿元，年均增速高达 43.9%。三是电票主导地位突出。电票采用数据电文形式签发，以 ECDS 安全认证机制作为保障，出票、承兑、背书、贴现、转贴现、质押、再贴现等交易都通过 ECDS进行，正是凭借着安全高效、信息透明等优势，十年来电子票据实现了快速发展，从 2012 年的出票 9.4 万笔、金额 2731.7 亿元发展到 2021 年的出票 2688.2 万笔、金额 23.5 万亿元，分别较 2012 年增加 285 倍和 85 倍。其中，2012 年电票承兑量为 2814.56 亿元，贴现量为 1095.8 亿元，2021 年电票承兑量、贴现量分别为 24.0 万亿元、15.0 万亿元，年均增速分别为 936.3%、1509.8%。2021 年末，我国票据市场承兑、贴现业务中电子票据分别达到 99.3% 和 100% 的占比，已然成为票据市场的绝对主导力量。四是商票发展全面提速。近年来，国家大力发展供应链，为商业承兑汇票提供了契机。票据作为供应链金融的常用工具，具有服务于供应链的天然优势，一方面，供应链基于真实贸易背景的交易为票据的真实交易和债权债务关系提供了保障；另一方面，票据的背书流转可以串联供应链中的多个企业，带动优质企业信用迁移，尤其是上海票据交易所商业汇票信息披露平台的上线对商票信息披露提出了要求，进一步提高了商票信息的透明度，推动了商票业务发展。2021 年，我国商票承兑量达到 3.8 万亿元，较 2018 年增加 1.2 万亿元，年均增速达到 16.3%，商票贴现发生额为 1.2 万亿元，较 2018 年增加 0.4 万亿元，年均增速达到 16.3%，发展速度十分可观。

二、服务实体经济成效显著

支持实体经济发展是票据市场的初心和使命，相比于债券、股票、贷款、应收账款、信用证而言，票据具有准入门槛较低、安全便捷高效、法制基础良好、基础设施健全、功能作用丰富、满足多重需求的优势，在支持实体经济发展尤其是中小微企业发展方面覆盖面更广、支持力度更强、更经济。十年来，票据市场服务实体经济的能力不断增强。从企业融资成本来看，2012—2021 年票据市场利率中枢整体下移，从 2012 年第一季度的 7.3% 下移至 2021 年第四季度末的 2.3%，2021 年贴现利率低于 1 年期 LPR 均值 100 个基点，贴现利率的持续下行进一步降低了企业融资成本，有效缓解了企业融资需求。票据市场的稳定增长加大了票据对实体经济的融资支持，从票据覆盖面来看，2021 年末，用票企业达到 318.9 万家，同比增长 17.7%，用票金额达到 95.7 万亿元，较上年同期增长 15.75%。2021 年，票据市场各参与主体围绕重点行业、产业链龙头企业积极创新，有力提升了票据与产业发展的契合度，全市场共有 26 个行业实现用票金额同比增长，覆盖面达到 86.67%。其中，批发和零售业、制造业依旧是票据市场服务重点，占据着全市场 67.64% 的票据签发量，商务服务、有色金属、建筑装修等行业用票表现较为突出，全年合计用票 54.62 万亿元，同比增长 16.63%，高于全市场平均增速 0.88 个百分点。从宏观调控方面来看，2012 年，票据贴现余额为 2.0 万亿元，仅占 63.0 万亿元人民币贷款余额的 3.2%，占 23.2 万亿元短期贷款余额的 8.6%，2021 年人民币贷款余额为 192.7 万亿元，短期贷款余额为 32.0 万亿元，票据贴现余额增长到 9.9 万亿元，贴现余额占人民币贷款余额的比重上升至 5.1%，是短期贷款余额的 30.9%，票据融资余额的增长对金融调控发挥了应有作用。

三、支持小微企业导向突出

票据是集支付、结算、投资、融资、交易、调控功能于一体的信用工具，功能作用完善，产品体系丰富，且具有成本低、准入门槛较低等优势，深受小微企业信赖。票据市场发展始终坚持以服务小微企业为导向，并在服务小微企业发展方面作出了积极贡献。从用票企业结构来看，十年来，票据市场中小企业始终保持着 2/3 以上的占比，并呈现出不断上升的趋势，到 2021 年末，中小微企业用票企业家数达到 314.7 万家，占比达 98.7%，用票金额为 69.1 万亿元，占比为 72.2%。从票据签发金额来看，2021 年小微企业票据签发金额占比达到 39.3%，分别高于大型企业、中型企业签发金额占比 4.2 个、13.8 个百分点，仍然是票据签发金额最大的主体。从票面金额来看，2018 年第三季度，票据承兑平均面额突破 100 万元，2021 年末，银票平均面额下降至 80.44 万元，商票平均面额则为 108.57 万元，票据小额化发展能够更好地满足实体经济尤其是中小微企业的资金需求。

四、助力绿色低碳转型

绿色票据是推动"碳达峰""碳中和"目标实现，助力绿色生态文明建设的重要环节。自 2016 年 8 月《关于构建绿色金融体系的指导意见》颁布起，票据市场参与主体便开始了对于绿色票据理论与实践的探索，我国绿色票据开始萌芽。2018 年以来，多地人民银行中心支行、商业银行陆续开展绿色票据贴现、再贴现业务，引导绿色资金精准投向绿色产业、绿色项目，支持绿色主体发展。2019 年，人民银行南昌中心支行联合中央财经大学绿色金融国际研究院和九江银行共同研究《绿色票据评价标准与实施推广路径》，为绿色票据识别、评价及推广提供了思路。作为绿色金融的重要组成部分，绿色票据的发展一方面较好地满足了绿色企业资金支付需求和短期融资需求，另一方面加强了银行信贷资金对绿色经济的支持，助力我国"双碳"目标实现。

五、市场创新层出不穷

十年来，随着票据市场的不断发展，票据创新不断深化，尤其是上海票据交易所成立以来，上线试运行数字票据交易平台实验性生产系统，实现数字票据的突破性进展；发布票据收益率曲线诞生，弥补票据市场定价估值的空白；有针对性地推出"票付通""贴现通""标准化票据""供应链票据"，在一定程度上提高了票据市场流通效率，便利企业票据支付、融资需求。商业银行也积极探索票据业务创新，在传统的承兑、贴现、转贴现等业务基础上，推出区块链票据、票据池、绿色票据、票据资产证券化、线上贴现等创新型票据业务产品，为票据市场发展提供原动力。央企在票据市场创新方面也取得了一定的成果，财务公司军工票平台、央企企票通平台的建设促进了商票流通，降低了产业链运行成本，票据服务实体经济的能力进一步增强。

六、基础设施加快完善

伴随着 2009 年中国人民银行电子商业汇票系统（ECDS）正式建成运行，我国票据市场正式迈入电子化时代。2016 年，上海票据交易所成立，票据市场基础设施建成，票据市场生态环境发生了巨大变化。上海票据交易所成立后陆续推出了纸电票据融合、票据交易系统直连、线上票据清算等系统，为票据业务快速发展提供了技术支撑；推出买断式交易，实现再贴现业务无纸化、电子化，推出意向询价、对话报价交易机制，为票据市场参与者提供了基础的报价和交易平台；上线供应链票据平台、跨境人民币贸易融资转让服务平台、商业汇票信息披露系统，推进新一代票据业务系统建设，实现票据可拆分化以及业务流程全生命周期管理，为票据市场发展提供了安全、可靠的平台；加强票据新规则及业务培训，改变了票据市场固有的交易思维及交易方式；设立会员制，引入非银机构参与二级市场交易，多元化票据市场参与主体。市场参与主体也在加速提升自身能力，重新改造优化自身票据系统，实现和上海票据交易所系统的无缝对接。企票通平台、军工票平台推出，引导国企票据新发展。这一时期可以说是市场建设效率空前、市场发展成效显著，票据市场已经发展成为我国金融市场的重要基础设施。

七、制度建设日趋健全

票据制度可以规范票据使用主体和票据市场参与主体的行为，实践表明，一个国家一定时期的票据制度，只要在宏观上能够反映本国的经济发展水平和基本国情，能够代表先进生产力的发展方向，促进市场经济发展，与时俱进；在微观上能够方便票据使用、减少经济参与主体之间的纠纷，充分发挥票据的功能，就是科学的、先进的、合理的。十年来，票据市场发展始终将制度建设贯穿始终，通过制度约束推动业务规范开展。中国人民银行电子商业汇票系统上线后，随之颁发的《电子商业汇票业务管理办法》及8个规范性制度为推动我国电子商业汇票发展和流通提供了制度保障。上海票据交易所成立后相继出台了《票据交易管理办法》《票据交易主协议》等制度，贯穿票据全生命周期，涵盖票据传统业务及创新业务，改善了票据市场交易中存在的风险问题、套利问题、票据真实性问题等。近年来，《关于规范银行业金融机构跨省票据业务的通知》《标准化票据管理办法》等相继颁布，与时俱进更新《商业汇票承兑、贴现与再贴现管理办法》，加上票据市场参与主体的制度完善等，为票据市场高质量发展提供了制度保障。

八、风控能力显著提升

十年来，票据市场风险防控能力显著提升，尤其是2016年上海票据交易所成立以来，风险防控能力显著提升。为防范各类金融风险，上海票据交易所未雨绸缪地打造票据市场风险防范体系，大力推广电子商业汇票各项业务，提高电票业务占比；加强风险制度及市场监测体系建设，及时跟踪分析市场风险迹象；上线商业汇票信息披露平台，推动商业信用体系建设；推出账户主动管理服务，降低伪假票据风险；完善预防机制，优化交易机制，全面提升风险防范水平。各市场参与主体以金融科技为武装，借助大数据、机器学习等技术，综合利用内外部数据构建客户画像，通过建模分析客户流动性、信用等风险情况，为选择合作客户、防控业务风险提供参考。票据市场参与主体充分借助金融科技的力量，不断优化风险防范措施，事前防范、事中监测的风险防控体系逐渐建立。票据市场风险事件得到了有效控制，中国票据市场质量明显提升。

第五篇

票据指数、价格与展望研究

2021年票据价格指数快速回落

肖小和　李紫薇　徐　言

摘　要：票据价格指数用于衡量票据利率的波动情况，对于市场参与者、监管部门以及研究机构都有重要意义。本文依据本课题原研究团队的思路，运用计量方法确定加权系数，旨在建立一个票据价格指数体系，包括票据资金价格指数、票据信贷价格指数、票据综合价格指数，分别反映票据市场的资金、信贷规模以及总体状况和变化趋势。本文还通过历年的数据和市场信息对票据价格指数体系进行了验证。最后，根据实际和现有的研究成果提出完善票据市场的相关建议。2021年末票据资金价格指数、票据信贷价格指数、票据综合价格指数分别为501点、465点和488点，分别同比减少2点、134点和122点，均低于常态区间，说明信贷和资金环境均非常宽松。

关键词：票据价格指数　指数体系　票据利率

一、指数及票据价格指数的概念、意义及现状

统计学上，指数是反映由不能直接相加的多种要素所构成的总体数量变动状况的统计分析指标。比如大家所熟知的股票价格指数或债券价格指数就是用来衡量股票市场或债券市场的价格波动情况。票据价格指数就是对票据利率进行采样并计算出来的用于衡量票据市场价格波动情况的指数。

构建票据价格指数的意义主要有以下几个方面：一是可以综合反映票据市场价格总体的变动方向和变动幅度。目前我国还没有形成统一的票据市场，任何单一机构的票据利率都无法综合代表整个票据市场的价格变动情况，因此要构建票据价格指数来反映整个市场票据利率的变化情况和发展趋势，方便票据市场参与者及时准确地了解市场价格变化。二是分析和测定各个因素对票据价格变动的影响方向和程度。票据业务兼具资金和信贷双重属性，影响票据利率的因素主要是资金面和信贷状况，因此可以根据二者的内在联系建立票据价格指数体系，从而测定各构成因素的变动对

票据市场价格的影响情况。三是分析研究票据市场价格在长时间内的发展变化趋势。票据价格指数的综合性和代表性较强，能够反映票据市场价格的总体变化，通过对票据价格指数的长期跟踪和分析从中找出规律，并结合自身经验对未来票据价格的走势作出预判，从而减少买卖票据的盲目性，可以获得更多的收益。四是对市场进行综合评价和测定。票据利率作为市场化时间最早、程度较高的利率品种，部分发挥了基准利率的作用，因此反映票据利率变化情况的票据价格指数既可以代表票据市场的供需情况以及市场资金和信贷状况，在一定程度上也能成为货币市场乃至金融市场的"晴雨表"。

上海票据交易所成立后相继发布了国股银票转贴现收益率曲线和城商银票转贴现收益率曲线，为票据市场定价提供参考。这两条收益率曲线以真实、活跃的票据市场交易为基础，编制时充分考虑了票据市场交易的特性，能够较好地反映市场真实价格走势，因此其代表性和权威性非常高。但是到目前为止，上海票据交易所发布的收益率曲线仅以国有银行和股份制银行以及城市商业银行的票据成交收益率为样本主体进行编制，农商银行等样本数据的缺失不利于其反映农商银行等票据价格变化情况。此外，上海票据交易所在编制收益率曲线时对市场信用主体进行严格区分、分别编制，缺少反映票据市场整体情况的综合票据价格指数。本文力求建立一个票据价格指数体系，既能体现票据价格的总体走势情况，又能反映票据市场资金松紧程度和信贷变化状况的价格走势。

二、票据价格指数的编制及其应用

影响票据利率的因素主要是资金和信贷规模，而不同业务种类的票据价格反映的信息侧重不尽相同。直贴业务与一般贷款业务非常相似，都将直接导致信贷规模增加，因此直贴利率更能反映信贷的宽松状况；回购业务不会导致信贷规模变化，因此是一种资金业务，回购利率更能反映资金面的情况；转贴现业务介于二者之间，既与信贷有关，也涉及资金。根据不同业务的特点，本文建立了票据资金价格指数、票据信贷价格指数和票据综合价格指数，票据资金价格指数是由回购利率和转贴现利率构成，票据信贷价格指数是由直贴利率和转贴现利率构成，而票据综合价格指数不仅包含票据利率，还考虑了报价金额。

价格指数必须具有全国性、代表性和公信性三大特点，因此 2017 年 6

月 30 日以前的票据价格样本选自"中国票据网",之后的数据选自上海票据交易所。本文建立的指数是通过对票据利率进行计量建模确定一个比较稳定的系数比例关系,从而形成票据因素价格指数,因此需要一个能够准确反映市场资金面和信贷规模状况的核心指标,本文选取了银行间同业拆借加权平均利率(月)和金融机构贷款加权平均利率(季)。

(一)票据资金价格指数

票据资金价格指数是指通过对"中国票据网"的回购、转贴现利率报价以及后续上海票据交易所成交均价进行系数确定而计算得出的指数,旨在反映票据市场的资金状况和变化趋势。样本数据选择为 2005 年 1 月至 2021 年 12 月的票据利率和银行间同业拆借加权平均利率,变量之间的相关系数和模型详见表 1。可以看出回购利率的系数要远远大于转贴现利率,这符合票据资金价格指数更注重资金价格变化的特性,回购是纯资金业务,而转贴现还包含信贷的因素。

表 1 票据资金价格指数的系数表

项目	正回购利率 (ZHG)	逆回购利率 (NHG)	买入利率 (MR)	卖出利率 (MC)	银行间同业拆借利率 (TY)
与 TY 相关的系数	0.8073	0.8021	0.7530	0.7655	1
系数确定模型	$TY = 0.0062 + 0.4943ZHG$ ($R^2 = 0.6665$)	$TY = 0.0058 + 0.4560NHG$ ($R^2 = 0.6857$)	$TY = 0.0092 + 0.3233MR$ ($R^2 = 0.5870$)	$TY = 0.0092 + 0.3574MC$ ($R^2 = 0.5887$)	—
系数	0.4943	0.456	0.3233	0.3574	—
票据资金价格指数的公式	即期票据资金价格指数 = $\dfrac{0.4943×正回购利率+0.456×逆回购利率+0.3233×买入利率+0.3574×卖出利率(即期数)}{0.4943×正回购利率+0.456×逆回购利率+0.3233×买入利率+0.3574×卖出利率(基期数)}×1000$				
与票据资金价格指数相关的系数	0.9757	0.9846	0.9758	0.9742	0.8013

对历年各月银行间同业拆借利率进行简单平均,发现 2013 年 3 月的数值比较接近平均值,即将该时点定义为常态,因此本文也将该时间点选为票据资金价格指数的基期,并将基值定为 1000 点,基期前后的指数则根据利率变化情况发生相应变动。通过统计可知,票据资金价格指数与票据平

均报价的相关性超过 0.97，说明该指数能够反映票据市场价格的走势，同时银行间同业拆借加权平均利率与该指数的相关性也在较高区域，表明票据资金价格指数能够反映票据市场资金价格走势情况。通过历史数据可以发现，当票据资金价格指数超过 1400 点的时候表示市场资金面较为紧张，超过 1800 点的时候代表非常紧张；而当票据资金价格指数低于 700 点的时候表示市场资金面较为宽裕，低于 350 点的时候代表非常宽松（见图1）。2021 年 12 月，票据资金价格指数为 501 点，较上年同期减少 1 点，且显著低于 700 点的临界值水平，说明市场资金面较为宽松。

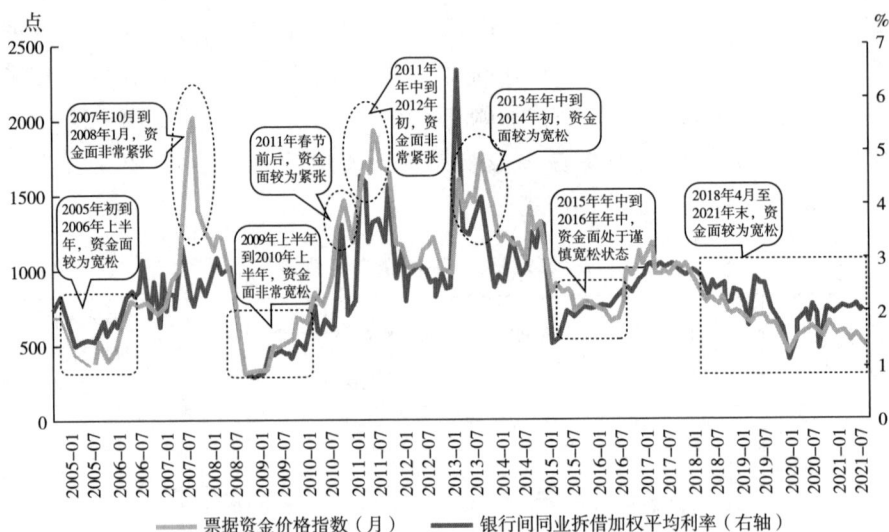

图 1　2005—2021 年票据资金价格指数走势

2005—2021 年票据市场大致经历了 4 次资金面紧张阶段和 4 次资金面宽松阶段，具体如下。

2005 年初到 2006 年上半年，资金面较为宽松。票据资金价格指数逐渐回落至 366 点的低点，随后缓慢回升；1 天期银行间同业拆借加权平均利率基本维持在 1.1%~1.9%的范围内震荡，平均值仅有 1.4%。主要原因为：（1）受宏观调控和货币政策实施影响，市场整体呈现"宽货币、紧信贷"特征；（2）人民银行下调超额存款准备金率，大量挤出资金进入市场；（3）外汇储备达到 8189 亿美元的高位，热钱加速流入迹象明显，导致市场资金面非常宽裕。

2007 年 10 月到 2008 年 1 月，资金面非常紧张。票据资金价格指数剧烈波动，从 1000 点飙升至 2034 点后迅速回落，隔夜 Shibor 一度高达 8.52%，2 周期限的 Shibor 最高达到 13.58%。这一时期经济运行呈现出由偏快转向过热的迹象，人民银行加大了货币政策的从紧力度，无论是货币政策工具、种类还是出台频率都是前所未有的。2007 年人民银行连续 10 次上调法定存款准备金率，最后一次直接提高 1 个百分点，同时 6 次上调存贷款基准利率，这对市场资金面和信贷规模都产生了重大影响，同年票据利率也完成了以 Shibor 为基准的市场化进程，因此伴随资金价格一路走高。

2009 年上半年到 2010 年上半年，资金面非常宽松。票据资金价格指数在 350 点以下震荡，隔夜 Shibor 处在底部 0.8% 左右。由于 2008 年国际金融危机爆发，全球面临经济衰退，我国政府为应对危机于 2008 年末推出"四万亿经济刺激计划"，信贷规模和资金大量投放，2009 年上半年开始显现，整个市场呈现出资金、信贷规模双宽裕的景象，资金价格创下了历史最低点。

2011 年春节前后，资金面较为紧张。票据资金价格指数攀升至 1400 点左右，隔夜 Shibor 最高达到 8%。原因主要有：（1）2010 年末存款环比大幅增加 1.55 万亿元，因此 2011 年 1 月 5 日商业银行需补缴存款准备金 2000 多亿元；（2）季后 15 日前所得税预缴，当月纳税入库 2182 亿元；虽然当月人民银行为缓解春节资金压力投放基础货币 8773 亿元，但存款准备金净冻结资金 6370 亿元，超额准备金更是减少 8370 亿元，市场资金面出现紧张状况。

2011 年年中到 2012 年初，资金面非常紧张。票据资金价格指数在 1464 点与 1940 点之间震荡，其实资金面紧张主要是在 2011 年 6 月末和 2012 年初，隔夜 Shibor 最高达到 8.1667%。主要原因是 2011 年 5 月企业所得税汇算清缴入国库 2687 亿元，6 月末临近半年时点考核，同时人民银行再次上调法定存款准备金率 0.5 个百分点，约冻结 3700 亿元资金，市场预期相应发生剧烈变化，惜金情绪蔓延，导致资金价格上涨。2012 年春节前后的资金面骤紧情况与 2011 年非常相似，都是上年末存款大幅增加需补缴法定存款准备金、企业纳税入库、春节备付金等因素导致市场流动性短期稀缺。然而除了这两个时点，2011 年下半年市场资金面整体较为平稳，资金价格也趋于正常水平，但票据利率在 2011 年 9 月突然"高歌猛进"一路飙升，这主要是由人民银行新规所致。人民银行要求从 2011 年 9 月开始将信用证、保函和银行承兑汇票保证金存款纳入存款准备金的缴纳范围，分批补缴，当月大约冻结资金 9000 亿元，加上 9 月信贷规模紧张，票据资金价格指数飙升至 1940 点。

2013 年年中到 2014 年初，资金面较为紧张。票据资金价格指数在 1379 点与 1786 点之间震荡，资金面紧张主要集中在 2013 年年中的"钱荒"时期，（1）资金方面，5 月企业上缴所得税入库 4691 亿元，当月新增存款 1.09 万亿元，6 月需补缴存款准备金 1000 亿元。（2）监管政策方面，人民银行加强了外汇资金流入管理，原虚假贸易导致的还汇需求增加，国内流动性减少；银监会发布《关于规范商业银行理财业务投资运作有关问题的通知》，对商业银行非标准化债权理财产品要求压缩达标，增加了流动性需求。（3）商业银行操作方面，部分商业银行通过期限错配和杠杆交易进行业务盈利，当资金趋紧时加剧了流动性压力。尽管人民银行出手救市以后资金面有所缓解，但金融机构预期已经发生较大变化，市场惜金情绪浓厚，票据资金价格指数在较高位置延续震荡状态，年末受规模紧张影响再度冲高，详见票据信贷价格指数部分。

2015 年年中到 2016 年年中，资金面处于谨慎宽松状态，银行间同业拆借加权平均利率最低至 1.42%，相当于 2005 年外汇占款大幅增加的宽松时期，但票据资金价格指数维持在 650 点与 1000 点之间震荡，基本相当于正常水平。一方面，我国经济处于"增长速度换挡期、结构调整阵痛期、前期刺激政策消化期"三期叠加新常态，货币政策总体保持稳健偏松总基调，共 6 次下调存款准备金率，引导市场利率适当下行，降低社会融资成本。另一方面，票据市场加强监管，表外票据业务回归表内，票据融资余额大幅增加，受规模限制票据利率下行速度和空间有限。由于金融去杠杆政策的影响，资金面总体处于紧平衡状态，利率中枢从底部不断上升，票据资金价格指数也回至 1000 点常态附近。

2018 年 4 月到 2021 年末，资金面较为宽松。票据资金价格指数维持在 650 点与 1000 点之间，总体呈现出下降的趋势。主要原因有：（1）上海票据交易所的成立为票据资金交易提供了空间，带来了票据价格的变化，票据价格整体下行。（2）上海票据交易所成立后正式接管 ECDS，电子票据交易集中在上海票据交易所进行，票据风险相对可控，交易活跃度上升。（3）在外部环境不确定性增加、国内外风险挑战明显上升的复杂局面下，我国经济下行压力加大，人民银行实施稳健的货币政策，加强逆周期调节，2018—2019 年人民银行共 7 次下调存款准备金率，通过公开市场操作、中期借贷便利等方式灵活保持市场流动性，深化利率市场化改革，完善 LPR 传导机制，打破贷款利率隐性下限，促进货币政策传导，市场整体资金面相对宽松。（4）面对新冠疫情带来的巨大冲击，2020 年第一季度以来，中国人民银行多次下调存款准备金率，向市场投放流动性，运用改革的方法疏通货币政策传导，以进一步降低企业融资成本，市场资金面较为宽松。（5）2021 年宏观政策始终贯彻稳字当头、稳中求进的工作总基调，强调货币政策的连续性、稳定性、可持续性，始终保持市场流动性合理充裕，中国人民银行多次下调存款准备金率以释放流动性，降低 LPR 贷款利率，市场资金面稳定宽松。

（二）票据信贷价格指数

票据信贷价格指数是指通过对转贴现报价和直贴报价进行系数及时调整而建立的指数，旨在反映票据市场的规模状况和变化趋势。

由于人民银行公布的金融机构贷款加权平均利率是从 2008 年第三季度开始的，因此样本数据选取了 2008 年第三季度到 2021 年第四季度，变量之间的相关系数以及系数确定模型详见表 2。票据信贷价格指数以 2013 年第一季度为基期，基值设定为 1000 点，基期前后的指数根据利率变化情况发生相应变动。通过统计可知，票据信贷价格指数与票据平均报价的相关性在 0.98 以上，说明票据信贷价格指数能够反映票据利率的走势，同时金融机构贷款加权平均利率与票据信贷价格指数的相关性也在较高区域，并高于单个票据业务品种报价与贷款利率的相关性，表明票据信贷价格指数更能反映票据市场的规模稀缺程度。通过图 2 可以看出，当票据信贷价格指数超过 1200 点的时候表示信贷规模较为紧张，而低于 600 点的时候表示信贷规模较为宽裕。2021 年第四季度，票据信贷价格指数为 465 点，处于宽松区域，同比减少 134 点，信贷环境得到了改善。

表 2　票据信贷价格指数的系数表

项目	直贴利率（ZHT）	转贴现利率（ZT）	金融机构贷款加权平均利率（DK）
与 DK 相关的系数	0.8905	0.832	1
系数确定模型	$DK = 0.0412 + 0.4633ZHT$ $(R^2 = 0.8965)$	$DK = 0.04 + 0.5564ZT$ $(R^2 = 0.9549)$	—
系数	0.4633	0.5564	—

续表

项目	直贴利率（ZHT）	转贴现利率（ZT）	金融机构贷款加权平均利率（DK）
票据信贷价格指数的公式	即期票据信贷价格指数 = $\dfrac{0.4633 \times 直贴利率 + 0.5564 \times 买断式利率（即期数）}{0.4633 \times 直贴利率 + 0.5564 \times 买断式利率（基期数）} \times 1000$		
与票据信贷价格指数相关的系数	0.9918	0.9888	0.8753

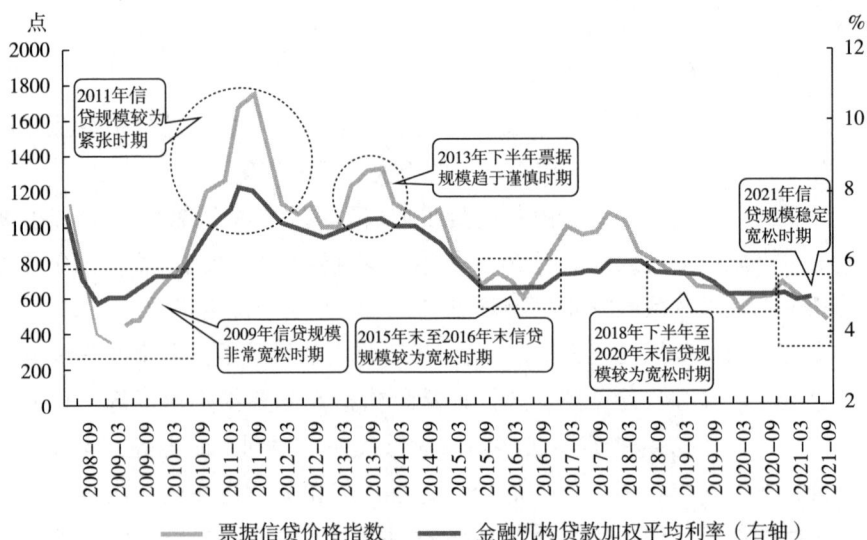

图2 2008—2021年票据信贷价格指数走势

从图2可以看出票据信贷价格指数要比金融机构贷款加权平均利率波动得更为剧烈，这比较容易理解，票据作为银行的信贷调节工具，蓄水池作用显著，当信贷规模紧张时银行首选卖断流动性较好的票据资产，同理，当存在闲置资源时银行也会通过大量增持票据"撑规模"，因此票据利率的波动往往比贷款利率大。2008—2021年票据信贷价格指数大致经历了2次紧张和4次宽松，具体如下。

2009年信贷规模非常宽松时期，票据信贷价格指数在310点与490点之间震荡。我国为应对国际金融危机推出"四万亿经济刺激计划"，2009年上半年新增贷款达到7.37万亿元，全年新增了9.59万亿元，而2011年全年新增贷款还不到7.5万亿元，贷款利率回落至年利率5%以下。信贷规模的宽松迅速传导到票据市场，2009 年上半年票据融资增加了 1.7 万亿元，占新增贷款的 23%，票据利率也创下了历史最低点，2009 年第二季度票据信贷价格指数仅为 308 点，相当于年利率 1.52%，随后新增贷款下降明显，票据融资进入减持阶段，票据信贷价格指数逐渐升高。

2011 年信贷规模较为紧张时期，票据信贷价格指数攀升至 1400 点以上。为调控"四万亿经济刺激计划"所产生的通货膨胀，人民银行先后 7 次上调法定存款准备金率，3 次上调存贷款基准利率，并严格控制新增贷款的数量和投放节奏，全年新增贷款仅为 7.47 万亿元，比 2009 年的 9.59 万亿元和 2011 年的 7.95 万亿元都少，票据信贷价格指数随贷款利率逐渐走高。而 2011 年 9 月新增贷款只有 4700 亿元，是当年新增贷款最少的一个月，同时监管机构加大了票据市场监管力度，对部分金融机构办理票据"绕规模"等不合规行为进行了检查，并要求金融机构开展票据业务自查，这些都促使票据规模紧张，当月票据融资余额减少了 200 亿元，而上月却增加了近 1000 亿元，票据信贷价格指数飙升至 2161 点，相当于年利率 10.65%。随后新增贷款有所增加，票据融资回归至正增长阶段，票据信贷价格指数开始慢慢回落。

2013 年下半年票据规模趋于谨慎时期，票据信贷价格指数在 1200 点附近震荡。由于 2013 年 6 月部分银行资金期限错配引起的"钱荒"以及上半年信贷投放力度过大，此后银行倾向于减持票据回笼资金，票据融资大幅减少了 5235 亿元，票据信贷价格指数维持在 1200 点上下。

2015 年末至 2016 年末信贷规模较为宽松时期，票据信贷价格指数在 600 点附近震荡。为应对经济下行压力以及经济结构调整，中央采取稳中求进的政策总基调，适时 5 次下调贷款及存款基准利率，2015 年和 2016 年新增贷款分别达到 11.7 万亿元、12.6 万亿元，2015 年票据融资新增 1.5 万亿元，票据信贷价格指数不断下行，2016 年受风险事件频发以及人民银行窗口指导控制票据规模等影响，当年票据融资新增量降至 0.6 万亿元，票据信贷价格指数有所回升。

2018 年下半年至 2020 年末信贷规模较为宽松时期，票据信贷价格指数持续下行至 650 点附近。主要原因有：（1）随着上海票据交易所的成立，票据市场风险得到有效控制，票据贴现、转贴现活跃度提升。（2）人民银行充分发挥再贴现精准滴灌作用，引导金融机构信贷投放。2018 年，人民银行三次增加再贴现、再贷款额度累计 4000 亿元，2019 年增加再贴现额度 2000 亿元，进一步提升了银行、企业贴现积极性。（3）近年来，我国信贷规模总体宽松，信贷结构持续优化，支持实体经济力度不断加大，2018 年和 2019 年新增贷款分别为 16.2 万亿元和 16.8 万亿元，票据信贷价格指数不断下行。（4）2020 年，根据疫情防控形势和经济发展需要，中国人民银行加大信贷投放力度，分层次、有梯度出台三批次合计 1.8 万亿元再贷款、再贴现政策；创新货币政策工具，运用改革的方法疏通货币政策传导，不断完善结构性货币政策工具体系，以进一步降低企业融资成本，票据信贷价格指数进一步回落。

2021 年信贷规模稳定宽松时期，票据信贷价格指数持续下行至 465 点。2021 年 3 月 22 日人民银行召开的信贷结构优化调整座谈会指出，调整优化重点领域和薄弱环节的信贷结构，坚持用改革的办法疏通政策传导，包括保持小微企业信贷支持政策的连续性、稳定性，持续推动企业综合融资成本稳中有降，票据信贷价格指数极速回落。

（三）票据综合价格指数

票据综合价格指数是指以"中国票据网"报价金额或上海票据交易所成交金额为系数权重对加权平均利率建立的综合指数，旨在反映票据市场的总体状况和变化趋势。实际上票据综合价格指数应该包含直贴报价情况，但由于开始时"中国票据网"仅有转贴现报价和回购报价，后续上海票据交易所开始公布直贴价格，因此 2017 年以前不考虑直贴业务，之后加入直贴因素。票据综合价格指数的公式为

$$即期票据综合价格指数 = \frac{直贴金额 \times 利率 + 买断式金额 \times 利率 + 回购金额 \times 利率（即期数）}{直贴金额 \times 利率 + 买断式金额 \times 利率 + 回购金额 \times 利率（基期数）} \times 1000$$

样本区间选择为 2005 年 1 月至 2020 年 12 月，票据综合价格指数以 2013 年 4 月为基期，基值设定为 1000 点，基期前后的指数根据市场变化情况相应发生变动。通过统计可知，票据综合价格指数与票据平均报价的相关性超过 0.982，说明票据综合价格指数能够反映票据市场的总体趋势。通过历史数据可以发现，当票据综合价格指数超过 1400 点的时候表示市场总体较为紧张，而低于 700 点的时候表示市场较为宽裕，当超过 2000 点或低于 350 点时说明市场处于异常情况（见图 3）。

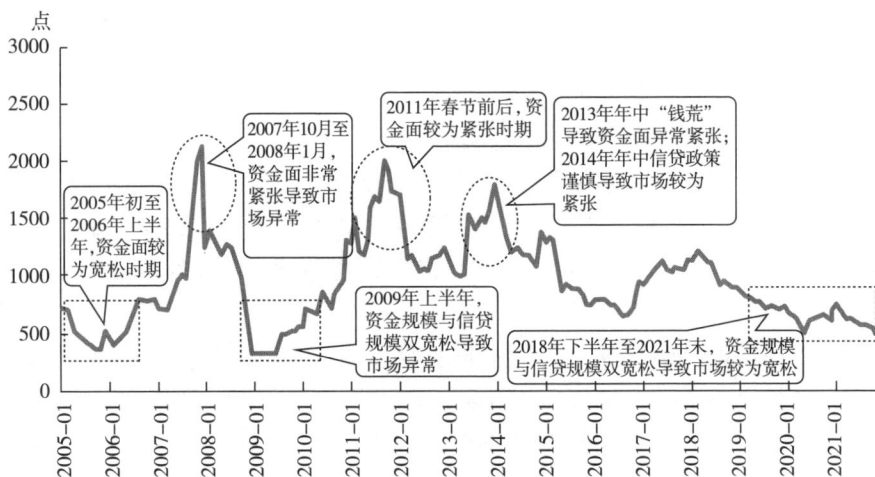

图 3　2005—2021 年票据综合价格指数走势

从图 3 可以看出票据综合价格指数基本涵盖了票据资金价格指数和票据信贷价格指数的波动情况，2005—2021 年票据市场大致经历了 5 次紧张和 3 次宽松，按照导致原因可以分四种情况，具体如下。

情况一：资金起主导作用

2005 年初到 2006 年上半年，资金面较为宽松时期，票据综合价格指数在 500 点与 700 点之间震荡。

2007 年 10 月至 2008 年 1 月，资金面非常紧张导致市场异常，票据综合价格指数最高达到 2332 点，相当于年利率 9.67%。

2011 年春节前后，资金面较为紧张时期，票据价格不断走高，票据综合价格指数也一路冲高至春节前的 2016 点后迅速回落。

2013 年年中，"钱荒"导致资金面异常紧张，6 月末票据综合价格指数迅速飙升至 2553 点，相当于年利率 10.58%，创历史次高水平。

情况二：信贷起主导作用

2013 年下半年至 2014 年春节，信贷政策谨慎导致市场较为紧张，票据综合价格指数在 1400 点与 2000 点之间震荡。

情况三：二者共同起主导作用

2009 年上半年，资金规模与信贷规模双宽松导致市场异常，票据价格不断回落，票据综合价格指数在 350 点以下震荡，最低达到 297 点，相当于年利率 1.23%，创历史最低水平。

2018 年下半年至 2021 年末，票据价格不断下行。一方面，上海票据交易所成立后票据风险得到有效控制，票据交易活跃度提升。另一方面，稳健偏宽松的政策环境营造了资金规模及信贷规模双宽松的氛围，2021 年末票据综合价格指数回落至 488 点。

情况四：监管政策等其他因素起主导作用

人民银行将保证金存款纳入存款准备金范围以及原银监会加强票据"逃规模"检查导致市场预期发生剧烈变化，2011 年年中至 2012 年初，票据综合价格指数不断升高，并创出历史最高水平 2906 点或年利率 12.04%，随后保持高位震荡。

原因前面都已经详述，在此不再重复。2015—2016 年，货币政策总体稳健偏宽松，票据综合价格指数在常态范围内逐渐下行；2017 年，金融去杠杆与监管强化叠加，票据综合价格指数回升至 1000 点以上；2018 年以来，受经济下行压力影响，货币政策趋于宽松，票据综合价格指数逐渐回落，2021 年末票据综合价格指数回落至 488 点，处于相对宽松区域。

通过观察票据价格的上述变化，可以发现：第一，票据具有调控功能，尤其是近年特别明显，所以票据价格随信贷规模与资金规模变化而发生变化，在现有票据经营模式与金融管理状态下是一种常态过程。第二，票据价格有时会低于票据资金成本价格，但这并不代表票据交易端不盈利，也不代表组织资金的法人行动态亏损。第三，票据价格与票据资金成本价格的上述背离，一定会表明企业票据融资成本实际降低而对应利润增加。第四，这种票据价格背离票据资金成本价格的现象，需要引起各方的重视。

三、发挥票据价格指数的作用，完善市场价格体系建设

票据价格指数体系能够反映票据市场价格总体走势，同时也可以清晰地展现各主要因素对票据利率的影响方向及程度。既可以让市场主体及时准确地了解市场现状并进行分析和预判，也可以被监管机构用于观测市场，或作为货币政策的中介指标，同时也可以成为专家学者研究讨论的重要市场指标。但由于目前票据制度落后等因素的制约，票据价格指数的代表性和权威性受到一定程度的影响，作用也难以发挥到最大，因此本文根据实际和现有的研究成果提出完善票据市场的相关建议，以进一步释放票据价格指数的真正作用。

（一）尝试票据衍生产品，提高市场有效性

随着票据市场的发展，常规票据产品将无法满足市场的需求，因此可

以对票据业务证券化、票据远期、票据期权、票据期货等衍生产品进行尝试和试验，通过市场套利机制优化价格发现功能，提高市场有效性。

（二）建立做市商机制，提高市场流动性

做市商的重要作用之一就是每天对市场进行买入和卖出报价，从而形成市场利率的上下限，促进市场有效价格的形成。同时也为市场提供流动性，特别是在市场异常的情况下可以满足最基本的交易需求，保证市场的正常运行和市场价格的连续性。

（三）尝试融资性票据，丰富市场交易产品

目前《票据法》规定票据必须具有真实贸易背景，这与票据已经逐渐演变成一种融资工具的趋势不相适应，应该面对票据市场发展的现实，对融资性票据进行试点，在试点成熟后可以进一步修改《票据法》的相关规定。

（四）增加票据市场参与主体，认可并规范票据中介机构的发展

票据中介机构能够提升市场活跃程度并提高票据融资效率，但法律的缺位导致票据中介机构一直游走在灰色地带，建议尝试对票据中介机构明确法律身份和行业标准，丰富票据市场参与主体。

（五）票据价格指数编制和发布的建议

票据价格指数可以为每天编制和发布，在编制使用时，可以分三个阶段进行：第一阶段为指数核证阶段；第二阶段为指数试运行阶段；第三阶段为正式发布运行阶段，即通过官方网站、媒体等途径正式对外发布。

2021年票据月度价格指数分析研究

肖小和　李紫薇

　　票据价格的新变化是票据功能在市场经济条件下的新挖掘，是在货币信贷政策及票据法规制度作用下调控功能的彰显。票据市场既需要深化这个功能，更需要正确认识和把握这个功能作用的规律，从而更好地发挥票据调控信贷、资金的功能为实体经济特别是为中小微企业服务。

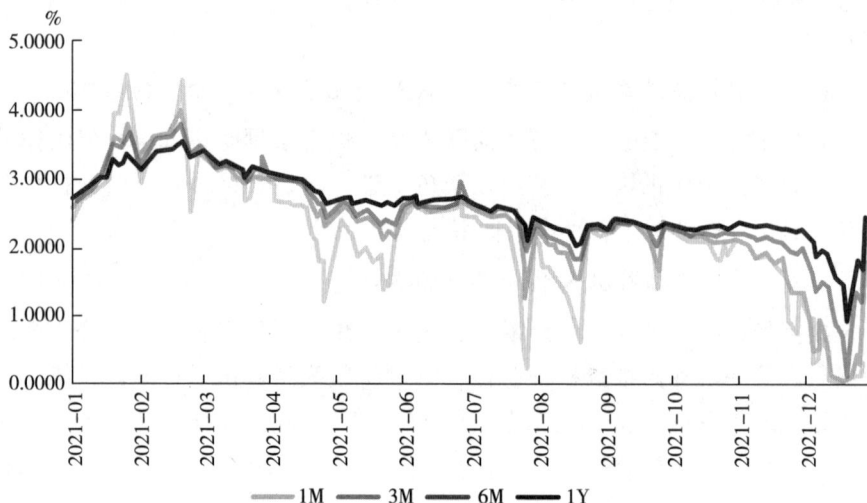

图1　2021年国股银承转贴现利率走势

　　受宏观政策、市场资金、信贷投放、市场监管等因素影响，2021年票据利率呈现先涨后跌的走势，利率中枢整体下移。第一季度票据价格大幅上行，第二季度回落至年初的水平，第三季度震荡下行创新低，第四季度持续下行后触底回弹。

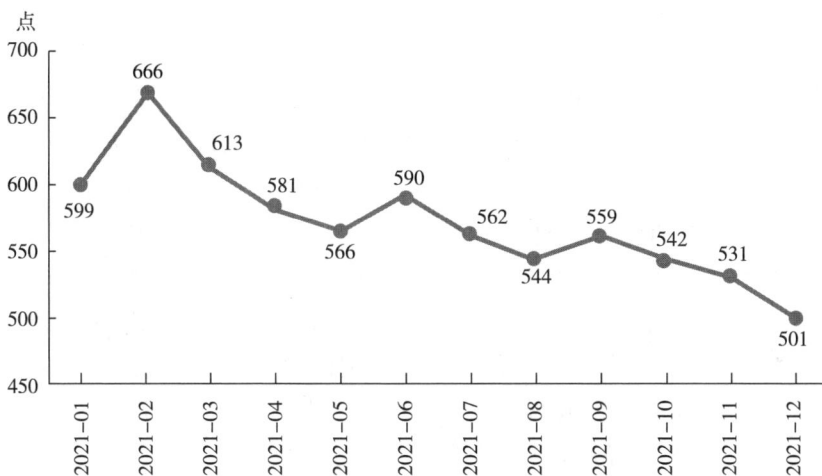

图 2　2021 年月度票据资金价格指数走势

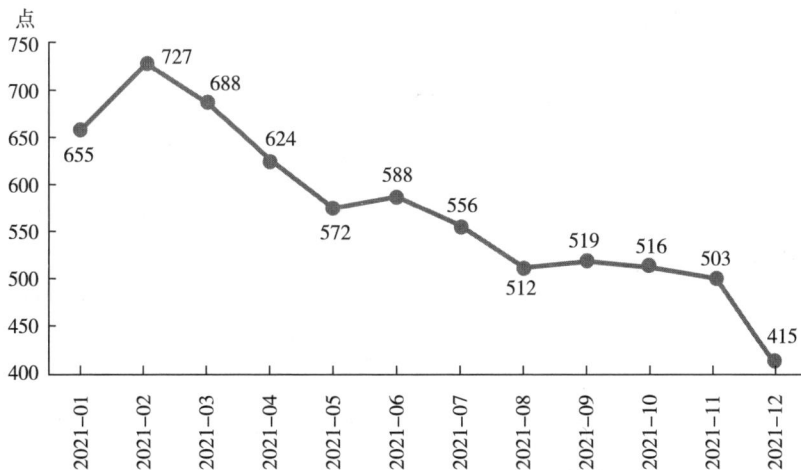

图 3　2021 年月度票据信贷价格指数走势

1 月，人民银行开展逆回购 20 笔合计 10690 亿元，MLF 投放 1 笔、金额 5000 亿元，逆回购到期 23 笔合计 12450 亿元，MLF 到期 1 笔、金额 3000 亿元，TMLF 到期 1 笔、金额 2405 亿元，实现资金净回笼 2405 亿元。人民银行货币政策委员会委员在"中国财富管理 50 人论坛"上指出，2020 年杠杆率上升非常快，要求货币政策开始进行调整，有些领域的泡沫已经显现，未来这种情况是否会加剧，取决于货币政策要不要进行适度转向。此番言论引起了市场对于人民银行政策转变的担忧，叠加春节临近，人民银行投放谨慎，市场资金面趋紧，短期资金需求大幅上升，隔夜 Shibor 从 0.8990% 上升至 3.2820%，DR001 上升至 3.3334%，创下近 5 年新高，R001 月末飙升至 6.5883%，创下 2013 年"钱荒"后的新高，票据资金价格指数也一路增长到 599 点，较 2020 年 12 月增加 97 点，市场恐慌情绪蔓延。随着疫情的控制及疫苗的推广，人民银行控制社融增速，希望其与名义 GDP 增速相匹配，叠加资管新规的余额压降要求，表内信贷规模趋紧，票据信贷价格指数上升至 655 点，较 2020 年末增加 65 点。在票据市场交易方面，长期票供给不断增强，促使卖盘持续发力，收票机构看涨情绪高涨，多持票观望，使得票据供需失衡，叠加信贷规模与资金因素影响，票据价格持续走高，足年国股价格从月初的 2.6852% 上涨至月末的 3.2799%，票据综合价格指数达到 691 点，较 2020 年末上涨 81 点。

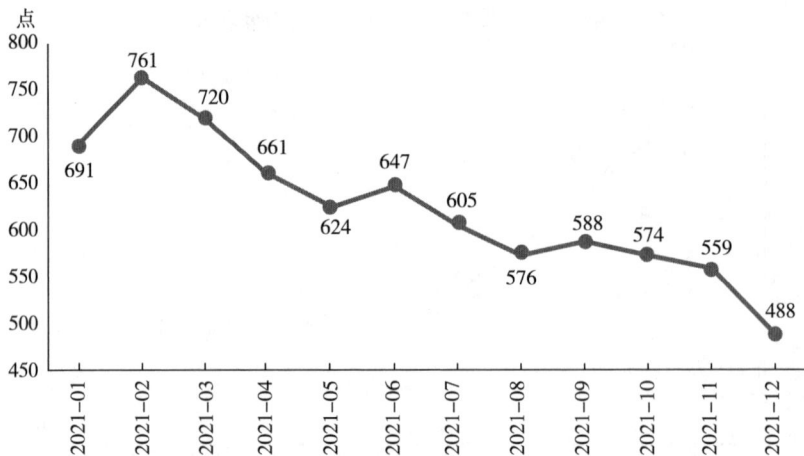

图 4   2021 年月度票据综合价格指数走势

2 月，人民银行开展逆回购 17 笔合计 8300 亿元，MLF 投放 1 笔、金额 2000 亿元，逆回购到期 14 笔合计 11340 亿元，MLF 到期 1 笔、金额 2000 亿元，实现资金净回笼 3040 亿元，但随着节后现金回流，资金面整体呈现紧平衡状态，票据资金价格指数达到 666 点，较上月提升 67 点。信贷投放依然维持高位，新增社融 1.71 万亿元，同比增长 0.85 万亿元，随着信贷规模管控力度加大，全月信贷规模依旧趋紧，票据信贷价格指数上涨至 727 点，较上月提升 72 点。节前，由于卖方情绪持续高涨，票据价格延续 1 月的走势，整体呈现上升趋势；节后最后一周，随着大型银行相继出手，收票机构入场补充规模，市场情绪反转，票据利率急转回落。相较而言，2 月祟据利率中枢有所上移，票据综合价格指数达到 761 点，较上月提升 70 点。

3 月，人民银行实现资金净回笼 300 亿元，叠加公共财政支出 22970 亿元的影响，市场资金面平稳偏宽松，各期限资金较为稳定，7 天 Shibor 维持在 2.2% 附近，票据资金价格指数下降至 613 点，环比下降 53 点。社会融资规模增加 3.38 万亿元，信贷规模较为宽松，3 月 22 日人民银行召开的信贷结构优化调整座谈会指出，当前我国实体经济恢复尚不牢固，重点领域和薄弱环节的信贷结构仍需调整优化，应坚持用改革的办法疏通政策传导，包括保持小微企业信贷支持政策的连续性、稳定性，根据会议精神，在今后一段时间内，信贷资源将向中小微企业、绿色产业等倾斜，本月票据信贷价格指数回落至 688 点，环比下降 39 点。本月中上旬，买盘整体配置热情高涨，叠加一级市场供给低迷，票据价格由月初的上行转而下行，足年国股价格一路下降 39 个基点至 3.0442%。季末，一级市场供给开始回暖，承兑贴现放量，带动供需力量出现反转，票据价格开始反弹，足年国股价格上涨至 3.2624%，综合来看，本月票据利率中枢整体下移，票据综合价格指数回落至 720 点，环比下降 41 点。

4 月，人民银行开展逆回购 22 笔合计 2200 亿元，国库现金定存 700 亿元，MLF 投放 1 笔、金额 1500 亿元；逆回购到期 20 笔合计 2100 亿元，MLF 到期 1 笔、金额 1000 亿元，TMLF 到期 1 笔、金额 561 亿元，实现资金净投放 739 亿元，市场资金面平稳趋于宽松，7 天 Shibor 维持在 2.2% 附近，票据资金价格指数下降至 581 点，环比下降 32 点。社融增速明显放缓，票据信贷价格指数下降至 624 点，环比下降 64 点。本月中上旬，票据供给稍显乏力，企业融资意愿有所收敛，市场利率震荡下行，足年国股价格由 3.0961% 下降至 3.0166%，进入下旬，受规模因素影响，大型银行主动下调报价进场收票，票据价格持续震荡下行，波动幅度大，7 天国股价格跌破 1%，足年国股成交价下落至 2.5444% 的低点，票据综合价格指数持续下行至 661 点，环比下降 59 点。

5 月，人民银行实现资金净回笼 100 亿元。本月中上旬资金面相对宽松，下旬有所趋紧，一个月以内的资金利率增长较为明显，月末最后一天 7 天 Shibor 达到 2.5020%，超过 1 个月、3 个月 Shibor 利率，R007 达到 2.7026% 的历史高位，票据资金价格指数轻度回落至 566 点，环比下降 15 点。本月新增社融 1.92 万亿元，在信贷结构调整优化的总基调下，国内房地产调控力度不断加大，信贷投放转弱，但实体经济信贷投放依然维持结构性宽松，票据信贷价格指数回落至 572 点，环比下降 52 点。月初买方观望情绪较浓，票据价格较上月有所上升，进入中下旬，受信贷投放及规模因素影响，大型银行主动进场配置、低价收票，票据价格快速下探，市场恐慌情绪四起，足年国股价格再度下行至 2.5765%。

6 月，人民银行实现资金净投放 1000 亿元，资金面较为宽裕，但月底受跨季需求影响，资金面趋于紧张，价格快速拉升，R001 达到 3.65% 的高位。中国人民银行货币政策委员会会议强调，要坚持稳中求进工作总基调，稳字当头，稳健的货币政策要保持连续性、稳定性、可持续性。在"稳字当头"的总基调下，票据资金价格指数上升至 590 点，环比上涨 24 点。本月新增社融 3.70 万亿元，信贷投放较为积极，受月末人民银行指导压缩规模影响，票据信贷价格指数稍有回升，达到 588 点，环比增加 16 点。在市场看涨预期下，月初票据价格有所反弹，足年国股价格达到 2.7427%，随后大型银行进场收票，带动票据价格快速回落，之后在供需力量博弈下，票据价格维持在 2.65% ~ 2.72% 的区间内小幅震荡，月末受资金、信贷双紧压力影响，供需平衡被打破，卖方情绪高涨，买方不断抬高报价，促使票据价格大幅上涨，季末成交价攀升至本月最高点，票据综合价格指数回升至 647 点，环比增长 23 点。

7 月，人民银行实现资金净回笼 3600 亿元。7 月 9 日，人民银行宣布于 7 月 15 日下调金融机构存款准备金率 0.5 个百分点，释放长期资金 1 万亿元，市场资金面较为宽松，票据资金价格指数回落至 562 点，环比下降 28 点。本月新增社融 1.06 万亿元，同比少增 6328 亿元，社融增量下滑低于一致性预期，作为传统信贷淡季，本月票据信贷价格指数为 556 点，环比减少 32 点。受信贷投放及票源供给影响，月初看跌情绪较为浓厚，票据价格稳步下行，月末因各家银行调控规模，大型银行不断调低报价，买盘收票填补缺口，市场恐慌情绪弥漫，票据价格狂跌不止，7 天国股价格在本月最后一个工作日跌至 0.0792%，跌幅突破 210 个基点，1 月国股价格跌至 0.2005%，跌幅达 229 个基点，足年国股价格也跌至 2.0005%，票据综合价格指数跌至 605 点，环比下降 42 点，实属罕见。

7 月 30 日召开的中共中央政治局会议依旧强调宏观政策的连续性、稳定性、可持续性，稳健的货币政策要保持流动性合理充裕。8 月，人民银行实现资金净投放 600 亿元，在"稳字当头"的总基调下，资金面依旧维持平稳宽松，各期限 Shibor 运行较为平稳，利率中枢较上月有所下移，票据资金价格指数有所回落，达到 544 点，环比下降 18 点。新增社融 2.96 万亿元，同比少增 6295 亿元，23 日召开的金融机构货币信贷形势分析座谈会强调加大信贷对实体经济特别是中小微企业的支持力度，增强信贷总量增长的稳定性，本月票据信贷价格指数下降至 512 点，环比减少 44 点。受 7 月票据价格走势影响，月初市场看跌情绪浓重，卖方持票惜卖，大型银行纷纷进场收票并不断调低票据价格，带动票据价格进一步下跌，足年国股价格一路下行至 2%左右，随着票据利率阶段性低点的到来，卖盘开始持续发力，票据供求出现反转，带动票据价格报复性反弹，最后一周足年国股价格上行至 2.3313%。整体来看，本月票据价格呈现 V 字形走势，票据综合价格指数为 576 点，环比下降 29 点。

9 月，人民银行行长发文强调，中国经济潜在增速仍有望维持在 5%~6%的区间，有条件实施正常的货币政策，收益率曲线也可保持正常的、向上倾斜的形态。从文章中可以看出，"稳"仍然是当前一段时间的货币政策总基调，市场资金面平稳宽松。从 Shibor 运行来看，总体维稳，稳中有升，票据资金价格指数也有所回暖，达到 559 点，环比增加 15 点。受能耗双控影响，多省出现限电限产，实体经济需求疲软，叠加平台类及房地产信贷收紧，整体信贷投放不及预期，票据信贷价格指数上升至 519 点，环比增加 7 点。本月中上旬，票据价格在小区间内稳步上行；下旬，大型银行信贷投放不及预期，于是大量购票填补规模，带动票据价格全面下行，随着季末最后几天大型银行规模渐平，票据价格快速反弹，呈现翘尾态势，票据综合价格指数上涨至 588 点，环比增加 12 点。

10 月，市场资金面依旧平稳，票据资金价格指数为 542 点，环比下降 17 点。新增社融 1.59 万亿元，与市场预期基本持平，社融增长呈现企稳迹象，票据信贷价格指数为 516 点，环比下降 3 点。本月二级市场交易量偏低，利率走势整体平稳，月内国股呈现先下后上尾盘跌落的状态，相较于 9 月而言，本月利率中枢整体下移，票据综合价格指数为 574 点，环比回落 14 点。

11 月，人民银行开展逆回购 22 笔合计 15300 亿元，MLF 投放 1 笔、金额 10000 亿元，逆回购到期 22 笔合计 20300 亿元，国库现金定存到期 700 亿元，MLF 到期 2 笔合计 10000 亿元，实现资金净回笼 5700 亿元。本月隔夜 Shibor 维持在 2.0%附近，R001 基本在 1.85%~2.15%区间，市场资金面较为平稳，票据资金价格指数稍有回落，达到 531 点，环比下降 11 点。在专项债发行错位带动以及房地产融资企稳影响下，11月新增社融2.61万亿元，同比多增4768亿元，整体信贷规模平稳宽松，票据信贷价格指数为503点，环比下降13点。本月长短期票据价格出现分化，长期利率小幅下行，短期利率大幅下行，受"开门红"预热影响，本月上旬市场情绪较为谨慎，票据利率围绕利率中枢震荡前行，月中过后，受规模不足影响，中小银行大量买票进行填补，带动票据价格全面下行，月末，7天、1月国股价格均突破1%，足年国股价格也回落至2.2%附近，票据综合价格指数为559点，环比下降15点。

12月，人民银行实现资金净回笼2500亿元。12月15日，人民银行下调金融机构存款准备金率0.5个百分点，释放约1.2万亿元长期资金，下调1年期LPR 5个基点，市场资金面较为宽裕，票据资金价格指数回落至501点，环比下降30点。本月新增社融2.37万亿元，新增人民币贷款1.13万亿元，季节性回落0.14万亿元，同比少增0.13万亿元，社融增量及人民币贷款增量双双不及预期，实体经济融资需求依然较弱，叠加房地产销售疲软，居民贷款增速回落，融资需求稍显不足，在信贷规模"稳字当头"的总基调下，各大机构纷纷通过票据填补信贷规模，带动票据信贷价格指数下降至415点，环比减少88点。本月月初收票需求明显，受信贷规模及资金规模影响，票据价格大幅下跌，1月、第一季度票据价格均下跌至0.01%以下，1年国股价格跌至0.8340%，刷新历史最低值，随着最后一周各行规模逐步调整到位，票据利率开始快速回弹，年末足年国股价格回升至2.4641%。本月票据价格走势可谓是大起大落，综合来看，票据利率中枢有所下移，票据资金综合指数下降至488点，环比减少71点。

通过观察上述票据价格变化，可以发现：第一，票据具有调控功能，尤其是近年特别明显，所以票据价格随信贷规模与资金规模变化而发生变化，在现有票据经营模式与金融管理状态下是一种常态过程。第二，票据价格有时会低于票据资金成本价格，但这并不代表票据交易端不盈利，也不代表组织资金的法人行动态亏损。第三，票据价格与票据资金成本价格的上述背离，一定会表明企业票据融资成本实际降低而对应利润增加。第四，这种票据价格背离票据资金成本价格的现象，需要引起各方的重视。

2021年中国票据发展指数达到17011点

——中国票据发展指数的构建与应用分析

肖小和　李紫薇　徐　言

摘　要： 为有效衡量和反映我国票据市场发展状况与结构变化情况，本文运用主成分分析法创造性地构建了中国票据发展指数及中国票据生态指数、中国票据金融指数、中国票据价格指数、中国票据创新指数、中国票据风险指数等二级指数。随着近年来我国经济金融环境的不断改善，中国票据发展指数在2015年末达到了12778点，相比基期增长了近12倍，年均增长率超过21%；2016—2017年，受票据风险事件频发、监管趋严以及金融去杠杆等因素影响，票据市场回归理性发展，中国票据发展指数有所回落；2018年，为应对经济下行压力，政策环境趋于宽松，票据业务恢复增长，中国票据发展指数达到13699点；2019年，在国内外风险挑战明显上升的复杂局面下，中国经济总体平稳，票据市场稳步增长，票据支持实体经济功能进一步强化，中国票据发展指数达到14039点；2020年，面对新冠疫情带来的巨大冲击，在各方共同努力下，全国复工复产稳步推进，票据市场也迅速恢复正常运行，对传导货币政策、推动宏观经济企稳起到了重要推动作用，2020年票据利率中枢整体下移，充分发挥支持实体经济的作用，票据融资成本进一步下降，中国票据发展指数持续增长至15292点。2021年，我国票据市场运行总体平稳，业务总量稳中有升，在"稳字当头"的总基调下，票据利率进一步下行，票据融资成本进一步下降，加上商业汇票信息披露规则全面实行，商业承兑汇票发展迎来了新的契机，票据服务实体经济的能力进一步凸显，中国票据发展指数快速上升至17011点，同比增长1719点。

关键词： 票据　发展指数　主成分分析

一、票据市场概述

商业汇票（以下简称票据）是指由付款人签发，由承兑人承兑，并于到期日向收款人或被背书人支付款项的一种票据。21世纪以来，票据市场发展迅速，2015年全国金融机构商业汇票累计承兑量和累计贴现量分别为22.4万亿元和102.1万亿元，相比2001年分别增长17.5倍和55.8倍，年均增速分别达到22.7%和33.3%；2016年和2017年，受票据风险事件频发、监管趋严以及金融去杠杆等因素影响，票据市场回归理性发展，全国金融机构商业汇票累计承兑量分别为18.1万亿元和14.63万亿元，同比分别回落19.2%和19.17%；累计贴现量分别为84.5万亿元和59.34万亿元，同比分别回落17.2%和29.78%；2018年，票据业务进入恢复性增长阶段，累计承兑量和累计贴现量分别为18.27万亿元和9.94万亿元①，同比分别增长24.84%和38.83%；2019年，票据业务持续稳步增长，累计承兑量和累计贴现量分别为20.4万亿元和34.3万亿元，同比分别增长11.6%和25.5%；2020年，票据业务继续增长，累计承兑量和累计贴现量分别为22.1万亿元和40.4万亿元，同比分别增长8.33%和17.78%；2021年，票据业务依旧维持增长态势，累计承兑量和累计贴现量分别为24.2万亿元和45.9万亿元，同比分别增长6.3%和13.7%。票据作为一种重要的支付结算和投融资工具，其快速发展对我国经济金融的发展有极大的推动作用。

（1）票据作为经济贸易往来中的一种主要支付结算工具，特别是银行承兑汇票兼具信用增级、延期支付和背书转让三大优点，为加快商品流通和资金周转提供了极大的便利和支持。2021年，票据承兑余额为15.0万亿元，相比2001年增长了29.41倍；企业票据背书金额为56.56万亿元，同比增长19.84%；用票②企业家数为318.89万家，同比增长17.72%，用票金额为95.72万亿元，增长15.75%，用票企业数量大幅增长，票据接受度进一步提升。

（2）票据业务可以为实体经济特别是中小企业提供便捷的融资渠道和低成本资金，降低企业融资成本，有效扶持企业发展壮大。票据贴现与普通贷款相比融资成本往往较低，且流程简单、获得资金周期短，特别是对于信用等级相对较低的中小企业，银行承兑汇票所具有的银行信用、放款速度快等

---

① 《2018年第四季度中国货币政策执行报告》未公布票据累计承兑与贴现数据，本文引用上海票据交易所《2018年票据市场运行情况》中的累计承兑和贴现数据，此贴现数据仅指直贴业务。

② 用票指承兑、背书和贴现。

特点，对解决我国中小企业融资难问题具有得天独厚的优势和作用。2021 年小微企业用票金额为 69.10 万亿元，占比为 72.19%，用票企业家数为 314.73 万家，占比为 98.70%，票据业务已成为中小企业获得金融支持的重要渠道。

（3）票据业务是银行业优化资产负债结构、加强流动性管理、提高收益的一个重要手段。票据资产兼具资金和信贷属性，且具有较好的流动性，成为调节银行信贷规模和管理流动性的主要工具之一。票据承兑业务和贴现业务可以为银行带来承兑保证金存款和贴现资金留存，为银行主动增加存款提供抓手。票据业务还可以给银行带来承兑手续费中间业务收入、贴现利息收入、转贴现利差收入、回购利率收入以及再贴现低成本资金，为银行扩盈增效、调整收入结构开辟新路径。

（4）票据资产逐渐成为投资和交易的重要标的。票据资产风险相对较低、收益可观，逐渐成为理财产品和资管产品重要的基础资产，从而银行、信托、基金、证券公司、财务公司以及企业、个人均直接或间接参与票据资产投资链条。为规范标准化票据融资机制，更好地服务中小企业融资和供应链金融发展，中国人民银行出台《标准化票据管理办法》，该办法于 2020 年 7 月 28 日正式实施。截至 2020 年末，共有 16 家金融机构创设发行标准化票据 58 只，总规模达到 61.73 亿元。随着票据市场的深化发展和多元化参与主体的参与，票据资产的交易功能不断增强，票据经营模式也从持有生息为主向持有与交易获利转变，市场流动性进一步提高，票据交易也逐渐成为货币市场重要的交易类型。银发〔2016〕224 号文进一步放开了票据市场参与主体，证券、资管产品等非银行金融机构均可参与票据交易，2021 年票据交易量达到 69.91 万亿元，同比增长 9.09%。

（5）票据的调控功能进一步深化。票据再贴现业务是中央银行传统的三大货币政策工具之一，兼具数量型和价格型双重优势，可以调控市场资金面、调节信贷投向、引导市场预期，也是定向支持民营、小微、绿色、创新等国家鼓励性领域、促进实体经济发展最直接、最有效的途径。2021 年再贴现余额为 5903 亿元，同比增长 2.06%。随着我国经济从高速增长向高质量增长转变，货币政策对精准有效的要求不断提高，票据再贴现的调控功能将进一步深化。票据除了再贴现调控功能外，在贴现、转贴现及回购业务上也随着市场发展和业务发展及利率变化，具有阶段性的调控作用，从近几年票据利率的一些阶段性变化中就可以明白其中的道理。

因此，我们有理由相信，随着票据市场稳健规范发展，未来其对我国调整经济结构，服务实体经济，解决民营、小微企业融资难融资贵问题，提高金融效率，深化金融改革，必将发挥更为独特的作用。

二、中国票据发展指数的概念及意义

中国票据发展指数是通过对系列指标体系进行数量处理而构建出的一个旨在反映我国票据市场发展状况与结构变化情况的指数。它至少包括中国票据生态指数、中国票据金融指数、中国票据价格指数、中国票据创新指数和中国票据风险指数等二级指数。

构建中国票据发展指数的主要意义在于以下几点：一是可以量化我国票据市场的发展水平，科学合理地划分发展阶段，研究和评价历史发展轨迹，进而规划市场未来发展方向并制定相应政策；二是票据业务对经济增长特别是中小企业融资具有重要作用，中国票据生态指数可以准确判断全国以及各个地区票据发展对经济的影响程度，以制定适合经济发展要求和区域发展特点的票据发展战略；三是票据市场作为市场化时间最早、程度最高的金融市场子市场之一，其活跃程度和参与度都已经成为货币市场乃至金融市场重要的组成部分，中国票据金融指数能够衡量票据市场化程度，以此判断金融市场化进程，从而为进一步推进票据市场化和金融体制改革提供理论依据；四是中国票据价格指数够衡量票据市场利率的总体走势，既可以成为市场参与者判断当前市场价位以及未来走向的依据，也能为政策制定者或研究者提供市场资金、规模紧缺与否的参考；五是票据市场的活跃度高，新产品新业务层出不穷，同时监管政策也频频出台，创新与监管的博弈较为激烈，中国票据创新指数既可以测量票据市场的创新程度和创新冲动，又能使监管机构清楚了解市场发展和创新情况，从而制定科学合理的监管政策，引导票据创新走上健康可持续发展之路；六是票据的流动性较强，市场的参与主体多样，涵盖了企业、银行、财务公司、信托等，中国票据风险指数通过测度票据市场的风险因素，综合反映市场的信用风险、欺诈风险等状况，能够前瞻性地预判部分系统性风险。

三、中国票据发展指数的构建及实证分析

（一）中国票据生态指数

该指数用来衡量我国实体经济增长情况以及票据对实体经济的支持作用，因此选择了国内生产总值（GDP）、社会融资规模（SHR）以及承兑余

额（*CY*）、票据累计承兑量（*LC*）、贴现余额（*TY*）、累计贴现量（*LT*），共
6 个变量。

本文采用主成分分析方法构建中国票据生态指数模型，并进行实证分析。主成分分析是利用降维的思想，将众多指标转化为一个或几个综合指标的多元统计分析方法。综合指标不仅保留了原始变量的主要信息，而且去除了彼此之间的相关部分，可以去粗取精，非常适合用于指数的构建。具体步骤如下。

1. 数据选取

考虑到数据的可得性和统一性，我们选择 2002—2021 年的 GDP 和票据年度数据，共有 20 期。进行主成分分析必须进行标准化处理，即

$$X_{ij}^* = \frac{X_{ij} - \overline{X_j}}{S_{ij}}, \quad i = 1, 2, \cdots, 19; \; j = 1, 2, \cdots, 6$$

其中，X_{ij}^* 表示第 i 期第 j 个指标的标准化值，$\overline{X_j}$ 和 S_j 分别表示第 j 个指标的平均值和标准差。进行标准化处理后每个变量的平均值为零，方差为 1，以消除由于量纲的不同而带来的一些不合理的影响。

2. 数据检验

对变量进行相关性观察及 KMO 和 Bartlett 的检验（见表 1），可以看出票据市场交易情况与 GDP 之间存在很高的相关性，且 KMO 和 Bartlett 的检验值均符合主成分分析的标准。

表 1　票据市场与实体经济相关性矩阵

变量	*CY*	*LC*	*TY*	*LT*	*GDP*	*SHR*
CY	1.0000	0.9534	0.8535	0.7385	0.9682	0.9526
LC	0.9534	1.0000	0.7206	0.7993	0.8838	0.8603
TY	0.8535	0.7206	1.0000	0.5638	0.9213	0.8742
LT	0.7385	0.7993	0.5638	1.0000	0.6825	0.5927
GDP	0.9682	0.8838	0.9213	0.6825	1.0000	0.9460
SHR	0.9526	0.8603	0.8742	0.5927	0.9460	1.0000
KMO 和 Bartlett 的检验						
取样足够度的 Kaiser-Meyer-Olkin 度量						0.8344
Bartlett 的球形度检验					近似卡方	176.5236
					Df	15
					Sig.	0.0000

3. 主成分分析

通过 SPSS 软件对承兑余额（CY）、票据累计承兑量（LC）、累计贴现量（LT）和 GDP、社会融资规模（SHR）进行主成分分析，结果显示第一主成分的方差提取率（累计贡献率）达到 90.31%，可根据因子载荷矩阵计算出各标准变量的权重系数，由此计算出标准化的中国票据生态指数（BEI^*）。

BEI_j^*（标准化）= $0.421CY_j^* + 0.4245LC_j^* + 0.3288TY_j^* + 0.4224LT_j^* + 0.424GDP_j^* + 0.4199SHR_j^*$

根据变量的平均值和标准差进行还原得到

BEI_j^*（标准化）= $-4.1088 + 0.1488CY_j + 0.0681LC_j + 0.6136TY_j + 0.0314LT_j + 0.0275GDP_j + 0.0728SHR_j$

鉴于常规指数均为正数，因此假设将中国票据生态指数（BEI）的基期定为 2002 年，并将基值定为 1000 点，从而得出中国票据生态指数（BEI）的公式为

$$BEI_j = \frac{BEI_j^* + 4.1088}{BEI_1^* + 4.1088} \times 1000$$

$$= \frac{0.1488 \times CY_j + 0.0681 \times LC_j + 0.6136 \times TY_j + 0.0314 \times LT_j + 0.0275 \times GDP_j + 0.0728 \times SHR_j}{0.1488 \times CY_1 + 0.0681 \times LC_1 + 0.6136 \times TY_1 + 0.0314 \times LT_1 + 0.0275 \times GDP_1 + 0.0728 \times SHR_1} \times 1000$$

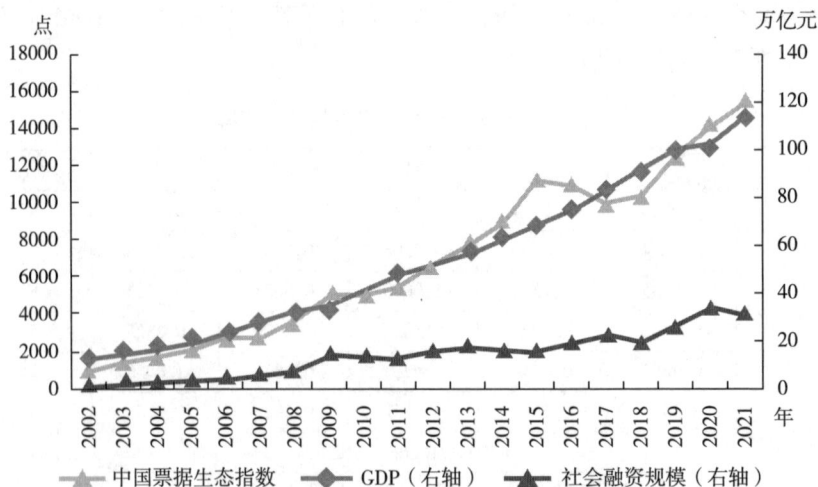

图 1　2002—2021 年中国票据生态指数走势

从图 1 中可以看出，（1）中国票据生态指数和国内生产总值、社会融资规模走势保持较高一致性，它们的相关性都在 0.94 以上，说明中国票据

生态指数能够代表票据市场经济环境的变化。（2）中国票据生态指数和国内生产总值的相关系数略高于社会融资规模（0.980>0.941），表明中国票据生态指数反映 GDP 更多一些，因为 GDP 代表我国总体经济情况，是票据业务的本源，而社会融资规模则代表了金融对实体经济资金支持的总量，涵盖的票据业务主要是新增票据余额和未贴现银行承兑汇票，但二者的量往往较小且不稳定。（3）2002—2015 年中国票据生态指数和国内生产总值、社会融资规模都在不断走高，表示随着 2002 年以来我国经济的快速增长以及金融支持实体经济力度的加大，票据市场的经济环境不断改善，2015 年达到 11133 点；2016—2017 年，由于我国经济增速转轨，金融去杠杆，票据市场理性回归，中国票据生态指数回落至 9788 点；2018年，为应对经济下行压力，政策环境趋于宽松，中国票据生态指数回升至 10259 点；2019 年，在国内外风险挑战明显上升的复杂局面下，中国经济总体平稳，票据市场稳步发展，票据支持实体经济功能进一步强化，中国票据生态指数达到 12508 点；尽管经受了新冠疫情的冲击，但全国上下齐心协力攻克难关，市场流动性较为充裕，随着复工复产的稳步推进，我国经济发展有序恢复，成为 2020 年唯一保持经济正增长的国家，票据市场也迅速恢复正常运行，中国票据生态指数达到 14117 点；2021 年，在新冠疫情散发多发、外部环境不确定的情况下以及经济下行压力下，我国有效实施宏观政策，经济持续稳定恢复、稳中向好，票据市场稳健运行，随着票据市场基础设施的不断完善以及相关法规相继出台，我国票据市场生态环境显著提升，中国票据生态指数达到 15464 点。

（二）中国票据金融指数

该指数用来衡量我国票据市场与金融市场发展的契合度，选择了代表信贷市场的贷款余额（DY）和代表货币市场的交易量（LHB），以及票据市场的承兑余额（CY）、票据累计承兑量（LC）、贴现余额（TY）、累计贴现量（LT），共 6 个变量。仍采用主成分分析方法构建中国票据金融指数模型，数据选取 2002—2021 年的金融市场和票据年度数据，共有 20 期。通过表 2 可以看出，各个变量之间的相关程度都比较高，检验指标也非常适合进行主成分分析和指数的构建。数据处理过程与中国票据生态指数一致，在此不再赘述。通过 SPSS 软件对上述指标进行主成分分析，结果显示第一主成分的方差提取率（累计贡献率）达到 90.87%，可根据因子载荷矩阵计算出各标准变量的权重系数，最终得出中国票据金融指数（BFI）的公式为

$$BFI_j = \frac{0.1495 \times CY_j + 0.0683 \times LC_j + 0.5933 \times TY_j + 0.0314 \times LT_j + 0.0213 \times DY_j + 0.0053 \times LHB_j}{0.1495 \times CY_1 + 0.0683 \times LC_1 + 0.5933 \times TY_1 + 0.0314 \times LT_1 + 0.0213 \times DY_1 + 0.0053 \times LHB_1} \times 1000$$

表2　票据市场与金融市场相关性矩阵

变量	CY	LC	TY	LT	DY	LHB
CY	1	0.9534	0.8535	0.7385	0.9438	0.8820
LC	0.9534	1	0.7206	0.7993	0.8284	0.7432
TY	0.8535	0.7206	1	0.5638	0.9538	0.9783
LT	0.7385	0.7993	0.5638	1	0.6176	0.6146
DY	0.9438	0.8284	0.9538	0.6176	1	0.9799
LHB	0.8820	0.7432	0.9783	0.6146	0.9799	1
KMO 和 Bartlett 的检验						
取样足够度的 Kaiser-Meyer-Olkin 度量						0.6567
Bartlett 的球形度检验					近似卡方	223.4533
					Df	15
					Sig.	0.0000

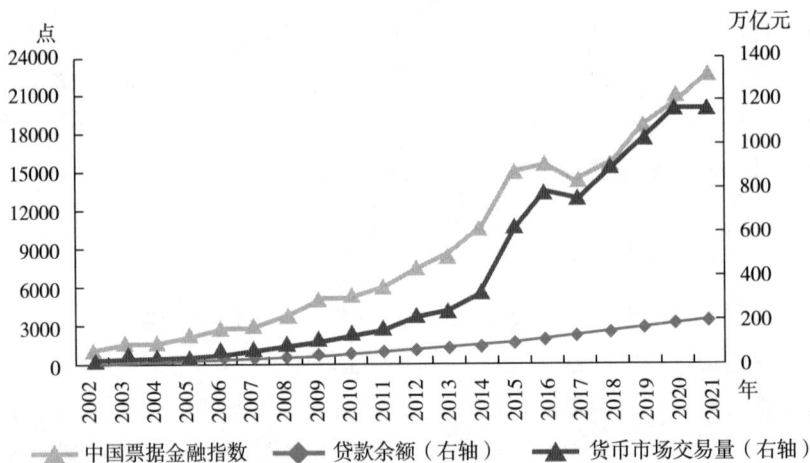

图2　2002—2021 年中国票据金融指数走势

同理，鉴于常规指数均为正数，假设将中国票据金融指数（BFI）的基期定为 2002 年，并将基值定为 1000 点，可得到 2002—2021 年中国票据金融指数走势，如图 2 所示。从图 2 中可以看出，（1）中国票据金融指数与贷款余额、货币市场交易量的走势非常吻合，相关系数都超过了 0.97，说明中国票据金融指数可以代表我国金融市场的整体情况。（2）票据兼具信贷属性和资金属性，中国票据金融指数与贷款余额的相关系数略高于与货币市场交易量的相关系数（0.983>0.977），表明票据的信贷调节作用有所增强，票据在企业贷款中发挥的作用进一步提升。（3）2002—2016 年中国票据金融指数和贷款余额、货币市场交易量都在不断走高，票据市场的金融环境不断提升，2016 年中国票据金融指数达到 15624 点；随着金融去杠杆和监管强化，2017 年成为金融市场的转折点，货币市场和票据市场交易量均出现下滑，中国票据金融指数相应回落至 14084 点；2018 年，货币政策转向，资金面宽松，金融市场交易活跃，中国票据金融指数回升至 15537 点；2019 年，中国人民银行运用多种货币政策工具加大逆周期调节力度，金融市场交易活跃，信贷结构进一步优化，中国票据金融指数稳步提升至 18394 点；2020 年，中国人民银行保持流动性合理充裕，市场资金面相对宽松，加大信贷支持力度，降低社会综合融资成本，完善结构性货币政策工具体系，精准滴灌，中国票据金融指数增长至 20696 点；2021 年，中国人民银行综合利用多种货币政策工具保持流动性合理充裕，强调信贷结构调整优化，引导重点领域和薄弱环节信贷投放，持续推动企业综合融资成本稳中有降，中国票据金融指数达到 22511 点。

（三）中国票据价格指数

该指数用来衡量我国票据价格走势情况和趋势，由于没有官方发布的权威数据，因此选择了"中国票据网"的利率报价加权平均值，分别是转贴买入利率（MR）、转贴卖出利率（MC）、正回购利率（ZHG）和逆回购利率（NHG），共 4 个变量[①]。数据选取时间段为相对较全且具有可比性的 2010—2021 年，由于时间短，因此使用季度数，共有 48 期。仍采用主成分分析方法构建中国票据价格指数模型，通过表 3 可以看出，各个变量之间的相关程度都较高，检验指标（KMO 和 Bartlett 球形度检验）也非常适合进行主成分分析和指数的构建。数据处埋过桯与上述一致。通过 SPSS 软件对上述指标进行主成分分析，结果显示第一主成分的方差提取率（累计贡献率）达到 92.3325%，根据因子载荷矩阵计算出各标准变量的权重系数，可以得出标准化的中国票据价格指数（BPI^*）。

$$BPI_j^* （标准化） = 0.4993MR_j^* +0.5076MC_j^* +0.4797ZHG_j^* +0.5128NHG_j^*$$

根据变量的平均值和标准差进行还原得到

---

① 2017 年以后使用上海票据交易所发布的数据。

BPI_j^*（标准化）$=-6.9087+27.2008MR_j+29.4656MC_j+42.1583ZHG_j+$
$41.0791NHG_j$

鉴于常规指数均为正数，因此假设将中国票据价格指数（BPI）的基期定为 2010 年第一季度，并将基值定为 1000 点，从而得出中国票据价格指数（BPI）的公式为

$$BPI_j=\frac{BPI_j^*+6.9087}{BPI_1^*+6.9087}\times1000$$

$$=\frac{27.2008\times MR_j+29.4656\times MC_j+42.1583\times ZHG_j+41.0791\times NHG_j}{27.2008\times MR_1+29.4656\times MC_1+42.1583\times ZHG_1+41.0791\times NHG_1}\times1000$$

表 3　票据价格相关性矩阵

变量	MR	MC	ZHG	NHG
MR	1	0.9908	0.8512	0.8941
MC	0.9908	1	0.8614	0.8893
ZHG	0.8512	0.8614	1	0.9698
NHG	0.8941	0.8893	0.9698	1
KMO 和 Bartlett 的检验				
取样足够度的 Kaiser-Meyer-Olkin 度量				0.6618
Bartlett 的球形度检验			近似卡方	353.9495
			Df	6
			Sig.	0.0000

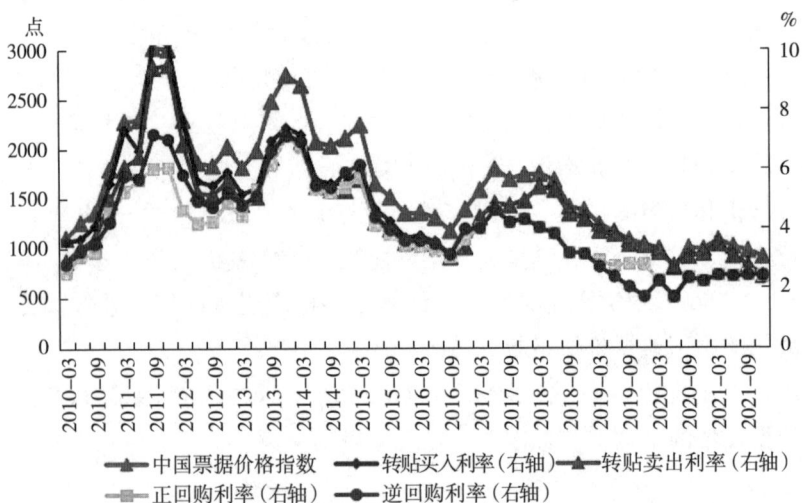

图 3　2010—2021 年中国票据价格指数走势

从图 3 中可以看出，（1）2010—2021 年，中国票据价格指数与票据市场利率走势基本保持一致，相关性均在 0.96 以上，说明中国票据价格指数能够代表票据价格的整体走势。（2）中国票据价格指数与逆回购利率契合程度最高，二者的相关性达到 0.9825，回购是纯资金业务，而转贴现还包含信贷的因素，与票据价格受资金因素影响更明显的特点相符。（3）2015—2016年，在全球量化宽松和我国保增长政策背景下，中国票据价格指数不断走低；随着宏观政策逐渐收紧，2017 年，中国票据价格指数有所回升；2018年，政策环境趋于宽松，中国票据价格指数开始回落；2019 年，政策环境较为宽松，加大逆周期调节、结构调整和改革的力度，以进一步降低企业融资成本，中国票据价格指数持续走低；面对新冠疫情造成的冲击，2020年第一季度以来，中国人民银行多次下调存款准备金率，向市场投放流动性，加大信贷投放力度，运用改革的方法疏通货币政策传导，以进一步降低企业融资成本，市场资金面较为宽松，中国票据价格指数迅速回落；虽然第三季度中国票据价格指数有所回升，但整体处于低位震荡状况，第四季度中国票据价格指数回落至 891 点；2021 年，无论是资金面还是信贷规模都稳定偏宽松，引导票据价格快速回落，中国票据价格指数回落至820 点。

（四）中国票据创新指数

该指数用来衡量我国票据业务和产品的创新情况，可以从票据业务和产品的创新数量、交易量、总收入以及在票据传统业务中的占比等维度进行测评。中国票据创新指数可以反映不同时期票据市场的活力以及未来的发展趋势和持久力，同时也可以成为监管机构出台政策的依据和效果反映指标。但由于目前这几个指标均没有公开的官方统计数据以及其他权威性较强的替代数据，因此此处仅提出相关想法供探讨和完善，当然，监管机构建立票据创新统计制度体系及系统之后也可以取得。

（五）中国票据风险指数

该指数从票据承兑垫款率、票据贴现逾期率、票据案件发生率、票据资金损失率等维度进行评估，用来衡量我国票据市场的综合风险状况，可以成为票据经营机构把控风险、制定经营策略的重要参考指标。但是，目前这些指标难以搜集到适合的数据，票据承兑垫款率只有 2007—2009 年的季度数，缺少最新数据，据典型调查大致在 0.15% 与 0.25% 之间，但不够准确，因此此处仅提出相关想法供探讨和完善，当然如果监管机构能建立票据风险统计制度和相关系统即可公开发布。

(六) 中国票据发展指数

该指数用来衡量我国票据市场发展的总体情况,选择了代表票据市场的承兑余额 (CY)、票据累计承兑量 (LC)、贴现余额 (TY)、累计贴现量 (LT)、转贴买入利率 (MR)、转贴卖出利率 (MC)、正回购利率 (ZHG)、逆回购利率 (NHG) 和未贴现银行承兑汇票 (WYC),代表实体经济方面的 GDP、社会融资规模 (SHR),代表金融方面的贷款余额 (DY),代表货币市场的交易量 (LHB),代表创新方面的票据理财产品占比 (PLC),代表风险方面的票据承兑垫款率 (PCD),共 15 个指标,虽然票据理财产品占比和票据承兑垫款率不能完全代表票据创新和风险情况,但限于公开可得数据考虑将其纳入指标体系。数据选择 2003—2021 年的季度数,共有 76 期,但由于票据理财产品占比和票据承兑垫款率数据的限制,实际自由度只有 17 个。对上述数据运用主成分分析方法进行计算,结果显示存在三个主成分,累计贡献率达到 89.11%。通过合并转化计算综合主成分,即中国票据发展指数 (BDI)。鉴于常规指数均为正数,假设将中国票据发展指数的基期定为 2003 年第一季度,并将基值定为 1000 点,可得到 2003—2021 年各季度中国票据发展指数走势,如图 4 所示。

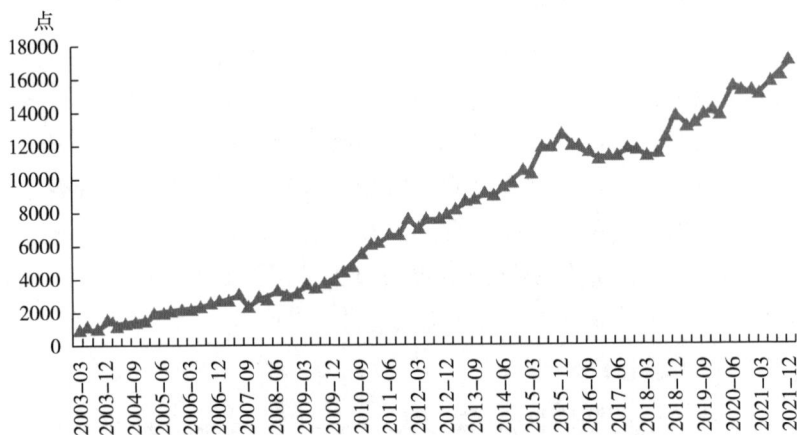

图 4   2003—2021 年中国票据发展指数走势

通过分析可知,(1) 随着近年来我国经济金融环境的不断改善,票据市场得到了迅猛发展,中国票据发展指数在 2021 年末达到了 17011 点,相比基期增长了近 17 倍,年均增长率超过 9.03%。(2) 中国票据发展指数存在明显的周期性波动，即年末迅速升高、年初回落的特点，这与 GDP 等经济金融指标存在周期性变化是相一致的。（3）构建的指标中与中国票据发展指数相关性较高的有票据承兑余额、票据累计承兑量、累计贴现量、GDP、贷款余额、货币市场的交易量、票据理财产品占比和票据承兑垫款率，而票据利率与中国票据发展指数的相关程度相对较低，这主要是因为票据利率多跟市场资金、信贷规模等资源有关，跟票据市场发展阶段和发展程度的关系相对较小。（4）与中国票据发展指数负相关的指标只有票据承兑垫款率和贴现余额，前者是因为票据市场的发展与风险的发生比例往往成反比，后者主要是因为票据贴现余额作为信贷调节工具受宏观政策影响巨大。

四、中国票据发展指数的应用

（一）区域票据发展指数的构建

中国票据发展指数除了可以用来衡量我国票据市场总体发展状况以外，也能够借鉴用来编制全国各个省市的区域票据发展指数，从而比较各地区票据市场的发展情况，进而有利于地方监管机构出台适合区域特色的票据发展政策，也方便各类型、各地区的市场参与主体制定相适应的经营策略、设计适销对路的票据产品。由于区域性数据比全国性更少，因此本文选择了承兑余额、承兑发生额、贴现余额、贴现发生额、GDP 和贷款余额六个指标，并假设 2006 年全国平均水平为基值，同样运用主成分分析法得出 2006—2020 年全国 31 个省、自治区和直辖市（香港、澳门、台湾地区除外）的票据发展指数，如表 4 所示①。

---

① 2016 年、2017 年、2018 年、2019 年和 2020 年海南省相关票据数据未公布，本文引用 2015 年相关票据数据来计算海南省 2016 年、2017 年、2018 年、2019 年和 2020 年的票据发展指数。2018 年、2019 年、2020 年山东省与天津市的金融运行报告未公布票据承兑余额、承兑发生额、贴现余额、贴现发生额数据，本文引用山东省和天津市 2017 年相关数据来计算两地 2018 年、2019 年和 2020 年的票据发展指数。2019 年、2020 年西藏自治区和上海市相关票据数据未公布，本文引用 2018 年相关票据数据来计算西藏自治区和上海市 2019 年、2020 年的票据发展指数。2019 年、2020 年湖南省相关票据数据未公布，本文引用 2018 年相关票据数据来计算湖南省 2019 年、2020 年的票据发展指数。2020 年贵州省和新疆维吾尔自治区相关票据数据未公布，本文引用 2019 年相关票据数据来计算贵州省和新疆维吾尔自治区 2020 年的票据发展指数。

表4 2006—2020年中国各区域票据发展指数

地区	2006年	2007年	2008年	2009年	2010年	2011年	2012年	2013年	2014年	2015年	2016年	2017年	2018年	2019年	2020年
全国平均	1000	1795	1822	1925	1902	1969	2064	2010	1985	1882	1907	1913	2030	2301	1901
广东	3478	5539	5319	5760	5349	5853	6085	6207	6437	5276	5604	6529	6659	7162	7809
江苏	3272	5607	5734	5356	6132	6420	7088	7252	7167	6695	6515	6001	6983	8328	6778
浙江	2561	5753	5868	5873	5590	5470	5464	4981	4999	5309	4873	4475	5481	6630	4603
山东	2808	4804	4687	4958	4677	4885	5269	5220	5108	4820	5077	4444	4568	4586	3627
河南	1235	2328	1522	3291	3568	3132	2258	2224	2212	2181	1902	2833	2598	3415	2711
上海	2504	4261	4795	4439	3362	3478	3396	3557	3666	2779	2129	2668	3428	3588	2667
北京	1701	2738	2871	2886	2802	2744	2764	2615	2615	2614	2732	2654	2792	4592	3319
辽宁	1451	2587	2614	2928	2600	2554	2707	2720	2540	2583	3019	2542	3092	3106	2357
河北	1205	1914	1781	1996	2040	2142	2227	2414	2390	2420	3684	2373	2082	2298	1878
湖北	857	1631	1104	1381	1268	1519	1617	1997	1950	2036	2137	1962	2063	2518	2038
四川	1044	1815	1687	1912	2041	2018	2240	2162	2031	1923	2448	1836	2010	2244	1898
福建	770	1546	1544	1707	1777	2056	2155	2192	2179	1769	1957	1738	2533	2650	2238
重庆	772	1387	1402	1770	1543	1635	1905	1981	1976	1858	1678	1569	1653	2278	1427
安徽	632	1155	2773	1802	1746	1741	1916	1701	1675	1568	1590	1538	1683	2180	1707
陕西	507	1066	1092	1148	1109	1156	1159	1171	1172	1327	1268	1449	1681	1888	1430
山西	701	1088	941	930	1080	1304	1357	1645	1273	1127	1249	1376	1857	1252	1392
内蒙古	376	795	790	819	930	1034	1019	1087	1057	984	1121	1331	1289	1090	762
天津	635	1182	1266	1491	1660	1791	2015	2026	1864	1741	1469	1323	1346	1305	1013

续表

地区	2006年	2007年	2008年	2009年	2010年	2011年	2012年	2013年	2014年	2015年	2016年	2017年	2018年	2019年	2020年
湖南	562	1095	153	714	920	847	960	1423	1470	1199	1367	1288	1277	1373	1473
江西	405	767	766	877	968	1090	1114	1122	1185	1438	1037	1141	1089	1621	1388
云南	427	857	814	882	864	909	1018	1135	1022	913	926	1027	1247	908	1183
广西	312	617	1044	193	174	203	218	867	982	970	713	786	932	1104	991
新疆	282	515	480	536	734	591	682	763	707	731	893	732	753	1053	798
吉林	334	665	772	766	751	936	1267	1072	961	1157	845	729	693	713	636
黑龙江	525	898	911	934	875	912	1055	909	716	884	962	672	715	794	658
贵州	196	397	370	403	456	481	517	628	707	631	510	601	572	701	603
甘肃	223	370	662	451	404	468	541	534	642	583	487	502	524	557	545
西藏	0	0	0	0	0	0	0	38	68	39	32	437	97	102	81
宁夏	94	186	178	206	228	283	292	285	298	267	317	371	425	415	311
青海	45	120	107	119	153	179	186	203	221	216	270	327	306	354	266
海南	82	156	623	1223	1256	1243	1437	192	258	304	291	404	491	514	353

1. 全国各地区历年的票据发展指数

全国各地区历年的票据发展指数如表4所示，我国的票据发展水平总体上呈现提高的趋势，特别是广东、江苏、浙江、河南等地上升幅度较大，但是受新冠疫情影响，区域票据发展指数整体回落。

2. 全国各地区票据发展指数的分析

2006—2020年全国各地区票据发展指数的差距情况如表5所示，从中可以看出，全国各地区全距与标准差正在逐步增大，极差由2006年的3433点增加到2020年的7728点，标准差由2006年的974点增加到2020年的1789点。票据发展状况在不同维度上并不均衡，地区之间的差距正在逐步加大，东部经济发达地区的票据发展指数明显高于西部欠发达地区，形成东西部之间较为明显的区域差异，即一个地区票据市场的发展情况基本与该地区的经济总量和贷款总规模是相一致的。同时，我们也发现近几年中部地区票据市场的增长速度较快，经济发达的东部地区增长速度反而较慢，这与我国整体经济结构调整、中西部经济金融发展速度加快是相辅相成的。

表5　2006—2020年全国各地区票据发展指数差距情况

年份	地区数（个）	极小值	极大值	全距	均值	标准差
2006	30	45	3478	3433	1000	974
2007	30	120	5753	5633	1795	1700
2008	30	107	5868	5761	1822	1731
2009	30	119	5873	5754	1925	1731
2010	30	153	6132	5979	1902	1666
2011	30	179	6420	6241	1969	1702
2012	30	186	7088	6902	2064	1768
2013	31	38	7252	7214	2010	1769
2014	31	68	7167	7099	1985	1776
2015	31	39	6695	6656	1882	1622
2016	31	32	6515	6483	1907	1661
2017	31	327	6529	6202	1860	1585
2018	31	97	6983	6886	2030	1774
2019	31	102	8328	8226	2301	2071
2020	31	81	7809	7728	1901	1789

(二) 区域票据发展指数的聚类分析

本文采用聚类分析方法对我国各地区历年的票据发展指数进行归类，通过对输出结果的分析，按照地区来确定票据发展指数的类别，并研究票据发展指数对各个地区的影响。

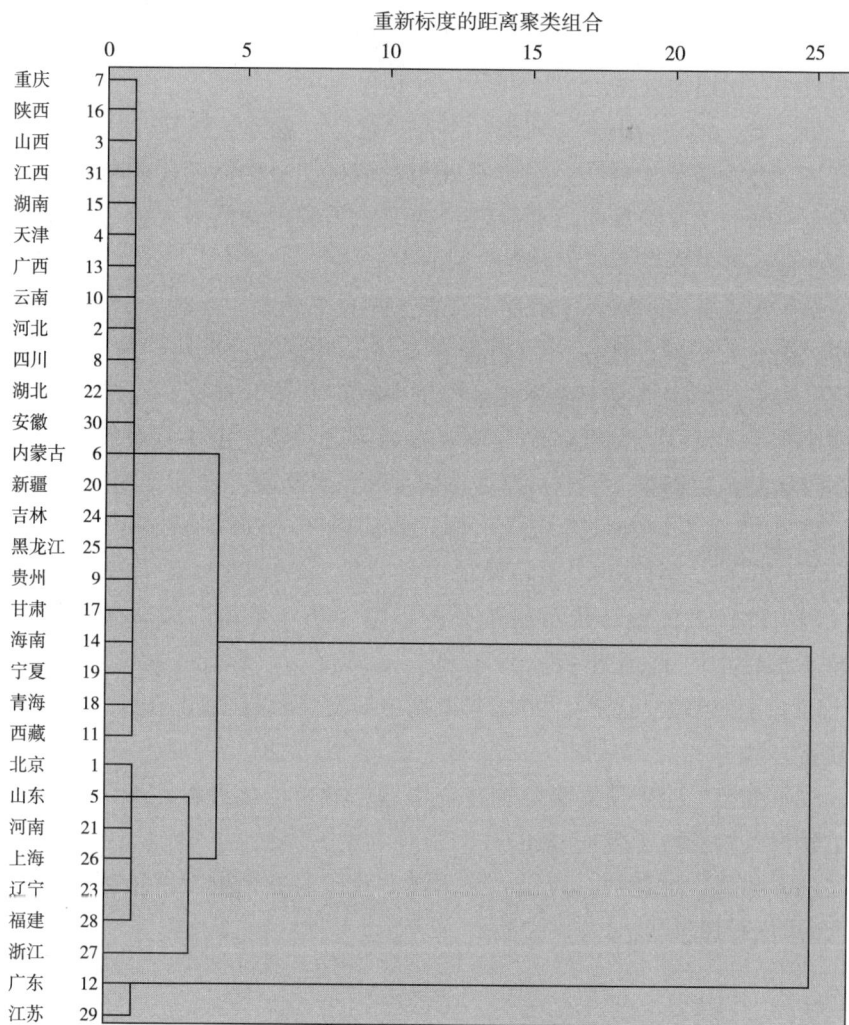

图 5　使用平均连接 (组间) 的谱系图

在聚类方法上，选择组间连接法，即当两类合并为一类后，所有的两两项之间的平均距离最小。同时，运用标准差标准化方法 (Z-Scores)，把数值标准化到 Z 分布，标准化后变量均值为 0，标准差为 1。最后，输出结果的树状聚类图如图5所示。由图5可以看出，当把距离设定为7时，全国各地区可以明显分为3大类。

第一类：广东、江苏。这两个省市在GDP和贷款规模上均是全国前列，它们的共同特点主要是东南沿海地区经济发达，企业贸易结算和融资需求旺盛，票据资源和金融资源丰富，市场交易活跃，创新能力强，因此该地区从票据承兑、银行直贴到金融机构的转贴现都很活跃，因此票据发展指数在全国遥遥领先。

第二类：北京、山东、河南、上海、辽宁、福建、浙江。这些地区属于经济金融发展第二梯队，经济基础相对较好，金融活跃度相对较高，票据在企业间的支付结算需求和金融机构间的周转融资需求均较为旺盛，因此这些地区各类票据业务均处在全国的中上游。

第三类：重庆、陕西、山西、江西、湖南、天津、广西、云南、河北、四川、湖北、安徽、内蒙古、新疆、吉林、黑龙江、贵州、甘肃、海南、宁夏、青海、西藏。这些省份大多位于中西部和东北地区，经济总量和金融资源存量不及一二梯队省份，票源较为稀缺，参与主体相对较少，投入票据市场的金融资源也不足，票据市场发展相对落后。

参考文献

［1］中国人民银行货币政策分析小组．历年中国区域金融运行报告［M］．北京：中国金融出版社．

［2］上海票据交易所．2021年票据市场发展回顾［EB/OL］．上海票据交易所官网．

［3］雷宏．金融发展指数构建与中国金融市场化进程评价［J］．中北大学学报（社会科学版），2007（6）．

［4］曹颢，尤建新，卢锐，陈海洋．我国科技金融发展指数实证研究［J］．中国管理科学，2011（3）．

2022 年票据价格指数持续下探

肖小和　李紫薇　徐　言

摘　要：票据价格指数用于衡量票据利率的波动情况，对于市场参与者、监管部门以及研究机构都有重要意义。本文依据本课题原研究团队的思路，运用计量方法确定加权系数，旨在建立一个票据价格指数体系，包括票据资金价格指数、票据信贷价格指数、票据综合价格指数，分别反映票据市场的资金、信贷规模以及总体状况和变化趋势。本文还通过历年的数据和市场信息对票据价格指数体系进行了验证。最后，根据实际和现有的研究成果提出完善票据市场的相关建议。2022 年末票据资金价格指数、票据信贷价格指数、票据综合价格指数分别为 324 点、315 点和 333 点，分别同比减少 177 点、150 点和 155 点，均低于常态区间，说明信贷和资金环境均非常宽松。

关键词：票据价格指数　指数体系　票据利率

一、指数及票据价格指数的概念、意义及现状

统计学上，指数是反映由不能直接相加的多种要素所构成的总体数量变动状况的统计分析指标。比如大家所熟知的股票价格指数或债券价格指数就是用来衡量股票市场或债券市场的价格波动情况。票据价格指数就是对票据利率进行采样并计算出来的用于衡量票据市场价格波动情况的指数。

构建票据价格指数的意义主要有以下几个方面：一是可以综合反映票据市场价格总体的变动方向和变动幅度。目前我国还没有形成统一的票据市场，任何单一机构的票据利率都无法综合代表整个票据市场的价格变动情况，因此要构建票据价格指数来反映整个市场票据利率的变化情况和发展趋势，方便票据市场参与者及时准确地了解市场价格变化。二是分析和测定各个因素对票据价格变动的影响方向和程度。票据业务兼具资金和信贷双重属性，影响票据利率的因素主要是资金面和信贷状况，因此可以根据二者的内在联系建立票据价格指数体系，从而测定各构成因素的变动对

票据市场价格的影响情况。三是分析研究票据市场价格在长时间内的发展变化趋势。票据价格指数的综合性和代表性较强，能够反映票据市场价格的总体变化，通过对票据价格指数的长期跟踪和分析从中找出规律，并结合自身经验对未来票据价格的走势作出预判，从而减少买卖票据的盲目性，可以获得更多的收益。四是对市场进行综合评价和测定。票据利率作为市场化时间最早、程度较高的利率品种，部分发挥了基准利率的作用，因此反映票据利率变化情况的票据价格指数既可以代表票据市场的供需情况以及市场资金和信贷状况，在一定程度上也能成为货币市场乃至金融市场的"晴雨表"。

上海票据交易所成立后相继发布了国股银票转贴现收益率曲线和城商银票转贴现收益率曲线，为票据市场定价提供参考。这两条收益率曲线以真实、活跃的票据市场交易为基础，编制时充分考虑了票据市场交易的特性，能够较好地反映市场真实价格走势，因此其代表性和权威性非常高。但是到目前为止，上海票据交易所发布的收益率曲线仅以国有银行和股份制银行以及城市商业银行的票据成交收益率为样本主体进行编制，农商银行等样本数据的缺失不利于其反映农商银行等票据价格变化情况。此外，上海票据交易所在编制收益率曲线时对市场信用主体进行严格区分、分别编制，缺少反映票据市场整体情况的综合票据价格指数。本文力求建立一个票据价格指数体系，既能体现票据价格的总体走势情况，又能反映票据市场资金松紧程度和信贷变化状况的价格走势。

二、票据价格指数的编制及其应用

影响票据利率的因素主要是资金和信贷规模，而不同业务种类的票据价格反映的信息侧重不尽相同。直贴业务与一般贷款业务非常相似，都将直接导致信贷规模增加，因此直贴利率更能反映信贷的宽松状况；回购业务不会导致信贷规模变化，因此是一种资金业务，回购利率更能反映资金面的情况；转贴现业务介于二者之间，既与信贷有关，也涉及资金。根据不同业务的特点，本文建立了票据资金价格指数、票据信贷价格指数和票据综合价格指数，票据资金价格指数是由回购利率和转贴现利率构成，票据信贷价格指数是由直贴利率和转贴现利率构成，而票据综合价格指数不仅包含票据利率，还考虑了报价金额。

价格指数必须具有全国性、代表性和公信性三大特点，因此 2017 年 6

月 30 日以前的票据价格样本选自"中国票据网",之后的数据选自上海票据交易所①。本文建立的指数是通过对票据利率进行计量建模确定一个比较稳定的系数比例关系,从而形成票据因素价格指数,因此需要一个能够准确反映市场资金面和信贷规模状况的核心指标,本文选取了银行间同业拆借加权平均利率(月)和金融机构贷款加权平均利率(季)。

(一)票据资金价格指数

票据资金价格指数是指通过对"中国票据网"的回购、转贴现利率报价以及后续上海票据交易所成交均价进行系数确定而计算得出的指数,旨在反映票据市场的资金状况和变化趋势。样本数据选择为 2005 年 1 月至 2022 年 12 月的票据利率和银行间同业拆借加权平均利率,变量之间的相关系数和模型详见表 1。可以看出回购利率的系数要远远大于转贴现利率,这符合票据资金价格指数更注重资金价格变化的特性,回购是纯资金业务,而转贴现还包含信贷的因素。

表 1 票据资金价格指数的系数表

项目	正回购利率 (ZHG)	逆回购利率 (NHG)	买入利率 (MR)	卖出利率 (MC)	银行间同业 拆借利率 (TY)
与 TY 相关的 系数	0.8073	0.8021	0.7530	0.7655	1
系数确定 模型	$TY = 0.0062 +$ $0.4943ZHG$ $(R^2 = 0.6665)$	$TY = 0.0058 +$ $0.4560NHG$ $(R^2 = 0.6857)$	$TY = 0.0092 +$ $0.3233MR$ $(R^2 = 0.5870)$	$TY = 0.0092 +$ $0.3574MC$ $(R^2 = 0.5887)$	—
系数	0.4943	0.456	0.3233	0.3574	—
票据资金价格指数的公式	即期票据资金价格指数 = $\dfrac{0.4943×正回购利率+0.456×逆回购利率+0.3233×买入利率+0.3574×卖出利率(即期数)}{0.4943×正回购利率+0.456×逆回购利率+0.3233×买入利率+0.3574×卖出利率(基期数)} ×1000$				
与票据资金 价格指数相 关的系数	0.9757	0.9846	0.9758	0.9742	0.8013

对历年各月银行间同业拆借利率进行简单平均,发现 2013 年 3 月的数

---

① "中国票据网"是经中国人民银行批准由中国外汇交易中心暨全国银行间同业拆借中心承办的为票据市场提供交易报价、信息查询和监管服务的专业网站,于 2003 年 6 月 30 日启用,2017 年 6 月 30 日下线,此后由上海票据交易所承接。

值比较接近平均值，即将该时点定义为常态，因此本文也将该时间点选为票据资金价格指数的基期，并将基值定为 1000 点，基期前后的指数则根据利率变化情况发生相应变动。通过统计可知，票据资金价格指数与票据平均报价的相关性超过 0.97，说明该指数能够反映票据市场价格的走势，同时银行间同业拆借加权平均利率与该指数的相关性也在较高区域，表明票据资金价格指数能够反映票据市场资金价格走势情况。通过历史数据可以发现，当票据资金价格指数超过 1400 点的时候表示市场资金面较为紧张，超过 1800 点的时候代表非常紧张；而当票据资金价格指数低于 700 点的时候表示市场资金面较为宽裕，低于 350 点的时候代表非常宽松（见图1）。2022 年 12 月，票据资金价格指数为 324 点，较上年同期减少 177点，且显著低于 700 点的临界值水平，说明市场资金面非常宽松。

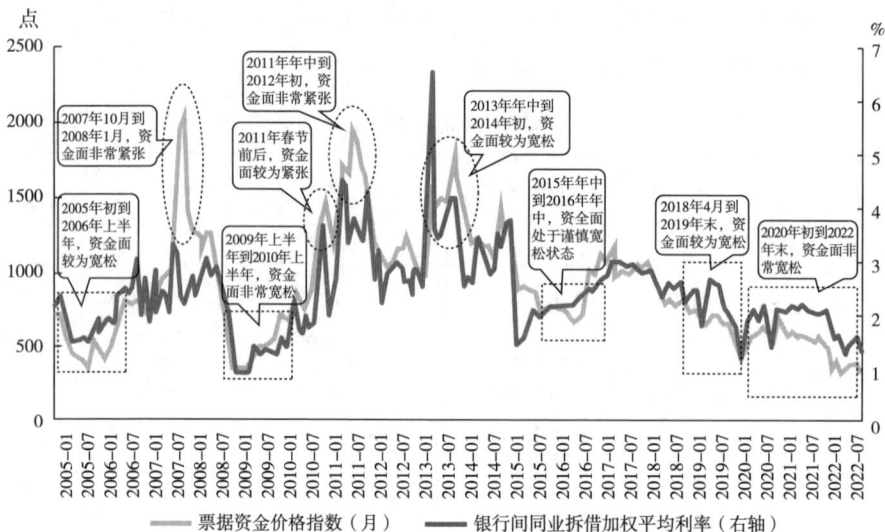

图 1　2005—2022 年票据资金价格指数走势

2005—2022 年票据市场大致经历了 4 次资金面紧张阶段和 5 次资金面宽松阶段，具体如下。

2005 年初到 2006 年上半年，资金面较为宽松。票据资金价格指数逐渐回落至 366 点的低点，随后缓慢回升；1 天期银行间同业拆借加权平均利率基本维持在 1.1% ~ 1.9% 的范围内震荡，平均值仅有 1.4%。主要原因为：（1）受宏观调控和货币政策实施影响，市场整体呈现"宽货币、紧信贷"特征；（2）人民银行下调超额存款准备金率，大量挤出资金进入市场；（3）外汇储备达到 8189 亿美元的高位，热钱加速流入迹象明显，导致市场资金面非常宽裕。

2007 年 10 月到 2008 年 1 月，资金面非常紧张。票据资金价格指数剧烈波动，从 1000 点飙升至 2034 点后迅速回落，隔夜 Shibor 一度高达 8.52%，2 周期限的 Shibor 最高达到 13.58%。这一时期经济运行呈现出由偏快转向过热的迹象，人民银行加大了货币政策的从紧力度，无论是货币政策工具、种类还是出台频率都是前所未有的。2007 年人民银行连续 10 次上调法定存款准备金率，最后一次直接提高 1 个百分点，同时 6 次上调存贷款基准利率，这对市场资金面和信贷规模都产生了重大影响，同年票据利率也完成了以 Shibor 为基准的市场化进程，因此伴随资金价格一路走高。

2009 年上半年到 2010 年上半年，资金面非常宽松。票据资金价格指数在 350 点以下震荡，隔夜 Shibor 处在底部 0.8% 左右。由于 2008 年国际金融危机爆发，全球面临经济衰退，我国政府为应对危机于 2008 年末推出"四万亿经济刺激计划"，信贷规模和资金大量投放，2009 年上半年开始显现，整个市场呈现出资金、信贷规模双宽裕的景象，资金价格创下了历史最低点。

2011 年春节前后，资金面较为紧张。票据资金价格指数攀升至 1400 点左右，隔夜 Shibor 最高达到 8%。原因主要有：（1）2010 年末存款环比大幅增加 1.55 万亿元，因此 2011 年 1 月 5 日商业银行需补缴存款准备金 2000 多亿元；（2）季后 15 日前所得税预缴，当月纳税入库 2182 亿元；虽然当月人民银行为缓解春节资金压力投放基础货币 8773 亿元，但存款准备金净冻结资金 6370 亿元，超额准备金更是减少 8370 亿元，市场资金面出现紧张状况。

2011 年年中到 2012 年初，资金面非常紧张。票据资金价格指数在 1464 点与 1940 点之间震荡，其实资金面紧张主要是在 2011 年 6 月末和 2012 年初，隔夜 Shibor 最高达到 8.1667%。主要原因是 2011 年 5 月企业所得税汇算清缴入国库 2687 亿元，6 月末临近半年时点考核，同时人民银行再次上调法定存款准备金率 0.5 个百分点，约冻结 3700 亿元资金，市场预期相应发生剧烈变化，惜金情绪蔓延，导致资金价格上涨。2012 年春节前后的资金面骤紧情况与 2011 年非常相似，都是上年末存款大幅增加需补缴法定存款准备金、企业纳税入库、春节备付金等因素导致市场流动性短期稀缺。然而除了这两个时点，2011 年下半年市场资金面整体较为平稳，资金价格也趋于正常水平，但票据利率在 2011 年 9 月突然"高歌猛进"一路飙升，这主要是由人民银行新规所致。人民银行要求从 2011 年 9 月开始将信用证、保函和银行承兑汇票保证金存款纳入存款准备金的缴纳范围，分批补缴，当月大约冻结资金 9000 亿元，加上 9 月信贷规模紧张，票据资金价格指数飙升至 1940 点。

2013 年年中到 2014 年初，资金面较为紧张。票据资金价格指数在 1379 点与 1786 点之间震荡，资金面紧张主要集中在 2013 年年中的"钱荒"时期，（1）资金方面，5 月企业上缴所得税入库 4691 亿元，当月新增存款 1.09 万亿元，6 月需补缴存款准备金 1000 亿元。（2）监管政策方面，人民银行加强了外汇资金流入管理，原虚假贸易导致的还汇需求增加，国内流动性减少；银监会发布《关于规范商业银行理财业务投资运作相关问题的通知》，对商业银行非标准化债权理财产品要求压缩达标，增加了流动性需求。（3）商业银行操作方面，部分商业银行通过期限错配和杠杆交易进行业务盈利，当资金趋紧时加剧了流动性压力。尽管人民银行出手救市以后资金面有所缓解，但金融机构预期已经发生较大变化，市场惜金情绪浓厚，票据资金价格指数在较高位置延续震荡状态，年末受规模紧张影响再度冲高，详见票据信贷价格指数部分。

2015 年年中到 2016 年年中，资金面处于谨慎宽松状态，银行间同业拆借加权平均利率最低至 1.42%，相当于 2005 年外汇占款大幅增加的宽松时期，但票据资金价格指数维持在 650 点与 1000 点之间震荡，基本相当于正常水平。一方面，我国经济处于"增长速度换挡期、结构调整阵痛期、前期刺激政策消化期"三期叠加新常态，货币政策总体保持稳健偏松总基调，共 6 次下调存款准备金率，引导市场利率适当下行，降低社会融资成本。另一方面，票据市场加强监管，表外票据业务回归表内，票据融资余额大幅增加，受规模限制票据利率下行速度和空间有限。由于金融去杠杆政策的影响，资金面总体处于紧平衡状态，利率中枢从底部不断上升，票据资金价格指数也回至 1000 点常态附近。

2018 年 4 月到 2019 年末，资金面较为宽松。票据资金价格指数维持在 650 点与 1000 点之间，总体呈现出下降的趋势。主要原因有：（1）上海票据交易所的成立为票据资金交易提供了空间，带来了票据价格的变化，票据价格整体下行。（2）上海票据交易所成立后正式接管 ECDS，电子票据交易集中在上海票据交易所进行，票据风险相对可控，交易活跃度上升。（3）在外部环境不确定性增加、国内外风险挑战明显上升的复杂局面下，我国经济下行压力加大，人民银行实施稳健的货币政策，加强逆周期调节，2018—2019年人民银行共 7 次下调存款准备金率，通过公开市场操作、中期借贷便利等方式灵活保持市场流动性，深化利率市场化改革，完善 LPR 传导机制，打破贷款利率隐性下限，促进货币政策传导，市场整体资金面相对宽松。

2020 年初到 2022 年末，资金面非常宽松。面对新冠疫情带来的巨大冲击，2020 年第一季度以来，中国人民银行多次下调存款准备金率，向市场投放流动性，运用改革的方法疏通货币政策传导，以进一步降低企业融资成本，市场资金面十分宽松。2021 年宏观政策始终贯彻稳字当头、稳中求进的工作总基调，强调货币政策的连续性、稳定性、可持续性，始终保持市场流动性合理充裕，中国人民银行多次下调存款准备金率以释放流动性，降低 LPR 贷款利率，市场资金面稳定宽松。2022 年以来，中国人民银行两次降低存款准备金率，并综合运用再贷款再贴现、中期借贷便利、公开市场操作等多种方式，短中长期相结合，保持流动性合理充裕。

（二）票据信贷价格指数

票据信贷价格指数是指通过对转贴现报价和直贴报价进行系数及时调整而建立的指数，旨在反映票据市场的规模状况和变化趋势。

由于人民银行公布的金融机构贷款加权平均利率是从 2008 年第三季度开始的，因此样本数据选取了 2008 年第三季度到 2022 年第四季度，变量之间的相关系数以及系数确定模型详见表 2。票据信贷价格指数以 2013 年第一季度为基期，基值设定为 1000 点，基期前后的指数根据利率变化情况发生相应变动。通过统计可知，票据信贷价格指数与票据平均报价的相关性在 0.98 以上，说明票据信贷价格指数能够反映票据利率的走势，同时金融机构贷款加权平均利率与票据信贷价格指数的相关性也在较高区域，并高于单个票据业务品种报价与贷款利率的相关性，表明票据信贷价格指数更能反映票据市场的规模稀缺程度。通过图 2 可以看出，当票据信贷价格指数超过 1200 点的时候表示信贷规模较为紧张，而低于 600 点的时候表示信贷规模较为宽裕。2022 年第四季度，票据信贷价格指数为 315 点，处于宽松区域，同比减少 150 点，信贷坏境持续改善。

表 2　票据信贷价格指数的系数表

项目	直贴利率（ZHT）	转贴现利率（ZT）	金融机构贷款加权平均利率（DK）
与 DK 相关的系数	0.8905	0.8321	1
系数确定模型	$DK = 0.0412 + 0.4633ZHT$ ($R^2 = 0.8965$)	$DK = 0.04 + 0.5564ZT$ ($R^2 = 0.9549$)	—
系数	0.4633	0.5564	—
票据信贷价格指数的公式	即期票据信贷价格指数 = $\dfrac{0.4633×直贴利率+0.5564×买断式利率（即期数）}{0.4633×直贴利率+0.5564×买断式利率（基期数）}×1000$		
与票据信贷价格指数相关的系数	0.9918	0.9888	0.8753

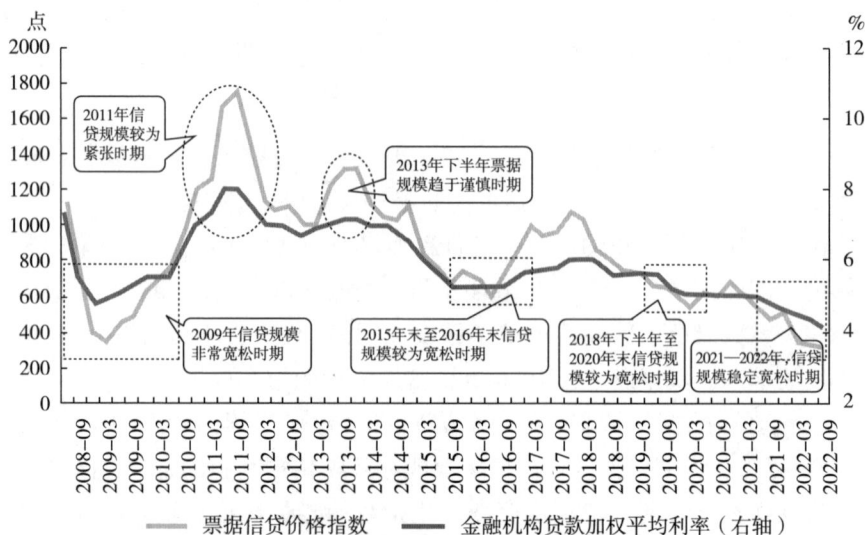

图 2　2008—2022 年票据信贷价格指数走势

从图 2 可以看出票据信贷价格指数要比金融机构贷款加权平均利率波动得更为剧烈，这比较容易理解，票据作为银行的信贷调节工具，蓄水池作用显著，当信贷规模紧张时银行首选卖断流动性较好的票据资产，同理，当存在闲置资源时银行也会通过大量增持票据"撑规模"，因此票据利率的波动往往比贷款利率大。2008—2022 年票据信贷价格指数大致经历了 2 次紧张和 4 次宽松，具体如下。

2009 年信贷规模非常宽松时期，票据信贷价格指数在 310 点与 490 点之间震荡。我国为应对国际金融危机推出"四万亿经济刺激计划"，2009 年上半年新增贷款达到 7.37 万亿元，全年新增了 9.59 万亿元，而 2011 年全年新增贷款还不到 7.5 万亿元，贷款利率回落至年利率 5% 以下。信贷规模的宽松迅速传导到票据市场，2009 年上半年票据融资增加了 1.7 万亿元，占新增贷款的 23%，票据利率也创下了历史最低点，2009 年第二季度票据信贷价格指数仅为 308 点，相当于年利率 1.52%，随后新增贷款下降明显，票据融资进入减持阶段，票据信贷价格指数逐渐升高。

2011 年信贷规模较为紧张时期，票据信贷价格指数攀升至 1400 点以上。为调控"四万亿经济刺激计划"所产生的通货膨胀，人民银行先后 7 次上调法定存款准备金率，3 次上调存贷款基准利率，并严格控制新增贷款的数量和投放节奏，全年新增贷款仅为 7.47 万亿元，比 2009 年的 9.59 万亿元和 2011 年的 7.95 万亿元都少，票据信贷价格指数随贷款利率逐渐走高。而 2011 年 9 月新增贷款只有 4700 亿元，是当年新增贷款最少的一个月，同时监管机构加大了票据市场监管力度，对部分金融机构办理票据"绕规模"等不合规行为进行了检查，并要求金融机构开展票据业务自查，这些都促使票据规模紧张，当月票据融资余额减少了 200 亿元，而上月却增加了近 1000 亿元，票据信贷价格指数飙升至 2161 点，相当于年利率 10.65%。随后新增贷款有所增加，票据融资回归至正增长阶段，票据信贷价格指数开始慢慢回落。

2013 年下半年票据规模趋于谨慎时期，票据信贷价格指数在 1200 点附近震荡。由于 2013 年 6 月部分银行资金期限错配引起的"钱荒"以及上半年信贷投放力度过大，此后银行倾向于减持票据回笼资金，票据融资大幅减少了 5235 亿元，票据信贷价格指数维持在 1200 点上下。

2015 年末全 2016 年末信贷规模较为宽松时期，票据信贷价格指数在 600 点附近震荡。为应对经济下行压力以及经济结构调整，中央采取稳中求进的政策总基调，适时 5 次下调贷款及存款基准利率，2015 年和 2016 年新增贷款分别达到 11.7 万亿元和 12.6 万亿元，2015 年票据融资新增 1.5 万亿元，票据信贷价格指数不断下行，2016 年受风险事件频发以及人民银行窗口指导控制票据规模等影响，当年票据融资新增量降至 0.6 万亿元，票据信贷价格指数有所回升。

2018 年下半年至 2020 年末信贷规模较为宽松时期，票据信贷价格指数持续下行至650点附近。主要原因有：（1）随着上海票据交易所的成立，票据市场风险得到有效控制，票据贴现、转贴现活跃度提升。（2）人民银行充分发挥再贴现精准滴灌作用，引导金融机构信贷投放。2018年，人民银行三次增加再贴现、再贷款额度累计4000亿元，2019年增加再贴现额度2000亿元，进一步提升了银行、企业贴现积极性。（3）近年来，我国信贷规模总体宽松，信贷结构持续优化，支持实体经济力度不断加大，2018年和2019年新增贷款分别为16.2万亿元和16.8万亿元，票据信贷价格指数不断下行。（4）2020年，根据疫情防控形势和经济发展需要，中国人民银行加大信贷投放力度，分层次、有梯度出台三批次合计1.8万亿元再贷款、再贴现政策；创新货币政策工具，运用改革的方法疏通货币政策传导，不断完善结构性货币政策工具体系，以进一步降低企业融资成本，票据信贷价格指数进一步回落。

2021年至2022年信贷规模稳定宽松时期，票据信贷价格指数持续下行至315点。2021年3月22日人民银行召开的信贷结构优化调整座谈会指出，调整优化重点领域和薄弱环节的信贷结构，坚持用改革的办法疏通政策传导，包括保持小微企业信贷支持政策的连续性、稳定性，持续推动企业综合融资成本稳中有降，票据信贷价格指数极速回落。2022年第二季度，受新冠疫情及经济下行压力影响，面对着企业信贷需求转弱，中国人民银行召开信贷形势分析会议，引导金融机构加大信贷支持实体经济力度。下半年，信贷需求边际好转，在中国人民银行的引导下，金融机构合理把握信贷投放力度和节奏，维持信贷环境合理充裕，票据信贷价格指数低位运行。

（三）票据综合价格指数

票据综合价格指数是指以"中国票据网"报价金额或上海票据交易所成交金额为系数权重对加权平均利率建立的综合指数，旨在反映票据市场的总体状况和变化趋势。实际上票据综合价格指数应该包含直贴报价情况，但由于开始时"中国票据网"仅有转贴现报价和回购报价，后续上海票据交易所开始公布直贴价格，因此2017年以前不考虑直贴业务，之后加入直贴因素。票据综合价格指数的公式为

$$\text{即期票据综合价格指数} = \frac{\text{直贴金额×利率+买断式金额×利率+回购金额×利率（即期数）}}{\text{直贴金额×利率+买断式金额×利率+回购金额×利率（基期数）}} \times 1000$$

样本区间选择为2005年1月至2022年12月，票据综合价格指数以

2013 年 4 月为基期，基值设定为 1000 点，基期前后的指数根据市场变化情况相应发生变动。通过统计可知，票据综合价格指数与票据平均报价的相关性超过 0.982，说明票据综合价格指数能够反映票据市场的总体趋势。通过历史数据可以发现，当票据综合价格指数超过 1400 点的时候表示市场总体较为紧张，而低于 700 点的时候表示市场较为宽裕，当超过 2000 点或低于 350 点时说明市场处于异常情况（见图 3）。

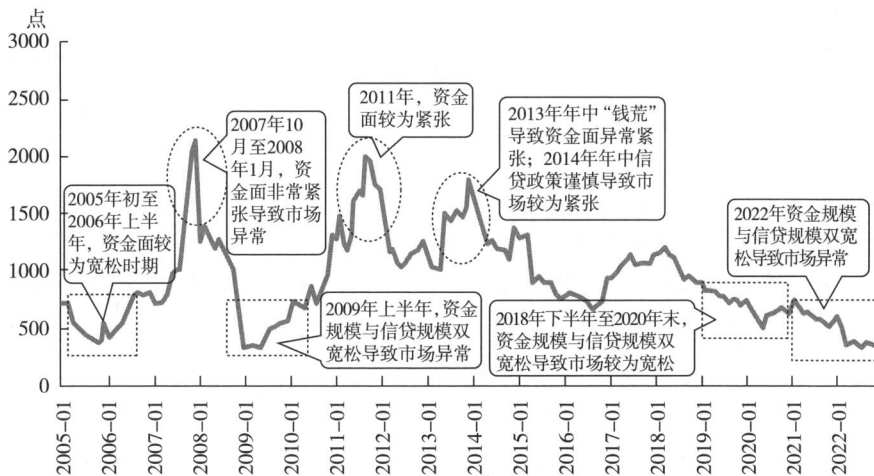

图 3　2005—2022 年票据综合价格指数走势

从图 3 可以看出，票据综合价格指数基本涵盖了票据资金价格指数和票据信贷价格指数的波动情况，2005—2022 年票据市场大致经历了 5 次紧张和 3 次宽松，按照导致原因可以分四种情况，具体如下。

情况一：资金起主导作用

2005 年初到 2006 年上半年，资金面较为宽松时期，票据综合价格指数在 500 点与 700 点之间震荡。

2007 年 10 月至 2008 年 1 月，资金面非常紧张导致市场异常，票据综合价格指数最高达到 2332 点，相当于年利率 9.67%。

2011 年春节前后，资金面较为紧张时期，票据价格不断走高，票据综合价格指数也一路冲高至春节前的 2016 点后迅速回落。

2013 年年中，"钱荒"导致资金面异常紧张，6 月末票据综合价格指数迅速飙升至 2553 点，相当于年利率 10.58%，创历史次高水平。

情况二：信贷起主导作用

2013 年下半年至 2014 年春节，信贷政策谨慎导致市场较为紧张，票据综合价格指数在 1400 点与 2000 点之间震荡。

情况三：二者共同起主导作用

2009 年上半年，资金规模与信贷规模双宽松导致市场异常，票据价格不断回落，票据综合价格指数在 350 点以下震荡，最低达到 297 点，相当于年利率 1.23%，创历史最低水平。

2018 年下半年至 2021 年末，票据价格不断下行。一方面，上海票据交易所成立后票据风险得到有效控制，票据交易活跃度提升。另一方面，稳健偏宽松的政策环境营造了资金规模及信贷规模双宽松的氛围，2021 年末票据综合价格指数回落至 488 点。

2022 年以来，资金与规模双宽松导致票据价格持续下探，几经触底，最终达到 333 点，创下 2009 年以来的最低纪录。

情况四：监管政策等其他因素起主导作用

人民银行将保证金存款纳入存款准备金范围以及原银监会加强票据"逃规模"检查导致市场预期发生剧烈变化，2011 年年中至 2012 年初，票据综合价格指数不断升高，并创出历史最高水平 2906 点或年利率 12.04%，随后保持高位震荡。

原因前面都已经详述，在此不再重复。2015—2016 年，货币政策总体稳健偏宽松，票据综合价格指数在常态范围内逐渐下行；2017 年，金融去杠杆与监管强化叠加，票据综合价格指数回升至 1000 点以上；2018 年以来，受经济下行压力影响，货币政策趋于宽松，票据综合价格指数逐渐回落，2022 年末票据综合价格指数回落至 333 点，处于相对宽松区域。通过观察票据价格的上述变化，可以发现：第一，票据具有调控功能，尤其是近年特别明显，所以票据价格随信贷规模与资金规模变化而发生变化，在现有票据经营模式与金融管理状态下是一种常态过程。第二，票据价格有时会低于票据资金成本价格，但这并不代表票据交易端不盈利，也不代表组织资金的法人行动态亏损。第三，票据价格与票据资金成本价格的上述背离，一定会表明企业票据融资成本实际降低而对应利润增加。第四，这种票据价格背离票据资金成本价格的现象，需要引起各方的重视。

三、发挥票据价格指数的作用，完善市场价格体系建设

票据价格指数体系能够反映票据市场价格总体走势，同时也可以清晰地展现各主要因素对票据利率的影响方向及程度。既可以让市场主体及时

准确地了解市场现状并进行分析和预判，也可以被监管机构用于观测市场，或作为货币政策的中介指标，同时也可以成为专家学者研究讨论的重要市场指标。但由于目前票据制度落后等因素的制约，票据价格指数的代表性和权威性受到一定程度的影响，作用也难以发挥到最大，因此本文根据实际和现有的研究成果提出完善票据市场的相关建议，以进一步释放票据价格指数的真正作用。

（一）尝试票据衍生产品，提高市场有效性

随着票据市场的发展，常规票据产品将无法满足市场的需求，因此可以对票据业务证券化、票据远期、票据期权、票据期货等衍生产品进行尝试和试验，通过市场套利机制优化价格发现功能，提高市场有效性。

（二）建立做市商机制，提高市场流动性

做市商的重要作用之一就是每天对市场进行买入和卖出报价，从而形成市场利率的上下限，促进市场有效价格的形成。同时也为市场提供流动性，特别是在市场异常的情况下可以满足最基本的交易需求，保证市场的正常运行和市场价格的连续性。

（三）尝试融资性票据，丰富市场交易产品

目前《票据法》规定票据必须具有真实贸易背景，这与票据已经逐渐演变成一种融资工具的趋势不相适应，应该面对票据市场发展的现实，对融资性票据进行试点，在试点成熟后可以进一步修改《票据法》的相关规定。

（四）增加票据市场参与主体，认可并规范票据中介机构的发展

票据中介机构能够提升市场活跃程度并提高票据融资效率，但法律的缺位导致票据中介机构一直游走在灰色地带，建议尝试对票据中介机构明确法律身份和行业标准，丰富票据市场参与主体。

（五）票据价格指数编制和发布的建议

票据价格指数可以为每天编制和发布，在编制使用时，可以分三个阶段进行：第一阶段为指数核证阶段；第二阶段为指数试运行阶段；第三阶段为正式发布运行阶段，即通过官方网站、媒体等途径正式对外发布。

2022 年中国票据发展指数达到 17976 点

——中国票据发展指数的构建与应用分析

肖小和　李紫薇　徐　言

摘　要：为有效衡量和反映我国票据市场发展状况与结构变化情况，本文运用主成分分析法创造性地构建了中国票据发展指数及中国票据生态指数、中国票据金融指数、中国票据价格指数、中国票据创新指数、中国票据风险指数等二级指数。随着近年来我国经济金融环境的不断改善，中国票据发展指数在 2015 年末达到了 12778 点，相比基期增长了近 12 倍，年均增长率超过 21%；2016—2017 年，受票据风险事件频发、监管趋严以及金融去杠杆等因素影响，票据市场回归理性发展，中国票据发展指数有所回落；2018 年，为应对经济下行压力，政策环境趋于宽松，票据业务恢复增长，中国票据发展指数达到 13699 点；2019 年，在国内外风险挑战明显上升的复杂局面下，中国经济总体平稳，票据市场稳步增长，票据支持实体经济功能进一步强化，中国票据发展指数达到 14039 点；2020 年，面对新冠疫情带来的巨大冲击，在各方共同努力下，全国复工复产稳步推进，票据市场也迅速恢复正常运行，对传导货币政策、推动宏观经济企稳起到了重要推动作用，2020 年票据利率中枢整体下移，充分发挥支持实体经济的作用，票据融资成本进一步下降，中国票据发展指数持续增长至 15292 点。2021—2022 年，我国票据市场运行总体平稳，业务总量稳中有升，在"稳字当头"的总基调下，票据利率进一步下行，票据融资成本进一步下降，加上商业汇票信息披露规则全面实行，新一代票据业务系统顺利投产，商业承兑汇票发展迎来了新的契机，票据服务实体经济的能力进一步凸显，中国票据发展指数快速上升至 17976 点，同比增长 965 点。

关键词：票据　发展指数　主成分分析

一、票据市场概述

商业汇票（以下简称票据）是指由付款人签发，由承兑人承兑，并于到期日向收款人或被背书人支付款项的一种票据。21 世纪以来，票据市场发展迅速，2015 年全国金融机构商业汇票累计承兑量和累计贴现量分别为 22.4 万亿元和 102.1 万亿元，相比 2001 年分别增长 17.5 倍和 55.8 倍，年均增速分别达到 22.7% 和 33.3%；2016 年和 2017 年，受票据风险事件频发、监管趋严以及金融去杠杆等因素影响，票据市场回归理性发展，全国金融机构商业汇票累计承兑量分别为 18.1 万亿元和 14.63 万亿元，同比分别回落 19.2% 和 19.17%；累计贴现量分别为 84.5 万亿元和 59.34 万亿元，同比分别回落 17.2% 和 29.78%；2018 年，票据业务进入恢复性增长阶段，累计承兑量和累计贴现量分别为 18.27 万亿元和 9.94 万亿元①，同比分别增长 24.84% 和 38.83%；2019—2022 年，票据市场持续稳定增长，2022 年全年累计签发商业汇票 27.4 万亿元，累计贴现 53.9 万亿元，分别较 2021 年增长 13.2% 和 17.4%。

票据作为一种重要的支付结算和投融资工具，其快速发展对我国经济金融的发展有极大的推动作用。

（1）票据作为经济贸易往来中的一种主要支付结算工具，特别是银行承兑汇票兼具信用增级、延期支付和背书转让三大优点，为加快商品流通和资金周转提供了极大的便利和支持。2022 年票据承兑余额为 17.4 万亿元，相比 2001 年增长了 11.6 倍。

（2）票据业务可以为实体经济特别是中小企业提供便捷的融资渠道和低成本资金，降低企业融资成本，有效扶持企业发展壮大。票据贴现与普通贷款相比融资成本往往较低，且流程简单、获得资金周期短，特别是对于信用等级相对较低的中小企业，银行承兑汇票所具有的银行信用、放款速度快等特点，对解决我国中小企业融资难问题具有得天独厚的优势和作用。2022 年，签发票据的中小微企业共有 21.3 万家，占全部签票企业的 94.5%，中小微企业签票发生额为 17.8 万亿元，占全部签票发生额的 64.9%。贴现的中小微企业共有 32.7 万家，占全部贴现企业的 97.1%，贴现发生额为 14.2 万亿元，占全部贴现发生额的 72.9%，中小企业票据使用

---

① 《2018 年第四季度中国货币政策执行报告》未公布票据累计承兑与贴现数据，本文引用上海票据交易所《2018 年票据市场运行情况》中的累计承兑和贴现数据，此贴现数据仅指直贴业务。

量大幅增长，票据服务实体经济质效进一步提升。①

（3）票据业务是银行业优化资产负债结构、加强流动性管理、提高收益的一个重要手段。票据资产兼具资金和信贷属性，且具有较好的流动性，成为调节银行信贷规模和管理流动性的主要工具之一。票据承兑业务和贴现业务可以为银行带来承兑保证金存款和贴现资金留存，为银行主动增加存款提供抓手。票据业务还可以给银行带来承兑手续费中间业务收入、贴现利息收入、转贴现利差收入、回购利率收入以及再贴现低成本资金，为银行扩盈增效、调整收入结构开辟新路径。

（4）票据资产逐渐成为投资和交易的重要标的。票据资产风险相对较低、收益可观，逐渐成为理财产品和资管产品重要的基础资产，从而银行、信托、基金、证券公司、财务公司以及企业、个人均直接或间接参与票据资产投资链条。为规范标准化票据融资机制，更好地服务中小企业融资和供应链金融发展，中国人民银行出台《标准化票据管理办法》，该办法于2020年7月28日正式实施。截至2020年末，共有16家金融机构创设发行标准化票据58只，总规模达到61.73亿元。随着票据市场的深化发展和多元化参与主体的参与，票据资产的交易功能不断增强，票据经营模式也从持有生息为主向持有与交易获利转变，市场流动性进一步提高，票据交易也逐渐成为货币市场重要的交易类型。银发〔2016〕224号文进一步放开了票据市场参与主体，证券、资管产品等非银行金融机构均可参与票据交易，2022年票据交易量达到88.10万亿元，同比增长26.01%。

（5）票据的调控功能进一步深化。票据再贴现业务是中央银行传统的三大货币政策工具之一，兼具数量型和价格型双重优势，可以调控市场资金面、调节信贷投向、引导市场预期，也是定向支持民营、小微、绿色、创新等国家鼓励性领域、促进实体经济发展最直接、最有效的途径。2022年，中国人民银行积极运用再贴现等工具，引导金融机构加大对国民经济重点领域、薄弱环节和区域协调发展的支持力度，年末再贴现余额为5583亿元。随着我国经济从高速增长向高质量增长转变，货币政策对精准有效的要求不断提高，票据再贴现的调控功能将进一步深化。票据除了再贴现调控功能外，在贴现、转贴现及回购业务上也随着市场发展和业务发展及利率变化，具有阶段性的调控作用，从近几年票据利率的一些阶段性变化

---

① 资料来源：中国人民银行《2022年金融市场运行情况》。

中就可以明白其中的道理。

因此，我们有理由相信，随着票据市场稳健规范发展，未来其对我国调整经济结构，服务实体经济，解决民营企业、小微企业融资难融资贵问题，提高金融效率，深化金融改革，必将发挥更为独特的作用。

二、中国票据发展指数的概念及意义

中国票据发展指数是通过对系列指标体系进行数量处理而构建出的一个旨在反映我国票据市场发展状况与结构变化情况的指数。它至少包括中国票据生态指数、中国票据金融指数、中国票据价格指数、中国票据创新指数和中国票据风险指数等二级指数。

构建中国票据发展指数的主要意义在于以下几点：一是可以量化我国票据市场的发展水平，科学合理地划分发展阶段，研究和评价历史发展轨迹，进而规划市场未来发展方向并制定相应政策；二是票据业务对经济增长特别是中小企业融资具有重要作用，中国票据生态指数可以准确判断全国以及各个地区票据发展对经济的影响程度，以制定适合经济发展要求和区域发展特点的票据发展战略；三是票据市场作为市场化时间最早、程度最高的金融市场子市场之一，其活跃程度和参与度都已经成为货币市场乃至金融市场重要的组成部分，中国票据金融指数能够衡量票据市场化程度，以此判断金融市场化进程，从而为进一步推进票据市场化和金融体制改革提供理论依据；四是中国票据价格指数能够衡量票据市场利率的总体走势，既可以成为市场参与者判断当前市场价位以及未来走向的依据，也能为政策制定者或研究者提供市场资金、规模紧缺与否的参考；五是票据市场的活跃度高，新产品新业务层出不穷，同时监管政策也频频出台，创新与监管的博弈较为激烈，中国票据创新指数既可以测量票据市场的创新程度和创新冲动，又能使监管机构清楚了解市场发展和创新情况，从而制定科学合理的监管政策，引导票据创新走上健康叮持续发展之路；六是票据的流动性较强，市场的参与主体多样，涵盖了企业、银行、财务公司、信托等，中国票据风险指数通过测度票据市场的风险因素，综合反映市场的信用风险、欺诈风险等状况，能够前瞻性地预判部分系统性风险。

三、中国票据发展指数的构建及实证分析

（一）中国票据生态指数

该指数用来衡量我国实体经济增长情况以及票据对实体经济的支持作

用，因此选择了国内生产总值（GDP）、社会融资规模（SHR）以及承兑余额（CY）、票据累计承兑量（LC）、贴现余额（TY）、累计贴现量（LT）共6个变量。

本文采用主成分分析方法构建中国票据生态指数模型，并进行实证分析。主成分分析是利用降维的思想，将众多指标转化为一个或几个综合指标的多元统计分析方法。综合指标不仅保留了原始变量的主要信息，而且去除了彼此之间的相关部分，可以去粗取精，非常适合用于指数的构建。具体步骤如下。

1. 数据选取

考虑到数据的可得性和统一性，我们选择 2002—2022 年的 GDP 和票据年度数据，共有 21 期。进行主成分分析必须进行标准化处理，即

$$X_{ij}^* = \frac{X_{ij} - \overline{X_j}}{S_{ij}}, \quad i = 1, 2, \cdots, 19; \; j = 1, 2, \cdots, 6$$

其中，X_{ij}^* 表示第 i 期第 j 个指标的标准化值，$\overline{X_j}$ 和 S_j 分别表示第 j 个指标的平均值和标准差。进行标准化处理后每个变量的平均值为零，方差为1，以消除由于量纲的不同而带来的一些不合理的影响。

2. 数据检验

对变量进行相关性观察及 KMO 和 Bartlett 的检验（见表 1），可以看出票据市场交易情况与 GDP 之间存在很高的相关性，且 KMO 和 Bartlett 的检验值均符合主成分分析的标准。

表 1　票据市场与实体经济相关性矩阵

变量	CY	LC	TY	LT	GDP	SHR
CY	1.0000	0.9534	0.8535	0.7385	0.9682	0.9526
LC	0.9534	1.0000	0.7206	0.7993	0.8838	0.8603
TY	0.8535	0.7206	1.0000	0.5638	0.9213	0.8742
LT	0.7385	0.7993	0.5638	1.0000	0.6825	0.5927
GDP	0.9682	0.8838	0.9213	0.6825	1.0000	0.9460
SHR	0.9526	0.8603	0.8742	0.5927	0.9460	1.0000
KMO 和 Bartlett 的检验						
取样足够度的 Kaiser-Meyer-Olkin 度量						0.8344
Bartlett 的球形度检验					近似卡方	176.5236
					Df	15
					Sig.	0.0000

3. 主成分分析

通过 SPSS 软件对承兑余额（*CY*）、票据累计承兑量（*LC*）、累计贴现量（*LT*）和 *GDP*、社会融资总量（*SHR*）进行主成分分析，结果显示第一主成分的方差提取率（累计贡献率）达到 90.31%，可根据因子载荷矩阵计算出各标准变量的权重系数，由此计算出标准化的中国票据生态指数（*BEI**）。

$$BEI_j^* （标准化）= 0.421CY_j^* + 0.4245LC_j^* + 0.3288TY_j^* + 0.4224LT_j^* +$$
$$0.424GDP_j^* + 0.4199SHR_j^*$$

根据变量的平均值和标准差进行还原得到

$$BEI_j^* （标准化）= -4.1088 + 0.1488CY_j + 0.0681LC_j + 0.6136TY_j +$$
$$0.0314LT_j + 0.0275GDP_j + 0.0728SHR_j$$

鉴于常规指数均为正数，因此假设将中国票据生态指数（*BEI*）的基期定为 2002 年，并将基值定为 1000 点，从而得出中国票据生态指数（*BEI*）的公式为

$$BEI_j = \frac{BEI_j^* + 4.1088}{BEI_1^* + 4.1088} \times 1000$$

$$= \frac{0.1488 \times CY_j + 0.0681 \times LC_j + 0.6136 \times TY_j + 0.0314 \times LT_j + 0.0275 \times GDP_j + 0.0728 \times SHR_j}{0.1488 \times CY_1 + 0.0681 \times LC_1 + 0.6136 \times TY_1 + 0.0314 \times LT_1 + 0.0275 \times GDP_1 + 0.0728 \times SHR_1} \times 1000$$

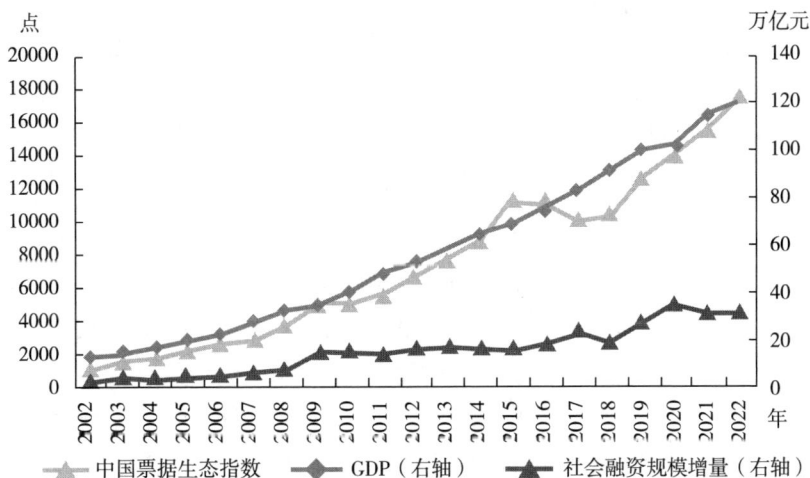

图 1　2002—2022 年中国票据生态指数走势

从图 1 中可以看出，（1）中国票据生态指数和国内生产总值、社会融

资规模走势保持较高一致性，它们的相关性都在 0.94 以上，说明中国票据生态指数能够代表票据市场经济环境的变化。（2）中国票据生态指数和国内生产总值的相关系数略高于社会融资规模（0.980>0.941），表明中国票据生态指数反映 GDP 更多一些，因为 GDP 代表我国总体经济情况，是票据业务的本源，而社会融资规模则代表了金融对实体经济资金支持的总量，涵盖的票据业务主要是新增票据余额和未贴现银行承兑汇票，但二者的量往往较小且不稳定。（3）2002—2015 年中国票据生态指数和国内生产总值、社会融资规模都在不断走高，表示随着 2002 年以来我国经济的快速增长以及金融支持实体经济力度的加大，票据市场的经济环境不断改善，2015 年达到 11133 点；2016—2017 年，由于我国经济增速转轨，金融去杠杆，票据市场理性回归，中国票据生态指数回落至 9788 点；2018 年，为应对经济下行压力，政策环境趋于宽松，中国票据生态指数回升至 10259 点；2019 年，在国内外风险挑战明显上升的复杂局面下，中国经济总体平稳，票据市场稳步发展，票据支持实体经济功能进一步强化，中国票据生态指数达到 12508 点；尽管经受了新冠疫情的冲击，但全国上下齐心协力攻克难关，市场流动性较为充裕，随着复工复产的稳步推进，我国经济发展有序恢复，成为 2020 年唯一保持经济正增长的国家，票据市场也迅速恢复正常运行，中国票据生态指数达到 14117 点；2021—2022 年，在新冠疫情散发多发、外部环境不确定的情况下以及经济下行压力下，我国有效实施宏观政策，经济持续稳定恢复、稳中向好，票据市场稳健运行，随着票据市场基础设施的不断完善以及相关法规相继出台，商业汇票信息披露规则正式施行，新一代票据业务系统投产上线，我国票据市场生态环境持续提升，中国票据生态指数达到 17418 点。

（二）中国票据金融指数

该指数用来衡量我国票据市场与金融市场发展的契合度，选择了代表信贷市场的贷款余额（DY）和代表货币市场的交易量（LHB），以及票据市场的承兑余额（CY）、票据累计承兑量（LC）、贴现余额（TY）、累计贴现量（LT），共 6 个变量。仍采用主成分分析方法构建中国票据金融指数模型，数据选取 2002—2022 年的金融市场和票据年度数据，共有 24 期。通过表 2 可以看出，各个变量之间的相关程度都比较高，检验指标也非常适合进行主成分分析和指数的构建。数据处理过程与中国票据生态指数一致，在此不再赘述。通过 SPSS 软件对上述指标进行主成分分析，结果显示第一主

成分的方差提取率（累计贡献率）达到 90.87%，可根据因子载荷矩阵计算
出各标准变量的权重系数，最终得出中国票据金融指数（BFI）的公式为

$$BFI_j = \frac{0.1495 \times CY_j + 0.0683 \times LC_j + 0.5933 \times TY_j + 0.0314 \times LT_j + 0.0213 \times DY_j + 0.0053 \times LHB_j}{0.1495 \times CY_1 + 0.0683 \times LC_1 + 0.5933 \times TY_1 + 0.0314 \times LT_1 + 0.0213 \times DY_1 + 0.0053 \times LHB_1} \times 1000$$

表 2 票据市场与金融市场相关性矩阵

变量	CY	LC	TY	LT	DY	LHB
CY	1	0.9534	0.8535	0.7385	0.9438	0.8820
LC	0.9534	1	0.7206	0.7993	0.8284	0.7432
TY	0.8535	0.7206	1	0.5638	0.9538	0.9783
LT	0.7385	0.7993	0.5638	1	0.6176	0.6146
DY	0.9438	0.8284	0.9538	0.6176	1	0.9799
LHB	0.8820	0.7432	0.9783	0.6146	0.9799	1
KMO 和 Bartlett 的检验						
取样足够度的 Kaiser-Meyer-Olkin 度量					0.6567	
Bartlett 的球形度检验				近似卡方	223.4533	
				Df	15	
				Sig.	0.0000	

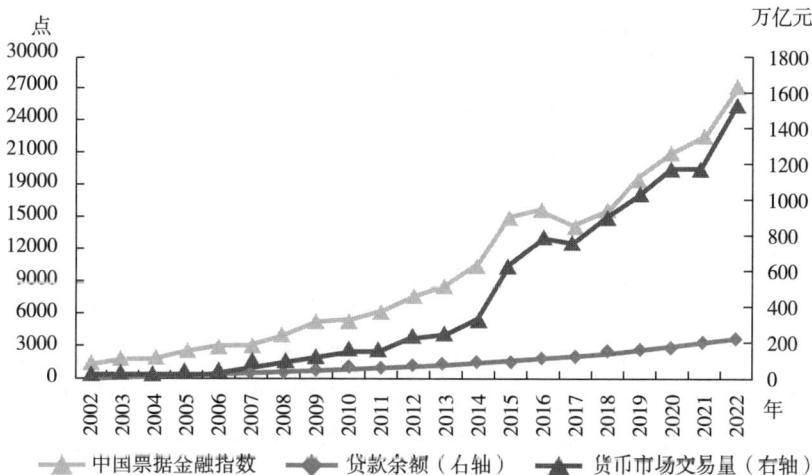

图 2 2002—2022 年中国票据金融指数走势

同理，鉴于常规指数均为正数，假设将中国票据金融指数（BFI）的基
期定为 2002 年，并将基值定为 1000 点，可得到 2002—2022 年中国票据金

融指数走势，如图2所示。从图2中可以看出，（1）中国票据金融指数与贷款余额、货币市场交易量的走势非常吻合，相关系数都超过了0.97，说明中国票据金融指数可以代表中国金融市场的整体情况。（2）票据兼具信贷属性和资金属性，中国票据金融指数与贷款余额的相关系数略高于与货币市场交易量的相关系数（0.983>0.977），表明票据的信贷调节作用有所增强，票据在企业贷款中发挥的作用进一步提升。（3）2002—2016年中国票据金融指数和贷款余额、货币市场交易量都在不断走高，票据市场的金融环境不断提升，2016年中国票据金融指数达到15624点；随着金融去杠杆和监管强化，2017年成为金融市场的转折点，货币市场和票据市场交易量均出现下滑，中国票据金融指数相应回落至14084点；2018年，货币政策转向，资金面宽松，金融市场交易活跃，中国票据金融指数回升至15537点；2019年，中国人民银行运用多种货币政策工具加大逆周期调节力度，金融市场交易活跃，信贷结构进一步优化，中国票据金融指数稳步提升至18394点；2020年中国人民银行保持流动性合理充裕，市场资金面相对宽松，加大信贷支持力度，降低社会综合融资成本，完善结构性货币政策工具体系，精准滴灌，中国票据金融指数增长至20696点；2021年，中国人民银行综合利用多种货币政策工具保持流动性合理充裕，强调信贷结构调整优化，引导重点领域和薄弱环节信贷投放，持续推动企业综合融资成本稳中有降，中国票据金融指数达到22511点；2022年，中国人民银行两次降低存款准备金率，并综合运用再贷款再贴现、中期借贷便利、公开市场操作等多种方式，短中长期相结合，保持流动性合理充裕，并多次召开信贷形势分析会议，引导金融机构加大信贷支持实体经济力度，中国票据金融指数达到26927点。

（三）中国票据价格指数

该指数用来衡量我国票据价格走势情况和趋势，由于没有官方发布的权威数据，因此选择了"中国票据网"的利率报价加权平均值，分别是转贴买入利率（MR）、转贴卖出利率（MC）、正回购利率（ZHG）和逆回购利率（NHG），共4个变量[①]。数据选取时间段为相对较全且具有可比性的2010—2022年，由于时间短，因此使用季度数，共有52期。仍采用主成分分析方法构建中国票据价格指数模型，通过表3可以看出，各个变量之间的

---

① 2017年以后使用上海票据交易所发布的数据。

相关程度都较高，检验指标（KMO 和 Bartlett 球形度检验）也非常适合进行主成分分析和指数的构建。数据处理过程与上述一致。通过 SPSS 软件对上述指标进行主成分分析，结果显示第一主成分的方差提取率（累计贡献率）达到 92.3325%，根据因子载荷矩阵计算出各标准变量的权重系数，可以得出标准化的中国票据价格指数（BPI^*）。

$$BPI_j^* （标准化）= 0.4993MR_j^* + 0.5076MC_j^* + 0.4797ZHG_j^* + 0.5128NHG_j^*$$

根据变量的平均值和标准差进行还原得到

$$BPI_j^* （标准化）= -6.9087 + 27.2008MR_j + 29.4656MC_j + 42.1583ZHG_j + 41.0791NHG_j$$

鉴于常规指数均为正数，因此假设将中国票据价格指数（BPI）的基期定为 2010 年第一季度，并将基值定为 1000 点，从而得出中国票据价格指数（BPI）的公式为

$$BPI_j = \frac{BPI_j^* + 6.9087}{BPI_1^* + 6.9087} \times 1000$$

$$= \frac{27.2008 \times MR_j + 29.4656 \times MC_j + 42.1583 \times ZHG_j + 41.0791 \times NHG_j}{27.2008 \times MR_1 + 29.4656 \times MC_1 + 42.1583 \times ZHG_1 + 41.0791 \times NHG_1} \times 1000$$

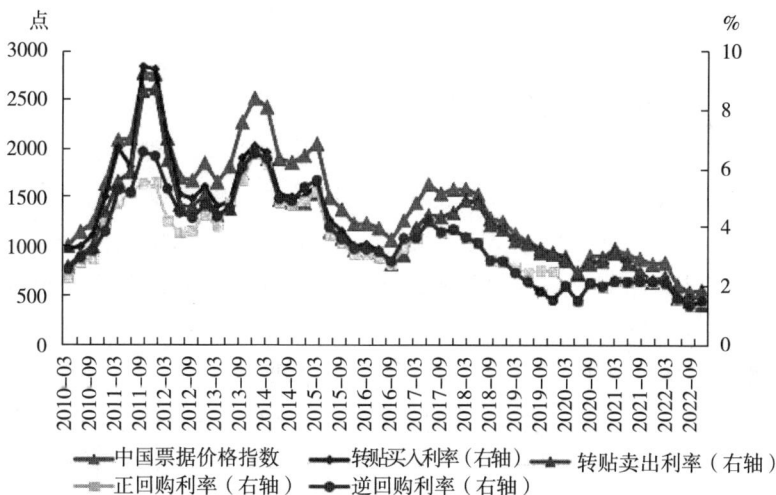

图 3 2010—2022 年中国票据价格指数走势

表 3　票据价格相关性矩阵

变量	MR	MC	ZHG	NHG
MR	1	0.9908	0.8512	0.8941
MC	0.9908	1	0.8614	0.8893
ZHG	0.8512	0.8614	1	0.9698
NHG	0.8941	0.8893	0.9698	1
KMO 和 Bartlett 的检验				
取样足够度的 Kaiser–Meyer–Olkin 度量				0.6618
Bartlett 的球形度检验			近似卡方	353.9495
			Df	6
			Sig.	0.0000

从图 3 中可以看出，（1）2010—2022 年，中国票据价格指数与票据市场利率走势基本保持一致，相关性均在 0.96 以上，说明中国票据价格指数能够代表票据价格的整体走势。（2）中国票据价格指数与逆回购利率契合程度最高，二者的相关性达到 0.9825，回购是纯资金业务，而转贴现还包含信贷的因素，与票据价格受资金因素影响更明显的特点相符。（3）2015—2016年，在全球量化宽松和我国保增长政策背景下，中国票据价格指数不断走低；随着宏观政策逐渐收紧，2017 年，中国票据价格指数有所回升；2018年，政策环境趋于宽松，中国票据价格指数开始回落；2019 年，政策环境较为宽松，加大逆周期调节、结构调整和改革的力度，以进一步降低企业融资成本，中国票据价格指数持续走低；面对新冠疫情造成的冲击，2020年第一季度以来，中国人民银行多次下调存款准备金率，向市场投放流动性，加大信贷投放力度，运用改革的方法疏通货币政策传导，以进一步降低企业融资成本，市场资金面较为宽松，中国票据价格指数迅速回落；虽然 2020 年第三季度中国票据价格指数有所回升，但整体处于低位震荡状况，2020 年第四季度中国票据价格指数回落至 891 点；2021 年以来，无论是资金面还是信贷规模都稳定偏宽松，引导票据价格快速回落，2022 年末中国票据价格指数回落至 552 点。

（四）中国票据创新指数

该指数用来衡量我国票据业务和产品的创新情况，可以从票据业务和产品的创新数量、交易量、总收入以及在票据传统业务中的占比等维度进行测评。中国票据创新指数可以反映不同时期票据市场的活力以及未来的发展趋势和持久力，同时也可以成为监管机构出台政策的依据和效果反映指标。但由于目前这几个指标均没有公开的官方统计数据以及其他权威性较强的替代数据，因此此处仅提出相关想法供探讨和完善，当然，监管机构建立票据创新统计制度体系及系统之后也可以取得。

（五）中国票据风险指数

该指数从票据承兑垫款率、票据贴现逾期率、票据案件发生率、票据资金损失率等维度进行评估，用来衡量我国票据市场的综合风险状况，可以成为票据经营机构把控风险、制定经营策略的重要参考指标。但是，目前这些指标难以搜集到适合的数据，票据承兑垫款率只有 2007—2009 年的季度数，缺少最新数据，据典型调查大致在 0.15% 与 0.25% 之间，但不够准确，因此此处仅提出相关想法供探讨和完善，当然如果监管机构能建立票据风险统计制度和相关系统即可公开发布。

（六）中国票据发展指数

该指数用来衡量我国票据市场发展的总体情况，选择了代表票据市场的承兑余额（CY）、票据累计承兑量（LC）、贴现余额（TY）、累计贴现量（LT）、转贴买入利率（MR）、转贴卖出利率（MC）、正回购利率（ZHG）、逆回购利率（NHG）和未贴现银行承兑汇票（WYC），代表实体经济方面的 GDP、社会融资规模（SHR），代表金融方面的贷款余额（DY），代表货币市场的交易量（LHB），代表创新方面的票据理财产品占比（PLC），代表风险方面的票据承兑垫款率（PCD），共 15 个指标，虽然票据理财产品占比和票据承兑垫款率不能完全代表票据创新和风险情况，但限于公开可得数据考虑将其纳入指标体系。数据选择 2003—2022 年的季度数，共有 80 期，但由于票据理财产品占比和票据承兑垫款率数据的限制，实际自由度只有 17 个。对上述数据运用主成分分析方法进行计算，结果显示存在三个主成分，累计贡献率达到 89.11%。通过合并转化计算综合主成分，即中国票据发展指数（BDI）。鉴于常规指数均为正数，假设将中国票据发展指数的基期定为 2003 年第一季度，并将基值定为 1000 点，可得到 2003—2022 年各季度中国票据发展指数走势，如图 4 所示。

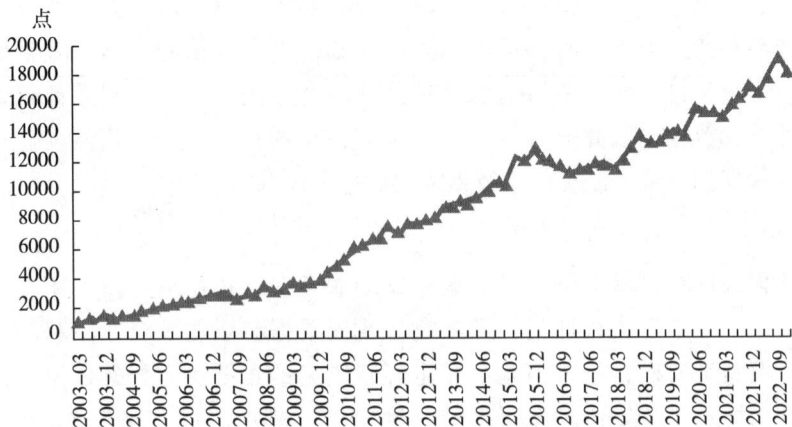

图 4　2003—2022 年中国票据发展指数走势

通过分析可知，（1）随着近年来我国经济金融环境的不断改善，票据市场得到了迅猛发展，中国票据发展指数在 2022 年末达到了 17976 点，相比基期增长了近 18 倍，年均增长率超过 8.99%。（2）中国票据发展指数存在明显的周期性波动，即年末迅速升高、年初回落的特点，这与 GDP 等经济金融指标存在周期性变化是相一致的。（3）构建的指标中与中国票据发展指数相关性较高的有票据承兑余额、票据累计承兑量、累计贴现量、GDP、贷款余额、货币市场的交易量、票据理财产品占比和票据承兑垫款率，而票据利率与中国票据发展指数的相关程度相对较低，这主要是因为票据利率多跟市场资金、信贷规模等资源有关，跟票据市场发展阶段和发展程度的关系相对较小。（4）与中国票据发展指数负相关的指标只有票据承兑垫款率和贴现余额，前者是因为票据市场的发展与风险的发生比例往往成反比，后者主要是因为票据贴现余额作为信贷调节工具受宏观政策影响巨大。

四、中国票据发展指数的应用

（一）区域票据发展指数的构建

中国票据发展指数除了可以用来衡量我国票据市场总体发展状况以外，也能够借鉴用来编制全国各个省市的区域票据发展指数，从而比较各地区票据市场的发展情况，进而有利于地方监管机构出台适合区域特色的票据发展政策，也方便各类型、各地区的市场参与主体制定相适应的经营策略、设计适销对路的票据产品。由于区域性数据比全国性更少，因此本义选择了承兑余额、承兑发生额、贴现余额、贴现发生额、GDP 和贷款余额六个指标，并假设 2006 年全国平均水平为基值，同样运用主成分分析法得出 2006—2021 年全国 31 个省、自治区和直辖市（香港、澳门、台湾地区除外）的票据发展指数，如表 4 所示①。

1. 全国各地区历年的票据发展指数

全国各地区历年的票据发展指数如表 4 所示，我国的票据发展水平总体上呈现提高的趋势，特别是广东、江苏、浙江、河南等地上升幅度较大，但是受新冠疫情影响，区域票据发展指数整体回落。随着疫情防控工作取得阶段性成效，企业复工复产有序进行，2021 年区域票据发展指数有所回升。

2. 全国各地区票据发展指数的分析

2006—2021 年全国各地区票据发展指数的差距情况如表 5 所示，从中可以看出，全国各地区全距与标准差正在逐步增大，极差由 2006 年的 3433 点增加到 2021 年的 8543 点，标准差由 2006 年的 974 点增加到 2021 年的 2071 点。票据发展状况在不同维度上并不均衡，地区之间的差距正在逐步加大，东部经济发达地区的票据发展指数明显高于西部欠发达地区，形成东西部之间较为明显的区域差异，即一个地区票据市场的发展情况基本与该地区的经济总量和贷款总规模是相一致的。同时，我们也发现近几年中部地区票据市场的增长速度较快，经济发达的东部地区增长速度反而较慢，这与我国整体经济结构调整、中西部经济金融发展速度加快是相辅相成的。

---

① 2016 年、2017 年、2018 年、2019 年、2020 年和 2021 年海南省相关票据数据未公布，本文引用 2015 年相关票据数据来计算海南省 2016 年、2017 年、2018 年、2019 年、2020 年和 2021 年的票据发展指数。2018 年、2019 年、2020 年山东省的金融运行报告未公布票据承兑余额、承兑发生额、贴现余额、贴现发生额数据，本文引用 2017 年相关数据来计算山东省 2018 年、2019 年和 2020 年的票据发展指数。2018 年、2019 年、2020 年和 2021 年天津市的金融运行报告未公布票据承兑余额、承兑发生额、贴现余额、贴现发生额数据，本文引用 2017 年相关数据来计算天津市 2018 年、2019 年、2020 年和 2021 年的票据发展指数。2019 年、2020 年上海市相关票据数据未公布，本文引用 2018 年相关票据数据来计算上海市 2019 年、2020 年的票据发展指数。2019 年、2020 年、2021 年西藏自治区相关票据数据未公布，本文引用 2018 年相关票据数据来计算西藏自治区 2019 年、2020 年、2021 年的票据发展指数。2019 年湖南省相关票据数据未公布，本文引用 2018 年相关票据数据来计算湖南省 2019 年的票据发展指数。2020 年、2021 年贵州省和新疆维吾尔自治区相关票据数据未公布，本文引用 2019 年相关票据数据来计算贵州省和新疆维吾尔自治区 2020 年、2021 年的票据发展指数。

表 4 2006—2021 年中国各区域票据发展指数

地区	2006年	2007年	2008年	2009年	2010年	2011年	2012年	2013年	2014年	2015年	2016年	2017年	2018年	2019年	2020年	2021年
全国平均	1000	1795	1822	1925	1902	1969	2064	2010	1985	1882	1907	1913	2030	2301	1901	2147
广东	3478	5539	5319	5760	5349	5853	6085	6207	6437	5276	5604	6529	6659	7162	7809	8627
江苏	3272	5607	5734	5356	6132	6420	7088	7252	7167	6695	6515	6001	6983	8328	6778	7627
浙江	2561	5753	5868	5873	5590	5470	5464	4981	4999	5309	4873	4475	5481	6630	4603	6100
山东	2808	4804	4687	4958	4677	4885	5269	5220	5108	4820	5077	4444	4568	4586	3627	4860
河南	1235	2328	1522	3291	3568	3132	2258	2224	2212	2181	1902	2833	2598	3415	2711	2785
上海	2504	4261	4795	4439	3362	3478	3396	3557	3666	2779	2129	2668	3428	3588	2667	3237
北京	1701	2738	2871	2886	2802	2744	2764	2615	2615	2614	2732	2654	2792	4592	3319	3242
辽宁	1451	2587	2614	2928	2600	2554	2707	2720	2540	2583	3019	2542	3092	3106	2357	2336
河北	1205	1914	1781	1996	2040	2142	2227	2414	2390	2420	3684	2373	2082	2298	1878	1989
湖北	857	1631	1104	1381	1268	1519	1617	1997	1950	2036	2137	1962	2063	2518	2038	2199
四川	1044	1815	1687	1912	2041	2018	2240	2162	2031	1923	2448	1836	2010	2244	1898	2136
福建	770	1546	1544	1707	1777	2056	2155	2192	2179	1769	1957	1738	2533	2650	2238	2479
重庆	772	1387	1402	1770	1543	1635	1905	1981	1976	1858	1678	1569	1653	2278	1427	1600
安徽	632	1155	2773	1802	1746	1741	1916	1701	1675	1568	1590	1538	1683	2180	1707	1921
陕西	507	1066	1092	1148	1109	1156	1159	1171	1172	1327	1268	1449	1681	1888	1430	1534
山西	701	1088	941	930	1080	1304	1357	1645	1273	1127	1249	1376	1857	1252	1392	1575
内蒙古	376	795	790	819	930	1034	1019	1087	1057	984	1121	1331	1289	1090	762	867
天津	635	1182	1266	1491	1660	1791	2015	2026	1864	1741	1469	1323	1346	1305	1013	1084

续表

地区	2006 年	2007 年	2008 年	2009 年	2010 年	2011 年	2012 年	2013 年	2014 年	2015 年	2016 年	2017 年	2018 年	2019 年	2020 年	2021 年
湖南	562	1095	153	714	920	847	960	1423	1470	1199	1367	1288	1277	1373	1473	1715
江西	405	767	766	877	968	1090	1114	1122	1185	1438	1037	1141	1089	1621	1388	1670
云南	427	857	814	882	864	909	1018	1135	1022	913	926	1027	1247	908	1183	1388
广西	312	617	104	193	174	203	218	867	982	970	713	786	932	1104	991	1080
新疆	282	515	480	536	734	591	682	763	707	731	893	732	753	1053	798	844
吉林	334	665	772	766	751	936	1267	1072	961	1157	845	729	693	713	636	610
黑龙江	529	898	911	934	875	912	1055	909	716	884	962	672	715	794	658	647
贵州	196	397	370	403	456	481	517	628	707	631	510	601	572	701	603	651
甘肃	225	370	662	451	404	468	541	534	642	583	487	502	524	557	545	580
西藏	0	0	0	0	0	0	0	38	68	39	32	437	97	102	81	84
宁夏	94	186	178	206	228	283	292	285	298	267	317	371	425	415	311	334
青海	45	120	107	119	153	179	186	203	221	216	270	327	306	354	266	387
海南	82	156	623	1223	1256	1243	1437	192	258	304	291	404	491	514	353	369

表5　2006—2021年全国各地区票据发展指数差距情况

年份	地区数（个）	极小值	极大值	全距	均值	标准差
2006	30	45	3478	3433	1000	974
2007	30	120	5753	5633	1795	1700
2008	30	107	5868	5761	1822	1731
2009	30	119	5873	5754	1925	1731
2010	30	153	6132	5979	1902	1666
2011	30	179	6420	6241	1969	1702
2012	30	186	7088	6902	2064	1768
2013	31	38	7252	7214	2010	1769
2014	31	68	7167	7099	1985	1776
2015	31	39	6695	6656	1882	1622
2016	31	32	6515	6483	1907	1661
2017	31	327	6529	6202	1860	1585
2018	31	97	6983	6886	2030	1774
2019	31	102	8328	8226	2301	2071
2020	31	81	7809	7728	1901	1789
2021	31	84	8627	8543	2147	2071

（二）区域票据发展指数的聚类分析

本文采用聚类分析方法对我国各地区历年的票据发展指数进行归类，通过对输出结果的分析，按照地区来确定票据发展指数的类别，并研究票据发展指数对各个地区的影响。

在聚类方法上，选择组间连接法，即当两类合并为一类后，所有的两两项之间的平均距离最小。同时，运用标准差标准化方法（Z-Scores），把数值标准化到Z分布，标准化后变量均值为0，标准差为1。最后，输出结果的树状聚类图如图5所示。由图5可以看出，当把距离设定为7时，全国各地区可以明显分为3大类。

第一类：广东、江苏、山东、浙江。这四个省市在GDP和贷款规模上均是全国前列，它们的共同特点主要是东南沿海地区经济发达，企业贸易结算和融资需求旺盛，票据资源和金融资源丰富，市场交易活跃，创新能力强，因此该地区从票据承兑、银行直贴到金融机构的转贴现都很活跃，因此票据发展指数在全国遥遥领先。

重新标度的距离聚类组合

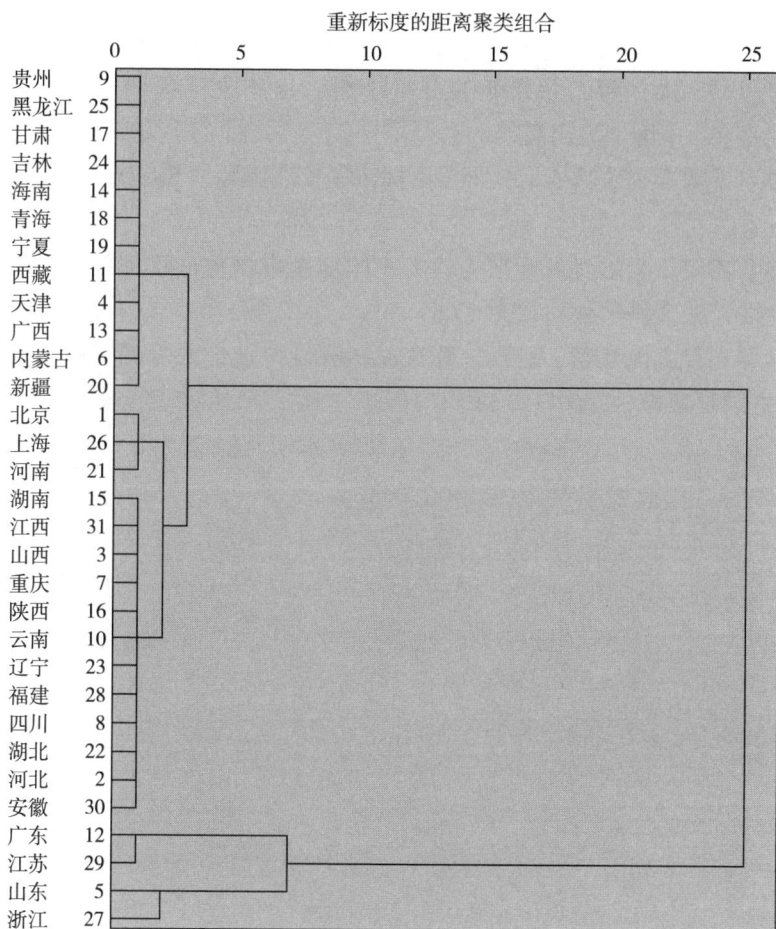

图 5 使用平均连接（组间）的谱系图

第二类：北京、上海、河南、湖南、江西、山西、重庆、陕西、云南、辽宁、福建、四川、湖北、河北、安徽。这些地区大多属于经济金融发展第二梯队，经济基础相对较好，金融活跃度相对较高，票据在企业间的支付结算需求和金融机构间的周转融资需求均较为旺盛，因此这些地区各类票据业务均处在全国的中上游。

第三类：贵州、黑龙江、甘肃、吉林、海南、青海、宁夏、西藏、天津、广西、内蒙古、新疆。这些省份大多位于中西部和东北地区，经济总量和金融资源存量不及一二梯队省份，票源较为稀缺，参与主体相对较少，投入票据市场的金融资源也不足，票据市场发展相对落后。

参考文献

［1］中国人民银行货币政策分析小组．历年中国区域金融运行报告［M］．北京：中国金融出版社．

［2］上海票据交易所．2021年票据市场发展回顾［EB/OL］．上海票据交易所官网．

［3］雷宏．金融发展指数构建与中国金融市场化进程评价［J］．中北大学学报（社会科学版），2007（6）．

［4］曹颢，尤建新，卢锐，陈海洋．我国科技金融发展指数实证研究［J］．中国管理科学，2011（3）．

中国票据市场 2021 年回顾与 2022 年展望*

肖小和 木之渔

一、2021 年中国票据市场回顾

2021 年是"十四五"规划和第二个百年奋斗目标的开局之年，也是在疫情冲击下我国经济重回发展正轨的关键之年。在外部环境更趋复杂严峻、国内经济向好基本面没有改变的背景下，票据市场总体运行稳定，票据承兑及融资业务稳步增长，创新产品应用范围不断扩大，市场制度及系统功能不断完善；票据市场利率稳定在较低的水平，进一步惠及实体经济尤其是中小企业；商票信息披露机制正式推出，促进票据市场透明度持续增强，风险防控水平再上新台阶。2021 年也是票据市场意义非凡的一年，上海票据交易所成立五周年。五年来，在中国人民银行的悉心指导下，上海票据交易所积极发挥票据市场引领带动作用，推动我国票据市场生态环境焕然一新，票据市场规范发展步入新台阶，服务实体经济成效显著。站在新的历史起点，期待上海票据交易所助力全国经济高质量发展和上海国际金融中心建设。

（一）市场总量稳步增长

1. 承兑业务稳步发展，银票商票齐头并进

2021 年，票据承兑业务发展较为稳健，银票、商票承兑业务量增幅相差不大，均维持在 7%~9%。截至 2021 年 11 月末，票据承兑余额为 14.65 万亿元，同比增长 6.31%。1—11 月，累计承兑 21.37 万亿元，同比增长 9.27%。其中，银票承兑 18.1 万亿元，同比增长 9.54%；商票承兑 3.27 万亿元，同比增长 7.78%。

2. 融资业务小幅增长，商票融资增长较快

2021 年，票据融资业务总体增幅较小，但商票融资业务增长迅猛，如商票贴现业务同比增幅较银票贴现业务高 1 倍。截至 2021 年 11 月末，票据

---

* 本文写作于 2021 年 12 月。

融资余额为9.51万亿元，同比增长9.77%。1—11月，累计贴现13.15万亿元，同比增长10.08%。其中，银票贴现12.06万亿元，同比增长9.22%；商票贴现1.09万亿元，同比增长20.59%。1—11月，交易金额合计63.09万亿元，同比增长9.6%。其中，转贴现交易金额为41.6万亿元，同比增长5.29%；回购交易金额为21.49万亿元，同比增长19.05%。2021年票据承兑、融资总量以及商票业务数据的增长幅度与我们年初时的预测基本一致。

（二）服务实体经济成效显著

近年来，票据市场在服务实体经济领域成效显著。一是票据融资余额在GDP总量中占比较高，截至2021年第三季度，票据融资余额在GDP总量中占比约为11%；二是不断强化对小微企业投放的总量与精准度，据上海票据交易所统计，2021年1—11月，小微企业用票金额近50万亿元，占比超过50%；小微企业用票家数近300万家，占比超过90%；三是持续向小微企业提供"廉价"融资，2021年1—11月，小微企业票据平均贴现利率为3.05%，远低于同期限流动资金贷款利率，大幅节约小微企业融资成本，支持实体经济健康发展。

（三）市场创新持续推进

2021年是票据市场创新整合之年，全力推动创新产品应用发展。

一是供应链票据创新集中推进。近年来，多个省市政府出台政策，鼓励发展供应链金融及供应链票据业务；2021年8月27日，上海票据交易所举办供应链票据平台上线发布会暨签约仪式，新一批参与业务的兵工财务公司、电子科技财务公司、农业银行、招商银行、兴业银行、平安银行、江苏银行、建信融通8家供应链平台，以及与前期参与试运行的中企云链、简单汇、欧冶金服等机构完成集体线上签约。供应链票据通过票据流转模式和系统运行逻辑的创新，使得票据与供应链企业之间的交易往来更加紧密耦合，信息透明度更高，信用和风险识别机制更加清晰，打通了企业生产、分配、流通及消费各环节，畅通了供应链、产业链，更好地发挥了票据推动供应链金融发展的优势作用。

二是企票通面临创新机遇。近年来，中国国新设立的企票通平台，在央企商票互认、互保方面取得较好成绩。2021年10月，时任中国人民银行副行长潘功胜在国务院常务会议、国务院政策例行吹风会上对现阶段金融政策做了进一步说明，其中提到支持小微企业供应链融资。在配合相关部门做好账款清欠工作的基础上，推动大型企业使用商业汇票替代其他形式的账款，指导金融机构扩大商业汇票承兑贴现范围，通过再贴现等工具缓解小微企业因为占款而面临的压力。在产业链清欠的大背景下，可进一步挖掘企票通平台作用，不断探索创新商业汇票与供应链金融相结合的服务模式，为央企及其产业链上下游中小企业提供更完善的票据服务。

三是金融机构票据创新不断。2021 年，中国工商银行、邮储银行、兴业银行、浦发银行等金融机构持续推动绿色票据业务开展；人民银行南京分行、广州分行等分支机构大力推动绿色再贴现业务发展；工商银行针对小微企业推出"普惠专享贴"，并整合票据市场场景打造"票据业务平台化场景化"等创新产品；相关创新产品的研发与推进，进一步提升了票据市场对实体经济的服务广度、深度及效率。

（四）制度建设基本完备

2021 年，票据市场制度建设稳步推进，相对完善的票据市场制度体系已初步形成。年内，上海票据交易所先后下发了《票据账户主动管理服务操作规程》《再贴现业务系统操作指引》《商业汇票信息披露操作细则》等相关规章制度，进一步完善了票据市场制度体系，推动票据市场交易全面走向 DVP，提升了票据市场透明度，为票据市场匹配经济高质量发展提供了保障。

（五）市场利率震荡走低

2021 年，票据转贴现利率总体平稳，呈现先升后降的走势，年初 3 个月城商银票转贴现利率曾达到 4.543 的高点，随后持续震荡下行，至 11 月下旬国股银票转贴现利率整体维持在 2.3% 以下，城商银票转贴现利率整体维持在 2.5% 以下。票据转贴现利率震荡走低，带动票据贴现价格下行，有效降低了实体经济融资成本，为小微企业走出疫情困境提供了支持。

（六）金融科技全力推进

2021 年，票据市场系统建设加速推进，新系统、新功能的上线有力支撑了市场业务发展，强化了风险控制手段，为金融服务实体经济提供了有力支持。一是全力推进新一代票据业务系统建设，整合中国票据交易系统与电子商业汇票系统（ECDS），统一规范完善业务及系统规则，为票据市场的创新及发展提供有力支撑；二是上线再贴现 DVP 交易功能，全面加快再贴现业务处理效率，提升票据市场服务实体经济的能力；三是完善了商票信息披露相关系统功能，为防范商票信用风险及提升市场透明度提供了技术支持；四是市场参与者的科技研发水平不断提升，如工商银行的"票据业务平台化场景化"项目，利用互联网新技术和新思维，将票据产品和服务嵌入互联网平台各类生产经营场景，为实体经济提供全方位、多层次的票据综合服务。

（七）风险防范成效显著

2021年，票据市场参与主体继续强化风险防控，通过深化金融科技手段运用，不断强化市场风险管控能力及预警能力，有效维护了票据市场秩序。一是持续推动商票主动账户管理，2021年上海票据交易所继续加快推进商票主动账户管理工作，不断加强宣传推广，持续完善系统功能，有效防范了不法分子冒用企业名义开立账户，进而签发虚假商票的情况，逐步杜绝伪假商票风险。二是大力推动商票信息披露各项工作，上海票据交易所通过上线信息披露平台、强化信息披露培训推广工作，收效显著，现已有4万余家企业在平台注册并披露商票签发及信用信息，大幅提升了商票市场透明度，改善了商票信用环境，降低了商票信用风险，为商票市场的持续稳定发展奠定了基础。

（八）应用研究硕果累累

2021年，票据市场理论研究工作进入新阶段。一是首部票据专业教科书——《票据学》问世，该书首次将票据学定位为金融学的分支，为业界进一步研究探索票据市场发展规律指明了方向；二是研究机构成果丰硕，一方面，2021年恰逢江西财经大学九银票据研究院成立五周年，作为票据市场理论研究的先行者和探索者，五年来成果丰硕，发表论文超百篇，十余篇论文获得各类外部奖项，编撰并出版《中国票据市场发展研究》《中国票据市场框架体系研究》《中国票据市场创新研究》《票据基础理论与业务创新》《票据史》《票据学》六部专著，培养票据专业研究生数十人，有机结合票据"产、学、研"，为我国金融理论研究探索出一条新发展道路；另一方面，年内中国票据研究中心开展"票据论道"研讨会，江西财经大学九银票据研究院主办"商业汇票发展与创新研讨会"，并联合《上海立信会计金融学院学报》开展联合征文活动，相关活动凝聚了各方力量，为票据市场的改革创新发展建言献策，提升了票据市场整体理论水平；三是民间研究蓬勃发展，部分票据从业人员通过微信公众号等方式开展票据市场分析、产品研究，活跃了票据实务领域研究。

二、2022 年宏观经济形势

2022 年是"十四五"规划的深化之年，也是我国经济转型升级的关键之年。2021 年中央经济工作会议明确提出了 2022 年经济工作的总体要求、政策取向和重点任务，指出"当前我国经济面临需求收缩、供给冲击、预期转弱三重压力，外部环境更趋复杂严峻和不确定。我国经济韧性强，长期向好的基本面不会改变"。需坚持"稳字当头，稳中求进"的工作总基调，加快构建新发展格局，推动高质量发展。我国将继续实施积极的财政政策，更加注重精准及可持续，继续推进"六稳""六保"工作，持续改善民生，着力稳定宏观经济大盘，并将加强与货币政策的协同配合，确保宏观政策稳健有效；未来将进一步遏制并稳妥化解地方政府隐性债务风险隐患，确保财政政策的可持续性。我国将维持稳健的货币政策，并注重保持政策灵活适度，保持流动性合理充裕，保持人民币汇率基本稳定，为经济高质量发展提供金融支持；预计人民银行将继续引导金融资源服务实体经济，加强对国民经济重点领域、薄弱环节的金融支持，继续推进普惠金融，促进小微企业融资，推动企业融资成本稳中有降；将进一步规范金融机构市场行为，提升金融监管能力和水平，确保不发生系统性金融风险。

三、2022 年中国票据市场展望

（一）总量趋于稳定，结构预计调整

2021 年中央经济工作会议强调经济工作"稳字当头、稳中求进"，要求引导金融机构加大对实体经济特别是小微企业、科技创新、绿色发展的支持力度。预计 2022 年，票据市场承兑及融资总量基本保持稳定，市场结构将发生一定调整，预计商票业务在票据业务中的占比将持续提升；从实际情况看，未来票据期限以 3~9 个月居多，且更符合企业实际情况。金融服务实体经济、服务小微企业、服务绿色产业、服务科技创新型企业的力度将不断加大，以更好地推进产业结构转型升级，将更多的金融资源配置到经济社会发展的重点领域和薄弱环节。

（二）利率总体平稳，小幅震荡回升

预计 2022 年票据市场利率总体保持平稳，较 2021 年底略有回升。"稳"是 2022 年我国经济发展的总基调，票据市场作为货币市场的重要组成部分，预计其市场利率与货币市场其他子市场利率波动相似，总体平稳、小幅震荡，大致维持在一个较低的水平，有利于进一步满足实体经济融资需求；考虑到 2021 年底受降准、规模等因素综合影响，市场资金面较为宽裕，导致票据市场利率下调过低，预计 2022 年票据市场利率将会回升至正常水平。

（三）业务创新多角度，产品推进全方位

票据创新是票据市场持续稳定发展的源泉，2022 年在票据创新领域应进一步强化以下几个方面。一是推动供应链、产业链领域票据业务创新，持续推动供应链票据业务的推广，不断完善供应链票据相关业务及系统功能，提升对核心企业及上下游中小企业的支持力度，畅通供应链内循环；二是强化数据领域的创新与合作，上海数据交易所已经成立，票据市场应与上海数据交易所实现数据层面的交换、共享，获取更多市场及市场主体数据信息，为票据市场产品创新奠定基础；三是全方位、全生命周期推进票据市场创新，如推动"供应链票据+标准化票据创新""票付通+供应链票据"等，全方位满足实体经济支付与融资需求；四是加快研究国际票据交易所，推进票据市场及业务规则"走出去"，不断强化基础设施创新对票据市场的引领作用，通过国内、国际票据交易所双轮驱动，满足双循环新发展格局的需求；五是重点关注商票基础设施创新，持续推动企票通平台创新与发展，促进央企及地方商票平台建设，进一步推动商票业务发展，服务实体经济。

（四）科技引领发展，预研创新技术

2022 年，新一代票据业务系统将正式上线，将改变票据一二级市场系统分离的现状，为票据市场业务与系统整合大发展创造条件。建议做好以下几方面工作：一是持续研究新科技、新技术，元宇宙是新兴的技术热点，目前仍处于研究阶段，尚无成熟金融市场成功范例，建议票据市场基础设施及参与者加强对此方面的研究，将扩展现实技术及沉浸式体验引入票据市场（如虚拟交易、投资者教育、风险防范等），提升票据市场技术含量，推动市场快速发展；二是目前票据市场参与者的技术水平参差不齐，需进一步提升市场整体技术水平，建立统一技术平台。

（五）风控仍需加强，规范市场发展

2022 年，在票据市场风险防范方面还需进一步做好以下几方面工作：一是尝试探索票据信用评级，建议借鉴相关成熟市场经验，研究票据（尤其是商票）的信用评级模型及数据来源，引入相关信用评级公司，尝试开展票据信用评级工作，进一步推动票据市场信用风险防控；二是建设风险预警机制，在完善票据市场风险监测的基础上，建议推动市场风险预警机制与模型建设，提升票据市场预防风险的能力；三是加强与征信部门的合作，互通数据信息，完善并丰富企业融资信息，强化票据市场风险控制能力；四是加强对类票据业务风险的关注与研究，明确类票据业务的监管部门，强化对此类业务的风险管控能力；五是强化市场参与主体的风险防控能力，尤其是强化中小金融机构的票据风险防控手段与能力，提升全市场风险防控水平。

（六）制度有待完善，修法任重道远

2022年，期待票据市场制度建设再上新台阶。一是创新产品制度仍有缺失（如供应链票据），供应链票据是未来一段时间内票据市场发展的重要方向，建议尽快出台供应链票据管理办法，明确该项业务及参与者的各项管理要求，提升票据市场为供应链上下游小微企业服务的效能，进一步改善实体经济融资环境；二是继续推动《票据法》修订工作，长期以来，票据市场相关创新产品（如电子商业汇票、标准化票据、票据资产证券化等）均缺乏相关法律依据，市场法制建设的滞后在一定程度上影响了业务创新的积极性、市场发展的持续性，建议有关部门考虑票据市场实际情况，参考成熟市场经验，继续推动《票据法》修订工作，为市场参与者提供法律保障，完善票据市场法制建设；三是推进监管制度的协调统一，建议人民银行协调票据市场相关监管部门，在票据市场监管制度层面统一步骤、统一规范，以调动市场主体更好地推进票据业务发展，更好地服务实体经济。

（七）加强票据研究，共同推动发展

2022年，期待票据市场理论研究工作再传佳音。一是深化票据理论研究，《票据学》已出版发行，初步搭建了票据理论框架，未来可以围绕相关理论框架深入开展票据理论研究；二是加强票据市场创新研究，一方面需加强票据服务实体经济、服务供应链的创新研究，另一方面需强化跨境电子商业汇票、上海国际票据交易所的研究；三是鼓励民间研究，引导票据市场从业人员主动对票据市场进行分析、研究，营造学习研究氛围；四是建议中国金融学会成立票据专业委员会，运用专业优势加强对票据全生命周期、票据生态环境、票据法律法规等领域的研究，进一步强化票据市场研究力量，提升研究水平；五是建议研究机构之间应加强沟通交流，取长补短、相互学习，共同推动票据市场研究再谱新篇章。

参考文献

［1］上海票据交易所．五载耕耘谱华章　砥砺求索启新程——上海票据交易所成立五周年座谈会在沪举行［EB/OL］．［2021-12-09］．中国证券网．

［2］新华社．《票据学》首发，现场专家共论商票如何服务实体经济［EB/OL］．［2021-09-26］．新华网．

全国与各省市 2022 年新增社融与 GDP 分析

肖小和　李紫薇

一、新增社融与 GDP 对比分析

　　社会融资规模增量是指一定时期内，实体经济从金融体系获得的资金总额。社会融资规模的变化体现出社会经济的活跃程度，同时也反映了金融体系对实体经济的支持程度。面对复杂多变的国际环境和需求收缩、供给冲击、预期转弱三重压力，2022 年我国继续坚持"稳字当头、稳中求进"的工作总基调，把稳增长放在更加突出的位置。在党的二十大和中央经济工作会议精神的引导下，按照《政府工作报告》的要求，中国人民银行加大稳健货币政策实施力度，积极发挥结构性货币政策工具的引导功能。我国货币信贷和社会融资规模保持合理增长，信贷结构不断优化，综合融资成本稳中有降。2022 年，全国社会融资规模增量为 320099 亿元，同比增加6689 亿元，增长幅度为 2.13%；社会融资规模增量占 GDP 的比重为26.45%，较 2021 年减少 0.01 个百分点。从增量结构来看，2022 年各省市表内融资、间接融资均实现了正增长，成为社融增长的主要支撑。

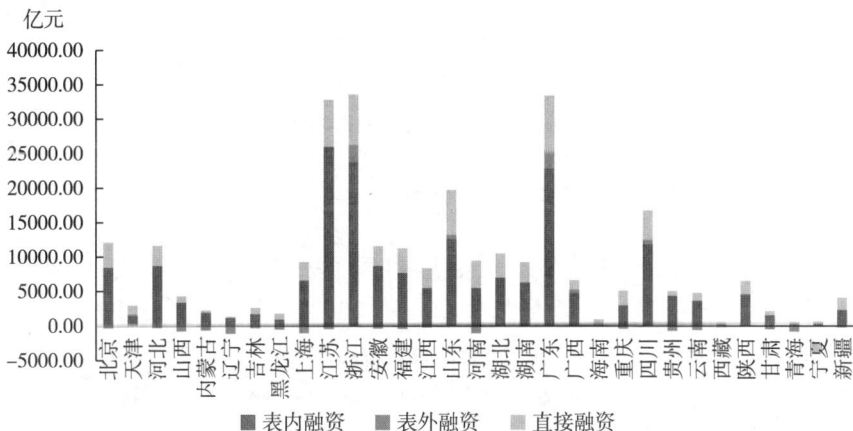

图 1　全国各省市社融增量结构

就各省市社会融资规模增量而言，超过全国平均社融增量的省市有北京、河北、江苏、浙江、安徽、福建、山东、湖北、广东、四川，其中，广东社会融资规模增量达到 35104 亿元，位居全国第一，而青海社会融资规模增量为-395 亿元，是全国唯一负增长省份。各地社会融资规模增量的差异在一定程度上反映出不同地区的经济发展程度，江苏、浙江、广东等经济发达地区，社会融资规模增量相对较高，均超过 30000 亿元；而西藏、青海、宁夏等经济欠发达地区，社会融资规模增量相对较低，均不足 1000 亿元。

就各省市社融增量占 GDP 的比重而言，北京、河北、江苏、浙江、江西、广东、四川这 7 个省市社融增量占 GDP 的比重均超过全国平均水平，其中，浙江这一比例最高，达到 44.93%，较全国平均水平高出 18.48 个百分点；内蒙古、辽宁、黑龙江、西藏、青海社融增量占 GDP 的比重均不足 10%，青海甚至达到-10.94% 的占比。

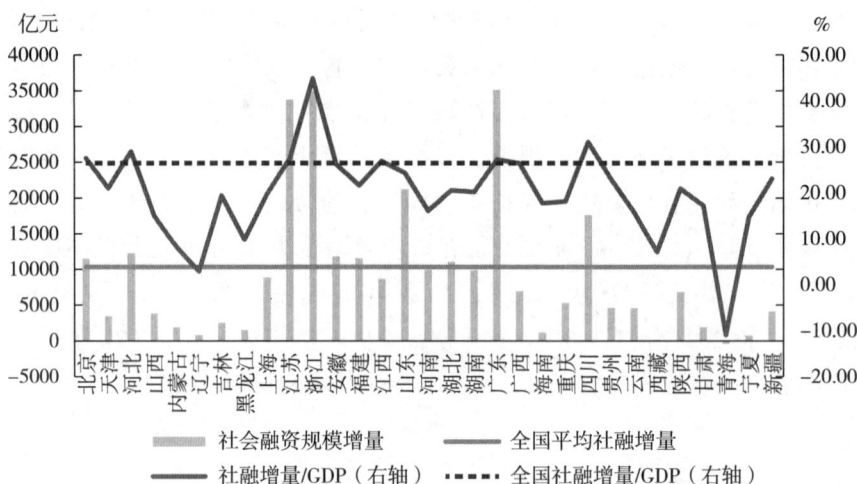

图 2　全国及各省市新增社融占 GDP 的比重

二、新增贷款与 GDP 对比分析

2022 年，全国本外币贷款增量达到 203893 亿元，同比增加 2775 亿元，增长 1.38%，其中，新增人民币贷款 209147 亿元，同比多增 9774 亿元；新增外币贷款-5254 亿元，同比少增 6969 亿元。新增贷款占社会融资规模增量的比重达到 63.70%，同比减少 0.45 个百分点，超过社会融资规模的半数，表明金融体系对实体经济的资金支持主要通过贷款发放。2022 年第二季度以来，受新冠疫情及经济下行压力影响，中国人民银行连续召开多场信贷工作会议，引导金融机构在审慎经营的前提下，按照市场化原则增加贷款投放，并持续深化利率市场化改革，发挥 LPR 改革效能和存款利率市场化调整机制的重要作用，推动实际贷款利率进一步降低。2022 年全国新增贷款占 GDP 的比重为 16.85%，较 2021 年减少 0.74 个百分点。

就各省市本外币贷款增量而言，新增本外币贷款超过全国平均水平的省市有北京、河北、上海、江苏、浙江、安徽、福建、山东、湖北、广东、四川，其中，江苏、浙江、山东、广东、四川新增本外币贷款均超过 10000 亿元，江苏达到了 25990 亿元，位居全国第一；而西藏、青海、宁夏新增本外币贷款低于 500 亿元，其中，青海仅有 225 亿元。

就各省市本外币贷款增量占 GDP 的比重而言，北京、河北、江苏、浙江、安徽、江西、广东、广西、四川、贵州 10 省市本外币贷款增量占 GDP 的比重均超过全国平均水平，其中，浙江这一比例最高，达到 30.62%，较全国平均水平高出 13.77 个百分点；天津、内蒙古、辽宁、黑龙江、河南、海南、青海本外币贷款增量占 GDP 的比重均不足 10%，其中，辽宁这一比例最低，为 3.9%。

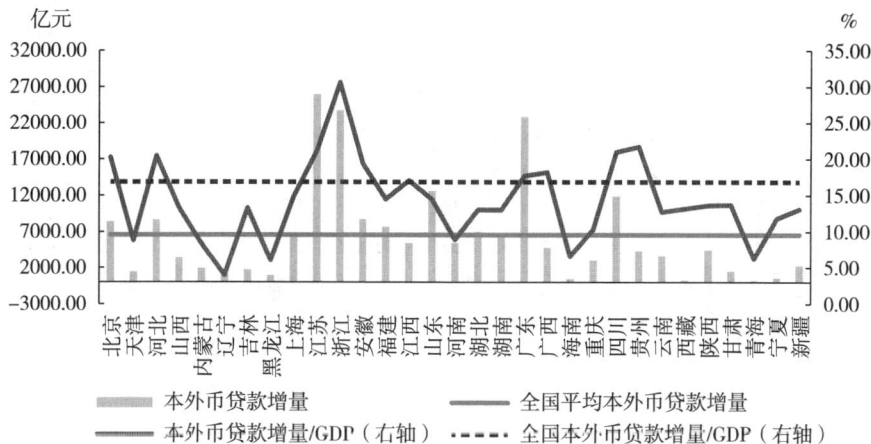

图 3　全国及各省市新增贷款占 GDP 的比重

三、新增债券（企业债+政府债）与 GDP 对比分析

2022 年，全国债券增量达到 91737 亿元，同比少增 11283 亿元，减少 10.95%，其中，新增企业债券 20509 亿元，同比少增 12357 亿元；新增政府债券 71228 亿元，同比多增 1074 亿元，新增债券占社会融资规模增量的比重达到 28.66%，较 2021 年下降 4.20 个百分点，成为推动社会融资规模

增量上升的另一重要因素。2022 年以来，监管部门多措并举，进一步完善体制机制，推动债券市场定向扩容以及信用评级行业高质量发展，进一步加强债券市场信用风险管控。2022 年债券发行利率总体平稳，发行量基本持平，全国新增债券占 GDP 的比重为 7.58%，较 2021 年下降 1.43 个百分点。

就各省市新增债券而言，超过全国平均债券增量的省市有江苏、浙江、山东、河南、湖北、广东、四川，其中，江苏、浙江、山东、广东新增债券均超过 5000 亿元，广东达到了 6511 亿元，位居全国第一；而内蒙古、辽宁、海南、西藏、青海、宁夏新增债券均低于 500 亿元，其中，西藏债券增量最低，仅有 7 亿元。

就各省市债券增量占 GDP 的比重而言，浙江、江西、新疆 3 省市债券增量占 GDP 的比重均超过全国平均水平，其中，新疆这一比例最高，达到 8.63%，较全国平均水平高出 1.05 个百分点；辽宁、西藏债券增量占 GDP 的比重均不足 1%，其中，辽宁这一比例最低，仅有 0.25%。

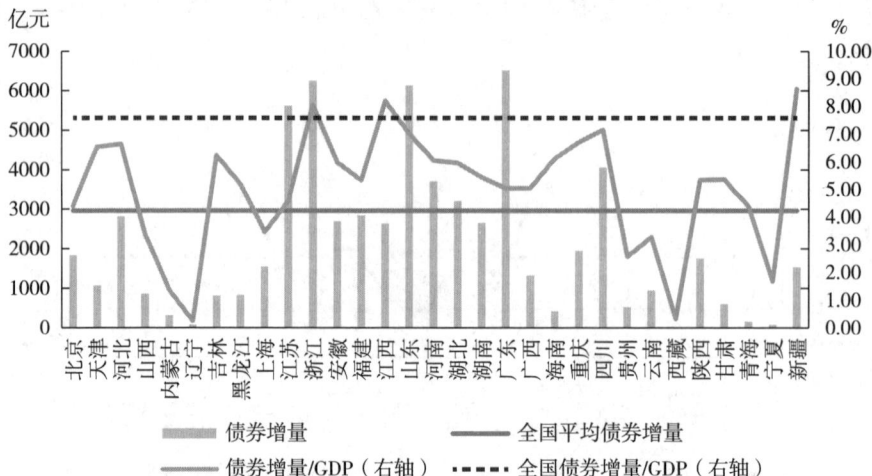

图 4　全国及各省市新增债券占 GDP 的比重

四、新增股票融资与 GDP 对比分析

2022 年，全国非金融企业境内股票融资额达到 11758 亿元，同比少增 599 亿元，降幅达到 4.85%。面对新冠疫情反复以及经济下行压力，叠加地缘政治摩擦加剧、美联储连续加息等因素影响，2022 年股票市场出现了较大程度的回落，全国股票融资额占 GDP 的比重仅为 0.97%，较 2021 年下降 0.11 个百分点。

就各省市新增非金融企业境内股票融资而言，超过全国平均股票融资增量的省市有北京、上海、江苏、浙江、福建、山东、广东，其中，北京、上海、江苏、浙江、广东新增股票融资均超过 1000 亿元，广东达到了 1900 亿元，位居全国第一；而西藏、青海、宁夏新增股票融资均低于 10 亿元，其中，青海、宁夏股票融资为零增长。

就各省市新增股票融资占 GDP 的比重而言，北京、天津、上海、江苏、浙江、福建、广东、海南、新疆 9 省市股票融资增量占 GDP 的比重均超过全国平均水平，其中，北京这一比例最高，达到 4.49%，较全国平均水平高出 3.95 个百分点；山西、广西、青海、宁夏新增股票融资占 GDP 的比重均不足 0.10%。

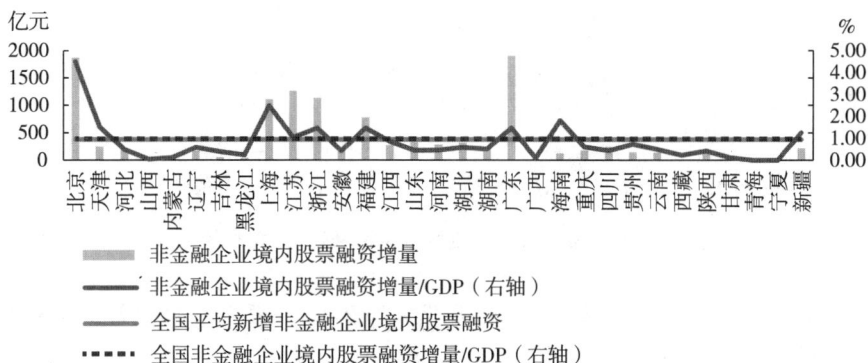

图 5　全国及各省市新增股票融资占 GDP 的比重

五、直接融资增量（债券+股票）与 GDP 对比分析

2022 年，全国新增债券和股票融资达到 103495 亿元，同比少增 11882 亿元，降幅达到 10.30%，全国新增债券和股票融资占社会融资规模增量的比重达到 32.33%，较 2021 年降低 4.47 个百分点。2022 年新增债券和股票融资占 GDP 的比重为 8.55%，较 2021 年降低 1.54 个百分点。

就各省市新增债券和股票融资而言，超过全国平均债券和股票融资增量的省市有北京、江苏、浙江、福建、山东、河南、湖北、广东、四川，其中，江苏、浙江、山东、广东新增债券和股票融资均超过 5000 亿元，广东达到了 8411 亿元，位居全国第一；而内蒙古、辽宁、西藏、青海、宁夏新增债券和股票融资均低于 500 亿元，其中，西藏最低，仅有 12 亿元。

就各省市新增债券和股票融资占 GDP 的比重而言，北京、浙江、江西、新疆 4 省市新增债券和股票融资占 GDP 的比重均超过全国平均水平，其中，新疆这一比例最高，达到 9.89%，较全国平均水平高出 1.33 个百分点；内蒙古、辽宁、西藏、宁夏新增债券和股票融资占 GDP 的比重低于 2%，其中，西藏这一比例最低，仅有 0.56%。

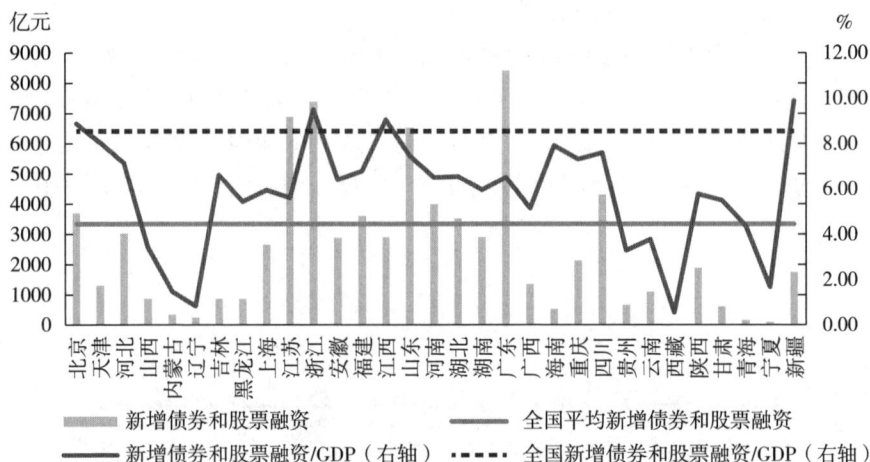

图 6　全国及各省市新增债券和股票融资占 GDP 的比重

六、表外融资增量（未贴现银行承兑汇票、委托贷款、信托贷款）与 GDP 对比分析

2022 年，全国未贴现银行承兑汇票、委托贷款、信托贷款增量为-5835 亿元，同比多增 20850 亿元，其中，新增未贴现银行承兑汇票-3412 亿元，同比多增 1504 亿元；新增委托贷款 3580 亿元，同比增加 5276 亿元；新增信托贷款-6003 亿元，同比多增 14070 亿元。2022 年全国未贴现银行承兑汇票增量占 GDP 的比重为-0.28%，较 2021 年增加 0.15 个百分点；全国委托贷款增量占 GDP 的比重为 0.30%，较 2021 年增加 0.44 个百分点；全国信托贷款增量占 GDP 的比重为-0.50%，较 2021 年增加 1.26 个百分点。

就各省市未贴现银行承兑汇票增量而言，新增未贴现银行承兑汇票超过全国平均水平的省市有北京、天津、上海、浙江、山东、广东、广西、海南、四川、西藏、陕西、宁夏，其中，浙江、广东新增未贴现银行承兑汇票均超过 500 亿元，增量最高的为浙江，达到 2662 亿元；而河北、山西、内蒙古、辽宁、吉林、黑龙江、江苏、安徽、福建、江西、河南、湖北、湖南、重庆、贵州、云南、西藏、甘肃、青海、宁夏、新疆新增未贴现银行承兑汇票为负增长，其中，河南省增量最低，为-1489 亿元。

就各省市未贴现银行承兑汇票增量占 GDP 的比重而言，北京、天津、上海、浙江、山东、广东、广西、海南、四川、陕西未贴现银行承兑汇票增量占 GDP 的比重均超过-0.28%这一全国平均水平，其中，浙江这一比例最高，达到了 3.43%，较全国平均水平高出 3.71 个百分点；山西、内蒙古、辽宁、吉林、黑龙江、河南、西藏、青海新增未贴现银行承兑汇票占 GDP 的比重均不足-2%，其中，青海仅有-5.98%，全国最低。

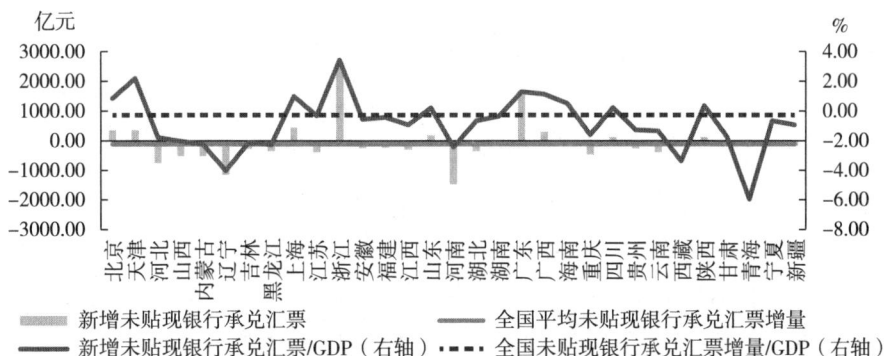

图 7 全国及各省市未贴现银行承兑汇票增量占 GDP 的比重

就各省市委托贷款增量而言，新增委托贷款超过全国平均水平的省市有河北、浙江、安徽、山东、河南、湖北、湖南、广东、广西、重庆、四川、云南、甘肃，其中，湖北、广东新增委托贷款均超过 500 亿元，广东委托贷款增量达到 812 亿元，全国最高；而北京、山西委托贷款增量均低于-200 亿元，其中，北京仅有-635 亿元，全国最低。

就各省市委托贷款增量占 GDP 的比重而言，河北、浙江、安徽、山东、河南、湖北、湖南、广东、广西、重庆、四川、云南、甘肃、宁夏新增委托贷款占 GDP 的比重均超过 0.30%这一全国平均水平，其中，甘肃这一比例最高，达到 1.37%，较全国平均水平高出 1.07 个百分点；而北京、青海新增委托贷款占 GDP 的比重分别仅有-1.53%、-1.22%。

就各省市信托贷款增量而言，新增信托贷款超过全国平均水平的省市有北京、天津、河北、山西、内蒙古、辽宁、吉林、黑龙江、江苏、江西、山东、河南、湖南、广西、海南、四川、西藏、陕西、宁夏、新疆，其中，仅河北、江西、山东、河南、四川实现了正增长；而在所有省市中，上海信托贷款增量低于-1000 亿元，仅有-1406 亿元，全国最低。

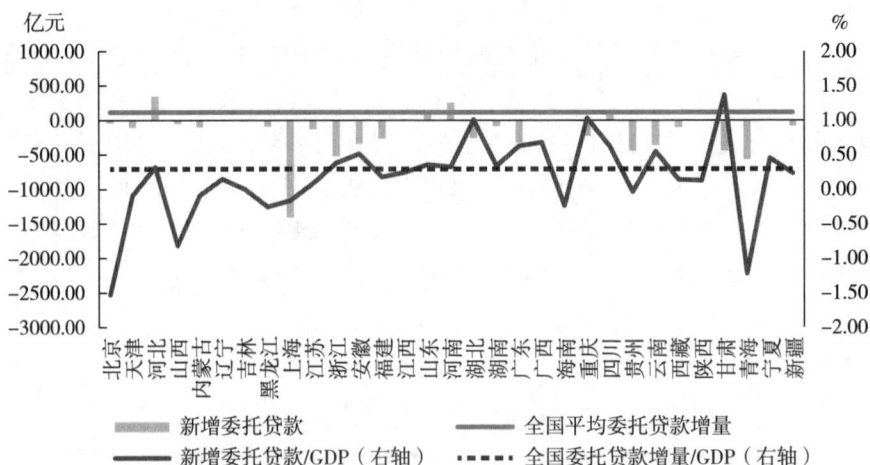

图8 全国及各省市委托贷款增量占 GDP 的比重

就各省市信托贷款增量占 GDP 的比重而言，北京、河北、山西、内蒙古、辽宁、吉林、江苏、江西、山东、河南、湖北、湖南、广东、广西、海南、四川、陕西、宁夏、新疆新增信托贷款占 GDP 的比重均高于-0.50%的全国平均水平，而青海这一比例不足-5%，全国最低，仅有-15.6%。

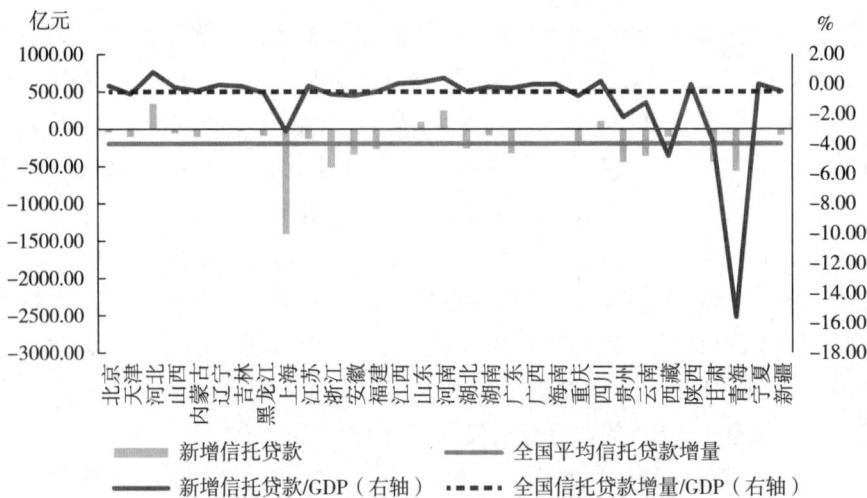

图9 全国及各省市信托贷款增量占 GDP 的比重

七、票据业务分析

根据中国人民银行的相关数据，2022 年我国票据市场签发承兑总量为

27.40 万亿元，同比增长 3.25 万亿元，票据承兑额占 GDP 的比重为 22.64%，较 2021 年提升 1.63 个百分点；票据贴现量为 19.50 万亿元，同比增加 4.48 万亿元，占 GDP 的比重为 16.11%，较 2022 年提升 3.04 个百分点。票据市场的快速发展拓展了票据服务实体经济的力度和广度，中小企业票据覆盖面进一步扩大，2022 年中小微企业签票发生额达到 17.8 万亿元，占全市场签票发生额的 64.9%，贴现发生额为 14.2 万亿元，占比达到 72.9%。服务实体经济是票据市场的初心所在，根据相关性检验，近年来票据承兑发生额与 GDP 的相关性达到 97.30%，贴现发生额与 GDP 的相关性达到 96.00%，表明票据市场与 GDP 高度相关。

八、结论

综观全国各省市社会融资规模情况，有一定规律可循，主要体现为：资本市场发展快的省市有 9 个，新增社融高于全国平均水平；货币市场发展快的省市有 11 个，新增社融高于全国平均水平。

资本市场为实体经济提供长期资金支持，相较而言，资本市场融资使用效率较高，然而，其准入条件较为严苛，融资难度较大。从 2022 年社融数据来看，仅有北京、江苏、浙江、福建、山东、河南、湖北、广东、四川 9 个省市资本市场融资额高于全国平均水平。2023 年 2 月 17 日，中国证监会及证券交易所等发布并全面实行股票发行注册制相关制度规则，标志着注册制制度安排基本定型。

货币市场为实体经济提供短期资金支持，相较于资本市场而言，融资难度小，但是，融资成本相对较高，资金使用效率相对较低。一直以来，人民银行通过宏观调控引导货币政策施行，助力货币市场资金向实体经济传导。从 2022 年社融数据来看，北京、河北、上海、江苏、浙江、安徽、福建、山东、湖北、广东、四川等东南沿海地区货币市场融资额高于全国平均水平，这些地区实体企业及金融机构数量多，实体经济更倾向于通过本外币贷款从金融机构获取融资。

在委托贷款、信托贷款、未贴现银行承兑汇票三种融资方式中，委托贷款、信托贷款融资便利性相对更高，与此同时，融资成本也相对较高，对于融资的运作要求较高。从 2022 年社融数据来看，河北、山东、河南、湖南、广西、四川委托贷款和信托贷款增量均高于全国平均水平，这些省市大多位于中西部地区，由此可见，中西部地区的金融机构更乐意通过委托贷款、信托贷款的方式向实体经济提供融资支持。虽然这些省市此类业务发展快，但规模不大，与贷款、债券相比体量非常小，所以对社融贡献不大。

相较而言，票据承兑融资是实体经济最便利、最经济、最好的金融工具，作为货币市场的重要组成部分，票据市场主要解决实体经济短期资金问题，便利企业支付需求。票据的签发、背书流转能够有效解决企业间账款拖欠问题，缓解实体经济尤其是小微企业融资难融资贵问题，一方面可以缓解由于货币超发而带来的通货膨胀压力，另一方面实现了商业信用的叠加与传递，未来可进一步加快票据承兑融资发展，推动实体经济更好、更快发展。

中国票据市场 2022 年回顾与 2023 年展望*

肖小和　李紫薇

一、2022 年中国票据市场回顾

过去的一年是极其不平凡的一年。2022 年以来，地缘政治冲突持续，全球经济增长势头放缓，通胀高位运行，美联储采取强收缩的货币政策引发全球连锁反应，多数发达经济体被迫跟进加息，加剧了全球经济下行压力。我国经济发展仍然面临需求收缩、供给冲击、预期转弱三重压力，面对外部复杂严峻的发展环境和国内艰巨繁重的改革发展稳定任务，在以习近平同志为核心的党中央带领下，统筹国内外大局、疫情防控和经济社会发展，稳字当头、稳中求进，不断加大宏观调控力度，应对超预期因素冲击，经济总体延续恢复向好态势，发展质量稳步提升，为我国票据市场创造了良好的发展环境。2022 年以来，我国票据市场发展呈现出许多新变化，取得了一些新成就，对支持实体经济平稳运行，支持金融调控，降低企业融资成本等发挥了重要作用。

1. 服务实体经济取得新成绩

2022 年以来，票据市场服务实体经济的功能不断提升。一是市场规模平稳增长。在我国宏观经济持续恢复向好的环境下，票据市场稳健运行，业务指标稳步增长，截至 2022 年 10 月，票据承兑发生额为 22.20 万亿元，较 2021 年同期增长 13.90%，累计贴现商业汇票 15.80 万亿元，同比增长 32.00%。二是服务实体经济不断深化。票据市场为实体经济提供低成本资金，便利企业间支付、结算、融资需求，2022 年前三季度，累计承兑发生额占 GDP 的比重达到 24.39%，较上年同期增长 2.46%，累计贴现发生额占 GDP 的比重 16.35%，同比增长 2.81%。

2. 服务中小企业取得新进展

2022 年以来，票据对中小企业的服务持续加强。一是持续培养中小企

＊ 本文写作于 2022 年 12 月。

业用票习惯,中小企业用票占比不断提升。1—10月,中小企业签票累计86.6万户,占比为92.29%;中小企业签票金额累计14.6万亿元,占比为64.95%;中小企业贴现累计90.8万户,占比为96.78%;中小企业贴现金额累计11.5万亿元,占比为73.00%。二是持续改善中小企业用票环境。近年来,上海票据交易所有针对性地推出票付通、贴现通、供应链票据等创新型产品,推出票据信息披露、主动账户管理等风险管控措施,不断探索深化支持实体经济的直达性,优化改善中小企业用票环境,有效降低了中小企业融资成本,提升了中小企业的活力。

3. 票据创新发展取得新进步

2022年以来,票据创新产品不断推出并升级迭代。一是在基础产品领域,国有银行如工商银行推出票据创新制造业支持项目"工于制成",实现查询统计、客户画像、增值服务等功能改造,提升业务体验与内部管理效率,上线票据创新产品"兴农贴",实现对农户的优惠直达与精准扶持,2022年12月5日,工商银行在首批5家分行上线手机端贴现业务,实现了贴现申请全流程在移动端的闭环,打通了工商银行在移动端实现票据贴现业务的全功能链路;邮储银行推出"专新贴",通过产品精准匹配,为"专精特新"企业提供专属票据融资服务。股份制银行如招商银行升级新一代票据大管家,支持票据分包流转,打造智能专区、升级风控手段、整合票据创新产品,进一步提升客户体验度;兴业银行全新升级"兴享"供应链金融服务,通过与上海票据交易所新一代票据业务系统对接,实现票据等分化签发和拆包流转;中信银行推出"信票通",为电子银票提供承兑、贴现一体化服务,实现供应链内融资结算自动化,助力供应链产销效率提升。城商行如九江银行推出商票增信业务,助力提升商业汇票信用水平,并携手"简单汇"落地首笔供应链票据+银行承兑保证票据签发,为企业提供供应链票据的全生命周期、一站式管理服务。民营银行如微众银行"微闪贴"全新升级,推出覆盖票据全生命周期的综合服务"票据+",支持全线上操作、1元起贴,创新整票拆分等功能,优化企业用票全流程体验。上海果藤数字科技公司等积极为一些银行开发秒贴软件等,对银行加快推动各种秒贴入市、更好地服务中小微企业发挥了积极作用。与此同时,不少市场参与主体也都推出了一些适应行业、适应企业、适应客户的票据创新产品,为票据市场支持实体经济发展持续助力。二是在产品延伸领域,2022年以来,人民银行加大对供应链票据的支持力度,上海、天津、四川、湖南、广东、山东等地人民银行频频落地供应链票据再贴现业务，实现产业链供应链精准滴灌，降低中小链属企业融资成本；人民银行广东省分行落地首笔天然气发电项目碳减排票据再贴现业务，人民银行东莞市中支、人民银行榆林市中支、浦发银行成都分行、四川银行等落地碳减排领域票据再贴现业务，助力绿色低碳事业发展；2020年以来，江西省金融学会颁布《江西省绿色金融认定和管理指引》，并上线绿色票据识别认证系统，推动江西省绿色票据业务发展。此外，还有一些地区的人民银行、市场参与主体也积极支持供应链再贴现以及绿色金融事业，助力票据市场创新发展。

4. 票据价格支持经济新力量

2022年以来，票据利率中枢整体下行，支持实体经济作用更加突出。一是从融资利率的角度看，2022年第三季度末，票据融资加权平均利率降至1.92%，同比下降0.73个百分点，低于一般贷款加权平均利率2.73个百分点，低于企业贷款加权平均利率2.08个百分点，对实体经济的支持作用显著。二是从二级市场利率来看，2022年以来，二级市场利率震荡下行，票据价格几经触底，2月以来，受疫情加重、信贷投放不足影响，叠加商业银行月末规模缺口巨大，票据利率出现断崖式下跌，足月票据跌至0.01%，尽管后续有所反弹，但分别于4月末、5月末、7月末再度触底，票据支持实体经济持续发力。

5. 助力金融调控作出新贡献

2022年以来，票据助力金融调控持续发力。一是票据占比持续提升。截至2022年10月末，票据融资余额为12.54亿元，同比上升35.06%；票据融资余额占对公贷款余额的比重为9.12%，较上年同期增长1.48个百分点；票据融资余额占短期贷款余额的比重为33.58%，同比增长6.58个百分点。二是再贴现政策持续发力。人民银行综合运用再贷款、再贴现等方式保持流动性合理充裕，为稳定宏观经济人盘、保持经济在合理区间运行提供了环境，积极运用支农支小再贷款、再贴现等工具，引导金融机构加大对国民经济重点领域、薄弱环节和区域协调发展的支持力度，2022年9月末再贴现余额为5449亿元。

6. 市场风险防控有了新抓手

2022年以来，票据市场综合防治水平显著提升。一是优化票据信息披露机制，实现对银票、商票及财务公司承兑票据的信息披露全覆盖，明确逾期风险控制手段，进一步加强承兑信息披露、信用信息查询等信用约束机制。二是加强市场监测体系建设，建立业务监测平台，及时跟踪分析市场风险迹象，完善风险票据应急处置机制，票据市场风险案件大幅下降。三是完善商票主动账户管理功能，防止不法分子冒用企业名义开立账户进而签发虚假商票，有效防范了伪假商票风险。四是加强企业身份校验与管控，新一代票据业务系统强化了企业身份校验与管控，通过引入企业信息报备、账户主动管理等功能，将风险关口前移，有效防范票据市场风险。五是各参与主体积极加强风险防范和内部控制管理，制定了一些内部风控制度和内控制度。

7. 票据制度建设取得新成效

2022 年以来，票据市场制度建设持续发力。一是将《票据法》修订提上日程，探讨《票据法》修订建议，开展票据法制修订与完善课题研究，推动票据市场法制完善。二是进行民间贴现风险提示，2022 年以来，上海票据交易所多次就企业用票、票据数据信息安全、民间贴现等内容进行风险提示，与中国互联网金融协会联合发布《关于依法合规使用票据、防范民间贴现风险的倡议》，并开展多轮防范民间贴现风险的宣传教育，引导客户通过正规渠道办理票据贴现业务。三是发布票据市场新办法，2022 年 11 月，人民银行和银保监会联合发布《商业汇票承兑、贴现与再贴现管理办法》，重新定义了商业汇票的内涵及期限，明确总体风险管理框架及内容，明确了基础设施、电票及供应链票据的定位，拓宽了票据发展空间，回归真实交易。四是为适应新办法的出台，各参与主体积极制定并完善了相关制度、办法和流程，使得票据业务的可操作性、适用性、规范性得到加强。

8. 基础设施建设取得新突破

2022 年以来，上海票据交易所持续加强科技投入，市场基础设施建设成效显著。一是在系统建设方面，上海票据交易所上线新一代票据业务系统，实现票据全生命周期、全功能以及一体化系统设计，科技赋能实现票据等分化、可拆分，使得票据"找零支付"成为可能，为票据市场稳定发展奠定了技术基础。各市场参与主体积极响应，升级改造内部票据系统，实现与上海票据交易所新系统的主动对接。二是在市场服务方面，为满足市场对票据资产定价、公允价值计量、风险防控、业绩考核方面的需求，上海票据交易所研发并上线"票信宝"，为市场主体提供涵盖盘中统计、基准指标、深度分析、风险防控等在内的多元化、精细化的数据信息产品服务。

9. 应用理论研究有了新成果

2022 年以来，票据市场应用理论研究持续积极推进。一是在课题研究方面，中国票据研究中心联合市场部分参与主体就电子票据法律制度、票据制度改革、绿色票据发展路径等重点课题进行研究。江西财经大学九银票据研究院及部分专家学者就类票据、数字票据等问题展开深入讨论，并就广东等区域票据发展进行了专题研究。二是在书籍出版方面，《新时代中国票据市场研究》《产业链供应链中票据的应用研究》《票据纠纷案件裁判规则》《中国票据简史》等专业著作相继出版，为新时代票据实践应用提供了理论指导。三是在研讨会议方面，江西财经大学九银票据研究院分别就"新时代票据市场发展""商票业务发展及其表外风险资产计提""中小银行与新时代票据发展""新时代商票发展与创新"等主题开展学术研讨会议，探索新时代票据市场发展路径；江西省金融学会票据专业委员会也就"数字经济下的票据服务实体经济"主题开展研讨交流。四是在市场活动方面，江西财经大学九银票据研究院、江西省金融学会票据专业委员会、中国票据研究中心相继开展主题征文活动，中国银行业协会票据专业委员会、中国支付清算协会票据专业委员会也在推动票据市场方面积极作为，同时就《票据法》、商业汇票相关办法的修改等方面积极建言献策，为票据市场发展提供了良好的智库支持。

二、2023 年中国票据市场展望

未来的一年充满了新的希望。2023 年是党的二十大后的第一年，是全面建设社会主义现代化国家开局起步的关键之年，是新办法正式执行的第一年，是新一代票据业务系统全面执行到位的第一年，是《商业银行表外业务风险管理办法》实施的第一年。根据中央经济工作会议的要求，2023 年要坚持稳字当头、稳中求进，继续实施积极的财政政策和稳健的货币政策，加大宏观政策调控力度，加强各类政策协调配合，形成共促高质量发展的合力。积极的财政政策要加力提效，稳健的货币政策要精准有力，产业政策要发展和安全并举，科技政策要聚焦自立自强，社会政策要兜牢民生底线。要更好地统筹疫情防控和社会经济发展，更好地统筹经济质的有效提升和量的合理增长，更好地统筹供给侧结构性改革和扩大内需，更好地统筹经济政策和其他政策，更好地统筹国内循环和国际循环，更好地统筹当前和长远。票据作为供给侧结构性改革的有力抓手，对于推动经济高质量发展、促进经济双循环具有重要意义。新时代新征程，在党的领导下，在党的二十大精神引领下，在中国人民银行、银保监会的监管下，在上海票据交易所的带领下，在新制度的指引下，在新系统的支持下，票据市场将呈现出新的变化、新的活力，市场参与主体将会更稳健、可持续地发展票据业务。

1. 新办法执行第一年，票据市场稳健运行

2023 年是票据市场新办法正式执行的第一年，新办法缩短商业汇票期限至最长半年，明确了基础设施、电票及供应链票据的定位，首次提出发展票据经纪等要求。受新办法发布影响，票据规模在短期内或将出现一定下降。由于票据市场对新办法有个适应的过程，因此就 2023 年上半年而言，不排除票据承兑签发在一定时间内出现业务量缓增或减少的可能性。步入下半年尤其是第四季度，在完成相应的调整后，在中央经济工作会议保持流动性合理充裕，保持 M_2 和社融规模增速同名义经济增速基本匹配的要求下，票据将会有一个逐步加快发展的过程，会重新呈现新一轮增长态势。在此过程中，商业承兑汇票将会呈现出更强的适应性，中小微企业及供应链企业也将相对较快地适应，贴现融资频度将逐步加快，交易活跃度将得到提高。2022 年 12 月 15 日，中共中央、国务院发布《扩大内需战略规划纲要（2022—2035 年）》，强调坚定实施扩大内需战略、培育完整内需体系，这对于扩大 2023 年票据总量利好。

2. 交易端将迎新变化，票据创新值得关注

票据交易串联着金融市场与企业信贷两大板块，是票据市场的核心。票据交易功能的实现使得票据成为调节商业银行资产负债的重要工具，为票据市场持续发展提供了源源不断的资金支持。新办法的颁布给票据交易端带来了新变化，包括买卖频度及票据期限的变化、交易产品创新的变化等，对交易端业务开展提出了更高的要求。随着票据市场的不断深入发展，数字票据、票据指数、远期交易、掉期交易、票据衍生品、票据创新将成为市场发展的重点。

3. 供应链票据新突破，商票将迎来新发展

票据信息披露平台上线后，票据市场透明度不断提升，新办法的出台更是将使票据信用属性提升到前所未有的高度，银行信用体系将进一步完善，商业信用环境将大幅改善，不仅为商业承兑汇票的发展提供良好的生态环境，也将有助于增强国内企业综合实力，推动产业转型升级。与此同时，新办法发布后，票据支付结算属性将得到提升，短期融资将成为重点，尤其是应收账款票据化进程将加快，票据在供应链上的需求将会逐步加强，供应链票据有望迎来新突破。

4. 票据利率低位运行，小幅波动或迎反弹

展望 2023 年，在"稳中求进"的经济工作总基调下，财政政策与货币政策将更加注重结构调整，不搞"大水漫灌"，改善市场预期将成为解决三重压力的重中之重。受国际原油供应链、防疫优化及猪周期的共同影响，预计 2023 年 PPI 或将持续下行，并伴随着 CPI 温和回升，通胀压力整体不大。流动性方面，2023 年货币政策的基调仍将是稳健的，大概率延续中共中央政治局会议"稳健的货币政策要精准有力"的表述，叠加新办法施行以及到期量、签发量、贴现量、信贷规模调控、市场情绪等多重因素影响，预计 2023 年票据利率仍将持续低位小幅波动，不排除后势适当上行的可能性。

5. 新系统将全面投产，奠定市场统一条件

上海票据交易所新一代票据业务系统已于 2022 年正式投产上线，预计 2023 年所有市场成员将完成新系统的接入工作。新一代票据业务系统融合了 ECDS 和中国票据交易系统的功能，实现了一个业务系统、一套接口功能兼容纸电票据的出票、承兑、背书、贴现、转贴现、回购、再贴现、质押、保证、追索等票据全生命周期业务。新系统的运行解决了票据业务系统之间割裂的问题，为票据市场全国统一提供了条件，系统运行风险将大幅降低，业务运行效率将有效提高，为票据市场更好地服务实体经济发展奠定了坚实的基础。

6. 票据法规修改提速，规范创新产品发展

《票据法》制定于 20 世纪 90 年代，修订于 2004 年，部分条款已不适应当前经济发展需要，需要加快修订完善进程，尤其是需要进一步明晰票据的无因性，明确票据电子化、信息化、证券化以及可拆分属性，明确供应链票据、数字票据等创新型票据种类，允许开展商业本票业务，建立全国统一、规范的票据市场，规范类票据业务开展等，以促使票据更好地服务实体经济，助力新发展格局。随着《票据法》修订提速，类票据等创新产品有望朝着规范化方向发展。

7. 持续提升风控能力，防范化解潜在风险

近年来，随着上海票据交易所、各市场参与主体持续发力，票据市场风控水平得到了大幅度提升。然而，现阶段仍然存在一些潜藏风险不容忽视：一是类票据发展可能引发的风险需要引起关注、研究和重视，或是将类票据纳入《票据法》严格管理，或是将类票据作为《票据法》的组成部分，对《票据法》加以修订，抑或是推动类票据平台转型发展；二是受市场变化等因素影响，现阶段票据市场污名化现象较为突出，给票据市场声誉带来冲击。随着法制建设工作的推进，票据市场监管的持续完善，以及公众对市场认知度的提升，票据市场风险防控水平将进一步提升。

8. 深化应用理论研究，推动研究成果转化

新时代、新征程、新发展、新机遇，一是要继续加强票据应用理论研究，更好地服务实体经济发展，加快中国式金融票据现代化、新时代票据发展、票据与经济及资本市场的关联性以及票据服务中小微企业、民营企业、农村经济、行业经济研究，探索票据市场支持实体经济新路径。二是要根据票据市场的热点、难点、重点展开研究，（1）推动票据全生命周期发展、新一代票据业务系统上线后票据市场发展，以及票据交易价格规律性研究，探索票据市场发展新机遇；（2）推进商票市场发展、商票生态环境、新时代商票使用与创新、商票信用与服务经济高质量发展、应收账款商票化研究，探索商票发展新动力；（3）持续推进供应链票据发展现状与创新、票据交易与衍生产品、绿色票据标准与路径、类票据发展研究，探索票据创新新方向；（4）持续深入开展票据应用金融科技、票据数字化转型与数字票据研究，探索票据市场新动能；（5）不断探索票据法律法规完善方向，探寻票据业务风险与防范、票据信息披露机制，加强商业银行票据业务发展模式、财务公司票据发展分析，探索票据期限变化后市场新动向。三是持续推动应用理论研究，推动研究成果转化，为票据市场长期、稳健、有序、规范、创新发展提供智力支持。

第六篇

票据信用与其他研究

商业票据发展与企业信用信息数字化共享

肖小和　肖小伟①

信用在社会发展过程中始终发挥着重要作用，推动着社会经济形态不断向更高层级迈进。票据是信用的载体，信用是票据的根基。商业承兑汇票（以下简称商票）承载了商业信用，是企业重要的支付和融资工具，商票市场的发展壮大有利于完善我国商业信用环境；信用信息是信用的具体表现形式，商票市场发展与企业信用信息体系建设密切相关，完备的企业信用信息体系将推动商票市场快速成长，并助推经济高质量发展。

一、我国商票的发展现状与功能作用

（一）商票的发展现状

自 20 世纪 80 年代我国重新开展商票业务以来，市场发展道路较为曲折，既经历了 20 世纪八九十年代发展缓慢的起步阶段，也经历了 21 世纪前十余年的野蛮发展阶段，当前正在经历稳步发展、逐步规范的新发展阶段。2016 年 12 月，上海票据交易所正式成立，我国商票市场也迎来了新的发展阶段，市场业务量逐年增长，市场秩序日益规范，市场风险得到有效控制，信用环境逐步改善。截至 2021 年，商票承兑发生额达 3.80 万亿元，商票融资发生额为 6.1 万亿元。总体来看，当前我国商票市场发展呈现以下几个特点。

（1）业务量快速增长。近年来，商票市场业务量增长迅速，以近 5 年的电子商票为例，2021 年电子商票承兑发生额为 3.80 万亿元，较 2017 年增长 99.87%；贴现发生额为 1.22 万亿元，较 2017 年增长 87.44%；转贴现发生额为 4.87 万亿元，较 2017 年增长 79.01%。

（2）业务量占比小、变化少。虽然商票承兑、贴现、转贴现等业务近年来增长迅猛，但其在市场中的占比仍然较小，且变化幅度较小，仍以电

---

①　肖小伟，所在单位为中国工商银行江西省分行。

子商票为例,电子商票承兑业务5年来围绕15%的市场占比上下波动,贴现占比、转贴现占比基本围绕8%波动。

表1　2017—2021年电子商票业务发生额增长情况　　　单位:万亿元

年份	承兑		贴现		转贴现	
	银票	商票	银票	商票	银票	商票
2017	11.12	1.90	6.31	0.65	41.77	2.72
2018	15.55	2.55	9.09	0.82	31.60	3.00
2019	17.36	3.02	11.52	0.94	35.87	2.95
2020	18.47	3.62	12.38	1.03	40.96	3.15
2021	20.35	3.80	13.80	1.22	42.07	4.87
较2017年增幅	83.04%	99.87%	118.65%	87.44%	0.71%	79.01%

资料来源:上海票据交易所网站。

表2　2017—2021年电子商票业务发生额占比情况　　　单位:万亿元

年份	承兑			贴现			转贴现		
	银票	商票	商票占比	银票	商票	商票占比	银票	商票	商票占比
2017	11.12	1.90	14.59%	6.31	0.65	9.34%	41.77	2.72	6.11%
2018	15.55	2.55	14.09%	9.09	0.82	8.27%	31.60	3.00	8.67%
2019	17.36	3.02	14.82%	11.52	0.94	7.54%	35.87	2.95	7.60%
2020	18.47	3.62	16.39%	12.38	1.03	7.68%	40.96	3.15	7.14%
2021	20.35	3.80	15.73%	13.80	1.22	8.12%	42.07	4.87	10.37%
平均值	—	—	15.12%	—	—	8.19%	—	—	7.98%

注:商票占比=商票发生额/(银票发生额+商票发生额)。

资料来源:上海票据交易所网站。

(3)承兑占比高于融资占比。从商票承兑、贴现、转贴现业务数据看,商票承兑市场占比远高于商票贴现、转贴现市场占比,说明商业银行更青睐信用风险相对较低的银票融资,对商票融资较为谨慎,仅少数企业承兑的商票能流入银行间市场,更多的商票只能在企业间流转,无法获取银行融资。

(二)商票的功能作用

(1)应用市场广阔。商票属于普惠型金融产品,与债券、证券等产品相比,商票更贴近中小企业,在电子商业汇票系统中,存量办理票据业务的企业客户有数百万之多，其中包括大中型企业，更多的是大量中小微企业客户。商票承兑、贴现以及背书转让等业务产品广泛应用于等各种类型、各行业供应链中，渗透于企业采购、生产、销售等各个环节，确保供应链顺畅运行。商票项下的供应链票据为供应链金融发展提供了广阔的发展空间。

（2）降低融资成本。票据属于低成本融资产品，可为中小企业节约营运资金。以常见的流动资金贷款业务为例，商票对承兑人而言资金成本微乎其微。企业办理商票业务可有效降低财务成本，优化企业资产负债结构，改善企业经营状况。

（3）实现延期支付。商票承兑业务具有延期支付功能，可以较好地满足企业经营发展所需，中小企业签发商票有利于缓解资金周转压力，提高资金使用效率，改善资产负债状况。根据人民银行《电子商业汇票业务管理办法》的规定，电子商业汇票最长期限为一年。如企业开立电子商票，买方最长可在一年后再兑付货款，为供应链买方企业周转资金提供了空间。

二、商票市场发展是服务经济高质量发展的工具之一

2021 年 12 月 22 日，国务院办公厅发布《加强信用信息共享应用促进中小微企业融资实施方案》，要求"加快信用信息共享步伐，深化数据开发利用，创新优化融资模式，加强信息安全和市场主体权益保护，助力银行等金融机构提升服务中小微企业能力"。其中，信用信息共享包括市场主体登记信息、司法信息、纳税信息、住房公积金信息、社会保险信息等 14 大类共 37 项。信用信息将依托已建成的全国中小企业融资综合信用服务平台，横向联通国家企业信用信息公示系统和有关行业领域信息系统，纵向对接地方各级融资信用服务平台，构建全国一体化融资信用服务平台网络。

首先，商票市场发展与经济高质量发展是相辅相成、相互促进的关系。

一方面，商票市场发展有利于经济高质量发展，商票市场发展将推动票据基础设施、市场机制不断完善，进一步推动商业信用的发展，为更多中小企业提供信用与融资支持，降低企业融资成本，推进经济高质量发展；另一方面，经济高质量发展将推动商票市场发展，经济高质量发展将提升供给体系对国内需求的适配性，增强自主创新能力，提供高质量科技供给，推进城乡、区域协调发展，为商票应用创造更广阔的空间，促进商票

市场发展。

2022 年 11 月，中国人民银行发布《商业汇票承兑、贴现与再贴现管理办法》，要求将票据期限统一缩短至不超过 6 个月，对银票、商票承兑人提出了统一明确的要求，规范了票据经纪业务发展，强力推进票据信息披露，鼓励对票据进行信用评级。可以预见其将有效规范票据市场发展，尤其是推动商票市场稳健可持续发展，为经济与票据市场高质量发展提供进一步的制度支持。

其次，商票市场发展涉及企业信用信息体系建设各方面。

完备的企业信用信息体系有利于促进金融活动发展，降低社会信用成本，并直接影响商票市场的发展。完备的企业信用体系应当包括以下几个方面：（1）全面统一的企业信用信息平台，涵盖融资（含商票）、担保、纳税、社保、进出口、公用事业等领域的企业信用信息，企业信用信息平台是信用体系的基础，有助于进一步识别企业信用风险，强化商票持票人风险辨别手段；（2）成熟的信息披露机制，通过企业信用信息平台实时披露上述领域的信用状况，有利于实时反映并跟踪企业信用状况，提升商票市场透明度；（3）科学的评级机制，现有的企业评级体系较为侧重对企业财务信息的评价，通过企业信用信息平台获取全面的企业信用信息，可进一步优化评级模型，弱化财务指标，全面衡量企业信用状况；（4）规范的制度体系，规章制度是建设信用体系的保障，有利于规范信息提供主体及时、准确发布各类信息数据，确保企业信用信息平台权威可靠。

最后，企业信用信息体系建设是商票市场发展的关键。

企业信用信息是商票市场正常运行的根基，是商票市场发展的关键。一是企业信用信息对商票市场风险管控至关重要，商票市场最大的风险即为信用风险，建设企业信用信息体系有助于背书人、持票人全面了解承兑企业信用状况，识别信用风险，避免资金损失；二是企业信用信息对商票市场资金配置至关重要，由于商票信用风险较高，票据市场资金配置一般偏向于银票或其他信用风险较低的融资产品，建设企业信用信息体系有助于改善商票市场资金配置，提升市场关注度；三是企业信用信息对商票市场主体发展壮大至关重要，商票是中小企业的重要融资手段，可大幅降低其融资成本，但其承兑的商票却存在流动性较差、认可度低的问题，原因在于滞后的企业信用信息体系导致被背书企业及融资银行望而却步，推动企业信用信息体系建设有助于改善优质中小企业的商票融资环境。综上所述，我们认为商品市场发展的关键环节在于企业信用信息体系建设。

三、企业信用信息平台建设构想

企业信用信息平台是企业信用信息体系的载体，未来需坚持统一和规范化发展，改善我国商业信用环境，同时应考虑不同融资工具的特点，打造专业性、适用性强的信用信息子平台或产品，如建设商票信用信息子平台，并打造成商票信用基础设施，实现准确、快速、全面地查询企业信用信息，公平、公正、合规地共享企业信用信息，全面改善商票市场的生存与发展环境，进一步缓解中小企业融资困局。

第一，企业信用信息平台应走数字化、规范化、共享化之路。

数据作为一种新型生产要素，已经深度融入经济价值创造过程，成为推动经济高质量发展的新动能。信用信息是解决商票市场信息不对称、风险难把握问题和提升商业信用的重要途径。企业信用信息平台应坚持数字化、规范化、共享化发展方向，探索企业信用信息数据发展道路。

一是应坚持数字化发展方向。海量的企业信用信息数据应采用数字化手段存储、管理及使用，应进一步强化科技赋能，运用大数据、云计算、人工智能、区块链、元宇宙等新型技术手段，建设数字化、智能化、网络化的企业信用信息平台。

二是应坚持规范化发展方向，制定统一的数据标准。企业信用信息平台是数据来源方与数据使用方的中介平台，需要双方进行频繁的数据对接，因此应严格按照国家标准或行业规范制定数据标准，以及相关数据安全标准、数据传输标准、数据评估标准、数据服务标准、数据使用标准等，推进企业信用信息数据资源整合与服务。

三是应坚持共享化发展方向。牵头部门应制定企业信用信息共享的相关规则，明确共享对象及其责任、义务、权限等，为信息利用及决策分析提供支持，同时强化技术手段，提高数据共享效率，形成一体化的企业信用信息大数据挖掘、分析及共享平台。

第二，商票市场需紧跟信用信息共享及供应链金融发展。

商票市场应紧抓企业信用信息共享及供应链金融发展的契机，加快推进自身成长。一方面，借助央企、国企的中流砥柱作用，加快推动商票融入供应链金融体系，提升在供应链金融产品中的业务占比，降低链内企业支付与融资成本，加快推进供应链上下游物流、信息流及资金流集中，提升商票服务的广度与深度；另一方面，可借助企业信用信息平台或相关商票信用基础设施，进一步优化金融机构商票经营管理模式，完善商票承兑人授信评估模型，全方位、多角度评估信用风险，调整商票融资贷后管理相关要求，及时跟踪企业信用状况。

第三，商票市场及企业信用信息建设需防范风险。

一是应防范数据安全风险，企业信用信息平台数据量大、潜在价值高，极易成为攻击目标，而其采用的新技术、新架构也为数据安全带来了新的挑战，需要针对数据采集、传输、存储、处理、交换和销毁等生命周期各阶段进行有针对性的安全防护；二是应防范数据使用风险，商票市场参与主体及企业信用信息平台其他参与主体均应防范业务数据、企业信用信息被恶意收集、窃取或盗用，应强化系统安全管理、权限管理，制订应急预案，最大限度保障数据安全；三是应防范信用平台体系外的信用风险，如部分企业有民间融资行为，类票据业务尚未纳入监管，此类数据无法通过企业信用信息平台获取，以致部分商票持票人存在潜在的信用风险，建议通过政策手段进一步加强规范与管理。

论建立银行调节利率、利率引导资金的资金运行机制[*]

刘　骅[①]　肖小和

导　语: 为适应社会主义商品经济新秩序和"国家调节市场,市场引导企业"经济运行机制的要求,建立"银行调节利率,利率引导资金"的资金运行机制已迫在眉睫。

建立社会主义商品经济新秩序,是经济体制和政治体制改革的最终目的。社会主义商品经济新秩序涉及生产、流通、分配、消费各个方面,包括市场运行规则、经济运行机制、资金运行机制等。"国家调节市场,市场引导企业"这个经济运行机制的中间环节是市场。在商品货币经济条件下,市场包括两部分,一是实物要素市场,二是货币资金市场。国家通过宏观经济政策对两大市场的供求关系状况进行适当的调节,这是决定经济运行能否步入良性循环的关键。因此,银行作为资金分配和组织资金流通的重要部门,按照建立社会主义商品经济新秩序和经济运行机制的要求,尽快建立新的资金秩序和资金运行机制,以真正释放资金的功能,乃是深化金融体制改革亟待解决的问题。

新的经济运行机制的中心环节是市场,那么作为经济运行机制这个大系统下的一个子系统的资金运行机制,其中心环节又是什么呢?我们知道,资金的供求状况是资金运行状态的集中反映。调节资金供求关系的手段有两个:一是货币供给量,二是利率。传统的资金供求是通过货币供给的中介指标(信贷规模)的控制来实现的。但是,新的经济运行机制旨在发挥间接经济调控手段的作用,与之相应,新的资金运行机制也必须寻求一种间接调控手段,这种手段无论从市场还是建立社会主义商品经济新秩序的角度来看,只能是利率。市场的核心是价格,而资金的价格是利率,所以,新的资金运行机制的中心环节必须是利率。

---

[*] 本文于 1988 年发表于《广西城市金融》杂志。
[①] 作者所在单位为中国工商银行江西省分行。

在商品货币经济条件下，资金供求双方均受到利益机制的制约，利率政策可以通过利率对各种成本、利润的影响来调节资金的供给量和需求量。其操作过程是，中央银行出于政策考虑，提高或降低再贷款利率或再贴现利率，企业化的专业银行出于对利润的追求，必然随之提高或降低对最终借款人的贷款利率，最终借款人的资金需求也就随之受到一定程度的抑制或刺激，从而实现平衡资金供给和需求的政策目标。

这些年来，由于经济主体效益机制的软约束而普遍存在的"投资饥渴症"，使货币发行过多，信贷屡屡失控，而国家对信贷的宏观控制总是表现为"一控就死，一放就乱"，无法解决信贷收紧和经济萎缩并发的矛盾，以及信贷松动和通货膨胀并存的矛盾，导致货币政策时紧时松。究其原因，资金运行以信贷规模为中介目标的刚性，使资金运行机制凭借其自身的多寡作为调节工具和手段无法实现资金调控的"软着陆"和实现资金运行的良性循环。因此，必须寻求一种适应有计划的商品经济的资金运行新机制。以利率为调控中介，可以增加收缩弹性，起到仅靠信贷规模调控所无法起到的作用。

在社会主义初级阶段，不发达的商品经济决定了这一阶段总的趋势始终是社会总需求大于社会总供给。资金的短缺要求这些资金只有得到高效利用，才能增加供给、平衡需求，实现资金的优化配置。而这仅仅通过国家政策的硬性指令是难以奏效的，所以，完善市场功能，使各生产要素自由流动，必须以利率为中介，引导资金流向高效行业、企业，这是调整资金结构、实现资金在产业和产品上优化配置的恰当选择。

目前全国居民持有货币1400多亿元，预算外资金占财政预算的80%左右，巨额的社会资金存量，不但对于急需资金的经济建设来说是一种浪费，而且对于正处于社会经济秩序新旧转换时期的社会政局来说也是一个潜在的压力，由于人们对物价上涨的超前预期，投入实现购买力的资金正在不断增多，这对于目前正在进行的物价、工资改革无疑也是极为不利的。在商品供给有限的情况下，要吸收社会游资，除了采取与物价调整相适应的措施外，最有效的工具就是利率。同时，贷款效益差，资金周转慢，以及资金占用在生产领域少和流通领域多的分配不公，是当前乃至今后要解决和引起高度重视的问题。要解决这个问题，可行的方式是通过扩大不同贷款的利率差别，运用利率中介来发挥有效的调节作用，提高资金效益，缩小差距，确定公平的资金分配标准。

综上所述，为适应建立社会主义商品经济新秩序，配合"国家调节市场，市场引导企业"的经济运行机制，我们提出新的资金运行机制的理想模式是：银行调节利率，利率引导资金。其运行规则应是各家银行根据国家各个时期的经济政策、资金供求、物价水平、平均利润等有关因素调节利率，各级银行通过利率这个调控手段去引导资金流向，优化资金配置，发挥资金的作用。

新的资金运行机制的操作流程应是快速、高效、调控自如的。

"银行调节利率，利率引导资金"包括三个层次：一是中央银行对专业银行总行的利率调节，并由此引导资金在各个专业银行合理分配；二是专业银行上级行对下级行的利率调节，并由此引导资金在各级、各地灵活流动；三是专业银行营业行处对各种企业的利率调节，并由此引导资金在行业、产品上优化配置。

中央银行对各专业银行总行的利率调节，主要通过再借款利率和再贴现利率以及必要的利率管制方式进行。根据国家宏观调控政策目标和各专业银行的情况，使资金流向与国家总体政策保持一致。中央银行对各专业银行的利率水平应是平等的、一致的，对于各专业银行的级差收入问题，可通过对专业银行利率收入差额进行利税上缴比例调节的办法予以解决。

专业银行总行对所属各级行的利率调节采取结构利率和区域利率的办法。这里必须考虑两个因素：一是利率的调节必须有利于专业银行各级行的企业化经营；二是利率的调节必须有利于金融企业开展竞争。为此，应采取区域利率解决不同地方、不同行业、不同历史等所产生的行际差异，使各行在同一环境里进行经营、竞争；采取结构利率，核定基准利率和浮动利率的区间，使各行在适当的范围内享有充分的经营自主权，通过利率杠杆，最大量地筹集、融通资金，最高效地使用、分配资金。

开户银行对各自贷款对象的利率调节采取分类排队、扶优限劣，在一定范围内实行浮动利率的办法。开户银行对企业应采取经营型的利率结构，以利益机制为基础，通过开户银行对贷款效益的最大追求和企业对经营效益的最大追求，使资金取得最佳效益，从而实现资源在部门、行业、产品间的优化配置，提高资金的投入产出率。属于政策性的贷款利率问题应由中央银行会同财税及企业主管部门共同协商解决，不能影响各专业银行资金的正常运行和利率机制作用的充分发挥。

新的资金运行机制的中心环节是利率，因此，对于利率水平的制定，我们认为必须考虑各方面的情况。

（1）国家的经济发展战略和政策。利率是国家对经济进行宏观调控的重要手段之一，在一定时期内，国家的经济发展有一定比例，有侧重面，国家政策本身也是根据经济规律的要求从总体上、宏观上考虑制定的。所以，制定利率必须首先考虑不和国家利益相矛盾，使利率引导社会资金按国家政策调控的方向进行流动。

（2）社会资金存量和需要量。如果一定时期内社会闲散资金存量过多，那么就有必要提高存款的利率水平。而在对资金需求量的调节上，除了资金供给量的控制之外，还需要运用贷款利率去着力调节。实际上，一定时期内社会总需求水平过高，往往是货币资金供给过多造成的，所以，一定时期内社会总供求的状况也是银行制定利率的一个参考性因素。

（3）物价水平。当物价上涨指数超过银行存款利率水平，而且同时存在其他保值手段的情况下，存款为了免受损失，就要从银行流出；同样地，物价上涨后，银行经营成本必然增加，如果此时贷款利率不做相应调整，银行的利益就要受到影响，而且还会导致社会向银行大量贷款，从而引起过度的货币需求。所以，银行要有效地、正确地引导资金，保持价值稳定，就必须参考物价因素适当调节利率。

（4）平均利润和行业利润。从理论上说，社会平均利润率是制定银行利率的重要依据，由银行利率决定的银行利润与社会利润平均化，是利用竞争手段促进微观经济效益和资源优化配置的必然结果。但是，由于我国还未全面引入竞争机制，价格关系尚未理顺，目前也就没有确定社会平均利润率。就目前来说，银行可以以国家统计局使用的资金利税率作为代替社会平均利润率的参考依据。

但这必须先解决行业利润的问题。目前，在并非自由竞争和资金自由转移的条件下，各行业各企业的利润差异极大，由此设想银行可在各企业利税中扣除上缴部分，减去银行成本，然后考虑在余下部分中拿走多少，以此倒算出银行不同的、分行业、分部门的利率水平，从而弥补资金不能自由流动的缺陷。

（5）其他因素。如国际利率水平的变动，银行自身的经营成本以及其他社会融资方式的情况等，都是可以参考的依据。

新的资金运行机制投入运行前要解决以下几个问题：（1）加速专业银

行企业化步伐。专业银行只有成为自主经营、自负盈亏、自担风险的金融企业，才能在利益激励机制的基础上，追求每一笔贷款的最佳效益，通过最佳存款利率的确定吸引存款顾客，通过最佳贷款利率的确定争取贷款顾客，从而在新的资金运行机制下，通过利率中介作用的发挥，达到资金最佳配置和资金效益最佳发挥的终极目标。但是，如果没有专业银行企业化这个微观经济基础，即使放开利率，银行也没有相应的竞争动力、物资诱导力和制约性压力促使它去有效地运用利率手段扩大资金来源和提高资产业务水平，所以，企业化的金融微观组织是新的资金运行机制运转的基础。

（2）进一步发展和完善我国的社会主义金融市场。新的资金运行机制必须放到市场环境中才能发挥作用，利率是资金价格的表现形式，利率要充分释放功能，也离不开健全的市场机制。中央银行要通过利率有效地调节专业银行资金，就要在货币市场上乃至在市场上发挥再贷款和再贴现的利率作用，左右整个资金价格水平。专业银行要搞活资金，实现资金的合理流动，不但要完善短期资金市场，还必须开发中长期资金市场，只有在健全的资金市场下，利率才能全面引导资金的流动，在动态调节过程中求得资金供求平衡，从而使得整个经济的投资结构合理化。

（3）建立利率的制定、执行、管理监测系统。根据系统论原理，一个独立的、健全的政策系统，必须以三个职能的存在为前提，这就是决策职能、执行职能、监测反馈职能。目前我国的利率政策系统缺少监测反馈职能，显然是无法保证利率政策的完善的；而利率又是新的资金运行机制的中心环节，它必须根据经济、市场、资金供求情况的变化准确、灵敏地作出反应。由于政府、银行分担了决策和执行职能，所以监测反馈职能应超脱于政府和银行，才能保证监测反馈职能的客观性和公正性。我们设想，这一职能应由人大财经委员会来担任，对于利率政策的实际效用，人大财经委可广泛地掌握和了解，并责成政府和银行作出应有调整。

（4）建立保障新的资金运行机制正常运转的法律环境，强化中央银行的职能，理顺专业银行上下级和地方的关系，建立开户银行和企业的经济资金平等关系。要保证新的资金运行机制具有一定的严肃性和权威性，就必须尽快建立健全银行法，明确企业和专业银行遵守利率法规的义务和责任，强化中央银行的职能，强调银行在制定、执行职权范围内的利率政策方面的独立性，减少和摆脱各种行政干预。只有在这样的政策、法律环境中，新的资金运行机制才能有效运转。

（5）打破国家对银行业的垄断，实行多种形式的承包经营责任制，允许存在和发展多种性质的金融机构，使竞争真正成为现实。目前，我国的银行业基本上由各家国家银行垄断，实行新的资金运行机制，必须着重依靠利率功能的发挥。但是，在银行业被垄断的情况下，资金价格的垄断也是必然的。商品货币经济则要求打破各行业"分而治之"的壁垒，建立平等的商品货币关系，放开资金的价格——利率，实现资金的横向合理流动，解决的现实途径是：对国家银行各级机构实行多种形式的承包经营责任制，使之成为独立的经济实体，同时允许集体的、民间的金融机构存在并发展，突破原有专业分工的框框，这样利率的放开才能取得预期的良好效果，新的资金运行机制才能确立和真正发挥作用。

合理引导储蓄存款适度投资债券的思考[*]

一、适度引导储蓄存款投资债券

随着我国金融部门日渐成熟，债券市场将在储蓄和投资分配以及资产配置更加多元化方面发挥日益重要的作用。截至 2021 年 12 月，我国非金融企业债余额约为 24.78 万亿元，相较于 2020 年的 22.92 万亿元增长 8.1%，但是对实体经济发放的人民币贷款余额达到 200 万亿元，债券融资对货币供应量的贡献远小于信贷。

此外，我国债券市场主要由国债、地方政府债、政金债、信用债及同业存单构成，其中国债是最具有影响力的市场基石品种，地方政府债已经是余额最大的债券品种。但是从投资人结构来看，居民部门持有的极少。以国债和地方政府债为例，银行持有约 70% 的国债，且相当大部分持有到期，并不交易；地方政府债方面，2018 年定向置换形式的地方政府债发行完毕后，投资人结构进一步丰富，银行类投资者占 75% 以上，其中一部分也不流通。

我国债券市场经过艰辛探索、改革实践，发展成为如今世界上规模第二大的债券市场。但是，当前债券直接融资结构与经济发展要求仍存在不相适应之处，而且债券直接融资发展水平依然偏低。首先，我国直接融资占社会总融资规模的比重较低。各国的金融结构向"市场主导型"演进是一个普遍规律，更多金融资源通过资本市场进行配置是基本趋势。但相对于英美发达国家，我国直接融资占社会总融资规模的比重较低。美国是典型的以直接融资为主的国家，直接融资比重达到 78%。传统意义上的"银行主导型"国家（如日本等）直接融资比重也都超过了 40%。截至 2020 年 12 月末，我国直接融资存量为 85 万亿元，仅占社会融资规模存量的 30%。

[*] 本文发表于 2022 年 8 月。

① 杨刚，所在单位为上海财经大学金融学院。

其次，直接融资中，2021 年末，我国债券余额约占 GDP 的 125%，低于美国（约 208%）、英国（约 202%）、日本（约 242%）等国家。

与此同时，我国一直是世界上储蓄率最高的国家之一。居民储蓄构成了国内总储蓄的半壁江山，较高的储蓄不断转化为投资，为中国经济快速增长作出了重要贡献。据 IMF 预测，2022 年中国国民储蓄率在 40% 的水平，远高于其他国家。

债券与储蓄都体现一种债权债务关系。储蓄是居民将钱借给银行或其他金融机构，债券投资则是投资者把钱借给债券发行人，把钱借出去的是债权人，而借钱的是债务人。

新的形势对债券市场支持实体经济提出了更高的要求，应培育资本市场包括债券市场的机构投资者，不让储蓄资金直接进入股市，同时坚持"房住不炒"的定位，因此，引导银行储蓄投资债券市场，成为当前各方关注的焦点。

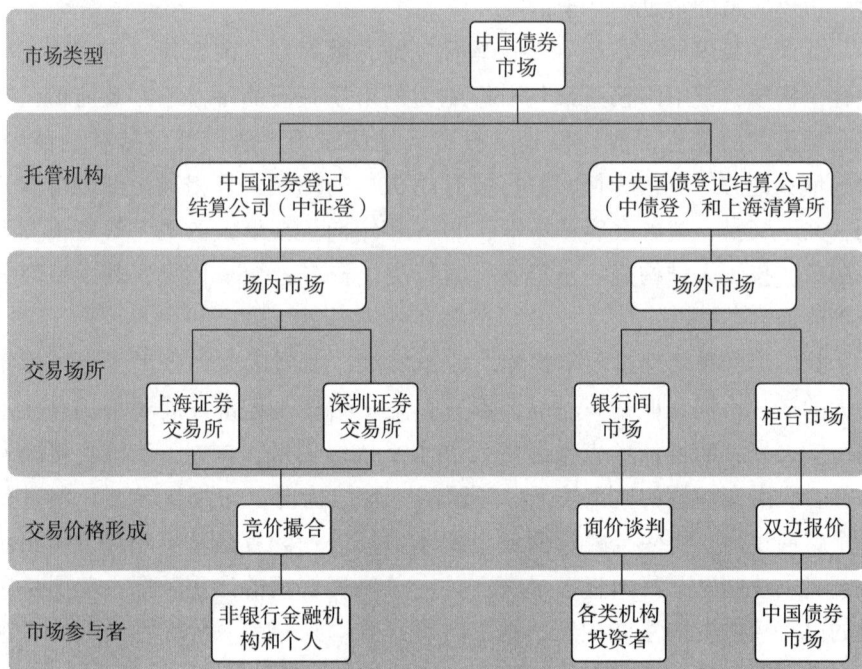

图 1 中国债券市场结构

表 1　我国债券存量概览

类别	债券数量（只）	债券数量比重（%）	债券余额（亿元）	余额比重（%）
国债	257	0.38	238934.23	17.26
地方政府债	9032	13.51	344734.28	24.91
央行票据	3	0.00	150.00	0.01
同业存单	15860	23.72	143456.90	10.37
金融债	2574	3.85	319245.70	23.07
政策银行债	304	0.45	211842.82	15.31
商业银行债	323	0.48	22784.92	1.65
商业银行次级债券	610	0.91	51441.75	3.72
保险公司债	81	0.12	3195.50	0.23
证券公司债	951	1.42	21843.71	1.58
证券公司短期融资券	121	0.18	2235.00	0.16
其他金融机构债	184	0.28	5902.00	0.43
企业债	2770	4.14	22081.40	1.60
一般企业债	2767	4.14	22066.60	1.59
集合企业债	3	0.00	14.80	0.00
公司债	11501	17.20	103601.71	7.49
一般公司债	4446	6.65	51477.07	3.72
私募债	7055	10.55	52124.65	3.77
中期票据	8101	12.12	86395.35	6.24
一般中期票据	8101	12.12	86395.35	6.24
短期融资券	2952	4.41	27759.79	2.01
一般短期融资券	621	0.93	5857.93	0.42
超短期融资债券	2331	3.49	21901.86	1.58
定向工具	3605	5.39	23195.42	1.68
国际机构债	19	0.03	430.00	0.03
政府支持机构债	183	0.27	18225.00	1.32
资产支持证券	9437	14.11	46508.04	3.36
交易商协会 ABN	1949	2.91	9388.84	0.68
证监会主管 ABS	6206	9.28	21722.18	1.57

类别	债券数量（只）	债券数量比重（%）	债券余额（亿元）	余额比重（%）
银保监会主管 ABS	1282	1.92	15397.02	1.11
可转债	458	0.68	7759.11	0.56
可交换债	83	0.12	1381.14	0.10
项目收益票据	28	0.04	127.50	0.01
合计	66863	100.00	1383985.56	100.00

注：截至 2022 年 7 月 30 日。

资料来源：Wind 数据终端。

二、不同居民群体投资不同债券

总体上，2002—2018 年，银行柜台业务品种以国债、政策性金融债为主；2019 年至今，地方政府债券柜台发行启动。发行凭证式储蓄国债扩宽了居民的理财渠道，居民在银行柜台或通过网上的个人账户就能够进行购买，这类债券称为"金边债券"，但是不能上市流通，同时凭证式储蓄国债的安全边际较高，较为适合风险偏好低的个人。它比同期限银行储蓄存款利率高，收益也比较稳定，发行储蓄国债使居民的资金转移至国家手中，是社会资金的临时分配，不改变流通市场的货币供应量。储蓄国债是一项利国利民的政策工具，在保证国家重大建设项目资金充足的同时，又满足了广大人民群众的投资需求。

素有"银边债券"之称的地方政府债券信用风险较低，被认为是安全性仅次于国债的一种债券，发债期限从 1 年到 30 年不等，持有到期还本付息的保障较高。有地方政府的信用担保，违约风险较小，且地方政府债的利息所得免征个人所得税，收益率相对较高。2019 年，财政部印发《关于开展通过商业银行柜台市场发行地方政府债券工作的通知》，允许地方政府债通过商业银行柜台市场在本地区范围内发行。在目前的市场环境下，各省、直辖市等地方政府债券柜台业务的推出，对于一些风险偏好较低、不能承受本金损失的个人投资者来说，提供了较好的投资替代品种，此外，居民以储蓄资金购买地方政府债，可以支持家乡建设。

预计到 2022 年底中国居民的银行存款将超过 100 万亿元，利息收入不高，如果在现在和未来其他的投资产品仍然存在不确定性的条件下，扩大利率债投资，审慎增加信用债投资，对于提高我国直接融资比重，减少间接融资比重，减轻银行压力，增强居民直接投资意识，提高资金收益，调整国内融资结构具有现实和长远的意义。

三、加强宣传，推动债券市场发展

在我国，投资者一般认为银行存款和储蓄国债的信用等级几乎无差异，从而使得银行定期存款成为储蓄国债的直接竞争产品。储蓄国债品种相对单一，难以满足各层次投资者的投资需求，在一定程度上制约了国债群体的发展壮大。

地方政府债方面，自2019年柜台业务中引入地方政府债以来，此项业务发展主要面临债券收益率偏低、风险识别及承受能力等因素认识不足、产品期限难以与客户需求精准匹配等问题。地方政府债投资者以商业银行和政策性银行等机构投资者为主，个人和中小投资者占比非常小。尽管我国有债券购买的相关制度，一些政策制度也已出台，但整体宣传力度及效果不理想。因此，要加强宣传，正面引导，尤其是要增加直接融资比重，一是扩大债券发行总量，二是引导社会各方尤其是有投资意向且有经验的大众逐步增加债券投资比例。为引导居民将储蓄存款投向储蓄国债与地方政府债，提出如下建议。

第一，加强宣传，积极推动。柜台业务承办行应持续加强投资者培育工作，提供更优质的报价服务，从而增强居民投资债券的意识，例如，在网点营业大厅，对办理业务的客户进行现场宣传；开展有针对性的宣传以扩大投资者的接触面；鼓励各银行承销机构，利用各自的行内信息系统挖掘出债券的潜在投资者。让市场能够以分散决策、风险自担的方式推动储蓄向债券投资聚集。

第二，创新思路，提高服务水平。商业银行应与地方财政部门加强联系，依据利率市场化水平和各类型投资者的投资需求变化，推出满足不同收入、不同风险偏好、不同年龄阶段群体投资需求的各类国债和地方政府债品种。

第三，完善债券市场基础设施与农村金融服务体系。在现有柜台和网银购买渠道的基础上，增设手机银行或微信公众号购债方式，使城乡居民特别是偏远农村居民或行动不便的投资者足不出户便可购买国债。

四、增加个人可直接购买的债券品种

建议我国债券发行总量和发行结构要制订中长期规划，根据社会发展水平和经济结构调整规划以及产业发展计划，并适度适当地引导不同机构投资者和不同群体投资购买的意愿。可以在利率、品种、期限上进行创新设计，增加个人可直接购买的债券品种。当然，宏观上要与货币信贷政策以及总量结构变化有机地衔接好。

第一，增加债券品种。对于一些收益高于储蓄存款、有地方政府保障的债券，可以实行封闭式运作，在居民收益分配上效果要更好；建议针对柜台交易的地方政府债适时推出 3 年期以内特别是 1 年期的品种，吸引投资者购买。

第二，根据其风险承受能力和意愿引导不同群体购买不同债券。高收入群体可以引导购买公司债、企业债等收益率高些、但风险大些的债券，中等收入群体可以引导购买地方政府债及 AAA 级的公司债、企业债，低收入群体可以引导购买国债及优质的地方政府债。

第三，增加有特色的专项债券品种。可增设绿色债券、碳中和债券等，对大众开放。目前我国是全球最大的绿色债券发行国，现有绿色债券的购买主体为银行及专业金融机构，个人参与度有待提升。绿色债券具有比普通债券更低的违约率，这意味着其更适合个人及更多金融机构购买，有助于增加大众对"双碳"目标的认同度与参与感，提高其对改善生态环境的积极性。

第四，鼓励大众参与购买养老产业专项债。发债企业可使用债券资金改造其他社会机构的养老设施，或收购政府拥有的学校、医院、疗养机构等闲置公用设施，并改造为养老服务设施，或者将地市县区公用设施改造为养老机构。地方政府也可与社会资本合作建设养老机构并发行债券，原则上百姓买的债券达到相当起点金额的，在收益安排上，可以考虑与未来进养老院享受养老服务挂钩。

五、债券一级市场试点对大众开放

早在 2016 年初，为促进债券市场发展，扩大直接融资比重，中国人民银行制定了《全国银行间债券市场柜台业务管理办法》，将投资品种和投资主体都进一步扩大化，尤其是允许合格的个人投资者进入银行间债券市场。

建议债券一级市场条件成熟时应对大众开放。可选择从一些高等级信用类债券开始试点，通过银行柜台、App 等渠道面向合格的个人投资者发售，这有利于丰富个人投资者的投资资产品种，让更多群众分享到改革红利，扩大非金融企业债权融资中债券融资的规模，同时也可以发挥群众监督作用，推动债券市场高质量发展。

表 2　目前债券投资品种范围细化表

债券品种		普通投资者	专业个人投资者	专业机构投资者
国债		√	√	√
地方政府债		√	√	√
政策性金融债		√	√	√
政府支持机构债券		√	√	√
公开发行公司债	资信状况符合《公司债券发行与交易管理办法》第十六条规定的面向普通投资者公开发行的公司债券	√	√	√
	依据《公司债券发行与交易管理办法》第十六条面向普通投资者公开发行的公司债券以外的其他公司债券			√
非公开发行公司债（含私募可转换公司债券、私募可交换公司债券）				√
根据注册机关规定面向机构投资者和个人投资者交易的企业债券		√	√	√
企业债（注册机关另有规定的除外）				√
资产支持证券				√

六、建立债券投资者风险预警、化解、处置等机制

近年来，信用债违约事件频发，一些被认为风险较低的理财产品也发生了暴雷。债券违约后需要保护个人投资者应有权益，面对债券违约与多样化兑付，应坚持市场化、法治化原则加快完善规则统一的债券违约处置机制，不然可能会对市场风险偏好造成长期性、结构性的影响，进而影响到债券市场融资功能的发挥。

对于企业端，在新证券法框架下，企业发行信用类债券要提高信息披露程度，应披尽披，此外还要提高环境效益信息公开披露力度。

地方政府仍要加强地方政府债资金的使用和管理，合理举债，防控风险，兼顾财政可持续性和居民财富的保值增值，在新证券法下准确地披露相关信息。银行在销售时应向居民讲清楚地方政府债的性质和风险，打破投资者"刚性兑付"预期。

激活商业票据信用功能
服务新时代经济高质量发展

票据是信用的载体，信用是票据的根基。商业承兑汇票承载了商业信用，是企业重要的支付和融资工具，商票市场的发展壮大有利于完善我国商业信用环境，并助推经济高质量发展。

一、商业票据信用与新时代经济

（一）商业票据信用的概念、特点及作用

1. 商业票据信用的概念

信用是指依附在自然人之间、社会组织之间和商品交易之间形成的一种相互信任的生产关系和社会关系。

商业票据信用的核心是信用，是商业信用在票据领域的表现形式，即以票据为载体，通过票据行为体现票据主体之间的交易关系和信任关系。

2. 商业票据信用与市场经济、票据的关系

从一定程度上看，市场经济就是信用经济，商业票据信用是信用经济的载体之一。

3. 商业票据信用的特点

商业票据信用除具备一般信用的社会性、风险性及收益性特点之外，还具备以下特点。

（1）具有信用叠加特点。根据《票据法》的规定，商业汇票具有转让功能，票据每一次转让，即实现了一次信用的叠加。票据不仅可以通过一般背书转让实现商业信用的叠加，还可以通过票据贴现实现银行信用的叠加，信用叠加功能有助于提升中小企业签发票据的信用度，增强融资可获得性。

（2）渗透于全部商票产品。商票是票据的重要组成部分，是包含商票承兑、背书转让、贴现、转贴现、质押、保证、再贴现等一系列业务的总

称，涵盖支付与融资领域，商票背书体现于其中的每个业务中，在支付结算业务场景中，卖方基于商票主体信用签收票据；在票据融资业务场景中，融资方基于商票主体信用办理融资业务。

（3）贯穿商票全生命周期。商票业务产品涵盖了票据的全生命周期，商票从开出起，便已蕴含了商业票据信用信息，其间发生的全部票据行为均基于商业票据信用，直至票据结清。因此，商业票据信用贯穿于商票全生命周期。

4. 商业票据信用的作用

（1）支付结算作用。在企业的日常贸易往来中，基于商业票据信用，商票可以像现金一样用来支付相关款项，也可以对企业之间的债权债务进行结算；此外，商票具有一定的期限，实际上出票人借助商业票据信用实现了款项的延期支付，缓解了企业资金管理压力。

（2）融资投资作用。基于商业票据信用，持票企业可通过银行办理票据贴现获取融资款项，金融机构之间也可以互相投资票据资产，以融通短期资金头寸；融资投资作用，便利了中小企业融资及金融机构流动性管理，盘活了金融市场。

（3）传导政策作用。票据是最有效、最灵活便利的货币政策传导工具，基于商业票据信用，中央银行可为持票金融机构提供再贴现支持，通过再贴现业务调节货币供应总量，传导货币政策，实现宏观调控的政策目标。

（二）新时代经济的内涵与特征

当前，我国面临错综复杂的地缘政治格局与世界经济持续低迷的不确定性局面，并且我国存在经济增长速度换挡期、结构调整阵痛期、前期刺激政策消化期"三期叠加"等状况。新时代经济具备以下几个特点。

1. 新发展理念统领高质量发展

以新发展理念为统领，能够使高质量发展这一鲜明主题成为很好地满足人民日益增长的美好生活需要的发展，也是创新成为第一动力、协调成为内生特点、绿色成为普遍形态、开放成为必由之路、共享成为根本目的的发展。

2. 新发展格局推动高质量发展

以国内大循环为主体、国内国际双循环相互促进的新发展格局，应当是更高层次、更宽领域的对内对外开放，是确保自主可控、安全有利、"做好自己"的实现路径。应着力构建新发展格局，依托国内市场构建国内大循环，打通堵点贯通生产、分配、流通、消费各环节，建设全国统一大市场，形成需求牵引供给、供给创造需求的更高水平经济大循环动态平衡，使国内市场主导国民经济循环的特征更加明显，经济增长内需潜力不断释放，切实推动高质量发展。

（三）商业承兑汇票业务发展现状

2016 年 12 月，随着上海票据交易所的正式成立，我国商票市场迎来了新的发展阶段，业务量逐年增长，市场秩序日益规范，市场风险有效控制，信用环境逐步改善。总体来看，当前我国商票市场发展呈现以下几个特点。

（1）业务量快速增长。近年来，商票市场业务量增长迅速，以近五年的电子商票为例，2021 年电子商票承兑发生额为 3.80 万亿元，较 2017 年增长 99.87%；贴现发生额为 1.22 万亿元，较 2017 年增长 87.44%；转贴现发生额为 4.87 万亿元，较 2017 年增长 79.01%。

表 1　2017—2021 年电子商票业务发生额增长情况　　单位：万亿元

年份	承兑		贴现		转贴现	
	银票	商票	银票	商票	银票	商票
2017	11.12	1.90	6.31	0.65	41.77	2.72
2018	15.55	2.55	9.09	0.82	31.60	3.00
2019	17.36	3.02	11.52	0.94	35.87	2.95
2020	18.47	3.62	12.38	1.03	40.96	3.15
2021	20.35	3.80	13.80	1.22	42.07	4.87
较 2017 年增幅	83.04%	99.87%	118.65%	87.44%	0.71%	79.01%

资料来源：上海票据交易所网站。

（2）业务量占比小、变化少。虽然商票承兑、贴现、转贴现等业务近年来增长迅猛，但其在市场中的占比仍然较小，且变化幅度较小，仍以电子商票为例，电子商票承兑业务 5 年来围绕 15% 的市场占比上下波动，贴现占比、转贴现占比基本围绕 8% 波动。

表2 2017—2021年电子商票业务发生额占比情况 单位：万亿元

年份	承兑			贴现			转贴现		
	银票	商票	商票占比	银票	商票	商票占比	银票	商票	商票占比
2017	11.12	1.90	14.59%	6.31	0.65	9.34%	41.77	2.72	6.11%
2018	15.55	2.55	14.09%	9.09	0.82	8.27%	31.60	3.00	8.67%
2019	17.36	3.02	14.82%	11.52	0.94	7.54%	35.87	2.95	7.60%
2020	18.47	3.62	16.39%	12.38	1.03	7.68%	40.96	3.15	7.14%
2021	20.35	3.80	15.73%	13.80	1.22	8.12%	42.07	4.87	10.37%
平均值	—	—	15.12%	—	—	8.19%	—	—	7.98%

注：商票占比=商票发生额/（银票发生额+商票发生额）。

资料来源：上海票据交易所网站。

（3）承兑占比高于融资占比。从商票承兑、贴现、转贴现业务数据看，商票承兑市场占比远高于商票贴现、转贴现市场占比，说明商业银行更青睐信用风险相对较低的银票融资，对商票融资较为谨慎，仅少数企业承兑的商票能流入银行间市场，更多的商票只能在企业间流转，无法获取银行融资。

二、发展商业票据信用的条件与意义

（一）发展商业票据信用的条件

1. 基础设施大量设立

2016年上海票据交易所成立以后，票据市场开始加速发展，新产品、新系统、新功能不断上线，有力支撑了商票市场业务发展，并强化了风险控制手段，为商业信用提供了发展基础。此外，企票通等服务特定票据市场的基础设施有效弥补了商票市场在贴现等领域的短板，进一步夯实了商业票据信用的发展基础。

2. 市场透明度大幅提升

2021年上海票据交易所正式发布信息披露制度及系统平台，市场参与者通过信息披露平台可以查询商票基本信息、商票承兑人信用信息，大幅提升票据市场透明度；此外，上海票据交易所定期发布持续逾期名单、延迟披露名单及大额披露名单等，有效维护了市场秩序，保护了商票权利人的合法权益，压缩了类票据（电子债权凭证等）的发展空间。信息披露系统配合人民银行征信系统共同为商业票据信用创造了发展前提。

3. 业务规模持续增长

受商业票据信用整体发展影响，长期以来，商票在票据市场中处于较为边缘化的地位。随着基础设施及市场透明度的不断改善，以及商业银行对于维系客户营销的现实需求，商票市场规模已基本稳定在票据市场规模的15%左右，发生额逐年稳定增长，为商业票据信用发展提供了良好的发展支撑。

4. 服务能力不断提升

2021年，上海票据交易所正式推出供应链票据，其实质是基于供应链的可拆分的商票，为商业票据信用服务实体经济提供了全新的服务场景，有利于提升供应链、产业链运转效率，强化供应链上下游中小企业融资能力，提升票据市场服务实体经济、服务中小企业的能力，为完善商业票据信用环境提供发展驱动。

（二）发展商业票据信用的意义

1. 提升社会信用水平

商业票据信用发展离不开一整套信用管理、信用治理、信用信息数据、信用评估体系及基础设施的建设，相关信用体系与基础设施将极大地推动商业票据信用发展，有利于提升全社会信用水平，进一步改善我国商业信用环境。

2. 降低货币发行量

首先，在金融服务经济的过程中，与其他货币市场工具相比，票据可以降低货币发行量。由于票据支付实质为信用支付，并未涉及货币交付，因此，票据支付可以有效降低货币支付在支付结算中的占比，从而有效减少货币发行量，有利于缓解通货膨胀，降低CPI指数，促进经济"软着陆"。其次，在经济下行周期，票据是最好的经济刺激工具，票据与财政政策工具相比具备中小企业接受度高、占用资源少、灵活性强、适合短期经济刺激等特点。

3. 传导货币政策

传导货币政策是票据的重要职能作用。票据贴现、转贴现与再贴现构成了从企业到中央银行完整的信用链条及资金链条，中央银行通过调节再贴现利率与规模，影响货币市场资金的供给及资金价格，不断为商业银行补充流动性，并促使商业银行更积极主动地办理票据贴现业务，为企业提供更多、更廉价的信贷资金，以保障企业正常的生产经营。

发展商业票据信用，推动票据市场做大做强，一是可以为中央银行提供更广阔的政策操作空间，便于实现货币政策目标；二是进一步强化中央银行对货币总量的控制力，并实现对实体经济的精准滴灌。

4. 推动扩大再生产

信用是票据的本源，票据的支付与融资属性均基于信用。一方面，企业商品生产与货币收回在时空上有连续与并存的情况；另一方面，一般情况下中小企业在银行较难获得大额授信，而商业票据信用可以帮助中小企业完成订单，尤其是在供应链体系中，通过借用核心企业信用，便利了链内中小企业融资，改善了中小企业的融资困境，推动了企业扩大再生产。

5. 促进国内国际双循环

一是发展商业票据信用有利于促进国内大循环，票据项下的各项业务因信用而开展，推动票据业务发展，有利于改善企业支付与融资环境，打通国内供应链、产业链各个环节，精准治理社会发展与经济发展中的堵点、难点问题，把我国超大规模市场优势和内需潜力充分激发出来，推动国内市场需求持续升级和供给能力不断提升，培育竞争新优势；二是发展商业票据信用有利于促进国内国际双循环，随着商业票据信用的发展以及国内商业信用环境的改善，将促进跨境票据等创新业务发展，充分激发市场及内需潜力，促进国内市场和国际市场更好地联通，推动更高水平的合作共赢。

6. 实现经济高质量发展

经济高质量发展是高质量发展的重要组成部分，是经济增长与发展的统一。首先，推动商业票据信用发展，可以保障供应链、产业链稳定运行，改善企业生产运营环境，有利于稳定并优化经济结构；其次，发展商业票据信用可以更好地满足内需，商业票据信用主要应用于国内市场，有利于培育国内企业综合实力，推动产业转型升级，并提升经济总体效率与质量。

7. 提升国家综合竞争力

信用是经济发展的基础，推动商业票据信用发展，有利于商票市场发展壮大，将进一步改善供应链企业内部资金循环，降低企业融资成本，优化上下游中小企业资产负债状况，促进供应链、产业链良性运转，提升实体经济的融资能力，为产业转型及产业升级发展创造良好的金融环境，进而推动我国综合实力与竞争力的提升。

三、激活商业票据信用功能，服务新时代经济高质量发展

（一）推动经济高质量发展

2022 年以来，面对错综复杂的国际形势以及新冠疫情的影响，我国宏观经济顶住压力实现了正增长，但增幅较为有限，需要采取相应的政策措施促进经济发展。我们认为可以通过发展商业票据信用服务新时代经济发展，一是可以平衡货币总量。票据再贴现是中央银行货币流动性管理的重要工具，可以合理控制货币信贷规模，平衡货币总量。具体来看，如果货币总量处于宽松状态，中央银行可以通过再贴现回收货币流动性；如果货币总量处于紧张状态，中央银行可以借助再贴现释放货币流动性，从而实现货币供应量与国民经济发展的动态平衡，为社会资源的合理配置及实体经济发展创造稳健、可持续的宏观金融环境。二是可以推动科技创新。商业票据信用可以促进供应链发展，有利于夯实核心企业的主体地位，推动创新资源向核心企业聚集，也可缓解创新型中小企业的资金困境，实现信贷资金与创新周期的错配，更好地推动创新发展。三是可以促进乡村振兴。农业是我国经济中重要且较为薄弱的一环，商业票据信用在农业领域具有一定的认可度及客户基础，推动商业票据信用在农业领域的应用，有利于经济补短板、强弱项，推动农业、农村和农民发展进步，全面实现乡村振兴。

（二）促进供应链金融发展

供应链金融是商业银行融资业务的一个专门领域，是贸易融资的延伸与深化，是供应链核心企业与银行达成的、面向供应链所有成员企业的系统性融资安排。

供应链票据是基于供应链及商业票据信用的创新型业务产品，其为供应链企业发展开辟了新的通道。首先，供应链票据具有可拆分、等分化特性，大幅提升了企业用票支付的灵活性，便利了链内企业日常支付与融资需求，为供应链资金流、信息流、物流的集中、有序结合创造了条件，最大限度盘活了企业资产，提升了企业资金营运水平；其次，链内中小企业可分享核心企业信用，融资更便利；最后，供应链票据直接嵌入企业供应链，有利于缓解企业应收、应付款项压力，避免出现大企业恶意占用中小企业结算款项等现象，确保供应链持续稳定发展。

（三）加快中小企业发展

中小企业发展关系国计民生的大局，是提升供应链现代化水平的重要一环。强化商业票据信用对中小企业健康发展有着十分重要的意义。一是可以完善企业支付与融资场景。票据是中小企业重要的支付方式，广泛应用于中小企业日常生产经营中。买方企业可以将已签发或持有的未到期商业汇票支付给买方企业，实现订单资金的交付，完成商品交易；卖方企业收到票据后，可转让至本方的前手企业，完成新一轮采购及支付。二是可以培育我国商业信用环境。我国商业信用领域发展较为缓慢，总体规模相对较小，企业向银行申请的融资大多基于担保而非基于商业信用。商业承兑汇票是集中体现商业信用的业务产品，促进商业承兑汇票业务发展，将推动企业信用信息集中共享进程，完善票据信息披露进程，以及推进票据评级工作开展，进一步培育并完善我国商业信用环境。三是可以缓解中小企业融资难、融资贵问题。以供应链票据为例，在供应链场景下企业间的真实交易关系更具可见性，且供应链票据可以有效实现信用传递，由链内中小企业分享核心企业的优质信用，因此，供应链票据更容易获得金融机构的融资及优惠价格，可以有效节约企业成本。四是可以选择重点行业重点推进。可选择国家重点关注的新能源、装备制造、生物医药、农业等行业，或者国民经济的关键节点行业，如物流、运输等行业。

（四）力推绿色经济发展

《中华人民共和国国民经济和社会发展第十四个五年规划和 2035 年远景目标纲要》要求"实施可持续发展战略，完善生态文明领域统筹协调机制，构建生态文明体系，推动经济社会发展全面绿色转型"。

绿色票据是指服务绿色经济的票据，其具备一般票据的所有特点并独具绿色属性，满足监管部门对于绿色金融产品的监管要求。发展商业票据信用，可以推动绿色票据发展，加快绿色经济建设。一是有利于落地绿色金融相关政策。国家各部门已就绿色经济转型、绿色金融出台了大量政策措施，推进绿色金融创新，发展绿色票据，有利于促进金融机构合理配置金融资源，落实相关政策措施。二是有利于精准扶持绿色中小企业。绿色票据可对根据标准筛选出的绿色中小企业，通过相关票据产品进行精准滴灌。三是有利于构建绿色金融产品体系。当前我国在绿色金融领域以绿色贷款、绿色债券为主，绿色票据兼具支付与融资功能，可以为绿色企业提供更多的支付与融资选择，有利于建设多层次、全方位的绿色金融产品体系。四是有利于遏制"两高"项目盲目发展，淘汰落后产能、落后工艺和落后产品，助力实现碳达峰、碳中和"3060"目标。

（五）促进应收账款票据化

应收账款是企业重要的流动资产，应收账款数额过大、回收期限过长，会造成企业营运资金周转缓慢，经营性现金流量较低，直接影响业绩，甚至可能引发经营危机。根据国家统计局的数据，2011—2021年，规模以上工业企业应收账款净增长11.82万亿元，累计增长168%，同期营业收入仅增长了51.7%；从账款回收期看，2021年较2011年增加了19.7天。

应收账款票据化是未来的发展趋势，可以较好地缓解上述问题。企业可以将应收账款转化为流动性更强的应收票据，票据与应收账款相比具备明显优势：一是有专门的《票据法》对票据行为予以规范；二是票据灵活性强，持票人可以选择背书转让，也可以办理贴现，还可以到期收款，企业的选择余地较大；三是票据具有全国统一的基础设施——上海票据交易所，便于票据确权；四是票据具备追索功能，票据到期后，出现承兑人拒绝兑付的情况时，持票人可向前手追索。大力推动商业票据信用发展，加快应收账款票据化进程，有利于企业盘活资产，优化资产负债结构。

（六）推动应付账款票据化

由于票据受《票据法》保护，核心企业作为供应链中强势的一方，往往不愿意通过票据约束自身的支付行为，导致拖欠中小企业、民营企业账款的现象不断出现；上下游中小企业受制于自身信用，其签发的商票难以被市场接受，陷入"想用却用不了"的被动境地。

前期，国务院已要求各地区加快清理拖欠民营企业账款。我们认为应当推动应付账款票据化进程，以票据为渠道规范企业的应付账款，以信用为手段维护支付秩序。一是应加强政策支持，引导供应链核心企业主动使用票据开展日常业务；二是应强化担保机制，鼓励供应链核心企业开展商票保贴、商票保证等业务，为供应链上下游中小企业提供信用支持；三是商业银行应完善授信机制，依托供应链核心企业的信用，为链内上下游中小企业提供信用共享及信用便利。

（七）降低流动资金贷款占比

票据与流动资金贷款具有明显差异，一是票据兼具支付与融资属性；二是票据流通性强，票据到期前可以在企业、金融机构之间不受限制地流转；三是票据具备信用叠加及追索功能；四是票据融资价格远低于流动资金贷款，可大幅节约企业融资成本（截至 2022 年 7 月，流动资金贷款余额约为 35.6 万亿元，每年贷款利息近万亿元）。由此可见，票据较流动资金贷款更灵活，融资成本更低，更适合中小企业及供应链企业使用。

大力推动商业票据信用及商票市场发展，加快推进应收账款票据化进程，有利于降低贷款派生存款，减少流通中的现金；有利于降低中小企业融资成本，促进供应链生产、经营、销售一体化进程，改善企业资产负债状况，促进宏观经济健康稳定发展。

（八）改善企业经营管理

近年来，先进的技术手段不断应用于金融领域。纸质票据时代，票据经营管理效率低下，伪假票据曾是票据市场最严重的风险隐患（伪假票据本质上是对商业票据信用的造假），当下电子票据已占据市场份额的99%，票据交易管理效率大幅提升，伪假票据风险已大幅降低。

随着金融科技在票据领域的深入发展，商业票据信用得到了更好的维护和提升，一是改善了企业融资结构，提升了企业整体经营效率，强化了金融机构与供应链的对接，为供应链、产业链整合发展提供了关键性的金融要素；二是进一步规范了商业票据信用主体行为，如上海票据交易所推出的信息披露机制，提升了商业票据信用的透明度；又如有关部门及央企企票通等规划的企业信用信息平台，使商业票据信用的广度与深度得到了前所未有的提升，为企业创造了安全便捷的用票、持票环境，降低了票据业务风险。

（九）加快票据数字化进程

票据数字化是指票据业界充分发挥"数据+技术"等生产要素的价值，强化票据对国民经济各领域的服务能力，加速业务模式、管理模式的创新和重塑，以有效提高价值创造能力，促进实体经济提质增效。推动票据数字化进程，有利于强化金融对实体经济的服务，增强票据对绿色经济、乡村振兴、全国统一大市场等政策的支持力度，改善中小企业融资困境，强化供应链、产业链的韧性，为商业票据信用创造更好的发展环境。

票据数字化是票据市场的发展方向，未来需加强市场基础设施、法规制度、系统平台、数据治理、数据确权等方面的建设，以推动票据市场进一步提升科技水平、统一业务及技术标准、加大创新力度、增强风险防控能力，通过数字化加快商业票据信用发展，强化票据对绿色经济、乡村振兴、全国统一大市场等政策的服务力度。

（十）强化信用风险控制

信用风险是商票项下各类产品中最主要的业务风险。随着商业票据信用及票据数字化进程的发展，信用基础设施及数据治理、数据确权等机制将得到进一步完善，企业信用数据将得到进一步丰富，并形成企业信用信息大数据。一方面，有利于票据市场各相关方挖掘、分析信用数据，优化信用评级、信用风险防控等业务模型，降低中小企业融资门槛；另一方面，有利于提升市场基础设施及商业银行信用风险监测、预警及干预能力，促进票据市场有序健康发展，更好地推动票据服务实体经济。

参考文献

[1] 何建华. 高质量发展鲜明主题贯穿中国式现代化新征程. ［EB/OL］. ［2022-08-10］. 澎湃新闻.

[2] 胡跃飞. 现在是供应链金融最好时代. ［EB/OL］. ［2022-08-25］. 钛媒体.

[3] 招商银行课题组. 双循环战略下商票业务发展现状及建议. ［EB/OL］. ［2022-08-25］. 中国票据研究中心.

[4] 江西财经大学九银票据研究院. 票据学 ［M］. 北京：中国金融出版社，2021.

[5] 肖小和，金睿. 改革开放四十年中国票据信用发展和思考. ［EB/OL］. ［2018-09-21］. 中国经济网.

解读《商业汇票承兑、贴现与再贴现管理办法》*

肖小和

2022 年 11 月 11 日，中国人民银行下发了《商业汇票承兑、贴现与再贴现管理办法》（中国人民银行　中国银行保险监督管理委员会令〔2022〕第 4 号）（以下简称《办法》），这是该办法自 1997 年正式下发以来，时隔 25 年的首次全面修订，共八章 42 条。现解读如下。

一、《办法》修订的意义

一是适应票据市场发展的需要。《办法》的出台对票据市场而言意义重大，其一，重新定义了商业汇票的内涵及期限，为票据市场未来发展重新明确了发展目标及发展路径；其二，明确了总体风险管控框架及管理内容，特别是提出了最高承兑余额占比及保证金余额占比两项风控指标，进一步提升了票据市场透明度，规范票据市场发展方向；其三，明确了基础设施、电票及供应链票据的定位，为票据市场供应链票据及数字化发展奠定了基础；其四，拓宽了发展空间，回归真实交易，同时，首次提出发展票据经纪等要求，为进一步服务经济、促进创新、活跃票据市场创造了条件。

二是服务经济高质量发展的需要。票据信息披露系统上线后，票据市场透明度不断提升，在此背景下，《办法》的出台将使票据的信用属性被提升至前所未有的高度，有利于进一步完善银行信用体系，大大改善商业信用环境。考虑到商业汇票主要用于境内企业，信用环境的整体提升，有助于增强国内企业综合实力，推动产业转型升级，提升经济总体效率与质量。

三是服务中小微企业及供应链经济的需要。《办法》缩短了票据期限，由最长一年改为不超过 6 个月，将有力推动应收账款及应付账款票据化进程，缩短供应链应收、应付期限，避免出现大企业或核心企业恶意拖欠中小企业款项的情况，改善中小微企业支付及融资环境，加快供应链运转

---

* 本文写作于 2022 年 11 月。

效率，畅通供应链内物流、资金流及信息流，助力整体经济运行。

四是创新服务实体经济的需要。《办法》对于创新持正面积极的态度，其中提到的电子商业汇票、财务公司承兑汇票、信息披露等均为票据市场在不同时期的业务创新。供应链票据、绿色票据、标准化票据等创新产品代表着票据市场发展方向，《办法》的出台有利于推动相关机构、相关部门加大对创新产品的投入，不断优化创新产品性能，为实体经济提供更优质的金融服务。

二、有关章节条款解读

（一）总体解读

（1）《办法》与 1997 年发布的上一版相比，第一个显著区别在于名称，此次修订后直接命名为"办法"，并以人民银行及银保监会令的形式发布，而上一版为"暂行办法"，说明票据市场发展已经成为金融市场不可或缺的服务实体经济的重要工具。

（2）上一版偏重于业务管理，而《办法》偏重于规范管理。这与两份制度出台的时代背景有关，1997 年票据市场还不成熟，参与者对票据产品不太了解，银行管理较为粗放，因此更偏重于对业务进行管理；2022 年票据市场已较为成熟，业务风险点前期暴露较多，银行管理已逐步精细化，无须过多强调业务细节，更需要从宏观层面引导市场规范发展。

（二）"第一章总则"解读

（1）《办法》对商业汇票进行了重新定义，将电子商业汇票纳入定义中，对票据数字化未来发展意义深远。

（2）《办法》新增了财务公司承兑的商业汇票，将商业汇票从两类增加为三类，细分商业汇票类别有利于推动票据市场的风险识别、风险管控进一步精细化。

（三）"第二章承兑"解读

（1）要求办理票据承兑、贴现等业务有真实的交易关系和债权债务关系，与《票据法》的提法保持一致。《办法》进一步提出"承兑的金额应当与真实交易关系和债权债务关系、承兑申请人的偿付能力相匹配"，确保票据市场服务于实体经济，避免出现过度融资以及票据投机等情况。

（2）规范了参与主体的范围。一是明确各类商业汇票的承兑主体范围，银票为银行和农村信用合作社承兑的商业汇票；财务公司承兑汇票为企业集团财务公司承兑的商业汇票；商票为银行、农村信用合作社、财务公司以外的法人或非法人组织承兑的商业汇票。二是特别定义了"银行"的范围（银行主要包括政策性开发性银行、商业银行和农村合作银行），以确保《办法》能有效落地，不被曲解。

（3）明确了供应链票据的地位。《办法》第五条明确了"供应链票据属于电子商业汇票"，为供应链票据发展扫清了制度障碍，有利于供应链内中小企业与票据市场对接，为供应链持续稳定运营与发展提供了金融支持。

（四）"第三章贴现和再贴现"解读

（1）《办法》第十四条提到"申请贴现的商业汇票持票人应为自然人、在中华人民共和国境内依法设立的法人及其分支机构和非法人组织"，首次正式提出自然人可以作为持票人申请贴现，具有实践意义，有利于票据市场发展，期待后续人民银行出台细则进一步明确。

（2）虽然转贴现在《办法》中着墨不多，但要求转贴现业务按照人民银行和银保监会票据交易有关规定执行，可能未来还会进一步出台相关细则，以促进票据市场创新，通过活跃的二级市场交易助推一级市场发展，更好地服务实体经济。

（3）《办法》首次提出票据经纪的概念，明确经纪机构应为金融机构，并着重提到票据经纪机构应当具有专业的从业人员，这是票据市场的一大突破，有利于活跃票据市场，促进实体经济支付与融资效率，改善企业、金融机构流动性管理。未来期待人民银行出台相关细则，以促进票据市场繁荣发展。

（五）"第四章风险控制"解读

（1）《办法》第四章为风险控制章节，提出了最高承兑余额占比及保证金余额占比两项风控指标，一是在一定程度上规范了票据承兑业务发展，促进商业银行合理分配资产负债比率，防止部分商业银行或财务公司对票据业务过分依赖。同时，比例管理实事求是，既留有空间，又赋予《办法》修改部门调整的余地。二是两项指标尽管主要针对银票及财务公司承兑汇票，但为商票发展提供了空间，也为商票的规范管理提供了新的思路。

（2）《办法》分门别类对银票、商票、财务公司承兑汇票承兑人，以及贴现人、贴现申请人准入要求进行了明确而细致的规定，总结了包商银行、宝塔财务以及部分房地产开发商票据案例的经验教训。一是针对不同承兑主体要求有所差异，如对于财务公司承兑还要求评价集团的信用水平，较银票承兑要求更高；二是对承兑人严格要求信息披露，有利于净化票据市场，维护市场秩序；三是相关准入要求的制定，避免票据市场出现"劣币驱逐良币"的现象，更好地保障票据持票人的权益。

（3）票据期限从1年重新调回6个月，凸显了票据的支付功能与资金属性和交易属性，进一步强化了票据支付性、流动性，加快了票据资产的周转速度。

（4）结合《办法》中关于准入、信息披露、监督管理等的要求，说明人民银行希望参与主体构建体系化的票据市场风险管控框架，从而有利于票据市场健康发展。

（六）"第五章信息披露"解读

（1）《办法》将信息披露提升至前所未有的高度，除在准入要求中明确提出信息披露要求外，还为信息披露辟出专门章节详细规定披露原则、披露途径、披露监测及其他披露要求，说明人民银行、银保监会对票据市场极为重视，对增强票据市场透明度、提升票据服务实体经济功能心情迫切。

（2）《办法》下发的同日，上海票据交易所发布了《商业汇票信息披露操作细则》，确保信息披露工作无缝衔接。

（3）《办法》第三十条鼓励非上市公司、在债券市场无信用评级的企业开展主体信用评级，这一方面有利于票据信息披露的开展；另一方面有利于规范企业信用行为，培育信用评级理念，为未来的商业汇票评级奠定基础，并有利于推进覆盖全社会的信用信息及信用体系建设。

（七）"第六章监督管理"解读

《办法》明确了票据市场监管部门及基础设施的职责，分清监管职责有利于厘清监管部门管理边界，各司其职，共同推进票据市场合规有序发展，避免出现监管缺位、重复监管以及监管意见相左等情况。

（八）"第七章法律责任"解读

《办法》针对未按规定披露承兑信息、违规擅自从事票据贴现、办理无真实贸易背景和债权债务关系承兑或贴现等五类行为，提出了相应的处置要求，表明了人民银行及银保监会规范发展票据市场的决心。

（九）"第八章附则"解读

《办法》明确将于2023年1月1日正式施行，并特别规定第二十四条

（金融机构两项风控指标）于 2024 年 1 月 1 日正式施行，为金融机构及票据市场留下了充足的准备时间。

三、未来展望

（一）从修订《票据法》的角度看

《办法》是修订《票据法》的前期制度准备，可以通过评估《办法》的实施效果，为《票据法》修订提供参考，以确保《票据法》的修订符合经济形势及市场发展要求，促进票据更好地服务经济高质量发展。

（二）从企业信用评估的角度看

票据信息披露是企业信用评估的重要组成部分，《办法》进一步明确了信息披露的必要性与重要性，尤其是鼓励非上市公司、债券市场无信用评级的企业开展主体信用评级，有利于未来企业信用信息大数据及信用信息集成化、数字化、应用化发展和票据评级业务的开展。

（三）从票据数字化的角度看

《办法》肯定了电子商业汇票、供应链票据等票据领域的数字化成果，体现了鼓励创新的积极态度，为未来票据市场整体数字化转型、数字化发展奠定了基础。

（四）从风险控制的角度看

《办法》在票据风险管控方面涉及较多，相关措施较为具体，具备可实施性。但需要注意的是，类票据业务（电子债权凭证）仍在票据体外运行，未来将对票据市场形成新的影响，此类业务的监管部门不十分明确，难以控制其业务风险，可能会在一定程度上对冲《办法》的影响。

（五）从市场变化的角度看

（1）从总体上看票据市场将有个适应过程，在一定时间内可能存在业务量缓增或减少的趋势，相应的调整完成后，将会很快呈现增长的态势，尤其是对于中小微企业以及供应链企业来说适应期相对较快。

（2）票据支付结算属性将得到提升，短期融资将成为重点，尤其是应收账款票据化进程将加快，有利于压缩中小企业应收账款账期，减少其资金被占用。

（3）贴现波动性会降低，波动幅度会进一步压缩。

（4）票据交易要求将会更高，票据衍生品、票据创新将成为票据市场发展的重点。

（5）票据信用功能将进一步发挥作用。企业与银行业金融机构度过调整期并熟悉《办法》要求后，票据信用将会成为服务企业支付性和流动性、调整银行流动性的重要工具之一。

类票据研究及发展建议

肖小和　秦书卷　胡　晓① 谈铭斐 李紫薇

一、类票据的基本情况

（一）类票据的基本概念及特点

应收账款淤积、资金流动不畅是当前实体经济发展中面临的棘手问题，中小企业尤为如此。受传统供应链融资模式辐射面有限、保理确权难、商票准入门槛高、票据不可拆分等因素限制，中小企业融资难、融资贵问题日益突出。为推动供给侧结构性改革，提升经济发展效率，近年来，国家积极推进供应链创新，鼓励供应链核心企业与商业银行、相关企业等开展合作，创新供应链金融服务模式。在此背景下，兼具支付与融资属性、可通过互联网技术实现拆分流转的电子债权凭证应运而生。

电子债权凭证是指基于供应链及应收账款而创设的一类电子化的确权凭证，通常在互联网供应链金融平台上开出，依托大型企业的商业信用，为供应链中小企业提供融资渠道。由于电子债权凭证与《票据法》对票据的定义有相似之处，二者均在企业间真实贸易背景下的赊销过程中产生，基于付款企业良好的商业信用，且都记载了债权人、债务人、金额、到期日等信息，票面设计及要素与票据十分相似，因此又被业界称为"类票据"。类票据兼具传统票据的功能特性，解决了传统应收账款融资的一些弊端，具备以下特征。

1. 确权性

电子债权凭证是在真实贸易背景下，基于企业间的赊销关系，依托大型企业的商业信用而开具的电子化确权凭证，其实质为核心企业签发的"电子付款承诺函"，到期须无条件向凭证的最终持有人履行清偿义务。

2. 可拆分流转

电子债权凭证兼具融资与支付属性，凭证持有者可以在平台上全部或

---

① 胡晓，所在单位为兴业银行成都分行、江西财经大学九银票据研究院。

部分转让电子债权凭证，或是通过质押或保理的形式进行融资，一方面能够有效解决企业间货款支付不匹配的痛点，另一方面通过电子债权凭证流转，应收账款流动性得以提升。

3. 引入电子签名

电子债权凭证的开立与流转需要加载行为企业的可靠电子签名，从而保障相关行为是由当事人作出，且对行为表示认可。平台要对用户身份及融资申请人提供的相关资料和单据进行审核，以确保用户身份的真实性，以及交易信息、数据的完整性和有效性。

（二）类票据发展现状

近年来，类票据膨胀发展，据不完全统计，市场上可查询的类票据已超过 150 种，大致形成第三方平台、核心企业自建平台和金融机构自建平台三种模式。按企业和银行分类，可以分为企业系类票据和银行系类票据两大类。

1. 企业系类票据

企业系类票据主要是指通过第三方平台、核心企业自建平台签发的电子债权凭证。目前可统计的核心企业自建平台超过 20 个，包括中企云链"云信"、简单汇"金单"、联易融"讯易链"等，它们采取自身运营模式，聚合核心企业及其上下游、金融机构、保理公司，实现跨行业运作，通过客群培育形成巨大的流量赋能价值。核心企业自建平台则配合自身财务公司、保理公司、集采平台和 ERP，通过电子债权凭证等方式促进资金流通，提升产业链控制能力。核心企业自建平台是类票据的主要运作模式，数量达 110 个以上，常见的有中国航空工业集团"航信"、欧冶金服"通宝"等。

2. 银行系类票据

银行系类票据基于金融机构自建平台签发、流转，是商业银行参与供应链金融生态建设的一种重要形式，旨在加强与核心企业的合作，提升供应链获客能力。常见的银行系类票据包括中国工商银行"工银 e 信"、中国农业银行"保理 E 融"、中国建设银行"e 信通"、中信银行"信 e 链"、平安银行"平安好链"等 20 余个。

（三）类票据与票据的区别

尽管从本质上讲类票据与票据十分相似，但二者在性质属性、可拆分性、转让流程、中间手责任和会计处理方面仍然存在一些区别。

1. 性质属性区别

票据具有要式性，必须具备法定的要式，才能发挥效力。票据的作成必须依照《票据法》的规定，票据行为人必须在票据上签章，票据上记载的文义必须在《票据法》规定的范围内。而电子债权凭证一般被定义为可流转的确权凭证，性质更接近付款承诺函，其自身并非权利，所记载的权利仍是底层的债权，且其开立和签发按照平台规则进行，没有统一的要式性要求。

2. 可拆分性区别

《票据法》第三十三条"将汇票金额的一部分转让的背书或者将汇票金额分别转让给二人以上的背书无效"明确规定票据不可直接拆分。电子债权凭证遵循《合同法》的规定，第七十九条指出"债权人可以将合同的权利全部或者部分转让给第三人"，即电子债权凭证在相关参与方同意以及系统支持的基础上可以拆分流转。

3. 转让流程区别

根据《票据法》第二十七条的规定，票据权利的转让可通过背书并交付给被背书人实现，无须告知票据的付款人。而《合同法》第八十条明确规定债权人转让权利应通知债务人，未经通知不发生效力。在实务操作中，电子债权凭证基于各自平台流转，可通过平台系统自动发送转让通知。

4. 中间手责任区别

根据《票据法》的规定，持票人可以对出票人、背书人、承兑人和保证人中的任何一人、数人或者全体行使追索权，由此可见，虽然背书人已将票据权利背书转让，但仍保留对于票据的担保付款责任。而类票据可实现中间手权利与风险的完全、清洁转让，其权利义务仅限于凭证开立人与当前持有人之间。

5. 会计处理区别

根据《企业会计准则第 23 号——金融资产转移》（2017 年修订）的规定，企业在发生金融资产转移时，应该根据金融资产的具体特征，综合风险因素考量，对其保留金融资产所有权上的风险和报酬的程度进行评估，对于转移了金融资产所有权上几乎所有风险和报酬的，应当终止确认该金融资产，并将转移中产生或保留的权利和义务单独确认为资产或负债。在实际操作中，"应收票据"科目下的票据背书有三种会计处理方式：方式一，不区分银票和商票，全部应收票据均予以终止确认；方式二，对于银票予以终止确认，商票不予终止确认；方式三，对于信用等级较高的银行承兑汇票予以终止确认，其他均不予终止确认。随着会计政策逐渐收紧，越来越多企业采取方式三，此种方式下背书、贴现票据不再直接出表，中间手背书人的资产负债率将大幅提高。然而，根据财政部《关于严格执行企业会计准则切实做好企业 2021 年年报工作的通知》的要求，"信、单、链"等电子债权凭证不在"应收票据"中列示。类票据根据业务模式是以收取合同现金流量为目标或是以收取合同现金流量为目标又以出售为目标的不同，分别在"应收账款"或"应收款项融资"中列示。

二、类票据的产生机理

核心企业尤其是中小企业之间的应收、应付账款高企是类票据产生的基础。近年来，我国企业间应收账款居高不下，并呈现逐年攀升的态势。2021 年末，工业企业应收账款净额达到 18.87 万亿元，同比增长14.99%，占 GDP 的比重达到 16.50%。高企的应收账款不仅增加了企业机会成本，提高了企业违约概率，还给企业经营管理带来了不便。

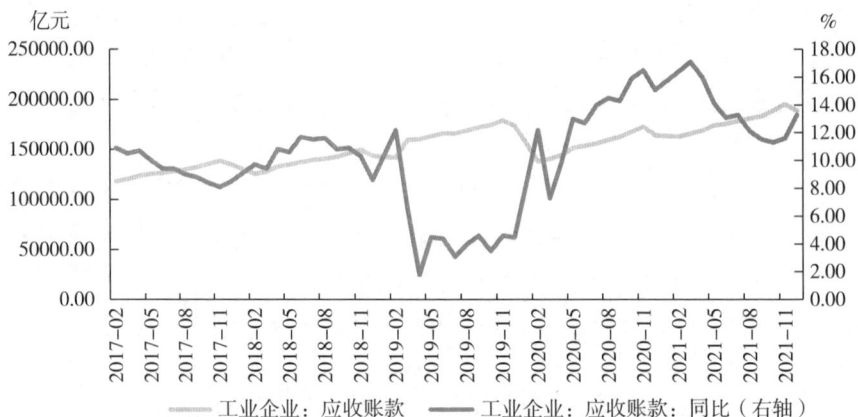

图 1　2017—2021 年工业企业应收账款情况

(资料来源：Wind)

受制于政策障碍以及自身成本约束，部分商业银行在为中小企业办理融资业务时存在服务不深入、不到位的情况，部分中小企业资金短缺现象依然较为严重，这是造成应收账款长期居高不下，账期越来越长的一个重要因素。

乘供应链金融发展之势，近年来类票据快速发展，类票据充分吸取了票据的优势，针对应收账款融资中存在的确权难、不易拆分流转等弊端进行改进，凭借开立简单、融资成本低、易流转等优势受到部分中小企业青昧，市场规模也迅速扩增。

（一）企业系类票据的运作机理

"云信"是大型企业通过中企云链平台，将其信用转化为可流转、可融资、可灵活配置的一种创新型金融信息服务。集团企业将从合作银行、财务公司、保理公司等资金方处获得的授信额度分配给核心企业，核心企业在其限额内开立"云信"给供应商进行应收账款确权，供应商收到"云信"后可拆分流转支付给其后手，也可以通过保理方式进行融资。作为一种可流转、可融资、可拆分的标准化确权凭证（电子付款承诺函），"云信"解决了核心企业确权难的痛点，实现了反向保理的线上化、标准化，从被动确权到主动确权。截至 2022 年 9 月 21 日，中企云链平台已有注册企业 195243 家，累计交易 22396 亿元，"云信"确权 7285 亿元，实现保理融资 5127 亿元。

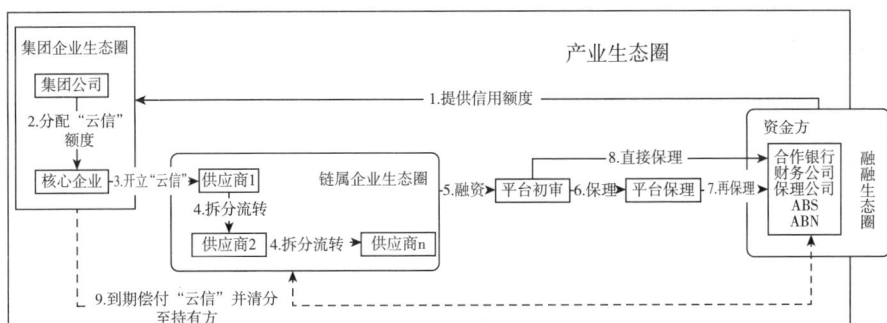

图 2　"云信"平台流程示意图

"金单"是核心企业在简单汇科技系统上，以电子签名方式，承诺在指定日期支付确定金额货款给供应商的应收账款债权凭证，具有可拆、回购、融资等特点。

"讯易链"是联易融自主研发的区块链多级债权拆分流转平台，其依托、释放、传递核心企业信用，盘活中小企业应收账款，实现应收账款资产的确认、转让及融资等功能。

"航信"是在中国航空工业集团航信平台上开立、使用和管理的记载供应链上应收账款的电子债权凭证。供应商在接收核心企业开立的"航信"后，可持有到期，也可以对外转让"航信"抵付货款，或向"航信"平台合作的大型金融机构提供增信保证和融资服务。

"通宝"是核心企业基于应付账款，向供应商签发的电子债权凭证，具有可差额流转、便捷融资等特点。欧冶金服开发的通宝平台，可为"通宝"

的签发、接收、转让、到期收款、向金融机构发起融资申请等提供全流程在线服务。

（二）银行系类票据的运作机理

"平安好链"平台是一个以客户为中心，融合支付链功能，为核心企业及其上游供应商提供线上应收账款签发、转让、融资、管理、结算、理财等全流程服务的平台。"平安好链"平台综合运用区块链、云计算等技术，确保应收账款转让信息的精准溯源及不可篡改。在"平安好链"平台上，核心企业依照平台规则签发一种记录业务贸易合约下交易双方权利义务关系以及账单转让详情的电子化单据，即 SAS 账单。供应链核心企业可以基于合同贸易背景对到期的付款账单进行确认并转让，各级供应商在收到账单后可以继续转让给下级用于抵销双方之间的债权债务，或是直接转让给平安银行获取融资。"平安好链"平台参与主体还包括机构受让方和信用支持方，其中，机构受让方包括银行、保理商与平台企业，负责受让基于真实贸易背景签发的 SAS 账单；信用支持方一般为资信良好的上级企业及与核心企业相关联的其他法人机构。截至 2022 年 3 月末，"平安好链"平台累计交易量为 1123 亿元，融资额为 520 亿元，供应链票据交易量为 8.2 亿元，累计服务核心企业 357 户、供应商 3324 户。

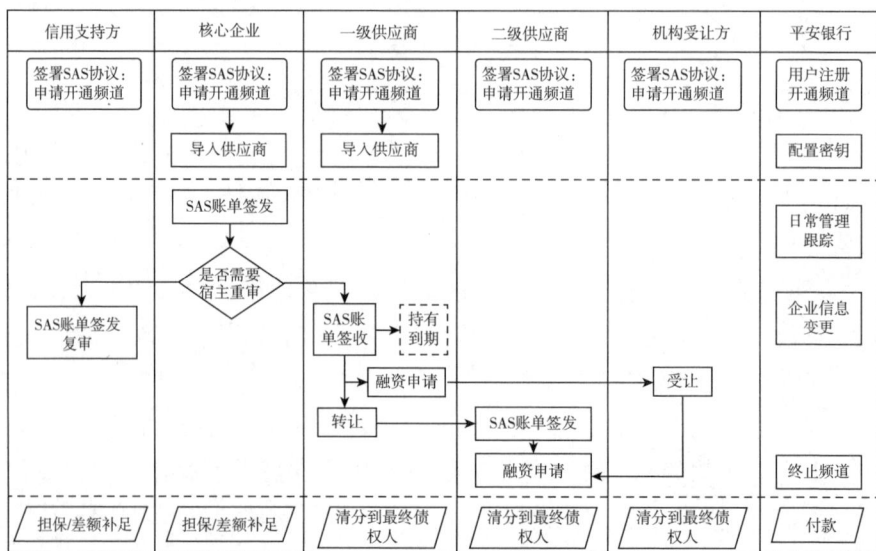

图 3 "平安好链"流程示意图

"工银 e 信"是产业链优质企业依据真实贸易背景，在工银数据金融服务平台上签发的一种定时、定额、定向支付的电子付款承诺函，是一种基于区块链技术的数字信用凭据，可实现签发、签收、支付、转让、拆分、贴现等功能。

"保理 E 融"是中国农业银行为核心企业上游供应链客户提供的批量、自动、便捷的应收账款管理和保理融资服务，平台通过信息技术掌握核心企业应付账款流转路径，通过应收账款债权转让，实现无抵质押担保融资。

"e 信通"是中国建设银行以自身供应链平台为基础，运用互联网、物联网、大数据、区块链、人工智能等技术，与核心企业及第三方服务平台合作，基于核心企业开立的付款承诺（确认）函，为核心企业产业链多层供应商提供的在线融资服务，上游供应商可以全额或部分拆分转让，或持有到期接收核心企业支付的款项。

"信 e 链"是中信银行基于与供应链金融平台的合作而开展的一项以标准化电子付款凭证为载体的综合金融服务。"信 e 链"借助标准化电子付款凭证的多级流转，向上游 N 级供应商提供全流程、线上化的融资，实现供应链核心企业商业信用可流转、可融资、可配置。

通过归纳总结可以发现，现行市场上大部分类票据的本质为供应链核心企业签发的电子付款承诺函，其基于基础交易产生的债权债务关系，依托互联网平台，凭借核心企业信用签发，可实现平台内部拆分、流转、支付、融资，旨在盘活供应链应收、应付账款，缓解企业资金周转压力。

三、类票据的优劣势

类票据契合市场发展需要而产生，通过核心企业信用的加持，实现供应链企业间多级、可拆分流转，加速了供应链经营周转，提升了企业资金可获得性。然而，类票据也存在一些潜在风险不容忽视。

（一）影响货币政策的有效性

尽管票据尚未被纳入中国人民银行货币层次范畴，但作为重要的市场监管工具，计入"社会融资规模"统计。与此不同，类票据作为一种供应链闭环内使用的支付融资工具，凭借核心企业信用实现链条内部逐级流转，通过电子债权凭证的转让轧平企业间应收、应付账款，在一定范围内形成对法定货币的替代，使供应链金融体系内部产生"造币"功能，但由于类票据并不计入货币供应量及社会融资规模进行统计，会对货币政策有效性产生影响。

（二）监管主体与标准不统一

类票据作为供应链金融新兴产品，并没有纳入金融监管范畴。目前市场上类票据种类繁多，规则千差万别，经营主体涉及央企、国企、商业银行、第三方平台等多种类型，监管归口不一致，监管指标不统一，监管体系不完善。类票据由供应链企业间的自发行为产生，具有极强的封闭性，既不具有基础设施、风控体系保障，也没有管理政策、法制规定、信息披露等约束机制，信息透明度非常低，底层基础交易真实性尚不可知，可能存在利用闲置授信套取银行资金的风险，而且一旦类票据流转泛滥，可能形成企业"三角债"。

（三）格雷欣效应与监管套利

孔燕（2020）指出，应收账款电子凭证在一定程度上改善了应收账款的流动性，但是容易逃脱监管，影响货币政策的有效性。由于类票据的要素和业务流转与票据极其相似，在票据市场严监管的趋势下，可能会出现弱监管的类票据替代票据的倒退现象，导致监管套利，形成非正规金融产品对正规金融产品的挤出效应。这种"劣币驱逐良币"现象的产生，将会对金融监管秩序造成严重影响。如此大体量的科技化"白条"游离于监管之外，如若管理不当，存在暴雷风险，将会对社会经济稳定性产生巨大的冲击。

（四）潜藏道德风险有损社会公允

核心企业的资金实力往往较为雄厚，基本不存在融资困难。然而，由于缺乏硬性结算约束，占据议价地位的核心企业往往通过应收、应付账款压占中小企业资金，有的还成立应收账款流转平台或专门的金融公司对持有其债权凭证的中小企业提供保理或其他融资服务，形成对被拖欠企业的"二次盘剥"。叠加资产创造、利润考核等因素影响，核心企业拖欠动力加强，被拖欠企业困境加剧。

（五）平台内流转融资难度大

类票据活跃于各自供应链平台形成的封闭的生态圈，此类债权凭证仅支持平台内部流转，跨平台流转难度大，而且持有者仅可通过核心企业或平台的合作金融机构、保理公司申请融资，在一定程度上提升了凭证持有者的融资难度。从融资成本的角度看，除金融机构融资成本外，供应链平台往往会从融资总额中抽取一定比例作为服务费，双重收费制下企业融资成本进一步提升。

（六）类票据存在的风险

类票据存在的风险主要包括以下几个类别：一是合规风险。由于非融资环节不要求类票据平台向金融监管部门报送业务数据，可能会出现业务流程和风控不到位的情况，使得业务合规性受到影响。在企业授信方面，如果错误地向不符合资质的企业进行授信，供应链平台融资业务整体合规性也会受到影响。二是信用风险。类票据凭借核心企业逐级流转，核心企业承担着类票据到期支付履约义务，其信用状况或是履约能力的恶化将对电子债权凭证的流转与融资造成负面影响，类票据整体信用风险也将大幅提升。三是技术与操作风险。电子债权凭证基于供应链平台开立、流转，其安全性与平台安全性紧密相关，如果技术投入不足，容易引发平台故障或遭遇入侵，给客户资金带来损失；网络安全防护机制不健全容易导致客户信息泄露，降低平台客户信任度，存在部分客户流失的风险。

四、类票据管理的对策建议

为应对类票据发展所面临的复杂情况，规范电子债权凭证发展，各方需采取针对性的措施，以更好地平衡发展、效率与风险。

（一）加速《票据法》修订，完善票据市场法制基础

《票据法》出台于 1995 年，其颁布对于早期票据市场稳定发展起到了关键作用。经过 20 余年的发展，我国票据市场发生了巨大的变化，《票据法》相关规定也逐渐与市场发展相脱节，电子票据、供应链票据、类票据等创新产品的法制基础严重缺位。因此，有必要与时俱进加速推动《票据法》修订，一方面可以将类票据纳入《票据法》，严格按照《票据法》进行管理；另一方面，可以将类票据作为《票据法》的组成部分，对《票据法》加以修订。

（二）明确类票据监管主体，建立统一管理办法

随着类票据的不断发展，其潜藏的风险也在不断积累，因此，有必要加强对类票据的监管。然而，当前类票据既无特定的监管主体，也无统一的管理标准，弱监管环境极其不利于类票据的长期健康发展，明确监管主体，制定类票据管理办法成为当前亟须解决的问题。应建立类票据监管体系，明确各方监管职责，成立跨部门协调机制。对于类票据发展，应树立功能监管与行为监管的理念，相关主体应牵头加快制定全国统一的类票据

管理办法，采取审慎的态度予以推进。

（三）完善票据基础设施建设，加速创新产品落地

类票据产生之初凭借其可拆分的特性解决了传统票据不可拆分的痛点，更好地满足了供应链企业间碎片化的支付需求。随着票据市场的发展，票据"粒子化"趋势不断显现，2021 年末，银票平均面额下降至80.44 万元，商票平均面额则为 108.57 万元。为更好地满足实体经济支付融资需求，上海票据交易所不断完善基础设施建设，推出供应链票据平台，以若干张票面金额为 0.01 元的票据组成的票据包形式签发，从源头上实现了票据等分化、可拆分，满足企业间零散化的支付融资需求，"供应链票据+标准化票据"的组合可以打通票据市场与资本市场，实现直接融资代替部分间接融资，进一步降低企业融资成本。与此同时，新一代票据业务系统实现了票据全生命周期业务一个系统，实现了票据业务的拆分流转和找零支付，提高了供应链企业的资金使用效率。随着新一代票据业务系统全面投产上线，票据有望替代类票据发展。

（四）立足供应链票据发展，推动类票据平台转型

供应链票据平台以票据作为信用工具，以《票据法》作为法制基础，以上海票据交易所作为基础设施保障，叠加商业汇票信息披露规则要求，运行更加规范化与阳光化。相较于供应链票据，类票据基于各自平台封闭运行，信息透明度不高。鉴于类票据运行与供应链票据具有极强的相似性，可考虑将类票据接入供应链平台进行管理。可以借鉴"企票通"模式经验，推动类票据平台发展转型，打造开放式平台，全方位地为商票更好服务供应链金融发展、服务核心企业及上下游企业发展、缓解企业间应收账款问题作出应有贡献。

（五）科技赋能，以数据化方法解决企业应收难题

票据数字化是将票据信息、票据信用信息通过科技化手段实现信息化、规范化、标准化、法治化进而可交易化以及通过科技化手段实现科技与票据数字化融合，更好地服务经济金融。科技赋能，以科技数据化的方法来解决企业间存在的应收、应付账款等问题，积极发挥科技功能作用，夯实票据数字化转型基础，探索票据数字化转型机制，加强票据数字化与经济产业融合，加强票据数字化转型的创新模式和业务产品研究，强化票据数字化转型的风险管理，通过票据数字化发展带动产业转型升级，拉动全要素生产率提升，促进产业链内部优化创新，进而推动国民经济高质量发展。

（六）规范责任主体义务，提升供应链企业服务效能

针对类票据发展中存在的问题，需要优化各责任主体的义务，从源头上对类票据发展中可能存在的问题加以规范。对于银行类金融机构，支持实体经济发展，为企业提供资金支持是其重要的职责。商业银行应该坚守银行业本分，做好主业工作，在合法合规的前提下，在充分调研的基础上，尽可能地为企业提供资金支持，为实体经济提供贴心服务。对于企业而言，面对发展中遇到的问题，可以向各方反映，寻求解决办法，涉及解决应收账款问题的可以理解，但不能以此名义融资、再融资，对中小企业进行盘剥。对于第三方平台，其建设要基于社会诉求考虑，要根据经营牌照中所列示的经营范围正规经营。

（七）推动"项目收益+电子债权凭证+保证金"模式

类票据发展可以尝试"项目收益、电子债权凭证、保证金"相结合的产品模式。此种模式下，企业以未来项目收益偿还贷款，以无抵押、无质押方式获批融资款融入短期资金，同时在开立电子债权凭证前购买一份合同履约保险。该模式既可以有效降低企业融资成本，提升供应链资源整合效率，又能够减少保证金占用，缩短业务办理时长，通过合同履约保险，企业的抗风险能力也将大幅提升。

五、结论

类票据的发展有其特定的基础与市场需求，在化解企业资金压力，解决中小企业融资难、融资贵方面具有重要意义，目前已经发展到相当大的体量。然而，类票据发展存在法制基础缺失、监管不明确、标准不统一等问题，且仅限于平台内部流转，融资难度较大。类票据本质为电子债权凭证，是一种确权凭证，其兼具支付和融资功能，应视为金融业务对待。然而，类票据签发主体大多为非金融企业，并没有相应的金融业务牌照，与监管关于非金融企业需持牌经营金融业务的规定背道而驰，会对货币政策有效性产生影响。由于类票据与票据极具相似性，弱监管类票据的发展容易导致监管套利，对正规金融产品产生挤出效应，也容易造成核心企业对中小企业的"二次盘剥"，对社会风险产生复杂的影响，类票据自身蕴含的信用、合规、操作风险等同样不容忽视，必须采取措施加以规范，以防止"暴雷"事件发生。2019年6月，时任中国人民银行行长易纲在陆家嘴论坛上提出要推动应收账款票据化，而商业汇票是商业信用的规范化形式，在

推动供应链发展、清理企业"三角债"方面具有得天独厚的优势，有望成为类票据发展的出路。尤其当前票据市场正处于转型发展期，基础设施不断完善，票据创新产品层出不穷，票据与类票据之间可以在统一监管标准、加强功能监管、重视行为监管的基础上兼收并采，一方面，票据市场可以坚持应收账款票据化导向，通过推动科技化进程不断优化、创新和完善，提升市场竞争力；另一方面，类票据平台应该以服务为导向，探索打造开放式平台，立足供应链票据发展，推动类票据平台转型，加速与供应链票据平台接轨。同时，规范类票据参与主体职责义务，提升供应链服务效能，加强新型产品模式探索。

参考文献

孔燕. 协同推动应收账款票据化［J］. 中国金融，2020（6）：48-5.

中国票据业的前世今生和我的票据缘

肖小和

1977 年，我有幸成为恢复高考后的首批大学生，毕业后进入中国人民银行工作。1984 年我国商业银行改革启动，中国工商银行从人民银行分离出来，我随之进入工商银行从事资金运营、资产负债业务经营与管理、金融研究等工作，商业汇票业务是上述业务中的一个分支，也正是从那时起我与票据业务结缘。此后，我先后升任工商银行江西省分行处长、行领导，一直分管票据业务，也着手推动了银行票据业务的专业化经营与管理。2004 年我调至工商银行票据营业部任副总经理，专司票据工作，从而加深了我与票据业务的缘分，也使我对票据业务和票据市场有了更深的认识和理解。

2015 年退休后，我仍然钟情于票据，搭建学术研究平台，组建了国内首家票据研究院，成立"中国票据论坛"，目前已编著票据专业书籍 10 多本；培育专业人才，在大学开设票据理论与实务课程，推动建设全国首个票据方向研究生点。回顾 30 余年的票据情结，我对票据的研究机遇来自时代需要，对票据的热爱来自环境激发；纵观 40 余年职业经历，思考来源于学习，收获来源于执着。

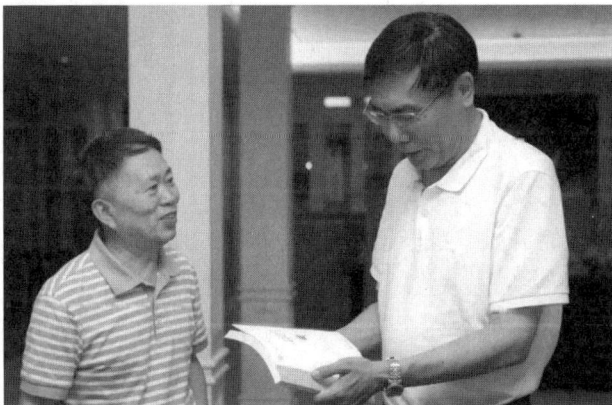

图 1　笔者（左）与工商银行原董事长姜建清教授交流票据业务及刚出版的
《中国票据市场框架体系研究》一书

一、缘起解决"三角债"

票据的历史源远流长，最早可以追溯到周朝，随着分封制下商业经济的出现，商业交易及借贷行为促使票据雏形（质剂、傅别及书契）孕育而生。唐朝诞生了我国历史上第一种票据——飞钱，这标志着票据汇兑功能出现。宋朝时产生了交子、会子，"认票不认人"机制开始实施，票据支付结算功能明显加强。清朝时商业经济快速发展，票据（会票、银票、钱票、汇票）开始大量流通。进入近代，民国时期颁布了中国第一部票据法律——《中华民国票据法》，成立了票据专营机构和集中的票据交换所。新民主主义革命时期，中国共产党领导人民建立革命根据地，发展期票、本票、支票、汇票等业务，促进了根据地的商品交易和贸易流通，起到了发展信用、服务经济的作用。

新中国成立后的20多年时间里，我国实行高度集中统一的计划经济，对商业信用进行控制，票据也就没有了生存土壤。1978年党的十一届三中全会召开，拉开了改革开放的序幕，国家开始有计划地发展商业信用，人民银行在1979年批准部分企业签发票据。1981年，人民银行上海分行先后试办了首笔同城和跨省市票据贴现业务，中国票据市场恢复起步发展。

随着经济体制改革的推进以及市场因素的不断引入，经济增长潜力开始释放，人民生活水平明显改善。但由于这一时期传统计划经济体制的弊端没有完全消除，新的市场经济体制还有待建立和完善，新旧体制之间存在剧烈摩擦，导致经济运行中的矛盾突出，总需求与总供给失衡，经济结构扭曲严重，集中反映为20世纪90年代初企业间"三角债"问题十分突出，已严重影响社会资金周转和国民经济健康发展。在此背景下，人民银行印发《关于实行商业汇票承兑、贴现办法清理拖欠货款的通知》，运用票据清理拖欠货款。在此期间，票据对于解决"三角债"问题、搞活企业资金、增强企业活力发挥了重要作用。

我也是在此时开始结缘于票据业务。自1984年中国工商银行从人民银行分离出来，我便从人民银行进入工商银行，从事银行信贷资金类业务，票据业务是其中一个分支，通过银行承兑票据解决企业间的商品赊销、信用挂账、货款拖欠等问题。但由于票据业务在当时是一个新业务，缺乏成文成章的操作流程、管理规定以及对此业务的清晰定位和认识，基本上各行其是。1996年我任工商银行江西省分行处长，便与总行相关部门主任、处长沟通，达成共识，由我负责牵头组织工商银行综合计划条线一批有专业素养的处长编写《现代银行商业汇票经营管理》一书。这是国内较早正式出版的既有应用理论又有实务操作与管理的票据书，此书的出版得到了当时工商银行刘廷焕行长、谢渡扬副行长、计划部张美林主任及江西省分行行长等的大力支持。此书出版为银行业开展票据业务提供了难得的借鉴。

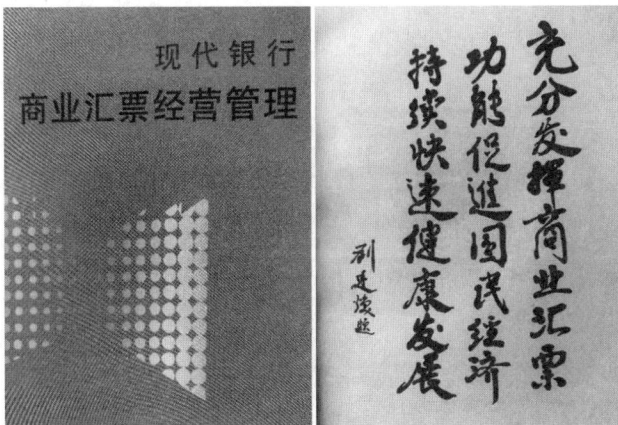

图2 《现代银行商业汇票经营管理》封面和题词

二、加速发展后的风险爆发

2000—2015年，我国票据承兑余额增长了10.21万亿元，年均增长0.64万亿元，比此前20年的总余额还要多；年均增长率达到28.04%，远高于经济增速，此阶段票据市场的高速发展与专业化经营、票据功能不断拓展密切相关。2000年工商银行成立了我国首家票据专营机构——中国工商银行票据营业部，此后多家商业银行纷纷成立票据专营机构或专门的票据业务部门，标志着我国商业银行票据业务进入专业化、规模化发展阶段。票据也从最初支付结算、解决"三角债"问题的工具，逐步发展为企业贴现融资和银行同业融资的手段，到2015年，票据贴现、转贴现规模已达到102.1万亿元。

2016年是我国票据市场发展的转折之年，这一年票据市场大案频发，以牵涉机构多、金额巨大、道德风险突出为主要特点，一时间震惊全国。由于票据市场十多年的野蛮生长，利润追逐与职业底线在部分从业人员心中常常处于失衡的状态，激情狂奔的市场参与者在逐利的同时，在风险防控方面与监管要求背道而驰、渐行渐远，最终在2016年前后出现了大范围的风险事件，涉案票面金额超过百亿元，频繁暴雷的后果就是票据市场迎来了前所未有的监管加码，票据业务量也随之大幅下行，票据贴现、转贴现规模从高点下降了2/3。

在此期间，我见证和参与了票据市场的"起高楼"，也很无奈和痛心地看到"楼塌了"。2002年我作为江西省分行行领导，分管资金、票据业务，对于发挥票据作用服务实体经济、服务中小微企业，解决企业与银行在信贷规模、资金、利率等方面的矛盾有了更深的体会，经常深入企业、深入基层行调研推动、协调省市分行之间票据发展的问题，感到这个产品的功能作用潜力很大。2004年我调任工商银行票据营业部副总经理，专司票据工作，通过分管综合、信息、科技、风险、内控等部门与条线，进一步增强了票据业务管理的专业性、层次性、整体性、前瞻性，我始终秉承风险与发展并行及稳健发展的理念，直到2015年退休未发生重大风险。

在专司票据工作的这段时间，我对票据研究有了更多思考和观点，通过《上海证券报》等渠道发表了40余篇文章（详见《我与上证报的故事｜肖小和：因工作结缘 为责任同行 共同为票据市场建设鼓呼》），主要聚焦于促进票据市场回归服务实体经济、构建中国票据市场框架体系、票据市场未来发展研判等内容，同时借助总行及专业优势，推动上海市金融学会、江西省金融学会成立票据专业委员会。

图3 2015年1月15日上海市金融学会票据专业委员会成立时合影。前排左五为郭伟，时任工商银行票据营业部总经理；左六为王振营，时任人民银行上海总部调统部主任；左七为焦瑾璞，时任人民银行上海总部党委成员；右七为詹向阳，工商银行原研究总监；右六为秦池江，人民银行金融研究所原所长；右五为张光平，时任上海银监局副局长；右四为笔者，当天当选为会长

图 4　2017 年 9 月笔者在江西省金融学会票据实务交流会上作主题发言

三、上海票据交易所诞生始末

我较早地意识到需要建设全国统一的票据业务平台。在亲身经历了票据市场十余年的无序发展后，我愈发感到建立全国统一票据业务平台的必要性，并于 2015 年 4 月 11 日公开发表了《加快建立全国统一规范的票据信息平台》，开始探讨建立票据市场信息领域的全国统一平台的可行性。同年 8 月 8 日，在《上海证券报》上发表了《打造"互联网+票据"平台　完善市场体系》，首次提出建设票据平台问题，引起票据业界的共鸣。2015 年 9 月 12 日，发表了《构建票据交易所　推进全国性有形票据市场建设》，第一次提出建设票据市场基础设施的概念，并指出应该建设全国性票据交易所。同年 12 月 31 日，又发表了《建设中国票据交易所时机已经成熟》，明确提出建设票据交易所的详细实施路径和建设方案。

2016 年 3 月，全国两会期间，人民银行副行长潘功胜表示人民银行正在抓紧推动建设全国统一的票据市场。我通过公开媒体进行了解读，认为这是人民银行第一次明确提出"推动建设全国统一的票据市场"，将为票据市场改革提供指引和方向。同时，针对当时票据市场以纸票为主、大案要案频发等问题，提出应加快推进电子票据交易所建设，并在《上海证券报》上予以全文发表。随后，公开媒体刊登了我们撰写的《中国票据交易所建立在上海是最优选择》，虽然没有直接将票据交易所命名为"上海票据交易所"，但我们在文中明确表示将中国票据交易所建在上海是最合适的选择方案，为票据交易所落地上海提供了政策参考。

2016 年 12 月 8 日，上海票据交易所正式成立。媒体采访时，我把此事认定为中国票据发展史上最大也是最重要的具有里程碑意义的事件（详见《上海票据交易所成立是中国票据史上里程碑事件》）。上海票据交易所的成立，推动了票据全面电子化，从介质上实现了历史性变革，票据由纸票时代进入电票时代，显著提高了票据流转效率，结束了纸质伪假票乱象和相关操作风险。上海票据交易所随后推出一系列业务规则和机制，建立规范的市场准入机制和票款对付的标准化机制，传统票据风险防控得到明显改善。票据服务新时代经济发展成效明显，2022 年，票据承兑余额为 19.1 万亿元，上海票据交易所成立以来年均增长 18.43%；票据融资余额为 13 万亿元，年均增长 27.22%；签发票据的中小微企业达 21.3 万家，占全部签票企业的 94.5%；贴现的中小微企业共 32.7 万家，占全部贴现企业的 97.1%。

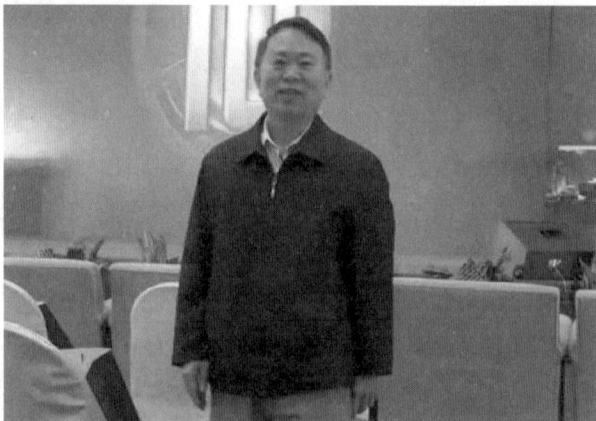

图 5　笔者受邀出席 2016 年 12 月 8 日上海票据交易所成立大会

四、票据情结未了

2015 年退休后，我仍钟情于票据，持续关注和推动票据市场研究。搭建学术研究平台，同江西财经大学、九江银行组建了国内首家票据研究院，持续聘请国内知名金融界学者 70 余名为研究员，部分研究员围绕票据市场重点问题撰写并发表文章超过百篇，累计通过微信公众号推送研究文章 300 余篇，有数十篇文章获外部各种奖项，其中部分课题成果获上海市政府领导批示，充分发挥票据智库作用。目前已编著出版票据专业书籍 10 多本，包括票据基础理论四部曲和票据研究四部曲，探索票据市场发展规律，为政策制定者、市场从业者、研究人员、在校学生等提供系统性、实操性、理论性的参考和学习资料。共举办六期征文活动，获得了社会各界人士的关注和热烈响应，总共收到 440 余篇投稿，动员业界开展票据研究效果良好。

图6 前排左三为工商银行江西省分行副行长张毅，中间为笔者，右三为江西财经大学时任副校长蒋金法教授，右二为时任九江银行行长潘明，右一为时任江西财经大学金融学院院长汪洋教授

搭建交流研讨平台，成立"中国票据论坛"，在中国金融信息中心挂牌成立中国商票研究中心，举办全国交流会、研讨会等 20 余场，从市场热点出发，为票据市场准确把脉，联合学界、业界的力量与智慧，建立广泛的合作交流机制，服务票据市场、服务实体经济。针对中小银行发起"中国中小银行票据协同发展论坛"，签署《中小银行票据经营自律宣言》，通过论坛平台加强中小银行沟通协作，建立信息互通与共享机制，互帮互助合作共赢。为央企、国企、银行、大学进行票据讲座几十场，多次深入企业、银行、财务公司进行调研与咨询，多次参加监管部门交流与座谈会，多次接受各大媒体关于票据市场相关热点的采访，并积极为票据市场发展进行宣传。

图7　近几年笔者等著和主编的票据系列图书

图8　2022年11月，新时代商票发展与创新研讨会暨《中国票据简史》首发式在中国金融信息中心举行。前排左三为上海票据交易所监事长周荣芳，左四为工商银行原研究总监詹向阳研究员，左五为江西财经大学副校长袁红林教授，左六为九江银行肖璟行长，左七为笔者

图 9 笔者于 2019 年 11 月受邀出席交通银行、凤凰网财经联合主办的"聚智交融·和合共生"商业票据高峰论坛并作主题交流

培育专业人才，推动建设全国首个票据方向研究生点，目前已合作培养 5 批共 42 名票据方向研究生，现已进入人民银行、财政局、商业银行、证券公司、财务公司、大学等就职。在大学开设票据理论与实务课程，为江西财经大学、上海财经大学、江西师范大学硕士研究生讲授票据专业课程近十年，致力于票据领域专业化人才的培养，为票据市场创新和发展提供源源不断的新生力量。

图 10 2018 年金融硕士（票据经营与管理方向）首届研究生开班暨"九江银行杯"奖学金颁发仪式合影。前排右五为江西财经大学副校长袁雄教授，右四为笔者

　　回顾 30 余年的票据情结，我对票据的研究机遇来自时代需要，对票据的热爱来自环境激发。在票据起步阶段，市场缺乏实操性的指引，更缺乏理论性指导，而我接触票据业务较早，且在国有大型银行工作，一马当先开展银行票据业务操作与经营管理研究，从而使我对票据业务有了深入的认识和了解。在票据加速阶段，票据市场业务增长迅速，但我也隐约感觉到当时的繁荣已超出了经济本源，刚好我又在工商银行总行专司票据工作，于是便组织业内人士开展更为宏观的本源性、机制性、前瞻性研究，旨在推动票据业务回归本源、促进市场健康持续发展。在票据转型阶段，票据市场已回归本源，但缺乏研究机构，而我已退休，有时间，也相对更为方便，于是就组织一批专业化、高素质、有情怀、愿奉献的票据人士组建了国内首家票据研究院，通过理论研究引领推动票据市场发展。

　　正所谓"桃李春风一杯酒，江湖夜雨十年灯"，回首仗剑行走票据江湖三十余载的经历，我始终把"研究"这把宝剑作为最值得信赖的傍身之物。多年来我执着甚至有些痴迷于票据行业研究，虽有栉风沐雨，虽有坎坷荆棘，但每当看到研究成果从理论到决策、到方法、再到实践落地，从而引领票据市场创新、规范和持续发展时，"多巴胺"总是不自觉地加速分泌，满满的愉悦感和收获感成为促使我持续研究新问题的不竭动力。关于"研究"，我还有几点感悟与大家分享。

　　一是把握时代机遇，做先行者。票据业务的快速发展是基于改革开放这个大时代背景和历史洪流，我与金融和票据的缘分也伴随着时代的进步而紧密结合。历史和时代是我们每个人都绕不过去的最重要命题，如果能做好充分的准备，保持高昂的斗志，勇敢地先行先试，或许就能撬开甚至撑起时代发展的一片角落。"一代人有一代人的使命，一代人有一代人的担当"，如今这个时代，是我们完成第一个百年奋斗目标、共同向着第二个百年奋斗目标砥砺前行的激荡时代，是金融行业助力中国式现代化的开局时代，是新版《商业汇票承兑、贴现与再贴现管理办法》实施后票据业务迈向高质量发展的黄金时代。站在这个时代的门口，所有票据从业者都应满怀信念地争做先行者，年近古稀的我也愿意贡献微薄之力，将票据人生的"火炬"传递给更多的年轻从业者。

　　二是加强学习思考，做篆刻者。阿根廷诗人博尔赫斯曾经说过"命运无论多么复杂漫长，实际上只反映于一个瞬间，那就是人们彻底醒悟自己究竟是谁的那一刻"，这是我特别喜欢的一段话。当我意识到自己将与票据永远相伴之时，那个瞬间伴随着始终的学习和思考让我经常有定格的感觉。从纸质票据到电子票据，到纸票电子化交易，再到电票可拆分，从《票据法》到《电子商业汇票业务管理办法》，到《票据交易主协议》，再到《标准化票据管理办法》和信息披露相关规定，每一次票据市场的重大变化，我都力求回归初心，重新像一个小学生一样去聆听、学习、思考、记录和总结，让自己成为篆刻票据知识的合格匠人。

三是倾心研究爱好，做攀登者。常有人说研究是枯燥乏味甚至有些折磨人性的，但正是这些看似让人望而却步的困难，才成就了成果落地时的欢快和愉悦，这与爬山过坎何等相似。"志坚者，功名之柱也，登山不以艰险而止，则必臻乎峻岭"，登山途中有多困难，到达山顶时的心情就有多畅快。自从潜心做票据方面的研究以来，我坚持以登山的标准严格要求自己，既体会了艰辛的付出，也收获了甜蜜的感受。借此，我想对所有看到此文的朋友说一句：无论你此刻在从事什么工作，请不要相信收获就像半山坡上的蒲公英一样唾手可得，但请相信，始终有更多的美好风景值得我们全力以赴，攀登向更高处。